ŒUVRES COMPLÈTES

DE

CHATEAUBRIAND

TOME X

PARIS. — IMPRIMERIE DE J. CLAYE
RUE SAINT-BENOIT, 7

# ŒUVRES COMPLÈTES

DE

# CHATEAUBRIAND

NOUVELLE ÉDITION

REVUE AVEC SOIN SUR LES ÉDITIONS ORIGINALES

PRÉCÉDÉE D'UNE

ÉTUDE LITTÉRAIRE SUR CHATEAUBRIAND

PAR

M. SAINTE-BEUVE

DE L'ACADÉMIE FRANÇAISE

HISTOIRE DE FRANCE — LES QUATRE STUARTS
VIE DE RANCÉ

PARIS

GARNIER FRÈRES, ÉDITEURS

6 RUE DES SAINTS-PÈRES

M DCCC LX

# ANALYSE RAISONNÉE

DE

# L'HISTOIRE DE FRANCE

# ANALYSE RAISONNÉE

DE

# L'HISTOIRE DE FRANCE

DEPUIS LE RÈGNE DE KHLOVIGH
JUSQU'A CELUI DE PHILIPPE VI, DIT DE VALOIS.

## PREMIÈRE RACE.

Qu'étoient devenues les trois vérités de l'ordre social quand l'empire d'Occident s'écroula?

La vérité religieuse avoit fait un pas immense : le polythéisme étoit détruit, et avec le dogme d'un Dieu s'établissoient les vérités corollaires de ce dogme.

La vérité philosophique étoit rentrée dans la vérité religieuse comme au berceau de la civilisation.

La vérité politique avoit suivi les progrès de la vérité religieuse. Les destructeurs du monde romain étoient libres; ils trouvèrent sur leur chemin une société organisée dans la servitude : la jeune liberté sauvage s'assit d'abord sur cette société, comme le vieux despotisme romain l'avoit fait : des républiques militaires, frankes, burgondes, visigothes, saxonnes, gouvernèrent des esclaves à l'instar des anciennes républiques civiles, grecques et latines.

Voilà le point où avoient abouti les faits nés du choc des générations païennes, chrétiennes et barbares, à partir du règne d'Auguste pour arriver à celui d'Augustule.

Maintenant les trois vérités fondamentales, combinées d'une autre façon, vont produire aussi les faits du moyen âge : la vérité religieuse, dominant tout, ordonnera la guerre et commandera la paix, favorisera la vérité politique (la liberté) dans les rangs inférieurs de la société, ou soutiendra partiellement le pouvoir dans des intérêts privés ; elle poursuivra avec le fer et le feu la vérité philosophique, échappée de nouveau du sanctuaire sous l'habit de quelque moine savant ou hérétique. Ainsi continuera la lutte jusqu'au jour où les trois vérités, se pondérant, produiront la société perfectionnée des temps actuels.

J'ai dit que l'empire romain latin étoit devenu l'empire romain barbare un siècle et demi avant la chute d'Augustule. Cet empire mixte subsista plus de quatre siècles encore après la déposition de ce prince. Les Franks, les Bourguignons et les Visigoths en Gaule, les Ostrogoths et les Lombards en Italie, furent des possesseurs que les populations connoissoient, qu'elles avoient vus dans les légions, et qui, soumis à leurs lois nationales, laissoient au monde assujetti ses mœurs, ses habitudes, souvent même ses propriétés : une religion commune étoit le lien commun entre les vaincus et les vainqueurs. Ce n'est qu'après l'invasion des Normands, sous les derniers rois franks de la race karlovingienne, que la transformation sociale commencé à frapper les yeux.

Il n'y eut jamais de complète barbarie, comme on se l'est persuadé. On ne peut pas dire qu'un peuple soit entièrement barbare quand il a conservé la culture de l'intelligence et la connoissance de l'administration. Or, l'étude des lettres, de la philosophie et de la théologie continua parmi le clergé ; l'administration municipale, fiscale, publique et domestique demeura longtemps ce qu'elle avoit été sous l'empire. La science militaire périt dans la discipline, mais l'art de la fortification ne se détériora point, et même les machines de guerre se perfectionnèrent. Il n'y a donc rien de nouveau à remarquer sous les deux premières races, si ce n'est les mœurs particulières des familles investies du pouvoir, l'achèvement de la monarchie de l'Église, et les hautes sources qui, comme des écluses, lâchèrent sur l'Europe le torrent des siècles féodaux.

Toutefois, deux observations doivent être faites. Le chef du gouvernement étoit électif sous la race mérovingienne et sous la race karlovingienne, de même qu'il l'avoit été au temps des césars ; mais auprès du gouvernement des Franks se trouvoit une institution qui le faisoit différer de l'antiquité romaine : des conseils, composés d'évêques et de chefs militaires, décidoient les affaires avec le roi ; des assemblées générales, ou plutôt les grandes revues des mois de mars et de mai, recevoient une communication assez légère de la besogne traitée dans ces assemblées particulières : celles-ci étoient nées de la tradition des états des Gaules rétablis un moment par Arcade et Honorius ; mais elles s'étoient surtout modelées sur l'organisation des conciles. Si l'on veut avoir une idée juste de ces temps, sans y chercher des nouveautés qui n'y sont pas, il faut reconnoître que la société entière prit la forme ecclésiastique : tout se gouverna pour l'Église et par l'Église, depuis les nations jusqu'aux rois, dont le sacre étoit purement le sacre d'un évêque. Que les laïques fussent admis à siéger avec le clergé, ce n'étoit pas coutume insolite : dans plusieurs conventions religieuses, les empereurs romains présidoient, et les grands-officiers de la couronne délibéroient. Nous avons vu des philosophes et des païens même assister au concile de Nicée.

La seconde observation sur cette époque historique est relative aux maires du palais. Le premier maire dont il soit fait mention est Goggon, qui fut envoyé à Athanaghilde de la part de Sighebert, pour lui demander la main de Brunehilde.

Deux origines doivent être assignées à la *mairie*, l'une romaine, l'autre franke ou germanique. Le *maire* représentoit le *magister officiorum*; celui-ci acquit dans le palais des empereurs la puissance que le *maire* obtint dans la maison du roi frank. Considérée dans son origine romaine, la charge de maire du palais fut temporaire sous Sighebert et ses devanciers, viagère sous Khlother, héréditaire sous Khlovigh II : elle étoit incompatible avec la qualité de prêtre et d'évêque. Elle porte dans les auteurs le nom de *magister palatii, præfectus aulæ, rector aulæ, gubernator palatii, major domus, rector palatii, moderator palatii, præpositus palatii, provisor aulæ regiæ, provisor palatii*.

Pris dans son origine, franke ou germanique, le maire du palais étoit ce *duc*, ou chef de guerre, dont l'élection appartenoit à la nation tout aussi bien que l'élection du roi : *Reges ex nobilitate, duces ex virtute sumunt*. J'ai déjà indiqué ce qu'il y avoit d'extraordinaire dans cette institution, qui créoit chez un même peuple deux pouvoirs suprêmes indépendants. Il devoit arriver, et il arriva que l'un de ces deux pouvoirs prévalut. Les maires, s'étant trouvés de plus grands hommes que les souverains, les supplantèrent. Après avoir commencé par abolir les assemblées générales, ils confisquèrent la royauté à leur profit, s'emparant à la fois du pouvoir et de la liberté. Les maires n'étoient point des rebelles ; ils avoient le droit de conquérir, parce que leur autorité émanoit du peuple, ou de ce qui étoit censé le représenter, et non du monarque : leur élection nationale comme chefs de l'armée leur donnoit une puissance légitime. Il faut donc réformer ces vieilles idées de sujets oppresseurs de leurs maîtres et détenteurs de leur couronne. Un roi et un général d'armée, également souverains par une élection séparée (*reges et duces sumunt*), s'attaquent ; l'un triomphe de l'autre, voilà tout. Une des dignités périt, et la mairie se confondit avec la royauté par une seule et même élection. On n'auroit pas perdu tant de lecture et de recherches à blâmer ou à justifier l'usurpation des maires du palais, on se seroit épargné de profondes considérations sur les dangers d'une charge trop prépondérante, si l'on eût fait attention à la double origine de cette charge, si l'on n'eût pas toujours voulu voir un *grand-maître de la maison du roi* là où il falloit aussi reconnoître un chef militaire librement choisi par ses compagnons : « *Omnes Austrasii, cum eligerent Chrodinum majorem domus.* »

J'ai déjà fait observer qu'il ne seroit pas rigoureusement exact de comparer les nations germaniques et slaves aux hordes sauvages de l'Amérique. Dans le tableau général que j'ai tracé des mœurs des barbares, celles des Franks occupent une place considérable : j'ai donc peu de chose à ajouter ici ; cependant je dois remarquer que les Franks passoient encore pour le peuple le moins grossier de tous ces peuples ; le témoignage d'Agathias est formel : « Les Franks, dit-il, ne ressemblent point aux autres barbares, qui ne veulent vivre qu'aux champs et ont horreur du séjour des villes. . . . . . . . . . . . . . Ils sont très-soumis aux lois, très-polis ; ils ne diffèrent guère de nous que par le langage et le vêtement : *nihiloque a nobis differre quam solummodo barbarico vestitu et linguæ proprietate.* » Longtemps avant le VI$^e$ siècle, leurs relations avec les Romains avoient urbanisé leurs coutumes, sinon humanisé leur caractère. Salvien dit qu'ils étoient *hospitaliers*, ce qui signifie ici *sociables*. Dans le tombeau de Khildérik I$^{er}$, découvert en 1653 à Tournay, se trouve une pierre gravée : l'empreinte représentoit un homme fort beau, portant les cheveux longs, séparés sur le front et rejetés en arrière, tenant un javelot de la main droite ; autour de la figure étoit écrit le nom de Khildéric en lettres romaines ; un globe de cristal, signe de la puissance, un style avec des tablettes, des anneaux, des médailles de plusieurs empereurs, des lambeaux d'une étoffe de pourpre, étoient mêlés à des ossements : il n'y a rien dans tout cela de trop barbare. On lit aux histoires que les Germains adoucissoient leur rudesse au delà du Rhin par le voisinage des Franks. Selon Constantin Porphyrogénète, Constantin le Grand fut l'auteur d'une loi qui permettoit aux empereurs de s'allier au sang des Franks, tant ce sang paroissoit noble.

Mais, quel que fût le degré de sociabilité des Franks, il me semble qu'il n'en faut faire ni un peuple civilisé ni un peuple sauvage, et qu'il faut lui laisser surtout sa perfidie, sa légèreté, sa cruauté, sa fureur militaire, attestées par les auteurs contemporains. Vopiscus et après lui Procope accusent les Franks de se faire un jeu de violer leur foi, et Salvien leur reproche le peu d'importance qu'ils attachent au parjure. « Les Franks, dit Nazaire, surpassent toutes les nations barbares en férocité. » Un panégyriste anonyme prétend qu'ils se nourrissoient de la chair des bêtes féroces, et Libanius assure que la paix étoit pour eux une horrible calamité.

L'opinion dominante fait des Franks une ligue de quelques tribus germaniques associées pour la défense de leur liberté : c'est encore une de ces opinions sans preuve, qu'aucun document historique n'appuie. Les Franks étoient tout simplement des Germains, comme le témoignent saint Jérôme, Procope et Agathias. Que nos ancêtres aient reçu leur nom de la liberté ou qu'ils le lui aient communiqué, notre orgueil national n'a rien à souffrir de l'une ou de l'autre hypothèse. Libanius, altérant le nom de *Frank* pour lui trouver une étymologie grecque, le fait dériver de φρακτοί, *habiles à se fortifier*; d'autres veulent qu'il signifie *indomptable* dans une langue nommée *lingua attica* ou *hattica*, sans nous dire ce que c'est que cette langue. Le savant et judicieux greffier du Tillet, frère du savant évêque de Meaux, avance que le nom de *Frank* vient de deux mots teutons *Freien ausen*, libres jeunes hommes, ou libres compagnies, prononcés par synérèse *Fransen*; il remarque qu'un privilége de marchands octroyé par Louis le Gros a retenu le mot *anse, société*. Une grande autorité (M. Thierry) suppose au mot tudesque *Frank* ou *Frak* la puissance du mot latin *ferox* : nous en restons toujours à la chanson des soldats de Probus pour autorité première. *Francus* étoit-il un sobriquet militaire donné par les soldats de Probus à cette poignée de Germains qu'ils vainquirent dans les environs de Mayence? Que vouloit dire ce sobriquet? Un savant[1] l'explique du mot *Fram* ou *Framée*, comme si les soldats de Probus avoient entendu les barbares crier : A la lance! à la lance! aux armes! aux armes! Mais alors les Germains se seroient tous appelés Franks, puisqu'ils portoient tous la framée : *Frameas gerunt angusto et brevi ferro*, dit Tacite.

Quoi qu'il en soit, les Franks habitoient de l'autre côté du Rhin, à peu près au lieu où les place la carte de Peutinger, dans ce pays qui comprend aujourd'hui la Franconie, la Thuringe, la Hesse et la Westphalie. Ils ravagèrent les Gaules sous Gallien, et pénétrèrent jusqu'en Espagne ; ils reparurent sous Probus, sous Constance et sous Constantin. Constance transplanta une de leurs colonies dans le pays d'Amiens, de Beauvais, de Langres, de Troyes, et conclut un traité avec le reste. Après cette époque, des Franks entrèrent au service des empereurs.

1. GIBERT.

On voit successivement Sylvanus, Mellobald, Mérobald, Balton, Rikhomer, Carietton, Arbogaste, revêtus des grandes charges militaires de l'empire. Mais d'autres Franks indépendants, Genobalde, Markhomer et Sunnon, restèrent ennemis, et firent du temps de Maxime une irruption dans les Gaules; ils paroissoient s'y être fixés pendant le règne d'Honorius, vers l'an 420, et on leur donne pour conducteur le roi Pharamond. Comprenons toujours bien que ce nom de roi ne signifie que *chef* militaire (*coning*) de différents degrés : sur-roi, sous-roi, demi-roi : *ober, under, halfkoning* (THIERRY).

Il n'est pas du tout sûr qu'il ait existé un Pharamond et que ce Pharamond fut le père de Khlodion; mais il est certain que Khlodion, ou plutôt Khlodion le Chevelu, étoit roi des Franks occidentaux en 427, et qu'il s'empara de Tournay et de Cambray en 445. Aetius le chassa de ses conquêtes en deçà du Rhin. Khlodion mourut en 447 ou 448.

Les uns lui donnent deux fils, les autres trois, parmi lesquels se trouveroit Auberon, dont on feroit descendre Ansbert, tige de la famille de la seconde race.

On ignore quel fut le père de Mérovée ou Mérovigh, successeur de Khlodion : étoit-il son fils? avoit-il un frère aîné, lequel implora le secours d'Attila, tandis que Mérovigh se jeta sous la protection des Romains? Il est prouvé que Mérovigh n'étoit pas ce beau jeune Frank qui portoit une longue chevelure blonde qu'Aetius adopta pour fils, et que Priscus avoit vu à Rome. Les savants ont fort disserté sur tout cela, sans réfléchir que la royauté, ou plutôt la *cheftaincrie*, étant élective chez les Franks, il n'y avoit rien de plus naturel que de trouver des chefs successifs qui n'étoient pas fils les uns des autres. Roriron dit qu'après la mort de Khlodion Mérovigh fut élu roi des Franks. Frédégher raconte que la femme de Khlodion, se baignant un jour dans la mer, fut surprise par un monstre dont elle eut Mérovigh : fable mêlée de mythologie grecque et scandinave.

« Selon un certain poëte, appelé *Virgile,* dit le même auteur, Priam fut le premier roi des Franks, et Friga fut le successeur de Priam. Troie étant prise, les Franks se séparèrent en deux bandes; l'une, commandée par le roi Francio, s'avança en Europe et s'établit sur les bords du Rhin. » L'auteur des *Gestes des Rois franks,* Paul Diacre, Roricon, Aimoin, Sighebert de Ghemblours, font le même récit. Annius de Viterbe, enchérissant sur ces chroniques, compose une généalogie des rois gaulois et des rois franks; il donne vingt-deux rois aux Gaulois avant la guerre de Troie. Sous Remus, le dernier de ces rois, arriva la prise de Troie; et Francus, fils d'Hector, vint épouser dans les Gaules la fille de Remus. On veut que les Franks qui combattirent dans l'armée romaine, aux champs catalauniques, fussent commandés par Mérovigh.

Mérovigh eut pour successeur, l'an 456, Khildérik I^er, son fils. Khildérik, enlevé encore enfant par un parti de l'armée des Huns, fut délivré par un Frank nommé Viomade. Khildérik étoit un chef dissolu, que les Franks chassèrent. Il se retira en Thuringe, auprès d'un roi nommé Bisingh. Les Franks se donnèrent pour chef Egidius, commandant des armées romaines. Au bout de huit ans, Khildérik fut rappelé; Viomade lui renvoya la moitié d'une pièce d'or qu'ils avoient rompue, et qui devoit être le signe d'une réconciliation avec son pays. Le vrai de tout cela, c'est que Khildérik étoit allé à Constantinople, d'où l'empereur le dépêcha en Gaule pour contre-balancer l'autorité suspecte d'Egidius.

Bazine, femme du roi de Thuringe, accourut auprès de son hôte Khildérik, et lui dit : « Je viens habiter avec toi ; si je savois qu'il y eût outre mer quelqu'un qui me fût plus utile que toi, je l'eusse été chercher pour dormir avec lui. » Khildérik se réjouit, et la prit à femme. La première nuit de leur mariage, Bazine dit à Khildérik : « Abstenons-nous ; lève-toi, et ce que tu verras dans la cour du logis, tu le viendras dire à ta servante. » Khildérik se leva, et vit passer des bêtes qui ressembloient à des lions, à des licornes et à des léopards. Il revint vers sa femme, et lui dit ce qu'il avoit vu, et sa femme lui dit : « Maître, va derechef, et ce que tu verras, tu le raconteras à ta servante. » Khildérik sortit de nouveau, et vit passer des bêtes semblables à des ours et à des loups. Ayant raconté cela à sa femme, elle le fit sortir une troisième fois, et il vit des bêtes d'une race inférieure. Là-dessus Bazine explique à Khildérik toute sa postérité, et elle engendra un fils nommé Khlovigh : celui-ci fut grand, guerrier illustre, et semblable à un lion parmi les rois. Voici déjà poindre l'imagination du moyen âge; elle se retrouve dans l'histoire du mariage de Khlothilde ou Khrotechilde, fille de Khilpérik et nièce de Gondebald, roi de Bourgogne.

Le Gaulois Aurélien, déguisé en mendiant, portant sur son dos une besace au bout d'un bâton, est chargé du message : il devoit remettre à Khlothilde un anneau que lui envoyoit Khlovigh, afin qu'elle eût foi dans les paroles du messager. Aurélien, arrivé à la porte de la ville (Genève), y trouva Khlothilde assise avec sa sœur Sœdehleuba : les deux sœurs exerçoient l'hospitalité envers les voyageurs, car elles étoient chrétiennes. Khlothilde s'empresse de laver les pieds d'Aurélien. Celui-ci se penche vers elle, et lui dit tout bas : « Maîtresse, j'ai une grande nouvelle à t'annoncer, si tu me veux conduire dans un lieu où je te puisse parler en secret. » — « Parle, » lui répond Khlothilde. Aurélien dit : « Khlovigh, roi des Franks, m'envoie vers toi ; si c'est la volonté de Dieu, il désire vivement t'épouser, et, pour que tu me croies, voilà son anneau. » Khlothilde l'accepte, et une grande joie reluit sur son visage ; elle dit au voyageur : « Prends ces cent sous d'or pour récompense de ta peine, avec mon anneau. Retourne vers ton maître ; dis-lui que, s'il me veut épouser, il envoie promptement des ambassadeurs à mon oncle Gondebald. » C'est une scène de l'*Odyssée*.

Aurélien part ; il s'endort sur le chemin ; un mendiant lui vole sa besace, dans laquelle étoit l'anneau de Khlothilde ; le mendiant est pris, battu de verges, et l'anneau retrouvé. Khlovigh dépêche des ambassadeurs à Gondebald, qui n'ose refuser Khlothilde. Les ambassadeurs présentent un sou et un denier, selon l'usage, fiancent Khlothilde au nom de Khlovigh, et l'emmènent dans une basterne. Khlothilde trouve qu'on ne va pas assez vite ; elle craint d'être poursuivie par Aridius, son ennemi, qui peut faire changer Gondebald de résolution. Elle saute sur un cheval, et la troupe franchit les collines et les vallées.

Aridius, sur ces entrefaites, étant revenu de Marseille à Genève, remontre à Gondebald qu'il a égorgé son frère Khilpérik, père de Khlothilde ; qu'il a fait attacher une pierre au cou de la mère de sa nièce, et l'a précipitée dans un puits ; qu'il a fait jeter dans le même puits les têtes des deux frères de Khlothilde ; que Khlothilde ne manquera pas d'accourir se venger, secondée de toute la puissance des Franks. Gondebald, effrayé, envoie à la poursuite de Khlothilde ; mais celle-ci, prévoyant ce qui devoit arriver, avoit ordonné d'incendier et de ravager douze lieues de pays derrière elle. Khlothilde sauvée s'écrie : « Je te rends grâces, Dieu tout-puissant, de voir le commencement de la vengeance que je devois à mes parents et à mes frères[1] ! » Véritables mœurs barbares, qui n'excluent pas la mansuétude des mœurs chrétiennes mêlées dans Khlothilde aux passions de sa nature sauvage.

Avant son mariage, Khlovigh, âgé de vingt ans, avoit attaqué la Gaule. Les monuments historiques prouvent que son invasion fut favorisée, surtout dans le midi de la France, par les évêques catholiques, en haine des Visigoths ariens. Khlovigh battit les Romains à Soissons, et les Allemands à Tolbiak. Il se fit ensuite chrétien : saint Remi lui conféra le baptême le jour de Noël, l'an 496.

Les Bourguignons et les Visigoths subirent tour à tour les armes de Khlovigh. Les Armoriques (la Bretagne), depuis longtemps soustraites

---

1. *Hist. Franc.*, epit.

à l'autorité des Romains, consentirent à reconnoître celle du fils de Mérovigh. Anastase, empereur d'Orient, envoya à Khlovigh le titre et les insignes de patrice, de consul et d'auguste.

Ce fut à peu près à cette époque que Khlovigh vint à Paris : Khildérik, son père, avoit occupé cette ville quand il pénétra dans les Gaules.

Khlovigh tua ou fit tuer tous ses parents, petits rois de Cologne, de Saint-Omer, de Cambray et du Mans.

Le premier concile de l'Église gallicane se tint sous Khlovigh à Orléans, l'an 511. On y trouve les principes du droit de régale, droit qui faisoit rentrer au fisc les revenus d'un bénéfice laissé sans maître pendant la vacance du bénéfice. Khlovigh ne comprit sans doute ce droit que comme un impôt que les prêtres lui accordoient sur leurs biens : quelques legs testamentaires du chef des Franks me font présumer qu'il ne parloit pas latin. Il suffit de mentionner ce droit de régale pour entrevoir les abîmes qui nous séparent du passé : étrangers à notre propre histoire, ne nous semble-t-il pas qu'il s'agisse de quelque coutume de la Perse ou des Indes ? On fixe à cette même année 511 la rédaction de la loi salique, la mort de sainte Genovefe (Geneviève) et celle de Khlovigh. La bergère gauloise et le roi frank furent inhumés dans l'église de Saint-Pierre et de Saint-Paul, qui prit dans la suite le nom de la patronne de Paris ; on célébroit encore au commencement de la révolution une messe pour le repos de l'âme du Sicambre, dans l'église même où il avoit été enterré. La vérité religieuse a une vie que la vérité philosophique et la vérité politique n'ont pas : combien de fois les générations s'étoient-elles renouvelées, combien de fois la société avoit-elle changé de mœurs, d'opinions et de lois, dans l'espace de douze cent quatre-vingts ans ! Qui s'étoit souvenu de Khlovigh à travers tant de ruines et de siècles ? un prêtre sur un tombeau.

Khlovigh laissa quatre fils : Thierry, fils d'une concubine ; Khlodomir, Khildebert, Khlother, fils de Khlothilde. Le royaume fut partagé selon la loi salique comme un bien de famille ; on en fit quatre lots, qui furent tirés au sort : il n'y avoit point de droit d'aînesse ; nous avons vu que les lois des barbares favorisoient le cadet. La France s'étendoit alors du Rhin aux Pyrénées et de l'Océan aux Alpes ; elle possédoit de plus la terre natale des Franks, au delà du Rhin, jusqu'à la Westphalie ; mais ces limites changeoient à tout moment. Une section géographique plus fixe avoit lieu ; le royaume de ce côté-ci de la Loire se divisoit en oriental et occidental, Oster-Rike et Neoster-Rike ; l'Austrasie comprenoit le pays entre le Rhin, la Meuse et la Moselle ; la Neustrie embrassoit le territoire entre la Meuse, la Loire et l'Océan. Au delà de la Saône et de la Loire étoit la Gaule conquise sur les Burgondes ou Bourguignons et les Visigoths. Les chroniqueurs et les hagiographes disent souvent la *France* et la *Gaule*, distinguant l'une de l'autre.

Les quatre rois, pour succéder à la couronne, obtinrent le consentement des Franks. Les quatre royaumes étoient fédératifs sous une même loi politique ; il y avoit une assemblée commune qui délibéroit sur les affaires communes aux quatre États.

Les fils de Khlovigh eurent à soutenir la guerre contre Théodoric, roi d'Italie, contre Amalaric, roi des Visigoths d'Espagne, contre Balric, roi de Thuringe, contre Sighismond et Gondemar, rois de Bourgogne. La Bourgogne fut subjuguée et réunie à la France : ce royaume des Burgondes avoit subsisté cent vingt ans. Khlodomir, roi d'Orléans, fut tué à la bataille de Véseronce près de Vienne.

Il laissa trois fils : Théodebert, Gonther et Khlodoald, élevés par Khlothilde, veuve de Khlovigh. Khildebert et Khlother, pour s'emparer de ces jeunes enfants, députent Arcade à Khlothilde : c'étoit un sénateur de la ville de Clermont, homme choisi parmi ces vaincus qui ne refusent aucune condition de l'esclave, et qu'on attache au crime comme à la glèbe. Il portoit à Khlothilde des ciseaux et une épée nue, et il lui dit : « O glorieuse reine, tes fils, nos seigneurs, désirent connoître ta volonté concernant tes petits-enfants : ordonnes-tu qu'on leur coupe les cheveux, ou qu'on les égorge ? » A ce message, Khlothilde, saisie de terreur, regardant tour à tour l'épée nue et les ciseaux, répondit : « Si mes petits-enfants ne doivent pas régner, je les aime mieux voir morts que tondus. » Arcade ne laissant pas à l'aïeule le temps de s'expliquer plus clairement, revint trouver les deux rois, et leur dit : « Accomplissez votre dessein ; la reine étant favorable se veut bien rendre à votre conseil. » Paroles ambiguës, qu'on pouvoit expliquer dans un sens divers, selon l'événement. Khlother saisit le plus âgé des enfants, le jette contre terre, et lui enfonce son couteau sous l'aisselle. A ses cris son frère se prosterne aux pieds de Khildebert, embrasse ses genoux, et lui dit tout en larmes : « Secours-moi, mon très-cher père, afin qu'il ne soit pas fait à moi comme à mon frère. » Alors Khildebert se prit à pleurer, et dit : « Je t'en prie, mon très-doux frère, que ta générosité m'accorde la vie de celui-ci. Ce que tu me demanderas, je te l'accorderai, pourvu qu'il ne meure point. » Khlother, obstiné au meurtre, dit : « Rejette l'enfant loin de toi, ou meurs pour lui : tu as été l'instigateur de la chose, et maintenant tu me veux fausser la foi ! » Khildebert entendant ceci repoussa l'enfant, et Khlother lui perça le côté avec son couteau, comme il avoit fait à son frère ; ensuite Khlother et Khildebert tuèrent les nourriciers et les enfants compagnons de leurs neveux : l'un étoit âgé de dix ans, l'autre de sept. Khlodoald, le troisième fils de Khlodomir, fut sauvé par le secours d'hommes puissants[1]. Khlodoald, devenu grand, abandonna le royaume de la terre, passa à Dieu, coupa ses cheveux, et persistant dans les bonnes œuvres, sortit prêtre de cette vie (7 septembre 560). Il bâtit un monastère au bourg de Noventium, qui changea son nom pour prendre celui du petit-fils de Khlovigh. Et Saint-Cloud vient de voir partir pour un dernier exil le dernier successeur du premier de nos rois !

Dans ces crimes de Khlother et de Khildebert, distinguez ce qui appartient à la civilisation de ce qui tient à la barbarie. Le massacre par les propres mains de Khlother est du sauvage ; le désir d'envahir un trône et d'accroître un État est de l'homme civilisé. Tous les frères de Khlother étant morts, il hérite d'eux : il livre bataille à son fils Khramn, qui s'étoit déjà révolté ; il le défait, et le brûle avec toute sa famille dans une chaumière. Khlother meurt à Compiègne (562).

Ses quatre fils partagèrent de nouveau ses États, toujours avec l'assentiment des Franks ; mais les quatre royaumes n'eurent pas les mêmes limites.

Sighebert épousa Brunehilde, fille puînée d'Athanaghilde, roi des Visigoths : elle étoit arienne, et se fit catholique. Khilpérik Ier eut pour maîtresse Frédégonde, qu'il épousa lorsque Galswinte, sa femme, sœur aînée de Brunehilde, fut morte.

Les démêlés et les fureurs de ces deux belles femmes amènent des guerres civiles, des empoisonnements, des meurtres, et occupent les règnes confus de Karibert, de Gontran, de Sighebert Ier, de Kkilpérik Ier, de Khildebert II, de Khlother II, de Thierry Ier, de Théodebert II. Khlother II se trouve enfin seul maître du royaume des Franks, en 613.

Les Lombards s'étoient établis en Italie (563) seize ans après l'extinction du royaume des Ostrogoths. L'exarchat de Ravenne avoit commencé sous le patrice Longin, envoyé de l'empereur Justin. Les maires du palais firent sentir leur autorité croissante dans l'Austrasie et la Bourgogne.

Les Gascons ou Wascons, vers l'an 593, descendirent des Pyrénées, et s'établirent dans la Novempopulanie, à laquelle ils donnèrent leur nom ; ils s'étendirent peu à peu jusqu'à la Garonne. Il y eut guerre avec ces peuples : Théodebert II, après les avoir défaits, leur donna pour chef Genialis, qui fut le premier duc de Gascogne.

Il ne faut croire ni tout le bien que Fortunat, Grégoire de Tours et saint Grégoire, pape, ont dit de Brunehilde, ni tout le mal qu'en ont

---

1. Viros fortes. . . . . . . qui postea vulgo barones appellati sunt.

raconté Frédégher, Aimoin et Adon, qui d'ailleurs n'étoient pas contemporains de cette princesse : c'étoit à tout prendre une femme de génie, et dont les monuments sont restés. Si elle fut mise à la torture pendant trois jours, promenée sur un chameau au milieu d'un camp, attachée à la queue d'un cheval, déchirée et mise en pièces par la course de cet animal fougueux, ce ne fut pas pour la punir de ses adultères, puisqu'elle avoit près de quatre-vingts ans. Si elle avoit fait mourir dix rois (ce qui est prouvé faux), il eût été plus juste de lui faire un crime des princes qu'elle avoit mis au monde que de ceux dont elle a voit délivré la France.

Khlother décéda l'an 628. Il eut deux fils : Dagobert et Karibert. Karibert mourut vite, et Dagobert donna du poison à Khildérik, fils aîné de Kharibert. Un autre fils de ce prince, Bogghis, se contenta de l'Aquitaine à titre de duché héréditaire.

*Le roi Dagobert menoit toujours avec lui grande tourbe de concubines, c'est-à-dire des meschines, qui pas n'étoient ses épouses, sans autres qu'il avoit autre part, qui avoient et nom et aornement de roynes.* (Mer des Hist. et chron.) Grégoire de Tours cite trois reines : Nanthilde, Vulfgunde et Berthilde; il se dispense de nommer les concubines, parce qu'elles sont, dit-il, en trop grand nombre. Les trésors de Dagobert et de Saint-Denis sont demeurés fameux. *En chasses le roi se déportoit acoustumément.* (Mer des Hist.) Il y a une belle et poétique histoire d'un cerf qui se réfugia dans une petite chapelle bâtie à *Catulliac* par sainte Genofève, sur les corps de saint Denis et de ses compagnons. Ce fut là que Dagobert jeta les fondements de ce Capitole des François, où se conservoient leurs chroniques avec les cendres royales, comme les pièces à l'appui des faits. Buonaparte fit reconstruire les souterrains dévastés, et leur promit sa poussière en indemnité des vieilles gloires spoliées : il a déçu sa tombe. Louis XVIII occupe à peine un coin obscur des caveaux vides, avec les restes plus ou moins retrouvés de Marie-Antoinette, de Louis XVI, et quelques ossements rapportés de l'exil. Puis s'est venu cacher auprès de son père, le dernier des Condé, devant le cercueil duquel Bossuet fût demeuré muet. Et enfin le duc de Berry attend inutilement son père son frère et son fils, dans ces sépulcres d'espérance. Que sert-il de préparer d'avance un asile au néant, quand l'homme est chose si vaine qu'il n'est pas même sûr de naître?

Les deux fils de Dagobert, Sighebert II ou III, roi d'Austrasie, Khlovigh II, roi de Bourgogne et de Neustrie, gouvernèrent l'empire des Franks. Peppin le vieux avoit été maire du palais sous Dagobert; il continua de l'être sous Sighebert.

Suit l'histoire confuse de Dagobert II et III, de Klother III, de Khildérik II, de Thierry III. La puissance royale avoit passé aux maires du palais après les sanglants démêlés de Grimoald, d'Arkembald, de l'évêque Léger et d'Ébroïn.

Ébroïn est assassiné; plusieurs maires du palais sont élus : Berther est le dernier. Peppin de Héristal, duc d'Austrasie, petit-fils de Peppin le vieux, père de Karle le Martel, aïeul de Peppin le Bref et trisaïeul de Charlemagne, fait la guerre à Thierry, auquel il donnoit toujours le nom de roi. Thierry est battu, et Peppin, au lieu de le détrôner, règne à côté de lui sous le nom de maire du palais. Peppin fait rentrer dans l'obéissance les peuples qui s'étoient soustraits à l'autorité des Franks.

A Thierry III commence la série des rois surnommés *fainéants*. L'âpre sève de la première race s'affadit promptement, et les fils de Khlovigh tombèrent vite du pavois dans un fourgon traîné par des bœufs.

Peppin continua de régner sous Khlovigh III, Khildebert III, fils de Thierry, et sous une partie du règne de Dagobert III, fils de Khildebert III (de 692 à 714). Peppin meurt, et paroît, avant de mourir, ou méconnoître les grandes qualités de son fils Karle (Martel), ou n'oser le faire élire à sa place, parce que Karle n'étoit que le fils d'une concubine, Alpaïde : il lui substitua son petit-fils Theudoalde. Un enfant devint maire du palais sous la tutelle de Plectrude, son aïeule, comme s'il eût été un roi héréditaire. Karle, qui ne portoit pas encore son surnom, est emprisonné au désir de Plectrude. Les Franks se soulèvent : Theudoalde fuit; Karle se sauve de sa prison; les Austrasiens le reconnoissent pour leur duc.

Les Sarrasins appelés par le comte Julien chassoient alors les Visigoths et envahissoient l'Espagne. Les peuples du Nord se ruoient sur la France.

Dagobert meurt et laisse un fils nommé Thierry; mais les Franks choisirent Daniel, fils de Khildérik II, qui régna sous le nom de Khilpérik II.

Il combattit Karle, duc d'Austrasie, qui le vainquit. Celui-ci fit nommer roi Khlother IV. Ce Khlother mourut tôt, et Khilpérik II, retiré en Aquitaine, fut rappelé par Karle, qui se contenta d'être son maire du palais.

Thierry IV, dit de Chelles, fils de Dagobert III, succède à Khilpérik II (720). C'est sous ce règne que Karle le Martel déploya ces talents de victoire qui lui valurent ce surnom. Les Sarrasins avoient déjà traversé l'Espagne, passé les Pyrénées et inondé la France jusqu'à la Loire. Karle le Martel les écrasa entre Tours et Poitiers, et leur tua plus de trois cent mille hommes (732). C'est un des plus grands événements de l'histoire : les Sarrasins victorieux, le monde étoit mahométan. Karle abattit encore les Frisons, les fit catholiques, bon gré mal gré, et réunit leur pays à la France.

Karle vainquit Eudes, duc d'Aquitaine, et força Hérald, fils d'Eudes, à lui faire hommage des domaines de son père.

Thierry étant décédé, Karle régna seul sur toute la France comme duc des Franks, depuis 737 jusqu'à 741. Il contint les Saxons soulevés de nouveau, chassa les Sarrasins de la Provence. Grégoire III lui proposa de se soustraire, lui pape, à la domination de l'empereur Léon, et de le proclamer, lui Karle, consul de Rome : commencement de l'autorité temporelle des papes.

Karle meurt (741). Karloman et Peppin, ses fils, se partagent l'autorité royale. Peppin, élu chef de la Neustrie, de la Bourgogne et de la Provence, proclame roi Khildérik III, fils de Khildérik II, dans cette partie du royaume ; Karloman reste gouverneur de l'Austrasie, puis se retire à Rome et embrasse la vie monastique.

Quand le voyageur françois regarde le Soracte à l'horizon de la campagne romaine, se souvient-il qu'un Frank, fils de Karle le Martel, frère de Peppin le Bref, et oncle de Charlemagne, habitoit une cellule au haut de cette montagne ?

Khildérik III est détrôné, tondu et enfermé dans le monastère de Sithin (Saint-Bertin). Il mourut en 754. Son fils Thierry passa sa vie à l'ombre des cloîtres, dans le couvent de Fontenelles, en Normandie. Les Mérovingiens avoient régné deux cent soixante-dix ans.

Si les *Études* qui précèdent sont fondées sur des faits incontestables, le lecteur ne s'est point trouvé en un pays nouveau dans le royaume des Franks ; c'est toujours l'*empire barbare romain*, tel qu'il existoit plus d'un siècle avant l'invasion de Khlovigh. Seulement le peuple vainqueur, qui s'est substitué à la souveraineté des césars, parle sa langue maternelle et se distingue par quelques coutumes de ses forêts ; le fond de la société est demeuré le même. Au lieu de généraux romains, on voit des chefs germaniques qui se font gloire de jeter sur leur casaque étroite et bigarrée la pourpre consulaire qu'on leur envoie de Constantinople, mais à laquelle ils n'étoient pas étrangers. Tout étoit romain, religion, lois, administration : les Gaules, et surtout le Lyonnois, l'Auvergne, la Provence, le Languedoc, la Guienne, étoient couverts de temples, d'amphithéâtres, d'aqueducs, d'arcs de triomphe et de villes ornées de Capitoles ; les voies militaires existoient partout ; Brunehilde les fit réparer. Il est vrai que les rois de la première race et les maires du palais les plus fameux, entre autres

Karle le Martel, saccagèrent des cités qu'avoient épargnées les précédents barbares. Avignon fut détruit de fond en comble ; Agde et Béziers éprouvèrent le même sort. C'est encore Karle le Martel qui renversa Nîmes (738) ; il y ensevelit ces ruines que nous essayons d'exhumer.

La nature des propriétés ne changea pas davantage sous la domination des Franks ; l'esclavage étoit de droit commun chez les barbares comme chez les Romains, bien qu'il fût plus doux chez les premiers. Ainsi la servitude que l'on remarque en Gaule devenue franke n'étoit point le résultat de la conquête ; c'étoit tout simplement ce qui existoit parmi le peuple vainqueur et parmi le peuple vaincu, l'effet de ces lois grossières nées de la rude liberté germanique, et de ces lois élaborées, écloses du despotisme raffiné de la civilisation romaine. Les Gaulois que la conquête franke trouva libres restèrent libres ; ceux qui ne l'étoient pas portèrent le joug auquel les condamnoit le code romain, les lois salique, ripuaire, saxonne, gombette et visigothe. La propriété moyenne continuoit à se perdre dans la grande propriété, par les raisons qu'en donne Salvien : *De Gub.* (Voyez l'*Étude cinquième, troisième partie.*)

Quant à l'état des personnes, le tarif des *compositions* annonce bien la dégradation morale de ces personnes, mais ne prouve pas le changement de leur état. Les noms seuls suffisent pour indiquer la position des hommes : presque tous les noms des évêques et des chefs des emplois civils sont latins de ce côté-ci de la Loire, dans les premiers siècles de la monarchie, et presque tous les noms de l'armée sont franks ; mais en Provence, en Auvergne, et de l'autre côté de la Loire jusqu'aux Pyrénées, presque tous les noms sont d'origine latine ou gothique dans l'armée, l'Église et l'administration. Lorsque les chefs franks commencèrent à entrer eux-mêmes dans le clergé, et que le soldat devint moine, l'évêque et le moine se firent à leur tour soldats. On voit dès la première race l'évêque d'Auxerre, Hincmar, combattre avec Karle le Martel contre les Sarrasins, et contribuer puissamment à la victoire. (*Hist. epis. Autis.*)

Les sciences et les lettres furent à cette époque dans les Gaules ce qu'elles étoient dans le monde romain, selon le degré d'instruction et le plus ou moins de tranquillité des diverses provinces de l'empire. Fortunat, Frédégher, Grégoire de Tours, Marculfe, saint Remi, une foule d'ecclésiastiques et quelques laïques lettrés, écrivoient alors.

Sous le rapport politique, nous voyons le dernier des Mérovingiens tondu et renfermé dans un cloître : ce n'est point encore là une nouveauté; l'usage remontoit plus haut; on rasoit les derniers empereurs d'Occident pour en faire des prêtres et des évêques.

Mais il ne me semble pas certain que Khilpérik devint moine, bien qu'on lui coupa les cheveux et qu'on le confina dans un monastère. Couper les cheveux à un Mérovingien, c'étoit tout simplement le déposer et le reléguer dans la classe populaire. On dépouilloit un roi frank de sa chevelure comme un empereur de son diadème. Les Germains, dans leur simplicité, avoient attaché le signe de la puissance à la couronne naturelle de l'homme.

Il arriva que l'inégalité des rangs se glissa par cette coutume dans la nation. Pour que les chefs fussent distingués des soldats, il fallut bien que ceux-ci se coupassent les cheveux : le simple Frank portoit les cheveux courts par derrière et longs par devant (SIDOINE). Khlovigh et ses premiers compagnons, en revenant de la conquête du royaume des Visigoths, offrirent quelques cheveux de leur tête à des évêques. Ces Samsons leur laissoient ce gage comme un signe de force et de protection. Un pêcheur trouva le corps d'un jeune homme dans la Marne; il le reconnut pour être le corps de Khlovigh II, à la longue chevelure dont la tête étoit ornée et dont l'eau n'avoit pas encore déroulé les tresses (GREG. TUR., lib. VIII). Les Bourguignons à la bataille de Véseronce reconnurent au même signe qu'un chef frank, Khlodomir, avoit été tué. « Ces chefs, dit Agathias, portent une chevelure longue; ils la partagent sur le front et la laissent tomber sur leurs épaules; ils la font friser; ils l'entretiennent avec de l'huile; elle n'est point sale, comme celle de quelques peuples, ni tressée en petites nattes, comme celle des Goths. Les simples Franks ont les cheveux coupés en rond, et il ne leur est pas permis de les laisser croître. »

On prêtoit serment sur ses cheveux.

A douze ans on coupoit pour la première fois la chevelure aux enfants de la classe commune : cela donnoit lieu à une fête de famille appelée *capitolatoria*.

Les clercs étoient tondus comme serfs de Dieu : la tonsure a la même origine.

On condamnoit les conspirateurs à s'inciser mutuellement les cheveux.

Les Visigoths paroissent avoir attaché aux cheveux la même puissance que les Franks : un canon du concile de Tolède, de l'an 628, déclare qu'on ne pourra prendre à roi celui qui se sera fait couper les cheveux.

Quand les cheveux repoussoient, le pouvoir revenoit. Thierry III recouvra la dignité royale, qu'il avoit perdue en perdant ses cheveux (*quam nuper tonsoratus amiserat recepit dignitatem*). Khlovigh avoit fait couper les cheveux au roi Khararik et à son fils. Khararik pleuroit de sa honte ; son fils lui dit : « Les feuilles tondues sur le bois vert ne sont pas séchées ; elles renaissent promptement. » (*In viridi ligno hæ frondes succisæ sunt, nec omnino arescunt, sed velociter emergunt.*)

La couronne même de Charlemagne n'usurpa point sur la chevelure du Frank l'autorité souveraine. Lother se vouloit saisir de Karle, son frère, pour le tondre et le rendre incapable de la royauté ; la nature avoit devancé l'inimitié fraternelle, et la tête de Karle le Chauve offroit l'image de son impuissance à porter le sceptre.

Mais vers la fin du vi[e] siècle il y avoit déjà des Gaulois-Romains qui laissoient croître leur barbe et leurs cheveux : les Franks toléroient cette imitation, pour cacher peut-être leur petit nombre. « Grégoire de Tours remarque que le bienheureux Léobard n'étoit pas de ceux qui cherchent à plaire aux barbares en laissant flotter épars les anneaux de leurs cheveux. » (*Dimissis capilloruiu flagellis barbarum plaudebat. De Vit. Patrum.*) Le précepteur de Dagobert, Saudreghesil, avoit une longue barbe, puisque Dagobert la lui coupa. Enfin, dans le xiie siècle, les rois abrogèrent la loi qui défendoit aux serfs de porter les cheveux longs. Cette abrogation fut obtenue à la sollicitation de Pierre Lombard, évêque de Paris, et de plusieurs autres prélats. Les ecclésiastiques, en envoyant leurs serfs à la guerre et les donnant pour champions, exigèrent qu'ils eussent l'extérieur des ingénus contre lesquels ils combattoient. Voilà comment la longue chevelure a marqué parmi nous une grande époque historique, comment elle a servi à marquer le passage de l'esclavage à la liberté, et la transformation du Frank en François. Il faut toutefois remarquer qu'il y avoit des Gaulois appelés *capillati, crinosi*, une Gaule chevelue, *Gallia comata*; que les Bretons portoient les cheveux longs comme les Franks (Frédégher) ; que dans les vies de plusieurs saints gaulois on voit ces saints arranger leur chevelure. Est-il probable que les Franks en se fixant au milieu de leurs conquêtes aient forcé tous les peuples qui reconnoissoient leur domination à quitter leurs usages ? C'est donc particulièrement de la nation victorieuse qu'il faut entendre tout ce qui est dit concernant les cheveux dans notre histoire.

Je ne m'arrêterai point à l'examen de cette seconde invasion des Franks, qu'on place à l'avénement des maires de la race karlovingienne, laquelle invasion auroit donné la couronne à cette race : qu'il y eut des guerres civiles continuelles entre les Franks de l'Austrasie et les Franks de la Neustrie, rien n'est plus vrai ; que ces guerres conférèrent la puissance à ceux qui avoient le génie et qu'elles mirent les

Karlovingiens à la place des Mérovingiens, rien n'est encore plus exact; mais dans tout cela, il le faut dire, il n'y a pas trace d'invasion nouvelle. En attendant des preuves qui jusque ici ne se trouvent point, je ne puis penser comme des hommes habiles, dont je me plais, d'ailleurs, à reconnoître tout le mérite [1].

Il y eut sous la première race, et jusque sous la seconde, dans les familles souveraines barbares un désordre qui n'exista point dans les familles souveraines romaines. Les princes franks avoient plusieurs femmes et plusieurs concubines, et les partages avoient lieu entre les enfants de ces femmes sans distinction de droit d'aînesse, sans égard à la bâtardise et à la légitimité.

En résumé, la société, dans sa décomposition et sa recomposition, lente et graduelle, fut presque immobile sous les Mérovingiens : une transformation sensible ne se manifesta que vers la fin de la seconde race. Il n'y a donc rien d'important à examiner dans les cinq cents premières années de la monarchie, si ce n'est la marche ascendante de l'Église vers le plus haut point de sa domination. Les bas siècles furent tout entiers le règne et l'ouvrage de l'Église : je montrerai bientôt sa position, quand nous serons arrivés à l'entrée même de cette autre espèce de barbarie qu'on appelle le moyen âge; barbarie d'où sont sorties, par la fusion complète des peuples païen, chrétien et barbare, les nations modernes.

# ANALYSE RAISONNÉE

# DE L'HISTOIRE DE FRANCE

DEPUIS LE RÈGNE DE KHLOVIGH
JUSQU'A CELUI DE PHILIPPE VI, DIT DE VALOIS.

(SUITE.)

## DEUXIÈME RACE.

Traiter d'usurpation l'avénement de Peppin à la couronne, c'est un de ces vieux mensonges historiques qui deviennent des vérités à force d'être redits. Il n'y a point d'usurpation là où la monarchie est élective, on l'a déjà remarqué ; c'est l'hérédité qui dans ce cas est une usurpation. « Peppin fut élu de l'avis et du consentement de tous les Franks, » ce sont les paroles du premier continuateur de Frédégher. (Cap. XII.) Le pape Zacharie, consulté par Peppin, eut raison de répondre : « Il me paroît bon et utile que celui-là soit roi qui sans en avoir le nom en a la puissance, de préférence à celui qui portant le nom de roi n'en garde pas l'autorité. »

Les papes, d'ailleurs, pères communs des fidèles, ne peuvent entrer dans ces questions de droit ; ils ne doivent reconnoître que le fait : sinon la cour de Rome se trouveroit enveloppée dans toutes les révolutions des cours chrétiennes ; la chute du plus petit trône au bout de la terre ébranleroit le Vatican. « Le prince, dit Éghinard, se contentoit d'avoir les cheveux flottants et la barbe longue ; il étoit réduit à une pension alimentaire, réglée par le maire du palais ; il ne possédoit qu'une maison de campagne d'un revenu modique, et quand il voyageoit, c'étoit sur un chariot traîné par des bœufs et qu'un bouvier conduisoit à la manière des paysans. »

Les intérêts, sans doute, vinrent à l'appui des réalités politiques. Il avoit existé de grandes liaisons entre les papes Grégoire II, Grégoire III et le maire du palais Karle le Martel. Peppin désiroit être roi des Franks, comme Zacharie désiroit se soustraire au joug des empereurs de Constantinople, protecteurs des iconoclastes, et à l'oppression des Lombards. Saint Boniface, évêque de Mayence, ayant besoin de l'entremise des Franks pour étendre ses missions en Germanie, fut le négociateur qui mena toute cette affaire entre Zacharie et Peppin. Et pourtant Peppin crut devoir demander l'absolution de son infidélité envers Khildérik III au pape Étienne, bien aise qu'étoit celui-ci qu'on lui reconnût le droit de condamner ou d'absoudre.

D'un autre côté, les ducs d'Aquitaine refusèrent assez longtemps de se soumettre à Peppin ; nous les voyons, jusque sous la troisième race, renier Hugues Capet et dater les actes publics : *Rege terreno deficiente, Christo regnante*. Guillaume le Grand, duc d'Aquitaine à cette époque, ne reconnut d'une manière authentique que Robert fils de Hugues : *Regnante Roberto, rege theosopho*. On eût ignoré les causes secrètes des rudes guerres que Peppin d'Héristal, Karle le Martel, Peppin le Bref et Charlemagne firent aux Aquitains si la charte d'Alaon, imprimée dans les conciles d'Espagne, commentée et éclaircie par dom Vaissette, ne prouvoit que les ducs d'Aquitaine descendoient d'Haribert par Bogghis, famille illustre qui s'est perpétuée jusqu'à Louis d'Armagnac, duc de Nemours, tué à la bataille de Gérignoles, en 1503. Ainsi les ducs d'Aquitaine venoient en directe ligne de Khlovigh ; la force seule les put réduire à n'être que les vassaux d'une couronne dont leurs pères avoient été les maîtres. Il est curieux de remarquer aujourd'hui l'ignorance ou la mauvaise foi d'Éghinard ; après avoir dit que Charles et Karloman succédèrent à Peppin leur père, il ajoute : « L'Aquitaine ne put demeurer longtemps tranquille, par suite des guerres dont elle avoit été le théâtre. *Un certain Hunold*, aspirant au pouvoir, excita les habitants, etc. » Or, ce certain Hunold étoit fils d'Eudes, duc d'Aquitaine et père de Waiffer, également duc d'Aquitaine et héritier de la maison des Mérovingiens. Je me suis arrêté à ces guerres d'Aquitaine, dont aucun historien, Gaillard et La Bruère exceptés, n'a touché la vraie cause : c'étoit tout simplement une lutte entre un ancien fait et un fait nouveau, entre la première et la seconde race.

Peppin, élu roi à Soissons (754), défait les Saxons ; il passe en Italie à la prière du pape Étienne III, pour combattre Astolphe, roi des Lombards, qui menaçoit Rome après s'être emparé de l'exarchat de Ravenne. Peppin reprend l'exarchat, le donne au pape, et jette les fondements de la royauté temporelle des pontifes.

Après Peppin vient son fils, qui ressuscite l'empire d'Occident. Charlemagne continue contre les Saxons cette guerre qui dura trente-trois années ; il détruit en Italie la monarchie des Lombards, et refoule les Sarrasins en Espagne. La défaite de son arrière-garde à Roncevaux engendre pour lui une gloire romanesque qui marche de pair avec sa gloire historique.

On compte cinquante-trois expéditions militaires de Charlemagne ; un historien moderne en a donné le tableau. M. Guizot remarque judicieusement que la plupart de ces expéditions eurent pour motifs d'arrêter et de terminer les deux grandes invasions des barbares du Nord et du Midi.

Charlemagne est couronné empereur d'Occident à Rome par le pape Léon III (800). Après un intervalle de trois cent vingt-quatre années, fut rétabli cet empire dont l'ombre et le nom restent encore après la disparition du corps et de la puissance.

Une sensibilité naturelle pour l'honneur d'un grand homme a porté presque tous les écrivains à se taire sur la destinée des cousins de Charlemagne : Peppin le Bref avoit laissé deux fils, Karloman et Karle ; Karloman eut à son tour deux fils, Peppin et Siaghre. Le premier a disparu dans l'histoire ; pendant près de neuf siècles on a ignoré le sort du second. Un manuscrit de l'abbaye de Saint-Pons de Nice, envoyé à l'évêque de Meaux, a fait retrouver Siaghre dans un moine de cette abbaye. Siaghre, devenu évêque de Nice, a été mis au rang des saints, et il étoit réservé à Bossuet de laver d'un crime la mémoire de Charlemagne.

Ce prince, qui étoit allé chercher les barbares jusque chez eux pour en épuiser la source, vit les premières voiles des Normands : ils s'éloignèrent en toute hâte de la côte que l'empereur protégeoit de sa présence. Charlemagne se leva de table, se mit à une fenêtre qui regardoit l'Orient, et y demeura longtemps immobile ; des larmes couloient le long de ses joues ; personne n'osoit l'interroger. « Mes fidèles, dit-il aux grands qui l'environnoient, savez-vous pourquoi je pleure ? Je ne crains pas pour moi ces pirates, mais je m'afflige que moi vivant ils aient osé insulter ce rivage. Je prévois les maux qu'ils feront souffrir à mes descendants et à leurs peuples. » (*Moine de Saint-Gall.*)

Ce même prince, associant son fils, Hlovigh le Débonnaire à l'empire, lui dit : « Fils cher à Dieu, à ton père et à ce peuple, toi que Dieu m'a laissé pour ma consolation, tu le vois, mon âge se hâte ; ma vieillesse même m'échappe : le temps de ma mort approche. . . . . Le pays des Franks m'a vu naître, Christ m'a accordé cet honneur ; Christ me permit de posséder les royaumes paternels : je les ai gardés non moins florissants que je ne les ai reçus. Le premier d'entre les Franks j'ai obtenu le nom de césar, et transporté à la race des Franks l'empire de la race de Romulus. Reçois ma couronne, ô mon fils, Christ consentant, et avec elle les marques de la puissance. . . . . . »

« Karle embrasse tendrement son fils, et lui dit le dernier adieu. »
(*Ermold. Nigel.*)

Le vieux chrétien Charlemagne pleurant à la vue de la mer, par le pressentiment des maux qu'éprouveroit sa patrie quand il ne seroit plus; puis associant à l'empire, avec un cœur tout paternel, ce fils qui devoit être si malheureux père; racontant à ce fils sa propre histoire, lui disant qu'il étoit né dans le pays des Franks, qu'il avoit transporté à la race des Franks l'empire de la race de Romulus; Charlemagne annonçant que son temps est fini, que la vieillesse même lui échappe : ce sont de belles scènes qui attendent le peintre futur de notre histoire. Les dernières paroles d'un père de famille au milieu de ses enfants ont quelque chose de triste et de solennel : le genre humain est la famille d'un grand homme, et c'est elle qui l'entoure à son lit de mort.

Le poëte de Hlovigh fait venir son nom *Hludovicus* du mot latin *ludus*, ou, ce qui est beaucoup plus vrai, des deux mots teutons, *hlut*, fameux, et *wigh*, dieu à la guerre. Hlovigh le Débonnaire étoit malheureusement trop bon écolier ; il savoit le grec et le latin : l'éducation littéraire donnée aux enfants de Charlemagne fut une des causes de la prompte dégénération de sa race. Hlovigh hérita du titre d'empereur et de roi des Franks; Peppin, autre fils de Charlemagne, avoit eu en partage le royaume d'Italie.

Hlovigh le Débonnaire associa son fils Lother à l'empire (817), créa son autre fils Peppin duc d'Aquitaine, et son autre fils Hlovigh roi de France. Son quatrième fils, Karle II, dit le Chauve, qu'il avoit eu de Judith, sa seconde femme, n'eut d'abord aucun partage.

Les démêlés de Hlovigh le Débonnaire et de ses fils eurent pour résultat deux dépositions et deux restaurations de ce prince, qui expira en 840, d'inanition et de chagrin.

Karle le Chauve n'avoit que dix-sept ans lorsque son père décéda : il étoit roi de France, de Bourgogne et d'Aquitaine. Il s'unit à Hlovigh, roi de Bavière, son frère de père, contre Lother, empereur et roi d'Italie et de Rome. La bataille de Fontenai, en Bourgogne, fut livrée le 25 juin 841. Karle le Chauve et Hlovigh de Bavière demeurèrent vainqueurs de Lother et du jeune Peppin, fils de Peppin, roi d'Aquitaine, dont la dépouille avoit été donnée par Hlovigh le Débonnaire à Karle le Chauve.

On a porté jusqu'à cent mille le nombre des morts restés sur la place : exagération manifeste. (Voir *la savante Dissertation de l'abbé*

*Lebœuf.*) Mais ces affaires entre les Franks étoient extrêmement cruelles, et l'ordre profond qu'ils affectoient dans leur infanterie amenoit des résultats extraordinaires. Thierry remporta, en 612, une victoire sur son frère Théodebert à Tolbiac, lieu déjà célèbre. « Le meurtre fut tel des deux côtés, dit la Chronique de Frédégher, que les corps des tués, n'ayant pas assez de place pour tomber, restèrent debout serrés les uns contre les autres, comme s'ils eussent été vivants.» (*Stabant mortui inter cæterorum cadavera stricti, quasi viventes*, cap. XXXVIII.)

Un des premiers historiens des temps modernes, M. Thierry, a fixé avec une rare perspicacité à la bataille de Fontenai le commencement de la transformation du peuple frank en nation françoise. La plus grande perte étant tombée sur les tribus qui se servoient encore de la langue germanique, les vainqueurs firent graduellement prévaloir les mœurs et la langue romanes. Cette bataille prépara encore une révolution par un autre effet : la plupart des anciens chefs franks y périrent, comme les anciens nobles françois restèrent au champ de Crécy; ce qui amena au rang supérieur de la société les chefs d'un rang secondaire, de même encore que la seconde noblesse françoise surgit après les déroutes de Crécy et de Poitiers. Ces seconds Franks, fixés dans leurs fiefs, devinrent, sous la troisième race, la tige de la haute noblesse françoise.

L'empereur Lother, retiré à Aix-la-Chapelle, leva une nouvelle armée de Saxons et de Neustriens. Advint alors le traité et le serment entre Karle et Hlovigh, écrits et prononcés dans les deux langues de l'empire, la langue romane et la langue tudesque. Je ferai néanmoins observer qu'il y avoit une troisième langue, le celtique pur, que l'on distinguoit de la langue *gauloise* ou *romane*, comme le prouve ce passage de Sulpice Sévère : Parlez celtique ou gaulois, si vous aimez mieux : *In vero celtice, vel, si mavis, gallice loquere*. Au milieu de ces troubles parurent les Normands, qui devoient achever de composer, avec les Gaulois-Romains, les Burgondes ou Bourguignons, les Visigoths, les Bretons, les Wascons ou Gascons, et les Franks, la nation françoise. Robert le Fort, bisaïeul de Hugues Capet, et qui possédoit le duché de Paris, fut tué d'un coup de flèche en combattant contre les Normands des environs du Mans.

L'empereur Lother meurt en habit de moine (855) : prince turbulent, persécuteur de son père et de ses frères.

Karle le Chauve est empoisonné par le juif Sédécias, dans un village au pied du Mont-Cénis, en revenant en France (3 octobre 877).

Hlovigh le Bègue succède au royaume des Franks, et est couronné empereur par le pape Jean VIII. Karloman, fils de Hlovigh le Germanique, lui disputa l'empire, et fut peut-être empereur ; mais après la mort de Karloman, Karle le Gros, son frère, obtint l'empire.

Karle le Gros, empereur, devint encore roi de France à l'exclusion de Karle, fils de Hlovigh le Bègue. Il posséda presque tous les États de Charlemagne. Siége de Paris par les Normands, qui dure deux ans et que Karle le Gros fait lever à l'aide d'un traité honteux. Il avoit recueilli autant de mépris que de grandeurs : on l'avoit dépouillé de la dignité impériale avant sa mort, arrivée en 888.

Karle, fils de Hlovigh le Bègue, fut proposé pour empereur ; on n'en voulut pas plus qu'on n'en avoit voulu pour roi de France. Arnoul, bâtard de l'empereur Karloman, succède à l'empire de Karle le Gros ; Eudes, comte de Paris et fils de Robert le Fort, est proclamé roi des Franks dans l'assemblée de Compiègne : Eudes avoit défendu Paris contre les Normands. En 892, Karle III est enfin proclamé roi dans la ville de Laon. Il y eut partage entre Eudes et Karle : Eudes eut le pays entre la Seine et les Pyrénées, et Karle les provinces depuis la Seine jusqu'à la Meuse.

Après la mort d'Eudes (898), Karle III, dit le Simple, recueillit la monarchie entière. Alors commençoient les guerres particulières entre les chefs devenus souverains des provinces dont ils avoient été les commandants. À Saint-Clair-sur-Ept fut conclu (912) le traité en vertu duquel Karle le Simple donne sa fille Ghisèle en mariage à Rollon, et cède à son gendre cette partie de la Neustrie que les conquérants appeloient déjà de leur nom. Rollon la posséda à titre de duché, sous la réserve d'en faire hommage à Karle et d'embrasser la religion chrétienne ; il demanda et obtint encore la seigneurie directe et immédiate de la Bretagne : grand homme de justice et d'épée, il fut le chef de ce peuple qui renfermoit en lui quelque chose de vital et de créateur propre à former d'autres peuples.

L'empereur Hlovigh IV étant mort, Karle, resserré dans un étroit domaine par les seigneuries usurpées, ne put intervenir, et l'empire sortit de la France. Conrad, duc de Franconie, et ensuite Henric I$^{er}$, tige de la maison impériale de Saxe, furent élus empereurs. Le fils d'Henric, Othon, dit le Grand, couronné à Rome (962), réunit le royaume d'Italie au royaume de Germanie.

Robert, frère du roi Eudes, est proclamé roi et sacré à Reims (922). Karle le Simple lui livre bataille, le défait et le tue. Tout épouvanté de sa victoire, il s'enfuit auprès de Henric, roi de Germanie, et lui cède une partie de la Lothingarie. De là il s'enfuit chez Herbert, comte de Vermandois, d'où il s'enfuit enfin dans sa tombe (929). Oghine, fille d'Édouard Ier, roi des Anglois, se retire à Londres auprès d'Adelstan, son frère : elle emmène avec elle son fils Hlovigh, qui prit le surnom *d'Outre-mer*.

En 923 on veut décerner la couronne à Hugues, qui la fait donner à son beau-frère Raoul, duc et comte de Bourgogne : Raoul ne fut jamais reconnu roi dans les provinces méridionales de la France. Il meurt à Autun, en 936. Hugues, dit le Grand, dit l'Abbé, dit le Blanc, ne veut point encore de la couronne, et fait revenir Hlovigh d'Outre-mer, fils de Charles le Simple. Celui-ci, âgé de seize ans, monte au trône.

En 954, il meurt d'une chute de cheval, et laisse deux fils, Lother et Karle, duc de Lothingarie.

Lother est élu roi sous le patronage de Hugues le Grand ; le royaume, devenu trop petit, ne se partage point entre les deux frères. Hugues décède (956). Lother voit ses États presque réduits, par l'envahissement des grands vassaux, à la ville de Laon ; ainsi s'étoit rétréci le large héritage de Charlemagne. Charles VII fut aussi *roi de Bourges*, mais il sortit de cette ville pour reconquérir son royaume, et Lother ne reprit pas le sien. Il mourut à Reims, en 986, du poison que lui donna sa femme, fille de Lother, roi d'Italie. Son fils, Louis V, surnommé mal à propos le Fainéant, fut le dernier roi de la race karlovingienne. Il ne régna qu'un an, et partagea le destin de son père : sa femme, Blanche d'Aquitaine, l'empoisonna ; il ne laissa point de postérité. Karle, son oncle, avoit des prétentions à la couronne ; mais l'élection se fit en faveur de Hugues Capet, duc des François. Hugues commença la race de ces rois dont le dernier vient de descendre du trône : force est de reconnoître cette grandeur du passé par le vide et le mouvement qu'elle creuse et qu'elle cause dans le monde en se retirant.

Les soixante premières années de la seconde race n'offrent aucun changement remarquable dans les mœurs et dans le gouvernement ; c'est toujours la société romaine dominée par quelques conquérants. Le rétablissement de l'empire d'Occident donne même à cette époque un plus grand air de ressemblance avec les temps antérieurs. Sous le rapport militaire, Charlemagne ne fait que ce que beaucoup d'empereurs avoient fait avant lui ; il se transporte en diverses provinces de l'Europe pour repousser des barbares, comme Probus, Aurélien, Dioclétien, Constantin, Julien, avoient couru d'un bout du monde à l'autre dans la même nécessité. Sous le rapport de la législation et des études, Charlemagne avoit encore eu des modèles ; les empereurs, même les plus ignorés et les plus foibles, s'étoient distingués par la promulgation des lois et l'établissement des écoles ; mais il faut convenir que ces nobles entreprises de Charlemagne amenèrent d'autres résultats ; elles étoient aussi plus méritoires dans le soldat teuton qui fit recueillir les chansons des anciens Germains : « *Qui mist noms aux douze mois selonc la langue toyse, et noms propres aux douze vents ; car avant ce n'estoient nomé que li quatre vent cardinal,* dans un soldat *qui se vestoit à la manière de France, vestoit en yver un garnement forré de piaus de loutre ou de martre,* dans un soldat *qui levoit un chevalier armé sur sa paume, et de Joyeuse, son épée, coupoit un chevalier tout armé.* » (*Chron. Saint-Denis.*)

On retrouve à la cour des rois des deux premières races les charges et les dignités de la cour des césars, ducs, comtes, chanceliers, référendaires, camériers, domestiques, connétables, grands-maîtres du palais : Charlemagne seul garda la première simplicité des Franks ; ses devanciers et ses successeurs affectèrent la magnificence romaine. On voit auprès de Hlovigh le Débonnaire Hérold le Danois portant une chlamyde de pourpre, ornée de pierres précieuses et d'une broderie d'or : sa femme, par les soins de la reine Judith, revêt une tunique également brodée d'or et de pierreries ; un diadème couvre son front et un long collier descend sur son sein. La reine danoise, il est vrai, a aussi des cuissards de mailles d'or et de perles, et un capuchon d'or retombe sur ses épaules : ce sont des sauvages se parant à leur fantaisie dans le vestiaire d'un palais. Dans une chasse brillante, l'enfant Karle (Karle le Chauve) *frappe de ses petites armes une biche que lui ont ramenée ses jeunes compagnons.* Virgile ne disoit pas mieux d'Ascagne.

Les capitulaires de Charlemagne, relatifs à la législation civile et religieuse, reproduisent à peu près ce que l'on trouve dans les lois romaines et dans les canons des conciles ; mais ceux qui concernent la législation domestique sont curieux par le détail des mœurs.

Le capitulaire *de Villis fisci* se compose de soixante-dix articles, vraisemblablement recueillis de plusieurs autres capitulaires.

Les intendants du domaine sont tenus d'amener au palais où Charlemagne se trouvera le jour de la Saint-Martin d'hiver tous les poulains, de quelque âge qu'ils soient, afin que l'empereur, après avoir entendu la messe, les passe en revue.

On doit au moins élever dans les basses-cours des principales métairies cent poules et trente oies.

Il y aura toujours dans ces métairies des moutons et des cochons gras, et au moins deux bœufs gras pour être conduits, si besoin est, au palais.

Les intendants feront saler le lard ; ils veilleront à la confection des cervelas, des andouilles, du vin, du vinaigre, du sirop de mûres, de la moutarde, du fromage, du beurre, de la bière, de l'hydromel, du miel et de la cire.

Il faut pour la dignité des maisons royales que les intendants y élèvent des laies, des paons, des faisans, des sarcelles, des pigeons, des perdrix et des tourterelles.

Les colons des métairies fourniront aux manufactures de l'empereur du lin et de la laine, du pastel et de la garance, du vermillon, des instruments à carder, de l'huile et du savon.

Les intendants défendront de fouler la vendange avec les pieds : Charlémagne et la reine, qui commandent également dans tous ces détails, veulent que la vendange soit très-propre.

Il est ordonné, par les articles 39 et 65, de vendre au marché, au profit de l'empereur, les œufs surabondants des métairies et les poissons des viviers.

Les chariots destinés à l'armée doivent être tenus en bon état, les litières doivent être couvertes de bon cuir et si bien cousues, qu'on puisse s'en servir au besoin comme de bateaux pour passer une rivière.

On cultivera dans les jardins de l'empereur et de l'impératrice toutes sortes de plantes, de légumes et de fleurs : des roses, du baume, de la sauge, des concombres, des haricots, de la laitue, du cresson alénois, de la menthe romaine, ordinaire et sauvage, de l'herbe aux chats, des choux, des ognons, de l'ail et du cerfeuil.

C'étoit le restaurateur de l'empire d'Occident, le fondateur des nouvelles études, l'homme qui du milieu de la France en étendant ses deux bras arrêtoit au nord et au midi les dernières armées d'une invasion de six siècles, c'étoit Charlemagne enfin qui faisoit vendre au marché les œufs de ses métairies et régloit ainsi avec sa femme ses affaires de ménage.

Quand je parlerai de la chevalerie, je montrerai qu'on en doit rattacher l'origine à la seconde race, et que les romanciers du xi$^e$ siècle en transformant Charlemagne en chevalier ont été plus fidèles qu'on ne l'a cru à la vérité historique.

Les capitulaires des rois franks jouirent de la plus grande autorité : les papes les observoient comme des lois ; les Germains s'y soumirent jusqu'au règne des Othons, époque à laquelle les peuples au delà du Rhin rejetèrent le nom de Franks, qu'ils s'étoient glorifiés de porter. Karle le Chauve, dans l'édit de Pîtres (chap. vi), nous apprend comment se dressoit le capitulaire. « La loi, dit ce prince, devient irréfragable par le consentement de la nation et la constitution du roi. » La publication des capitulaires, rédigés du consentement des assemblées nationales, étoit faite dans les provinces par les évêques et par les envoyés royaux, *missi dominici*.

Les capitulaires furent obligatoires jusqu'au temps de Philippe le Bel : alors les ordonnances les remplacèrent. Rhenanus les tira de l'oubli en 1531 : ils avoient été recueillis incomplétement en deux livres par Angesise, abbé de Fontenelles (et non pas de Lobes), vers l'an 827. Benoît, de l'Église de Mayence, augmenta cette collection en 845. La première édition imprimée des capitulaires est de Vitus; elle parut en 1545.

Les assemblées générales où se traitoient les affaires de la nation avoient lieu deux fois l'an, partout où le roi ou l'empereur les convoquoit. Le roi proposoit l'objet du capitulaire : lorsque le temps étoit beau, la délibération avoit lieu en plein air; sinon, on se retiroit dans des salles préparées exprès. Les évêques, les abbés et les clercs d'un rang élevé se réunissoient à part; les comtes et les principaux chefs militaires de même. Quand les évêques et les comtes le jugeoient à propos, ils siégeoient ensemble, et le roi se rendoit au milieu d'eux; le peuple étoit forclos; mais après la loi faite on l'appeloit à la sanction. (HINCMAR. *Hunold*). La liberté individuelle du Frank se changeoit peu à peu en liberté politique, de ce genre représentatif inconnu des anciens. Les assemblées du viii$^e$ et du ix$^e$ siècle étoient de véritables états tels qu'ils reparurent sous saint Louis et Philippe le Bel; mais les états des Karlovingiens avoient une base plus large, parce qu'on étoit plus près de l'indépendance primitive des barbares : le *peuple* existoit encore sous les deux premières races; il avoit disparu sous la troisième, pour renaître par les *serfs* et les *bourgeois*.

Cette liberté politique karlovingienne perdit bientôt ce qui lui restoit de populaire : elle devint purement aristocratique, quand la division croissante du royaume priva de toute force la royauté.

La justice, dans la monarchie franke, étoit administrée de la manière établie par les Romains; mais les rois chevelus, afin d'arrêter la corruption de cette justice, instituèrent les *missi dominici*, sorte de commissaires ambulants, qui tenoient des assises, rendoient des arrêts au nom du souverain et sévissoient contre les magistrats prévaricateurs. Quand il s'agira de la féodalité et des parlements, je montrerai comment la source de la justice chez les peuples modernes fut autre que la source de la justice chez les Grecs et les Latins.

Sous les successeurs de Charlemagne se déclare la grande révolution sociale qui changea le monde antique dans le monde féodal :

second pas de la liberté générale des hommes, ou passage de l'*esclavage* au *servage*. J'expliquerai en son lieu cette mémorable transformation.

Charlemagne, comme tous les grands hommes, par l'attraction naturelle du génie, concentra l'administration et le gouvernement social en sa personne ; à sa mort l'unité disparut : ses contemporains, qui avoient vu se former son empire, en déplorèrent la division.

Alexandre, n'ayant point de famille, livra à ses capitaines, comme à ses enfants, les débris de sa conquête : en quittant la Macédoine il ne s'étoit réservé que l'espérance ; en quittant la vie il ne garda que la gloire. Charlemagne n'étoit point dans la même position : il commençoit un monde, Alexandre en finissoit un. Charlemagne partagea son empire entre ses trois fils ; ses fils le morcelèrent entre les leurs. En 888, à la mort de Karle le Gros, il y avoit déjà sept royaumes dans la monarchie du fils de Karle le Martel : le royaume de France, le royaume de Navarre, le royaume de Bourgogne cis-jurane, le royaume de Bourgogne trans-jurane, le royaume de Lorraine, le royaume d'Allemagne, le royaume d'Italie. Karle le Chauve établit l'hérédité des bénéfices. « Si, après notre mort, dit-il, quelqu'un de nos fidèles a un fils ou tel autre parent. . . . . . . , qu'il soit libre de lui transmettre ses bénéfices et honneurs comme il lui plaira. » Ce n'étoit que changer le fait en droit : car les ducs, comtes et vicomtes retenoient déjà les châteaux, villes et provinces dont ils avoient reçu le commandement. A la fin du IX^e siècle, vingt-neuf fiefs ou souverainetés aristocratiques se trouvoient établis. Un siècle après, à la chute de la race karlovingienne, le nombre s'en étoit accru jusqu'à cinquante-cinq. A mesure que ces petits États féodaux se multiplioient, les grands États monarchiques diminuoient : les sept royaumes existants du temps de Karle le Gros étoient réduits à quatre lorsque Hugues Capet reçut la couronne.

Les fiefs usurpés donnèrent naissance aux maisons aristocratiques que l'on voit s'élever à cette époque ; alors les barbares substituèrent à leurs noms germaniques et ajoutèrent à leurs prénoms chrétiens les noms des domaines dans lesquels ils s'étoient impatronisés. Les noms propres de lieux ont précédé les noms propres d'individus. Le sauvage donne à sa terre une dénomination tirée de ses accidents, de ses qualités, de ses produits, avant de prendre lui-même une appellation particulière dans la famille commune des hommes. Un globe pourroit avoir une géographie et n'avoir pas un seul habitant.

Le gentilhomme proprement dit, dans le sens où nous entendons ce mot aujourd'hui, commença de paroître vers la fin de la seconde race. La noblesse titrée, que Constantin mit à la place du patriciat, s'infiltra chez les Franks par leur mélange avec les générations romaines, par les emplois qu'ils occupèrent dans l'empire, par l'influence que les vaincus civilisés exercèrent dans l'intimité du foyer sur leurs vainqueurs agrestes.

Dans les autres parties de l'Europe, la même cause agit, les mêmes faits s'accomplissent : le monarque n'est plus que le chef de nom d'une aristocratie religieuse et politique dont les cercles concentriques se vont resserrant autour de la couronne. Dans chacun de ces cercles s'inscrivent d'autres cercles qui ont des centres propres à leur mouvement : la royauté est l'axe autour duquel tourne cette sphère compliquée, république de tyrannies diverses.

L'Église eut la principale part à la création de ce système ; elle avoit atteint le complément de ses institutions dans la période que les deux premières races mirent à s'écouler; elle avoit saisi l'homme dans toutes ses facultés : aujourd'hui même on ne peut jeter les regards autour de soi sans s'apercevoir que le monde extraordinaire d'où nous sommes sortis étoit presque entièrement l'ouvrage de la religion et de ses ministres.

Les précédentes *Études* nous ont montré le christianisme avançant à travers les siècles, changeant non de principe, mais de moyen d'âge en âge, se modifiant pour s'adapter aux modifications successives de la société, s'accroissant par les persécutions et s'élevant quand tout s'abaissoit. L'Église (qu'il faut toujours bien distinguer de la communauté chrétienne, mais qui étoit la forme visible de la foi et la constitution politique du christianisme), l'Église s'organisoit de plus en plus : ses milices s'étoient portées d'Orient en Occident; Benoît avoit fondé au mont Cassin son ordre célèbre.

Le long usage des conciles avoit rendu ceux-ci plus réguliers ; on les savoit mieux tenir; on connoissoit mieux leur puissance. Sur les conciles se modelèrent les corps délibérants des deux premières races, et les prélats qui dans la société religieuse représentoient les grands furent admis au même rang dans la société politique. Les évêques se trouvèrent tout naturellement le premier ordre de l'État par la raison qu'ils étoient à la tête de la civilisation par l'intelligence. Les preuves de la considération et de l'autorité des évêques sous les races mérovingienne et karlovingienne sont partout.

La composition pour le meurtre d'un évêque dans la loi salique est de neuf cents sous d'or, tandis que celle du meurtre d'un Frank n'est que de deux cents sous; on peut tuer un Romain convive du roi pour trois cents sous, et un antrustion pour six cents.

Un des premiers actes de Khlovigh est adressé aux *évêques et abbés*, aux hommes illustres les magnifiques ducs, etc., *omnibus episcopis, abbatibus,* etc. Khlother fait la même chose en 516.

Guntran et Khilpérik s'en remettent de leurs différends au jugement des *évêques* et des anciens du peuple : *ut quidquid sacerdotes vel seniores populi judicarent.* Guntran et Khildebert se soumettent à la médiation des *prêtres : mediantibus sacerdotibus* (588). Khlother II assemble les *évêques* de Bourgogne pour délibérer sur les affaires de l'État et le salut de la patrie : *Cum pontifices et universi proceres regni sui...... pro utilitate regia et salute patriæ conjunxissent* (627).

Les évêques sont toujours nommés les premiers dans les diplômes ; aucune assemblée où l'on ne les voie paroître : ils jugent avec les rois dans les plaids, et leur nom est placé au bas de l'arrêt immédiatement après celui du roi ; ils sont souverains de leurs villes épiscopales, ils ont la justice, ils battent monnoie, ils lèvent des impôts et des soldats : Savarik, évêque d'Auxerre, s'empara de l'Orléanois, du Nivernois, des territoires de Tonnerre, d'Avallon et de Troyes, et les unit à ses domaines. Le prêtre dans le camp s'appeloit *l'abbé des Armées.*

L'unité de l'Église, qui s'étoit établie par la doctrine, prit une nouvelle force par la création du temporel de la cour de Rome. Une fois la papauté portant couronne, son influence politique augmenta ; elle traita d'égal à égal avec les maîtres des peuples. Aussi voit-on les pontifes signer au testament des rois, approuver ou désapprouver le partage des royaumes, parvenir enfin à cet excès d'autorité, qu'ils disposoient des sceptres et forçoient les empereurs à leur venir baiser les pieds. Et cependant cette puissance sans exemple sur la terre n'étoit qu'une puissance d'opinion, puisque les papes qui imposoient leur tiare au monde étoient à peine obéis dans la ville de Rome.

Les successeurs de saint Pierre étant montés au rang de souverains, il en fut de même des évêques ; la plupart des prélats en Allemagne étoient des princes : par une rencontre naturelle, mais singulière, lorsque l'empire devint électif, les dignités devinrent héréditaires ; l'élu fut amovible, l'électeur inamovible.

Le grand nom de Rome, de Rome tombée aux mains des papes, ajouta l'autorité à leur suprématie en l'environnant de l'illusion des souvenirs : Rome, reconnue des barbares eux-mêmes pour l'ancienne source de la domination, parut recommencer son existence ou continuer la ville éternelle.

La cour théocratique donnoit le mouvement à la société universelle : de même que les fidèles étoient partout, l'Église étoit en tous lieux. Sa hiérarchie, qui commençoit à l'évêque et remontoit au souverain pontife, descendoit au dernier clerc de paroisse, à travers le prêtre, le diacre, le sous-diacre, le curé et le vicaire. En dehors du clergé séculier étoit le clergé régulier ; milice immense, qui par ses constitutions embrassoit tous les accidents et tous les besoins de la société laïque : il y avoit des ecclésiastiques et des moines pour toutes les espèces d'enseignements ou de souffrances. Le prêtre célibataire de l'unité catholique ne se refusa point, comme le ministre marié séparé de cette communion, aux calamités populaires : il devoit mourir dans un temps de peste en secourant les pestiférés ; il devoit mourir dans un temps de guerre en défendant les villes et en montant à cheval, malgré l'interdiction canonique ; il devoit mourir en se portant aux incendies ; il devoit mourir pour le rachat des captifs : à lui étoient confiés le berceau et la tombe ; l'enfant qu'il élevoit ne pouvoit, lorsqu'il étoit devenu homme, prendre une épouse que de sa main. Des communautés de femmes remplissoient envers les femmes les mêmes devoirs ; puis venoit la solitude des cloîtres pour les grandes études et les grandes passions. On conçoit qu'un système religieux ainsi lié à l'humanité devoit être l'ordre social même.

Les richesses du clergé, déjà si considérables sous les empereurs romains qu'on avoit été obligé d'y mettre des bornes, continuèrent de s'accroître jusqu'au XII<sup>e</sup> siècle, bien qu'elles fussent souvent attaquées, saisies et vendues dans les besoins urgents de l'État. Le monastère de Saint-Martin d'Autun possédoit sous les Mérovingiens cent mille manses. La manse étoit un fonds de terre dont un colon se pouvoit nourrir avec sa famille, et payer le cens au propriétaire. L'abbaye de Saint-Riquier, plus riche encore, nous montre ce que c'étoit qu'une ville de France au IX<sup>e</sup> siècle.

Hérik, en 831, présenta à Hlovigh le Débonnaire l'état des biens de la susdite abbaye. Dans la ville de Saint-Riquier, propriété des moines, il y avoit deux mille cinq cents manses de séculiers ; chaque manse payoit douze deniers, trois setiers de froment, d'avoine et de fèves, quatre poulets et trente œufs. Quatre moulins devoient six cents muids de grain mêlé, huit porcs et douze vaches. Le marché chaque semaine fournissoit quarante sous d'or, et le péage vingt sous d'or. Treize fours produisoient chacun par an dix sous d'or, trois cents pains et trente gâteaux dans le temps des Litanies. La cure de Saint-Michel donnoit un revenu de cinq cents sous d'or, distribués en aumônes par les frères de l'abbaye. Le casuel des enterrements des pauvres et des étrangers étoit évalué année courante à cent sous d'or, également distribués en aumônes. L'abbé partageoit chaque jour aux mendiants cinq sous d'or ; il nourrissoit trois cents pauvres, cent cinquante veuves et soixante clercs. Les mariages rapportoient annuellement vingt livres d'argent pesant, et le jugement des procès soixante-huit livres.

La rue des Marchands (dans la ville de Saint-Riquier) devoit à l'abbaye chaque année une pièce de tapisserie de la valeur de cent sous d'or, et la rue des Ouvriers en fer tout le ferrement nécessaire à l'abbaye ; la rue des Fabricants de boucliers étoit chargée de fournir les couvertures de livres ; elle relioit ces livres et les cousoit, ce qu'on estimoit trente sous d'or. La rue des Selliers procuroit des selles à l'abbé et aux frères ; la rue des Boulangers délivroit cent pains hebdomadaires ; la rue des Écuyers étoit exempte de toute charge (*vicus Servientium per omnia liber est*) ; la rue des Cordonniers munissoit de souliers les valets et les cuisiniers de l'abbaye ; la rue des Bouchers étoit taxée chaque année à quinze setiers de graisse ; la rue des Foulons confectionnoit les sommiers de laine pour les moines, et la rue des Pelletiers les peaux qui leur étoient nécessaires ; la rue des Vignerons donnoit par semaine seize setiers de vin et un d'huile ; la rue des Cabaretiers trente setiers de cervoise (bière) par jour ; la rue des Cent dix *Milites*, chevaliers, devoit entretenir pour chacun d'eux un cheval, un bouclier, une épée, une lance, et les autres armes.

La chapelle des nobles octroyoit chaque année douze livres d'encens et de parfum ; les quatre chapelles du commun peuple (*populi vulgaris*) payoient cent livres de cire et trois d'encens. Les oblations présentées au sépulcre de Saint-Riquier valoient par semaine deux cents marcs ou trois cents livres d'argent.

Suit le bordereau des vases d'or et d'argent des trois églises de Saint-Riquier et le catalogue des livres de la bibliothèque. Vient la liste des villages de Saint-Riquier, au nombre de vingt : Buniac, Vallès, Drusiac, Neuville, Gaspanne, Guibrantium, Bagarde, Cruticelle, Croix, Civinocurtis, Haidulficurtis, Maris, Nialla, Langradus, Alteica, Rochonismons, Sidrunis, Concilio, Buxudis, Ingoaldicurtis. Dans ces villages se trouvoient quelques vassaux de Saint-Riquier, qui possédoient des terres à titre de bénéfices militaires. On voit de plus treize autres villages sans mélange de fief ; et ces villages, dit la notice, sont moins des villages que des villes et des cités.

Le dénombrement des églises, des villes, villages et terres dépendant de Saint-Riquier présente les noms de cent chevaliers attachés au monastère, lesquels chevaliers composent à l'abbé, aux fêtes de Noël, de Pâques et de la Pentecôte, une cour presque royale. En résumé, le monastère possédoit la ville de Saint-Riquier, treize autres villes, trente villages, un nombre infini de métairies, ce qui produisoit un revenu immense. Les offrandes en argent faites au tombeau de

Saint-Riquier s'élevoient seules par an à quinze mille six cents livres de poids, près de deux millions numériques de la monnoie d'aujourd'hui.

Khlovigh gratifia l'église de Reims de terres dans la Belgique, la Thuringe, l'Austrasie, la Septimanie et l'Aquitaine ; il donna de plus à l'évêque qui l'avoit baptisé tout l'espace de terre qu'il pourroit parcourir pendant que lui, Khlovigh, dormiroit après son dîner. L'église de Besançon étoit une souveraineté : l'archevêque de cette église avoit pour hommes liges le vicomte de Besançon, les seigneurs de Salins, de Montfaucon, de Montferrand, de Durnes, de Montbeillard, de Saint-Seine ; le comte de Bourgogne relevoit même, pour la seigneurie de Gray, de Vesoul et de Choye, de l'archevêché de Besançon.

Charlemagne ordonna, en 805, le renouvellement du testament d'Abbon en faveur du monastère de la Novalaise ; cette charte contient la nomenclature des lieux donnés : M. Lancelot en a recherché la situation ; on peut voir ce document curieux.

Il seroit impossible de calculer la quantité d'or et d'argent, soit monnoyée, soit employée en objets d'arts, qui existoit dans les bas siècles ; elle devoit être considérable, à en juger par l'opulence des églises, par l'abondance incroyable des aumônes et des offrandes et par la multitude infinie des impôts. Les barbares avoient dépouillé le monde, et leurs rapines étoient restées dans les lieux où ils s'étoient établis : on sait aujourd'hui qu'une armée féconde les champs qu'elle ravage.

La seule chose à remarquer maintenant sur les richesses du clergé, c'est comment elles servirent à la société et de quelle autre propriété elles se composèrent.

Sous les races mérovingienne et karlovingienne le droit de conquête dominoit ; les terres ne furent point enlevées au propriétaire par la loi positive, mais le fait se dut mettre et se mit souvent en contradiction avec le droit. Quand un Frank se vouloit emparer du champ d'un Gaulois-Romain, qui l'en pouvoit empêcher ? Lorsque Khlovigh donne à saint Remi l'espace que le saint pourra parcourir tandis que le roi dormira [1], il est clair que le saint dut passer sur des terres déjà possédées, qui n'appartenoient plus à leur ancien propriétaire lorsque le roi se réveilla. Mais ces terres qui changèrent de possesseurs ne changèrent point de régime, et c'est sur ce point que toutes les notions historiques ont été faussées.

---

1. Karle le Martel fit une concession de la même nature : il dédommageoit le clergé aux dépens des voisins des biens qu'il lui avoit pris.

L'imagination s'est représenté les possessions d'un monastère comme une chose sans aucun rapport avec ce qui existoit auparavant : erreur capitale.

Une abbaye n'étoit autre chose que la demeure d'un riche patricien romain, avec les diverses classes d'esclaves et d'ouvriers attachés au service de la propriété et du propriétaire, avec les villes et les villages de leur dépendance. Le père abbé étoit le maître; les moines, comme les affranchis de ce maître, cultivoient les sciences, les lettres et les arts. Les yeux mêmes n'étoient frappés d'aucune différence dans l'extérieur de l'abbaye et de ses habitants; un monastère étoit une maison romaine pour l'architecture : le portique ou le cloître au milieu, avec les petites chambres au pourtour du cloître. Et comme sous les derniers césars il avoit été permis et même ordonné aux particuliers de fortifier leurs demeures, un couvent enceint de murailles crénelées ressembloit à toutes les habitations un peu considérables. L'habillement des moines étoit celui de tout le monde : les Romains depuis longtemps, avoient quitté le manteau et la toge; on avoit été obligé de porter une loi pour leur défendre de se vêtir à la *gothique*; les braies des Gaulois et la robe longue des Perses étoient devenues d'un usage commun. Les religieux ne nous paroissent aujourd'hui si extraordinaires dans leur accoutrement que parce qu'il date de l'époque de leur institution.

L'abbaye, pour le répéter, n'étoit donc qu'une maison romaine; mais cette maison devint bien de mainmorte par la loi ecclésiastique, et acquit par la loi féodale une sorte de souveraineté : elle eut sa justice, ses chevaliers et ses soldats; petit État complet dans toutes ses parties, et en même temps ferme expérimentale, manufacture (on y faisoit de la toile et des draps) et école.

On ne peut rien imaginer de plus favorable aux travaux de l'esprit et à l'indépendance individuelle que la vie cénobitique. Une communauté religieuse représentoit une famille artificielle toujours dans sa virilité, et qui n'avoit pas, comme la famille naturelle, à traverser l'imbécillité de l'enfance et de la vieillesse : elle ignoroit les temps de tutelle et de minorité et tous les inconvénients attachés à l'infirmité de la femme. Cette famille, qui ne mouroit point, accroissoit ses biens sans les pouvoir perdre, et, dégagée des soins du monde, exerçoit sur lui un prodigieux empire. Aujourd'hui que la société n'a plus à souffrir de l'accaparement d'une propriété immobile, du célibat nuisible à la population et de l'abus de la puissance monacale, elle juge avec impartialité des institutions qui furent sous plusieurs rapports utiles à l'espèce humaine à l'époque de sa formation.

Les couvents devinrent des espèces de forteresses où la civilisation se mit à l'abri sous la bannière de quelque saint : la culture de la haute intelligence s'y conserva avec la vérité philosophique, qui renaquit de la vérité religieuse. La vérité politique, ou la liberté, trouva un interprète et un complice dans l'indépendance du moine qui recherchoit tout, disoit tout et ne craignoit rien. Ces grandes découvertes dont l'Europe se vante n'auroient pu avoir lieu dans la société barbare ; sans l'inviolabilité et le loisir du cloître, les livres et les langues de l'antiquité ne nous auroient point été transmis, et la chaîne qui lie le passé au présent eût été brisée. L'astronomie, l'arithmétique, la géométrie, le droit civil, la physique et la médecine, l'étude des auteurs profanes, la grammaire et les humanités, tous les arts eurent une suite de maîtres non interrompue, depuis les premiers temps de Khlovigh jusqu'au siècle où les universités, elles-mêmes religieuses, firent sortir la science des monastères. Il suffira pour constater ce fait de nommer Alcuin, Anghilbert, Éghinard, Téghan, Loup de Ferrières, Éric d'Auxerre, Hincmar, Odon de Cluny, Gherbert, Abbon, Fulbert, ce qui nous conduit au règne de Robert, second roi de la troisième race. Alors naissent de nouveaux ordres religieux, et celui de Cluny n'eut plus le beau privilége d'être à peu près l'unique dépôt de l'instruction.

On sait tout ce qui avoit lieu relativement aux livres : tantôt les moines en multiplioient les exemplaires par zèle ou par ordre, tantôt ils en faisoient des copies par pénitence : on transcrivoit Tite-Live pendant le carême par esprit de mortification. Il est malheureusement vrai qu'on gratta des manuscrits pour substituer à un texte précieux l'acte d'une donation ou quelque élucubration scolastique. On voit dans le catalogue de la bibliothèque de l'abbaye de Saint-Riquier, an 831, des exemplaires de Cicéron, d'Homère et de Virgile. On trouve au $x^e$ siècle dans la bibliothèque de Reims les œuvres de Jules César, de Tite-Live, de Virgile et de Lucain. Saint-Bénigne de Dijon possédoit un Horace. A Saint-Benoît-sur-Loire, chaque écolier (ils étoient cinq mille) donnoit à ses maîtres deux volumes pour honoraires; à Montierender on montroit, en 990, la *Rhétorique* de Cicéron et deux Térence. Loup de Ferrières fit corriger un Pline mal transcrit ; il envoya à Rome des Suétone et des Quinte-Curce. Dans l'abbaye de Fleury, on avait le traité de Cicéron *De la République*, qui n'a été retrouvé que de nos jours, encore non en entier. Je ne me souviens pas d'avoir vu mentionné dans les catalogues de ces anciennes bibliothèques de France un seul Tacite.

La musique, la peinture, la gravure, et surtout l'architecture, ont des obligations infinies aux gens d'église. Charlemagne montroit pour la musique le goût naturel que conserve encore aujourd'hui la race germanique : il avoit fait venir des chantres de Rome ; il indiquoit lui-même dans sa chapelle, avec le doigt ou une baguette, le tour du clerc qui devoit chanter ; il marquoit la fin du motet par un son guttural qui devenoit le diapason de la phrase recommençante. Le moine de Saint-Gall raconte qu'un clerc ignorant les règles établies, et obligé de figurer dans un chœur, agitoit la tête circulairement et ouvroit une énorme bouche pour imiter les chantres qui l'environnoient. Charlemagne garda son sang-froid, et fit donner à ce clerc de bonne volonté une livre d'argent pour sa peine.

Il y avoit des écoles de musique : les moines connoissoient l'orgue et les instruments à cordes et à vent. Les séquences de la messe étoient fameuses au $x^e$ siècle ; on y poussoit le son à toute l'étendue de la voix ; elles produisoient des effets si extraordinaires qu'une femme en mourut de ravissement et de surprise. Les séquences, d'origine barbare, portoient le nom de *frigdora*.

L'art de graver sur pierres précieuses n'étoit pas perdu au $vIII^e$ et au $IX^e$ siècle : deux chanoines de Sens, Bernelin et Bernuin, construisirent une table d'or ornée de pierreries et d'inscriptions ; Heldric, abbé de Saint-Germain d'Auxerre, peignoit ; Tutilon, moine de Saint-Gall, exerçoit à Metz l'art de graveur et de sculpteur. L'architecture dite *lombarde* se rattache à l'époque religieuse de Charlemagne : le moine de Gozze étoit un habile architecte du $x^e$ siècle. Plus tard, l'architecture que nous appelons mal à propos *gothique* dut en majeure partie sa gloire, dans le $XII^e$ et le $XIII^e$ siècle, à des clercs, des abbés, des moines et des hommes affiliés aux établissements ecclésiastiques. Hugues Libergier et Robert de Coucy, *maître de Notre-Dame et de Saint-Nicaise de Reims*, avoient fourni les plans et dirigé la construction de l'église métropole de cette ville, ainsi que l'église de Saint-Nicaise, admirable édifice détruit par les barbares du $XVIII^e$ siècle. Aroun al Rascheld, ami et contemporain de Charlemagne, aimoit et protégeoit, comme lui, les sciences et les arts ; mais les lettres ont péri dans le moyen âge du mahométisme, et elles se sont rajeunies et renouvelées dans le moyen âge du christianisme.

Le corps du clergé étoit constitué de manière à favoriser le mouvement progresseur : la loi romaine, qu'il opposoit aux coutumes absurdes et arbitraires, les affranchissements qu'il ne cessoit de commander, les immunités dont ses vassaux jouissoient, les excommunications locales dont il frappoit certains usages et certains tyrans, étoient en harmonie avec les besoins de la foule. Il est vrai qu'en ce faisant les prêtres avoient pour objet principal l'augmentation de leur puissance; mais cette puissance étoit elle-même plébéienne : ces libertés réclamées au nom des peuples ne leur étoient pas incessamment données, mais elles répandoient dans la société des idées qui s'y devoient développer et tourner au profit de l'espèce humaine.

Le clergé régulier étoit encore plus démocratique que le clergé séculier. Les ordres mendiants avoient des relations de sympathie et de famille avec les classes inférieures; vous les trouvez partout à la tête des insurrections populaires : la croix à la main, ils menoient des bandes de *pastoureaux* dans les champs, comme les *processions* de la Ligue dans les murs de Paris. En chaire ils exaltoient les petits devant les grands, et rabaissoient les grands devant les petits; plus les siècles étoient superstitieux, plus il y avoit de cérémonies, plus le moine avoit d'occasions d'expliquer ces vérités de la nature déposées dans l'Évangile : il étoit impossible qu'à la longue elles ne descendissent pas de l'ordre religieux dans l'ordre politique. La milice de saint François se multiplia, parce que le peuple s'y enrôla en foule; il troqua sa chaîne contre une corde, et reçut de celle-ci l'indépendance que celle-là lui ôtoit; il put braver les puissants de la terre, aller avec un bâton, une barbe sale, des pieds crottés et nus, faire à ces terribles châtelains d'outrageantes leçons. Le maître, intérieurement indigné, étoit obligé de subir la réprimande de son *homme de poeste* transformé en *ingénu* par cela seul qu'il avoit changé de robe. Le capuchon affranchissoit plus vite encore que le heaume, et la liberté rentroit dans la société par des voies inattendues. A cette époque le peuple se fit prêtre, et c'est sous ce déguisement qu'il le faut chercher.

Enfin, on s'est élevé avec raison contre les richesses de l'Église, qui possédoit la moitié des propriétés de la France; mais, pour rester dans la vérité historique, il eût été juste de remarquer que les deux tiers au moins de ces immenses richesses étoient entre les mains de la partie *plébéienne* du clergé. J'insiste sur ce mot *plébéien*, parce qu'en développant tout ce qu'il renferme on arrive à une nouvelle vue, et une vue très-exacte, d'un sujet jusque ici mal compris et mal représenté.

L'esprit d'égalité et de liberté de la *république* chrétienne avoit passé dans la *monarchie* de l'Église. Cette monarchie étoit élective et représentative; tous les chrétiens, même laïques, quel que fût leur rang, pouvoient arriver, en vertu de l'élection, à la première dignité. La papauté n'était qu'une souveraineté viagère; en certains cas même les conciles généraux pouvoient déposer le souverain et en choisir un autre; il en étoit ainsi des évêques élus primitivement par la communauté diocésaine.

Il arriva donc que le suprême pontife étoit très-souvent un homme sorti de la dernière classe sociale ; tribun-dictateur que le peuple envoyoit pour mettre le pied sur le cou de ces rois et de ces nobles, oppresseurs de la liberté. Grégoire VII, qui réduisit en pratique la théorie de cette souveraineté, et qui exerça dans toute sa rigueur son mandat populaire, étoit un moine de néant ; Boniface VIII, qui déclaroit les papes compétents à ravir et à donner les couronnes, étoit un obscur légiste ; Sixte V, qui approuvoit le régicide, avoit gardé les pourceaux. Aujourd'hui même, après tant de siècles, cet esprit d'égalité n'est point altéré : il est rare que le souverain pontife soit tiré des grandes familles italiennes : un prêtre parvient au cardinalat ; son frère, petit marchand, illumine sa boutique, à Rome, en réjouissance de l'élévation de son frère. Le pape futur, né dans le sein de l'égalité, entroit dans le cloître, où il retrouvoit une autre sorte d'égalité mêlée à la théorie et à la pratique de l'obéissance passive : il sortoit de cette école avec l'amour du nivellement et la soif de la domination.

Pour expliquer la puissance temporelle du saint-siége, on est allé chercher des raisons d'ignorance et de religion, qui sans doute contribuèrent à l'augmenter, mais qui n'en étoient pas l'unique source. Les papes la tenoient, cette puissance, de la liberté républicaine ; ils représentoient en Europe la vérité politique détruite, presque partout : ils furent dans le monde gothique les défenseurs des franchises populaires. La querelle du sacerdoce et de l'Empire est la lutte des deux principes sociaux au moyen âge, le pouvoir et la liberté : les guelfes étoient les démocrates du temps, les gibelins les aristocrates. Ces trônes déclarés vacants et livrés au premier occupant ; ces empereurs qui venoient, à genoux, implorer le pardon d'un pontife ; ces royaumes mis en interdit ; ces églises fermées, et une nation entière privée de culte par un mot magique ; ces souverains frappés d'anathème, abandonnés non-seulement de leurs sujets, mais encore de leurs serviteurs et de leurs proches, ces princes évités comme des lépreux, séparés de la race mortelle en attendant leur retranchement de l'éternelle race ; les aliments dont ils avoient goûté, les objets qu'ils avoient touchés, passés à travers les flammes, ainsi que choses souillées, tout cela n'étoit que les effets énergiques de la souveraineté populaire déléguée à la religion et par elle exercée.

La papauté marchoit alors à la tête de la civilisation, et s'avançoit vers le but de la société générale. Et comment ces monarques sans sujets, sans armées, fugitifs même, et persécutés lorsqu'ils lançoient leurs foudres ; comment ces souverains, trop souvent sans mœurs, quelques-uns couverts de crimes, quelques autres ne croyant pas au Dieu qu'ils servoient, comment auroient-ils pu détrôner les rois avec un moine, une parole, une idée, s'ils n'eussent été les chefs de l'opinion ? Comment, dans toutes les régions du globe, les hommes chrétiens auroient-ils obéi à un prêtre dont le nom leur étoit à peine connu, si ce prêtre n'eût été la personnification de quelque vérité fondamentale? Aussi les papes ont-ils été maîtres de tout tant qu'ils sont restés guelfes, ou démocrates ; leur puissance s'est affoiblie lorsqu'ils sont devenus Gibelins ou aristocrates. L'ambition des Médicis fut la cause de cette révolution : pour obtenir la tiare, ils favorisèrent en Italie les armes impériales, et trahirent le parti populaire ; dès ce moment l'autorité papale déclina, parce qu'elle avoit menti à sa propre nature, abandonné son principe de vie. Le génie des arts masqua d'abord aux yeux de la foule cette défaillance intérieure ; mais les chefs-d'œuvre de Raphael et de Michel-Ange, qui s'effacent sur les murs du Vatican, n'ont point remplacé le pouvoir dont les papes se dépouillèrent en déchirant leur contrat primitif. C'est la même tendance à un faux pouvoir qui perdit la royauté sous Louis XIV : cette royauté, qui jusqu'au règne de Louis XIII s'étoit mélangée des libertés publiques, crut augmenter sa puissance en les étouffant, et elle se frappa au cœur. Les arts vinrent aussi embellir l'envahissement de nos franchises nationales : le Louvre du grand roi est encore debout comme le Vatican ; mais par quels soldats a-t-il été pris et est-il gardé?

# ANALYSE RAISONNÉE
# DE L'HISTOIRE DE FRANCE
### DEPUIS LE RÈGNE DE KHLOVIGH
### JUSQU'A CELUI DE PHILIPPE VI, DIT DE VALOIS.

(SUITE.)

## TROISIÈME RACE.

Avec la troisième race finit l'histoire des Franks et commence l'histoire des François.

La monarchie de Hugues Capet subit quatre transformations principales :

Elle fut purement féodale jusqu'au règne de Philippe le Bel.

A Philippe le Bel s'élève la monarchie des trois états[1] et du parlement, qui dure jusqu'à Louis XIII.

Louis XIV impose la monarchie absolue, que détruit la monarchie constitutionnelle ou représentative de Louis XVI.

Les faits de la monarchie purement féodale sont : la formation même et le caractère de ce gouvernement, le mouvement insurrectionnel et l'affranchissement des communes, la conquête de l'Angleterre par les Normands, les croisades extérieures et intérieures, et la querelle du sacerdoce et de l'Empire.

La monarchie des trois états et du parlement voit naître les lois générales, civiles et politiques, l'administration et la petite propriété; elle voit les démêlés de Philippe le Bel avec le pape, la destruction de l'ordre des Templiers, l'avénement au trône de la double lignée des Valois, la longue rivalité de la France et de l'Angleterre avec tous ses événements et tous ses malheurs, la destruction de la première haute noblesse, le soulèvement des paysans et des bourgeois, les troubles des trois états, l'établissement de l'impôt régulier et des troupes sol-

---

1. Appelés depuis états-généraux.

dées, la séparation du parlement des conseils du roi par la création du conseil d'État, l'extinction des deux maisons de Bourgogne, la réunion successive des grands fiefs à la couronne : les guerres d'Italie, les changements dans les lois, les mœurs, la langue, les usages et les armes. Les lettres renaissent ; les grandes découvertes s'accomplissent ; Luther paroît ; les guerres de religion éclatent ; les Bourbons arrivent à la couronne : la monarchie des états et la constitution aristocratique expirent sous Louis XIII. Le parlement en garde les traditions à travers la monarchie absolue.

La courte monarchie absolue de Louis XIV se compose de la gloire de ce prince, de la honte de Louis XV et de l'intrusion des idées dans l'ordre social comme faits.

La monarchie constitutionnelle ou représentative a pour accidents le jugement de Louis XVI, le passage de la république à l'empire, de l'empire à la restauration, et de la restauration à la monarchie républicaine, si ces deux mots se peuvent allier.

Je ne prétends pas établir ici des divisions tranchées, commençant tout juste à telle date, finissant tout juste à telle autre ; les choses sont plus mêlées dans la société : les siècles s'élèvent lentement à l'abri des siècles ; les mœurs nouvelles au milieu des anciennes mœurs sont comme les jeunes générations qui grandissent sous la protection des vieilles générations dont elles sont sortiss. Ainsi, Louis le Gros n'a point affranchi les communes dans le sens absolu du mot : il y avoit des communes libres et des communes insurgées avant qu'il leur octroyât des chartes ; mais c'est à partir de son règne que les affranchissements se multiplient tant par la couronne que par les seigneurs ; ainsi, Philippe le Bel n'a pas appelé le premier le tiers état aux délibérations publiques : avant lui plusieurs rois avoient convoqué des assemblées de notables, et particulièrement le roi saint Louis ; mais depuis Philippe le Bel, en 1303, jusqu'à Louis XIII, en 1614, on trouve une série de convocations d'états, qui n'est guère interrompue que vers la fin du xive siècle.

J'en dis autant des autres divisions, que je n'adopte que comme une formule historique, propre à servir de *layette* ou de case aux faits et d'aide à la mémoire. Je sais tout aussi bien que personne que la monarchie féodale ne tombe pas quand la monarchie des états et du parlement s'élève ; loin de là, elle est à son apogée ; elle descend ensuite pendant tout le xive siècle, et se vient abîmer sous Charles VII.

## HUGUES CAPET.

987-996.

Il faut dire de la royauté de Hugues Capet ce que j'ai dit de celle de Peppin : il n'y eut point usurpation, parce qu'il y avoit élection ; la légitimité étoit un dogme inconnu. Charles, duc de la basse Lorraine, fils de Louis d'Outre-mer et oncle de Louis V, le dernier des Karlovingiens, fut un prétendant que repoussa la majorité des suffrages : voilà tout. Il prit les armes, s'empara de la ville de Laon ; mais l'évêque de cette ville la livra à Hugues Capet (2 avril 991). Charles, mort en prison, laissa deux fils qui ne régnèrent point, et auxquels on ne pensa plus.

Mais dans la personne de Hugues Capet s'opère une révolution importante : la monarchie élective devient héréditaire ; en voici la cause immédiate, qu'aucun historien, du moins que je sache, n'a encore remarquée : le sacre usurpa le droit d'élection.

Les six premiers rois de la troisième race firent sacrer leur fils aîné de leur vivant. Cette élection religieuse remplaça l'élection politique, affermit le droit de primogéniture, et fixa la couronne dans la maison de Hugues Capet. Philippe-Auguste se crut assez puissant pour n'avoir pas besoin durant sa vie de présenter au sacre son fils Louis VIII ; mais Louis VIII, près de mourir, s'alarma, parce qu'il laissoit en bas âge son fils Louis IX, qui n'étoit pas sacré : il lui fit prêter serment par les seigneurs et les évêques ; non content de cela, il écrivit une lettre à ses sujets, les invitant à reconnoître pour roi son fils aîné. Tant de précautions font voir que 239 ans n'avoient pas suffi à la confirmation de l'hérédité absolue et de l'ordre de primogéniture dans la monarchie capétienne. Le souvenir même du droit d'élection se perpétuoit dans une formule du sacre : on demandoit au peuple présent s'il consentoit à recevoir le nouveau souverain.

Lorsque la couronne échut en ligne collatérale aux descendants de Hugues Capet, rien ne parut moins certain que l'existence de la loi salique, laquelle loi contestée mettoit pareillement en doute l'hérédité. Ces questions s'agitèrent vivement sous Philippe le Long, Charles le Bel et Philippe de Valois. Sous Charles VI une fille hérita de la couronne. En 1576 une ordonnance décida que les princes du sang précéderoient tous les pairs et qu'ils se placeroient selon leur proximité au trône. A ce propos, Christophe de Thou dit à Henri III que depuis le règne de Philippe de Valois il ne s'étoit fait chose aussi utile à la conservation de la loi salique : certes il falloit que le doute fût bien enraciné dans les esprits pour qu'un magistrat à la fin du XVIᵉ siècle vît une loi politique dans un règlement de préséance. Catherine de Médicis songea à faire passer le sceptre à sa fille. Les états de la Ligue parlèrent de mettre l'infante d'Espagne sur le trône de France. Enfin, sous la régence du duc d'Orléans, pendant la minorité de Louis XV, il fut déclaré que la famille royale venant à s'éteindre les François seroient libres de se choisir un chef : n'étoit-ce pas reconnoître leur droit primitif?

L'hérédité mâle, constituée dans la famille royale, devint à la fois le germe destructeur de la féodalité et le principe régénérateur de la monarchie absolue. L'aristocratie subsista dans l'Empire d'Allemagne et se détruisit dans le royaume de France parce que la dignité impériale demeura élective et que la couronne françoise devint héréditaire.

Les assemblées nationales cessèrent sous les premiers rois de la troisième race, de même qu'elles avoient été interrompues sous les derniers rois de la seconde. Hugues Capet étoit un très-petit seigneur. « Le royaume, dit Montesquieu, se trouva sans domaine, comme est aujourd'hui l'Empire : on donna la couronne à un des plus puissants vassaux. » Hugues, quand il en auroit eu l'envie, n'auroit pu réunir des états, les autres grands vassaux ne s'y seroient pas rendus : souverains comme le duc de France, ils ne lui auroient pas obéi. La liberté politique qui se montroit dans ces assemblées ne se trouva plus ; elle se plaça ailleurs, sous une autre forme.

La France alors étoit une république aristocratique fédérative, reconnoissant un chef impuissant. Cette aristocratie étoit sans peuple : tout étoit esclave ou serf. Le servage n'avoit point encore englouti la servitude ; le bourgeois n'étoit point encore né ; l'ouvrier et le marchand appartenoient encore à des maîtres dans les ateliers des abbayes et des seigneuries, la moyenne propriété n'avoit point encore reparu ; de sorte que cette monarchie (aristocratie de droit et de nom) étoit de fait une véritable démocratie ; car tous les membres de cette société étoient égaux ou le croyoient être. On ne rencontroit point au-dessous de l'aristocratie cette classe distincte et plébéienne qui par l'infériorité relative du sang fixe la nature du pouvoir qui la domine. Voilà pourquoi les chroniques de ces temps ne parlent jamais du *peuple* : on s'enquiert de ce peuple ; on est tenté de croire que les historiens l'ont caché, qu'en fouillant des chartes on le déterrera, qu'on découvrira une nation françoise inconnue, laquelle agissoit, administroit, gagnoit les batailles, et dont on a enseveli jusqu'à la mémoire. Après bien des recherches on ne trouve rien, parce qu'il n'y a rien, et que cette aristocratie sans peuple est à cette époque la véritable nation françoise.

Marquons le commencement de l'institution de la pairie : les pairs avoient existé avant la pairie ; dans l'origine, les pairs étoient des jurés qui prononçoient sur les différends advenus entre leurs égaux. La pairie prit un caractère politique quand les fiefs se convertirent en biens patrimoniaux et héréditaires. Les pairs du roi furent des seigneurs plus puissants que les pairs d'un comte ou d'un duc. Tous les systèmes qui placent l'origine de la pairie plus haut ou plus bas que le règne de Hugues Capet ne se peuvent soutenir.

L'introduction de la dignité de la pairie favorisa l'élection des Capétiens. Il y avoit sept pairs laïques ; Hugues en étoit un : les six autres pairs, dont les seigneuries relevoient immédiatement de la couronne, s'entendirent, comme aujourd'hui des électeurs s'entendent dans un collége électoral, pour porter leur voix sur leur compagnon. La pairie se trouva ainsi réunie à la royauté, et il ne resta que six pairs de France. L'égalité étoit si complète entre les pairs, que Hugues Capet ayant demandé à Adalbert *qui l'avoit fait comte*, Adalbert lui répondit : *Ceux qui t'ont fait roi*.

Outre les pairs laïques, il y avoit des pairs ecclésiastiques du ressort du trône, à la différence des autres seigneuries, qui n'avoient point de pairs ecclésiastiques. On peut dire de la pairie avant ses différentes dégénérations qu'elle étoit une espèce de sénat de rois, ou, plus exactement, un conseil aristocratique supérieur à la royauté même.

> Elisez douze pairs qui soyent compagnons,
> Qui mènent vos batailles par grand' dévotion.

Quand les pairs furent au nombre de douze, on les appela *les douze compagnons*, et Froissart les nomme *frères du royaume de France*. Les grands effets politiques de la pairie se virent dans le jugement de Jean sans Terre et du prince de Galles.

Hugues Capet mourut en 996. Je dirai, pour ne plus parler des successions royales, que sous la troisième race l'apanage remplaça le partage des biens patrimoniaux entre les enfants.

## ROBERT.

### 996-1031.

Robert, héritier du trône de Hugues, étoit un prince pieux et savant pour son siècle; il étoit poëte. L'Église chante encore des répons et des séquences composés par ce fils aîné de l'Église : *O constantia martyrum! Veni, Sancte Spiritus!* Il craignoit beaucoup sa femme, et se laissoit voler par les pauvres. Son règne fut long; c'est ce qu'il falloit alors pour un monde au berceau.

## HENRI I*er*.

### 1031-1060.

Le règne de Henri, qui vint après celui de Robert, fut encore un règne nourricier et tout rempli de petites guerres féodales.

Robert Guiscard paroissoit en Italie lorsque Guillaume le Bâtard occupoit la seigneurie de son père, Robert le Diable. Ces deux Normands devoient jouer un rôle important à l'occident et à l'orient de l'Europe, et lorsque Henri mourut, Grégoire VII n'étoit plus qu'à quelques années de distance.

Le petit-fils de Hugues Capet fut un homme d'une valeur héroïque. Il porta le premier un nom peu répété sur le trône de France, et funeste à tous les rois marqués de ce nom.

## PHILIPPE I*er*.

### 1060-1108.

Les quatre-vingt-une années qui s'écoulèrent de Hugues Capet à Philippe I*er* furent des années de conception, de travail, d'éducation première; mais au règne de Philippe I*er* la nuit qui couvroit une enfance sociale laborieuse se dissipe : le moyen âge paroît dans l'énergie de sa jeunesse, l'âme toute religieuse, le corps tout barbare, et l'esprit aussi vigoureux que le bras.

Guillaume le Bâtard convoque les aventuriers de l'Europe pour aller subjuguer l'Angleterre; il triomphe à la bataille d'Hastings, et le roi de France se trouve avoir un vassal-roi plus puissant que lui.

Cet événement, qui fut bientôt suivi des croisades, donne un nouveau mouvement aux populations. On avoit vu des invasions fortuites, des peuples marchant en avant et au hasard, sans savoir où ils s'arrêteroient, allant plutôt à des découvertes qu'à des conquêtes, comme ces navigateurs qui cherchent des terres inconnues; il en est tout autrement de Guillaume et de ses bandes. Pour la première fois un peuple est méthodiquement subjugué : le sol envahi reçoit de nouvelles forêts; les anciennes propriétés sont cadastrées, afin d'être imposées ou prises; la langue et les lois des vaincus sont changées par système; des espèces de moines armés bâtissent de toutes parts des châteaux moitié forteresses moitié églises, et chaque soir le peuple conquis se couche au son d'une cloche, comme dans un couvent : grand tableau, qui n'est plus à faire depuis qu'il a été peint de la main de M. Thierry. Gildas avait dit que les Angles (Anglois) n'étoient ni puissants dans la guerre ni fidèles dans la paix : *Angli nec in bello fortes nec in pace fideles;* les historiens des Siciliens et des Normands font observer que la Grande-Bretagne et la Sicile changèrent de face, et devinrent des pays renommés aussitôt qu'ils eurent reçu la race normande : *Jam inde Anglia non minus belli gloria quam humanitatis cultu inter florentissimas orbis christiani gentes in primis floruit.* (Malmesb.) *Siculi quod in patrio solo sunt, quod liberi sunt, quod omnes hodie christiani sunt ingenio Normannis acceptum ferunt.* (Prosp. Fasel., *De Reb. Sic.*)

En Italie, un mauvais petit garçon de chétive mine devient d'abord moine de Cluny, ensuite cardinal, et enfin pape, sous le nom de Grégoire VII. Hildibrand dépose Boleslas, roi de Pologne, enlève le titre de royaume à la Pologne même, ordonne à l'empereur victorieux de Constantinople d'abdiquer, rend les aventuriers normands de la Pouille feudataires du saint-siége, écrit à l'archevêque de Reims que le roi de France est un tyran indigne du sceptre, mande aux princes chrétiens de l'Espagne que saint Pierre est seigneur suzerain de leurs petits États, et que la Hongrie est un domaine de l'Église de Rome. Dans une lettre au roi Démétrius, Grégoire VII lui dit : « Votre fils nous a déclaré qu'il vouloit recevoir la couronne de nos mains; cette demande nous a paru juste, et nous lui avons donné votre royaume de la part de saint Pierre. »

On sait comment l'empereur Henri IV fut déposé par Hildibrand, comment il fut obligé pour obtenir son pardon de se présenter au bas des murailles de la forteresse de Canosse, sans gardes, dépouillé des habits impériaux, nu-pieds et couvert d'un cilice. Après trois jours de jeûne et de larmes, il fut admis à baiser humblement la mule du pontife : un retour de fortune rendit l'Empire à Henri IV. Après diverses entreprises guerrières, où l'on voit paraître Godefroi de Bouillon et un saccagement de Rome, Hildibrand va mourir fugitif, non vaincu, à Salerne, laissant après lui un grand nom mêlé à ceux de la comtesse Mathilde et de l'aventurier Guiscard. Une plume habile [1] nous prépare l'histoire de ce fameux pontificat. La querelle des Investitures ne finit pas avec Henri IV et Grégoire VII ; l'esprit de domination populaire et religieuse se perpétua dans les successeurs d'Hildibrand. Mathilde légua ses États au saint-siége.

Philippe 1er, peu de chose par lui-même, étoit un de ces hommes qui vivent seulement afin que tout s'arrange autour d'eux. Il aimoit les femmes, et répudia la reine Berthe sous prétexte de parenté. Il enleva Bertrade de Montfort, femme de Foulque le Rechin, comte d'Anjou. De là des excommunications et des guerres, dont Philippe triompha par sa fermeté dans le mal. Destiné aux grands spectacles sans y prendre part, Philippe vit la première croisade délibérée et résolue dans son royaume, au concile de Clermont, que présida Urbain II (1098). En ce même concile le nom de pape fut attribué exclusivement au souverain pontife.

Les flots des barbares s'étoient calmés dans le bassin de la France où Dieu les avoit versés, et où la main de Karle le Martel et celle de son fils les avoient contenus ; mais après deux siècles de stagnation, gonflés par des générations nouvelles, ils se débordèrent. Les croisades furent comme un souvenir ou comme une prolongation de cette invasion générale qui avoit ravagé le monde ; elles furent en outre des guerres de représailles. Les Sarrasins avoient menacé l'Europe de leur joug trois siècles avant que l'Europe eût pris les armes contre eux : leur migration, sortant de l'Arabie, conquit la Syrie et l'Égypte, s'avança le long de l'Afrique d'Orient en Occident jusqu'au détroit de Gade, passa ce détroit, inonda l'Espagne, surmonta les Pyrénées, et ne s'arrêta qu'au milieu des Gaules, contre l'épée de Karle le Martel.

Trop occupées alors, les populations chrétiennes remirent à un autre temps la vengeance ; mais quand ce temps fut venu elles s'ébranlèrent à leur tour, se portèrent d'Occident en Orient par l'Europe, traversèrent le Bosphore, allèrent attaquer les enfants du prophète aux lieux mêmes d'où ils étoient partis. Je ne sache pas de plus grand spectacle que ces invasions des peuples de l'Asie et des peuples de l'Europe marchant en sens opposé, les uns sous l'étendard de Mahomet, les autres sous l'étendard du Christ, autour de cette mer qu'avoit

---

1. M. Villemain.

bordée la civilisation grecque et romaine. Les Portugais et les Espagnols ont seuls reproduit ces merveilles, lorsque les premiers à travers les mers de l'Orient, les seconds à travers les mers de l'Occident, retrouvoient un monde perdu et découvroient un monde nouveau.

Des mœurs pleines de splendeur et de naïveté, des crimes et des vertus, des croyances ardentes, des faits héroïques, des souvenirs merveilleux, d'immenses résultats matériels et moraux, scientifiques et politiques, voilà ce que présentent les croisades. Les rudes et simples expressions des chroniqueurs relèvent l'éclat des actions; les ermites sont les historiens des chevaliers; des moines racontent avec l'humilité de la religion et la simplicité du langage l'orgueil de la conquête et la grandeur des exploits guerriers, ces pèlerinages commencés avec le bourdon et continués avec l'épée. On doit aux croisades la recomposition des armées nationales, décomposées par les petits cantonnements militaires de la féodalité : tant de cheftains éparpillés sur le sol, et étrangers les uns aux autres, apprirent à se connoître à la tête de leurs vassaux ; les serfs recommencèrent le peuple françois dans les camps, comme les bourgeois dans les villes. La chrétienté parut aussi pour la première fois sous la forme d'une immense nation, agissant par l'impulsion d'un seul chef. Et qu'alloit-elle conquérir ? Un tombeau.

Les derniers croisés, embarqués dans le dessein de reprendre Jérusalem sur un soudan ismaélite, prirent Constantinople sur un empereur chrétien ; fin extraordinaire d'une aventure de quatre siècles, d'une chevalerie romanesque ranimée à Rhodes devant Mahomet, évanouie à Malte devant l'homme historique qui devoit lui-même aller toucher la cité sainte, pour y puiser une autre sorte de merveilleux.

## LOUIS VI.

### 1108-1137.

Louis VI, dit le Gros, successeur de son père, Philippe, avoit pour tout royaume le duché de France et une trentaine de seigneuries. Il se battoit contre ses vassaux à Corbeil, à Mantes, à Montlhéry, à Montfort, au Puysaye, dont le château lui coûta trois années de siége : c'étoit plus qu'il n'en avoit fallu aux François pour ravager l'Asie et prendre Jérusalem.

C'est ici l'occasion de remarquer que les noms les plus répétés dans notre histoire n'ont pas pour cela une origine plus ancienne que les autres noms. Les nobles dont les terres se trouvoient dans le duché de Paris étoient par cette raison même mentionnés aux chroniques du petit domaine royal ; ces chroniques racontèrent les guerres que ces vassaux avoient eues avec la couronne, ou les honneurs qu'à avoient obtenus du monarque. Les autres nobles, cantonnés au loin dans leurs châteaux, restèrent ignorés ; on ne parla d'eux qu'à l'occasion de quelques batailles où ils avoient été appelés en vertu des services du fief. Il est arrivé de là qu'une centaine de noms ont rempli les fastes nationaux dans la monarchie féodale ; au lieu des annales de France, vous ne lisez réellement que celles du duché de France, et pour ainsi dire des voisins du roi.

Sous la monarchie absolue, Versailles et la cour envahirent à leur tour notre histoire, comme le duché de France l'avoit jadis usurpée : c'est toujours une centaine d'hommes de la banlieue de Paris qui, tantôt chevaliers, tantôt valets décorés, deviennent les personnages de la nation ; héros domestiques, dont la gloire avoit le vol du chapon autour des antichambres de leur seigneur. Si l'on veut connoître enfin notre ancienne patrie, il en faut recomposer le tableau général avec les tableaux particuliers des provinces : seul moyen de rétablir le caractère aristocratique que notre histoire doit avoir, au lieu du caractère monarchique qu'on lui a mensongèrement donné.

Au temps de Louis le Gros, les quatre frères Guerlande et l'abbé Suger firent faire un pas à la puissance royale, en diminuant l'autorité des justices particulières, en affranchissant les serfs, en établissant les communes : cet établissement, dont on a fait tant de bruit, doit être entendu avec restriction.

La France au commencement du xie siècle, loin d'être homogène, étoit composée de trois ou quatre peuples différents de mœurs, de lois, de langage ; il ne faut pas prendre ce qui se passoit dans le duché de Paris, en Picardie, en Champagne, le long du cours de la Marne et de l'Oise, de la Seine et de l'Yonne, pour ce qui se passoit au delà de la Loire et du Rhône, au delà de l'Orne, de la Sarthe et de la Villaine. Nos rois n'ont pas pu affranchir ce qui n'étoit pas de leur dépendance.

Mais l'histoire, qui n'admet que les faits prouvés, en refusant à Louis le Gros l'honneur d'avoir fait naître la classe intermédiaire et libre de la bourgeoisie, ne peut pas non plus recevoir comme une vérité incontestable cet esprit général de liberté dont on pense que les villes furent simultanément saisies au xiie siècle : cette coïncidence n'existe pas. Presque toutes les communes du midi de la France étoient libres et demeurées libres depuis l'administration romaine et visigothe ;

quelques priviléges, ajoutés à leur liberté primitive, ne constituent pas des chartes communales de la date du xɪɪ[e] siècle.

D'une autre part, on ne peut dire que Louis le Gros en donnant des chartes à sept ou huit communes n'ait fait que suivre l'impulsion d'un mouvement qu'il n'auroit pu arrêter. Nous voyons les rois étouffer avec la plus grande facilité les libertés municipales renaissantes, tirer tour à tour de l'argent de la commune qui avoit secoué le joug de son seigneur, et du seigneur qui à l'aide de la force royale avoit remis sa commune sous le joug.

Je ne puis me refuser au plaisir de citer un passage de la dix-neuvième lettre sur l'*Histoire de France*. L'auteur (M. A. Thierry), après avoir cité les noms des treize bourgeois bannis de la commune de Laon, termine son récit par ces paroles d'une gravité pathétique : « Je ne sais si vous partagerez l'impression que j'éprouve en transcrivant ici les noms obscurs de ces proscrits du xɪɪ[e] siècle. Je ne puis m'empêcher de les relire et de les prononcer plusieurs fois, comme s'ils devoient me révéler le secret de ce qu'ont senti et voulu les hommes qui les portoient il y a sept cents ans. Une passion ardente pour la justice et la conviction qu'ils valoient mieux que leur fortune avoient arraché ces hommes à leurs métiers, à leur commerce, à la vie paisible, mais sans dignité, que des serfs dociles pouvoient mener sous la protection de leurs seigneurs. Jetés sans lumières et sans expérience au milieu des troubles politiques, ils y portèrent cet instinct d'énergie qui est le même dans tous les temps, généreux dans son principe, mais irritable à l'excès, et sujet à pousser les hommes hors des voies de l'humanité. Peut-être ces treize bannis, exclus à jamais de leur ville natale, au moment où elle devenoit libre, s'étoient-ils signalés, entre tous les bourgeois de Laon, par leur opposition contre le pouvoir seigneurial; peut-être avoient-ils souillé par des violences cette opposition patriotique; peut-être, enfin, furent-ils pris au hasard pour être seuls chargés du crime de leurs concitoyens. Quoi qu'il en soit, je ne puis regarder avec indifférence ce peu de noms et cette courte histoire, seul monument d'une révolution qui est loin de nous, il est vrai, mais qui fit battre de nobles cœurs et excita ces grandes émotions que nous avons tous depuis quarante ans ressenties ou partagées. »

Le bourgeois du moyen âge, qui reconstruisit la moyenne propriété dans les cités, n'étoit pas du tout le bourgeois de la monarchie absolue : c'étoit un personnage important, souvent appelé à délibérer sur les plus graves affaires de la patrie. Il y avoit de grands, de petits et de francs bourgeois : le bourgeois pouvoit posséder certains fiefs. Le nom de bourgeois signifioit quelquefois *homme de guerre*; il ne dérogeoit point à la noblesse. *Noble homme, damoiseau et bourgeois*, sont des qualités données à une même personne dans des titres du xv⁰ siècle. Les nobles qui étoient *bourgeois* de certaines villes se trouvoient dispensés de l'arrière-ban. Les bourgeois de Paris s'appeloient les *bourgeois du roi.* « Au regard des non-nobles, ils sont en deux manières, dont les aucuns sont franches personnes, bourgeois du roi ou des seigneuries sur lesquelles ils demeurent, et les autres sont serfs et de serve condition. » (*Coutum. gén.*)

Cette classe intermédiaire entre le noble et le serf a donné naissance à une portion du *peuple.* Charles V accorda des lettres de noblesse à tous les bourgeois de Paris; Charles VI, Louis XI, François I⁰ʳ et Henri II confirmèrent ces lettres de noblesse. Paris ne fut jamais une commune, parce qu'il étoit franc par la seule présence du roi.

## LOUIS VII.

### 1137-1180.

Le règne de Louis VII, dit le Jeune, vit beaucoup de choses : le Code de Justinien retrouvé, la doctrine d'Abailard condamnée au concile de Soissons, la faction des guelfes et des gibelins répandue en Italie, la seconde croisade prêchée par saint Bernard. Suger et Bernard étoient deux hommes supérieurs, de nature antipathique l'un à l'autre; mais Bernard, sans être ministre, gouvernoit le monde, en sa double qualité de saint et de moine réformateur.

Louis le Jeune, revenu de la croisade, répudie Éléonore d'Aquitaine pour cause présumée d'adultère avec un jeune Sarrasin : il lui restitue la Guienne et le Poitou. Éléonore se remarie à Henri, comte d'Anjou et de Normandie, qui devenu roi d'Angleterre, sous le nom de Henri II, se trouva roi d'Angleterre, duc de Normandie et d'Aquitaine, comte d'Anjou, de Poitou, de Touraine et du Maine. Cette restitution probe, mais impolitique, à laquelle Suger s'étoit opposé, parce qu'il en prévoyoit les résultats, démembra la monarchie, introduisit l'ennemi dans le cœur du pays, et favorisa les grandes guerres que l'Angleterre fit à la France avec des François.

Le xii⁰ siècle est mémorable par de rapides progrès vers d'autres idées. Alexandre III, dans le troisième concile de Latran, déclara que tous les chrétiens devoient être exempts de la servitude : la croix portoit son fruit.

Les écoles se multiplièrent dans les cathédrales et dans les monastères; les colléges s'établirent en dehors de ces monastères; l'université prenoit de nouvelles forces; les étudiants étrangers égaloient dans Paris le nombre des habitants.

En Angleterre survint le différend fameux entre Henri II et Thomas Beket, relativement aux immunités ecclésiastiques.

## PHILIPPE II.

### 1180-1223.

Philippe-Auguste, parvenu au trône, réunit à la couronne, par la confiscation féodale appuyée des armes, la Normandie, le Maine, l'Anjou, la Touraine et le Poitou; il fit l'acquisition des comtés d'Auvergne et d'Artois; il recouvra la Picardie, grand nombre de places dans le Berry et divers autres comtés, châtellenies et seigneuries. Il rétablit la subordination parmi les grands vassaux et fit sentir la monarchie; il cita Jean sans Terre devant la cour des pairs pour y être jugé sur le meurtre d'Arthur, commis dans le ressort du royaume : c'est le premier important arrêt politique de cette haute cour.

Philippe fit couronner son fils roi d'Angleterre à Londres. Les Anglois conquirent à cette époque la grande Charte : entre plusieurs articles favorables aux communes et à l'indépendance des tribunaux, le trente-troisième porte que nul homme ne sera arrêté, emprisonné, dépouillé, banni, mis à mort arbitrairement; que le roi n'agira ou ne fera agir contre qui que ce soit autrement que d'après le jugement légal des pairs de l'accusé, ou d'après la loi du pays. C'est le fondement de toutes les libertés chez tous les peuples.

La bataille de Bouvines est la première où l'on reconnoisse un esprit de nationalité; la transformation est accomplie; les Franks sont devenus François. Philippe n'offrit point avant le combat sa couronne au plus digne, mais en remportant la victoire sur l'empereur Othon il courut risque de la vie. Jeté à bas de son cheval, « s'il n'eût été protégé, dit Guillaume le Breton, de la main de Dieu et d'une excellente armure, il eût été tué. »

Au règne de Philippe-Auguste se rattachent deux incidents remarquables, la croisade contre Saladin et la croisade contre les Albigeois; on avoit appris en marchant contre les infidèles à marcher contre les chrétiens.

Saladin avoit repris Jérusalem l'an 1187 de Jésus-Christ. Il laissa sortir tous les chrétiens au prix d'une rançon modique. Un historien arabe leur applique ce passage de l'Alcoran : « Oh ! combien ils quittèrent alors de jardins et de fontaines, de champs ensemencés et de nobles demeures qui faisoient leurs délices, et que nous donnâmes en héritage à un autre peuple ! » (*Bibl. des Crois.*, par M. MICHAUD, *chron. Arab.*)

Les princes d'Occident se croisèrent pour aller une seconde fois délivrer la ville sainte. Philippe passa en Orient ; mais il y fut éclipsé par ce Richard Cœur de Lion dont l'ombre faisoit tressaillir les chevaux sarrasins, et qui revenoit du combat *la cuirasse hérissée de flèches comme une pelote couverte d'aiguilles* (VINISANF) ; de ce Richard que Blondel ne délivra pas de sa prison par une chanson, mais qui chantoit lui-même dans la tour en langue romane :

> Ja nus hom pris non dira sa raison ;
> Adreitament se com hom dolent non :
> Ma per conort pot il faire chanson ;
> Pro a d'amis, mas pouve son li don ;
> Onta i auron se por ma reezonn,
> Sois fait dos yver prison.

La troisième croisade, commencée en 1187, fut suivie de la quatrième, en 1204, et se termina à la prise de Constantinople par les croisés. Baudouin, comte de Flandre, fut élu empereur, et établit cet empire des Latins qui ne dura que cinquante-huit ans.

L'an 1206 ouvrit la croisade contre les Albigeois : Innocent III, saint Dominique, Raymond, comte de Toulouse, Simon, comte de Montfort, sont les personnages de cet abominable épisode de notre histoire.

Le progrès de l'esprit philosophique renaissant par l'hérésie est remarquable dans les opinions diverses des Albigeois. Les principaux chefs ligués contre Raymond VI, leur protecteur, furent Eudes, duc de Bourgogne, Henri, comte de Nevers, et Simon, comte de Montfort. Simon étoit un homme dissimulé et ambitieux, vaillant, du reste, réglé dans ses mœurs, ayant, comme tous les hommes à part, commandement sur la fortune.

Cette guerre vit naître l'inquisition, et se distingua par ses auto-da-fé. On jetoit les femmes dans des puits ; on égorgeoit sans merci, et pendant les massacres les prêtres du comté de Montfort chanoient le *Veni, Creator*. Béziers fut emporté d'assaut : « Là se fit le plus grand massacre qui se fût jamais fait dans le monde entier ; car on n'épargna ni vieux, ni jeunes, pas même les enfants qui tétoient ; on les tuoit et faisoit mourir. Voyant cela, ceux de la ville se retirèrent, ceux qui le purent, tant hommes que femmes, dans la grande église de Saint-Nazaire. Les prêtres de cette église devoient faire tinter les cloches quand tout le monde seroit mort; mais il n'y eut son de cloche; car ni prêtre, vêtu de ses habits, ni clerc, ne resta en vie. »

Toulouse, dont toutes les maisons étoient fortifiées, et dont les bourgeois se défendirent de rue en rue, est prise et reprise, inondée de sang, à moitié brûlée.

Longtemps après, les ossements du vieux Raymond, qui ne furent jamais enterrés, se montroient dans un coffre, *tout profanés et à moitié mangés des rats,* chez les frères hospitaliers de Saint-Jean de Toulouse. Une simple commune de France, la petite république de Toulouse, brava pendant vingt ans les anathèmes des papes, les fureurs de l'inquisition, les assauts de trois rois de France, parmi lesquels on compta Philippe-Auguste et saint Louis. Simon de Montfort introduisit avec ses *François* la langue picarde, ou le *françois wallon,* dans les villes de Languedoc. La belle langue romane se perdit, et ne subsista plus qu'altérée dans le patois des campagnes.

L'inquisition, née des troubles vaudois, ne se put établir en France, parce qu'elle rencontra une rivale puissante dans la justice parlementaire. « L'inquisition a été quelque temps en France en quelques endroits; mais elle n'y a proprement fait que des apparitions. Il n'y en reste plus qu'un vestige dans un village nommé Quingey, entre Besançon et Dôle, où un dominicain, qui y vit d'un petit hospice, porte le nom de *Pape de Quingey.* Tout son pouvoir est, Dieu merci! restreint à donner permission de lire les livres prohibés. Avant la conquête de la Franche-Comté, ce petit pape de Quingey fit briller plus d'une fois par feu clair et merveil le pouvoir de l'inquisiteur. » (*Note sur Boullainvilliers.*)

Philippe-Auguste fit enclore et paver Paris. « Le bon roi. . . . . . se mit à une des fenêtres de laquelle il s'appuyoit aucunes fois pour regarder la Seine couler. . . . . . si advint que charrette vint à mouvoir si bien la boue et l'ordure. . . . . . que le roi sentit cette pueur si corrompue, et s'entourna de cette fenêtre en grande abomination de cœur. Lors fit mander li prévôt et borgeois de Paris, et li commanda que toutes les rues fussent pavées bien et soigneusement de grès gros et forts. »

Les deux cent trente-six rues de Paris étoient pleines de gens qui crioient :

> Seigneurs, voulez-vous baigner,
> Entrez donc sans délaïer;

Les bains sont chauds, c'est sans mentir.
Le bon vin fort à trente deux,
A seize, à douze, à dix, à huit.

## LOUIS VIII.

### 1223-1226.

« Louis VIII, dit du Haillant, fut bon et vertueux prince, et si peu de temps roi, qu'il n'a autre surnom, sinon de père du roi saint Louis.» Du Haillant se trompe : fils d'un grand roi et père d'un roi plus grand encore, Louis fut surnommé Cœur de Lion ou Lion Pacifique, tout à la fois, à cause de son courage et de sa douceur. Il *choisit* son fils aîné pour lui succéder, laissant à ses autres enfants des apanages : l'accession du premier né à la couronne n'étoit pas encore un droit indépendant de la *volonté* paternelle.

Sous le règne de Louis VIII, on remarque l'établissement du premier ordre des moines mendiants. On signale aussi une multitude de lépreux. Il fut *défendu aux femmes amoureuses, filles de joie et paillardes,* de porter robes à *collets renversés, queue, ni ceinture dorée.*

## LOUIS IX.

### 1226-1270.

Chaque époque historique a un homme qui la représente : saint Louis est l'homme modèle du moyen âge : c'est un législateur, un héros et un saint. Le temps où il a vécu rehausse encore sa gloire par le contraste de la naïveté et de la simplicité de ce temps. Soit que Louis combatte sur le pont de Taillebourg ou à la Massoure, soit que dans une bibliothèque il rende compte de la matière d'un livre à ceux qui le viennent demander ; soit qu'il donne des audiences publiques ou juge des différends au *plaids* de la Porte, ou sous le chêne de Vincennes, *sans huissier ou gardes* ; soit qu'il résiste aux entreprises des papes ; soit que des princes étrangers le choisissent pour arbitre ; soit qu'il meure sur les ruines de Carthage, on ne sait lequel le plus admirer du chevalier, du clerc, du patriarche, du roi et de l'homme. Marc Aurèle a montré la puissance unie à la philosophie, Louis IX la puissance unie à la sainteté : l'avantage reste au chrétien.

Les amours et les chansons de Thibaut, comte de Champagne, ont répandu quelque chose de romanesque sur les temps orageux de la tutelle de saint Louis.

Saint Louis résista aux usurpations de la cour de Rome et réclama en faveur des libertés de l'Église gallicane ; toutes les libertés sont sœurs.

Les *Établissements de saint Louis* sont une espèce de Code où les diverses coutumes de la monarchie, les ordonnances des rois, les canons des conciles, les décisions des décrétales, se trouvent mêlés au droit romain.

Louis avoit devancé son siècle : ses *Établissements* ne furent point admis ; s'il les eût publiés au commencement de son règne, peut-être leur auroit-il pu donner quelque chose de l'autorité de sa vie ; mais les *Établissements* furent le dernier présent et comme les derniers adieux qu'un saint faisoit à la terre. L'ignorance, les intérêts, les passions, qui ne purent rien contre la mémoire de ce grand homme, furent tout-puissants contre ses lois.

Il s'embarqua le 1er juillet 1270 à Aigues-Mortes, ville à laquelle il donna une charte, que nous avons encore. Le temps, qui change tout, a reculé la mer qui baignoit la ville d'où saint Louis quitta pour jamais la France. Les remparts qu'il avoit élevés, et qui devroient être sacrés, sont au moment d'être détruits par des générations nouvelles, qui se retireront à leur tour comme les flots.

J'ai vu le lieu de la mort de saint Louis : les historiens futurs trouveront peut-être dans le récit que j'ai fait de cette mort [1] quelques détails que mes devanciers ont ignorés, et dont je n'ai dû la connoissance qu'aux vicissitudes de ma vie : *vita est in fuga.*

Des pièces de monnoie qui nous restent de saint Louis sont percées ; on croyoit qu'elles guérissoient de tous maux, et on les portoit suspendues au cou comme des reliques : ce roi passoit pour avoir conservé la puissance de soulager ses peuples, même après sa mort.

## PHILIPPE III.

### 1270-1285.

Philippe le Hardi se trouve placé entre saint Louis, son père, et Philippe le Bel, son fils, de même que Louis VIII l'avoit été entre Philippe-Auguste et saint Louis : comme le laboureur laisse une terre en friche

---

1. *Itinéraire de Paris à Jérusalem.*

entre deux moissons, la Providence laissoit reposer la France entre deux grands règnes. Philippe quitta Tunis, débarqua en Sicile, passa dans les Calabres, entra dans Rome, ville des tombeaux, portant avec lui les os du roi son père, du comte de Nevers, son frère, et d'Isabelle d'Aragon, sa femme. Arrivé en France, il déposa les restes de sa famille à Saint-Denis, et seize années après il mourut à Perpignan, non loin du port où son père s'étoit embarqué pour l'Afrique.

Philippe le Hardi donna les premières lettres d'anoblissement; attaque à la constitution aristocratique.

Au dehors de la France, la nature des événements faisoit entrer dans le royaume des idées nouvelles. Le grand corps de la féodalité françoise étoit flanqué en Allemagne par un empire dont le chef étoit électif, ce qui produisoit des troubles et élevoit des doutes sur le droit divin des rois; en Angleterre, une monarchie représentative avoit des parlements votant des subsides et allant jusqu'à juger le souverain; en Espagne, les cortès et les lois de l'État n'octroyoient les trônes qu'avec des réserves ; en Italie, où les guerres des guelfes et des gibelins continuoient, la plupart des villes s'étoient affranchies. Charles d'Anjou, qui ne mourut que sous le règne de son neveu Philippe le Hardi, roi de France, portoit la couronne de Sicile, en vertu de la donation d'un pape qui n'avoit pas eu le droit de la donner : le premier en Europe, il fit décapiter un prince souverain, injustement condamné. Prêt à poser la tête sur le billot, Conradin jeta son gant dans la foule : qui l'a relevé? Louis XVI, descendant de saint Louis, dont Charles d'Anjou étoit frère.

## PHILIPPE IV.

### 1285-1314.

Au règne de Philippe le Bel commence la monarchie des trois états et la monarchie du parlement.

Sous les rois des deux premières races, le peuple entier ( c'est-à-dire les soldats, ou les conquérants) paroissoit aux assemblées de mars et de mai, donnoit son suffrage pour la formation des lois et sa voix pour l'élection des souverains. Il ne faut pas confondre le *tiers état*, appelé par Philippe, et avant lui par saint Louis, avec ces masses militaires. Le tiers état se composoit des *bourgeois* nés dans les villes du moyen âge, des gens de métier affranchis et des anciens magistrats municipaux romains. Ce furent ces bourgeois qui se soulevèrent dans le XIIe siècle, qui devinrent *propriétaires collectifs*, et par conséquent *seigneurs*, obtinrent de Louis le Gros quelques chartes, et prirent le nom de *communes*, nom *nouveau* et *exécrable*, dit un auteur contemporain ; ce furent ces bourgeois qui arrivés aux *états* commencèrent le *peuple françois* dans les villes, après la disparition de la *peuplade franke* et la métamorphose de la *servitude* en *servage*.

Ce n'est pas, je l'ai déjà dit, qu'avant le règne de Philippe le Bel on ne trouve des *assemblées de notables*, des bourgeois des bonnes villes semondrés par nos rois ; mais ce n'est qu'à l'occasion des démêlés de Philippe IV avec le pape Boniface, et surtout à l'occasion d'une taxe générale de six deniers sur les denrées vendues, « qu'Enguerrand de Marigny, surintendant de ses finances, ministre plus célèbre encore par ses malheurs que par son grand talent dans les affaires, pour obvier à ces émeutes, pourpensa d'obtenir cela du peuple avec plus de douceur. Dans cette vue il engagea le monarque à convoquer à Paris les états généraux du royaume. On fit dresser un échafaud ; là, en présence du roi, le surintendant, après avoir loué hautement la capitale, l'appelant la chambre royale, où les souverains anciennement prenoient leurs premières nourritures, exposa avec beaucoup de force les motifs qu'avoit ce prince d'aller punir la désobéissance des Flamands, exhortant vivement les trois états à le secourir dans cette nécessité publique, où il s'agissoit du fait de tous. » (PASQUIER.)

Au moment où les trois états prennent siége, le parlement de Paris, qui devoit hériter de la puissance politique de ces états, devient sédentaire ; le même roi qui constitue ces deux pouvoirs établit en même temps une nouvelle sorte de pairie : trois coups mortels portés à la monarchie féodale.

Les trois états, nommés depuis *états généraux*, qui offrirent souvent de grands talents et un haut instinct politique, n'entrèrent cependant jamais bien avant dans les mœurs du pays. D'abord ils n'agissoient pas sur une monarchie homogène : il y avoit des états de la langue d'Oc et de la langue d'Oyle, et des états particuliers de province. Les grands vassaux et les petites seigneuries indépendantes ne se soumettoient que selon leur bon plaisir aux décisions des états.

Quant aux trois ordres, la noblesse, minée graduellement par la couronne, ne sentit ni n'aima jamais cet autre pouvoir collectif qu'on lui donnoit dans ces assemblées mêlées du tiers état et du clergé, en dédommagement de sa puissance aristocratique ; elle s'y montra très-indépendante quant aux opinions ; mais elle ne songea point à reprendre sur la couronne, en entrant dans les intérêts communs de la patrie ;

l'autorité qu'elle avoit perdue : cette idée abstraitement politique ne pouvoit venir d'ailleurs aux gentilshommes du moyen âge.

Le clergé, qui avoit ses synodes particuliers et généraux, se soucioit peu de ces réunions mixtes où sa voix ne comptoit que pour un tiers des suffrages. Ses intérêts, défendus dans les conciles, ne l'incitoient point à jouer un rôle important dans les états : il y porta de l'humeur, une opposition factieuse et des talents administratifs que lui seul possédoit alors.

Le tiers état faisoit entendre quelques doléances, mais il n'étoit guère occupé qu'à se tenir attaché au trône, son abri naturel contre les deux autres ordres ; il y étoit encore enclin par le penchant naturel qu'a la démocratie au pouvoir absolu.

Les guerres civiles et étrangères, les invasions, le soulèvement des peuples, la défiance des rois, les résistances des seigneurs, la confusion qui régnoit dans les attributions politiques, mirent des obstacles à la tenue régulière des états : il y a des temps où ces états, enchevêtrés aux assemblées de notables, aux chambres du parlement de Paris et au conseil du monarque, se peuvent à peine distinguer des pouvoirs auxquels ils étoient réunis.

Un mot à présent sur le parlement.

Lorsque le roi cessa de juger, son conseil jugea pour lui. Ce conseil, sous le nom de parlement, *parlamentum* (vers l'an 1000), succéda aux *placita* de Grégoire de Tours et de Fredégher et au *mallum*[1] *imperatoris* des Capitulaires. Le parlement, d'abord ambulant avec le monarque, fut ensuite rendu sédentaire ; il eut des sessions fixes, et devint enfin perpétuel : des conseillers *jugeurs* tirés de la classe de la noblesse et de l'Église, des conseillers *rapporteurs* choisis parmi la classe des clercs et des bourgeois, le composoient. La noblesse d'épée se retira peu à peu du parlement ; la noblesse de robe y demeura seule : d'où il arriva que les juges inamovibles (les nobles) laissèrent le dépôt de la justice aux juges amovibles (les bourgeois). Charles VII, en créant le conseil d'État, acheva de séparer le parlement de la couronne et chercha à le livrer aux pures fonctions judiciaires. Louis XI donna en 1467 un édit pour la perpétuité des offices de judicature ; à la vérité il ne tint compte de son édit, parce qu'il n'étoit fidèle qu'à son despotisme de bas aloi. La vénalité des charges, si fâcheuse dans son principe, ramena l'inamovibilité et enfin l'hérédité de la magistrature.

Lorsque le roi, grand justicier de son royaume, venoit à mourir,

---

1. C'est du mot *mall um* qu'est venu notre mot *mail*, lieu planté d'arbres.

toute justice cessoit[1], parce que toute justice émanoit du roi. Le parlement paroissoit aux obsèques du prince et entouroit le cercueil ; quand le cri de la perpétuité de l'empire s'etoit fait entendre : *Le roi est mort, vive le roi!* les tribunaux se rouvroient, et la justice renaissoit avec la monarchie.

D'autres parlements furent successivement érigés à l'instar du parlement de Paris dans les différentes provinces. Celui-ci usurpa des droits politiques que n'exerçoient point les trois états dans les longs et irréguliers intervalles de leurs sessions ; les peuples s'accoutumèrent à le regarder comme le défenseur de leurs droits : « Par l'usage d'enregistrer l'impôt, il acquit, selon l'expression énergique de Pasquier, le droit de vérifier les volontés de nos princes. » La monarchie parlementaire survécut à celle des états, joua un rôle indépendant au temps de la Fronde, disparut dans la monarchie absolue de Louis XIV, fut brisée sous Louis XV, rétablie sous Louis XVI, et servit au rappel des états généraux de 1789.

Pour la justice civile, le parlement de Paris jugeoit d'après les coutumes des pays qui ressortissoient à son tribunal ; pour la justice criminelle, il employoit le droit royal (les ordonnances) mêlé au droit romain et au droit canon lorsque la religion étoit incidente au délit ou au crime. Ce furent des personnages comparables à ce qu'il y a de plus grave et de plus illustre dans l'histoire que les Flotte, les L'Hôpital, les De Thou, les Harlay, les Nicolaï, les Lamoignon, les D'Aguesseau, les Brisson, les Molé, les Seguier : avec les gens d'église, les clercs, les lettrés, les savants, les artistes et une centaine d'hommes de guerre, de terre et de mer, ils forment les grands hommes de la partie plébéienne de l'ancienne monarchie. Néanmoins, plusieurs magistrats étoient de familles nobles ; quelques parlements étoient nobles, et la haute magistrature s'appela la noblesse de robe.

Une multitude de rois s'en étoient allés à la fois, quand Philippe monta sur le trône ; il commença son règne au milieu des générations renouvelées. Ses querelles avec Boniface VIII sont célèbres : il s'agissoit d'abord de quelques levées de deniers faites ou à faire sur le clergé. Boniface s'emporta ; Philippe repartit qu'il ne se soumettroit jamais au pape pour les choses temporelles.

L'évêque de Pamiers, légat de Boniface, insulte le roi en pleine audience ; le roi le chasse de son conseil et le fait accuser de crime de haute trahison : une bulle de Boniface ordonne de livrer l'évêque au tribunal ecclésiastique. Autre bulle qui déclare le roi de France soumis

---

[1]. Nous verrons ci-après l'origine de la justice chez les Franks.

au pape, tant au temporel qu'au spirituel. Le garde des sceaux, Pierre Flotte, adresse au pape, de la part du roi, une lettre commençant ainsi : « Philippe, par la grâce de Dieu, roi des François, à Boniface, prétendu pape, peu ou point de salut. Que votre très-grande fatuité sache que nous ne sommes soumis à personne pour le temporel, etc. »

Survint alors une bulle où sont retracés les principaux torts de Philippe : « Il accable ses sujets d'impôts ; il altère les monnoies ; il perçoit les revenus des bénéfices vacants. En vain il rejetteroit tous ses torts sur de mauvais ministres, il doit changer ses ministres à l'admonition du saint-siége. » Si ces reproches étoient déplacés, ils étoient justes, et ces violences mêmes étoient utiles. La papauté avoit seule alors le droit de parler, et remplaçoit l'opinion publique pour les nations ; les répliques que les rois étoient obligés de faire dévoiloient les abus de la cour de Rome : par les doubles passions de la couronne et de la tiare les peuples obtenoient une partie des lumières qui sont aujourd'hui le résultat de la liberté de la presse.

Les trois ordres écrivirent à Rome, le clergé en latin, la noblesse et vraisemblablement le tiers état en françois. La lettre du clergé étoit respectueuse, mais ferme ; celle de la noblesse violente, et celle du tiers état, qu'on n'a plus, vraisemblablement aussi vigoureuse que celle de la noblesse, à en juger par la réponse des cardinaux. Le pape traita l'Église gallicane de fille folle, et se plaignit de ce que la noblesse et les communes n'avoient pas même daigné lui accorder le titre de souverain pontife.

Après la tenue d'un consistoire, l'assemblée d'un concile à Rome et la promulgation de nouvelles bulles, Guillaume de Nogaret, chevalier du roi, dans une assemblée des prélats et des barons (1303), déclara que Boniface n'étoit point un pape ; qu'il étoit, aux termes de l'Évangile, un voleur et un brigand ; qu'il étoit temps d'arrêter ce misérable, de le mettre au cachot, d'assembler un concile pour le juger, ce qu'étant fait, les cardinaux éliroient un vrai pape. Boniface lança une bulle d'excommunication contre Philippe et mit le royaume en interdit : il se trompoit d'époque : le siècle de Grégoire VII étoit déjà loin.

Les deux nonces chargés de porter au roi la sentence papale furent jetés en prison, les bulles saisies, le temporel des ecclésiastiques françois qui s'étoient rendus à Rome confisqué, les ordres du royaume convoqués au Louvre afin d'aviser au moyen de se venger du pontife. Dans cette assemblée, un procès public fut intenté à Boniface par Guillaume de Plasian ; les principaux articles portoient que le pape nioit l'immortalité de l'âme, qu'il doutoit de la réalité du corps de

Jésus-Christ dans l'Eucharistie, qu'il étoit souillé du péché infâme, et qu'il appeloit les François *patarins*. Le roi, sur les conclusions de Nogaret et de Plasian, en appelle des bulles de Boniface aux conciles futurs et aux papes futurs. Les trois états adhèrent à cette déclaration.

Nogaret se trouvoit alors en Italie; il fut chargé de signifier au pape la résolution de l'assemblée générale de France. Le violent pontife, retiré à Agnanie, sa ville natale, préparoit de nouveaux foudres. Nogaret avoit reçu l'ordre de l'enlever, de le conduire à Lyon, où il seroit privé des clefs dans un concile général : c'étoit à leur tour les rois qui déposoient les papes.

Nogaret s'entendit avec Colonne, de cette puissante famille romaine que Boniface avoit persécutée. L'entreprise fut conduite avec secret et succès : Nogaret et Colonne, à l'aide de quelques seigneurs gagnés et d'aventuriers enrôlés, s'introduisent dans Agnanie, le 7 septembre 1303, au lever du jour. Le peuple se joint aux assaillants, et force le palais du pape. Les portes de son appartement sont brisées; on entre : le pontife étoit assis sur un trône, portant sur les épaules le manteau de saint Pierre, sur sa tête une tiare ornée de deux couronnes, symbole des deux puissances, et tenant à la main la croix et les clefs.

Nogaret, étonné, s'approche avec respect de Boniface, accomplit sa mission, et l'invite à convoquer à Lyon le concile général. « Je me consolerai, répondit Boniface, d'être condamné par des patarins. » Le grand-père de Nogaret étoit patarin, c'est-à-dire albigeois, et avoit été brûlé vif comme hérétique. « Veux-tu déposer la tiare? » s'écria Colonne. — « Voilà ma tête, répliqua Boniface; je mourrai dans la chaire où Dieu m'a assis. » Pie VI, prisonnier, à moitié expirant, dépouillé des marques de sa puissance, étoit arrivé à Valence; le peuple, entourant la maison où il étoit déposé, l'appeloit à grands cris; le vicaire de Jésus-Christ se traîne à une fenêtre, et, se montrant à la foule, dit : *Ecce homo!* C'étoit là tout une autre grandeur et tout une autre manière de mourir.

Boniface, après sa haute réponse à Colonne, se répandit en outrages contre Philippe. Colonne donne un soufflet au pape, et lui auroit plongé son épée dans la poitrine si Nogaret ne l'eût retenu. « Chétif pape, s'écrie Colonne, regarde de monseigneur le roi de France la bonté, qui te garde par moi et te défend de tes ennemis. » Boniface, craignant le poison, refusa tout aliment; une pauvre femme le nourrit pendant trois jours avec un peu de pain et quatre œufs. Le peuple, par une de ses inconstances accoutumées, délivra le souverain pontife, qui partit pour Rome; il mourut d'une fièvre frénétique (11 octobre

1303). Quelques auteurs ont écrit qu'il se brisa la tête contre les murs, après s'être dévoré les doigts.

Les troubles de la Flandre, à peine conquise par Philippe le Bel, recommencèrent. Il y eut de grands massacres, principalement à Bruges. Pour reconnoître les François qu'on vouloit égorger, on les forçoit de répéter ces mots en bas allemand : *Scilt ende wriendt, bouclier et ami;* le mot *ciceri* avoit ainsi servi d'arrêt de mort aux Vêpres siciliennes. Il y a des mots auxquels les Gaulois et les François ont encore mieux dénoncé leur double race : pour s'épargner l'ennui d'apprendre les langues étrangères, ils ont enseigné la leur, les armes à la main, à toute la terre ; il est probable que ce ne fut pas en latin que Brennus prononça au Capitole le *væ victis!*

Le massacre de Bruges fut suivi de la bataille de Courtray; des paysans et des bourgeois, commandés par le tisserand Pierre le Roy, qui se fit armer chevalier à la tête du camp, remportèrent une victoire signalée sur les plus grands capitaines et la plus haute noblesse de France. Il demeura prouvé que la valeur n'étoit pas exclusivement du côté de la chevalerie : lumière de plus montrée aux peuples. Quatre mille paires d'éperons dorés furent enlevées à quatre mille *chevaliers* par les *bons hommes* de Flandre (1303).

Cette victoire donna lieu à une singulière aventure : quelques Flamands déguisés en mendiants se firent passer pour des seigneurs françois échappés à la journée de Courtray, ayant juré de demeurer pendant sept ans sous l'habit de pauvres, sans révéler leur naissance; les veuves les prétendirent reconnoître, et les admirent à jouir de leurs droits.

Philippe prit sa revanche à la bataille de Mons-en-Puelle : la consécration de la statue grossière que l'on voyoit encore avant la révolution dans la cathédrale de Paris attestoit cette victoire.

La découverte de la boussole est du règne de Philippe le Bel, et coïncide avec celle de la poudre ; inventions qui ont changé l'une le globe, l'autre la société matérielle, en attendant la découverte de l'imprimerie, qui devoit transformer le monde de l'intelligence. Il n'est pas clair néanmoins que Jean Gira, ou Goya, ou Flavio Jivia d'Amalfi, soit l'inventeur de la boussole; Marc Paul pouvoit l'avoir apportée de la Chine vers l'an 1260, et un vieux poëte, François Guyot, de Provins, décrit exactement la boussole, sous le nom de *marinetta* ou *pierre marinière*, vers la fin du xiie siècle, cinquante ans et plus avant le voyage du Vénitien en Chine. La fleur de lis, qui chez tous les peuples signale le nord sur la rose des vents, semble assurer à la France l'invention ou le perfectionnement de la boussole : cette fleur a de même indiqué bien d'autres gloires, avant l'époque où elle n'a plus marqué que des malheurs.

Le mouvement général des esprits, qui fait du xiv<sup>e</sup> siècle un siècle à jamais mémorable, amena, en 1308, l'insurrection des trois cantons de Schweitz, d'Uri et d'Undervalden ; la liberté se réveilla au milieu des lacs et des rochers des Alpes : tandis que les communes de Flandre préparoient dans leurs plaines les républiques industrielles des Artavelle, la république agricole et guerrière de Guillaume Tell se formoit dans les montagnes de la Suisse.

Lyon, en 1310, fut réuni à la couronne. Cette même année vit la conquête de l'île de Rhodes par les chevaliers de Saint-Jean-de-Jérusalem.

Le concile de Vienne, 1311, termina le démêlé de la couronne de France et de la tiare ; car Philippe avoit poursuivi la mémoire même de Boniface. Ce concile traita aussi de l'abolition de l'ordre des Templiers : elle remplit la fin du règne de Philippe.

Neuf gentilshommes françois établirent, en 1118, l'ordre des Templiers à Jérusalem. Cet ordre acquit d'immenses richesses, et devint suspect aux peuples et aux rois. Les templiers étoient accusés de se vouer entre eux à d'infâmes voluptés, de renier le Christ, de cracher sur le crucifix, d'adorer une idole à longue barbe, aux moustaches pendantes, aux yeux d'escarboucle, et recouverte d'une peau humaine ; de tuer les enfants qui naissoient d'un templier, de les faire rôtir, de frotter de leur graisse la barbe et les moustaches de l'idole ; de brûler les corps des templiers décédés, et de boire leurs cendres détrempées dans un philtre. On peut toujours deviner les siècles au genre des calomnies historiques : brutales et absurdes dans les temps de grossièreté et de foi, raffinées et presque vraisemblables dans les temps de civilisation et de doute.

L'abolition de l'ordre des Templiers ne fut pas cependant une pure affaire de finances : il paroît assez prouvé que les chevaliers appartenoient à la secte des manichéens, et que Philippe se montra plus jaloux de leur autorité qu'avide de leurs trésors. Quoi qu'il en soit, l'humanité et la justice furent également violées dans ce procès : la nature des accusations fut si bien calculée pour frapper l'esprit de la foule, que l'opinion vulgaire a transformé en monstres ces moines chevaliers, qui n'étoient vraisemblablement coupables que de passions et d'erreurs. Ce n'est qu'au commencement du xix<sup>e</sup> siècle qu'un savant et un poëte a vengé leur mémoire (M. Raynouard). Il faut descendre presque jusqu'à nos jours pour trouver dans l'abolition de l'ordre des Jésuites (la différence des époques admise) quelque chose de l'appareil et du fracas qu'excita dans le monde catholique l'abolition de l'ordre des Templiers.

Le ministre de Philippe le Bel, Enguerrand de Marigny, fut, dans le règne suivant, victime de cette même iniquité des hommes qu'il avoit soulevée contre les templiers ; il expia par une injuste mort le supplice injuste de Jacques de Molay : Dieu, patient et vengeur, suspend quelquefois son bras, mais ne détourne jamais les yeux.

Si l'on en croit une vieille chronique, les chevaliers du Temple, sur le bûcher, citèrent Philippe le Bel et Clément V à comparoître dans l'an et jour au tribunal suprême ; et le prince et le pontife se présentèrent dans le délai légal à la barre de l'éternité. Ferdinand IV, roi de Castille, mandé de même à l'audience de Dieu par deux gentilshommes qu'il avoit fait mourir, expira juste au terme de l'assignation ; d'où lui resta le terrible surnom de *Ferdinand l'Ajourné*. Ces récits ne sont point sans dignité morale ; l'histoire se plaît aux choses graves et tragiques : on ne doit point écarter les faits qui peignent les croyances, les mœurs, la disposition des esprits, et qui donnent de salutaires leçons. Dans tous les cas, il sera toujours vrai que le ciel entend la voix de l'innocence et du malheur, et que l'oppresseur et l'opprimé paroîtront tôt ou tard aux pieds du même juge.

Philippe le Bel ouvrit un des siècles les plus féconds en transformations sociales, et ce prince lui-même fut une nouveauté : il connut la raison d'État, et commença la conversion du vassal en sujet. Mais si d'un côté la liberté religieuse, politique et civile, fit un pas considérable sous son règne par le choc de la puissance temporelle et de la puissance spirituelle, par la convocation des trois états, par l'établissement du parlement sédentaire, d'un autre côté, Philippe donna naissance à l'esprit de la monarchie absolue, et montra dans l'avenir des rois tels que la France ne les devoit pas longtemps supporter.

## LOUIS X.

### 1314-1316.

Philippe le Bel laissa trois fils : Louis X, surnommé le Hutin, Philippe V, dit le Long, et Charles IV, dit le Bel. Tous trois moururent vite, tous trois furent déshonorés par leurs femmes. Cette succession de trois frères se présente deux autres fois dans notre histoire, et toujours à la male heure : François II, Charles IX, Henri III ; Louis XVI, Louis XVIII et Charles X. Marguerite, reine de Navarre, femme de

Louis le Hutin, Blanche, fille cadette d'Othon IV, comte palatin de Bourgogne, femme de Charles le Bel, furent enfermées au château Gaillard, bâti par Richard Cœur de Lion, et où l'on racontoit qu'il avoit plu du sang; on les tondit et rasa, punition de l'adultère : Marguerite fut étranglée avec le linceul de sa bière; Blanche, répudiée, prit le voile dans l'abbaye de Maubuisson. Jeanne, comtesse de Bourgogne, sœur aînée de Blanche et femme de Philippe le Long, emprisonnée d'abord au château de Dourdan, acquittée ensuite par arrêt du parlement, rentra dans le lit de Philippe. Les séducteurs de Marguerite et de Blanche étoient deux frères bossus, Philippe et Gauthier d'Aulnay : ils furent écorchés vifs, traînés dans la prairie de Maubuisson nouvellement fauchée, mutilés, et pendus à un gibet par-dessous les bras :

> Que il furent vif escorchiez,
> Puis fu lor nature copée,
> Aux chiens et aux bestes jetée.

Ils ne croyoient pas avoir acheté trop cher leur supplice.

Enguerrand de Marigny fut alors poursuivi pour anciennes concussions sous le règne de Philippe le Bel. L'avocat qui plaida contre lui *allégua les exemples des serpents qui desgatoient la terre de Poitou au temps de monseigneur saint Hilaire, et appliqua et comparagea les serpents à Enguerrand et à ses parents et affins.* On ne permit pas même à l'accusé de parler : *Si ne lui fut, en aucune manière audience donnée de soi défendre.* Le comte de Valois persécutoit Marigny à cause de quelques paroles hautaines proférées au jour de la fortune. On ne put cependant faire condamner cet homme illustre qu'en produisant l'accusation de sorcellerie, dernière ressource de l'injustice et de la délation dans ces temps, comme on employoit l'accusation de trahison dans la république romaine, et de lèse-majesté dans l'empire romain : toutes les consciences se fermoient et se taisoient au seul mot de sorcellerie, et l'innocent devenoit coupable. Le roi déclara qu'il *ôtoit sa main* de Marigny : Charles I$^{er}$ ôta sa main de Strafford. Le parlement ne jugea point Marigny, qui fut pendu (30 avril 1315) au gibet de Montfaucon avant le lever du jour, par arrêt d'une commission de barons et de chevaliers convoquée au bois de Vincennes : c'est la première commission assemblée dans ce bois; on sait quelle a été la dernière. « Montfaucon a apporté tel malheur, dit Pasquier (dans le chapitre intitulé : *Plus malheureux que le bois dont on fait le gibet*, liv. VIII, chap. XL, p. 742), à ceux qui s'en sont meslez, que le premier qui le fit bastir (qui fut Enguerrand de Marigny) y fut pendu;

et depuis, ayant esté refaict par le commandement d'un nommé Pierre Remy (général des finances sous Charles le Bel), luy-même y fut semblablement pendu (sous Philippe de Valois) ; et, de nostre temps, maître Jean Moulnier, lieutenant civil de Paris, y ayant fait mettre la main pour le refaire, la fortune courut sur luy, sinon de la penderie, comme aux deux autres, pour le moins d'amende honorable, à laquelle il fut depuis condamné. »

Ici la civilisation rétrograde ; la justice recule et est moins avancée que dans les *Établissements de saint Louis* et dans les *Règlements de Philippe le Bel ;* mais l'exécution de nuit et la corde pour le gentilhomme ne sont point, comme on a pu le croire, des infractions à la loi des temps. Les *Établissements de saint Louis* stipulent qu'un gentilhomme coupable du déshonneur d'une fille de famille sera pendu. Il y avoit, ce cas échéant, égalité de supplice pour le noble et le roturier ; on supposoit que le crime faisoit déroger. Depuis, les gentilshommes ont prétendu qu'il y avoit des crimes de race, comme il y avoit une noblesse d'extraction, et ils ont réclamé le privilége de l'échafaud.

Les regrets du roi et du peuple vengèrent Marigny. En ce temps-là l'imagination des hommes, plus sensibles parce qu'il y avoit plus de foi en toute chose, expioit les fautes des passions : une calamité générale qui survenoit (comme il arriva alors) après une injustice individuelle étoit prise pour un châtiment du ciel : Dieu, juge en dernier ressort, établissoit, pensoit-on, la peine auprès de la prévarication ; grave système, qui lioit par la morale les destinées de tout un peuple à l'iniquité accomplie sur un seul homme ; système sans danger qui n'affoiblissoit point le pouvoir en lui commandant le repentir, parce que l'ordre émanoit de la puissance éternelle.

Mais si la civilisation recula dans l'ordre civil à propos du supplice d'Enguerrand, la voici qui avance dans l'ordre politique. Louis le Hutin publia, le 3 juillet 1315, des *lettres* qui méritent d'être rapportées pour l'honneur des rois *francs* et du peuple *franc*.

« Louis, par la grâce de Dieu, roi de France et de Navarre, etc. : Comme selon le droit de nature chacun doit naistre *franc* ; et par aucuns usages ou coustumes, qui de grant anciennelé ont esté introduites et gardées jusques cy en nostre royaume, et par aventure *pour le meffet de leurs prédécesseurs,* moult de personnes de nostre commun pueple, soient encheües *en lien de servitudes et de diverses conditions,* qui moult nous desplaist. *Nous,* considérant que nostre royaume est dit et nommé *le royaume des Francs,* et voulant que la chose en vérité soit accordant aû nom, et que la condition des gens *amende de nous en la venuë de nostre nouvel gouvernement,* par délibération de nostre grand conseil, *avons ordené et ordenons*, que generaument, par tout nostre royaume, de tant comme il peut appartenir à nous et à nos successeurs, *telles servitudes soient ramenées à franchises;* et à tous ceux qui de *ourine, ou ancienneté*, ou de nouvel *par mariage*, ou par *résidence de lieus de serve condition*, sont encheües ou pourroient eschoir en lien de servitudes, *franchise soit donnée o bonnes et convenables conditions.* »

L'esprit philosophique de cette loi, ses considérations générales *sur la liberté, qui est un droit de nature*, contrastent avec l'enfance du dialecte : les idées sont plus vieilles que la langue.

Des historiens ont pensé que ces lettres ne furent qu'un moyen de finance imaginé dans le but d'obtenir par le rachat du servage un argent dont on avoit grand besoin. La remarque de ces historiens fût-elle vraie, je dirois encore : peu importe comment la liberté arrive aux hommes, pourvu qu'elle leur arrive ; toutes les interprétations possibles ne détruisent pas un fait indicateur d'une importante révolution commencée dans l'état social. Mais la remarque tombe à faux : le roi, en affranchissant ses serfs, gens de corps, gens de poueste, gens de morte main, diminuoit ses revenus, car les serfs étoient soumis à certaines taxes : il étoit donc équitable que la couronne en accordant la liberté ne le fit pas aux dépens de sa force ; c'est ce que l'ordonnance exprime très-bien : « Vous *commettons* (collecteurs, sergents, etc.) *et mandons* pour traiter et accorder avec eus (serfs) de certaines compositions, par lesquelles soffisant *recompensation* nous soit faite des émoluments qui *desdites servitudes* povent venir à nous et à nos successeurs. »

Si les idées étoient plus vieilles que le langage, il se trouve encore que le roi devançoit le peuple : très-peu de serfs consentirent à se racheter ; on voit d'autres lettres par lesquelles Louis X déclare que *plusieurs n'ont pas connu la grandeur du bienfait qui leur étoit accordé*, et ordonne qu'on les contraigne à payer de grosses sommes, c'est-à-dire qu'on les oblige à devenir libres. Toute révolution qui n'est pas accomplie dans les mœurs et dans les idées échoue : la dégradation qu'amène la dépendance est pour l'être accoutumé à obéir une sorte de tempérament, une nature qui accomplit ses lois dans le dernier ordre de l'intelligence : or il y a dans les lois accomplies un certain bien-aise. Délivré des soucis de la pensée et des soins de l'avenir, l'esclave s'habitue à son ignominie ; sans liens sociaux sur la terre, la servitude devient son indépendance ; si vous l'émancipez tout à coup, épouvanté de sa liberté, il redemande ses chaînes. Le génie de l'homme est comme l'aigle : lorsqu'il est nourri dans la domesticité et qu'on le veut rendre aux champs de l'air, il refuse de s'envoler, et ne sait user ni de ses serres ni de ses ailes.

Louis rappela les juifs chassés par Philippe le Bel (28 juillet 1315). Il leur fut défendu de prêter *sus vessel ou aourriements d'église, ne sus gages sanglants* [1], *ne sus gages mouillés fraîchement*; il leur étoit ordonné de porter *le signel, là où ils l'avoient accoutumé, et sera large d'un blanc tournois d'argent au plus, et sera d'autre couleur que la robe, pour être mieus et plus clerement apparent* [2]. Les Juifs étoient gens de poueste à perpétuité; si leurs enfants avoient une nourrice chrétienne, les clercs la pouvoient excommunier : *Sed benevolunt quod nutrices judæorum excommunicentur*, dit un établissement de Philippe-Auguste. Un commentateur croit qu'on peut lire *meretrices* pour *nutrices* [3] (prostituées au lieu de nourrices). Que veulent dire tant de dédains pour ce peuple vivant à part dans tous les temps, isolé au milieu de tous les autres peuples, ne changeant jamais, n'ayant passé, comme les races renouvelées, ni par la barbarie ni par la civilisation; toujours au même degré de sociabilité; jamais conquis parce qu'il l'a été une fois et pour toujours; jamais libre, parce que toutes les nations le regardent comme un esclave qui leur est dévolu de droit, comme s'il y avoit pour lui une origine mystérieuse, fatale, incontestée de servitude? Est-ce Dieu qui avoit mis sur la poitrine des juifs, dans le moyen âge, le *signel* de sa main? Il leur étoit défendu de prêter sur *gages sanglants* ou sur *vêtements mouillés* : on les soupçonnoit donc de profiter de la dépouille de l'assassiné et du noyé? Ne sembloient-ils pas poursuivis par le souvenir de cette robe tirée au sort et vendue au prix de trente deniers? Enfin, leurs enfants ne paroissoient pas dignes d'être abreuvés d'un lait légitime; la nourrice chrétienne qui prenoit à son sein l'enfant d'un juif tomboit dans la réprobation éternelle dont étoit frappée l'innocente créature que la pitié avoit mise dans ses bras.

Après dix-neuf mois de règne, Louis X mourut, âgé de vingt-quatre ou vingt-six ans. Il avoit continué la guerre malheureuse de Flandre. Ce jeune prince eut des qualités : il confirma d'utiles ordonnances pour la protection des laboureurs; *personne, sous peine de quadruple et d'infamie, ne pouvant s'emparer de leurs biens*. Il voulut ôter aux seigneurs le droit de battre monnoie, il ne le put: la royauté n'avoit

---

1. Cet article se trouve dans une charte latine de Philippe-Auguste (février 1218).
2. Ce signe étoit une rouelle jaune ou moitié blanche ou rouge, que le juif devoit porter en vertu du chapitre LXVIII du concile de Latran, de l'an 1215; *ut omni tempore in medio pectoris rotam portent*, ajouté un statut de l'église de Rhodez.
3. BRUSSEL, *Tract. de Usu Feud.*, t. I, p. 583.

point encore détrôné l'aristocratie. Louis X aima les sciences, les lettres et les arts, et se laissa bien conseiller par la *clergie laïque*.

## PHILIPPE V.

### 1316-1322.

Louis X avoit eu de sa première femme, adultère, une fille nommée Jeanne, laquelle, héritant du royaume de Navarre, le porta dans la maison d'Évreux, dont elle épousa le chef. La seconde femme de Louis, Clémence de Hongrie, étoit enceinte lorsqu'il mourut; il y eut une sorte d'interrègne, pendant lequel Philippe, second frère de Louis, eut la régence. Les douze pairs décidèrent que si l'enfant à naître étoit femelle, la couronne passeroit à Philippe : c'est la première fois qu'il est parlé dans notre histoire de la loi salique et de l'application de cette loi. Clémence accoucha d'un fils, Jean I$^{er}$; il ne vécut que cinq jours [1] (an 1316) : plusieurs historiens l'ont omis dans le catalogue des rois, tant il passa vite; on ne retrouve que dans des chartes oubliées les dates rapprochées de sa naissance et de sa mort : heureux si un autre orphelin royal eût de même caché sa courte vie dans le trésor poudreux de nos chartes, s'il n'eût jamais senti le poids de la couronne, qu'il n'a cependant pas portée!

Philippe V, dit le Long, fut proclamé roi; il y eut contestation ; plusieurs princes, et entre autres le frère du roi, qui fut depuis Charles le Bel, vouloient qu'on examinât les droits que Jeanne, fille de Louis X, pouvoit avoir aux couronnes de France et de Navarre. Le sacre se fit à huis clos. Une assemblée d'évêques, de seigneurs et de bourgeois de Paris, déclara qu'au royaume de France la femme ne succède pas [2], et cela contre la maxime du droit féodal, par qui presque tous les grands fiefs tomboient de *lance en quenouille*. Un traité conclu, en 1316, entre Philippe V, alors régent, et le duc de Bourgogne, avoit stipulé que si la veuve de Louis X accouchoit d'une fille, cette princesse et Jeanne sa sœur, du premier lit, ou l'une des deux, en cas que l'autre mourût, auroient le royaume de Navarre avec les comtés de Champagne et de Brie, et *qu'elles donneroient quittance du reste du royaume de France* [3]. Ne croiroit-on pas voir d'obscurs héritiers se

---

1. *Spicil.*, t. III, p. 72; *Trésor des Chartes.*
2. *Contin. Chron. Guill. de Nangis*; *Spicil.*, t. III, p. 72.
3. *Trés. des Char. Nav.*, lay. III, pièces VII; Dupuis, *Traité de la Maison des Rois*; Leibnitz, *in Cod. diplom.*, p. 70; *Mém de l'Ac. des Bel.-Let.*, t. XVII, p. 295.

partageant une ferme en famille ? Ces anciennes monarchies chrétiennes étoient singulières, tant pour le droit que pour les mœurs ; elles avoient à la fois quelque chose de rustique et de violent, d'équitable et d'injuste, comme la vieille république romaine : deux femmes *donnoient quittance* de cette mâle patrie qui, portant sa gloire en tous lieux, donnoit souvent elle-même, en se retirant, quittance de ses conquêtes.

Jeanne épousa Philippe, fils aîné du comte d'Évreux, auquel elle porta en dot le royaume de Navarre. Elle fut mère de Charles le Mauvais. Philippe le Bel avoit marié sa fille Isabelle à Édouard II, roi d'Angleterre ; elle fut mère d'Édouard III, autre fléau de la France. Le royaume de Navarre, entré, par le mariage de Philippe le Bel, dans la maison de France, en sortit sous le règne de ses fils pour y rentrer quatre siècles après par une autre princesse du nom de Jeanne, mère d'Henri IV ; époque à laquelle nos monarques reprirent ce titre et ne le quittèrent plus qu'en perdant les deux couronnes. Disons donc aussi tout d'un coup que Charles le Bel, érigeant la baronnie de Bourbon en duché-pairie en faveur de Louis I$^{er}$, fils aîné de Robert, sixième fils de saint Louis, obligea celui-ci à renoncer au nom de Clermont, et à reprendre celui de la mère de sa femme, Agnès de Bourbon : de là vint ce nom de Bourbon, auquel il n'a manqué pendant tant de siècles que cette gloire de l'adversité qu'il a enfin magnifiquement obtenue. Ainsi se montrent, à peu près à la même époque, dans notre histoire ces Bourbons et ces Navarrois, lesquels, accablés sous la même couronne, devoient voir tomber leur premier roi sous le poignard du fanatique et le dernier sous la hache de l'athée.

Philippe V, de même que ses prédécesseurs, étoit toujours en querelle avec les princes flamands ; il finit néanmoins par mettre un terme à une guerre qui avoit duré vingt-cinq années, en donnant sa fille Marguerite en mariage au comte de Nevers, à condition qu'il succéderoit au comté de Flandre. L'Allemagne étoit divisée entre les deux prétendants à l'Empire, Frédéric d'Autriche et Louis de Bavière. L'Italie prenoit part à cette division dans les deux partis guelfe et gibelin : les Visconti s'élevèrent dans ces troubles. Le pape publia contre eux une croisade, comme autrefois contre les comtes de Toulouse.

Reparurent sous Philippe le Long ces bandes de paysans armés qui sous le nom de *pastoureaux* avoient déjà désolé la France pendant la captivité de saint Louis, et qui sous prétexte d'aller délivrer la Terre Sainte ravagèrent leur propre pays et massacrèrent les juifs. Le mouvement qui pendant plusieurs siècles avoit poussé les Germains vers le midi et les Arabes vers le nord conserva son principe dans les races qui l'avoient opéré. L'humeur vagabonde et inquiète des barbares continua de s'agiter tant que la société demeura privée de ses droits : c'étoit l'indépendance naturelle de l'individu qui se montroit à défaut de la liberté politique de l'espèce.

Quelques ordonnances sur la justice font honneur à Philippe V. Il est défendu aux juges de débiter *nouvelles ou esbattements* pendant les audiences, de recevoir paroles privées[1]. Il est défendu de *passer* ou *conseiller* au roi aucune lettre contraire aux anciens règlements[2]. *Messire Dieu, qui tient sous sa main tous les rois, ne les a établis en terre qu'afin qu'ils gouvernent ensuite dûment*[3]. On fixe au règne de Philippe V l'époque du droit qui rend le domaine de la couronne inaliénable[4] (1321). Les lois générales prenoient la place des lois privées. Le roi ne pouvoit plus acquérir ni vendre, comme les autres possesseurs de grands fiefs ; il sortoit du pairage : mis à part de l'aristocratie et de la démocratie, il commençoit ce pouvoir inviolable que la liberté lui reconnoît aujourd'hui pour sa propre garantie et pour le maintien de l'ordre. Mais la nation renaissante, en même temps qu'elle élevoit la royauté à une hauteur inaccessible, régularisoit le mouvement de cette royauté, et il y avoit une loi supérieure à la volonté de la couronne, l'inaliénabilité.

Philippe le Long s'occupa de l'administration ; il régla la dépense de sa maison. Il faut prendre garde de confondre les idées par la ressemblance des mots. Les anciens rois n'avoient point de liste civile : ils vivoient des revenus de leurs domaines ; quand ils administroient leur maison, ils administroient de fait les revenus de la couronne ; l'impôt, qui avoit toujours une destination spéciale, étoit applicable aux lieux où il étoit levé, et ne tomboit dans les coffres du roi que par abus. Toutes ces grandes charges, aujourd'hui antiquailles de la royauté, qui n'ont plus de place dans la constitution de l'État, qui coûtent beaucoup et ne sont bonnes à rien, étoient dans l'origine des places administratives. Le maître de l'écurie du roi devint sous Philippe V premier écuyer du corps ; il se changea en grand-écuyer sous Louis XI. Philippe établit des capitaines généraux dans les grandes villes ; le système d'élection prévaloit toujours, et ces capitaines étoient élus par le conseil des prud'hommes. Enfin, Philippe avoit songé à établir l'égalité des poids et mesures, et une seule monnoie pour la France. Les siècles marchoient.

---

1. Ordonn. des R., t. I, p. 673, 702, 729.  2. *Id.*, t. I, p. 672, 673.
3. *Id.*, t. I, p. 669.  4. *Id.*, t. I, p. 665.

Philippe aimoit les lettres ; il s'entoura de poëtes et de savants, ce qui n'est remarquable que par ses ordonnances, dans lesquelles l'on sent un esprit quelque peu philosophique, étranger à cet âge. Toulouse devint métropole ; seize évêchés nouveaux furent établis.

A peu près à cette époque le Dante mourut en Italie, et le sire de Joinville en France ; celui-ci étoit plus que centenaire : représentant des temps de saint Louis parmi des hommes qui déjà ne lui ressembloient plus, il devoit nous transmettre cette chronique pleine de charmes dont la langue n'est plus la nôtre ; nous lui devons le premier monument de notre littérature, comme le Dante a glorifié sa patrie de cet ouvrage, à la fois portrait vivant et statue colossale du moyen âge.

## CHARLES IV.

### 1322-1328.

Philippe V mourut à Longchamp, le 3 janvier, âgé de vingt-huit ans, après en avoir régné six. Il laissa quatre filles ; un fils qu'il avoit eu de Jeanne, héritière du comté de Bourgogne, mourut en bas âge. Charles IV, dit le Bel, succéda à Philippe. L'archevêque de Reims, Robert de Courtenay, sacra les trois frères : Louis Hutin, Philippe le Long et Charles le Bel [1] : honneurs répétés dont il offre en sa personne le seul exemple, et qui prouvoient en même temps la vanité et la rapidité des honneurs de la terre.

Charles IV s'occupa vivement, dans les premiers moments de son règne, d'une croisade pour secourir les chrétiens de Chypre et d'Arménie [2]. Ce ne fut qu'un projet coûteux. On fit la recherche des financiers, presque tous Lombards. Gérard Laguette, receveur général des revenus de la couronne [3], mourut dans les tortures de la question.

Des commissions royales allèrent dans les provinces châtier les juges prévaricateurs et les nobles qui s'emparoient du bien d'autrui. Jourdain de Lille, seigneur de Cazaubon, étoit accusé de rapt, de vol et d'assassinat : cité à la cour du roi, il assomma l'huissier qui vint lui signifier l'ordre, et osa comparoître devant ses juges accompagné de la principale noblesse de sa province. Il n'en fut pas moins condamné à mort, traîné à la queue d'un cheval, et pendu [4]. Ce fait

---

1. BALUZE, t. II, p. 440.  2. RUIN., an 1322, n°ˢ 36 et suiv.
3. ABR., *Chron.*, t. II, p. 839.
4. *Spicil.*, t. III, p. 80, 81 ; *Hist. des Lang.*, t. IV, p. 191.

prouve l'usurpation de la couronne et la décadence du pouvoir féodal. Jourdain de Lille étoit un brigand, mais il étoit souverain dans son château ; s'il eût manqué de foi au roi, comme son homme lige, il eût été punissable ; il n'avoit commis que des *crimes privés,* et dans la loi du temps, ne tenant sa puissance que de Dieu, il n'étoit punissable que de Dieu. Mais la monarchie n'étoit plus la monarchie d'Hugues Capet, et les masses roturières avoient gagné, par l'intervention du trône, ce que leurs oppresseurs aristocratiques avoient perdu.

Des contestations en Flandre, pour la succession du comté, entre Louis II, petit-fils du vieux comte de Nevers, et Robert de Cassel, fils de ce même comte (1323 à 1325) ; une défaite des Navarrois par les Basques ; une guerre en Guyenne, occasionnée pour la construction d'un château, entre le roi de France et le roi d'Angleterre, comme duc d'Aquitaine, remplissent les années 1323, 1324 et 1325. A Toulouse s'établirent des débats plus pacifiques : l'académie de la *gaie société des sept trobadors* donna naissance à celle des Jeux floraux. Ce règne de six ans, de Charles le Bel, n'est remarquable que par la révolution qu'il amena en finissant, et par les idées qui se développèrent en Angleterre.

Édouard II avoit épousé Isabelle de France, sœur de Charles le Bel, et dont il eut Édouard III ; je l'ai dit. Édouard II étoit livré aux favoris. Gaveston, gentilhomme de Gascogne, lui avoit déjà été arraché par les seigneurs ; il prit un autre favori, Hugues Spencer, lequel, avec son père, aussi nommé Hugues, devint le maître de l'État.

Les barons s'assemblèrent ; les Spencer en firent décapiter vingt-deux, parmi lesquels se trouvoit Thomas de Lancastre, oncle du roi. Après beaucoup d'événements et d'aventures, Édouard II, accusé au parlement d'avoir violé les lois du pays et de s'être livré à d'indignes ministres, fut, par arrêt de ce même parlement, déposé, condamné à garder une prison perpétuelle, la couronne passant immédiatement à Édouard III [1]. L'arrêt lui fut lu en prison, en ces termes : *Moi Guillaume Trussel, procureur du parlement et de toute la nation angloise, je vous déclare, en leur nom et de leur autorité, que je révoque et rétracte l'hommage que je vous ai fait; et dès ce moment je vous prive de la puissance royale, et proteste que je ne vous obéirai plus comme à mon roi.*

Voilà dès l'an 1327 (14 janvier) un roi jugé et déposé par ses sujets.

L'Angleterre devoit multiplier ces exemples. Le roi Jean avoit déjà

---

1. Thoyr., *Hist. d'Angl.;* t. III, p. 132 ; Hum.

concédé la grande charte ; les communes étoient entrées au parlement comme dans nos états ; en 1265, le parlement appelé Leicester avoit offert le premier modèle de la division du parlement en deux chambres ; événement qu'on ne remarqua point, mais dont les conséquences devoient être senties si loin et si fort. On fit dire au jeune Édouard III, dans sa proclamation, que son père *s'en est ousté des governement du roïalme de* SA BONE VOLUNTÉ [1] ; mais ces principes de souveraineté absolue, de succession, de non-élection, étoient encore si peu reconnus, quoi qu'on en ait dit, que nous allons voir Édouard III disputer la couronne de France à Philippe de Valois, nonobstant la loi salique. Édouard II, renfermé au château de Barclay, fut assassiné au moyen d'un fer rouge qu'on lui enfonça dans le fondement à travers un tuyau de corne.

Un vieux poëte anglois représente Édouard regardant des bergers dans la campagne à travers les fenêtres grillées de sa tour, et disant à peu près comme Lucrèce : « Heureux, ô vous qui regardez du rivage, et qui n'êtes point engagés dans le naufrage que vous voyez ! »

> Oh! happy you who look as from the shore,
> And had no venture in the wreck you see!

L'évêque de Herford, consulté pour savoir s'il étoit loisible de tuer un roi détrôné, avoit répondu par une phrase qui, selon la ponctuation, pouvoit signifier que cela étoit permis ou que cela n'étoit pas permis : le crime étoit chargé de la vraie lecture [2].

La mère d'Édouard fut reléguée au château de Rising [3] ; Mortimer, son favori, subit le supplice que Spencer avoit lui-même subi ; et ce fut en raison des droits de cette reine captive, infidèle, déshonorée, qui avoit privé son mari de la couronne et de la vie, qu'Édouard III réclama la couronne de France.

Charles IV, qui passa dans son temps pour un philosophe, décéda au bois de Vincennes, le 1er de février 1328. Il avoit eu à soutenir la cruelle et ridicule guerre des *bâtards*, vagabonds sortis de la Gascogne, qui se disoient fils naturels des gentilshommes gascons : c'étoient les *pastoureaux* sous une autre forme. Charles avoit épousé trois femmes, Blanche de Bourgogne, Marie de Luxembourg et Jeanne d'Évreux. Les enfants des deux premières moururent à la mamelle ; Jeanne lui donna deux filles. Il la laissa grosse de sept mois en mourant ; il dit aux sei-

---

1. Rym., t. II, p. 171.
2. *Id.*, t. X, p. 63, dans la note.   3. Froissart.

gneurs assemblés autour de son lit que si la reine accouchoit d'une fille, *ce seroit aux grands barons de France à adjuger la couronne à qui de droit appartiendroit.* Il nomma Philippe de Valois régent du royaume pour l'interrègne[1] : cela confirme tout ce que j'ai dit sur le peu de fixité du principe héréditaire.

Avec le règne de Philippe VI, dit de Valois, commence une ère nouvelle pour la France : nous avons atteint le point culminant des temps féodaux, qui vont maintenant décliner. Si les révolutions n'alloient pas si vite dans ma patrie; si les heures qui suffisent aujourd'hui à la besogne des siècles ne m'emportoient avec elles, j'aurois placé ici les quatre grands tableaux de la monarchie féodale : la féodalité, la chevalerie, l'éducation, les mœurs générales des XII<sup>e</sup>, XIII<sup>e</sup> et XIV<sup>e</sup> siècles. Mais à peine puis-je consacrer une centaine de pages à ce qui demanderoit des volumes. Je vais présenter une ébauche qu'achèveront des mains plus habiles et plus heureuses.

### FÉODALITÉ, CHEVALERIE, ÉDUCATION, MŒURS GÉNÉRALES, DES XII<sup>e</sup>, XIII<sup>e</sup> ET XIV<sup>e</sup> SIÈCLES.

Lorsque les Franks s'établirent en Gaule, ce pays pouvoit contenir de dix-sept à dix-huit millions d'hommes, sur lesquels cinq cent mille chefs de famille tout au plus étoient de condition à payer la capitation ; cela veut dire que plus des deux tiers des habitants étoient de condition servile. L'esclavage portoit sa peine en soi : les invasions étoient faciles chez des peuples dont les deux tiers, désarmés et opprimés, n'avoient aucun intérêt à défendre la patrie. Le même terrain qui fourniroit maintenant plus de quinze mille hommes en état de résister n'avoit pas deux mille citoyens à opposer à la conquête.

Les esclaves chez les Romains et chez les Grecs étoient de deux sortes principales, les uns attachés à la maison et à la personne du maître, les autres plantés sur le sol qu'ils cultivoient. Les Germains ne connoissoient que ce dernier genre d'esclaves ; ils les traitoient avec douceur, et en faisoient des colons plutôt que des serfs.

Les Franks multiplièrent ces esclaves de la terre dans les Gaules ; peu à peu l'*esclavage* se changea en *servage,* lequel servage se convertit en *salaire,* lequel salaire se modifiera à son tour : nouveau perfectionnement qui signalera la troisième ère et le troisième grand combat du christianisme.

---

1. Froissart.

Si la moyenne propriété industrielle recommença par la bourgeoisie, la petite propriété agricole recommença par les serfs affranchis devenus fermiers propriétaires moyennant une redevance, quand la servitude germanique eut prévalu sur la servitude romaine. Celle-ci paroît même avoir été complétement abolie sous les rois de la seconde race. On ne voit plus en effet sous cette race de *serfs de corps* ou d'*esclaves domestiques* dans les maisons [1]. Il en résulta ce bel axiome de jurisprudence nationale : Tout esclave qui met le pied sur terre de France est libre.

C'est donc un fait étrange, mais certain, que la féodalité a puissamment contribué à l'abolition de l'esclavage par l'établissement du servage. Elle y contribua encore d'une autre manière, en mettant les armes à la main du vassal : elle fit du serf attaché à la glèbe un soldat sous la bannière de sa paroisse ; si on le vendoit encore quand et quand la terre, on ne le vendoit plus comme individu avec les autres bestiaux. Le serf sur les murs de Jérusalem escaladée, ou vainqueur des Anglois avec Du Guesclin, ne portoit plus le fer qui enchaîne, mais le fer qui délivre. Le paysan serf, demi-soldat, demi-laboureur, demi-berger du moyen âge, étoit peut-être moins opprimé, moins ignorant, moins grossier que le paysan libre des derniers temps de la monarchie absolue.

On doit néanmoins faire une remarque qui expliquera la lenteur de l'affranchissement complet dans le régime féodal. L'affranchissement chez les Romains ne causoit presque aucun préjudice au maître de l'affranchi ; il n'étoit privé que d'un *individu*. Le serf constituoit une partie du *fief* ; en l'affranchissant on *abrégeoit* le fief, c'est-à-dire qu'on le diminuoit, qu'on amoindrissoit à la fois la *qualité*, le *droit* et la *fortune* du possesseur. Or, il étoit difficile à un homme d'avoir le courage de se dépouiller, de s'abaisser, de se réduire soi-même à une espèce de servitude, pour donner la liberté à un autre homme.

Voyons maintenant quelle étoit la classe d'hommes qui dominoit les serfs, les gens de *poueste*, les vilains, *taillables à merci de la tête jusqu'aux pieds*.

---

1. L'esclavage de corps ne cessa pas partout à la fois ; il se prolongea surtout en Angleterre, par trois causes : le dur esprit des habitants, l'invasion normande, qui ranima le droit de conquête, l'usage du pays, qui n'admet l'abolition formelle d'aucune loi. En 1283 les Annales du prieuré de Dunstale fournissent cette note : « Au mois de juillet de la présente année, nous avons vendu Guillaume Pyke, notre esclave, et reçu un marc du marchand. » C'étoit moins que le prix d'un cheval. Jusqu'au milieu du xviie siècle, dans ces guerres que les Anglois faisoient à Charles Ier pour la *liberté des hommes*, on voit ces fameux niveleurs vendre comme esclaves des royalistes faits prisonniers sur le champ de bataille.

L'égalité régnoit dans l'origine parmi les Franks. Leurs dignités militaires étoient électives. Le chef ou le roi se donnoit des *fidèles* ou compagnons, des *leudes*, des *antrustions*. Ce titre de leude étoit personnel; l'hérédité en tout étoit inconnue. Le leude se trouvoit de droit membre du grand conseil national et de l'espèce de cour d'appel de justice que le roi présidoit : je me sers des locutions modernes pour me faire comprendre.

J'ai dit que cette première noblesse des Franks, si c'étoit une noblesse, périt en grande partie à la bataille de Fontenay. D'autres chefs franks prirent la place de ces premiers chefs, usurpèrent ou reçurent en don les provinces et les châteaux confiés à leur garde : de cette seconde noblesse franke personnelle sortit la première noblesse françoise héréditaire.

Celle-ci, selon la qualité et l'importance des fiefs, se divisa en quatre branches : 1° les grands vassaux de la couronne et les autres seigneurs qui, sans être au nombre des grands vassaux, possédoient des fiefs à grande mouvance ; 2° les possesseurs de fiefs de bannière ; 3° les possesseurs de fiefs de haubert ; 4° les possesseurs de fiefs de simple écuyer.

De là quatre degrés de noblesse : noblesse du sang royal, haute noblesse, noblesse ordinaire, noblesse par anoblissement.

Le service militaire introduisit chez la noblesse la distinction du chevalier, *miles*, et de l'écuyer, *servitium scuti*. Les nobles abandonnèrent dans la suite une de leurs plus belles prérogatives, celle de juger. On comptoit en France quatre mille familles d'ancienne noblesse, et quatre-vingt-dix mille familles nobles pouvant fournir cent mille combattants. C'étoit, à proprement parler, la population militaire libre.

Les noms des nobles dans les premiers temps n'étoient point héréditaires, quoique le sang, le privilége et la propriété le fussent déjà. On voit dans la loi salique que les parents s'assembloient la neuvième nuit pour donner un nom à l'enfant nouveau né. Bernard le Danois fut père de Torfe, père de Turchtil, père d'Anchtil, père de Robert d'*Harcourt*. Le nom héréditaire ne paroît ici qu'à la cinquième génération.

Les armes conféroient la noblesse, la noblesse se perdoit par la lâcheté; elle dormoit seulement quand le noble exerçoit une profession roturière non dégradante ; quelques charges la communiquoient, mais la haute charge même de chancelier resta longtemps en roture. Dans certaines provinces *le ventre anoblissoit*, c'est-à-dire que la noblesse étoit transmise par la mère.

Les échevins de plusieurs villes recevoient la noblesse ; on l'appeloit *noblesse de la cloche*, parce que les échevins s'assembloient au son d'une cloche. L'étranger noble, naturalisé en France, demeuroit noble.

Les nobles prirent des titres selon la qualité de leurs fiefs (ces titres, à l'exception de ceux de baron et de marquis, étoient d'origine romaine) ; ils furent ducs, barons, marquis, comtes, vicomtes, vidames, chevaliers, quand ils possédèrent des duchés, des marquisats, des comtés, des vicomtés, des baronnies. Quelques titres appartenoient à des noms sans être inhérents à des fiefs ; cas extrêmement rare.

Le gentilhomme ne payoit point la taille personnelle, tant qu'il ne faisoit valoir de ses propres mains qu'une seule métairie ; il ne logeoit point les gens de guerre : les coutumes particulières lui accordoient une foule d'autres priviléges.

Les nobles se distinguoient par leurs armoiries, qui commencèrent à se multiplier au temps des croisades. Ils portoient ordinairement un oiseau sur le poing, même en voyage et au combat : lorsque les Normands assaillirent Paris sous le roi Eudes, les Franks qui défendoient le Petit-Pont, ne l'espérant pas pouvoir garder, donnèrent la liberté à leurs faucons. Les tournois dans les villes, les chasses dans les châteaux, étoient les principaux amusements de la noblesse.

On ne se peut faire une idée de la fierté qu'imprima au caractère le régime féodal ; le plus mince aleutier s'estimoit à l'égal d'un roi. L'empereur Frédéric Ier traversoit la ville de Thongue ; le baron de Krenkingen, seigneur du lieu, ne se leva pas devant lui, et remua seulement son chaperon en signe de courtoisie. Le corps aristocratique étoit à la fois oppresseur de la liberté commune et ennemi du pouvoir royal ; fidèle à la personne du monarque alors même que ce monarque étoit criminel, et rebelle à sa puissance alors même que cette puissance étoit juste. De cette fidélité naquit l'honneur des temps modernes : vertu qui consiste souvent à sacrifier les autres vertus ; vertu qui peut trahir la prospérité, jamais le malheur ; vertu implacable quand elle se croit offensée ; vertu égoïste et la plus noble des personnalités ; vertu enfin qui se prête à elle-même serment et qui est sa propre fatalité, son propre destin. Un chevalier du Nord tombe sous son ennemi ; le vainqueur, manquant d'arme pour achever sa victoire, convient avec le vaincu qu'il ira chercher son épée ; le vaincu demeure religieusement dans la même attitude jusqu'à ce que le vainqueur revienne l'égorger : voilà l'honneur, premier né de la société barbare. (MALLET, *Introduct. à l'Hist. du Danem.*)

De l'état des hommes passons à l'état des propriétés.

Le fief, qui naquit à l'époque où le servage germanique débouta la servitude romaine, constitua la féodalité. Dans les temps de révolution et d'invasions successives, les petits possesseurs n'étant plus protégés par la loi donnèrent leur champ à ceux qui le pouvoient défendre : c'est ce que nous avons appris de Salvien. De cet état de choses à la création du fief il n'y avoit qu'un pas, et ce pas fut fait par les barbares : ils avoient déjà l'exemple du bénéfice militaire, c'est-à-dire de la concession d'un terrain à charge d'un service, bien que les *fe-ods* ne soient pas exactement les *prædia militaria*. Il arriva que le roi et les autres chefs ne voulurent plus accepter des immeubles, en installant le propriétaire donateur comme fermier de son ancienne propriété ; mais ils la lui rendirent à condition de prendre les armes pour ses protecteurs : ils s'engageoient de leur côté à secourir cette espèce de sujet volontaire. Voilà le vasselage et la seigneurie.

Toutes les propriétés, dans la féodalité, se divisent en deux grandes classes : l'aleu ou le franc-aleu, le fief et l'arrière-fief. « Tenir en aleu, dit la *Somme rurale*, si est tenir terre de Dieu tant seulement, et ne doivent cens, rente, ne relief, ne autre redevance à vie ne à mort. »

Cujas fait venir le mot *aleu* (*alodium*) d'un possesseur des terres *sine lode*. Il est plus naturel de le tirer de la terre du *leude*, fidèle, ou du *drude*, ami : *drudi* et *vassali* sont souvent réunis dans les actes. Leude est le *compagnon* de Tacite, l'*homme de la foi* du roi dans la loi salique et l'*antrustion du roi* des formules de Marculfe.

L'aleu fut dans l'origine inaliénable sans le consentement de l'héritier. Il y eut deux sortes de franc-aleu, le noble et le roturier. Le noble étoit celui qui entraînoit justice, censive ou mouvance ; le roturier celui auquel toutes ces conditions manquoient : ce dernier, le plus ancien des deux, représentoit le foible reste de la propriété romaine.

Les parlements différoient de principes sur le maintien du franc-aleu. Les pays coutumiers et de droit écrit, dans le ressort des parlements de Paris et de Normandie, ne reconnoissoient le franc-aleu que par *titres*; titres qu'il étoit presque toujours impossible de produire. La coutume de Bretagne, sous le parlement de la même province, rejetoit absolument le franc-aleu. Les quatre parlements de droit écrit, Bordeaux, Toulouse, Aix, et Grenoble, varioient dans leurs *us* et rendoient des arrêts en sens divers : le parlement de Provence ne recevoit que le franc-aleu, et le parlement de Dauphiné l'admettoit dans quelques dépendances sur titres. Le Languedoc prétendoit jouir du franc-aleu avant les *Établissements* de Simon de Montfort, qui transporta dans le comté de Toulouse la coutume de Paris. « Après ce grand progrès d'armes, Simon, comte de Montfort, se voyant seigneur de tant de terres, de mesnagement ennuyeux et pénible, il les départit entre les gentilshommes, tant françois qu'autres : . . . . . . . . . Pour contenir l'esprit de ses vassaux et assurer ses droits, il establit des loix générales en ses terres, par advis de huict archevesques ou évesques et autres grands personnages. » *Tam inter barones, ac milites, quam inter burgenses et rurales, seu succedant hæredes, in hæreditatibus suis, secundum morem et usum Franciæ, circa Parisius.*

« Les coutumes de Troyes, de Vitry et de Chaumont réputoient toute terre franche ou alodiale. Le fief et l'aleu étoient la lutte et la coexistence de la propriété selon l'ancienne société et de la propriété selon la société nouvelle. »

Quelquefois le fief se changea en aleu, mais l'aleu finit presque généralement par se perdre dans le fief. *Nulle terre sans seigneur* devint l'adage des légistes. L'esprit du fief s'empara à un tel point de la communauté, qu'une pension accordée, une charge conférée, un titre reçu, la concession d'une chasse ou d'une pêche, le don d'une ruche d'abeilles, l'air même qu'on respiroit, s'inféoda : d'où cette locution : *fief en l'air, fief volant, sans terre, sans domaine.*

Fief, *feudum, feodum, foedum fochundum, fedum, fedium, fenum,* vient d'*a fide,* latin, ou plutôt de *fehod,* saxon, prix. La formule de la vassalité remonte au temps de Charlemagne : *Juro ad hæc sancta Dei Evangelia, . . . . . . . . ut vassalum domino.*

Le fief étoit la confusion de la propriété et de la souveraineté : on retournoit de la sorte au berceau de la société, au temps patriarcal, à cette époque où le père de famille étoit roi dans l'espace que paissoient ses troupeaux, mais avec une notable différence : la propriété féodale avoit conservé le caractère de son possesseur; elle étoit conquérante; elle asservissoit les propriétés voisines. Les champs autour desquels le seigneur avoit pu tracer un cercle avec son épée relevoient de son propre champ. C'est le premier âge de la féodalité.

Le mot *vassal,* qui a prévalu pour signifier homme de fief, ne paroît cependant dans les actes que depuis le xiiie siècle. *Vassus* ou *vassalus* vient de l'ancien mot franc *gessell,* compagnon ; conversion de lettres fréquente dans les auteurs latins : *Wacta,* guet; *wadium,* gage; *wanti,* gants, etc.

Il y avoit des fiefs de trois espèces générales : fief de bannière, fief de haubert, fief de simple écuyer.

Le fief banneret fournissoit dix ou vingt-cinq vassaux sous bannière.

Le fief de haubert devoit un cavalier armé de toutes pièces, bien monté et accompagné de deux ou trois valets.

Le fief de simple écuyer ne devoit qu'un vassal armé à la légère.

Tous les fiefs et arrière-fiefs ressortissoient au manoir des seigneurs, comme à la tente du capitaine : la grosse tour du Louvre étoit le *fief dominant* ou le pavillon du général. Le terrain sur lequel Philippe-Auguste l'avoit bâtie, il l'avoit acheté du prieuré de Saint-Denis-de-la-Chartre, pour une rente de trente sous parisis : ainsi, ce donjon majeur, d'où relevoient tous les fiefs, grands et petits, de la couronne, relevoit lui-même du prieuré de Saint-Denis.

Quand le roi possédoit des terres dans la mouvance d'une seigneurie, il devenoit vassal du possesseur de cette seigneurie ; mais alors il se faisoit *représenter* pour prêter, comme vassal, foi et hommage à son propre vassal ; on vouloit bien user de cette indulgence envers lui, sans qu'il se pût néanmoins soustraire à la loi générale de la féodalité. Philippe III rend, en 1284, hommage à l'abbaye de Moissac. En 1350 le grand-chambellan rend hommage, au nom du roi Jean, à l'évêque de Paris, pour les chastellenies de Tournant et de Torcy : *Joannes, Dei gratia Francorum rex. . . . . . Robertus de Loriaco, de præcepto nostro, homagium fecit.* On citera encore un exemple, parce qu'il est rare dans son espèce, et qu'il affectera les lecteurs françois comme l'historien qui le rappelle. Henri VI, *roi d'Angleterre*, rend hommage à des *bourgeois de Paris*.

« Henry, par la grâce de Dieu, roi *de France et d'Angleterre*, à tous ceux qui ces présentes lettres verront, salut. Savoir faisons que, comme autrefois a fait nostre très-cher seigneur et ayeul, feu le roi Charles (Charles VI), dernier trépassé, à qui Dieu *pardoint*, par ces lettres sur ce faites, données le 21e jour de mai, dernier passé, nous avons député et députons Me Jean Le Roy, notre procureur au Chastelet de Paris, pour, et en lieu de nous, à homme et vassal, de ceux de qui sont mouvans et tenus en fiefs les terres, possessions et seigneuries, à nous advenues, en la ville et vicomté de Paris, depuis quatre ans en çà ; et en faire les debvoirs, tels qu'il appartient. . . . . . Donné à Paris, le 15e jour de mai 1423, et de notre règne le premier. Ainsi signé par le roi, à la relation du conseil tenu par l'ordonnance de monseigneur le régent de France, duc de Belfort. »

Paris étoit un composé de fiefs ; neuf d'entre eux relevoient de l'évêché : le Roule, la Grange-Batelière, l'outre Petit-Pont, etc. Les autres fiefs de la ville de Paris appartenoient aux abbayes de Sainte-Geneviève, de Saint-Germain-des-Prés, de Saint-Victor, du grand-prieuré de France, et du prieuré de Saint-Martin-des-Champs. On comptoit en France soixante-dix mille fiefs ou arrière-fiefs, dont trois mille étoient titrés. Le vassal prêtoit hommage tête nue, sans épée, sans éperons, à genoux, les mains dans celles du seigneur, qui étoit assis et la tête couverte; on disoit : « *Je deviens votre homme de ce jour en avant, de vie, de membre, de terrestre honneur, et à vous serai féal et loyal, et foi à vous porterai des tenements que je reconnois tenir de vous, sauf la foi que je dois à notre seigneur le roi.* » Quand cette formule étoit prononcée par un tiers, le vassal répondoit *voire* : Oui, je le jure. Alors le vassal étoit reçu par le seigneur *audit hommage à la foi et à la bouche*, c'est-à-dire au baiser, pourvu que ce vassal ne fût pas un *vilain* : « Quelquefois un gentilhomme de bon lieu est contraint de se mettre à genoux devant un moindre que lui : de mettre ses mains fortes et généreuses dans celles d'un lasche et efféminé. » (*Traité des fiefs*.)

Quand l'hommage étoit rendu par une femme, elle ne pouvoit pas dire : « *Jeo deveigne vostre feme, pur ceo que n'est convenient que feme dira que el deviendra feme à aucun home, fors que à sa baron, quand ele est espouse*; » mais elle disoit, etc.

Main, fils de Gualon, du consentement de son fils Eudon et de Viete, sa bru, donne à Dieu et à Saint-Albin en Anjou la terre de Brilchiot; en foi de quoi le père et le fils baisèrent le moine Gaultier; mais comme c'étoit chose inusitée qu'une femme baisât un moine, Lambert, avoué de Saint-Albin, est délégué pour recevoir le baiser de la donatrice, avec la permission du moine Gaultier : *Jubente Walerio monacho.*

Robert d'Artois, comte de Beaumont, ayant à recevoir deux hommages de son *amée cousine madame Marie de Brebant, dame d'Arschot et de Vierzon*, ordonna : « Que nous et la dame de Vierzon devons être à cheval, et notre cheval les deux pieds devant en l'eau du gué de Noies, et les deux pieds derrière à terre sèche, par devant notre terre de Meun, et le cheval à ladite dame de Vierzon les deux pieds derrière en l'eau dudit gué, et les deux devant à terre sèche par devers notre terre de Meun. »

L'hommage étoit *lige* ou *simple*; l'hommage *ordinaire* ne se doit pas compter. L'homme-lige (il y avoit six espèces d'hommes dans l'antiquité franke) s'engageoit à servir en *personne* son seigneur *envers et contre toute créature qui peut vivre et mourir*. Le vassal simple pouvoit fournir un remplaçant. On fait venir *lige* ou du latin *ligare, liga, ligamen*, etc., ou du frank *leude* : Vous êtes de *Tournay, laquelle est toute lige au roi de France.*

Tantôt le vassal étoit obligé à *plége* ou *plejure*, tantôt à service *de son propre corps*, à devenir caution ou champion pour son seigneur : c'étoit la continuation de la clientèle franke et de l'inscription au rôle *vassaticum*.

Quand les rois *semonoient* pour le service du fief militaire leurs vassaux *directs*, les ducs, comtes, barons, chevaliers, châtelains, cela s'appeloit le *ban*; quand ils *semonoient* leurs vassaux directs et leurs vassaux *indirects*, c'est-à-dire les seigneurs et les vassaux des seigneurs, les possesseurs d'arrière-fiefs, cela s'appeloit l'*arrière-ban*. Ce mot est composé de deux mots de la vieille langue : *har*, camp, et *ban*, appel, d'où le mot de basse latinité *heribannum*. Il n'est pas vrai que l'arrière-ban soit le réitératif du ban.

« Les vassaux, hommes et cavaliers, estoient comme des digues, des remparts, des murs d'airain, opposez aux ennemis; victimes dévouees à la fortune de l'Estat, possédans une vie flottante, incertaine, le plus souvent ensevelie dans les ruines communes. » (*Du Franc-Aleu.*)

Les vassaux devoient aide en monnoie à leur seigneur en trois cas : lorsqu'il partoit pour la Terre Sainte, lorsqu'il marioit sa sœur ou son fils aîné, lorsque ce fils recevoit les éperons de la chevalerie.

Il y avoit des fiefs *rendables* et *receptables* : le fief étoit rendable quand le vassal, en certains cas, remettoit les châteaux du fief au seigneur, en sortoit avec toute sa famille, et n'y rentroit que quarante jours après la guerre finie; le fief étoit *receptable* quand le feudataire, sans sortir des châteaux qu'il tenoit, étoit obligé d'y donner asile à son seigneur. L'un et l'autre de ces fiefs étoient *jurables*, à cause du serment réciproque.

L'investiture, qui remonte à l'origine de la monarchie, se faisoit pour le royaume, sous la première race, par la franciske, le hang ou angon; sous la seconde race, par la couronne et le manteau; sous la troisième, par le glaive, le sceptre et la main de justice.

L'investiture ou saisine du fief avoit lieu au moyen de quelque marque extérieure et symbolique, suivant la nature du fief ecclésiastique ou militaire, titré ou simple : on juroit sur une crosse, sur un calice, sur un anneau, sur un missel, sur des clefs, sur quelques grains d'encens, sur une lance, sur un heaume, sur un étendard, sur une épée, sur une cape, sur un marteau, sur un arc, sur une flèche, sur un gant, sur une étrille, sur une courroie, sur des éperons, sur des cheveux, sur une branche de laurier, sur un bâton, sur une bourse, sur un denier, sur un couteau, sur une broche, sur une coupe, sur une cruche remplie d'eau de mer, sur une paille, sur un fétu noué, sur un peu d'herbe, sur un morceau de bois, sur une poignée de terre. On trouve encore de vieux actes dans les plis desquels ces fragiles symboles sont conservés ; le gage n'étoit rien, parce que la foi étoit tout. « *Le seigneur est tenu à son homme comme l'homme à son seigneur, fors que seulement en révérence.* » Une société à la fois libre et opprimée, innocente et corrompue, raisonnable et absurde, naïve, capricieuse, attachée au passé comme la vieillesse, forte, féconde, avide d'avenir comme la jeunesse, une société entière reposa sur de simples engagements, et n'eut d'autre loi d'existence qu'une parole.

La création des terres nobles dans le régime féodal étoit une idée politique la plus extraordinaire et en même temps la plus profonde : la terre ne meurt point comme l'homme ; elle n'a point de passions ; elle n'est point sujette aux changements, aux révolutions ; en lui attribuant des droits, c'étoit communiquer aux institutions la fixité du sol : aussi la féodalité a-t-elle duré huit cents ans, et dure encore dans une partie de l'Europe. Supposez que certaines terres eussent conféré la liberté au lieu de donner la noblesse, vous auriez eu une république de huit siècles. Encore faut-il remarquer que la noblesse féodale étoit pour celui qui la possédoit une véritable liberté.

Le roturier ne put d'abord acquérir un fief, parce qu'il ne pouvoit porter la *lance* et l'*éperon*, marques du service militaire ; ensuite on se relâcha de cette coutume : le roi dont les trésors s'épuisoient, le seigneur accablé de dettes, furent aises de laisser vendre et de vendre des terres nobles à de riches bourgeois ; la terre transmit le privilége, et le roturier, investi du fief, fut à la troisième génération *démené* comme gentilhomme.

Tout feudataire pouvoit prendre les armes contre son seigneur pour déni de justice et pour vengeance de famille ; traditions de l'indépendance et des mœurs des Franks. La querelle se pouvoit terminer par le duel, par l'*assurement* (caution), ou par une sentence enregistrée à la justice seigneuriale du suzerain. «  C'est la paix de Raolin d'Argées, de ses enfants et de leur lignage, d'une part ; et de l'ermite de Stenay, de ses enfants, de leur lignage et de tous leurs consorts, d'autre part. L'ermite a juré sur les saints, lui huitième de ses amis, que bien ne lui fut de la mort de Raolin, mais beaucoup d'angoisse ; a donné cent livres pour fonder une chapelle où l'on chantera pour le repos de l'âme du défunt ; s'est engagé d'envoyer incessamment un de ses fils en Palestine. »

On peut remarquer dans ce traité de la fin du XIIIe siècle les cojurants des lois ripuaire et saxonne.

Si une veuve noble marioit sa fille orpheline sans le consentement du seigneur suzerain, ses meubles étoient confisqués : on lui laissoit deux robes, une pour les jours ouvrables, l'autre pour le dimanche, un lit, un palefroi, une charrette et deux roussins.

Une héritière de haut lignage étoit obligée de se marier pour desservir le fief, comme on voit aujourd'hui les marchandes qui perdent leur mari épouser leur premier commis pour faire aller l'établissement. Si cette héritière avoit plus de soixante ans, elle étoit dispensée du mariage.

Les droits seigneuriaux ont été puisés dans les entrailles mêmes du fief. Dans l'origine ils étoient appelés *honneurs, faveurs*, comme reconnaissances, faites au seigneur par le vassal, des aliénations et transmissions des fiefs d'une personne à l'autre. C'est ce que veut dire *lods* et *ventes* : *laudimia; laudæ, laudationes, lausus*, de louer, complaire, agréer. Ces droits étoient ou militaires, ou fiscaux, ou honorifiques.

Non-seulement le roi, grand chef féodal qui se sustentoit du revenu de ses domaines, levoit encore des taxes ; mais tous les seigneurs suzerains et non suzerains, ecclésiastiques ou laïques, en levoient aussi de leur côté. Les droits de quint et requint, de lods et ventes, de my-lods, de ventrolles, de reventes, de reventons, de sixièmes, huitièmes, treizièmes, de resixièmes, de rachats et reliefs, de plait, de morte-main, de rettiers, de pellage, de couletage, d'affouage, de cambage, de cottage, de péage, de vilainage, de chevage, d'aubain, d'ostize, de champart, de mouture, de fours banaux, s'étoient venus joindre aux droits de justice, au casuel ecclésiastique, aux cotisations des jurandes, maîtrises et confréries, et aux anciennes taxes romaines : en inventions financières nous sommes fort inférieurs à nos pères. Il est probable que la masse entière du numéraire passoit chaque année dans les mains du fisc royal et particulier ; car les marchands et les ouvriers, serfs encore, appartenoient à des corporations de villes ou à des maîtres ; ils ne formoient pas une classe généralement indépendante ; ils touchoient à peine un bas salaire ; le prix de leurs denrées et le travail de leurs journées souvent n'étoient pas à eux.

Quant aux droits *honorifiques*, ils servoient de marques à une souveraineté locale : tels fiefs, par exemple, allouoient la faculté de prendre le cheval du roi, lorsque le roi passoit sur les terres du possesseur de ces fiefs. D'autres droits n'étoient que des divertissements rustiques que la philosophie a pris assez ridiculement pour des abus de la force : lorsqu'on apportoit un œuf garrotté dans une charrette traînée par quatre bœufs ; lorsque les poissonniers, en l'honneur de la dame du lieu, sautoient dans un vivier à la Saint-Jean ; lorsqu'on couroit la *quintaine* avec une lance de bois ; lorsque, pour l'investiture d'un fief, il falloit venir baiser la serrure, le cliquet ou le verrou d'un manoir, marcher comme un ivrogne, faire trois cabrioles accompagnées d'un bruit ignoble et impur, c'étoient là des plaisirs grossiers, des fêtes dignes du seigneur et du vassal, des jeux inventés dans l'ennui des châteaux et des camps de paroisse, mais qui n'avoient aucune origine oppressive. Nous voyons tous les jours sur nos petits théâtres, dans ce siècle poli, des joies qui ne sont pas plus élégantes.

Si ailleurs les serfs étoient obligés de battre l'eau des étangs quand la châtelaine étoit en couches ; si le châtelain se réservoit le droit de markette (*cullagium*, *marcheta*) ; si des curés même réclamoient ce droit, et si des évêques le convertissoient en argent, c'est à la *servitude grecque et romaine* qu'il faut restituer ces abus : les rescrits des empereurs défendent aux maîtres de forcer leurs esclaves à des *choses infâmes*; soit ignorance, soit défaut de réflexion, on n'a pas vu ou l'on n'a pas voulu voir ce que l'*esclavage* avoit laissé dans le *servage*. Quant à la multitude et à la diversité des coutumes, elles s'expliquent naturellement par les règlements des différents chefs de cette nation armée, cantonnée sur le sol de la France.

Au milieu de la propriété mobile du fief s'élevoit une propriété immobile, comme un rocher au milieu des vagues, et qui grossissoit par de quotidiennes adhérences : l'amortissement étoit la faculté d'acquérir accordée à des gens de mainmorte. Une fois l'acquêt consommé au moyen d'un dédommagement ou d'un rachat pour la seigneurie dont l'acquêt relevoit, la propriété *mouroit*, c'est-à-dire qu'elle étoit retirée de la circulation, et que tous les droits de mutation se perdoient. Une terre ainsi tombée à des églises, à des abbayes, à des hôpitaux, à des ordres de chevalerie, représentoit, pour le fisc et pour le maître du fief, un capital enfoui et sans intérêts. De sorte qu'avec la mainmortable, le domaine inaliénable de la couronne, les substitutions, le retrait lignager féodal (c'est-à-dire le droit de retirer un bien de famille ou une terre mouvante d'un fief), il seroit résulté à la longue un fait incroyable dans la nature, déjà si extraordinaire, de la possession territoriale du moyen âge : toutes les propriétés se seroient fixées sous la main de propriétaires héréditaires ; et comme ces propriétés étoient privilégiées, l'impôt direct et foncier eût péri ; l'État se seroit trouvé réduit aux dons gratuits, la plus casuelle des taxes.

Le droit de justice tenoit une haute place dans la féodalité. Chez les Grecs et les Romains la justice émanoit du peuple : ce peuple étant tombé sous le joug, la justice resta foible dans les tribunaux, où, souveraine détrônée, elle put à peine cacher la liberté qui se réfugia auprès d'elle. Il ne s'éleva point au sein de ces tribunaux un grand corps de magistrature indépendante, appelé à prendre part aux affaires du gouvernement.

La justice, au contraire, parmi les nations de race germanique, découla de trois sources : la royauté, la propriété, et la religion. Les rois chez les Franks, comme chez les Germains, leurs pères, étoient les premiers magistrats : *Principes qui jura per pagos reddunt*. Quand donc saint Louis et Louis XII rendoient la justice au pied d'un chêne, ils ne faisoient que siéger au tribunal de leurs aïeux. La justice prit dans son air quelque chose d'auguste, comme les générations royales, qui la portoient dans leur sein et la faisoient régner.

Par la raison que les Franks lièrent la souveraineté et la noblesse au sol, ils y attachèrent la justice : fille de la terre, elle devint immuable comme elle. Tout seigneur qui possédoit des *propres* avoit droit de justice. L'axiome de l'ancien droit françois étoit : « La justice est patrimoniale. » Pourquoi cela? Parce que le patrimoine étoit la souveraineté.

La religion ajouta une nouvelle grandeur à notre magistrature : la loi ecclésiastique mit la justice sur l'autel. Au défaut du public, un crucifix assistoit dans la salle d'audience à la défense de l'accusé et à l'arrêt du juge : ce témoin étoit à la fois le dieu, le souverain arbitre et l'innocent condamné.

Née du sol, appuyée sur le sceptre, l'épée et la croix, la justice régla tout. Chez les nations antiques le droit civil dériva du droit politique; chez les François le droit politique découla du droit civil : la justice étoit pour nous la liberté.

La justice seigneuriale se divisoit en deux degrés, haute et basse justice; toutes deux étoient du ressort du seigneur de trois châtellenies et d'une ville close, ayant droit de marché, de péage, de lige-estage, c'est-à-dire du seigneur qui pouvoit obliger ses vassaux à faire la garde de son chastel.

*Sénéchal* et *bailli*, noms attribués aux juges : on appeloit *sénéchal au duc* un grand-officier des ducs de Normandie, chargé de l'expédition des affaires litigieuses dans l'intervalle des sessions de l'échiquier.

Le baron ne pouvoit être jugé que par ses pairs : il y avoit des pairs bourgeois pour les bourgeois. Saint Louis voulut que les hommes du baron ne fussent responsables ni des dettes qu'il avoit contractées ni des crimes qu'il avoit commis. Même alors il y avoit des suicides, car les meubles revenoient par confiscation au seigneur sur les terres duquel l'homme s'étoit donné la mort. Un trésor trouvé appartient au seigneur de la terre, s'il est en argent; en or, il va au roi : « *Nul n'a la fortune d'or s'il n'est roi.* »

La veuve noble avoit le *bail* et la garde de ses enfants : le bail étoit la jouissance des biens du mineur jusqu'à sa majorité : « *En vilenage il n'y a point de bail de droit.* »

Le douaire se régloit à la porte du *moustier* où se contractoit le mariage : c'étoit le mariage *solennel*, un de ces actes que les Romains appeloient *légitimes*.

L'abominable législation sur les épaves et les deux espèces d'aubains, *les mescrus et les méconnus*, consistoit à s'emparer des choses égarées, de la dépouille de la succession des étrangers.

Par le droit de *bâtardise*, quand les bâtards mouroient sans héritier, les biens échéoient au seigneur, sous la condition d'acquitter les legs et de payer le douaire à la femme.

Mais ceci doit être entendu des bâtards roturiers, serfs ou mainmortables de corps, incapables de succéder, ne pouvant ni se marier, ni acquérir, ni aliéner sans le congé du seigneur. Quant aux bâtards des nobles, il n'y avoit aucune différence entre eux et les enfants légitimes, lorsque le père les avoit reconnus : ils en étoient quittes pour croiser les armes paternelles d'une barre diagonale, qui perpétuoit le souvenir du malheur ou de la honte de leur mère. Les bâtards étoient presque toujours des hommes remarquables, parce qu'ils avoient eu à lutter contre l'obstacle de leur berceau.

Dans quelques lieux le nouveau marié ne pouvoit avoir de commerce avec sa femme pendant les trois premières nuits de ses noces, à moins qu'il n'en eût obtenu la permission de son évêque. On tiroit la raison de cette coutume de l'histoire du jeune Tobie : on en auroit pu retrouver quelque chose dans les institutions de Lycurgue, si ce nom-là eût été connu des barons.

Les *déconfès* ou *intestats*, ceux qui mouroient sans confession ou sans faire de testament, avoient leurs biens envahis par le seigneur. La mort subite amenoit la même confiscation : l'homme mort soudainement ne s'étoit point confessé ; donc Dieu l'avoit jugé à lui seul, l'avoit atteint tout vivant de sa réprobation éternelle. Les *Établissements* de saint Louis remédioient à cette absurde iniquité : ils ordonnoient que les biens d'un *déconfès*, frappé assez vite pour n'avoir pu appeler prêtre, passeroient à ses enfants. On sait à quel point le clergé poussa les abus et la captation à l'égard des testaments : il falloit en mourant laisser quelque chose à l'Église, même un dixième de sa fortune, sous peine de damnation et de non-inhumation : une pauvre femme offrit un petit chat pour racheter son âme.

La procédure civile et criminelle se régloit sur l'état des personnes. L'assignation avoit un terme de quinze jours. Les preuves étoient au nombre de huit, parmi lesquelles figuroit le combat judiciaire.

La déposition des témoins devoit être secrète ; mais saint Louis avoit voulu que cette déposition fût à l'instant communiquée aux parties.

L'appel aux justices royales étoit permis, non de droit, mais de *doléance*. Cet appel alloit directement au roi, qui étoit supplié de *dépiècer* le jugement. La pénalité étoit placée auprès du faux jugement, ou de la non-exécution de la loi.

La multiplication des cas de mort montre qu'on étoit déjà loin de l'esprit des temps barbares.

La cause de ce changement fut l'introduction de l'ordre moral dans l'ordre légal : la morale va au-devant de l'action ; la loi l'attend : dans l'ordre moral la mort saisit le crime ; dans l'ordre légal, c'est le crime qui saisit la mort.

La sentence se prononçoit par la bouche de certains jurés nommés *jugeurs*. Ces jugeurs ne pouvoient être tirés de la classe des *vilains* et *coutumiers*. Toutefois on voit des bourgeois-jugeurs dans quelques procès des gentilshommes ; l'accusé puisoit dans cet incident un moyen d'appel, pour incapacité de juges.

L'accusation de meurtre, de trahison, ou de rapt amenoit un cas extraordinaire : il étoit loisible à l'accusé de récriminer contre l'accusateur ; tous les deux alloient en prison, deux procès commençoient pour un même fait, les deux parties étant à la fois plaignantes et demanderesses.

La caution étoit admise, excepté pour crime méritant peine capitale.

Le vol équipolloit l'assassinat ; la maison du coupable étoit rasée, ses blés étoient ravagés, ses foins incendiés, ses vignes arrachées ; on ne coupoit pas ses arbres ; on les dépouilloit de leur écorce. Tuer un homme, ravir une femme, trahir son seigneur et son pays, ne constituoit pas un plus grand crime aux yeux de la loi que d'embler (voler) un cheval ou une jument. On arrachoit les yeux aux voleurs d'église et aux faux monnoyeurs. Le vice qui fit la honte de l'antiquité requéroit la mutilation en première offense, la perte d'un membre en récidive, le feu en troisième délit. La femme convaincue du même vice en même progression perdoit successivement les deux lèvres, et arrivoit au bûcher. En *menues choses* le vol postuloit le retranchement d'une oreille ou d'un pied ; le caractère des lois salique et ripuaire se retrouve dans ces dispositions. Le premier infanticide d'une mère impétroit au renvoi de cette malheureuse devant le tribunal de pénitence ; si elle le commettoit une seconde fois, on la brûloit morte. La volonté n'étoit point punie lorsqu'il n'y avoit point eu commencement d'exécution : c'est aujourd'hui le principe universel.

Le prisonnier, même innocent, étoit pendu quand il forçoit la porte de sa prison, parce que la société entière reposoit sur la parole baillée ou reçue. Le clerc, le croisé et le moine, compétoient des cours ecclésiastiques, qui ne condamnoient jamais à mort; on sent combien ce titre de *croisé* favorisoit alors la classe du servage et de la bourgeoisie. L'hérétique, le sorcier, le *maléficier* étoient jetés aux fagots; la saisie des meubles punissoit l'usurier. Si une bête rétive ou méchante tuoit une femme ou un homme, et que le propriétaire de cette bête avouât l'avoir connue vicieuse, on le pendoit : la bête étoit toutefois attachée auprès de son maître. Un cochon atteint et convaincu d'avoir mangé un enfant eut son procès fait, après quoi il fut exécuté par la main du bourreau : la loi s'efforçoit de montrer son horreur pour le meurtre, dans ces temps de meurtre. L'enfant coupable subissoit la peine capitale comme l'homme en âge de raison : on lui accordoit dispense d'âge pour mourir.

A la porte de chaque chef-lieu des seigneuries s'élevoit un gibet composé de quatre piliers de pierre d'où pendoient des squelettes cliquetants.

Tout ce qui concerne la famille, dot, tutelle, partage, donation, douaire, s'enchevêtroit, dans l'ancienne jurisprudence du moyen âge, de l'état des hommes et des choses. A cette complication, que l'on retrouve en partie dans les lois romaines en raison de la clientèle et de l'esclavage, se joignoit la confusion introduite par la féodalité, à savoir, le franc-aleu, le fief et l'arrière-fief, les terres nobles et non nobles, les biens de mainmorte, les diverses mouvances, les droits seigneuriaux et ecclésiastiques, les coutumes non-seulement des provinces, mais encore des cantons. Les mariages dans les familles royales et princières produisoient des compositions et des décompositions de fiefs; le sol, changeant sans cesse de limites, avoit la mobilité de la vie et de la fortune des hommes.

Indépendamment des raisons d'ambition, de jalousie, d'intérêts commerciaux et politiques, il suffisoit du service d'un fief pour mettre à deux nations le fer à la main. Un homme-lige du roi refusoit de rendre hommage; cet homme-lige étoit ou Allemand, ou Flamand, ou Savoyard, ou Catalan, ou Navarrois, ou Anglois : on saisissoit ses biens, et l'Europe étoit en feu. Un procès civil ou criminel engendroit un procès politique, qui se plaidoit et se jugeoit entre deux armées sur un champ de bataille. Jean, roi d'Angleterre, voit ses États confisqués par un arrêt de la cour des pairs de France; le Prince Noir est sommé de comparoître devant Charles V, afin de répondre aux accusations des barons de Gascogne : un huissier à verge est chargé d'appréhender au corps le vainqueur de Poitiers et de signifier un exploit à la gloire.

Il me resteroit beaucoup à dire sur la féodalité, mais peut-être en ai-je déjà parlé trop longtemps; je viens à la chevalerie.

### CHEVALERIE.

La chevalerie, dont on place ordinairement l'institution à l'époque de la première croisade, remonte à une date fort antérieure. Elle est née du mélange des nations arabes et des peuples septentrionaux, lorsque les deux grandes invasions du Nord et du Midi se heurtèrent sur les rivages de la Sicile, de l'Italie, de l'Espagne, de la Provence, et dans le centre de la Gaule : cela nous donne une époque à peu près certaine, comprise entre l'année 700 et l'année 753.

Le caractère de la chevalerie se forma parmi nous de la nature sentimentale et fidèle du Teuton et de la nature galante et merveilleuse du Maure, l'une et l'autre nature pénétrées de l'esprit et enveloppées de la forme du christianisme. L'opinion exaltée qui a tant contribué à l'émancipation du sexe féminin chez les nations modernes nous vient des barbares du Nord; les Germains reconnoissoient dans les femmes quelque chose de divin (*inesse quin etiam sanctum aliquid et providum putant*). La mythologie de l'*Edda* et les poésies des scaldes décèlent le même enthousiasme chez les Scandinaves : jusqu'au Soleil dans ces poésies est une femme, la brillante *Sunna*. Les lois gardent ces impressions délicates : quiconque a coupé la chevelure d'une jeune fille est condamné à payer soixante-deux sous d'or et demi; l'ingénu qui a pressé la main ou le doigt d'une femme de condition libre est frappé d'une amende de quinze sous d'or, de trente s'il lui a pressé l'avant-bras, de trente-cinq s'il lui a pressé le bras au-dessus du coude, de quarante-cinq s'il lui a pressé le sein (*si mamillam strinxerit*).

De leur côté, les premiers Arabes professoient un grand respect pour les femmes, à en juger par le roman ou le poëme d'*Antar*, écrit ou recueilli par Asmaï le grammairien, sous le règne du kalife Aroun-al-Rached. Antar, comme les chevaliers, est soumis à des épreuves; il aime constamment et timidement la belle Ibla; il court mainte aventure et fait des prouesses dignes de Roland; il a un cheval nommé Abjir, une épée appelée D'Hamy, mais les mœurs arabes sont conservées : les femmes boivent du lait de chamelle, et Antar, qui souffre qu'on le *frappe*, paît souvent des troupeaux[1]. Saladin étoit un cheva-

---

[1]. Voyez dans la *Revue françoise* de juillet 1830, un article très-ingénieux de M. de l'Écluze sur *Antar*. Il paroît que le savant orientaliste M. Hammer, de Vienne,

lier tout aussi brave et moins cruel que Richard. On connoît les tournois, les combats et les amours des Maures de Cordoue et de Grenade.

Mais si Asmaï écrivoit l'histoire d'Antar pour le kalife Aroun-al-Rached, contemporain de Charlemagne, Charlemage n'a point attendu, comme on l'a cru, le faux Turpin pour être transformé en chevalier, lui et ses pairs.

Le roman publié sous le nom de Turpin, archevêque de Reims, fut composé par un certain moine Robert, sur la fin du xi<sup>e</sup> siècle, au moment de la première croisade. Ce moine se proposoit d'animer les chrétiens à la guerre contre les infidèles, par l'exemple de Charlemagne et de ses douze pairs. C'est sur cette chronique que les Anglois ont calqué l'histoire de leur roi Artus et des chevaliers de la Table Ronde.

Le prétendu Turpin n'étoit lui-même qu'un imitateur, fait qui me semble avoir échappé jusqu'ici à tous les historiens. Soixante-dix ans après la mort de Charlemagne, le moine de Saint-Gall écrivit la vie de Karle le Grand, véritable roman du genre de celui d'*Antar*. N'est-ce pas une chose curieuse de trouver la chevalerie tout juste à la même époque chez les Franks et chez les Arabes? Le moine de Saint-Gall tenoit ses autorités pour la législation ecclésiastique, de Wernbert, célèbre abbé de Saint-Gall, et pour les actions militaires, du père de ce même Wernbert. Le père de l'abbé Wernbert se nommoit Adalbert, et avoit suivi son seigneur Gherold à la guerre contre les Huns (Avares), les Saxons et les Esclavons. Le romancier dit naïvement : « Adalbert étoit déjà vieux ; il m'éleva quand j'étois encore très-petit, et souvent, malgré mes efforts pour lui échapper, il me ramenoit et me contraignoit d'écouter ses récits. »

Le vieux soldat raconte donc au futur jeune moine que les Huns habitoient un pays entouré de neuf cercles. Le premier renfermoit un espace aussi grand que la distance de Constance à Tours : ce cercle étroit étoit construit en troncs de chênes, de hêtres, de sapins, et de pierres très-dures ; il avoit vingt pieds de largeur et autant de hauteur : il en étoit ainsi des autres cercles. Le terrible Charlemagne renverse tout cela ; ensuite il marche contre des barbares qui ravageoient la France orientale ; il les extermine, et fait couper la tête à tous les enfants qui dépassoient la hauteur d'une épée. Charlemagne est trahi par un de ses bâtards, petit nain bossu, confiné au monastère de Saint-Gall. Karle avoit dans ses armées des héros à la manière de Roland : Cisher valoit à lui seul une armée ; on l'eût pu croire de la

a fait une traduction françoise de ce roman-poëme, dont l'impression à Paris seroit confiée aux soins de M. Trébutien, à qui nous devons les *Contes inédits des Mille et Une Nuits*.

race Enachim, tant il étoit grand; il montoit un énorme cheval, et quand le cheval refusoit de passer la Doire, enflée par les torrents des Alpes, il le traînoit après lui dans les flots en lui disant : « Par monseigneur Gall, de gré ou de force, tu me suivras. » Cisher fauchoit les Bohémiens comme l'herbe d'une prairie. « Que m'importent, s'écrioit-il, les Wenèdes, ces grenouillettes? j'en porte sept, huit et même neuf enfilés au bout de ma lance, en murmurant je ne sais quoi. »

Karle attaque Didier en Italie. Didier demande à Ogger si Karle est dans l'armée qu'il aperçoit : « Non, dit Ogger; quand vous verrez les moissons s'agiter d'horreur dans les champs, le sombre Pô et le Tessin inonder les murs de la ville de leurs flots noircis par le fer, vous pourrez croire à l'arrivée de Karle. » Alors s'élève au couchant un nuage qui change le jour en ténèbres : Karle, cet homme de fer, avoit la tête couverte d'un casque de fer et les mains garnies de gantelets de fer; sa poitrine de fer et ses épaules étoient couvertes d'une armure de fer; sa main gauche élevoit en l'air une lance de fer, sa main droite étoit posée sur son invincible épée; ses cuissards étoient de fer, ses bottines de fer, son bouclier de fer; son cheval avoit la couleur et la force du fer; le fer couvroit les champs et les chemins, et ce fer, si dur, étoit porté par un peuple dont le cœur étoit plus dur que le fer. Et tout le peuple de la cité de Didier de s'écrier : « O fer! Ah! que de fer! » *O ferrum! Heu ferrum!*

Une autre fois, Karle, accoutré d'une casaque de peau de brebis, va à la chasse avec les grands de Pavie, vêtus de robes faites de peaux d'oiseaux de Phénicie, de plumes de coucou, de queues de paon mêlées à la pourpre de Tyr et ornées de franges d'écorce de cèdre. On voit Charlemagne, dans l'histoire, armer son second fils Louis chevalier en lui ceignant l'épée.

Le moine de Saint-Gall, qui se dit bégayant et édenté, mentionne aussi le lion tué par Pepin le Bref. Le vétéran Adalbert, redisant les exploits de Charlemagne à un enfant qui devoit les écrire lorsqu'à son tour il seroit devenu vieux, ne ressemble pas mal à quelque grenadier de Napoléon, racontant la campagne d'Égypte à un conscrit : tant la fable et l'histoire sont mêlées dans la vie des hommes extraordinaires!

Ernold Nigel, ou le Noir, dans son poëme sur Hlovigh le Débonnaire, décrit le siége de Barcelonne; et c'est encore un ouvrage de chevalerie. Hlovigh ceint l'épée que Karle le Grand portoit à son côté. Les Maures, rangés sur les remparts, défendent la ville; Zadun, leur chef, se dévoue pour les sauver : il se glisse le long des murailles pour aller hâter les secours des Sarrasins de Cordoue; il est pris. Mené à Louis, il crie aux siens : « Ouvrez vos portes! » et leur fait en même temps

un signe convenu pour les engager à se défendre. La ville est forcée :
dans le butin envoyé à Karle se trouvent des cuirasses, de riches
habits, des casques ornés de crinières, un cheval parthe avec son harnois et son frein d'or. L'armure de fer des chevaliers n'est point
(comme on l'a cru encore mal à propos) du XI<sup>e</sup> siècle ; elle ne vient ni
des Franks ni des Arabes ; elle vient des Perses, de qui les Romains
l'empruntèrent : on a vu la description qu'en fait Ammien Marcellin
en parlant du triomphe de Constance à Rome ; on retrouve pareillement cette armure dans l'escadron de grosse cavalerie que Constantin
culbuta lorsqu'il descendit des Alpes pour aller attaquer Maxence.

Les combats singuliers et les fêtes chevaleresques, la construction
de ces monuments appelés *gothiques*, qui virent prier les chevaliers
des croisades, coïncident aussi avec l'avénement des rois de la seconde
race. Hlovigh le Débonnaire envoie l'évêque Ebbon prêcher la foi
chez les Danois ; Ebbon amène à Hlovigh Hérold, roi de ces peuples.
Hlovigh se rend à Ingelheim aux bords du Rhin : « Là s'élève sur
cent colonnes un palais superbe. . . . . . . Non loin du
palais est une île que le Rhin environne de ses eaux profondes,
retraite tapissée d'une herbe toujours verte, et que couvre une sombre
forêt ; » chasse superbe où Judith, femme de Hlovigh, magnifiquement
parée, monte un noble palefroi.

Béro et Samilon, deux guerriers de nation gothique, combattent
en champ clos devant Hlovigh, auprès du château d'Aix, dans un lieu
entouré de murailles de marbre, orné de terrasses gazonnées et plantées d'arbres. « Les champions, d'une haute taille, sont montés sur
des coursiers rapides ; tous deux attendent le signal qui doit être
donné par le roi. Dans l'arène paroît Gundold, qui se fait accompagner
d'un cercueil, selon son usage dans ces occasions. » Béro est vaincu ;
les jeunes Franks l'arrachent à la mort, et Gundold renvoie son cercueil sous l'appentis d'où il l'avoit tiré.

Miratus Gundoldus enim, feretrumque remittit
Absque onere tectis, venerat unde, suum [1].

L'architecture dite lombarde, de l'époque des Karlovingiens, en
Italie, n'étoit que l'invasion de l'architecture orientale ou néogrecque
dans l'architecture romaine. Hakem, au VIII<sup>e</sup> siècle, bâtit la mosquée
de Cordoue, type primitif de l'architecture sarrasine occidentale. Au
commencement du IX<sup>e</sup> siècle, le palais d'Ingelheim avoit des centaines

---

[1]. Les savants bénédictins ne peuvent s'empêcher de s'écrier, dans une note, avec
toute la joie naïve de l'érudition : « Gratiæ sint Nigello, qui veterum ritus nobis
ediscerit ! »

de colonnes, des toitures de formes variées, des milliers de réduits, d'ouvertures et de portes : *centum perfixa columnis.... tectaque multimoda : mille aditus, reditus, millenaque claustra domorum.* L'église présentoit de grandes portes d'airain, et de plus petites, enrichies d'or : *Templa Dei. . . . . ærati postes, aurea ostiola.* Hérold, sa femme, ses enfants et ses compagnons contemploient avec étonnement le dôme immense de l'église : *miratur Herold, conjunx miratur, et omnes proles et socii culmina tanta Dei.* Voilà donc clairement aux VIII<sup>e</sup> et IX<sup>e</sup> siècles les mœurs, les aventures, les chants, les récits, les champions, les nains, les fêtes, les armes, l'architecture de l'époque vulgaire de la chevalerie; les voilà en même temps et à la fois d'une manière spontanée, chez les Maures et chez les chrétiens : voilà Charlemagne et le kalife Aroun, Cisher et Antar, et leurs historiens contemporains, Asmaï et le moine de Saint-Gall.

Les romanciers du XII<sup>e</sup> siècle qui ont pris Charlemagne, Roland et Ogier pour leurs héros, ne se sont donc point trompés historiquement; mais on a eu tort de vouloir faire des chevaliers un *corps* de chevalerie. Les cérémonies de la réception du chevalier, l'éperon, l'épée, l'accolade, la veille des armes, les grades de page, de damoiseau, de poursuivant, d'écuyer, sont des usages et des institutions militaires qui remplaçoient d'autres usages et d'autres institutions tombés en désuétude; mais ils ne constituoient pas un corps de troupes homogène, discipliné, agissant sous un même chef dans une même subordination.

Les ordres religieux chevaleresques ont été la cause de cette confusion d'idées; ils ont fait supposer une chevalerie historique *collective*, lorsqu'il n'existoit qu'une chevalerie historique *individuelle*. Au surplus cette chevalerie individuelle fut délicate, vaillante, généreuse, et garda l'empreinte des deux climats qui la virent éclore; elle eut le vague et la rêverie du ciel noyé des Scandinaves, l'éclat et l'ardeur du ciel pur de l'Arabie. La chevalerie historique produisit en outre une chevalerie romanesque, qui se mêla aux réalités, retentit par un extrême écho jusque dans le règne de François I<sup>er</sup>, où elle donna naissance à Bayard, comme elle avoit enfanté Du Guesclin auprès du trône de Charles V. Le héros de Cervantes fut le dernier des chevaliers : tel est l'attrait de ces mœurs du moyen âge et le prestige du talent, que la satire de la chevalerie en est devenue le panégyrique immortel.

Pour être reçu chevalier, dans l'origine, il falloit être noble de père et de mère, et âgé de vingt-et-un ans. Si un gentilhomme qui n'étoit pas de *parage* se faisoit armer chevalier, *on lui tranchoit les éperons dorés sur le fumier*. Les fils des rois de France étoient chevaliers sur les fonts de baptême; saint Louis arma ses frères chevaliers; Du Guesclin, second parrain du second fils de Charles V, le duc d'Orléans, tira son épée et la mit nue dans la main de l'enfant nu : *Nudo tradidit ensem nudum*. Bayard, *sans paour et sans reprouche*, conféra la chevalerie à François I^er. Le roi lui dit : « Bayard, mon ami, je veux qu'aujourd'hui sois fait chevalier par vos mains. . . . . Avez vertueusement, en plusieurs royaumes et provinces, combattu contre plusieurs nations. . . . . Je délaisse la France, en laquelle ou vous connoît assez. . . . . Dépêchez-vous. » — Alors prit son épée Bayard, et dit : « Sire, autant vaille que si estois Roland ou Olivier, Gaudefroy ou Baudouyn, son frère. » — Et puis après si cria haultement, l'espée en la main dextre : « Tu es bien heureuse d'avoir aujourd'hui à un si beau et puissant roy donné l'ordre de la chevalerie. Certes, ma bonne espée, vous serez moult bien comme relique gardée, et sur toutes aultres honorée ; et ne vous porteray jamais, si ce n'est contre Turcs, Sarrasins ou Mores. » — Et puis feit deux saults, et après remit au fourreau son espée. »

Les chevaliers prenoient les titres de *don*, de *sire*, de *messire* et de *monseigneur*. Ils pouvoient manger à la table du roi ; eux seuls avoient le droit de porter la lance, le haubert, la double cotte de mailles, la cotte d'armes, l'or, le vair, l'hermine, le petit-gris, le velours, l'écarlate ; ils mettoient une girouette sur leur donjon ; cette girouette étoit en pointe comme les pennons pour les simples chevaliers, carrée comme les bannières pour les chevaliers bannerets. On reconnoissoit de loin le chevalier à son armure : les barrières des lices, les ponts des châteaux s'abaissoient devant lui ; les hôtes qui le recevoient poussoient quelquefois le dévouement et le respect jusqu'à lui abandonner leurs femmes.

La dégradation du chevalier félon étoit affreuse : on le faisoit monter sur un échafaud ; on y brisoit à ses yeux les pièces de son armure ; son écu, le blason effacé, étoit attaché et traîné à la queue d'une cavale ; monture dérogeante : le héraut d'armes accabloit d'injures l'ignoble chevalier. Après avoir récité les vigiles funèbres, le clergé prononçoit les malédictions du psaume 108. Trois fois on demandoit le nom du dégradé, trois fois le héraut d'armes répondoit qu'il ignoroit ce nom, et n'avoit devant lui qu'une foi-mentie. On répandoit alors sur la tête du patient un bassin d'eau chaude ; on le tiroit en bas de l'échafaud par une corde ; il étoit mis sur une civière, transporté à l'église, couvert d'un drap mortuaire, et les prêtres psalmodioient sur lui les prières des morts.

La chevalerie se conféroit sur la brèche, dans la mine et la tranchée d'une ville assiégée, sur un champ de bataille, au moment d'en venir aux mains. Le besoin de soldats s'accroissant à mesure que les nobles périssoient, le serf fut admis à la chevalerie ; des lettres de Philippe de Valois déclarent gentilhomme le fils d'un serf qui avoit été armé chevalier : les François ont toujours attribué la noblesse à la charrue et à l'épée, et placé au même rang le laboureur et le soldat. Dans la suite, au milieu des grandes guerres contre les Anglois, on créa tant de chevaliers que ce titre s'avilit. François 1er ajouta deux classes de chevaliers *bannerets* et *bacheliers*, une troisième classe, composée de magistrats et de gens de lettres ; ils furent appelés *chevaliers ès lois*. Enfin, il ne resta de la chevalerie qu'un nom honorifique, écrit dans les actes, ou porté par les cadets de familles.

L'éducation militaire m'amène maintenant à parler de l'éducation civile dans les siècles dont nous nous occupons.

### ÉDUCATION.

L'éducation chez les Perses, les Grecs et les Romains, étoit persane, grecque et romaine ; je veux dire qu'on enseignoit aux enfants ce qui regarde la patrie ; on ne les instruisoit que des lois, des mœurs, de l'histoire et de la langue de leurs aïeux. Lorsqu'à l'époque d'une civilisation avancée les Romains se prirent d'admiration pour la Grèce et vinrent aux écoles d'Athènes, ce n'étoit que la louable curiosité de quelques patriciens oisifs.

Le monde moderne a présenté un phénomène dont il n'y a aucun exemple dans le monde ancien : les enfants des barbares se séparèrent de leur race par l'éducation ; confinés dans des colléges, ils apprirent des langues que leurs pères ne parloient point, et qui cessoient d'être parlées sur terre ; ils étudièrent des lois qui n'étoient pas celles de leur nation ; ils ne s'occupèrent que d'une société morte, sans rapport avec la société vivante de leur temps. Les vaincus, sortis d'un autre sang et perpétuant le souvenir de ce qu'ils avoient été, renfermèrent avec eux les fils de leurs vainqueurs comme des otages.

Il se forma au milieu des générations brutes un peuple d'intelligence hors de la sphère où se mouvoit la communauté matérielle, guerrière et politique. Plus l'esprit autour des écoles étoit simple, grossier, naturel, illettré, plus dans l'intérieur de ces écoles il étoit raffiné, subtil, métaphysique et savant. Les barbares avoient commencé par égorger les prêtres et les moines ; devenus chrétiens, ils tombèrent à leurs pieds. Ils s'empressèrent de contribuer à la fondation des colléges et des universités : admirant ce qu'ils ne comprenoient pas, ils crurent ne pouvoir accorder aux étudiants trop de priviléges. Une véritable république, ayant ses tribunaux, ses coutumes et ses libertés, s'établit pour les enfants au centre même de la monarchie des pères.

L'université de Paris, fille aînée de nos rois, bien qu'elle ne descendît pas de Charlemagne, n'étoit pas la seule en France ; vingt autres existoient sur son modèle ; celle de Montpellier devint célèbre : on y professa le droit romain aussitôt que les exemplaires des *Pandectes* furent devenus moins rares par la découverte et les copies du manuscrit d'Amalfi. L'Angleterre, l'Écosse, l'Irlande, l'Allemagne, l'Italie, l'Espagne, le Portugal, possédoient les mêmes corps enseignants. On voit dans les hagiographes et les chroniqueurs que le même écolier, afin d'embrasser les diverses branches des sciences, étudioit successivement à Paris, à Oxford, à Mayence, à Padoue, à Salamanque, à Coïmbre. L'université de Paris avoit une poste à son usage longtemps avant que Louis XI eût fait un pareil établissement.

On sent quelle activité les institutions universitaires, dégagées des lois nationales, devoient donner aux esprits, combien elles devoient accroître le trésor commun des idées : or, tout arrive par les idées ; elles produisent les faits, qui ne leur servent que d'enveloppe.

Une multitude de colléges s'élevèrent auprès des universités. Sous Philippe le Bel, qui fonda l'université d'Orléans, on vit s'établir le collége de la reine de Navarre, celui du cardinal Le Moyne, et celui de Montaigu, archevêque de Narbonne. Depuis le règne de Philippe de Valois jusqu'à la fin du règne de Charles V on compte l'érection du collége des Lombards pour les écoliers italiens, des colléges de Tours, de Lisieux, d'Autun, de l'*Ave-Maria*, de Mignon ou Grand-mont, de Saint-Michel, de Cambray, d'Aubusson, de Bonnecourt, de Tournay, de Bayeux, des Allemands, de Boissy, de Dainville, de Maître-Gervais, de Beauvais (*Hist. de l'Univ.*, t. III, liv. 3. *Antiq. de Paris. Trés. des Ch.*).

A François Ier est dû l'établissement du Collége royal, avec les trois chaires de langues hébraïque, grecque et latine : on avoit commencé à enseigner le grec dans l'université de Paris sous Charles VIII ; on y expliquoit alors les dialogues de Platon. Henri II, Charles IX, Henri III, augmentèrent les chaires savantes d'une chaire de philosophie grecque et latine, d'une chaire de langue arabe et d'une chaire de chirurgie. Louis XIII, Louis XIV et Louis XV ajoutèrent au Collége royal des chaires pour l'étude du droit canon, pour celle des langues syriaque, turque et persane, pour l'enseignement de la littérature françoise, de l'astronomie, de la mécanique, de la chimie, de l'anatomie, de l'histoire naturelle, du droit de la nature et des gens. Le collége des Quatre-Nations rappelle le nom de Mazarin. Tout se formoit par grandes masses ou par grands corps dans l'ancienne monarchie : clergé, noblesse, tiers-état, magistrature, éducation.

Ces universités et ces colléges furent autant de foyers où s'allumèrent comme des flambeaux les génies dont la lumière pénétra les ténèbres du moyen âge : nuit féconde, puissant chaos dont les flancs portoient un nouvel univers. Lorsque la barbarie envahit la civilisation, elle la fertilise par sa vigueur et sa jeunesse ; quand, au contraire, la civilisation envahit la barbarie, elle la laisse stérile ; c'est un vieillard auprès d'une jeune épouse : les peuples civilisés de l'ancienne Europe se sont renouvelés dans le lit des sauvages de la Germanie ; les peuples sauvages de l'Amérique se sont éteints dans les bras des peuples civilisés de l'Europe.

Saint Bernard, Abailard, Scott, Thomas d'Aquin, Bonaventure, Albert, Roger Bacon, Henry de Gand, Hugues de Saint-Cher, Alexandre de Hallays, Alain de l'Ille, Yves de Triguer, Jacques de Voragines, Guillaume de Nangis, Jean de Mun, Guillaume Duranti, Jean Adam, Guillaume Pelletier, Barthélemi Glaunwil et Pierre Bercheur, Albert de Saxe, Froissart, Nicolas Oresme, Jacques de Dondis, Nicolas Flamel, Accurse, Barthôle, Gracien, Pierre d'Ailly, Nicolas Clémengis, Gerson, Thomas Connecte, Benoît Gentian, Jean de Courtecuisse, Vincent Ferrier, Juvénal des Ursins, Pic de La Mirandole, Chartier, Martuel d'Auvergne, François Villon et Robert Gaguin forment la chaîne de ces hommes qui nous amènent des premiers jours du moyen âge au temps de la renaissance des lettres. Leur célébrité fut grande, et les surnoms par lesquels on les distingua prouvent l'admiration naïve de leurs siècles. Albert fut surnommé le Grand ; Thomas d'Aquin, l'Ange de l'école ; Roger Bacon, le Docteur admirable ; Henry de Gand, le Docteur solennel ; Henry de Suze, la Splendeur du droit ; Alexandre de Hallays, le Docteur irréfragable ; Alain de l'Ille, le Docteur universel ; Bonaventure, le Docteur séraphique ; Scott, le Docteur subtil ; Gilles de Rome, le Docteur très-fondé.

Ces hommes, avec des talents divers, formoient des écoles, avoient des disciples comme les anciens philosophes de la Grèce. Albert inventa une machine parlante ; Roger Bacon découvrit peut-être la poudre [1], le télescope et le microscope ; Jacques de Dondis composa une horloge céleste ou une sphère mouvante. Saint Thomas d'Aquin est un génie tout à fait comparable aux plus rares génies philosophiques des temps anciens et modernes : il tient de Platon et de Malebranche pour la spi-

1. Connue d'ailleurs de la Chine, ainsi que la boussole, l'imprimerie, le gaz, etc. ; ces découvertes matérielles devoient naturellement avoir lieu chez une société à longue vie, comme celle des Chinois.

ritualité, d'Aristote et de Descartes pour la clarté et la logique. Les scottistes et les thomistes, les réalistes et les nominaux ressuscitèrent les deux sectes de la forme et de l'idée. Vers l'an 1050, les écrits d'Aristote avoient été apportés par les Arabes en Espagne, et de l'Espagne ils passèrent en France. Bérenger, Abailard, Gilbert de la Porée firent revivre la doctrine du Stagyrite ; mais les Pères grecs et latins ayant depuis longtemps frappé d'anathème cette doctrine, un concile, tenu à Paris en 1209, condamna au feu les écrits dans lesquels elle étoit renfermée. L'interdiction dura plus de quatre-vingts ans : on se relâcha ensuite, et en 1447 le triomphe d'Aristote fut tel, qu'on n'enseigna plus d'autre philosophie que la sienne. Un siècle après, Ramus, qui osa s'élever contre sa logique, fut la victime du fanatisme scolastique. Il fallut attendre Gassendi et Descartes pour triompher du précepteur d'Alexandre.

Duranti, Barthole, Alciat, et plus tard Cujas, furent les lumières du droit. On se fera une idée de l'influence que ces hommes exerçoient sur leur temps, en rappelant les effets de leurs leçons : la classe où Albert le Grand enseignoit ne suffisant plus à la multitude des auditeurs, il se vit obligé de professer en plein air, sur la place qui prit le nom de Maître-Albert. Foulques écrit à Abailard : « Rome t'envoyoit ses enfants à instruire ; et celle qu'on avoit entendue enseigner toutes les sciences montroit, en te passant ses disciples, que ton savoir étoit encore supérieur au sien. Ni la distance, ni la hauteur des montagnes, ni la profondeur des vallées, ni la difficulté des chemins, parsemés de dangers et de brigands, ne pouvoient retenir ceux qui s'empressoient vers toi. La jeunesse angloise ne se laissoit effrayer ni par la mer placée entre elle et toi, ni par la terreur des tempêtes, et à ton nom seul, méprisant les périls, elle se précipitoit en foule. La Bretagne reculée t'envoyoit ses habitants pour les instruire ; ceux de l'Anjou venoient te soumettre leur férocité adoucie. Le Poitou, la Gascogne, l'Ibérie, la Normandie, la Flandre, les Teutons, les Suédois, ardents à te célébrer, vantoient et proclamoient sans relâche ton génie. Et je ne dis rien des habitants de la ville de Paris et des parties de la France les plus éloignées comme les plus rapprochées, tous avides de recevoir tes leçons, comme si près de toi seul ils eussent pu trouver l'enseignement [1]. »

La foule des maîtres et des écoliers de l'université étoit telle, quand ils alloient en procession à Saint-Denis, que les premiers rangs du cortége entroient dans la basilique de l'abbaye lorsque les derniers

---

1. Cette élégante traduction est d'une femme. *Œuvres de M*me *Guizot.*

sortoient de l'église des Mathurins de Paris. Appelée à donner son vote sur la question de l'extinction du schisme, l'université fournit dix mille suffrages; elle proposa d'envoyer à un enterrement vingt-cinq mille écoliers pour en augmenter la pompe. On voit ce grand corps figurer dans toutes les crises politiques de la monarchie, et particulièrement sous les règnes de Charles V, de Charles VI et de Charles VII. Factieux ou fidèle, il lâchoit ou retenoit les flots populaires, tandis que des esprits novateurs, élevés à ses leçons, agitoient les questions religieuses, poussoient, par la hardiesse de leurs doctrines, par leurs déclamations contre les vices du clergé et des grands, à ces réformes dont Arnaud de Brescia avoit donné l'exemple en Italie, et Wickleff en Angleterre.

Cette vie des universités et des colléges occupe une place considérable dans le tableau des mœurs générales, qui me reste à peindre.

## MŒURS GÉNÉRALES
### DES XIIe, XIIIe ET XIVe SIÈCLES.

L'histoire moderne doit prendre soin de détruire un mensonge, non des chroniqueurs, qui sont unanimes sur la corruption des bas siècles, mais de l'ignorance et de l'esprit de parti des temps où nous vivons : on s'est figuré que si le moyen âge étoit barbare, du moins la morale et la religion faisoient le contre-poids de sa barbarie; on se représente les anciennes familles, grossières sans doute, mais assises dans une sainte union à l'âtre domestique avec toute la simplicité de l'âge d'or. Rien de plus contraire à la vérité.

Les barbares s'établirent au milieu de la société romaine dépravée par le luxe, dégradée par l'esclavage, pervertie par l'idolâtrie. Les Franks, très-peu nombreux, relativement à la population gallo-romaine, ne purent assainir les mœurs; ils étoient eux-mêmes fort corrompus quand ils entrèrent en Gaule.

C'est une grande erreur que d'attribuer l'innocence à l'état sauvage; tous les appétits de la nature se développent sans contrôle dans cet état : la civilisation seule enseigne les qualités morales. La profession des armes, qui inspire certaines vertus, ne produit point la tempérance : Sainte-Palaye est obligé de convenir que les chevaliers ne se recommandoient guère par la rigidité des mœurs.

De la société romaine et de la société barbare résulta une double corruption ; on reconnoît très-bien les vices de l'une ou de l'autre société, comme on distingue à leur confluent les eaux de deux fleuves qui s'unissent : la rapine, la cruauté, la brutalité, la luxure animale, étoient frankes ; la bassesse, la lâcheté, la ruse, la turpitude de l'esprit, la débauche raffinée, étoient romaines.

Et ces remarques ne se doivent pas entendre de quelques années, de quelques règnes : elles s'appliquent aux siècles qui précèdent le moyen âge, depuis le règne de Khlovigh jusqu'à celui de Hugues Capet; et aux siècles du moyen âge, depuis le règne de Hugues Capet jusqu'à celui de François I$^{er}$.

Le christianisme chercha autant qu'il le put à guérir la gangrène des temps barbares; mais l'esprit de la religion étoit moins suivi que la lettre; on croyoit plus à la croix qu'à la parole du Christ; on adoroit au Calvaire; on n'assistoit point au sermon de la montagne. Le clergé se déprava comme la foule. Si l'on veut pénétrer à fond l'état intérieur de cette époque, il faut lire les conciles et les chartes d'abolition (lettres de grâce accordées par les rois); là se montrent à nu les plaies de la société. Les conciles reproduisent sans cesse les plaintes contre la licence des mœurs, et la recherche des remèdes à y apporter; les chartes d'abolition gardent les détails des jugements et des crimes qui motivoient les lettres royaux. Les capitulaires de Charlemagne et de ses successeurs sont remplis de dispositions pour la réformation du clergé.

On connoît l'épouvantable histoire du prêtre Anastase, enfermé vivant avec un cadavre, par la vengeance de l'évêque Caulin (Grégoire de Tours). Dans les canons ajoutés au premier concile de Tours, sous l'épiscopat de saint Perpert, on lit : « Il nous a été rapporté que des prêtres, ce qui est horrible (*quod nefas*), établissoient des auberges dans les églises, et que le lieu où l'on ne doit entendre que des prières et des louanges de Dieu retentit du bruit des festins, de paroles obscènes, de débats et de querelles. »

Baronius, si favorable à la cour de Rome, nomme le x$^e$ siècle le siècle de fer, tant il voit de désordres dans l'Église. L'illustre et savant Gherbert, avant d'être pape sous le nom de Sylvestre II, et n'étant encore qu'archevêque de Reims, disoit : « Déplorable Rome! tu donnas à nos ancêtres les lumières les plus éclatantes, et maintenant tu n'as plus que d'horribles ténèbres...... Nous avons vu Jean Octavien conspirer, au milieu de mille prostituées, contre le même Othon qu'il avoit proclamé empereur. Il est renversé, et Léon le Néophyte lui succède. Othon s'éloigne de Rome, et Octavien y rentre; il chasse Léon, coupe les doigts, les mains et le nez au diacre Jean, et après avoir ôté la vie à beaucoup de personnages distingués, il périt bientôt lui-même...... Sera-t-il possible de soutenir encore qu'une si grande quantité de prêtres de Dieu, dignes par leur vie et leur mérite d'éclairer l'univers, se doivent soumettre à de tels monstres, dénués de toute connoissance des sciences divines et humaines? »

Il nous reste une satire d'Adalbéron, évêque de Laon; c'est un dialogue entre le poëte et le roi Robert. « Adalbéron représente les juges obligés de porter le capuchon, les évêques dépouillés, réduits à suivre la charrue, et les siéges épiscopaux, quand ils viennent à vaquer, occupés par des mariniers et des pâtres. Un moine est transformé en soldat; il porte un bonnet de peau d'ours; sa robe, naguère longue, est écourtée, fendue par devant et par derrière; à sa ceinture étroite est suspendu un arc, un carquois, des tenailles, une épée. Il n'y avoit autrefois parmi les ministres du Seigneur ni bourreaux, ni aubergistes, ni gardeurs de cochons et de boucs; ils n'alloient point au marché public; ils ne faisoient point blanchir les étoffes. »

Adalbéron, étendant son sujet, remarque que le noble et le serf ne sont pas soumis à la même loi, que le noble est entièrement libre. Le roi prend la défense de la condition servile : « Cette classe, dit-il, ne possède rien sans l'acheter par un dur travail. Qui pourroit compter les peines, les courses et les fatigues qu'ont à supporter les serfs? Il n'y a aucune fin à leurs larmes. » Adalbéron répond que la famille du Seigneur est divisée en trois classes : l'une prie, l'autre combat, la troisième travaille. »

Adalbéron avoit vu finir la seconde race et commencer la troisième; il avoit joué un rôle dans les trahisons qui se pratiquent à la chute et au renouvellement des empires. Peut-être avoit-il été lié intimement avec Emma, femme de Lother, quoiqu'il fût évêque; il étoit d'une grande famille de Lorraine; il avoit étudié sous Gherbert; il n'aimoit pas les moines, et il entroit dans la querelle des évêques nobles contre les religieux plébéiens. On retrouve en lui cette partie de la société intelligente qui ne fut jamais barbare.

Saint Bernard ne montre pas plus d'indulgence aux vices de son siècle; saint Louis fut obligé de fermer les yeux sur les prostitutions et les désordres qui régnoient dans son armée. Pendant le règne de Philippe le Bel, un concile est convoqué exprès pour remédier au débordement des mœurs. L'an 1354 les prélats et les ordres mendiants exposent leurs mutuels griefs à Avignon, devant Clément VII. Ce pape, favorable aux moines, apostrophe les prélats : « Parlerez-vous d'humilité, vous, si vains et si pompeux dans vos montures et vos équipages? Parlerez-vous de pauvreté, vous si avides que tous les bénéfices du monde ne vous suffiroient pas? Que dirai-je de votre chasteté?... Vous haïssez les mendiants; vous leur fermez vos portes, et vos maisons sont ouvertes à des sycophantes et à des infâmes (*lenonibus et truffatoribus*). »

La simonie étoit générale; les prêtres violoient presque partout la règle du célibat; ils vivoient avec des femmes perdues, des concubines et des chambrières; un abbé de Noréis avoit dix-huit enfants. En Biscaye on ne vouloit que des prêtres qui eussent des *commères*, c'est-à-dire des femmes supposées légitimes.

Pétrarque écrit à l'un de ses amis : « Avignon est devenu un enfer, la sentine de toutes les abominations. Les maisons, les églises, les palais, les chaires du pontife et des cardinaux, l'air et la terre, tout est imprégné de mensonge; on traite le monde futur, le jugement dernier, les peines de l'enfer, les joies du paradis, de fables absurdes et puériles. » Pétrarque cite à l'appui de ses assertions des anecdotes scandaleuses sur les débauches des cardinaux. Et lui-même, abbé, chaste et fidèle amant de Laure, étoit entouré de bâtards : *Ebbe allora un figliuolo naturale, e dopo alcuni anni una figliuola; ma protesto che, non ostante queste licenze, egli non amò mai altra che Laura.* (Saggi.)

Dans un sermon prononcé devant le pape, en 1364, le docteur Nicolas Oresme prouva que l'Antechrist ne tarderoit pas à paroître, par six raisons, tirées de la perte de la doctrine, de l'orgueil des prélats, de la tyrannie des chefs de l'Église et de leur aversion pour la vérité.

Les sirventes, qui n'épargnoient ni les papes, ni les rois, ni les nobles, ne ménageoient pas plus le clergé que les sermons. « Dis donc, seigneur évêque, tu ne seras jamais sage qu'on ne t'ait rendu eunuque. — Ah! faux clergé, traître, menteur, parjure, débauché! Saint Pierre n'eut jamais rentes, ni châteaux, ni domaines; jamais il ne prononça excommunication. Il y a des gens d'église qui ne brillent que par leur magnificence, et qui marient à leurs neveux les filles qu'ils ont eues de leur mie. » (Raynouard, *Troubadours.*)

« Une vile multitude, qui ne combattit jamais, enlève aux nobles leur tour et leur chastel : le bouc attaque le loup. » — « Notre évêque vend une bière mille sous à ses amis décédés. » — « C'est le pape qui règne; il rampe aux pieds du monarque puissant, il accable le roi malheureux. »

Toute la terre féodale se ressembloit; mêmes censures en Angleterre:

> An other abbai is ther bi,
> For soth a gret nunnerie, etc.

« Auprès d'une abbaye se trouve un couvent de nonnes, au bord d'une rivière douce comme du lait. Aux jours d'été les jeunes nonnes remontent cette rivière en bateau, et quand elles sont loin de l'abbaye, le diable se met tout nu, se couche sur le rivage, et se prépare à nager. Agile, il enlève les jeunes moines, et revient chercher les nonnes. Il enseigne à celles-ci une oraison : le moine bien disposé

aura douze femmes à l'année, et il deviendra bientôt le père abbé. »
Je supprime de grossières obscénités en vieux anglois.

Le *credo* de Pierre Laboureur (Piter Plowman), est une satire amère contre les moines mendiants :

I fond in a freture a frere on a benche, etc.

« J'ai rencontré, assis sur un banc, un frère affreux : il étoit gros comme un tonneau ; son visage étoit si plein qu'il avoit l'air d'une vessie remplie de vent, ou d'un sac suspendu à ses deux joues et à son menton. C'étoit une véritable oie grasse qui faisoit remuer sa chair comme une boue tremblante. »

Les châtelains et les châtelaines chantoient, aimoient, se gaudissoient, et par moments ne croyoient pas trop en Dieu. Le vicomte de Beaucaire menace son fils Aucassin de l'enfer s'il ne se sépare de Nicolette, sa mie. Le damoiseau répond qu'il se soucie fort peu du paradis, rempli de moines fainéants demi-nus, de vieux prêtres crasseux et d'ermites en haillons. Il veut aller en enfer, où les grands rois, les paladins, les barons, tiennent leur cour plénière ; il y trouvera de belles femmes, qui ont aimé des ménestriers et des jongleurs, amis du vin et de la joie. (LE GRAND D'AUSSI, RAYNQUARD, *Hist. de Phil.-Aug.*, CAPEFIGUE, etc.) Un troubadour demande un *pater*, pour que Dieu accorde à tous ceux qui aimèrent, comme le fils du châtelain d'Aupais, le plaisir qu'il eut une nuit avec Ogine. La dame, comtesse de Die, écrit au troubadour Rambaud, comte d'Orange : « Mon bel ami, viens ce soir occuper dans ma couche la place de mon mari. » La comtesse de Die étoit présidente de la cour d'amour. Guillaume, comte de Poitiers, fonda à Niort une maison de débauche, sur le modèle d'une abbaye : chaque *religieuse* avoit une cellule, et formoit des vœux de plaisirs ; une prieure et une abbesse gouvernoient la communauté, et les vassaux de Guillaume furent invités à doter richement le monastère. Il y avoit des *maréchaux* de prostituées.

On voit un comte d'Armagnac, Jean V, épouser publiquement sa sœur, et vivre avec elle dans son château, en tout honneur de baronnage. Les fureurs lubriques du maréchal de Rais ne sont ignorées de personne.

Ces nobles de la gaie science n'étoient pas toujours si courtois et si damoiseaux qu'ils ne se transformassent en brigands sur les grands chemins et dans les forêts. Les bourgeois de Laon appelèrent à leur secours Thomas de Coucy, seigneur du château de Marne. Thomas, tout jeune encore, pilloit les pauvres et les pèlerins qui se rendoient à

Jérusalem, et qui revenoient de la Terre Sainte. Afin d'obtenir de l'argent de ses captifs, il les accrochoit de sa propre main, *testiculis appendebat propria aliquotiens manu* (GUIBERTI, *de vita sua*) ; une rupture s'opérant par le poids du corps, les intestins sortoient à travers l'ouverture. Thomas pendoit encore d'autres malheureux par les pouces, et leur mettoit de grosses pierres sur les épaules pour ajouter à leur pesanteur naturelle ; il se promenoit en dessous de ces gibets vivants, et achevoit à coups de bâton les victimes qui ne possédoient rien ou qui refusoient de payer. Ayant un jour jeté un lépreux au fond d'un cachot, le nouveau Cacus fut assiégé dans son antre par tous les lépreux de la contrée.

Un seigneur de Tournemine, assigné dans son manoir d'Auvergne par un huissier appelé *Loup*, lui fit couper le poing, disant que jamais loup ne s'étoit présenté à son château sans qu'il n'eût laissé sa patte clouée à la porte.

Regnault de Pressigny, seigneur de Marans près de La Rochelle, rançonneur de bourgeois, voleur de grands chemins, détrousseur de passants, se plaisoit à crever un œil et à arracher la barbe à tout moine traversant les terres de sa seigneurie. Quand il envoyoit au supplice les malheureux qui refusoient de se racheter, et que ceux-ci en appeloient à la justice du roi, Pressigny, qui apparemment savoit le latin, leur répondoit, en équivoquant sur les mots, qu'ils se plaignoient à tort de ne pas mourir dans les règles, qu'ils mouroient *jure aut injuria*.

Le moyen âge offre un tableau bizarre, qui semble être le produit d'une imagination puissante, mais déréglée. Dans l'antiquité, chaque nation sort pour ainsi dire de sa propre source ; un esprit primitif, qui pénètre tout et se fait sentir partout, rend homogènes les institutions et les mœurs. La société du moyen âge étoit composée des débris de mille autres sociétés : la civilisation romaine, le paganisme même y avoient laissé des traces ; la religion chrétienne y apportoit ses croyances et ses solennités ; les barbares franks, goths, bourguignons, anglo-saxons, danois, normands retenoient les usages et le caractère propres à leurs races. Tous les genres de propriétés se mêloient, toutes les espèces de lois se confondoient : l'aleu, le fief, la main-mortable, le Code, le Digeste, les lois salique, gombette, wisigothe, le droit coutumier. Toutes les formes de liberté et de servitude se rencontroient : la liberté monarchique du roi, la liberté aristocratique du noble, la liberté individuelle du prêtre, la liberté collective des communes ; la liberté privilégiée des villes, de la magistrature, des corps de métiers et des marchands ; la liberté représentative de la nation ; l'esclavage romain, le servage barbare, la servitude de l'aubain. De là ces spectacles incohérents, ces usages qui se paroissent contredire, qui ne se tiennent que par le lien de la religion. On diroit des peuples divers n'ayant aucun rapport les uns avec les autres, étant seulement convenus de vivre sous un commun maître autour d'un même autel.

Jusque dans son apparence extérieure, la France offroit alors un tableau plus pittoresque et plus national qu'elle ne le présente aujourd'hui. Aux monuments nés de notre religion et de nos mœurs nous avons substitué, par une déplorable affectation de l'architecture bâtarde romaine, des monuments qui ne sont ni en harmonie avec notre ciel ni appropriés à nos besoins ; froide et servile copie, laquelle a porté le mensonge dans nos arts, comme le calque de la littérature latine a détruit dans notre littérature l'originalité du génie frank. Ce n'étoit pas ainsi qu'imitoit le moyen âge ; les esprits de ce temps-là admiroient aussi les Grecs et les Romains ; ils recherchoient et étudioient leurs ouvrages ; mais, au lieu de s'en laisser dominer, ils les maîtrisoient, les façonnoient à leur guise, les rendoient françois, et ajoutoient à leur beauté par cette métamorphose pleine de création et d'indépendance.

Les premières églises chrétiennes dans l'Occident ne furent que des temples retournés : le culte païen étoit extérieur, la décoration du temple fut extérieure ; le culte chrétien étoit intérieur, la décoration de l'église fut intérieure. Les colonnes passèrent du dehors au dedans de l'édifice, comme dans les basiliques où se tinrent les assemblées des fidèles quand ils sortirent des cryptes et des catacombes. Les proportions de l'église surpassèrent en étendue celles du temple, parce que la foule chrétienne s'entassoit sous la voûte de l'église, et que la foule païenne étoit répandue sous le péristyle du temple. Mais lorsque les chrétiens devinrent les maîtres, ils changèrent cette économie, et ornèrent aussi du côté du paysage et du ciel leurs édifices.

L'architecture néogrecque, par une même émancipation de l'esprit humain, se montra en Orient avec le néoplatonisme ; il étoit naturel que les arts suivissent les idées, et surtout les idées religieuses, auxquelles ils sont appliqués de préférence chez les peuples. Les premiers essais, ou plutôt les premiers jeux de cette architecture se firent remarquer dans les temples de Daphné, de Balbek et de Palmyre : elle se développa en Syrie dans les monuments de sainte Hélène ; elle devenoit chrétienne à Jérusalem, à l'époque où le néoplatonisme devenoit chrétien au concile de Nicée. Justinien la fit régner en bâtissant sur les fondements de la Sainte-Sophie romaine de Constance la Sainte-Sophie néogrecque d'Isidore de Milet. De là elle passa en Italie, et déploya son art dans l'église octogone de Saint-Vital à Ravenne : Charlemagne, au vmᵉ siècle, reproduisit ce monument agrandi à Aix-la-Chapelle. « Il édifia églises et abbayes en divers lieux, en l'honneur de Dieu et au profit de son âme. Aucunes en commença et aucunes en parfit. Entre les autres fonda l'église de Aix-la-Chapelle, d'œuvre merveilleuse, en l'honneur de Notre-Dame sainte Marie... Divers palais commença en divers lieux, d'œuvre coûteuse : un en fit auprès de la cité de Mayence, de lez une ville qui a nom Ingelheim ; un autre en la cité, sur le fleuve de Vahalam. Si commanda dans tout son royaume, à tous les évêques et à tous ceux à qui les cures appartenoient, que toutes les églises et toutes les abbayes qui étoient déchues par vieillesse fussent refaites et restaurées ; et pour ce que cette chose ne fût mise en nonchaloir, il leur mandoit expressément par ses messages qu'ils accomplissent ses commandements. »

Trois siècles plus tard, l'architectonique nouvelle aborda une seconde fois aux rivages latins, et annonça son retour par l'édification de la cathédrale de Pise. Il y a des erreurs que la voix populaire consacre, et auxquelles la science est obligée de se soumettre : le néogrec en Italie fut appelé l'*architecture lombarde*, et en France l'*architecture gothique* ; et ni les Lombards ni les Goths n'y avoient mis la main ; Théodoric même se contenta d'imiter ou de réparer les masses du Forum et du Champ de Mars.

Tandis que l'architecture néogrecque, infidèle au Panthéon abandonné, s'emparoit des édifices chrétiens, elle envahissoit aussi les édifices mahométans. Les Arabes l'*orientalisèrent* pour le calife Aroun et les *Mille et une Nuits* ; ils l'emmenèrent avec eux dans leurs conquêtes ; elle arriva de la mosquée du Kaire en Égypte à celle de Cordoue en Espagne, à peu près au moment où les exarques de Ravenne l'introduisoient en Italie. Ainsi la puînée de l'Ionie parut dans l'Europe occidentale, portant d'une main l'étendard du prophète, et de l'autre celui du Christ : l'Alhambra à Grenade, et Saint-Marc à Venise, témoignent de son inconstance et des merveilles de ses caprices. Plus d'ordres distincts, plus d'architraves ou architraves brisées : au lieu de portique un portail ; au lieu de fronton une façade ; au lieu de frise, de corniche et d'entablement, une balustrade.

Enfin, avec le xmᵉ siècle rayonna cette architecture à ogives, qui se plut surtout dans les pays de la domination franke, saxonne et germanique ; au delà des Pyrénées et des Alpes, elle rencontra les préjugés et les chefs-d'œuvre de l'architecture mozarabique, du style bâtard romain et du primitif dorique de la Grande Grèce. L'architecture à ogives fut une conquête des croisades de Philippe-Auguste et de saint Louis.

A la colonnette écourtée, aux grosses colonnes à chapiteaux historiés, succédèrent les minces et longues colonnes en faisceau, ramifiées à leur sommet, s'épanouissant en fusée, projetant dans les airs leurs délicates nervures, qui devenoient comme la fragile charpente des combles. Au plein cintre des arches, aux voussures en anse de panier, se substituèrent les ogives, arceaux en forme d'arête dont l'origine est peut-être persane et le patron la feuille du mûrier indien, si toutefois l'ogive n'est pas le simple tracé d'un crayon facile. L'ogive ne se sépare pas tellement du néogrec qu'on ne l'y retrouve comme cent autres traits.

Le cercle, figure géométrique rigoureuse, ne laisse rien à l'arbitraire ; l'ellipse, courbe flexible, se renfle ou se redresse au gré de celui qui l'emploie : l'ogive, dont le foyer n'est que la rencontre des deux ellipses d'un triangle curviligne, se pouvoit donc élargir et rétrécir depuis le plus court diamètre jusqu'au diamètre le plus long ; propriété qui laissoit un jeu immense au goût de l'artiste et qui explique la variété du gothique. Pas un seul monument dans cet ordre ne ressemble à l'autre, et dans chaque monument aucun détail n'est invinciblement symétrique ; l'ornement même est quelquefois calculé pour ne pas produire son effet naturel : de petites figures logées dans des niches ou dans les moulures concentriques des portes y sont arrangées de manière qu'on les prendroit pour des arabesques, des volutes, des enroulements, des astragales, et non pour des dispositions de la statuaire.

En imitant les constructions sarrasines, les architectes chrétiens les exhaussèrent et les dilatèrent ; ils plantèrent mosquée sur mosquée, colonne sur colonne, galerie sur galerie ; ils attachèrent des ailes aux deux côtés du chœur et des chapelles aux ailes. Partout la ligne spirale remplaça la ligne droite ; au lieu du toit plat ou bombé se creusa une voûte étroite fermée en cercueil ou en carène de vaisseau ; les tours ouvragées dépassèrent en hauteur les minarets.

La chrétienté élevoit à frais communs, au moyen des quêtes et des aumônes, ces cathédrales dont chaque État en particulier n'étoit pas assez riche pour payer la main-d'œuvre et dont aucune n'est achevée. Dans ces vastes et mystérieux édifices se gravoient en relief ou en creux, comme avec un emporte-pièce, les parures de l'autel, les monogrammes sacrés, les vêtements et les choses à l'usage des ministres : les bannières, les croix de divers agencements, les calices, les ostensoirs, les dais, les chapes, les capuchons, les crosses, les mitres, dont les formes se retrouvent dans le gothique, conservoient les symboles du culte, en produisant des effets d'art inattendus ; assez souvent les gouttières étoient taillées en figures de démon obscène ou de moine vomissant. Cette architecture du moyen âge offroit un mélange du tragique et du bouffon, du gigantesque et du gracieux, comme les poëmes et les romans de la même époque.

Les plantes de notre sol, les arbres de nos bois, le trèfle et le chêne, décoroient aussi les églises, de même que l'acanthe et le palmier avoient embelli les temples du pays et du siècle de Périclès. Au dedans une cathédrale étoit une forêt, un labyrinthe dont les mille arcades, à chaque mouvement du spectateur, s'intersectoient, se séparoient, s'enlaçoient de nouveau en chiffres, en cerceaux, en méandres; cette forêt étoit éclairée par des rosaces à jour incrustées de vitraux peints, qui ressembloient à des soleils brillants de mille couleurs sous la feuillée : en dehors cette même cathédrale avoit l'air d'un monument auquel on auroit laissé sa cage, ses arcs-boutants et ses échafauds; et afin que les appuis de la nef aérienne n'en déparassent pas la structure, le ciseau les avoit tailladés ; on n'y voyoit plus que des arches de pont, des pyramides, des aiguilles et des statues.

Les ornements qui n'adhéroient pas à l'édifice se marioient à son style : les tombeaux étoient de forme gothique, et la basilique, qui s'élevoit comme un grand catafalque au-dessus d'eux, sembloit s'être moulée sur leur forme. On admire encore à Auch un de ces chœurs en bois de chêne si communs dans les abbayes, et qui répétoient les ornements de l'architecture. Tous les arts du dessin participoient de ce goût fleuri et composite : sur les murs et sur les vitraux étoient peints des paysages, des scènes de la religion et de l'histoire nationale.

Dans les châteaux les armoiries coloriées, encadrées dans des losanges d'or, formoient des plafonds semblables à ceux des beaux palais du *cinque cento* de l'Italie. L'écriture même étoit dessinée; l'hiéroglyphe germanique, substitué au jambage rectiligne romain, s'harmonioit avec les écussons et les pierres sépulcrales. Les tours isolées qui servoient de vedettes sur les hauteurs; les donjons enserrés dans les bois, ou suspendus sur la cime des rochers comme l'aire des vautours; les ponts pointus et étroits jetés hardiment sur les torrents ; les villes fortifiées que l'on rencontroit à chaque pas, et dont les créneaux étoient à la fois des remparts et des ornements; les chapelles, les oratoires, les ermitages placés dans les lieux les plus pittoresques au bord des chemins et des eaux; les beffrois, les flèches des paroisses de campagne, les abbayes, les monastères, les cathédrales, tous ces édifices que nous ne voyons plus qu'en petit nombre et dont le temps a noirci, obstrué, brisé les dentelles, tous ces édifices avoient alors l'éclat de la jeunesse; ils sortoient des mains de l'ouvrier : l'œil dans la blancheur de leurs pierres ne perdoit rien de la légèreté de leurs détails, de l'élégance de leurs réseaux, de la variété de leurs guillochis, de leurs gravures, de leurs ciselures, de leurs découpures et de toutes les fantaisies d'une imagination libre et inépuisable.

Veut-on savoir à quel point la France étoit couverte de ces monuments? Les treize volumes de la *Gallia Christiana*, qui n'est pas achevée, donnent mille cinq cents abbayes ou fondations monastiques. Le pouillé général fournit un total de trente mille quatre cent dix-neuf cures, dix-huit mille cinq cent trente-sept chapelles, quatre cent vingt chapitres ayant église, deux mille huit cent soixante-douze prieurés, neuf cent trente-et-une maladreries; et le pouillé est fort incomplet. Jacques Cœur comptoit dix-sept cent mille clochers en France, et la *Satire Ménippée* reproduit le même calcul.

Ce n'est pas trop de donner un château, chastel ou chastillon, par douze clochers. Tout seigneur qui possédoit trois châtellenies et une *ville close* avoit droit de justice : or on comptoit en France soixante-dix mille fiefs ou arrière-fiefs, dont trois mille étoient titrés. (voy. plus haut, p. 85). Une moyenne proportionnelle fournit, sur ces soixante-dix mille fiefs, sept mille justices hautes ou basses, et suppose par conséquent sept mille *villes closes* ou fortifiées; somme totale approximative des monuments (tant églises que chapelles, villes, châteaux, etc.), un million huit cent soixante-douze mille neuf cent vingt-six, sans parler des basiliques, des monastères renfermés dans les cités, des palais royaux et épiscopaux, des hôtels de ville, des halles publiques, des ponts, des fontaines, des amphithéâtres, aqueducs et temples romains encore existants dans le midi de la France. Voilà, certes, un sol bien autrement orné qu'il ne l'est aujourd'hui. L'architecture religieuse, civile et militaire gothique pyramidoit et attiroit de loin les yeux; la moderne architecture civile et la nouvelle architecture militaire appropriée aux nouvelles armes ont tout rasé : nos monuments se sont abaissés et nivelés comme nos rangs.

Notre temps laissera-t-il des témoins aussi multipliés de son passage que le temps de nos pères? Qui bâtiroit maintenant des églises et des palais dans tous les coins de la France? Nous n'avons plus la royauté de race, l'aristocratie héréditaire, les grands corps civils et marchands, la grande propriété territoriale, et la foi qui a remué tant de pierres. Une liberté d'industrie et de raison ne peut élever que des bourses, des magasins, des manufactures, des bazars, des cafés, des guinguettes; dans les villes des maisons économiques, dans les campagnes des chaumières, et partout de petits tombeaux. Dans cinq ou six siècles, lorsque la religion et la philosophie solderont leurs comptes lorsqu'elles supputeront les jours qui leur auront appartenu, que l'une et l'autre dresseront le pouillé de leurs ruines, de quel côté sera la plus large part de vie écoulée, la plus grosse somme de souvenirs?

La population en mouvement autour des édifices du moyen âge est décrite dans les chroniques et peinte dans les vignettes; elle égaloit presque la population d'aujourd'hui. J'estime, d'après des calculs dont je ne puis insérer les preuves dans une analyse, que la surface du sol françois, tel qu'il existe maintenant, étoit couverte par vingt-cinq millions d'hommes : ce chiffre se déduit des rôles de l'impôt, de la levée des hommes d'armes, du recensement des habitants des villes et du dénombrement des masses communales quand elles étoient appelées sous leurs bannières.

Le pays étoit riche et bien cultivé; c'est ce que démontrent l'immensité et la variété des taxes royales et seigneuriales que j'ai sommairement indiquées.

Lorsque Édouard III, après avoir rendu hommage à Philippe de Valois, retourna en Angleterre, « la reine Philippe de Hainaut le reçut, disent les chroniques, moult joyeusement, et lui demanda des nouvelles du roi Philippe son oncle et de son grand lignage de France : le roi son mari lui en recorda assez et du grand état qu'il avoit trouvé, et des honneurs qui étoient en France, auxquelles de faire, ni de l'entreprendre à faire, nul autre pays ne s'accomparaige ». Il est certain que la guerre, quand elle n'extermine pas totalement les peuples, les multiplie : elle influe sur les institutions plus que sur les hommes : la féodalité, qui dut sa naissance et son pouvoir à la guerre, fut renversée par elle sous le règne de Philippe de Valois, du roi Jean, de Charles V, de Charles VI et de Charles VII.

Les diverses classes de la société et les différentes provinces, dans le moyen âge, se distinguoient les unes par la forme des habits, les autres par des modes locales : les populations n'avoient pas cet aspect uniforme qu'une même manière de se vêtir donne à cette heure aux habitants de nos villes et de nos campagnes. La noblesse, les chevaliers, les magistrats, les évêques, le clergé séculier, les religieux de tous les ordres, les pèlerins, les pénitents gris, noirs et blancs, les ermites, les confréries, les corps de métiers, les bourgeois, les paysans, offroient une variété infinie de costumes; nous voyons encore quelque chose de cela en Italie. Sur ce point il s'en faut rapporter aux arts : que peut faire le peintre de notre vêtement étriqué, de notre petit chapeau rond et de notre chapeau à trois cornes?

Du XII$^e$ au XIV$^e$ siècle, le paysan et l'homme du peuple portèrent la jaquette ou la casaque grise liée aux flancs par un ceinturon. Le sayon de peau ou le *peliçon*, dont est venu le surplis, étoit commun à tous les états. La pelisse fourrée et la robe longue orientale enveloppoient le chevalier quand il quittoit son armure; les manches de cette robe couvroient les mains; elle ressembloit au cafetan turc d'aujourd'hui; la toque ornée de plumes, le capuchon ou chaperon, tenoient lieu du turban. De la robe ample on passa à l'habit étroit, puis on revint à la robe qui fut blasonnée sous Charles V. Les hauts-de-chausses, si courts et si serrés qu'ils en étoient indécents, s'arrêtoient au milieu de la cuisse; les deux bas-de-chausses étoient dissemblables; on avoit une jambe d'une couleur et une jambe de l'autre. Il en étoit de même du hoqueton, mi-parti noir et blanc, et du chaperon, mi-parti bleu et rouge. « Et étoient leurs robes si étroites à vêtir et à dépouiller, qu'il sembloit qu'on les écorchât. Les autres avoient leurs robes relevées sur les reins comme femmes; si avoient leurs chaperons découpés menument tout en tour. Et si avoient leurs chausses d'un drap et l'autre de l'autre. Et leur venoient leurs cornettes et leurs manches près de terre, et sembloient mieux être jongleurs qu'autres gens. Et pour ce ne fut pas merveilles si Dieu voulut corriger les mesfaits des François par son fléau. » L'étalage du luxe est odieux sans doute au milieu de la misère publique; mais le goût de la parure distingua notre nation alors même qu'elle étoit encore sauvage dans les bois de la Germanie. Un François met ses plus beaux habits pour marcher à l'échafaud ou à l'ennemi comme pour aller à un festin; ce qui l'excuse, c'est qu'il ne tient pas plus à sa vie qu'à son vêtement.

Par-dessus la robe, dans les jours de cérémonie, on attachoit un manteau, tantôt court, tantôt long. Le manteau de Richard I$^{er}$ étoit fait d'une étoffe à raies, semé de globes et de demi-lunes d'argent, à l'imitation du système céleste (Winisauf). Des colliers pendants servoient également de parure aux hommes et aux femmes.

Les souliers pointus et rembourrés à la *poulaine* furent longtemps en vogue. L'ouvrier en découpoit le dessus comme des fenêtres d'église; ils étoient longs de deux pieds pour le noble, ornés à l'extrémité de cornes, de griffes ou de figures grotesques; ils s'allongèrent encore, de sorte qu'il devint impossible de marcher sans en relever la pointe et l'attacher au genou avec une chaîne d'or ou d'argent. Les évêques excommunièrent les souliers à la poulaine, et les traitèrent de *péché contre nature*; Charles V déclara qu'ils étoient *contre les bonnes mœurs* et *inventés en dérision du Créateur*. En Angleterre, un acte du parlement défendit aux cordonniers de fabriquer des souliers ou des bottines dont la pointe excédât deux pouces. Les larges babouches carrées par le bout remplacèrent la chaussure à bec. Les modes varioient autant que de nos jours; on connoissoit le chevalier ou la dame qui le premier ou la première avoit imaginé une *haligote* (mode) nouvelle : l'inventeur des souliers à la poulaine étoit le chevalier Robert le Cornu (W. Mamlsbury).

Les gentilfames usoient sur la peau d'un linge très-fin; elles étoient vêtues de tuniques montantes enveloppant la gorge, armoiriées à droite de l'écu de leur mari, à gauche de celui de leur famille. Tantôt elles portoient leurs cheveux ras, lissés sur le front et recouverts d'un petit bonnet entrelacé de rubans; tantôt elles les bâtissoient en pyramide haute de trois pieds; elles y suspendoient ou des barbettes, ou de longs voiles, ou des banderoles de soie tombant jusqu'à terre et voltigeant au gré du vent; au temps de la reine Isabeau, on fut obligé d'élever et d'élargir les portes pour donner passage aux coiffures des châtelaines (Monstrelet). Ces coiffures étoient soutenues par deux cornes recourbées, charpente de l'édifice ; du haut de la corne, du côté droit, descendoit un tissu léger, que la jeune femme laissoit flotter ou qu'elle ramenoit sur son sein comme une guimpe, en l'entortillant à son bras gauche. Une femme en plein *esbatement* étaloit des colliers, des bracelets et des bagues; à sa ceinture enrichie d'or, de perles et de pierres précieuses, s'attachoit une escarcelle brodée ; elle galopoit sur un palefroi, portoit un oiseau sur le poing ou une canne à la main. « Quoi de plus ridicule, » dit Pétrarque dans une lettre adressée au pape en 1366, « que de voir les hommes le ventre sanglé ! en bas, de longs souliers pointus ; en haut, des toques chargées de plumes; cheveux tressés allant de ci, de là, par derrière, comme la queue d'un animal, retapés sur le front avec des épingles à tête d'ivoire ! » Pierre de Blois ajoute qu'il étoit du bel usage de parler avec affectation. Et quelle langue parloit-on ainsi? La langue du Wallace et du roman de Rou, de Ville-Hardouin, de Joinville et de Froissart.

Le luxe des habits et des fêtes passoit toute croyance ; nous sommes de mesquins personnages auprès de ces barbares des xiii° et xiv° siècles. On vit dans un tournoi mille chevaliers vêtus d'une robe uniforme de soie nommée *cointise*, et le lendemain ils parurent avec un accoutrement nouveau aussi magnifique (Mathieu Paris). Un des habits de Richard II, roi d'Angleterre, lui coûta trente mille marcs d'argent (Knyghton). Jean Arundel avoit cinquante-deux habits complets d'étoffe d'or (Hollingshed Chron.).

Une autre fois, dans un autre tournoi, défilèrent d'abord un à un soixante superbes chevaux richement caparaçonnés, conduits chacun par un écuyer d'honneur et précédés de trompettes et de ménestriers; vinrent ensuite soixante jeunes dames montées sur des palefrois, superbement vêtues, chacune menant en lesse, avec une chaîne d'argent, un chevalier armé de toutes pièces. La danse et la musique faisoient partie de ces *baudors* (réjouissances). Le roi, les prélats, les barons, les chevaliers, sautoient au son des vielles, des musettes et des *chiffonies*.

Aux fêtes de Noël arrivoient de grandes mascarades : l'infortuné Charles VI, déguisé en sauvage et enveloppé dans un linceul imprégné de poix, pensa devenir victime d'une de ces folies : quatre chevaliers masqués comme lui furent brûlés.

Les représentations théâtrales commençoient partout : en Angleterre, des marchands drapiers représentèrent la Création ; Adam et Ève étoient tout nus. Des teinturiers jouèrent le Déluge : la femme de Noé, qui refusoit d'entrer dans l'arche, donnoit un soufflet à son mari. (*Histoire de la Poésie angloise*, WHARTON.)

La balle, le mail, le palet, les quilles, les dés, affoloient tous les esprits : il reste un compte d'Édouard II pour payer à son barbier une somme de cinq shellings, laquelle somme il avoit empruntée de lui pour jouer à croix ou pile.

La chasse étoit le grand déduit de la noblesse : on citoit des meutes de seize cents chiens. On sait que les Gaulois dressoient les chiens à la guerre et qu'ils les couronnoient de fleurs. On abandonnoit aux roturiers l'usage des filets. Les chasses royales coûtoient autant que les tournois : une de ces chasses se lie tristement à notre histoire.

Le Prince Noir étoit descendu en Angleterre, menant avec lui le roi Jean son prisonnier. Édouard avoit fait préparer à Londres une réception magnifique, telle qu'il l'eût ordonnée pour un potentat puissant qui le fût venu visiter. Lui-même, au milieu des princes de son sang, de ses grands barons, de ses chevaliers, de ses veneurs, de ses fauconniers, de ses pages, des officiers de sa couronne, des hérauts d'armes, des meneurs de destriers, se mit à la tête d'une chasse brillante dans une forêt qui se trouvoit sur le chemin du roi captif.

Aussitôt que les piqueurs envoyés à la découverte lui annoncèrent l'approche de Jean, il s'avança vers lui à cheval, baissa son chaperon, et saluant son hôte malheureux : « Cher cousin, lui dit-il, soyez le bienvenu dans l'île d'Angleterre. » Jean baissa son chaperon à son tour, et rendit à Édouard son salut. « Le roi d'Angleterre, disent les chroniques, fit au roi de France moult grand honneur et révérence, l'invita au vol d'épervier, à chasser, à déduire et à prendre tous ses ébattements. » Jean refusa ces plaisirs avec gravité, mais avec courtoisie ; sur quoi Édouard, le saluant de nouveau, lui dit : « Adieu, beau cousin ! » et faisant sonner du cor, il s'enfonça avec la chasse dans la forêt. Cette générosité un peu fastueuse ne consoloit pas plus le roi

Jean que l'humble petit cheval du prince de Galles ; en faisant trop voir la prospérité d'un monarque, elle montroit trop la misère de l'autre.

Quant au repas, on l'annonçoit au son du cor chez les nobles ; cela s'appeloit *corner l'eau*, parce qu'on se lavoit les mains avant de se mettre à table. On dînoit à neuf heures du matin, et l'on soupoit à cinq heures du soir. On étoit assis sur des *banques* ou bancs, tantôt élevés, tantôt assez bas, et la table montoit et descendoit en proportion. Du banc est venu le mot *banquet*. Il y avoit des tables d'or et d'argent ciselées ; les tables de bois étoient couvertes de nappes doubles appelées *doubliers* ; on les plissoit comme *rivière ondoyante qu'un petit vent frais fait doucement soulever*. Les serviettes sont plus modernes. Les fourchettes, que ne connoissoient point les Romains, furent aussi inconnues des François jusque vers la fin du XIVe siècle ; on ne les trouve que sous Charles V.

On mangeoit à peu près tout ce que nous mangeons, et même avec des raffinements que nous ignorons aujourd'hui ; la civilisation romaine n'avoit point péri dans la cuisine. Parmi les mets recherchés je trouve le *dellegrout*, le *maupigyrnum*, le *karumpie*. Qu'étoit-ce? On servoit des pâtisseries de formes obscènes, qu'on appeloit de leurs propres noms. Les ecclésiastiques, les femmes et les jeunes filles rendoient ces grossièretés innocentes par une pudique ingénuité[1]. La langue étoit alors toute nue ; les traductions de la Bible de ces temps sont aussi crues et plus indécentes que le texte. *L'instruction du chevalier Geoffroy Latour-Landry, gentilhomme angevin, à ses filles*, donne la mesure de la liberté des enseignements et des mots.

On usoit en abondance de bière, de cidre et de vins de toutes les sortes. Il est fait mention du cidre sous la seconde race. Le clairet étoit du vin clarifié mêlé à des épiceries ; l'hypocras, du vin adouci avec du miel. Un festin donné par un abbé, en 1310, réunit six mille convives devant trois mille plats.

Les repas royaux étoient mêlés d'intermèdes. Au banquet que Charles V offrit à l'empereur Charles IV, s'avança un vaisseau mû par des ressorts cachés : Godefroy de Bouillon se tenoit sur le pont, entouré de ses chevaliers. Au vaisseau succéda la cité de Jérusalem avec ses tours chargées de Sarrasins ; les chrétiens débarquèrent, plantèrent

---

1. *Alias fingunt oblonga figura, alias spherica et orbiculari, alias triangula quadrangulaque ; quædam ventricolæ sunt ; quædam pudenda muliebria, aliæ virilia (si diis placet) repræsentant : adeo degeneravere boni mores ut etiam christianis obscœna et pudenda in cibis placeant. Sunt etenim quos . . . . . saccharatos appellitent.* (De Re cibaria ; Io. Bruyerino Campegio Lugdunens. auctore, lib. VI, c. VII, p. 402, prima editio ; Lugduni, 1560.)

les échelles aux murailles, et la ville sainte fut emportée d'assaut.
Froissart va nous faire encore mieux assister au repas d'un haut baron de son siècle.

« En cet état que je vous dis le comte de Foix vivoit. Et quand dans sa chambre à mi-nuit venoit pour souper en la salle, devant lui avoit douze torches allumées que douze varlets portoient, et icelles douze torches étoient tenues devant sa table, qui donnoient grand clarté en la salle, laquelle salle étoit pleine de chevaliers et de écuyers; et toujours étoient à foison tables dressées pour souper qui souper vouloit. Nul ne parloit à lui à sa table s'il ne l'appeloit. Il mangeoit par coutume foison de volaille, et en spécial les ailes et les cuisses tant seulement, et guère aussi ne buvoit. Il prenoit en toute menestrandie (musique) grand ébattement, car bien s'y connoissoit. Il faisoit devant lui ses clercs volontiers chanter chansons, rondeaux et virelais. Il séoit à table environ deux heures, et aussi il véoit volontiers étranges entremets, et iceux vus, tantôt les faisoit envoyer par les tables des chevaliers et des écuyers.

« Brièvement et ce tout considéré et avisé, avant que je vinsse en sa cour, je avois été en moult de cours de rois, de ducs, de princes, de comtes et de hautes dames; mais je n'en fus oncques en nulle qui mieux me plût ni qui fût sur le fait d'armes plus réjouie comme celle du comte de Foix étoit. On véoit en la salle et ès chambres et en la cour chevaliers et écuyers d'honneur aller et marcher, et d'armes et d'amour les oyoit-on parler. Toute honneur étoit là-dedans trouvée. Nouvelles dequel royaume ni dequel pays que ce fût là-dedans on y apprenoit; car de tous pays, pour la vaillance du seigneur, elles y appleuvoient et venoient. »

Ce comte, si célèbre par sa courtoisie, n'en avoit pas moins tué de sa propre main son fils unique : « Le comte s'enfelonna (s'irrita), et, sans mot dire, il se partit de sa chambre et s'en vint vers la prison où son fils étoit; et tenoit à la male heure un petit long coutel, et dont il appareilloit ses ongles et nettoyoit. Il fit ouvrir l'huis de la prison et vint à son fils, et tenoit l'alemelle (lame) de son coutel par la pointe, que il n'y en avoit pas hors de ses doigts la longueur de l'épaisseur d'un gros tournois. Par mautalent (malheur), en boutant ce tant de pointe dans la gorge de son fils, il l'assena ne sçais en quelle veine, et lui dit : « Ha traitour (traître)! pourquoi ne manges-tu point? » Et tantôt s'en partit le comte sans plus rien dire ni faire, et rentra en sa chambre. L'enfès (enfant) fut sang mué et effrayé de la venue de son père, avecques ce qu'il étoit foible de jeûner, et qu'il vit ou sentit la pointe du coutel qui le toucha à la gorge, comme

petit fut en une veine, il se tourna d'autre part, et là mourut. »
Froissart est à la peine pour excuser le crime de son hôte, et ne réussit qu'à faire un tableau pathétique.

On avoit été obligé de frapper la table de lois somptuaires : ces lois n'accordoient aux riches que deux services et deux sortes de viande, à l'exception des prélats et des barons, qui mangeoient de tout en toute liberté ; elles ne permettoient la viande aux négociants et aux artisans qu'à un seul repas ; pour les autres repas, ils se devoient sustenter de lait, de beurre et de légumes.

Le carême, d'une rigueur excessive, n'empêchoit pas les réfections clandestines. Une femme avoit assisté nu-pieds à une procession, et *faisoit la marmiteuse plus que dix. Au sortir de là, l'hypocrite alla dîner avec son amant, d'un quartier d'agneau et d'un jambon. La senteur en vint jusqu'à la rue. On monta en haut. Elle fut prise et condamnée à se promener par la ville avec son quartier à la broche, sur l'épaule, et le jambon pendu au col.* (BRANTÔME.)

Les voyageurs trouvoient partout des hôtelleries. Chevauchant avec messire Espaing de Lyon, maître Jehan Froissart va d'auberge en auberge, s'enquérant de l'histoire des châteaux qu'il aperçoit le long de la route et que lui raconte le bon chevalier son compagnon. « Et nous vînmes à Tarbes, et nous fûmes tout aises à l'hostel de l'Étoile, et y séjournâmes tout séjour ; car c'est une ville trop bien aisée pour séjourner chevaux : de bons foins, de bonnes avoines et de belle rivière... puis vînmes à Orthez. Le chevalier descendit à son hostel, et je descendis à l'hostel de la Lune. »

On rencontroit sur les chemins des basternes ou litières, des mules, des palefrois et des voitures à bœufs : les roues des charrettes étoient à l'antique. Les chemins se distinguoient en chemins *péageaux* et en *sentiers* ; des lois en régloient la largeur ; le chemin péageau devoit avoir quatorze pieds. (Mss. SAINTE-PALAYE) ; les sentiers pouvoient être ombragés, mais il falloit élaguer les arbres le long des voies royales, excepté les *arbres d'abris* (*Capitulaires*). Le service des fiefs creusa cette multitude infinie de chemins de traverse dont nos campagnes sont sillonnées.

Les bains chauds étoient d'un usage commun, et portoient le nom d'étuves : les Romains nous avoient laissé cet usage, qui ne se perdit guère que sous la monarchie absolue, époque où la France devint sale. On crioit dans les rues de Paris sous Philippe-Auguste :

> Seigneur, voulez-vous vous baigner ?
> Entrez donc sans délaïer :
> Les bains sont chauds, c'est sans mentir.

C'étoit le temps du merveilleux en toute chose : l'aumônier, le moine, le pèlerin, le chevalier, le troubadour, avoient toujours à dire ou à chanter des aventures. Le soir, autour du foyer à bancs, on écoutoit ou le roman de Lancelot du Lac, ou l'histoire lamentable du châtelain de Coucy, ou l'histoire moins triste de la reine Pédauque, « largement pattée, comme sont les oies, et comme jadis à Toulouse les portoit (les pattes) la reine Pédauque » (Rabelais); ou l'histoire du *gobelin* Orton, grand nouvelliste qui venoit dans le vent, et qui fut tué dans une grosse truie noire (Froissart).

La belle Mélusine étoit condamnée à être moitié serpent tous les samedis, et fée tous les autres jours, à moins qu'un chevalier ne consentît à l'épouser en renonçant à la voir le samedi. Raimondin, comte de Forez, ayant trouvé Mélusine dans un bois, en fit sa femme; elle eut plusieurs enfants, entre autres un fils qui avoit un œil rouge et un œil bleu : Mélusine bâtit le château de Lusignan. Mais enfin Raimondin s'étant mis en tête de voir sa femme un samedi, lorsqu'elle étoit demi-serpent, elle s'envola par une fenêtre, et elle demeurera fée jusqu'au jour du jugement dernier. Lorsque le manoir de Lusignan change de maître, ou qu'il doit mourir quelqu'un de la famille seigneuriale, Mélusine paroît trois jours sur les tours du château, et pousse de grands cris. Tels étoient la Psyché du moyen âge et ce château de Lusignan, que Charles Quint admira et dont Brantôme déplore la ruine.

Avec ces contes on écoutoit encore ou le sirvente du trouvère contre un chevalier félon, ou la vie d'un pieux personnage. Ces vies de saints, recueillies par les Bollandistes, n'étoient pas d'une imagination moins brillante que les relations profanes : incantations de sorciers, tours de lutins et de farfadets, courses de loups-garous, esclaves rachetés, attaques de brigands; voyageurs sauvés, et qui, à cause de leur beauté, épousent les filles de leurs hôtes (*saint Maxime*); lumières qui pendant la nuit révèlent au milieu des buissons le tombeau de quelque vierge; châteaux qui paroissent soudainement illuminés (*saint Viventius, Maure et Brista*).

Saint Déicole s'étoit égaré; il rencontre un berger, et le prie de lui enseigner un gîte : « Je n'en connois pas, dit le berger, si ce n'est dans un lieu arrosé de fontaines, au domaine du puissant vassal Weissart. » — « Peux-tu m'y conduire ? » repondit le saint. « Je ne puis quitter mon troupeau, » répliqua le pâtre. Déicole fiche son bâton par terre; et quand le pâtre revint, après avoir conduit le saint, il trouva son troupeau couché paisiblement autour du bâton miraculeux. Weissart, terrible châtelain, menace de faire mutiler Déicole; mais Berthilde, femme de Weissart, a une grande vénération pour le prêtre de Dieu. Déicole entre dans la forteresse ; les serfs empressés le veulent débarrasser de son manteau ; il les remercie, et suspend ce manteau à un rayon de soleil qui passoit à travers la lucarne d'une tour. (Boll., t. II, p. 202.)

Chercher à dérouler avec méthode le tableau des mœurs de ce temps seroit à la fois tenter l'impossible et mentir à la confusion de ces mœurs. Il faut jeter pêle-mêle toutes ces scènes telles qu'elles se succédoient sans ordre ou s'enchevêtroient dans une commune action, dans un même moment : il n'y avoit d'unité que dans le mouvement général qui entraînoit la société vers un perfectionnement éloigné, par la loi naturelle de l'existence humaine.

D'un côté la chevalerie, de l'autre le soulèvement des masses rustiques ; tous les déréglements de la vie dans le clergé et toute l'ardeur de la foi. Les *Gallois* et *Galloises,* sorte de pénitents d'amour, se chauffoient l'été à de grands feux, et se couvroient de fourrures ; l'hiver ils ne portoient qu'une *cotte simple,* et ne mettoient dans leurs cheminées que des verdures. *Plusieurs transissoient de pur froid et mouroient tout roydes de lez leurs amyes, et aussi leurs amyes de lez eulx en parlant de leurs amourettes.*[1]. Lors de la *Vaudoisie d'Arras,* les hommes et les femmes, retirés dans les bois, après avoir trouvé un certain démon, se livroient à une prostitution générale. Les Turlupins pratiquoient les mêmes désordres.

Des moines libertins se veulent venger d'un évêque réformateur qui venoit de mourir ; pendant la nuit ils tirent du cercueil le cadavre du prélat, le dépouillent de son linceul, le fouettent, et en sont quittes pour payer chaque année quarante sous d'amende. Les cordeliers avoient renoncé à *toute espèce de propriétés* : le pain quotidien qu'ils mangeoient étoit-il une propriété ? Oui, disoient les religieux d'une autre robe : donc le cordelier qui mange viole la constitution de son ordre ; donc il est en état de péché mortel, par la seule raison qu'il vit, et qu'il faut manger pour vivre. L'empereur et les gibelins se déclarèrent pour les cordeliers, le pape et les guelfes contre les cordeliers. De là une guerre de cent ans ; et le comte du Mans, qui fut depuis Philippe de Valois, passe les Alpes pour défendre l'Église contre les Visconti et les cordeliers.[2].

---

1. Latour, *Hist. du Poitou;* Sainte-Palaye, *Mém. sur l'anc. Chev.*, v<sup>e</sup> partie, dans les notes, p. 387.

2. *Spicil.*, t. I, p. 73 ; *Hist. des Ouvr. des Sav.*, an 1700, p. 72 ; *Lettre sur le péché imaginaire,* p. 22 et suiv.

On couroit au bout du monde, et l'on osoit à peine, dans le nord de la France, hasarder un voyage d'un monastère à un autre, tant la route de quelques lieues paroissoit longue et périlleuse! Des Gyrovagues, ou moines errants (pendants des chevaliers errants), cheminant à pied ou chevauchant sur une petite mule, prêchoient contre tous les scandales ; ils se faisoient brûler vifs par les papes, auxquels ils reprochoient leurs désordres, et noyer par les princes, dont ils attaquoient la tyrannie. Des gentilshommes s'embusquoient sur les chemins, et dévalisoient les passants, tandis que d'autres gentilshommes devenoient en Espagne, en Grèce, en Dalmatie, seigneurs des immortelles cités dont ils ignoroient l'histoire. Cours d'amour où l'on raisonnoit d'après toutes les règles du scottisme, et dont des chanoines étoient membres ; troubadours et ménestrels vaguant de château en château, déchirant les hommes dans les satires, louant les dames dans les ballades ; bourgeois divisés en corps de métiers, célébrant des solennités patronales où les saints du paradis étoient mêlés aux divinités de la fable ; représentations théâtrales ; fêtes des fous ou des cornards ; messes sacriléges ; soupes grasses mangées sur l'autel ; l'*Ite missa* répondu par trois braiements d'âne ; barons et chevaliers s'engageant dans des repas mystérieux à porter la guerre dans un pays, faisant vœu sur un paon ou sur un héron d'accomplir des faits d'armes pour leurs mies ; Juifs massacrés et se massacrant entre eux, conspirant avec les lépreux pour empoisonner les puits et les fontaines ; tribunaux de toutes les sortes, condamnant, en vertu de toutes les espèces de lois, à toutes les sortes de supplices, des accusés de toutes les catégories, depuis l'hérésiarque, écorché et brûlé vif, jusqu'aux adultères, attachés nus l'un à l'autre et promenés au milieu du peuple ; le juge prévaricateur substituant à l'homicide riche condamné un prisonnier innocent ; des hommes de loi commençant cette magistrature qui rappela, au milieu d'un peuple léger et frivole, la gravité du sénat romain ; pour dernière confusion, pour dernier contraste, la vieille société, civilisée à la manière des anciens, se perpétuant dans les abbayes ; les étudiants des universités faisant renaître les disputes philosophiques de la Grèce ; le tumulte des écoles d'Athènes et d'Alexandrie se mêlant au bruit des tournois, des carrousels et des pas d'armes. Placez, enfin au-dessus et en dehors de cette société si agitée un autre principe de mouvement, un tombeau objet de toutes les tendresses, de tous les regrets, de toutes les espérances, qui attiroit sans cesse au delà des mers les rois et les sujets, les vaillants et les coupables ; les premiers pour chercher de ennemis, des royaumes, des aventures ; les seconds pour accomplir des vœux, expier des crimes, apaiser des remords.

L'Orient, malgré le mauvais succès des croisades, resta longtemps pour les François le pays de la religion et de la gloire ; ils tournoient sans cesse les yeux vers ce beau soleil, vers ces palmes de l'Idumée, vers ces plaines de Rama où les infidèles se reposoient à l'ombre des oliviers plantés par Baudouin, vers ces champs d'Ascalon qui gardoient encore les traces de Godefroy de Bouillon et de Tancrède, de Philippe-Auguste et Coucy, de saint Louis et de Sargine, vers cette Jérusalem un moment délivrée, puis retombée dans ses fers, et qui se montroit à eux, comme à Jérémie, insultée des passants, noyée dans ses pleurs, privée de son peuple, assise dans la solitude.

Tels furent ces siècles d'imagination et de force, qui marchoient avec tout cet attirail au milieu des événements historiques les plus variés, au milieu des hérésies, des schismes, des guerres féodales, civiles et étrangères ; ces siècles doublement favorables au génie, ou par la solitude des cloîtres quand on la recherchoit, ou par le monde le plus étrange et le plus divers quand on le préféroit à la solitude. Pas un seul point de la France où il ne se passât quelque fait nouveau ; car chaque seigneurie laïque ou ecclésiastique étoit un petit État qui gravitoit dans son orbite et avoit ses phases : à dix lieues de distance les coutumes ne se ressembloient plus. Cet ordre de choses, extrêmement nuisible à la civilisation générale, imprimoit à l'esprit particulier un mouvement extraordinaire : aussi toutes les grandes découvertes appartiennent-elles à ces siècles. Jamais l'individu n'a tant vécu : le roi rêvoit l'agrandissement de son empire ; le seigneur, la conquête du fief de son voisin ; le bourgeois, l'augmentation de ses priviléges ; le marchand, de nouvelles routes à son commerce. On ne connoissoit le fond de rien ; on n'avoit rien épuisé ; on avoit foi à tout ; on étoit à l'entrée et comme au bord de toutes les espérances, de même qu'un voyageur sur une montagne attend le lever du jour dont il aperçoit l'aurore. On fouilloit le passé ainsi que l'avenir ; on découvroit avec la même joie un vieux manuscrit et un nouveau monde ; on marchoit à grands pas vers des destinées ignorées, mais dont on avoit l'instinct, comme on a toute sa vie devant soi dans la jeunesse. L'enfance de ces siècles fut barbare, leur virilité pleine de passion et d'énergie ; et ils ont laissé leur riche héritage aux âges civilisés qu'ils portèrent dans leur sein fécond.

# HISTOIRE DE FRANCE

# HISTOIRE
# DE FRANCE

## FRAGMENTS.

### PHILIPPE VI, DIT DE VALOIS.

#### 1328-1350.

Jusqu'au règne de Philippe de Valois, les contentions entre la France et l'Angleterre n'avoient annoncé rien d'antipathique et de violent; mais sous ce règne elles devinrent une rivalité nationale, et cette rivalité divisa le monde. Commencée sur la terre, elle s'y perpétua pendant deux siècles pour se prolonger ensuite sur la mer : la terre manqua aux Anglois, et non la haine; ils continuèrent à gronder avec l'Océan contre ces rivages dont nous les avons rejetés.

Les deux peuples se séparèrent sans retour; les liens de parenté et de famille se brisèrent : l'Angleterre cessa d'être normande. Édouard III bannit des tribunaux la langue françoise; l'idiome dédaigné du Saxon vaincu fut adopté par les vainqueurs, en inimitié de leur ancienne patrie. Le caractère commerçant des insulaires se développa : leurs laines se convertissoient en trésors aux marchés de la Flandre; elles s'améliorèrent encore par les troupeaux que le duc de Lancaster tira de l'Espagne et du Portugal : elles devinrent l'aliment des subsides dont Édouard III avoit besoin dans la guerre qu'il entretint contre nous. Heureusement la France n'est pas marchandise que l'on troque pour des sacs de laine : à tous les traités de partage du royaume de saint Louis, que le prince anglois fit avec son compère Artevelle, le brasseur de bière, il ne manqua que la signature de Du Guesclin.

Le mal que fait un injuste ennemi profite à la nation opprimée, et c'est une belle loi de la Providence; les premiers symptômes de l'émancipation nationale éclatèrent dans les états réunis à Paris pendant la captivité du roi Jean; les *grandes compagnies* et la *jacquerie* furent des fléaux qui ajoutèrent néanmoins force au droit. Partout où les hommes ressaisissent leur indépendance naturelle, cette indépendance, en reprenant ensuite le frein des lois, fait faire un pas à la liberté politique. Quand la pensée a été élargie de prison, ne fût-ce que pour un moment, elle en garde le souvenir; les idées une fois nées ne s'anéantissent plus : elles peuvent être accablées sous les chaînes, mais, prisonnières immortelles, elles usent les liens de leur captivité.

A mesure que la liberté commune croissoit, le pouvoir régulier croissoit. La justice royale pénétroit dans les justices particulières; les empiétements de la loi ecclésiastique s'arrêtèrent, et il lui fallut subir l'appel comme d'abus. La guerre nationale détruisit, par la composition des grandes armées, les guerres particulières : on pourroit presque dire que la poudre, en changeant la nature des armes, fit sauter en l'air le vieil édifice de la féodalité.

Mais tous ces progrès de la civilisation, toutes ces révolutions dans les esprits, dans les mœurs, dans les lois, ne s'opérèrent que graduellement au milieu de tous les désastres. Il fallut que les François reçussent les trois leçons de Crécy, de Poitiers et d'Azincourt pour apprendre à délivrer leur patrie. Le règne de Philippe VI, dit de Valois, ouvre cette scène de notre histoire.

---

SOMMAIRE. — La veuve de Charles le Bel accouche d'une fille. — Une assemblée de préfets et de seigneurs adjuge la couronne à Philippe de Valois. — Examen des prétentions d'Édouard III à la couronne de France. — Premiers actes de l'administration de Philippe. — Recherches des financiers. — Jeanne de France, qui avoit épousé Philippe, comte d'Évreux, est proclamée reine de Navarre. — La Champagne et la Brie sont abandonnées à Philippe en échange des comtés d'Angoulême et de Mortain, avec deux rentes assignées sur le trésor du roi et sur les domaines de la couronne. — Sacre du roi. — Philippe est surnommé *le Fortuné*. — Louis, comte de Flandre, vient rendre foi et hommage à Philippe et implorer son secours contre les communes de Flandre. — Guerre de Flandre. — Philippe va prendre l'oriflamme à Saint-Denis. — Couleurs nationales; qu'elles n'ont pas toujours été les mêmes; leur histoire; que le blanc étoit la couleur des Anglois et le rouge celle des François jusqu'au règne de Philippe de Valois : à cette époque Édouard III, prétendant à la couronne de France, prit les couleurs françoises, et les François abandonnèrent ces couleurs lorsqu'ils les virent portées par les Anglois. — L'oriflamme n'étoit dans l'origine que la bannière de Saint-Denis ; elle disparut sous Charles VII, et fut remplacée par la cornette blanche. — Victoire de Cassel. — Édouard est sommé de rendre hommage à Philippe, comme duc de Guienne et comte de Ponthieu. — Il vient à Amiens, et prête solennellement cet hommage. — Conflit entre les juridictions seigneuriales et ecclésiastiques. — Discours de Pierre de Cunières. — Édouard confirme l'hommage qu'il avoit rendu au roi à Amiens. — Projet de croisades. — Le pape songe à passer en Italie : le saint-siège à Avignon étoit un bien pour la France, un mal pour la chrétienté. — Le duc de Normandie, fils du roi, âgé de quatorze ans, épouse Bonne de Luxembourg, fille de Jean, roi de Bohême. — Le projet de croisade échoue. — Histoire du procès de Robert d'Artois, troisième du nom, et de Mahaud, comtesse d'Artois, sa tante. — Robert, convaincu d'avoir fait forger de faux titres et de s'en être servi, se retire auprès du duc de Brabant. — Il refuse de comparoître en cour de justice. — Le parlement le condamne à mort ; le roi commue la peine en un bannissement perpétuel. — Robert, déguisé en marchand, se réfugie en Angleterre. — David Bruce, roi d'Écosse, cherche un asile auprès de Philippe. — Communes de Flandre. — Jacques d'Artevelle. — Édouard, qui cherchoit des torts à Philippe et qui méditoit la guerre, intrigue avec Artevelle. — Les deux monarques cherchent des alliés de part et d'autre. — Vœu du héron.

Quoique Édouard nourrît depuis longtemps le dessein d'attaquer la France, la grandeur de l'entreprise, les embarras intérieurs de son gouvernement l'effrayoient et l'arrêtoient. Peut-être même ne se fût-il jamais déterminé à prendre les armes, sans les sollicitations de Robert d'Artois, qui, retiré depuis deux ans en Angleterre, souffloit au cœur de l'ambitieux Édouard la haine dont lui, Robert, étoit dévoré : le banni se servit pour déterminer son hôte d'un moyen extraordinaire.

A cette époque de nos annales le roman est tellement mêlé à l'histoire et l'histoire au roman, qu'on les peut à peine séparer. De jeunes bacheliers anglois paroissent à la cour du comte de Hainaut, un œil couvert de drap, *ayant voué entre dames de leur pays que jamais ne verroient que d'un œil jusqu'à ce que ils auroient fait aucunes prouesses de leur corps au royaume de France*. Messire Gauthier de Mauny avoit dit *à aucuns de ses plus privés qu'il avoit promis en Angleterre, devant les dames et seigneurs, qu'il seroit le premier qui entreroit en France et qu'il y prendroit chastel ou forte ville et y feroit aucunes apertises d'armes*. Souvent les barons et les chevaliers juroient par un saint ou par une dame, au pied d'un rempart ennemi, d'emporter ce rempart dans un certain nombre de jours, dût leur serment leur être funeste ou à leur patrie. Ces faits, attestés par toutes les chroniques, ne diffèrent point de ceux qu'on lit dans les romans ; ils rappellent aussi les serments que faisoient les barbares du Nord lorsqu'ils se condamnoient à porter une longue barbe ou un anneau de fer jusqu'à ce qu'ils eussent tué un Romain. La querelle de l'Angleterre et de la France dans le xiv° siècle ranima l'esprit chevaleresque; les deux nations descendirent au champ clos, dont elles ne sont plus sorties. Comme les imaginations étoient remplies des chansons des troubadours et des aventures des croisades, les mœurs se teignirent de ces couleurs et les reflétèrent. On sent partout avec la chevalerie historique l'imitation de la chevalerie romanesque, à laquelle la vie de château, les chasses, les tournois, les croyances religieuses et les entreprises d'amour étoient d'ailleurs extrêmement favorables. Il y a tout à la fois quelque chose de vrai et de faux, de naturel et d'artificiel dans les mœurs de ces temps, que l'on doit, si l'on peut, saisir et peindre.

Sainte-Palaye regarde donc le vœu du héron comme un fait réel rimé; alors on chantoit encore l'histoire, comme jadis dans la Grèce: nous avons en vers *Le Combat des Trente* et la première *Histoire de Du Guesclin*. Au commencement de l'automne de l'année 1338, et, comme dit le poëte historien, *lorsque l'été va à déclin, que l'oiseau gai a perdu la voix, que les vignes sèchent, que meurent les roses, que les arbres se dépouillent, que les chemins se jonchent de feuilles*, Édouard *étoit à Londres en son palais, environné de ducs, de comtes, de pages, de dames, de jeunes filles et de jeunes hommes; il tenoit la tête inclinée en pensers d'amours*. Robert d'Artois, retiré en Angleterre, étoit allé à la chasse, *parce qu'il se souvenoit du très-gentil pays de France, dont il étoit banni*. Il portoit un petit faucon qu'il avoit nourri, *et tant vola le faucon par rivières, qu'il prit un héron*. Robert retourne à Londres, fait rôtir le héron, le met entre deux plats d'argent, s'introduit dans la salle du festin du roi, suivi *de deux maîtres de vielle*, d'un *quistreneus* (joueur de guitare), et *de deux pucelles, filles de deux marquis; elles chantoient accompagnées du son des vielles et de la guitare*. Robert s'écrie : *Ouvrez les rangs; laissez passer les preux que l'amour a surpris : voici viande à preux, à ceux qui sont soumis à dames amoureuses qui tant ont beau visage. . . . . . . Le héron est le plus couard des oiseaux; il a peur de son ombre. Je donnerai le héron à celui d'entre vous qui est le plus poltron; à mon avis c'est Édouard, déshérité du noble pays de la France, dont il étoit l'héritier légitime; mais le cœur lui a failli, et pour sa lâcheté il mourra privé de son royaume*. Édouard rougit de colère et de *mal talent*, le cœur lui frémit; il jure par le Dieu du paradis et par sa douce mère qu'avant que six mois soient passés il défiera le roi de *Saint-Denis* (Philippe).

Robert *jeta un rire, et dit tout en basset : A présent j'ai mon avis* (désir), *et par mon héron commencera grant guerre*.

Robert reprend le héron, toujours entre les deux plats d'argent ; il traverse la salle du banquet, suivi des deux ménestriers qui *vielloient doucement*, du joueur de guitare et des deux damoiselles qui chantoient ces paroles : « Je vais à la verdure, car Amour me l'apprend. » Robert présente le héron au comte de Salisbury, qui étoit assis *de lez amye* qui fut gentille et courtoise et de beau maintien ; elle étoit fille du comte Derby, et Salisbury l'aimoit loyalement. Robert prie le comte Salisbury de jurer sur le héron. Salisbury répondit : « Pourrois-je tenir un vœu parfaitement ? Je sers la dame la plus belle qui soit au firmament, et si la vierge Marie étoit ici, mettant à part sa divinité, je ne saurois la distinguer de celle que j'aime. Je l'ai requise d'amour, mais elle se défend : elle me donne pourtant un gracieux espoir que j'aurai merci. Je prie qu'elle me prête un doigt de sa main, et qu'elle le mette sur mon œil droit. — Par ma foi, s'écria la dame, j'en prêterai deux, — Et lui ferma l'œil droit avec deux doigts. — Est-il bien clos, belle ? dit le chevalier très-gracieusement. — Oui, répond-elle. — A donc, s'écria de bouche et de cœur Salisbury ; je veux et promets à Dieu tout-puissant, et à sa douce mère, qui resplendit de beauté, que jamais cet œil ne sera ouvert ou par la longueur de temps, ou par vent, douleur ou martyre, avant que je ne sois entré en France, que je n'y aie porté la flamme et combattu les gens de Philippe en aidant Édouard. A présent advienne qu'advienne. . . . . . . Et quand li quens Salebrin (le comte de Salisbury) eut fait son vœu, il demeura l'œil clos en la guerre. »

---

PERTE DES FRANÇOIS AU COMBAT NAVAL DE L'ÉCLUSE, GODEMAR DU FAY. CAUSES DES MÉPRISES DANS CES GUERRES DU XIV<sup>e</sup> SIÈCLE.

SOMMAIRE. — Édouard déclare qu'il va prendre les armes pour se faire rendre les terres saisies autrefois en Guienne. — Philippe emploie les forces destinées pour la croisade à la défense de son royaume. — Premières hostilités d'une guerre qui devoit durer cent vingt-six ans. — Trêve. — Édouard, pressé par Artevelle, s'embarque à Douvres, arrive à Anvers, où les princes de sa confédération étoient assemblés. — Il achète de Louis de Bavière le titre de vicaire de l'Empire. — Déclaration solennelle de guerre. — Exploits de Gauthier de Mauny. — Invasion de la Picardie. — Les deux armées se rencontrent à Vironfosse, et se séparent sans combattre. — Chevaliers du Lièvre. — Artevelle presse le roi d'Angleterre de prendre le titre de roi de France pour dégager la foi des Flamands. — Seconde campagne dans la Guienne et dans le Hainaut. — Combat naval de l'Écluse. — La flotte françoise est détruite.

Notre perte en hommes fut évaluée à trente mille matelots et soldats : les Génois seuls, au nombre de dix mille, demandèrent et obtinrent la vie. Des trois amiraux qui commandoient la flotte, deux moururent glorieusement.

Cette action navale sembla nous prédire l'avenir. Que de sang françois a coulé sur les flots depuis cette bataille à l'embouchure de la Meuse jusqu'au combat livré dans les parages du Nil ! L'Arabe du milieu de ses sables, le Flamand du bord de ses marais, ont contemplé nos derniers et nos premiers désastres, nos marins emportés dans des tourbillons de feu ou abîmés dans les eaux. Le caractère des peuples est quelquefois indépendant de leur sol et de leur position géographique ; la France, flanquée des deux mers, n'a jamais su régner longtemps sur ces mers. Rome aussi, fille de la mer, ne dut point l'empire à Neptune. Nous n'avons eu de flottes redoutables qu'à de longs intervalles et pour un moment, sous Charlemagne, Louis XIV et Louis XVI. Vainqueurs dans les actions particulières où nos capitaines se battent comme dans une affaire d'honneur, nous succombons dans les actions générales, où il faut obéissance et discipline : cet esprit d'insubordination et de jalousie qui semble attaché à notre pavillon éclate dès notre premier combat naval entre les amiraux chargés de s'opposer au passage d'Édouard. Nous n'avons point ou presque point participé à ces grandes découvertes qui ont changé la face du globe et les rapports des nations. Dans nos colonies, nous sommes devenus chasseurs, aventuriers, planteurs, jamais marins. Nous n'avons guère paru sur les flots qu'en chevaliers pour conquérir l'Angleterre et la Palestine, pour donner un monarque à Londres, un roi à Jérusalem, un empereur à Constantinople, un duc à Athènes, et un prince à cette Lacédémone que notre dernier triomphe maritime devoit délivrer à Navarin. Si la Méditerranée paroît nous être plus soumise que l'Océan, c'est que cette mer qui baigne des rivages immortels semble nous être dévolue par le droit de notre gloire.

Personne, dans le premier moment, n'avoit osé apprendre à Philippe la destruction de sa flotte ; il n'en fut instruit que par un de ces misérables qui représentoient alors au pied du trône la liberté sous le travestissement de l'esclave ; hommes qui se sauvoient du mépris par l'insolence, et à qui l'on permettoit de tout dire, parce qu'ils pouvoient tout souffrir : le fou du roi apprit donc par une bouffonnerie la mort de trente mille François. Philippe ne s'emporta point contre la mémoire de sujets aussi fidèles, et, remettant sa vie entre les mains de Dieu, il songea à la défense du royaume.

Il prévit qu'Édouard attaqueroit Tournay. Cette place avoit pour commandant Godemar Du Fay, écuyer de Tournaisis ou gentilhomme de Bourgogne, que Philippe avoit nommé *souverain capitaine* et *régent* de tout le pays dépendant de Douay, de Lille et de Tournay. C'étoit un officier brave et expérimenté, qui sauva alors la France pour la perdre au passage de Blanche-Taque, soit qu'il y ait un terme à la fidélité et à l'honneur, soit que les talents s'épuisent, soit que le héros devienne semblable au vulgaire des hommes quand il ne meurt pas au jour de sa renommée. Philippe augmenta la garnison de Tournay; il y *envoya droite fleur de chevalerie*; lui-même rassembla sous les murs d'Arras une brillante armée; il y eut beaucoup de petits faits d'armes et d'aventures. Des méprises déplorables advenoient souvent dans ces rencontres entre des combattants dont les familles avoient des branches établies en France, dans la Grande-Bretagne et dans les Pays-Bas : tous ces ennemis étoient des François. Les Anglois du xive siècle parloient notre langue, avoient les mêmes mœurs et la même religion que nous ; ils n'étoient pas encore assez éloignés du temps de la conquête pour avoir oublié leur origine ; ils se faisoient gloire d'être Normands, de retrouver sur notre sol leurs aînés. Les provinces que la couronne d'Édouard (lui-même fils d'une princesse de France) possédoit en Guienne et en Picardie multiplioient ces liens des deux peuples ; la haine que nos voisins insulaires ont conçue contre nous n'a commencé qu'avec ces guerres, véritables guerres civiles.

---

### GUERRE DE BRETAGNE. — LES BRETONS.

SOMMAIRE. — Cartel envoyé par Édouard à *Philippe de Valois*, et daté de *l'an premier de notre règne de France.* — Philippe le refuse comme roi, par écrit, et l'accepte verbalement comme chevalier. — Jeanne de Valois, sœur du roi de France, négocie une trêve ; elle est prolongée pendant deux ans. — Affaire de Bretagne. — Histoire de cette province. — Le comte de Montfort fait hommage du duché de Bretagne à Édouard. — La cour des pairs adjuge ce duché à Charles de Blois.

L'exécution de cet arrêt enveloppa le royaume dans les destinées d'une de ses provinces, ouvrit la France aux Anglois, et lui donna dans la personne de Du Guesclin un libérateur.

La Bretagne, jusque alors peu connue dans notre histoire, formoit, à l'extrémité occidentale de la France, un État différent du reste du royaume par le génie, les mœurs et la langue d'une partie de ses habitants. Cette longue presqu'île, d'un aspect sauvage, a quelque chose de singulier : dans ses étroites vallées, des rivières non navigables baignent des donjons en ruine, de vieilles abbayes, des huttes couvertes de chaume où les troupeaux vivent pêle-mêle avec les pâtres. Ces vallées sont séparées entre elles ou par des forêts remplies de houx grands comme des chênes, ou par des bruyères semées de pierres druidiques, autour desquelles plane l'oiseau marin et paissent des vaches maigres avec de petites brebis. Un voyageur à pied peut cheminer plusieurs jours sans apercevoir autre chose que des landes, des grèves et une mer qui blanchit contre une multitude d'écueils : région solitaire, triste, orageuse, enveloppée de brouillards, couverte de nuages, où le bruit des vents et des flots est éternel.

Il faut que ce pays et ses habitants aient frappé de tous temps l'imagination des hommes. Les Grecs et les Romains y placèrent les restes du culte des druides, l'île de Sayne et ses vierges, la barque qui passoit en Albion les âmes des morts au milieu des tempêtes et des tourbillons de feu; les Franks y trouvèrent Murman et mirent Roland à la garde de ses *marches;* enfin, les romanciers du moyen âge en firent le pays des aventures, la patrie d'Artus, d'Yseult aux mains blanches et de Tristan le Léonois. Sur les bruyères et dans les vallées de la Bretagne, vous rencontrez quelques laboureurs couverts de peaux de chèvre, les cheveux longs, épars et hérissés, ou vous voyez danser au pied d'une croix, au son d'une cornemuse, d'autres paysans portant l'habit gaulois, le sayon, la casaque bigarrée, les larges braies, et parlant la langue celtique.

D'une imagination vive, et néanmoins mélancolique, d'une humeur aussi mobile que leur caractère est obstiné, les Bretons se distinguent par leur bravoure, leur franchise, leur fidélité, leur esprit d'indépendance, leur attachement pour la religion, leur amour pour leur pays. Fiers et susceptibles, sans ambition, et peu faits pour les cours, ils ne sont avides ni d'honneurs ni de places. Ils aiment la gloire, pourvu qu'elle ne gêne en rien la simplicité de leurs habitudes; ils ne la recherchent qu'autant qu'elle consent à vivre à leur foyer comme un hôte obscur et complaisant qui partage les goûts de la famille. Dans les lettres, les Bretons ont montré de l'instruction, de l'esprit, de l'originalité, de la grâce, de la finesse : témoin Hardouin, Sévigné, Sainte-Foix, Duclos. Ils ont donné à la France le plus grand peintre de mœurs après Molière, Le Sage; ils ont aujourd'hui l'abbé de

# HISTOIRE DE FRANCE.

Lamennais; dans les sciences, ils revendiquent Descartes; dans les armes, leurs guerriers ont quelque chose d'à part, qui les distingue au premier coup d'œil des autres guerriers : sous Charles V, Du Guesclin et ses compagnons, Clisson, Beaumanoir, Tinteniac; sous Charles VII, Tanneguy Duchastel; sous Henri III, Lanoue, également respecté des ligueurs et des huguenots; sous Louis XIV, Duguay-Trouin; sous Louis XVI, Lamotte-Piquet et Du Coëdic; pendant la révolution, Charette, d'Elbée, La Rochejaquelein et Moreau. Tous ces soldats eurent des traits de ressemblance, et, par un genre d'illustration peu commun, ils furent peut-être encore plus estimés de l'ennemi qu'admirés de leur patrie.

## SIÉGE DE HENNEBON. JEANNE, COMTESSE DE MONTFORT. AVENTURE DE GAUTHIER DE MAUNY ET DE LA CERDA.

SOMMAIRE. — Prise de Rennes par Charles de Blois.

Charles de Blois, dans l'espoir de terminer promptement la guerre, après la reddition de Rennes, se hâta d'investir Hennebon, la plus forte place de la Bretagne, et où Jeanne, comme on l'a dit, s'étoit renfermée. Les assiégeants poussèrent vivement les attaques. La comtesse de Montfort, armée de pied en cap, chevauchoit de rue en rue, animoit, prioit, gourmandoit les soudoyers, ordonnoit aux femmes de dépaver les cours et les passages, de porter les pierres aux créneaux, avec des pots de chaux vive, pour les jeter sur l'ennemi. Cependant le beffroi sonne. Guillaume Cadoudal, qui s'étoit retiré à Hennebon après la prise de Rennes, Yves de Tréziguidy, le sire de Landremans, le châtelain de Guingamp, les deux frères de Guerich, Henri et Olivier de Spinefort, soutiennent les efforts des assaillants. La comtesse monte au haut d'un donjon pour surveiller le combat : elle s'aperçoit que le camp de Charles est désert; que seigneurs, chevaliers, communiers, étoient tous à l'assaut. Elle descend de la tour, s'élance sur son palefroi, sort par une poterne éloignée avec trois cents lances, et vient mettre le feu aux tentes des ennemis. Ceux-ci, apercevant derrière eux les tourbillons de flammes et de fumée, abandonnent l'escalade et accourent pour éteindre les flammes. La nouvelle Clorinde veut regagner la forteresse; mais la voie, au retour, lui est fermée : elle pousse son cheval sur le chemin d'Auray, tenant à la main l'épée et le flambeau, instruments de sa victoire; Louis d'Espagne la poursuit sans pouvoir l'atteindre. Recueillie dans les murs d'Aurai, Jeanne rassemble cinq ou six cents aventuriers : on la croyoit perdue à Hennebon, quand le cinquième jour, au soleil levant, elle reparoît sous les remparts. Elle heurte avec son escadron à la porte d'une des tours qu'on lui ouvre; elle rentre dans la ville assiégée, bannières au vent, trompettes sonnantes, à la confusion des soldats émerveillés.

Charles de Blois divise alors son armée : avec le duc de Bourbon et Robert Bertrand, maréchal de France, il court assiéger Aurai, laissant Louis d'Espagne avec le vicomte de Rohan devant Hennebon. Louis, de la maison de La Cerda, brave Espagnol qui combattit pour la France sur terre et sur mer, fit venir douze machines de guerre, et commença à battre les murailles du château. Les habitants et les soudoyers s'épouvantèrent et demandèrent à capituler. L'évêque de Léon, renfermé dans la ville, appela son neveu Henri de Léon, qui, après avoir trahi Montfort, servoit dans l'armée du comte de Blois; ils convinrent de la reddition de la place. En vain la comtesse de Montfort conjuroit les assiégés d'attendre, leur promettant qu'avant trois jours ils recevroient le secours d'Angleterre, espérance qu'elle-même n'avoit pas. Elle passa la nuit dans l'inquiétude et les larmes : elle voyoit perdu le fruit de son courage et de ses sacrifices, son mari prisonnier, son fils dépouillé, errant, fugitif : elle se voyoit elle-même livrée à son ennemi, et recevant des fers des mains de celui à qui elle avoit disputé la souveraineté de la Bretagne. Le lendemain l'évêque de Léon fit dire à Henri, son neveu, de s'approcher des portes. Déjà celui-ci s'avançoit pour recevoir la ville au nom de Charles de Blois, lorsque Jeanne, qui regardoit la mer par une fenêtre grillée du château, s'écria dans un transport de joie : « Voilà le secours ! » Deux fois elle jette le même cri. On monte aux créneaux, aux donjons, au beffroi; tous les yeux se tournent vers la mer : elle étoit couverte d'une multitude de grands et petits vaisseaux qui entroient dans le port à pleines voiles. Le miraculeux secours plonge d'abord la foule dans le silence de l'étonnement; puis elle le salue des plus vives clameurs. L'accommodement est rompu; l'évêque de Léon seul se retire auprès de Charles de Blois; Mauny débarque avec son armée.

La comtesse fait tapisser des chambres et des salles et préparer un festin à ses hôtes. Elle descend du château, *s'avance au devant d'eux à joyeuse chère, et vient baiser messire Gauthier de Mauny et ses compagnons les uns après les autres, deux fois ou trois, comme vaillante dame.* Cependant Louis d'Espagne ordonne de redoubler l'attaque : durant toute la nuit qui suivit l'arrivée des Anglois, il frappa les murs avec les plus fortes machines, tandis qu'au dedans on n'entendoit que le bruit de la fête. Le surlendemain Mauny fit une sortie, brisa les engins, et incendia une partie du camp françois. L'armée s'ébranla pour le repousser. Quand Mauny vit venir la chevauchée, *que jamais*, s'écria-t-il, *je ne sois baisé de dame, ni de douce amie, si jamais je rentre en chastel ou forteresse, jusqu'à tant que j'aie renversé un de ces venants!* Embrassant sa targe, il se précipite l'épée au poing sur les hommes d'armes de La Cerda, les charge, les met en fuite, *en fait verser plusieurs les jambes contremont*, et rentre dans la forteresse après avoir accompli son vœu de chevalier.

Louis d'Espagne, n'espérant plus pouvoir emporter Hennebon, leva le siége, rejoignit Charles de Blois devant Aurai, et s'empara ensuite de Dinan et de Guérande. Après avoir saccagé cette dernière ville, il monte sur quelques vaisseaux marchands qu'il trouve dans le port, et ravage les côtes de la basse Bretagne. Descendu auprès de Quimperlé, il s'avance dans les terres. Mauny accourt, forme trois corps de ses troupes, et marche sur les pas de Louis. Inférieur en forces, Louis veut retourner au rivage, et rencontre le premier corps des Anglois, qu'il défait; mais, environné par les deux autres corps et par des paysans bretons qui l'assaillent à coups de fronde, il est blessé. Il se débarrasse de la foule, laissant sur la place un neveu qu'il aimoit tendrement, et la plupart de ses soldats. Arrivé presque seul au bord de la mer, il trouve sa flotte entre les mains des archers de Mauny. Il se jette dans une barque avec quelques compagnons. Mauny le suit sur la mer, toujours près de le saisir, ne le pouvant jamais atteindre. Louis s'échoue au port de Rhedon, saute à terre, emprunte de petits chevaux et fuit de nouveau. A peine est-il débarqué que Mauny survient et se met à sa poursuite. La Cerda se sauve enfin dans les murs de Rennes, avec la réputation d'un des meilleurs généraux et un des plus aventureux chevaliers de ce siècle.

Mauny regagna ses vaisseaux pour retourner à Hennebon; les vents contraires le forcèrent à faire côte aux environs de la Roche-Prion: *Seigneurs*, dit-il à ses amis, *tout travaillé que je suis, j'irois volontiers assaillir ce fort chastel, si j'avois compagnie.* Les chevaliers répondirent: *Sire, allez-y hardiment, et nous vous suivrons jusqu'à la mort.* Gérard de Maulain, qui défendoit la place, soutient l'assaut; il blesse grièvement Jean de Bouteiller et Mathieu Dufresnoy, qui avoient eu le plus de part à l'affaire de Quimperlé.

Or Gérard de Maulain avoit un frère, René de Maulain, capitaine d'un autre petit fort, appelé *Favet*, à une lieue de là: René ayant appris ce qui se passoit à La Roche-Prion, se met en campagne avec quarante hommes pour secourir son frère, rencontre les chevaliers blessés, les enlève, et court les renfermer dans son donjon. Mauny quitte l'assaut pour aller à la *recousse*; brûlant de délivrer Bouteiller et Dufresnoy, il essaye d'emporter le fort de Favet : nouveau siége, nouveau combat. Gérard de Maulain sort à son tour de La Roche-Prion, et vient rendre à son frère le service qu'il en avoit reçu. Mauny craint d'être enveloppé, abandonne Favet, et commence sa retraite. Chemin faisant, il aperçoit un autre castel au milieu d'une forêt. L'infatigable chevalier l'attaque, l'emporte, et va retrouver dans Hennebon la comtesse de Montfort, qui le *festoya, baisa* et *accola* de grand courage.

Cependant Charles de Blois avoit pris Auray, Vannes et Carhaix : il assiège de nouveau dans Hennebon sa rivale. La place avoit été fortifiée. Les habitants se moquoient des machines, qui d'abord leur avoient fait tant de peur : à chaque pierre qui partoit des balistes, ils essuyoient en *gabant* sur les créneaux l'endroit où le coup avoit porté. Ils crioient du haut des murs aux assaillants : « Allez chercher vos compagnons qui reposent aux champs de Quimperlé. »

Ces railleries rendoient furieux La Cerda, qui, non encore guéri de ses blessures, avoit rejoint Charles de Blois. Louis étoit Espagnol; ses ressentiments étoient terribles; il regrettoit amèrement le neveu qu'il avoit perdu à Quimperlé : résolu de se venger, il prie Charles de Blois, pour seule récompense de ses services, de lui accorder ce qu'il lui demanderoit. Du caractère le plus humain, d'une vertu si éminente qu'il fut honoré comme un saint après sa mort, Charles n'aimant pas la guerre, quoique né intrépide, poussé seulement aux combats par l'ambition de sa femme ; Charles ne pouvoit deviner le *guerdon* que Louis alloit requérir : il lui donne imprudemment sa parole devant une foule de seigneurs.

Alors Louis d'Espagne lui dit : *Je vous prie que vous fassiez ici tantôt venir les deux chevaliers qui sont en votre prison du chastel de Favet; c'est à savoir messire Jean le Bouteiller et messire Hubert Dufresnoy, et me les donniez pour en faire ma volonté. C'est le don que je vous demande. Ils m'ont chassé, déconfit et blessé. Si ne m'en sais autrement venger, fors que je leur ferai les têtes couper devant leurs compagnons qui céans sont renfermés.*

*Messire Charles, qui de ce fut moult ébahy, lui dit :* « *Certes, les prisonniers vous donnerai volontiers, puisque demandez les avez, mais ce seroit grand cruauté et blâme à vous si vous faisiez deux si vaillants hommes mourir, et auroient nos ennemis cause de faire ainsi aux nôtres, quand tenir les pourroient; car nous ne savons ce qui peut nous advenir de jour en jour. Pourquoi, cher sire et beau cousin, je vous prie que vous veuillez être mieux avisé.* »

Louis déclara que si Charles ne tenoit pas sa parole, il quitteroit à l'instant son service. La parole d'un chevalier étoit inviolable, et Charles, désespéré, fut obligé d'envoyer chercher les deux prisonniers. Il se les fit amener dans sa tente, et chercha encore, mais vainement, à détourner Louis de son dessein.

La nouvelle de ce qui se préparoit dans le camp françois parvint aux assiégés : Mauny fut saisi de douleur. Il assemble aussitôt un conseil ; les chevaliers délibèrent ; ils proposent une chose et puis une autre ; ils ne savent quel parti prendre pour sauver Bouteiller et Dufresnoy. Gauthier parle le dernier : « *Compagnons, dit-il, ce seroit grand honneur à nous si nous pouvions délivrer nos frères d'armes. Si nous tentons l'aventure et que nous y succombions, le roi Édouard nous en louera, et ainsi feront tous pruds hommes qui pourront à l'avenir entendre parler de nous. Faisons donc notre devoir, chers seigneurs. On peut bien exposer sa vie pour sauver celle de si vaillants chevaliers.* » Alors Mauny explique le projet qu'il a conçu. Tous jurent de l'exécuter.

Il fut résolu qu'une partie de la garnison, commandée par Amaury de Clisson, attaqueroit de front le camp des François, tandis que Mauny avec une troupe d'hommes choisis, pénétrant par derrière jusqu'aux tentes du duc de Bretagne, enlèveroit Bouteiller et Dufresnoy. On prend les armes. Clisson fait ouvrir la principale porte de la ville avec grands cris et bruits de trompettes, et fond sur les assiégeants : ceux-ci appellent au secours ; les François se portent au lieu du combat. Cependant Mauny, sorti par une issue secrète, fait le tour du camp et parvient aux pavillons de Charles de Blois ; quelques valets qui les gardoient prennent la fuite. Mauny fouille les tentes, et trouve les prisonniers : il les fait monter sur de vigoureux destriers amenés exprès, s'éloigne à toute bride, rentre dans Hennebon après avoir mis à fin une des plus nobles et des plus touchantes aventures dont l'amitié, l'honneur et la chevalerie aient conservé la mémoire. On crut que Charles de Blois avoit prêté les mains à l'enlèvement de Bouteiller et de Dufresnoy ; car on soupçonne la vertu d'avoir commis une bonne action, aussi facilement qu'on accuse le vice de s'être rendu coupable d'un crime.

---

### AMOURS D'ÉDOUARD III ET DE LA COMTESSE DE SALISBURY.

SOMMAIRE. — La comtesse de Montfort envoie des ambassadeurs solliciter de nouveaux secours en Angleterre. — Ils trouvent Édouard occupé de la guerre d'Écosse. — Caractère et mœurs des Écossois. — Robert d'Artois descend en Bretagne avec la comtesse de Montfort. — Il est blessé dans la ville de Vannes qu'il avoit prise, et vient mourir à Londres. — Descente d'Édouard sur les côtes du Morbihan. — Suspension d'armes convertie en trêve. — Trêve prolongée pour trois ans et rompue presque aussitôt. — Tournoi à l'occasion du mariage du second fils de Philippe de Valois. — Clisson et dix autres chevaliers bretons sont arrêtés sur soupçon de trahison, et mis à mort.

On n'avoit point encore vu le sang de la noblesse couler sur l'échafaud, sang que Louis XI et le cardinal de Richelieu répandirent depuis largement. Les gentilshommes, qui composoient alors comme cavaliers la force de l'armée, ressentirent pour Philippe un éloignement que son adversité seule put vaincre : à Crécy ils oublièrent l'affront fait à leur corps, ne virent que l'honneur et leur roi malheureux : s'ils ne vainquirent pas, ils moururent. Philippe, appliquant la loi comme grand-juge sans expliquer ses motifs, parut un tyran, tandis qu'il n'étoit, dans la législation du temps, qu'un prince sévère. Aujourd'hui les tribunaux peuvent seuls ôter la vie aux coupables, et dans les causes criminelles un roi de France ne s'est réservé que le droit de pardonner.

Un mari outragé fut, comme autrefois dans Rome, l'occasion d'un événement tragique. Le roi d'Angleterre avoit marié Guillaume de Montagu, qui fut depuis comte de Salisbury, à Catherine, ou Alix, fille de lord Granfton, une des plus belles femmes de son siècle. Il paroît qu'Édouard fut dès lors frappé de la beauté d'Alix, si l'on en juge par le début du poëme du *Vœu du Héron*. *Édouard ne pensoit point aux combats, mais en pensers d'amours il tenoit le chef enclin.* Les soins de la guerre occupèrent bientôt Édouard : sa passion naissante s'étoit presque éteinte, lorsqu'un événement la réveilla.

Les Écossois avoient envahi le nord de l'Angleterre. Des chevaliers de Suède et de Norvège, les petits princes des Hébrides et des Orcades, les Highlanders conduits par le roi David Bruce, avoient ravagé le plat pays, insulté Newcastle, et emporté Durham d'assaut.

Édouard, averti de ces dévastations par Jean de Neville, qui s'étoit échappé de Newcastle, ordonne à tous ses vassaux, depuis l'âge de quinze ans jusqu'à celui de soixante, de prendre les armes et de venir le trouver sur les frontières du Yorkshire. Après le sac de Durham, David avoit marché le long de la rivière de Thyn, vers le pays de Galles, et s'étoit avoisiné du château de Salisbury. Ce château avoit été donné à Montagu, alors prisonnier en France, en récompense de ses services. La châtelaine sa femme se trouvoit enfermée dans le manoir, où commandoit Guillaume de Montagu, son neveu.

Les Écossois, ayant passé une nuit au pied du donjon, décampèrent le lendemain sans l'attaquer ; mais le jeune Montagu sortit avec quarante cavaliers, tomba sur l'arrière-garde des ennemis, tua et blessa plus de deux cents hommes, se saisit de six-vingts chevaux, chargés du butin fait à Durham, et les conduisit dans ses tours, dont il referma les portes. L'armée d'Écosse revient sur ses pas; le château est escaladé, les assiégés repoussent les assiégeants. La nuit approchant, David ordonne de suspendre l'assaut jusqu'au retour du soleil, et de se loger aux environs. « *Lors pouvoit-on voir appareiller et frémir et querir pièce de terre pour loger, les assaillants retraire, les navrés rapporter et rappareiller, et les morts rassembler.* » Le lendemain, nouvelle attaque, plus furieuse que celle de la veille. « *Là étoit la comtesse de Salisbury, qu'on tenoit pour la plus belle dame et la plus sage du royaume d'Angleterre. Icelle comtesse réconfortoit moult ceux du dedans, et par le regard d'une telle dame et de son doux admonestement, un homme doit bien valoir deux au besoin.* » Le second assaut n'eut pas plus de succès que le premier. Les Écossois se retirèrent au tomber du jour, résolus de faire un nouvel effort au lever de l'aube.

Cependant les assiégés, dans les plus vives alarmes, accablés de fatigues et de blessures, craignoient d'être emportés au dernier assaut. Montagu assemble ses chevaliers pour prendre conseil; il savoit, par la déclaration de quelques prisonniers, qu'Édouard étoit arrivé à Warwick; il auroit désiré l'instruire de l'extrémité où il étoit réduit; mais comment sortir du château? Les passages étoient soigneusement gardés. D'ailleurs tous les chevaliers vouloient rester pour défendre Alix, et quand ils la regardoient baignée de larmes, aucun d'eux ne se pouvoit résoudre à l'abandonner.

Le jeune châtelain dit à ses compagnons : « *Seigneurs, je vois bien votre loyauté et bonne volonté. Je veux, pour l'amour de madame et de vous, mettre mon corps en aventure, et faire moi-même le message. De cette parole furent madame et la comtesse et les compagnons moult joyeux.* »

Montagu ayant fait ses préparatifs, sortit seul au milieu de la nuit, dans le plus grand silence; une pluie abondante qui survint le favorisa : il passa au travers des gardes ennemies sans être aperçu. Il étoit déjà assez loin, lorsqu'au jour naissant il rencontra deux Écossois qui conduisoient deux bœufs et une vache; il tua les bœufs et blessa les deux soldats : « Allez, dit-il, apprendre à votre roi que Guillaume de Montagu a traversé son camp, et qu'il va chercher à Warwick le roi d'Angleterre. » Bruce, ne jugeant pas à propos d'attendre Édouard, leva le siége, et se retira.

Édouard arriva à midi à l'endroit même d'où les Écossois étoient partis quelques heures auparavant : pressé peut-être par une passion mal éteinte, il avoit fait une extrême diligence, afin de secourir la noble dame, qu'il n'avoit pas vue depuis qu'elle s'étoit mariée au comte de Salisbury.

Sitôt qu'Alix ouït la venue du roi, elle fit ouvrir toutes les portes du château, et s'avança hors *tant richement vêtue, que chacun s'en émerveilloit. Et ne se pouvoit-on lasser de la regarder et remirer sa grande noblesse avec la grande beauté et le gracieux parler et maintien qu'elle avoit. Quand elle fut venue au roi, elle s'inclina jusqu'à terre en le regraciant de son secours, et l'emmena au chastel pour le festoyer et l'honorer. Le roi ne se pouvoit tenir de la regarder, et bien lui étoit avis qu'oncques n'avoit vu si noble, si frisque, ni si belle dame. Si le blessa tantôt une étincelle de fine amour au cœur, qui lui dura par longtemps. Rentrèrent au château main à main, et le mena la dame premièrement en la salle, et puis en sa chambre, qui étoit si noblement parée qu'il appartenoit à telle dame. Et toujours regardoit le roi la gentille dame si fort, qu'elle en devenoit toute honteuse. Quand il l'eut grande pièce regardée, il s'en alla à une fenêtre pour s'appuyer, et commença fort à penser.*

La comtesse, ayant tout ordonné pour une fête, revint auprès du roi, qu'elle trouva plongé dans la même rêverie ; elle attribua cette tristesse au déplaisir qu'il sentoit d'avoir manqué l'ennemi, et chercha à le consoler. « Ah ! chère dame, dit Édouard, *autre chose me touche et me gît au cœur. Le doux maintien, le parfait sens, la grâce, la grande noblesse et la beauté que j'ai trouvées en vous m'ont si fort surpris, qu'il convient que je sois de vous aimé.* » Lors dit la dame : « *Haa ! cher sire, ne me veuillez mie moquer ni tenter. Je ne pourrois croire que si noble et gentil prince comme vous êtes eût pensé à déshonorer moi et mon mari ; qui est si vaillant chevalier, qui tant vous a servi, et gît pour vous en prison.* »

Le banquet servi, le roi, après avoir lavé, s'assit à table entre ses chevaliers, dîna peu, et demeura toujours pensif. Après le repas il se retira à l'appartement qu'on lui avoit préparé. Il demeura toute la nuit en grand trouble : tantôt il lui sembloit odieux de chercher à tromper un gentilhomme qui l'avoit servi avec tant de fidélité ; *tantôt amour le contraignoit si fort, qu'il surmontoit honneur et loyauté.* Le lendemain il dit adieu à la comtesse, la conjurant de ne pas prendre de résolution contre lui ; elle, le suppliant d'abandonner ses desseins.

Peu de temps après, le comte de Salisbury, échangé contre le comte de Moray, Écossois, revint en Angleterre. Il étoit tranquille, car il ignoroit la passion du roi, qui n'avoit pas encore éclaté. De retour à Londres, Édouard fit publier un tournoi dans l'espoir d'y attirer la comtesse. Il commanda au comte d'amener sa femme à la cour, et le comte promit d'obéir. « *Si avez bien entendu*, dit l'historien qui nous raconte si agréablement cette aventure, *comment le roi d'Angleterre avoit si ardemment aimé et par amour la belle et noble dame, M*^me *Alix, comtesse de Salisbury. Amour l'admonestoit nuit et jour, et tellement lui représentoit la beauté et le frisque arroi d'elle, qu'il ne s'en savoit conseiller et n'y faisoit que penser toujours.* » La châtelaine, invitée à se rendre au tournoi, n'osa refuser, dans la crainte de donner à son mari quelque soupçon des desseins du roi. Les fêtes durèrent quinze jours : on y vit briller le roi d'Angleterre lui-même, Guillaume II, comte de Hainaut, Jean de Hainaut, son oncle, Robert d'Artois, les comtes Derby, de Salisbury, de Glocester, de Warwick, de Cornouailles et de Suffolk, et un grand nombre de chevaliers. Joutes, castilles, pas d'armes, danses de toutes espèces, surpassèrent ce qu'on avoit vu jusqu'alors. Malheureusement Jean, fils aîné du comte de Beaumont, fut tué dans un dernier combat à la barrière. Alix parut vêtue d'une simple robe au milieu des dames chargées d'atours ; elle n'en étoit que plus belle, et en voulant éteindre par cette modestie l'amour du monarque elle l'enflamma.

On croit que ce fut à l'une des danses de ces fêtes qu'Alix laissa tomber le ruban bleu qui rattachoit une espèce d'élégant bas de chausses qu'on portoit alors. Édouard le releva avec vivacité ; les courtisans sourirent ; le roi se retourna vers eux en disant : *Honni soit qui mal y pense !* Quelques années après le roi fit réparer le château de Windsor, *que le roi Arthur fit jadis faire et fonder, là où premièrement fut commencée la noble Table Ronde dont tant de vaillants hommes et chevaliers sortirent, et travaillèrent en armes et en prouesses par tout le monde.* L'esprit romanesque et l'ignorance des temps donnant crédit à ces fables, Windsor sembla propre à devenir le chef-lieu de l'établissement de l'ordre qu'Édouard vouloit créer en témoignage de sa passion ; il fit bâtir une chapelle dédiée à saint Georges, et institua l'*ordre de la Jarretière*, qui parut aux chevaliers *une chose moult honorable et où tout amour se nourriroit :* il est resté un des cinq grands ordres de l'Europe. Le monument fragile de la galanterie d'un roi d'Angleterre a résisté à toutes les tempêtes qui ont ébranlé le trône britannique. Cromwell fut un moment tenté de vendre ce qu'il est aujourd'hui pour l'honneur de porter, un cordon emprunté au genou d'une femme. Qu'est-ce donc que les choses les plus graves de l'histoire, foi des autels, sainteté des mœurs, dignité de l'homme, indépendance, civilisation même, si elles doivent passer plus promptement que les statuts de la vanité et les chartes d'un caprice ? L'antiquité ignora les femmes dans les fastes des nations, si ce n'est comme épouse, mère et fille; elle mêla peu la société à des foiblesses que le christianisme s'efforçoit d'avertir de ses leçons; l'antiquité ignora de même ces domesticités décorées de l'aristocratie du moyen âge, et nous les voyons expirer par le retour des peuples à la liberté.

Édouard a été accusé de n'avoir vaincu Alix que par la violence : quoi qu'il en soit, le comte de Salisbury crut Alix coupable. Clisson et les seigneurs bretons décapités avoient pris des engagements secrets avec la comtesse de Montfort et le roi d'Angleterre. En témoignage de leur foi, ils avoient envoyé leurs sceaux à Édouard, qui les donna en garde au comte de Salisbury. Le comte, profitant de l'occasion pour se venger du séducteur ou du ravisseur de sa femme, montra les sceaux à Philippe, et Philippe fit trancher la tête aux traîtres.

La preuve la plus frappante de l'infidélité des seigneurs bretons, c'est le ressentiment qu'Édouard témoigna de leur supplice. Si Clisson avoit toujours été ferme dans le parti du comte de Blois et de la France, pourquoi Édouard auroit-il été tant ému de sa mort? Il écrivit au pape pour s'en plaindre, qualifiant les condamnés de *nobles attachés* à sa personne. Il prétendit punir par une guerre inique une sentence arbitraire; il se déclara le vengeur de ceux dont il n'étoit pas le roi, le réparateur d'un tort dont il n'étoit pas le juge.

---

### CHUTE D'ARTEVELLE.

SOMMAIRE. — Geofroy d'Harcourt, après une querelle avec le maréchal de Briquebec, passe en Angleterre et fait hommage à Édouard, comme roi de France, des terres que lui, Geofroy, possédoit en Normandie. — Portrait de Geofroy d'Harcourt, homme médiocre dans une haute fortune. — Philippe trahi de toutes parts devient sombre et cruel. — Il fait alliance avec le roi de Castille. — Jean de Hainaut, comte de Beaumont, lui revient. — Nouveaux impôts; gabelle. — Finances sous la troisième race, depuis Hugues Capet jusqu'à Philippe de Valois. — Noms des chefs de la maltôte conservés par l'histoire avec les noms les plus illustres de la chevalerie, pour montrer les larmes des peuples derrière la gloire des armes. — Édouard demande des secours pécuniaires à son parlement, qui les lui accorde moyennant quelques concessions; subsides propices à l'Angleterre et funestes à la France, qui contribuoient à la liberté d'un peuple et à l'asservissement de l'autre. — Hostilités en Guienne. — Prise d'Aiguillon par les Anglois. — Gauthier de Mauny retrouve le tombeau de son père à La Réole. — Prouesse d'Agos dans le château de cette ville. — Reprise des hostilités en Bretagne. — Quimper est emporté d'assaut. — Le carnage ne cesse que lorsqu'on eut trouvé un enfant à la mamelle *qui tétoit encore sa pauvre mère morte.* — Mort du comte de Montfort. — Portrait de ce seigneur. — Montfort ne manqua point à la fortune, mais la fortune lui manqua, et sa femme lui ravit la gloire. — Événements de la Flandre.

Artevelle, usé dans les troubles populaires, las peut-être de ses orgies démocratiques, qui n'avoient plus pour lui l'attrait de la nouveauté, n'ayant point agi par la conviction d'une opinion forte, mais par l'entraînement d'une petite jalousie plébéienne contre l'inégalité des rangs, Artevelle ne pensoit plus qu'à mettre à l'abri ses trésors; il auroit pu dire à ses fils : « Cet or sent-il le sang ? » comme Vespasien demandoit à Titus si la pièce de monnoie qu'il lui présentoit sentoit l'impôt dont elle étoit provenue. Mais pour rire en paix des victimes qu'il avoit faites et du peuple qu'il avoit trompé, il falloit qu'Artevelle changeât de position. Il lui restoit deux partis à prendre : s'emparer du pouvoir suprême, ou descendre de sa puissance tribunitienne et se perdre dans la foule. S'emparer du suprême pouvoir demandoit un génie qu'Artevelle n'avoit pas ; se démettre de la puissance tribunitienne, Artevelle ne l'osoit. Il n'y a pas sûreté à abdiquer le crime ; cette couronne-là laisse des marques sur le front qui l'a portée ; il en faut subir la terrible légitimité.

Artevelle, ne s'arrêtant ni à l'un ni à l'autre parti, eut recours à un expédient qui montroit ce qu'il y avoit de vulgaire dans la nature de cet homme : après avoir déchaîné la foule, il songea à lui donner un maître, mais non l'ancien prince du pays, qu'il haïssoit et qu'il croyoit avoir outragé. Il arrive souvent qu'un despote populaire, après s'être livré aux débauches de la liberté, se retire à l'abri sous le joug d'un autre tyran, pourvu que ce tyran soit de son choix et qu'il ait participé à ses excès : Artevelle jeta les yeux sur Édouard, qui avoit trempé dans tous ses complots, servi et approuvé toutes ses fureurs. Plus il étoit ignoble pour un monarque, selon les idées du temps, d'avoir été l'allié et le courtisan d'un marchand de bière, plus le monarque devoit entrer dans les projets de ce marchand. Artevelle machina de faire le jeune prince de Galles duc des Flamands, comme il avoit fait Édouard roi des François.

Pour négocier cette affaire, Édouard débarqua au port de L'Écluse vers le milieu du mois de juin de l'année 1345 ; il menoit avec lui son fils et *grande foison de barons et de chevaliers.* Les députés de Flandre se rendirent de leur côté à L'Écluse avec Artevelle ; ils ignoroient ce qu'on devoit traiter dans cette entrevue. On tint conseil à bord du grand vaisseau que montoit le roi d'Angleterre, et qui s'appeloit *Catherine.* Là Artevelle proposa de déshériter le comte Louis de Flandre et son jeune fils Louis, et de donner le comté de Flandre, sous le nom de duché, au prince de Galles, fils d'Édouard.

Il y a dans le cœur de l'homme un fonds de justice qui reparoît toutes les fois que les passions ne sont pas émues. Dans ce moment les députés de Flandre étoient de sang-froid ; ils s'indignèrent à cette proposition, qui blessoit l'esprit de bonté des uns et le caractère de loyauté des autres. Ils répondirent qu'ils ne pouvoient prendre sur eux *une chose aussi pesante, qui au temps à venir pourroit toucher à leur pays*, et qu'il falloit prendre l'avis des communes de Flandre ; et ils se retirèrent.

Artevelle, se laissant devancer à Gand par les députés, commit une de ces fautes qui décident du sort d'un homme : s'il eût parlé le premier, peut-être eût-il entraîné les bourgeois ; mais son crédit commençoit à s'affoiblir. Un rival dangereux, Gérard Denis, chef des tisserands, s'élevoit sur les débris de sa fortune. Soit que ce nouveau tribun fût gagné par l'argent de la France, soit qu'il embrassât un parti généreux par son propre penchant, soit qu'il agît par esprit d'opposition à Artevelle, il ne manquoit jamais de repousser les propositions de ce dernier. Artevelle sentoit si bien ce que Gérard Denis avoit pour lui de fatal, qu'il étoit résolu de s'en défaire.

Les députés, arrivés à Gand, convoquent le peuple à la place du marché ; ils rendent compte des conférences de L'Écluse. Le peuple, aussi ardent dans le bien que dans le mal, manifeste son mécontentement par ses murmures ; alors Gérard Denis prend la parole :

« Bonnes gens, nous avons jusque ici combattu pour nos franchises : Artevelle, qui s'en disoit le défenseur, vous propose aujourd'hui de les trahir. Mais si nous ne cessons d'être libres, à l'instant tout nous accuse. Comment nous justifierons-nous ? Que nous restera-t-il de nos sanglantes rébellions ? Des crimes et des chaînes ! Cet homme qui vous a entraînés veut vous livrer à l'Angleterre. Prince pour prince, n'en avons-nous pas un né de notre sang, élevé parmi nous, que nous connoissons, qui nous connoît, qui parle notre langue, pour lequel nous avons prié, dont nos enfants savent le nom comme celui de leurs voisins, dont les pères vécurent et moururent avec les nôtres ? Parce que nous avons réduit nos anciens comtes à être voyageurs, notre pays seroit-il une propriété forfaite, et doit-il demeurer à l'Anglois par droit d'aubaine ? Ah ! pour Dieu, si nous voulons un maître, ne soyons pas trouvés en telle déloyauté de déshériter notre naturel seigneur, pour donner son lit au premier compagnon qui le demande. »

A de semblables discours, Denis et ses partisans ajoutent ce qui devoit agir plus immédiatement sur la foule : depuis neuf ans passés qu'Artevelle gouvernoit la Flandre, il avoit amassé un trésor, tant des forfaitures et des amendes que des revenus du domaine; cet amour de l'argent, passion des âmes communes, le perdit.

Artevelle, en quittant Édouard à L'Écluse, s'étoit rendu à Bruges, et ensuite à Ypres, qu'il fit entrer dans ses desseins. De là il revint à Gand. En chevauchant par les rues, accompagné de ses amis et de la garde étrangère qu'Édouard lui avoit donnée, il s'aperçut qu'il se tramoit contre lui quelque chose; car ceux qui avoient coutume de le saluer lui tournoient le dos et rentroient dans leurs maisons. Le peuple murmuroit, et disoit : « Voyez celui qui est trop grand maître et qui veut ordonner de la comté de Flandre. » Arrivé à son hôtel, il en fit barricader les portes et les fenêtres ; car l'habitude qu'il avoit du peuple lui fit, aux premiers signes, prévoir la tempête. A peine s'étoit-il renfermé, que tout le quartier se souleva ; la maison du brasseur est entourée et assaillie. Les serviteurs d'Artevelle lui demerèrent fidèles, ce qui arrive rarement aux malheureux; ils se défendirent bien, tuèrent et blessèrent plusieurs hommes; mais enfin les portes sont brisées, et la foule se répand dans l'intérieur de l'hôtel, en poussant des hurlements. Alors Artevelle paroît à une fenêtre, la tête nue, et en posture de suppliant : « Bonnes gens, que vous faut-il? Qui vous meut? Pourquoi êtes-vous si troublés sur moi? En quoi puis-je vous avoir courroucés ? » — « Où est le trésor de Flandre? » s'écrièrent les attroupés. — « Je n'en ai rien pris, dit Artevelle. Revenez demain, je vous satisferai. » — Non, non, vous ne nous échapperez pas ainsi : vous avez envoyé le trésor en Angleterre, et pour cela il vous faut mourir. »

A cette menace, Artevelle joignit les mains, et commença à pleurer. « Seigneurs, dit-il, je suis ce que vous m'avez fait. Vous me jurâtes jadis que vous me défendriez contre tout homme, et maintenant vous prétendez me tuer sans raison. Rappelez-vous le temps passé; considérez mes courtoisies. Je vous ai gouvernés en si grande paix que vous avez eu toutes choses à souhait, blé, avoine, et toutes autres marchandises. Vous voulez me rendre petit guerdon des grands biens que je vous ai faits. »

Il ne toucha pas le peuple par des larmes; c'étoit le cerf pleurant aux veneurs. La foule cria tout d'une voix : « Descendez, et ne nous sermonnez pas de si haut. » Dans ces paroles Artevelle ouït son arrêt. Il ferme la fenêtre, et se veut sauver par une porte de derrière pour se réfugier dans une église voisine; il espéroit trouver un asile aux pieds de celui dont la miséricorde ne se lasse pas comme la pitié des hommes. Mais déjà plus de quatre cents forcenés remplissoient la maison : Artevelle, tombé au milieu d'eux, est déchiré. Il reçut la mort de la main de Gérard Denis, qui paroissoit agir pour une cause meilleure, et qui ne valoit peut-être pas mieux que lui. Dans une république, le peuple étant législateur, juge et souverain, peut faire la loi, prononcer l'arrêt, et exécuter; le massacre par la démocratie est inique, mais légal : Artevelle avoit consenti à un pareil gouvernement.

Édouard apprit à L'Écluse la fin de celui qui étoit, selon Froissart, *son grand ami et son cher compère*. Il fit voile pour l'Angleterre, menaçant la Flandre et se déclarant toujours le vengeur de la mort des traîtres. Il n'avoit pas plus d'envie de se brouiller avec les Flamands que les Flamands avec lui. Ils allèrent en députation le trouver à Londres. « *Cher sire*, lui dirent-ils, *vous avez de beaux enfants, fils et filles. Le prince de Galles ne peut manquer d'être encore un grand seigneur, sans l'héritage de Flandre. Et vous avez une damoiselle à fille moins aînée, et nous un jeune damoisel, que nous nourrissons et gardons, et qui est héritier de Flandre; si se pourroit encore bien faire un mariage d'eux deux.* » Ces paroles adoucirent la feinte douleur d'Édouard, et Artevelle fut oublié, comme tous ceux dont la renommée n'est fondée ni sur le génie ni sur la vertu.

### INVASION DE LA FRANCE PAR ÉDOUARD.

Sommaire. — Jean, duc de Normandie, fils aîné du roi, marche en Guienne, et après avoir pris Angoulême vient mettre le siége devant Aiguillon avec plus de cent mille hommes. — Résistance des assiégés, commandés par le comte Derby.

Ce siége fut fatal; il détermina Édouard à passer en France, et priva Philippe de cent mille hommes qui auroient pu se trouver à la bataille de Crécy. Tout se préparoit alors dans les conseils de Dieu. « Mais, dit le grave historien qui a le mieux connu nos antiquités, les adversités advenues à la France et les grandes victoires du roi Édouard ne doivent persuader la justice de sa querelle, mais être estimées châtiment des vices des François. La restitution des pertes et conservation de l'État jusqu'à présent manifestent que ce n'a été ruine. »

Le duc de Normandie avoit fait serment de ne point abandonner le siége d'Aiguillon que la ville ne fût prise, à moins que son père ne le rappelât. Il fit partir le connétable d'Eu et Tancarville, pour rendre compte à Philippe de la résistance qu'il éprouvoit. Philippe retint auprès de lui ces deux seigneurs, et fit dire à son fils de continuer le siége jusqu'à ce qu'il obligeât la ville à se rendre par la famine, puisqu'il ne la pouvoit emporter de force.

Cependant le roi d'Angleterre, instruit de ce qui se passoit en Guienne, se préparoit à secourir en personne le comte Derby. Il assembla, dans le port de Southampton, mille vaisseaux, quatre mille hommes d'armes, dix mille archers, seize mille hommes d'infanterie légère, dont dix mille étoient Gallois et six mille Irlandois. Il laissa le gouvernement de l'Angleterre aux archevêques de Cantorbéry et d'York, aux évêques de Lincoln et de Durham et aux seigneurs de Percy et de Neville ; il donna la garde particulière de la reine au comte de Kent, son cousin. Le vent étant devenu favorable, Édouard, vers la fin du mois de juin de l'an 1346, fit voile, avec toute son escadre, pour les côtes de Gascogne.

Il avoit auprès de lui, sur son vaisseau, Geofroy d'Harcourt et le jeune prince de Galles, qui entroit dans sa quinzième année. Les autres seigneurs embarqués étoient les comtes d'Hereford, de Northampton, d'Arundel, de Cornouailles, de Warwick, de Huntingdon, de Suffolck et d'Oxford. Parmi les barons et chevaliers, on comptoit Jean-Louis et Roger de Beauchamp, Renauld et Cobham, les sires de Mortimer, de Mowbray, de Roos, de Lucy, de Felton, de Bradestan, de Moulton, de Man, de Basset, de Berkley et de Willoughby. D'autres combattants, qui devinrent dans la suite célèbres, Jean Chandos, Fitz-Warren, Pierre et James d'Audelay, Roger de Wettevalle, Barthélemy du Burgherst, Richard de Pembridge, étoient aussi à bord de la *Navy*, au simple rang de bacheliers. Il faut encore compter quelques étrangers : Oulphart de Ghistelle, du pays de Hainaut, et cinq ou six chevaliers d'Allemagne.

Pendant deux jours, les vaisseaux firent bonne route vers le port qu'ils cherchoient : s'ils eussent entré dans la Gironde, la France étoit sauvée, et la France devoit être perdue. Celui qui commande à la mer fit cesser le vent, par qui la flotte sembloit être favorisée ; il en envoya un autre, qui la refoula violemment sur la Cornouailles ; on jeta l'ancre. Édouard attendit, implora le retour de la première brise, ne se doutant pas que la tempête qui soulevoit alors son pavillon le menoit à la victoire.

Nous avons dit que Geofroy d'Harcourt étoit embarqué sur la *Nef royale*; il n'avoit jamais été d'avis d'attaquer la France du côté de la Guienne, trop éloignée du centre de notre empire et défendue, comme province frontière, par une multitude de châteaux ; quelque chose sembloit avoir fait à ce traître la révélation de la colère du ciel : rien de plus intelligent que la vengeance et la haine. Quand Harcourt vit la flotte repoussée aux côtes d'Angleterre, il profita de cet accident pour ébranler la résolution d'Édouard. « Sire, lui dit-il, je vous ai toujours conseillé et je vous conseille encore de prendre terre en Normandie. Personne ne s'opposera à votre descente. Depuis longtemps les peuples de ce canton sont sans armes, et ils n'ont jamais vu la guerre. Toute la noblesse de la province est au siége devant Aiguillon. Vous trouverez un pays ouvert, rempli de grosses villes non fermées, où vos soldats s'enrichiront pour vingt ans. Je vous supplie de m'écouter, et je réponds du succès sur ma tête. »

L'oreille du roi s'inclina à ce conseil. Édouard ordonne de lever l'ancre ; lui-même veut servir de pilote ; il passe avec son vaisseau à la tête de la flotte, et fait tourner la proue vers les côtes de la Normandie. Des calamités de cent années furent le fruit de l'inspiration d'un moment et du changement des vents dans le ciel.

Les François, qui tant de fois portèrent le ravage dans les contrées étrangères, alloient à leur tour sentir l'abomination de la conquête. Depuis l'invasion des Normands ils n'avoient point vu les ennemis dans le cœur de leur pays ; et voilà qu'après quatre siècles un Normand leur ramenoit la désolation. Les mille vaisseaux anglois parurent devant La Hogue-Saint-Wast, en Cotentin. Couvert de ses armes, entouré de ses chevaliers, Édouard, monté sur son grand vaisseau, qui précédoit tous les autres, déployoit au vent les couleurs de l'Angleterre ; elles étoient blanches alors, et nous portions le rouge. Il aborde sans obstacle, comme Geofroy d'Harcourt le lui avoit prédit, au port de La Hogue, le 12 juillet 1346. Près du cap de ce nom, les François, sous le règne de Louis XIV, versèrent leur sang pour remettre un monarque anglois sur le trône de ses pères.

La terre de Saint-Sauveur, qui appartenoit à Geofroy d'Harcourt, s'étendoit jusqu'à La Hogue. Du bord des vaisseaux anglois, Harcourt découvroit le lieu même de sa naissance et les rivages remplis des souvenirs de sa jeunesse. En montrant à Édouard le pays qu'il alloit ravager, il pouvoit lui dire : « Voilà la tour de l'église où j'ai été baptisé ; voilà le donjon du château où j'ai été nourri : là vos soldats pourront déshonorer le lit de ma mère, ici déterrer les os de mes aïeux. »

Quand Geofroy mit le pied sur la grève, comment put-il voir sans être ému les paysans fuir devant lui dans ces mêmes champs où il avoit passé son enfance, par ces mêmes chemins qui le conduisoient au toit paternel ? Un historien représente Rome disant à Manlius Capitolinus : « Manlius, je t'ai regardé comme le plus cher de mes fils quand tu renversas les ennemis du haut du Capitole ; mais puisque tu déchires mon sein, va, malheureux, et sois précipité comme ces Gaulois que tu as vaincus. »

La France, percée de coups, les yeux en pleurs, enveloppée dans son manteau déchiré, auroit pu crier à Geofroy d'Harcourt : « Faux et traître chevalier, je t'attends à Crécy sur le corps sanglant de ton frère, fidèle à sa patrie! En vain tu te repentiras, ton repentir ne durera pas plus que ton innocence. Traître de nouveau, tu mourras foi mentie, doublement flétri par ton crime et par le pardon de ton roi. »

La flotte ayant jeté l'ancre, le débarquement se fit sur un rivage désert, image de ce qu'alloit devenir le sol de notre patrie sous les pas des Anglois. Édouard tomba, dit-on, en mettant le pied sur la grève, comme César en Afrique, comme Guillaume le Bâtard en Angleterre. Le sang lui sortit du nez. Les chevaliers, effrayés du présage, dirent au roi : « Chier sire, retrayez-vous en votre nef, et ne venez mès huy à terre, car voici un petit signe pour vous. » Édouard répondit joyeusement : « C'est un très-bon signe; cette terre me désire. » Il y a des paroles et des aventures qui sont de tous les conquérants : le même instinct et les mêmes mœurs distinguent les animaux de proie.

A l'endroit du débarquement, le roi d'Angleterre arma chevalier son jeune fils, le prince de Galles : cette terre de France a la propriété de faire des héros, même parmi ses ennemis. Édouard nomma connétable le comte d'Arundel; et maréchaux Geofroy d'Harcourt et le comte de Warwick.

Le Cotentin forme une presqu'île : Édouard rangea ses soldats selon la nature du terrain qu'il avoit à parcourir : divisés en trois corps, deux de ces corps, c'est-à-dire les deux ailes de l'armée, commandées par les deux maréchaux, marchoient l'un à droite, l'autre à gauche, au bord de la mer, en balayant les deux rivages de la presqu'île, tandis que le corps de bataille, où se trouvoient Édouard, le prince de Galles et le connétable, s'avançoit au centre par le milieu des terres. Chaque soir les deux ailes se reployoient et venoient camper sur les flancs de la *chevauchée* du roi. Le comte d'Huntingdon, demeuré sur la flotte avec six vingts hommes d'armes et quatre cents archers, avoit ordre de suivre rez les côtes le mouvement des troupes. Par cette belle disposition militaire, l'armée d'Édouard, se mouvant sur une seule et longue ligne et embrasant tout devant elle, se dérouloit lentement sur la France comme une mer de feu.

Rien n'échappa, par mer et par terre, aux ravages de ce monarque, qui se disoit roi des François, et qui venoit pour régner sur des François; par mer, tous les vaisseaux, depuis le plus grand navire jusqu'à la plus petite barque, furent pris et réunis à la flotte angloise; par terre, toutes les villes et les villages furent saccagés et brûlés. Barfleur succomba la première, et, quoiqu'elle se fût rendue sans coup férir, elle n'en fut pas moins pillée : elle perdit *or, argent et chers joyaux. Il se trouva si grande foison de richesses, que compagnons n'avoient cure de draps fourrés de vair.* Les habitants, enlevés de la ville, furent entassés sur la flotte angloise. Cherbourg fut incendié ; le château se défendit ; Montebourg, Valognes, Carentan, furent renversés de fond en comble.

Le corps de bataille ne faisoit pas moins de mal au milieu du pays. *Geofroy d'Harcourt alloit en avant de la bataille du roi avec cinq cents armures de fer et deux mille archers ;* et comme il connoissoit bien sa patrie, c'étoit lui qui traçoit le chemin. Il trouva *le pays gras et plantureux de toutes choses, les granges pleines de bleds et d'avoines, les maisons pleines de toutes richesses, riches bourgeois, chars, charrettes, chevaux, pourceaux, moutons, bœufs, qu'on nourrissoit dans ce pays-là, et les plus beaux biens du monde. Ceux du pays fuyoient devant les Anglois de tant loin qu'ils en oyoient parler, et laissoient leurs maisons et leurs granges toutes pleines. Ainsi par les Anglois étoit ars* (brûlé), *robé, gâté et pillé le bon pays de Normandie.* Saint-Lô, où il y avoit alors des manufactures de drap considérables, périt, et les trois corps de l'armée angloise s'étant réunis s'avancèrent dans la plaine de Caen. C'est par le récit des malheurs de la France que nous apprenons le curieux détail de sa culture et de son industrie intérieure à cette époque.

On n'avoit point ignoré à Paris l'armement des Anglois, mais on n'avoit pu deviner sur quel point tomberoit l'orage ; on n'eut pas plus tôt appris qu'il éclatoit au cœur du royaume, que Philippe se hâta d'envoyer à Caen le comte d'Eu, connétable de France, et le comte de Tancarville, nouvellement arrivés du siége d'Aiguillon. Ils se jetèrent dans la ville accompagnés de quelques hommes d'armes ; ils y trouvèrent Guillaume Bertrand, évêque de Bayeux, qui s'y étoit renfermé avec la noblesse restée au pays. Caen étoit une ville marchande et peuplée, *pleine de riches bourgeois, de nobles dames et de belles églises ;* mais ses murailles étoient ouvertes en plusieurs endroits, et son château, assez fort, ne défendoit la ville que d'un côté. Trois cents Génois, commandés par le seigneur de Wargny, en formoient toute la garnison. C'étoit déjà un grand progrès en administration que de pouvoir entretenir, comme Philippe le faisoit alors, cent mille hommes en Gascogne ; mais le système des troupes soldées n'étant pas encore établi, le demeurant du royaume se trouvoit sans défense régulière. Le moyen âge, qui n'eut point d'armée permanente, étoit dans l'état le plus favorable à la liberté, et par le défaut de lumières ce fut un temps de servitude : quand les lumières s'étendirent, les soldats arrivèrent.

La flotte angloise étoit parvenue à l'embouchure de l'Orne, petite rivière qui passe à Caen. Édouard, logé à deux lieues de la ville, s'attendoit à trouver quelque résistance. Le comte de Tancarville vouloit, avec raison, qu'on se contentât de défendre le pont sur l'Orne, le château, le corps de la ville, et qu'on abandonnât les faubourgs; les bourgeois dirent qu'ils se sentoient assez forts pour combattre le roi d'Angleterre en rase campagne. Le connétable appuya cette bravade, et par tout ce qui suivit il se fit accuser d'incapacité, de lâcheté ou de trahison. Il avoit jadis reçu des grâces et des présents d'Édouard; pendant sa captivité en Angleterre, les caresses de ce prince achevèrent de le rendre suspect. Il faut des succès sur le trône, et Philippe ne connoissoit que des revers : le malheur délie les hommes du serment de fidélité.

Édouard, au soleil levant, prêt à exterminer une cité, entendit la messe; peu de temps après, en violant les tombeaux et en massacrant les peuples, il fit faire un magnifique service aux gentilshommes normands décapités pour la félonie de Geofroy d'Harcourt.

Cependant les bourgeois de Caen, rangés en bataille, ne tinrent pas ce qu'ils avoient promis. Aussitôt qu'ils virent approcher les bannières des Anglois et qu'ils entendirent siffler les flèches, ils fuirent. Les ennemis entrèrent pêle-mêle avec eux dans la ville; car la rivière étoit si basse, qu'on la passoit partout à gué. Le connétable se retira à *sauveté* avec le comte de Tancarville, sous une porte à l'entrée du pont, devant l'église de Saint-Pierre. Quelques chevaliers et écuyers se réfugièrent dans le château. Le connétable, monté aux créneaux, aperçut, en regardant le long de la grande rue, les archers anglois tuant les habitants et n'en recevant aucun à merci. Parmi ces soldats il reconnut un chevalier borgne, Thomas Holland, avec lequel il avoit autrefois contracté amitié dans les guerres de Prusse et de Grenade. Il l'appela, et se rendit à lui avec le comte de Tancarville et une vingtaine de chevaliers.

Les habitants, voyant qu'on ne leur faisoit aucun quartier, se barricadèrent et commencèrent à se défendre; ils jetoient par les fenêtres et du haut des toits, sur les Anglois, des meubles, des briques et des pierres. Les Anglois enfonçoient les portes, se frayoient un chemin avec le fer et le feu, violoient les femmes au milieu des flammes, et massacroient tout, sans distinction d'âge, de sexe et de condition. Chaque maison étoit l'occasion d'un siége, où se répétoient les horreurs accomplies dans une ville prise d'assaut. Plus de cinq cents Anglois avoient péri dans ce tumulte. Édouard, devenu furieux, ordonne qu'on passe tous les François au fil de l'épée, et qu'un vaste incendie couronne l'œuvre. Geofroy d'Harcourt se trouvoit présent lorsque cet ordre fut donné ; pour la première fois, il sentit quelque remords : il représenta au monarque étranger qu'il lui restoit encore un grand pays à traverser et Philippe à combattre ; qu'il lui importoit de ménager ses soldats ; que les bourgeois de Caen, poussés au désespoir, vendroient chèrement leur vie ; que si, au contraire, on usoit de miséricorde, il se chargeoit, lui, d'Harcourt, de réduire la ville en peu d'heures.

Ce conseil, auquel Édouard obtempéra, en épargnant quelques maux particuliers, fit un mal général à la France. Au commencement d'une invasion, un exemple de dévouement enflamme les cœurs, les fait palpiter de vertu et de gloire, inspire cet enthousiasme qui rend une nation invincible : les trois cents Spartiates sauvèrent la Grèce aux Thermopyles. Harcourt chevaucha de rue en rue, commandant, de par le roi d'Angleterre, que nul, sous peine de la *hart*, ne fût assez hardi pour mettre le feu aux maisons, violer les femmes, tuer les hommes qui ne feroient pas de résistance. Les bourgeois cessèrent aussitôt le combat, et ouvrirent leurs portes. Alors commença une espèce de pillage régulier, qui dura trois jours. Édouard se réserva sur la part du butin les joyaux, la vaisselle d'argent, la soie, les toiles et les draps. Il acheta de Thomas de Holland, pour la somme de vingt mille nobles, le connétable et le comte de Tancarville. Ces deux seigneurs furent embarqués sur le grand vaisseau de la flotte angloise avec soixante chevaliers prisonniers et trois cents bourgeois, dont on espéroit tirer rançon, quoiqu'ils eussent déjà tout perdu. Le vaisseau porta à Londres les captifs et les dépouilles les plus précieuses. C'étoit une amorce au reste des Anglois pour accourir au sac de la France.

Caen renfermoit le tombeau de Guillaume le Bâtard ; le sol où ce tombeau se trouvoit placé avoit été jadis disputé aux os de ce prince par un bourgeois nommé Ascelin, lequel disoit que ce sol, propriété de son père, lui avoit été ravi contre toute justice par Guillaume vivant. Les enfants des compagnons que Guillaume avoit menés à la conquête de l'Angleterre revenoient conquérir et profaner ses cendres.

Deux cardinaux légats, qu'Édouard ne voulut point écouter, furent témoins de la ruine de Caen. On a déjà remarqué et l'on fera remarquer encore les efforts du saint-siège pour arrêter l'effusion du sang dans ces guerres cruelles. Rien n'étoit plus touchant que de voir des hommes de miséricorde suivant partout des hommes de sang, essayant de faire tomber les armes de leurs mains, suppliant avant le combat, pleurant après la victoire, toujours rebutés, jamais las, colombes de paix errant de champ de bataille en champ de bataille avec les vautours.

Philippe rassembloit à Saint-Denis une armée. Les princes ses vassaux, ses alliés ou ses amis, se hâtoient de se réunir à lui. Le comte de Beaumont, Jean de Hainaut, depuis peu réconcilié à la France, accourut avec un grand nombre de chevaliers; le duc de Lorraine amena trois cents lances; les comtes de Savoie, de Salbruges, de Flandre, de Namur, de Blois, toute la noblesse qui ne se trouvoit pas au siége d'Aiguillon, se rendirent à Saint-Denis. Jean, roi de Bohême, étoit alors dans ses États; son fils Charles venoit d'être élu empereur; l'ancien empereur excommunié, Louis de Bavière, inquiétoit le nouvel empereur; le roi de Bohême avoit perdu la vue; tant de raisons paroissoient le devoir retenir en Allemagne; mais quand il reçut les courriers de Philippe, ses ministres le voulurent en vain arrêter. Ce vieux monarque, qui est devenu le modèle de la loyauté, dit à ses barons : « Ah! ah! quoique aveugle, je n'ai mie oublié les chemins de France. Je veux aller défendre mes chiers amis et les enfants de ma fille, que les Angleches veuillent rober. » Jean partit en effet avec son fils Charles, et vint trouver Philippe.

Édouard avoit quitté Caen. Les seuls titres des chapitres de nos chroniques donnent une idée de sa marche, *des maux que les Anglois firent en Normandie, comment telle ville fut pillée, comment tout le pays fut ars, essilé et robé*. Il prit d'abord la route d'Évreux; mais cette ville étant fermée, il ne l'attaqua pas. Il emporta et incendia Louviers, déjà connu par ses manufactures de drap; de là il s'avança vers Rouen; les comtes d'Évreux et d'Harcourt y commandoient : Geofroy d'Harcourt put voir flotter sur les murs de Rouen la bannière de son frère.

Philippe avoit fait rompre tous les ponts de la Seine depuis Paris jusqu'à Rouen; lui-même, descendu de Paris avec son armée, se trouvoit à Rouen à l'instant où les Anglois se présentèrent de l'autre côté de la Seine. Édouard passa sans insulter la ville, dont la rivière le séparoit; il épioit l'occasion d'entrer en Picardie pour se retirer dans le Ponthieu, qui lui appartenoit. Il remonta la Seine, continuant ses ravages; Philippe marchoit sur le bord opposé, réglant ses mouvements sur ceux des ennemis : on les suivoit à la trace du sang et à la clarté des embrasements. Ils brûlèrent Pont-de-l'Arche, Vernon, Mantes et le faubourg de Meulan; des fourrageurs pénétrèrent dans le pays chartrain. L'armée angloise parvint ainsi jusqu'à Poissy, dont le pont avoit été détruit; malheureusement il en restoit encore les piles et les attaches, ce qui facilita son rétablissement : Philippe arriva à Paris en même temps qu'Édouard à Poissy. La civilisation des temps modernes a fait cesser ces désastres à plaisir de l'ancienne guerre; mais les barbares eux-mêmes avoient rarement mené une invasion avec une aussi complète absence d'humanité que cette course sanglante d'Édouard.

Des partis anglois se répandirent dans les environs de Poissy. Le château de Saint-Germain-en-Laye, Nanterre, Ruel, Saint-Cloud, Neuilly, furent réduits en cendres. La nuit, à Paris, on apercevoit dans le ciel la réverbération des flammes, et le jour, du haut des tours de Notre-Dame, on découvroit les villages aux grosses fumées qui s'en élevoient. Depuis la descente des premiers Normands, un tel péril n'avoit point approché des Parisiens; comme les citoyens de Lacédémone avant le temps d'Épaminondas, leurs femmes n'avoient point vu les feux d'un camp ennemi. Aujourd'hui, Paris a reçu l'étranger dans ses murs, et Sparte sort de ses ruines.

Philippe voulut s'aller mettre à la tête de son armée à Saint-Denis. La foule se jeta à ses pieds. « Haa! sire et noble roi, que voulez-vous faire? Vous voulez laisser la noble cité de Paris. Les ennemis sont à deux lieues près; tantôt seront en cette ville. Quand vous en serez parti, nous n'aurons personne qui nous défende contre eux. » Le roi répondit : « Bonnes gens, ne craignez pas les Anglois; ils ne vous approcheront pas de plus près. Je vais à Saint-Denis devers mes gens d'armes, car je veux chevaucher contre les Anglois et les combattre. »

Ces paroles calmèrent peu les esprits : les frayeurs du peuple sont presque toujours mêlées de sédition et de folie; d'un côté on ne vouloit pas que le roi s'éloignât, parce que Paris étoit sans défense; de l'autre, on se refusoit aux mesures nécessaires pour mettre la ville à l'abri d'un coup de main. Paris n'étoit point encore entouré de remparts, ou ceux qu'avoit élevés Philippe-Auguste n'existoient plus : le roi ordonna de faire des retranchements. Il falloit abattre quelques maisons; les propriétaires s'y opposèrent : remarquez cette force de la liberté civile, dans un temps où la liberté politique n'étoit rien. Le peuple prend le parti des propriétaires; le roi de Bohême accourt avec cinq cents chevaux pour calmer la sédition ; on n'y parvient qu'en abandonnant l'ouvrage.

A ces émeutes, aux mutineries des hommes qui, n'ayant rien à perdre, se réjouissent des calamités publiques, se mêloient d'autres troubles et d'autres confusions : tout étoit plein de traîtres payés du prix des rapines d'Édouard; ces traîtres s'augmentoient du troupeau des foibles, de ces gens sans cœur et sans caractère, alliés naturels des méchants, sorte de traîtres que font la peur et l'adversité. Plusieurs commençoient à croire que le roi d'Angleterre avoit des droits au trône de France, puisqu'il étoit victorieux.

L'intérêt étoit puissant, et grand le spectacle : Édouard à Poissy, au berceau de saint Louis ; Philippe à Saint-Denis, au tombeau du même roi ; tous deux prêts à s'élancer de ces barrières pour se disputer le sceptre du monarque qui avoit emporté sa couronne dans le ciel.

A en juger par les apparences, le bon droit alloit triompher. Tant qu'Édouard n'avoit trouvé aucun obstacle, il s'étoit avancé en abîmant le pays ; mais il lui fallut songer à la retraite aussitôt que Philippe parut, de même que le loup, dit Mézeray, après avoir fait un grand carnage dans une bergerie, entendant aboyer les mâtins, ne tâche qu'à se retirer dans le bois. La retraite n'étoit pas facile. Édouard n'auroit osé se jeter sur une ville comme Paris, appuyée d'une armée de cent mille hommes. Retourner en arrière ? Il eût été aussitôt poursuivi sur un sol mis à nu. Tenir au premier projet de se cantonner dans le Ponthieu ? La Seine, dont les ponts étoient rompus, barroit le chemin au prince anglois ; et même, quand il l'auroit passée, il se trouveroit renfermé entre les eaux de cette rivière, celles de l'Oise, le cours de la Somme et l'armée françoise à Saint-Denis. C'étoit pourtant le seul plan qui présentât quelque chance de succès.

Il y avoit quatre jours qu'Édouard préparoit en secret les matériaux nécessaires au rétablissement du pont de Poissy ; il répandoit le bruit que, ne pouvant traverser la Seine dans l'endroit où il cantonnoit, il tenteroit le passage au-dessus de Paris. Le jour de l'Assomption, il chôma, à l'abbaye des Dames, la fête de la Vierge ; il affecta de donner un grand repas ; il y présida vêtu d'un habit sans manches, de drap d'écarlate fourré d'hermine, comme auroit pu faire saint Louis tranquille au sein de son royaume et au lieu de sa naissance ; ses troupes avoient reçu l'ordre de se mettre en mouvement pour tourner Paris. Trompé par cette disposition et ces faux rapports, Philippe étoit venu camper au pont d'Antony, afin de couper le chemin aux ennemis. Il n'eut pas plus tôt quitté Saint-Denis, qu'Édouard, exécutant une contremarche, revint passer la Seine à Poissy sur le pont qui avoit été rétabli avec une diligence merveilleuse. L'avant-garde des Anglois, sous le commandement de Geofroy d'Harcourt, étoit à peine de l'autre côté de la Seine qu'elle rencontra les milices d'Amiens, conduites par quatre chevaliers de Picardie : Harcourt attaqua ces communes, qui se défendirent vaillamment ; mais elles furent défaites et leurs bagages pris ; douze cents *bonnes gens* demeurèrent sur la place après avoir affronté les premiers les destructeurs de leur pays. Telles étoient ces communes qui formoient le fond de la véritable nation françoise, et dont notre ancienne histoire, à sa honte éternelle, ne parla jamais que pour les traiter de *ribaudailles* et de *pédailles*... Ces nobles si hautains étoient-ils plus braves sous leurs corsets et leurs casques de fer, à l'épreuve de la flèche et de la lance, que ces paysans armés d'un bâton ou d'un fauchard, exposés demi-nus à la charge de ces centaures de bronze? Le moment n'étoit pas loin où la poudre allumée à Crécy alloit égaliser les périls, niveler les rangs sur le champ de bataille, et permettre enfin à la gloire d'inscrire le peuple françois dans ses propres fastes.

Philippe n'apprit qu'au bout de deux jours la levée des tentes angloises : bien qu'il eût en tête un général plus habile que lui, il avoit un grand courage et ne manquoit point de capacité dans la guerre; on ne peut attribuer une partie de ses incroyables fautes et du succès de ses ennemis qu'à ce vertige d'infidélité qui avoit saisi une partie de ses sujets : tant il est vrai que la loi salique n'étoit pas encore évidente à tous les esprits. Il reconnut alors, dit un historien, qu'il étoit environné de traîtres, lesquels le trompoient par de faux rapports et donnoient avis aux Anglois de toutes ses démarches. Désespéré d'avoir laissé échapper sa proie, il se mit à sa poursuite. Il envoya offrir la bataille à Édouard ou dans la plaine de Vaugirard, s'il y vouloit venir, ou entre Pontoise et Franconville, s'il se vouloit arrêter et l'attendre. Édouard fit répondre qu'il n'avoit point de conseil à prendre d'un ennemi : il continua sa route.

Arrivé aux champs de Beauvais, il les faucha comme le reste, passa sous les murs de Beauvais, dont il brûla et pilla les faubourgs; la ville fut courageusement défendue par l'évêque. L'abbaye de Saint-Lucien, fondée par Khildérik, étoit, après Saint-Germain-des-Prés, le plus ancien édifice religieux de la France; Édouard y prit ses quartiers : comme il s'en éloignoit le lendemain, il vit, en regardant derrière lui, les flammes s'élever des tourelles de ses hôtes; il fit pendre quelques-uns des incendiaires. Il s'étoit ravisé par politique, et avoit commandé de respecter les églises; ordres dérisoires qui ne trompèrent point le ciel et que n'écouta point le soldat.

Ainsi périssoient la patrie, ses cités, ses hameaux, les temples de sa religion, les monuments de ses rois. Crécy alloit couronner tant de désastres et terminer la marche triomphale d'Édouard au travers des ruines.

De l'abbaye de Saint-Lucien il vint loger à Milly, de Milly à Grand-Villiers; il défila devant Dargies, brûla le château et fourragea le pays d'alentour. La ville de Poix fut trouvée sans défense; il n'étoit demeuré dans ses deux châteaux que deux *belles damoiselles*, filles du seigneur de Poix : elles auroient été déshonorées sans le sire de Basset et Jean Chandos, qui les menèrent au roi d'Angleterre. Les bourgeois de Poix se rachetèrent du pillage pour une somme considérable ; mais le lendemain il s'éleva des contestations, qui furent suivies du massacre général des habitants. Enfin, Édouard vint camper à Airaines, et il envoya ses maréchaux chercher un passage sur la Somme.

Là auroient dû finir ses succès et commencer ses expiations : Philippe, accouru à marches forcées, étoit prêt à paroître à la tête de cent mille hommes, animés, comme leur roi, de la plus juste vengeance.

Les Anglois n'avoient guère plus de trente mille combattants ; ils étoient fatigués d'une longue route et embarrassés de leur butin : traqués entre la mer, l'armée françoise et la rivière de Somme, dont les ponts étoient rompus ou gardés, ils croyoient toucher au moment de leur perte. Les maréchaux anglois avoient en vain tenté de forcer le pont de Remy, celui de Long en Ponthieu, et celui de Péquigny. N'ayant pu découvrir aucun passage sur la Somme, ils vinrent rendre compte à Édouard de leurs inutiles recherches. Philippe dans ce moment entroit à Amiens.

Le roi d'Angleterre, se repentant de ses triomphes, envoya proposer une suspension d'armes ; il offroit de rendre ce qu'il avoit pris : mais pouvoit-il rendre la vie aux laboureurs, aux bourgeois paisibles, aux familles innocentes immolées à son ambition ? Tant de calamités devoient-elles être regardées comme jeux de rois, qui ne laissent plus de traces quand il plaît à ces rois de les interrompre ? Chef et père de la patrie, le monarque, plein de douleur et de ressentiment, refusa tout. Un historien dit que Philippe en n'acceptant pas les propositions d'Édouard devint injuste et se rendit coupable des malheurs de la France : c'est abuser de l'esprit philosophique et juger de l'événement par le succès. Philippe devoit obtenir pour ses peuples une réparation solennelle ; il devoit essayer de donner aux étrangers une leçon durable, en leur apprenant quel seroit leur sort s'il leur prenoit jamais envie de renouveler ces incursions de brigands. Un ennemi d'aussi mauvaise foi qu'Édouard n'auroit pas plus tôt échappé au péril qu'il eût recommencé ses ravages. Mais la bataille de Crécy fut malheureuse. La fortune ne suit pas toujours la justice ; les droits de la seconde ne sont pas moins réels, quoique abandonnée de la première.

*Or, le roi d'Angleterre*, dit Froissart, *étoit moult pensif à Airaines. Si ouït messe avant le soleil levant, lors fit sonner ses trompettes de délogement.* Il traversa le pays de Vimeux, et s'approcha d'Abbeville. Il brûla un gros village aux environs, et vint gîter à l'hôpital d'Oisemont. Philippe, parti d'Amiens, étoit à une heure de l'après-midi à Airaines. Il y trouva des *pourveances de chair en hastées, pain et pâtes en four, vin en tonneaux et en barils, et mouli de tables mises que les Anglois avoient laissées*. Les deux maréchaux d'Édouard, descendus le long de la Somme jusqu'à Saint-Valery, toujours pour s'enquérir d'un passage, revinrent le soir dire à leur maître qu'ils n'avoient pas été plus heureux qu'auparavant. Si Philippe avoit eu seulement l'avance de quelques heures, ou si le gué de Blanque-Taque eût été mieux gardé, c'en étoit fait des Anglois.

Ce monarque et cette armée, qui avoient causé tant d'épouvante, ressentoient à leur tour la terreur qu'ils avoient inspirée. Perdu de réputation comme général, méprisé comme roi, abhorré comme homme, Édouard alloit finir de la fin d'un aventurier et d'un incendiaire. La défaite en faisoit un chef sans mérite, sans prévoyance, sans courage; le triomphe en fit un capitaine illustre : le succès semble être le génie, un moment sépare la honte de la gloire.

Il étoit nuit; personne dans le camp anglois ne dormoit ; ceux-ci regrettoient le butin qu'ils alloient perdre; ceux-là pleuroient leurs femmes, leurs enfants, leur patrie. Les soldats qui avoient exploré la rivière en faisoient des récits effrayants; d'autres croyoient entendre déjà les clameurs de l'armée françoise, laquelle s'étoit promis de ne faire aucun quartier à l'ennemi; serment que Philippe avoit prononcé dans la colère, et qu'il eût rétracté dans la victoire.

Les chefs n'étoient pas en de moindres alarmes : acculé à la mer et retiré sous sa tente comme une bête noire dans sa bauge, Édouard rouloit en silence autour de lui des regards sombres, qui s'attendrissoient en tombant sur son fils : ce prince adolescent, destiné à devenir le modèle de la chevalerie, étoit, sans le savoir, à la veille de sa renommée, et déjà comme tout brillant de l'aurore de cette gloire qui s'alloit lever pour lui. Son armure noire, donnant une bonne grâce particulière à sa haute taille et à sa jeunesse, relevoit encore la blancheur de son teint; car il étoit grand et pâle, tel qu'on a représenté depuis le capitaine Bayard ; mais il fut plus beau.

Édouard, pour prendre une dernière résolution, assemble aux flambeaux son conseil : inspiré par la mauvaise fortune de la France, il fait amener devant lui des prisonniers du pays de Vimeux et de Ponthieu; il s'informe s'ils ne connoîtroient point un gué au-dessous d'Abbeville, promettant à quiconque indiqueroit ce gué la liberté et celle de vingt autres captifs. Parmi ces malheureux se trouvoit un valet appelé Gobin-Agace; l'histoire a retenu son nom ignoble, comme celui d'un de ces hommes de perdition que la Providence emploie lorsqu'elle veut châtier des empires.

Ce valet déclara qu'il existoit un gué où douze soudoyers pouvoient passer de front à plusieurs endroits, deux fois par jour, à mer basse. Le fond de ce gué étoit composé d'un gravier blanc et dur, d'où lui étoit venu le nom de Blanque-Taque, ou de Blanche-Tache, ou de Blanche-Cayeux. Le valet ajouta qu'on le pouvoit traverser avec des chariots, et que les hommes n'y avoient de l'eau que jusqu'au genou. « *Compains !* s'écria Édouard, transporté de joie, *si je trouverai ce que tu dis, je te quitterai ta prison à toi et à tous tes compagnons, et je te baillerai cent écus nobles.* » Et Gobin-Agace lui répondit : « *Sire, oyle en péril de ma tête.* »

Aussitôt Édouard ordonne à ses capitaines de se tenir prêts. A minuit la trompette sonne ; *sommiers sont troussés, chars chargés;* on prend les armes. Au point du jour les Anglois quittent Oisemont et commencent à défiler : Gobin-Agace servoit de guide ; Harcourt étoit à l'avant-garde : deux François marchoient à la tête de la fuite de nos ennemis. Le soleil se levoit lorsqu'on atteignit le gué. Si la joie des Anglois avoit été grande quand ils s'étoient flattés de franchir la Somme, ils retombèrent dans le désespoir en arrivant sur ses bords : la mer étoit haute ; le flux couloit à pleines rives. De l'autre côté du fleuve, on apercevoit douze mille François rangés en bataille, et commandés par ce brave Godemar du Fay qui avoit si vaillamment défendu Tournay. Philippe, prévoyant que l'ennemi découvriroit le gué de Blanche-Tache, avoit détaché de son armée mille hommes d'armes et six mille archers génois. Ce corps, auquel se réunirent les communes d'Abbeville, passa la Somme à Saint-Seigneur et descendit à Blanche-Tache.

Quatre longues heures s'écoulèrent avant que le gué devînt praticable. Le monarque anglois donne alors le signal, commande aux deux maréchaux, Warwick et d'Harcourt, de traverser la Somme, *bannière au vent, au nom de Dieu et de saint Georges, les plus bachelereux et les mieux montés devant.* Édouard, suivi du prince de Galles, se jette dans l'eau l'épée à la main. Les chevaliers françois, au bord opposé, baissent la lance, viennent à la rencontre, et reçoivent chaudement l'ennemi. Un combat s'engage dans le lit même de la rivière. Le péril des Anglois étoit imminent : ils n'avoient plus que deux heures pour accomplir le passage de leurs troupes, chariots et bagages ; le flux revenant les eût engloutis. Sur la rive qu'ils quittoient, on commençoit à apercevoir les coureurs de l'armée de Philippe. La nécessité double les forces et le courage des ennemis ; leurs archers chassent à coups de flèches les archers génois qui longeoient la rive droite de la Somme. Harcourt et Warwick atteignent le bord avec quelques escadrons, chargent les François, les culbutent, gagnent un terrain où se forme derrière eux l'armée d'Édouard à mesure qu'elle sort de l'eau. Alors les milices commandées par du Fay prennent la fuite, et lui-même est obligé de se retirer.

A peine l'ennemi étoit-il passé, que l'avant-garde de notre armée entra au campement abandonné des Anglois; elle s'empara des chariots et prit trois ou quatre cents traînards. On auroit pu exercer des représailles sur ces brûleurs de chaumières, on leur accorda la vie. Philippe arrive, voit Édouard de l'autre côté de la Somme et le veut suivre; mais, déjà montante, la marée noyoit le gué; il fallut perdre un jour pour rétrograder et traverser la rivière à Abbeville. Édouard effectua le passage le 24 d'août 1346, jour de Saint-Barthélemy.

Tel est le récit que Froissart et plusieurs auteurs après lui font de la rencontre de Blanche-Tache; mais le continuateur de Nangis et l'auteur anonyme de la chronique de Flandre affirment que Godemar du Fay se retira sans combattre. Mézeray ajoute qu'il étoit parent de Geofroy d'Harcourt, et qu'il se vendit à Édouard; il est certain que Philippe voulut dans la suite le faire pendre comme traître. Mais la colère du roi, excitée par le malheur, et le témoignage de deux historiens qui adoptent tous les bruits populaires ne suffisent pas pour détruire le récit circonstancié de Froissart, pour déshonorer la mémoire d'un vieux capitaine, qui avoit donné tant de preuves de courage et de fidélité. Philippe avoit cent mille combattants; si, au lieu de douze mille hommes, il en eût envoyé trente mille au gué de Blanche-Tache, nombre égal à celui de l'armée d'Édouard, il est probable que les Anglois étoient perdus.

Édouard, ayant passé le gué, rendit grâces à Dieu, fit appeler Gobin-Agace, le délivra avec tous ses compagnons, lui donna les cent nobles promis et un roussin.

L'ennemi alloit entrer dans des plaines ouvertes, où les François ne manqueroient pas de l'atteindre; il ne pouvoit vivre que de pillage, et ce pillage retardoit sa marche. Si Édouard pressoit sa retraite avec une armée harassée, devant des troupes fraîches et supérieures en nombre, cette retraite ne tarderoit pas à devenir une fuite; il savoit que les communes de Flandre lui envoyoient un secours de trente mille hommes. Ces diverses considérations le déterminèrent à ne rien précipiter, à choisir seulement de fortes positions pour se mettre à l'abri de Philippe, ou le combattre avec avantage.

Dans cette résolution, qui annonçoit les vues et les talents d'un capitaine, il désigna à son premier campement une hauteur qui domine Crécy, village à jamais fameux, au bord de la petite rivière de Maye. Le comté de Ponthieu avoit été donné en dot à Isabelle, fille de Philippe le Bel et mère d'Édouard. Le roi d'Angleterre prit à bon augure de se défendre, s'il étoit attaqué, sur une terre maternelle, qui sembloit devoir l'aimer. Les hommes se trouvent plus forts quand ils peuvent s'autoriser de quelque chose qui ressemble à la justice.

Philippe, qui craignoit de voir encore échapper l'ennemi, ne fit prendre aucun repos à ses troupes; elles défilèrent sur le pont d'Abbeville. Logé à l'abbaye de Saint-Pierre de cette ville, le roi donna à souper aux princes, dont la plupart firent alors ce que les martyrs chrétiens appeloient le *repas libre*, le dernier repas avant d'aller mourir. Le 25 août 1346, au lever de l'aurore, l'armée françoise tout entière avoit passé la Somme. A sa tête étoient quatre rois : Philippe le Fortuné, roi de France ; Jean l'Aveugle, roi de Bohême ; Charles, son fils, élu empereur, dit roi des Romains, et le roi détrôné de Majorque. On y voyoit encore le comte d'Alençon, frère du roi, qui fut cause de la perte de la bataille; le comte de Blois, son neveu; Louis, comte de Flandre, et son jeune fils; les comtes de Sancerre, d'Auxerre; Jean de Hainaut, comte de Beaumont; les ducs de Lorraine et de Savoie, toute la noblesse qui n'étoit pas au siège d'Aiguillon, et parmi les écuyers et chevaliers Harcourt, frère aîné de Geofroy d'Harcourt.

Trompé par un faux rapport en sortant d'Abbeville, Philippe crut que les Anglois avoient abandonné Crécy : il avoit déjà fait deux lieues sur une route opposée, lorsqu'il apprit qu'Édouard gardoit ses premières positions. Il fallut faire halte, changer de chemin, et envoyer reconnoître l'ennemi. Miles Desnoyers, porte-oriflamme, les seigneurs de Beaujeu, d'Aubigny et de Basèle, dit le Moine, furent chargés de cette mission.

L'armée angloise, divisée en trois corps, couvroit la colline de Crécy; au sommet de cette colline étoit un bois qu'Édouard avoit fait environner d'un fossé, et dans lequel on avoit enfermé les bagages et les chevaux; Édouard avoit mis à pied les hommes d'armes, excepté quelque douze cents chevaliers jetés sur les deux ailes de l'infanterie. Le bois formoit un dernier retranchement, lequel n'eût pourtant servi que d'abattoir, et non d'abri, aux soudoyers qui s'y seroient retirés, en cas de défaite. La gauche des Anglois étoit couverte par la forêt de Crécy, la droite par le village de ce nom, des ouvrages de terre et des arbres gisants : leur front demeuroit libre, mais étroit, de sorte que l'armée assaillante y devoit perdre l'avantage du nombre.

Les trois corps échelonnés dessinoient trois croissants parallèles sur la colline; chacun de ces corps étoit subdivisé en trois lignes : la première, d'archers; la seconde, d'infanterie galloise et irlandoise; la troisième, d'hommes d'armes ou de cavalerie à pied.

Le premier corps, servant d'avant-garde presque au bas de la colline, comptoit huit cents hommes d'armes, un tiers d'infanterie et deux mille archers ; il étoit commandé par le prince de Galles, ayant auprès de lui Geofroy d'Harcourt, les comtes de Warwick et de Kenfort, Chandos, le sire de Man, et toute la fleur de la chevalerie.

Le deuxième corps, placé au-dessus du premier, étoit fort de huit cents hommes d'armes et de douze cents archers : il avoit pour chefs les comtes de Northampton et d'Arundel.

Le troisième corps couronnoit la colline, sous le commandement immédiat d'Édouard ; il se composoit de sept cents hommes d'armes et deux mille archers. C'étoit peut-être au centre de ce corps qu'étoient cachées des machines inconnues.

Ainsi, pour remporter la victoire, Philippe se voyoit forcé de percer, en gravissant une pente, neuf lignes formidables.

Le soir, veille de la bataille, Édouard donna un grand souper à ses comtes et barons : lorsque ceux-ci se furent retirés, il entra dans son oratoire, dressé sous une tente, et resta seul à genoux devant l'autel jusqu'à minuit. Sa prière faite, il se jeta sur une peau de brebis, et se releva le 26 à la pointe du jour : il entendit la messe et communia avec le prince de Galles. La plupart de ses gens se confessèrent et se mirent en état de paroître devant Dieu : Philippe en avoit fait autant à l'abbaye de Saint-Pierre, à Abbeville. En ce temps-là, la prière prononcée sous le casque n'étoit point réputée foiblesse, car le chevalier qui élevoit son épée vers le ciel demandoit la victoire et non la vie.

Oraison faite et messe ouïe, les trois corps reprirent leurs places les uns au-dessus des autres, ainsi qu'il a été dit, chaque chevalier sous sa bannière, formant sur la colline un spectacle magnifique. Édouard, monté sur un petit palefroi, un bâton blanc à la main, *adextré* de ses maréchaux, alla *tout le pas* de rang en rang, *admonestant comtes, barons, chevaliers, écuyers, soudoyers, à garder leur honneur et à bien faire la besogne, et disoit ces langages en riant si doucement de si liée* (joyeuse) *chère*, que les plus timides étoient rassurés en le regardant. Quand il eut ainsi visité les trois batailles, il se retira à l'heure *de haute tierce* (environ midi) à celle qu'il commandoit en personne, et d'où il pourroit voir tous les événements du combat. L'armée but et mangea par ordre des maréchaux, après quoi les soldats s'assirent à terre sans quitter leurs rangs, bassinets et arcs devant eux, attendant l'ennemi.

Le porte-oriflamme, Miles Desnoyers, les seigneurs de Beaujeu, d'Aubigny et de Basèle, envoyés par Philippe à la découverte, trouvèrent les ennemis assis de la sorte, comme des moissonneurs prêts à couper un champ de blé sur une colline ; les Anglois aperçurent les chevaliers françois, et les laissèrent tout examiner à loisir : cette supériorité de sang-froid et de confiance annonçoit déjà de quel côté passeroit la fortune. Édouard avoit surtout défendu, sous quelque prétexte que ce fût, de rompre les files. Il comptoit avec raison sur la bouillante ardeur de nos soldats; on avoit déjà appris à nous vaincre par l'excès de notre courage.

Le tumulte et la confusion de notre armée formoient un triste contraste avec le calme et la régularité de l'armée ennemie ; nous avions mille intrépides capitaines, pas un général. Dès les premiers mouvements on n'avoit point été d'accord sur l'ordre à tenir. Les arbalétriers génois étoient derrière la cavalerie, à la queue de la colonne : le roi de Bohême représenta qu'on faisoit trop peu de cas de ces étrangers; qu'il connoissoit leur valeur, et qu'eux seuls devoient être opposés aux archers anglois. La majesté de ce vieux roi et son expérience dans la guerre persuadèrent Philippe ; il fit passer les Génois à la tête des troupes : mais l'impétueux comte d'Alençon murmura de cette disposition, qui l'empêchoit de se trouver le premier sur l'ennemi.

L'armée françoise, lorsqu'elle avança vers Crécy, se trouvoit divisée de la sorte : quinze mille arbalétriers, presque tous Génois, commandés par Charles Grimaldi et Antoine Doria, formoient l'avant-garde; Charles, comte d'Alençon et frère du roi, suivoit avec quatre mille hommes d'armes; le roi venoit ensuite, conduisant le corps de bataille, également composé de cavalerie, où se trouvoient les rois étrangers et la haute noblesse. Le duc de Savoie, nouvellement arrivé avec mille chevaux, menoit l'arrière-garde conjointement avec le roi de Bohême. Une infanterie innombrable erroit au hasard dans la campagne, obstruant les chemins et gênant les troupes régulières. Chaque homme à cheval étoit accompagné de trois ou quatre fantassins pour le servir, comme de nos jours dans les corps de mameloucks : nous devions aux guerres des croisades cette organisation de la cavalerie, l'usage de l'arbalète et de l'habit long.

On vit revenir les quatre chevaliers envoyés à la découverte. Philippe leur cria : « Quelles nouvelles ? » Ils se regardèrent les uns les autres sans répondre ; aucun n'osoit prendre la parole. Philippe ordonna au moine de Basèle de s'expliquer. Ce chevalier, suisse ou champenois, étoit au service du roi de Bohême, et passoit pour un des capitaines les plus expérimentés de l'armée. « *Sire*, dit-il, *nous avons chevauché; si nous avons vu et considéré le convenant des Anglois. Si conseille ma partie, et sauf toujours le meilleur conseil, que vous laissiez toutes vos gens ici arrêter sur les champs et loger pour cette journée. Car ainçois* (avant) *que les derniers puissent venir, et vos batailles soyent ordonnées, il sera tard; si seront vos gens lassés et travaillés et sans arroy, et trouveriez vos ennemis frais et nouveaux. Si pouvez le matin vos batailles ordonner plus mûrement et mieux, et par plus grand loisir adviser vos ennemis et par quel côté on les pourra combattre; car soyez sûr qu'ils vous attendront.* »

Jamais avis plus salutaire n'avoit été donné : depuis plusieurs jours l'armée faisoit des marches forcées ; elle avoit passé la nuit à défiler dans Abbeville, elle venoit de faire six lieues au trot de la cavalerie; elle étoit hors d'haleine, accablée de fatigue et de chaleur (on étoit dans les jours les plus chauds de l'été); elle n'avoit pris aucune nourriture; enfin, un orage qui grondoit encore avoit trempé hommes et chevaux, mouillé les armes et rendu les arcs des Génois presque inutiles.

Philippe sentit la sagesse de ce conseil : il ordonna de suspendre la marche de l'armée ; les deux maréchaux de Montmorency et Saint-Venant coururent de toutes parts, criant : *Bannières, arrêtez! au nom de Dieu et de saint Denis;* mœurs, usages et langage qui montrent que *Dieu* étoit dans ce temps le seul souverain maître, et que les maréchaux de France remplissoient les fonctions aujourd'hui laissées aux officiers inférieurs.

Les Génois s'arrêtèrent, déposèrent leurs arbalètes, et commencèrent à préparer leurs étapes ; mais le comte d'Alençon, qui les suivoit avec sa cavalerie, ou n'entendit point l'ordre, ou n'y voulut point obéir. La jeunesse qui l'entouroit se regardoit comme insultée, parce que les Génois devoient découvrir l'ennemi avant elle : elle jura qu'elle ne feroit halte que quand les pieds de derrière de ses chevaux tomberoient dans les pas des étrangers qui faisoient la tête de la colonne. Le comte d'Alençon trouve les Génois occupés de leur nourriture, les traite de lâches, et les force de continuer leur chemin. Les derniers corps de l'armée ne veulent point rester en demeure; un mouvement général entraîne le roi et les maréchaux, malgré leurs efforts. Les communiers, dont tous les champs étoient couverts entre Abbeville et Crécy, entendant la voix des chefs, et voyant se hâter la cavalerie, croient que l'on en est venu aux mains : ils brandissent leurs diverses armes, et crient tous à la fois : *A la mort! à la mort!*

Chaque seigneur se précipite avec ses vassaux pour arriver le premier. Cent vingt mille hommes se heurtent, se poussent, se pressent dans un étroit espace ; une éclipse frappe l'imagination, un orage augmente le désordre, et l'on arrive, au milieu des torrents de pluie, au bruit du tonnerre, au cri répété *à la mort! à la mort!* en face de l'ennemi.

Les Anglois se lèvent en silence : les archers placés à la première ligne font seuls un pas en avant; l'infanterie irlandoise et galloise au second rang tire sa large et courte épée, et les hommes d'armes au troisième rang dressent tous leurs lances *si droites, qu'elles sembloient un petit bois.*

Si Philippe n'avoit pu arrêter son armée lorsqu'elle n'étoit pas encore sur le champ de bataille, cela lui fut bien moins possible devant les Anglois : la vue de l'ennemi produisit sur lui ce qu'elle produit sur tous les François, l'ardeur du combat et la fureur guerrière. *Les voilà*, s'écria-t-il, *ces brigands qui ont occis mes pauvres peuples, gâté, ardé et essilé la France. Allons, messeigneurs, barons, chevaliers, écuyers et bons hommes des communes, vengeons nos injures, oublions haines et rancunes passées s'il y en a entre nous, et, courtois sans orgueil, portons-nous en cette bataille comme frères et parents.*

Quoiqu'il fût déjà trois heures de l'après-midi (26 août 1346), le signal est donné aux arbalétriers génois de commencer l'attaque : secrètement offensés des paroles outrageantes du frère du roi, ils demandent un moment de repos ; ils représentent qu'ils sont accablés de fatigue et de faim, que la pluie a détendu les cordes de leurs arbalètes, et qu'ils ne sont *mie ordonnés pour faire grand exploit de bataille.* Ces paroles étant rapportées au comte d'Alençon, il s'écrie : *On se doit bien charger de telle ribaudaille, qui faille au besoin!* et il marche sur eux. Obligés d'aller au combat, les Génois commencèrent à *juper moult épouvantablement pour les Anglois ébahir.* Trois fois ils recommencèrent à crier, s'arrêtant entre chaque cri, puis courant vers l'ennemi. Au troisième cri, ils lancent leurs flèches qui tombent sans effet.

Les archers anglois découvrent leurs arcs, qu'ils avoient tenus dans leur étui pendant la pluie, courbent ces arcs jusqu'aux empennons des flèches, et en décochent à la fois un si grand nombre, qu'elles ressembloient, disent les historiens, à de la neige ou à une grande ondée descendant sur les Génois. Ces Italiens se renversent sur les hommes d'armes du comte d'Alençon ; Grimaldi et Doria se font tuer en essayant de rallier leurs gens.

Philippe aperçut l'échauffourée, et, toujours poursuivi de l'idée de trahison, il s'écrie : « *Tuez, tuez cette ribaudaille, qui nous empêche le chemin!* » Le comte d'Alençon fait sonner la charge, et passe avec sa cavalerie sur le ventre des Génois : percés de flèches angloises, foulés aux pieds par nos hommes d'armes, ils coupent les cordes de leurs arbalètes et se dispersent dans toutes les directions ; les archers ennemis tirent dans le plus épais de cette mêlée, et les cavaliers tombent abattus de loin avec leurs chevaux.

Le comte d'Alençon s'ouvre un passage à travers les archers génois en fuite et les archers anglois avançant, heurte la seconde ligne des troupes commandées par le jeune fils d'Édouard, perce encore cette infanterie, et se trouve en face des chevaliers du prince de Galles, qui le chargent à leur tour. Le comte de Flandre, avec son fils le dauphin viennois et le duc de Lorraine, se détachant du corps de bataille françois, accourent au partage de la gloire et des périls du comte d'Alençon. Les lances se croisent ; les épées remplacent les lances brisées. Tous ces rois, comtes, ducs, barons et chevaliers, au lieu de donner ensemble, combattent les uns après les autres. L'indépendance barbare dominoit encore tous les esprits avec les idées romanesques ; on ne cherchoit qu'à se faire une renommée particulière de vaillance, sans s'inquiéter du succès général. Jamais on ne vit plus de courage et moins d'habileté. La sérénité étoit revenue dans le ciel, mais au désavantage des François, car ils avoient le vent et le soleil au visage. A mesure qu'ils trébuchoient, ils étoient égorgés à terre par les Gallois et les Irlandois.

Philippe, apercevant le comte d'Alençon au plus épais de la seconde division des Anglois, est saisi de crainte pour son frère. Il se tourne vers ses gens, et leur dit : Allons ! et s'ébranle avec le corps de bataille. Aussitôt la seconde division ennemie descend de la colline, afin de soutenir le prince de Galles et d'arrêter le roi de France. La bataille se ranime.

Le prince de Galles, assailli par le comte d'Alençon, est au moment de succomber ; Warwick et Geofroy d'Harcourt, qui avoient la garde du fils d'Édouard, envoient demander du secours à son père. « *Si*, dit Édouard au messager, *mon fils est-il mort ou à terre, ou blessé qu'il ne puisse s'aider ?* Le chevalier répondit : *Nenny, sire, si Dieu plaît*. Le roi dit : *Or, retournez devers lui et devers ceux qui vous ont envoyé, et leur dites de par moi qu'ils ne m'envoyent meshuy querir pour adventure qui leur advienne tant que mon fils soit en vie, et leur dites que je leur mande qu'ils laissent à l'enfant gagner ses éperons. Je veux, si Dieu l'a ordonné, que la journée soit sienne.*

Cette réponse, où la naïveté chevaleresque se mêle à la fermeté d'un vieux Romain, ranima le courage des deux maréchaux anglois.

Harcourt devoit être puni de la victoire qu'il remportoit sur sa patrie, ainsi qu'il arrive à ceux qui s'obstinent à ces longues vengeances qui n'appartiennent qu'à Dieu. On avoit dit à Geofroy que la bannière du comte son frère avoit été vue ; il le cherchoit pour le sauver ; mais le comte n'avoit point voulu survivre à la honte du triomphe de Geofroy ; il s'étoit fait tuer par les ennemis de la France.

Le roi de Bohême étoit à l'arrière-garde avec le duc de Savoie. On lui rendit compte des événements : *Et où est monseigneur Charles, mon fils?* dit-il. On lui répondit qu'il combattoit vaillamment, en criant : *Je suis roi de Bohême!* qu'il avoit déjà reçu trois blessures.

Le vieux roi, transporté de paternité et de courage, presse le duc de Savoie de marcher au secours de leurs amis ; le duc part avec l'arrière-garde. On n'alloit pas assez vite au gré du monarque aveugle, qui disoit à ses chevaliers : « *Compagnons, nous sommes nés en une même terre, sous un même soleil, élevés et nourris à même destinée : aussi vous proteste de ne vous laisser aujourd'hui tant que la vie me durera.* » Quand on fut prêt à joindre l'ennemi, il dit à sa suite : « *Seigneurs, vous êtes mes amis ; je vous requiers que vous me meniez si avant que je puisse férir un coup d'épée.* » Les chevaliers répondirent *que volontiers ils le feroient. Et adonc, afin qu'ils ne le perdissent dans la presse, ils lièrent son cheval aux freins de leurs chevaux et mirent le roi tout devant, pour mieux accomplir son désir, et ainsi s'en allèrent ensemble sur leurs ennemis.*

Le roi de Bohême, conduit par ses chevaliers, pénétra jusqu'au prince de Galles. Ces deux héros, dont l'un commençoit, et dont l'autre finissoit sa carrière, essayèrent plusieurs passades de lance, pour illustrer à jamais leurs premiers et leurs derniers coups. La foule sépara ces deux champions, si différents d'âge et d'avenir, si ressemblants de noblesse, de générosité et de vaillance. *Le roi de Bohême alla si avant qu'il férit un coup de son épée, voire plus de quatre, et recombattit moult vigoureusement, et aussi firent ceux de sa compagnie ; et si avant s'y boutèrent sur les Anglois, que tous y demeurèrent, et furent le lendemain trouvés sur la place autour de leur seigneur, et tous leurs chevaux liés ensemble;* vrai miracle de fidélité et d'honneur. Les Muses, qui sortoient alors du long sommeil de la barbarie, s'empressèrent à leur réveil d'immortaliser le vieux roi aveugle ; Pétrarque le chanta, et le jeune Édouard prit sa devise, qui devint celle des princes de Galles ; c'étoit trois plumes d'autruche avec ces mots tudesques écrits à l'entour : *In riech*, JE SERS. Il n'appartenoit qu'à la France d'avoir de pareils serviteurs.

Cependant le combat continuoit ; mais le comte d'Alençon et le comte de Flandre ayant été tués, les hommes d'armes de ces princes commencèrent à plier : le frère de Philippe expioit par une fin digne de sa race les malheurs dont il étoit la cause première.

Tout à coup nos soldats croient entendre éclater la foudre, et se sentent frappés d'une mort invisible ; Dieu lui-même semble se déclarer en faveur de leurs ennemis et lancer le tonnerre au milieu de la bataille : pour la première fois le bruit du canon frappoit l'oreille des François ; ils frémirent. Ils eurent l'instinct des victoires nouvelles qu'ils devoient obtenir un jour par cette arme ; un nuage de fumée, déchiré par des feux rapides, couvroit leur gloire et leur malheur. Cette obscurité guerrière devoit envelopper désormais ces hauts faits, ces grands combats, ce spectacle de sang, qui plaisoient tant au soleil et aux chevaliers.

Édouard avoit placé six pièces de canon sur la colline : la poudre étoit déjà connue, mais on ne l'avoit point encore employée dans une bataille. La guerre antique et la guerre moderne, le génie de Du Guesclin et celui de Turenne, se rencontrèrent aux champs de Crécy. La lance, la flèche et le boulet atteignent à la fois le cheval et le cavalier ; l'oriflamme, l'étendard royal, les bannières diverses, hachés par le sabre, sont aussi traversés par ces blocs de fer qui percent aujourd'hui les drapeaux. De si grands monceaux d'armes, de cadavres et de chevaux s'élèvent, que ce qui est encore vivant reste assiégé, bloqué et immobile dans ces barricades mortes.

Tout expire, rois, princes, chevaliers, hommes d'armes, communiers. Au milieu de ce massacre, Philippe ne cherchoit lui-même que le coup qui devoit mettre fin à sa vie. Dès la première charge son cheval avoit été tué sous lui : on vit tomber le monarque ; un cri s'éleva : « Sauvez le roi ! » Dernière ressource des François, dernier sentiment qui les animoit quand ils avoient tout perdu. Ce cri d'honneur, de dévouement, de tendresse et de douleur fut entendu des ennemis ; il augmenta chez eux l'espoir de la victoire. Jean de Hainaut, qui étoit auprès de Philippe, parvint à grand peine à le faire monter sur un autre cheval. Il l'engagea vainement à se retirer. Philippe, voulant toujours secourir son frère, déjà abattu, s'enfonce, sans rien écouter, dans les bataillons ennemis ; il reçoit deux blessures, l'une à la gorge, l'autre à la cuisse. Déjà le soleil étoit couché : le roi s'obstinoit à mourir pour les François morts pour lui ; Jean de Hainaut fut obligé de lui faire violence. Il saisit le cheval du monarque par le frein, et entraînant Philippe : « *Sire*, s'écria-t-il, *retrayez-vous, il est temps; ne vous perdez mie si simplement. Si vous avez perdu à cette fois, vous recouvrerez à une autre.* »

La nuit, pluvieuse et obscure, favorisa la retraite de Philippe. Ce prince, entré sur le champ de bataille avec cent vingt mille hommes, en sortoit avec cinq chevaliers : Jean de Hainaut, Charles de Montmorency, les sires de Beaujeu, d'Aubigny et de Montsault. Il arriva au château de Broye ; les portes en étoient fermées. On appela le commandant ; celui-ci vint sur les créneaux, et dit : « Qui est-ce là ? qui appelle à cette heure ? » Le roi répondit : « Ouvrez : c'est la fortune de la France ; » parole plus belle que celle de César dans la tempête, confiance magnanime, honorable au sujet comme au monarque, et qui peint la grandeur de l'un et de l'autre dans cette monarchie de saint Louis. Du château de Broye, Philippe se rendit à Amiens.

Il y avoit déjà deux heures qu'il faisoit nuit ; les Anglois ne se tenoient pas encore assurés du triomphe ; ils n'apprirent toute leur victoire que par le silence qu'elle répandit sur le champ de bataille. Inquiets de ne plus rien entendre, ils allumèrent des falots, et entrevirent à cette pâle lueur les immenses funérailles dont ils étoient entourés. Quelques mouvements muets indiquoient des restes d'une vie sans intelligence ; quelques blessés, sans parole et sans cri, élevoient la tête et les bras au-dessus des régions de la mort : scène indéfinie et formidable entre la résurrection et le néant.

Édouard, qui pendant toute cette journée n'avoit pas même mis son casque, descendit alors de la colline vers le prince de Galles, et lui dit en le serrant dans ses bras : « Dieu vous doins (donne) persévérance ! vous êtes mon fils. » Le prince s'inclina et s'humilia en honorant son père. Les luminaires élevés par les soldats éclairoient ces embrassements au milieu de tant de jeunes hommes privés pour jamais des caresses paternelles. Le fils et le petit-fils de la fille de Philippe le Bel avoient dans leurs veines de ce sang françois qui souilloit leurs pieds ; ils pouvoient aller raconter à leur mère, qui vivoit encore, ce qu'ils avoient vu dans la vaste chambre ardente où gisoient les corps de ses parents et de ses amis.

Quand vint le jour, il faisoit un brouillard si épais, qu'on voyoit à peine à quelques pas devant soi. Les communes de Rouen et de Beauvais, une autre troupe commandée par les délégués de l'archevêque de Rouen et du grand-prieur de France, mille lances conduites par le duc de Lorraine, ignorant ce qui s'étoit passé, s'avançoient au secours de Philippe. Les Anglois plantèrent sur un lieu élevé les bannières tombées entre leurs mains : attirés par ces enseignes de la patrie, les François venoient se ranger autour d'elles, et ils étoient égorgés ; le duc de Lorraine, l'archevêque de Rouen et le grand-prieur de France périrent avec leurs gens.

Édouard voulut connoître l'étendue de son succès : Regnault de Cobham et Richard de Stanfort furent dépêchés pour compter les morts, avec trois hérauts pour reconnoître les armoiries et deux clercs pour écrire leurs noms : ils revinrent le soir apportant le rôle funèbre.

Dans ces fastes de l'honneur, on trouvoit inscrits, selon Froissart, onze cents chefs de princes, quatre-vingts bannerets, douze cents chevaliers d'un écu (servant de leur seule personne), et trente mille hommes d'autres gens. Quelques historiens disent qu'il périt trente mille hommes le jour de la bataille, et soixante mille le lendemain; exagération visible : on oublie toujours, dans ces calculs des anciennes batailles, le temps matériel qu'il falloit pour tuer quand on n'employoit pas les machines de guerre, et alors surtout qu'on ignoroit cette artillerie des temps modernes qui emporte des files de soldats à la fois. Trente mille Anglois (car il faut compter presque pour rien l'effet de six pièces de canon tirant un moment vers le soir, et vraisemblablement mal servies), trente mille Anglois auroient tué quatre-vingt mille François dans cinq ou six heures à coups de flèches, de lance et d'épée; et ce n'est pas assez dire, car la division de l'armée ennemie commandée par Édouard en personne ne fut pas même engagée. Une lettre de Michel Northburgh, témoin oculaire, nous a été conservée par Robert d'Avesbury, dans son histoire d'Édouard III[1]. Cette lettre réduit le nombre des hommes d'armes tués le jour de la bataille à quinze cent quarante-deux, sans y comprendre *communes et pédailles* (gens de pied), et le lendemain à deux mille et plus. Northburgh nomme ainsi qu'il suit les principaux chefs tués dans les diverses actions : « Furent morts : le roi de Bohême, le duc de Lorraine, le comte d'Alençon, le comte de Flandre, le comte d'Harcourt et ses deux fils (*particularité remarquable*), le comte d'Aumale, le comte de Nevers et son frère le seigneur de Thouars, l'archevêque de Sens, l'archevêque de Nîmes, le haut-prieur de l'hôpital de France, le comte de Savoie, le seigneur de Morles, le seigneur de Guyes, le sire de Saint-Venant (*maréchal*), le sire de Rosingburgh, six comtes d'Allemagne, et tout plein d'autres comtes et barons, et autres gens et seigneurs dont on ne peut encore savoir les noms. Et Philippe de Valois, et le marquis qui est appelé l'élu des Romains (*Charles de Luxembourg, élu roi des Romains*), échappèrent navrés (*blessés*). » Cette lettre est datée devant Calais, le quatrième jour de septembre, neuf jours seulement après la bataille.

---

[1]. Voyez cette lettre dans l'excellente édition de FROISSART, par M. Buchon.

A ces illustres morts il faut ajouter le roi de Majorque, le comte de Blois, neveu du roi de France, les comtes de Sancerre et d'Auxerre, le duc de Bourbon et les deux chefs des Génois, Grimaldi et Doria.

Les corps de ces seigneurs ayant été relevés par ordre d'Édouard, il les fit inhumer en terre sainte, au monastère de Mainteney près Crécy. Kninghton et Walsingham assurent que les Anglois ne perdirent qu'un écuyer, trois chevaliers et très-peu de soldats : la victoire ne compte pas ses morts ; qui triomphe n'a rien perdu.

La grande aristocratie françoise a éprouvé trois grandes défaites par les Anglois : Crécy, Poitiers, Azincourt, comme la grande aristocratie romaine perdit contre les Carthaginois les batailles de la Trébie, de Trasimène et de Cannes. Ces désastres qui nous ôtèrent du sang, non de la gloire, tournèrent en dernier résultat au profit de notre civilisation et de nos libertés. Il fut ouvert aux champs de Crécy une blessure dans le sein de la haute noblesse de France ; blessure qui, élargie à Poitiers, à Azincourt et à Nicopolis, épuisa le corps aristocratique. Bientôt parut, après les déroutes de Philippe de Valois et de Jean son fils, une noblesse dont on n'avoit presque point entendu parler, et qui succéda à la première, de même que la seconde noblesse franke s'étoit montrée après l'échec de Lother à la bataille de Fontenay. On avoit méprisé la pauvreté des gentilshommes de province ; on fut heureux de trouver leur épée : les Charny, les Ribaumont, les Du Guesclin, les La Trémoille, les Boucicault, les Saintré, furent suivis des Pothon et des La Hire, et perpétuèrent cette race héroïque jusqu'à Bayard et au capitaine La Noue. Cette chevalerie seconde, non moins illustre, substituée aux grands barons, forma la transition entre l'armée aristocratique et l'armée plébéienne. Du Guesclin commença l'art militaire moderne et la discipline ; la Jacquerie et les grandes compagnies apprirent aux paysans qu'ils se pouvoient battre aussi bien que leurs seigneurs. Le ban et l'arrière-ban remplacèrent peu à peu la levée en masse des vassaux ; ce ban et cet arrière-ban devinrent inutiles quand les troupes régulières s'établirent, sous le règne de Charles VII. La royauté, ainsi que l'armée nationale, accrut sa force de l'affoiblissement même du corps aristocratique militaire : l'ancienne constitution de l'État s'altéra dans sa partie virtuelle, et la société marcha, par ce qui sembloit un malheur, vers ce degré de civilisation où nous la voyons aujourd'hui. On peut dire que la couronne de France et la nation françoise furent trouvées sous les morts du champ de bataille de Crécy.

La dernière apparition des nobles comme soldats eut lieu à la bataille d'Ivry, dans ce corps de deux mille gentilshommes armés à cru depuis la tête jusqu'aux pieds. Vers la fin du règne de Henri IV la fureur des duels affoiblit ce qui restoit de la seconde aristocratie. Enfin, sous Louis XIII et sous Louis XIV les gentilshommes ou servirent dans des corps privilégiés réputés nobles, ou devinrent les officiers de l'armée nationale. Dans cette nouvelle position ils ne manquèrent point à leur renom : les batailles livrées par Condé ou par Turenne attestent que si le gentilhomme avoit changé de fortune, il n'avoit pas dégénéré de valeur. Aux champs de Clostercamp et à ceux de Fontenoy, sous Louis XV, dans la guerre d'Amérique sous Louis XVI, la France n'eut point à rougir des d'Assas et des La Fayette. Quand, au commencement de la révolution, il ne resta plus au pauvre gentilhomme, redevenu Frank, que son épée, il l'alla porter aux pieds de ceux qui, selon ses idées, avoient le droit d'en requérir le service ; il laissa la victoire pour le malheur. Si ce fut une faute, ce fut celle de l'honneur; et puisque la noblesse devoit périr, mieux valoit qu'elle trouvât sa fin dans le principe même qui lui avoit donné la vie. Peu après éclatèrent les merveilles de l'armée plébéienne. Aujourd'hui, si la France parvient à généraliser le système des gardes nationales, elle détruira celui des armées permanentes, elle rétablira les anciennes levées en masse des communes ; les convocations du ban et de l'arrière-ban plébéiens remplaceront les convocations du ban et de l'arrière-ban nobles ; la démocratie fera ce qu'avoit fait l'aristocratie. Les hommes tournent dans un cercle, et reproduisent incessamment les mêmes institutions dans un autre esprit et sous des noms divers.

### REDDITION DE CALAIS.

SOMMAIRE. — Philippe, arrivé à Amiens, essaye inutilement de rassembler de nouveaux soldats pour donner une seconde bataille. — Il veut faire pendre Godemar du Fay, et il est détourné de ce dessein par Jean de Hainaut. — Geofroy d'Harcourt vient, la *touaille* au cou, se jeter aux pieds de Philippe, qui lui pardonne. — Édouard met le siége devant Calais ; le duc de Normandie lève celui d'Aiguillon. — Les Anglois de la Guienne envahissent tout le pays jusqu'à la Loire. — Continuation de la guerre en Bretagne. — Héroïsme de Geofroy du Pontblanc dans Lannion. — Charles de Blois est fait prisonnier au siége de La Roche-de-Rieu. — Mort du vicomte de Rohan, des seigneurs de Chateaubriand et de Roye, des sires de Laval, de Tournemine, de Rieu, de Boisboissel, de Machecou, de Rosterner, de Lohéac et de la Jaille. — Bataille de Neville, où David Bruce, roi d'Écosse, est fait prisonnier par la reine d'Angleterre. — Accroissement des taxes. — Augmentation et altération des monnoies. — Multitude de pensions assignées sur le trésor en qualité de fiefs. — Aventure de Louis de Male, comte de Flandre, fils de Louis, tué à la bataille de Crécy. — Gauthier de Mauny obtient un sauf-conduit pour traverser la France et se rendre de la Guienne au camp d'Édouard, qui assiégeoit Calais. — Caractère du temps : la foi religieuse se fait sentir dans la foi politique ; ce n'est pas la civilisation intellectuelle de l'espèce, mais la civilisation de l'individu. La politesse du haut rang fait disparoître la barbarie, et le fanatisme de l'honneur chevaleresque tient lieu de la vertu du citoyen. — Philippe marche au secours de Calais, qui ressentoit les horreurs de la famine. — Joie des Calaisiens lorsque, du haut de leurs remparts, ils aperçoivent l'armée de Philippe marchant la nuit en ordre de bataille au clair de la lune. — Leur douleur quand elle s'éloigne sans les avoir pu secourir.

Les habitants de la ville abandonnée aperçurent du haut de leurs remparts la retraite du roi ; ils poussèrent un cri comme des enfants délaissés par leur père : « *Ils étoient en si grande douleur et détresse que le plus fort d'entre eux se pouvoit à peine soutenir.* » Convaincus qu'il n'y avoit plus de secours à attendre, ils allèrent trouver Jean de Vienne, et le prièrent d'ouvrir des négociations avec Édouard.

Le gouverneur monte aux créneaux des murs de la ville, et fait signe aux ennemis qu'il désiroit pourparler ; de quoi le roi d'Angleterre étant instruit, il envoya Gauthier de Mauny et sire Basset ouïr les propositions de Jean de Vienne. Quand ils furent à portée de la voix : « *Chers seigneurs*, s'écria le vieux capitaine, *vous êtes moult vaillants chevaliers en fait d'armes. Vous savez que le roi de France, que nous tenons à seigneur, nous a ici envoyés pour garder cette ville et châtel : nous avons fait ce que nous avons pu. Or, tout secours nous a manqué. Nous n'avons plus de quoi vivre, il faudra que nous mourions tous de faim si le gentil roi, votre seigneur, n'a merci de nous. Laquelle chose lui veuillez prier en pitié, et qu'il nous laisse aller tout ainsi que nous sommes.* »

— « *Jean*, répondit Gauthier de Mauny, *ce n'est mie l'entente de monseigneur le roi que vous vous en puissiez aller ainsi. Son intention est que vous vous mettiez tous à sa pure volonté, pour rançonner ceux qu'il lui plaira, ou pour vous faire mourir.* »

Le gouverneur repartit : « *Gauthier, ce seroit trop dure chose pour nous. Nous sommes céans un petit nombre de chevaliers et écuyers qui loyalement avons servi le roi de France, notre souverain sire, comme vous feriez le vôtre en pareil cas. Nous avons enduré maint mal et mésaise, mais nous sommes résolus à souffrir ce qu'oncques gens d'armes ne souffrirent plutôt que de consentir que le plus petit garçon de la ville eût autre mal que le plus grand de nous. Nous vous prions donc par votre humilité d'aller devers le roi d'Angleterre. Nous espérons en lui tant de gentillesse, qu'à la grâce de Dieu son propos changera.* »

Les deux chevaliers anglois retournèrent vers leur maître, et lui rapportèrent les paroles du gouverneur. Édouard, irrité de la longue résistance de la place, et remémorant les avantages que les habitants de Calais avoient obtenus sur les Anglois dans les combats de mer, vouloit tous les mettre à mort. Mauny, aussi généreux qu'il étoit brave, osa représenter au roi que, pour avoir été loyaux serviteurs envers leur prince, ces François ne méritoient pas d'être ainsi traités; que Philippe, quand il prendroit quelque ville, pourroit user de représailles. « Enfin, ajouta-t-il, vous pourriez bien, monseigneur, avoir tort; car vous nous donnez un très-mauvais exemple. » Les barons et les chevaliers anglois qui étoient présents furent de l'opinion de Gauthier. « *Eh bien, seigneurs,* s'écria Édouard, *je ne veux mie être seul contre vous tous. Sire Gauthier, allez dire au capitaine de Calais qu'il me livre six des plus notables bourgeois de la ville; qu'ils viennent la tête nue, les pieds déchaussés, la hart au cou, les clefs de la ville et du château dans leurs mains : je ferai d'eux à ma volonté; je prendrai le reste à merci.* »

Mauny porta cette réponse à Jean de Vienne, qui étoit resté appuyé aux créneaux. Jean pria Mauny de l'attendre pendant qu'il alloit instruire les bourgeois de la proposition d'Édouard. Il fait sonner le beffroi; hommes, femmes, enfants, vieillards, se rassemblent aux halles. Le gouverneur leur raconte ce qu'il a fait et quelle est la dernière volonté du roi d'Angleterre.

Un silence profond règne d'abord dans l'assemblée : tous les yeux cherchent les six victimes qui doivent racheter de leur sang la vie du reste des citoyens. Bientôt les sanglots éclatent dans cette foule à moitié consumée par la faim; « *lors commencèrent à plourer toute manière de gens, et à mener tel deuil qu'il n'est si dur cœur qui n'en eût pitié, et mêmement messire Jehan* (le vieux gouverneur) *en larmoyoit tendrement.* » Il falloit une prompte réponse, le temps accordé s'écouloit; un homme se lève; le lecteur l'a déjà nommé : Eustache de Saint-Pierre. Sa grande fortune, la considération dont il jouissoit, le rendoient *notable*, et lui donnoient les conditions requises pour mourir. L'histoire nous a transmis son discours, paroles saintes auxquelles on ne doit rien changer : « *Seigneurs, grands et petits, grand'pitié et grand méchef seroit de laisser mourir un tel peuple qui cy est, par famine ou autrement, quand on y peut trouver aucun moyen, et seroit grand aumône et grand grâce envers Notre Seigneur qui de tel méchef les pourroit garder. J'ai si grande espérance d'avoir pardon de Notre Seigneur, si je meurs pour ce peuple sauver, que veux être le pre-*

« *mier, et mettrai volontiers en chemise, à nu chef et la hart au cou, en la merci du roi d'Angleterre.* »

« *Quand sire Eustache eut dit ces paroles, chacun alla l'adorer de pitié, et plusieurs hommes et femmes se jetoient à ses pieds en plorant tendrement.* »

La vertu est contagieuse comme le vice : à peine Eustache eut-il cessé de parler, que Jean d'Aire, qui avoit deux *belles demoiselles à filles*, déclara qu'*il feroit compagnie à son compère*. Jacques et Pierre de Wissant, frères, dirent à leur tour qu'ils *feroient compagnie* à leurs cousins, Eustache de Saint-Pierre et Jean d'Aire ; aussi magnanimes qu'Eustache dans leur sacrifice, car s'ils n'en eurent pas la première pensée, ils se dévouoient à une mort dont lui seul devoit recueillir l'honneur. En effet, les noms de Jean d'Aire, de Pierre et Jacques de Wissant sont presque ignorés, et tout le monde sait celui d'Eustache de Saint-Pierre. Et c'est pour cela que parmi les six victimes, les deux seules qui n'ont pas de désignation dans nos chroniques doivent être réputées les plus illustres ; tout François doit leur tenir compte de l'oubli de l'histoire ; tout François doit rendre un tribut d'hommages à ces immortels sans nom, comme les anciens élevoient des autels aux dieux inconnus.

Les annales de Calais assurent que les deux derniers candidats pour la mort furent tirés au sort parmi plus de cent qui se proposèrent après les quatre premiers, et un écrivain conjecture que ce grand nombre de concurrents est peut-être ce qui a empêché les noms des deux derniers bourgeois de parvenir jusqu'à nous ; ils se seront perdus dans la gloire commune de ces Decius. Une autre version, sans autorité, veut qu'Édouard eût demandé huit personnes, quatre chevaliers et quatre bourgeois.

Récemment blessé, accablé par les ans, les infirmités, la douleur et la fatigue, Jean de Vienne, se pouvant à peine soutenir, monte sur une petite haquenée, et escorte les six bourgeois jusqu'aux portes de la ville. Ceux-ci marchoient en chemise, la tête et les pieds nus, a hart au cou, ainsi que l'avoit exigé Édouard, et tels que les prêtres à cette époque s'avançoient, suivis du peuple, dans les calamités publiques, pour offrir un sacrifice expiatoire. Eustache et ses compagnons portoient les clefs de la ville ; « *chacun en tenoit une poignée. Les femmes et les enfants d'iceux tordoient leurs mains et crioient à haute voix très-amèrement. Ainsi vinrent eux jusqu'à la porte, convoqués en plaintes, en cris et pleurs :* » spectacle que n'avoit point vu le monde depuis le jour où Regulus sortit de Rome pour retourner à Carthage. Le gouverneur remit Eustache de Saint-Pierre, Jean d'Aire, Pierre et Jacques de Wissant et les deux inconnus entre les mains du sire de Mauny, les recommandant à sa courtoisie : « *Messire Gauthier, je vous délivre comme capitaine de Calais, par le consentement du pauvre peuple de cette ville; ces six bourgeois... Si vous prie, gentil sire, que vous veuilliez prier pour eux au roi d'Angleterre que ces bonnes gens ne soient mis à mort.* »

Adonc fut la *barrière ouverte*, et les six bourgeois furent conduits à Édouard à travers le camp ennemi. Selon Thomas de la Moore et Knighton, le gouverneur de Calais accompagna, avec une partie de la garnison, les prisonniers, et remit lui-même les clefs de la ville au roi d'Angleterre. Les comtes, les barons et les chevaliers qui environnoient le roi d'Angleterre, saisis d'admiration au récit de Gauthier de Mauny, invitoient par un murmure Édouard à égaler la générosité de ces citoyens. Le monarque demeure inflexible : « *Il se tint tout coi, et regarda moult fellement (cruellement) les bourgeois, car moult haïssoit les habitants de Calais pour les grands dommages et contraires qu'au temps passé sur mer lui avoient faits..* »

Il ordonna de couper la tête aux prisonniers. « *Ah! gentil sire, s'écria Gauthier de Mauny, veuillez refrener votre courage!... Si vous n'avez pitié de ces gens, toutes autres gens diront que ce sera grande cruauté que vous fassiez mourir ces honnêtes bourgeois qui se sont mis en votre merci pour les autres sauver.* »

« *A ce point grigna* (grinça) *le roi les dents, et dit* : « *Messire Gauthier, souffrez-vous* (taisez-vous), *et il ordonna de faire venir le coupe-tête.* »

La reine d'Angleterre se trouvoit alors dans le camp; elle étoit enceinte, et « *elle pleuroit si tendrement de pitié qu'elle ne se pouvoit soutenir. Si se jeta à genoux par-devant le roi son seigneur, et dit* : « *Ah! gentil sire, depuis que je repassai la mer en grand péril, je ne vous ai rien requis ni demandé. Or vous prié-je humblement que, pour le fils de sainte Marie et pour l'amour de moi, vous veuilliez avoir de ces six hommes merci.* »

« *Le roi attendit un petit à parler, et regarda la bonne dame sa femme, qui pleuroit à genoux moult tendrement. Si lui amollia le cœur et si dit* : « *Ah, dame! j'aimerois trop mieux que vous fussiez autre part que cy... Tenez, je vous les donne : si en faites votre plaisir.* » *La bonne dame dit* : « *Monseigneur, très grands mercies.* »

« *Lors se leva la reine et fit lever les six bourgeois, et leur ôtoit les chevessètres* (cordes) *d'entour leur cou, et les emmena avec elle dans sa chambre, et les fit revêtir et donner à dîner à toute aise, et puis donna à chacun six nobles, et les fit conduire hors de l'ost à sauveté.* »

Édouard prit possession de Calais. « *Il y chevaucha à grand'gloire avec les barons et les chevaliers avec si grand foison de ménestriers, de trompes, de tambours, de chalumeaux et de musettes, que ce seroit merveille à recorder.* » On ne retint dans la ville que trois François, « *un prêtre et deux autres, anciens hommes bons coutumiers des lois et ordonnances de Calais; et fut pour enseigner les héritages, voulant le roi repeupler la ville de purs Anglois. Ce fut grand'pitié quand les grands bourgeois et les nobles bourgeoises et leurs beaux enfants furent contraints de guerpir* (quitter) *leurs beaux hôtels, leurs héritages, leurs meubles et leurs avoirs, car rien n'emportèrent.* »

On croit lire une page de l'histoire des plus beaux temps de la république romaine, placée par aventure et comme par méprise au milieu de l'histoire de la chevalerie. Les vertus civiles d'Eustache de Saint-Pierre, de Jean d'Aire et des deux Wissant, contrastent avec les vertus militaires des Ribaumont, des Charny et des Mauny : deux sociétés opposées se présentent ensemble, et toutes les deux font honneur à l'espèce humaine.

Calais fut repeuplée d'Anglois. Édouard y établit trente-six familles bourgeoises des plus riches et trois cents autres personnes de moindre état. Les franchises accordées à cette ville y attirèrent une foule d'habitants. Édouard donna les meilleures maisons de la cité à quelques-uns de ses chevaliers, tels que Mauny, Cobham, Stanfort et Barthélemy de Burghersh; la reine Philippe eut pour sa part l'héritage de Jean d'Aire. Quelques François obtinrent aussi des propriétés à Calais. Eustache de Saint-Pierre rentra dans la possession d'une partie de ses biens, et obtint de plus une pension considérable.

Un esprit de dénigrement se répandit parmi nous vers la fin du dernier siècle; on se plaisoit à rabaisser les actions héroïques : de même qu'on ne vouloit plus de la religion de nos aïeux, on étoit incrédule à leur gloire. On n'eut pas plus tôt découvert qu'Eustache de Saint-Pierre avoit reçu une pension d'Édouard, qu'on triompha de cette découverte; on remarqua que les historiens anglois gardoient le silence sur les faits racontés par Froissart au sujet de la reddition de Calais, et l'on voulut douter de ces faits. Mais n'avoit-on pas vu tout le siècle d'Auguste se taire sur Cicéron? Les largesses d'Édouard pour Eustache de Saint-Pierre ne sont-elles pas un nouvel hommage rendu au dévouement de ce grand citoyen? L'estime qu'il inspira aux ennemis de la France doit-elle diminuer celle que nous lui devons? Malheur à qui va chercher dans la vie privée d'un homme des raisons de moins admirer ses actions publiques! A coup sûr, ce ravaleur des vertus ne fera jamais lui-même des actions dignes d'être racontées.

Une injustice de la même nature avoit commencé plus tôt pour Philippe de Valois : Froissart et le continuateur de Nangis avoient assuré que les habitants de Calais errèrent dans la France sans récompense et sans asile, en mendiant le pain de la charité. Philippe ne fut point coupable de cette ingratitude ; deux ordonnances de ce roi et d'autres ordonnances de Jean et de Charles, ses successeurs immédiats, accordent aux Calaisiens des places, des priviléges et des propriétés. L'ordonnance du 8 septembre 1347 mentionne une concession remarquable ; Philippe livre aux Calaisiens chassés de leurs foyers tous les biens et héritages qui pourroient lui échoir par quelque raison que ce fût : ainsi le monarque donnoit à ses sujets ses propres biens en échange des biens qu'ils avoient perdus : ce talion qu'il s'imposoit, non pour le crime, mais pour le malheur, est dans un esprit touchant d'égalité et de justice. Calais ne devoit être rendu à la France qu'en 1558, par François de Guise, homme destiné à faire disparoître la dernière trace des maux qu'Édouard avoit faits à la France et à en recommencer de nouveaux.

## MORT DU ROI.

SOMMAIRE. — Trêves continuées à diverses reprises jusqu'à la mort de Philippe. — Famine et peste générale. — Massacre des juifs. — Flagellants. — Tentative sur Calais. — Combat singulier d'Édouard et d'Eustache de Ribaumont. — Le dauphin d'Auvergne abandonne ses États à Philippe : le Roussillon, la Cerdagne et la seigneurie de Montpellier lui avoient déjà été cédés par Jacques, roi de Majorque. — Le pape achète Avignon de la reine Jeanne de Naples. — Philippe épouse en secondes noces Blanche, fille de Philippe roi de Navarre, qu'il avoit d'abord destinée à son fils Jean, duc de Normandie, devenu veuf. — Philippe meurt comme Louis XII, victime de sa passion pour la jeune reine, qui, prolongeant sa vie jusqu'à un âge très-avancé, vit la désolation de la France commencer sous le roi Jean, finir sous Charles V, et recommencer sous Charles VI.

Philippe, étant sur son lit de mort, fit appeler ses fils, le duc de Normandie et le duc d'Orléans. Dans ce moment, où toutes les illusions s'évanouissent, où il ne reste que le souvenir du bien ou du mal qu'on a fait, le roi protesta de son bon droit dans la guerre qu'il avoit été obligé de soutenir et de ses titres légitimes à la couronne. « Mon fils, » dit-il au duc de Normandie, qui fut son successeur, « défendez donc courageusement la France après ma mort. Il arrive quelquefois, comme j'en ai fait l'expérience, que ceux qui combattent pour une chose juste éprouvent des revers ; mais ils doivent mettre leur espoir en Dieu, qui ne permet pas que le règne de l'iniquité soit durable. Aimez-vous, mes fils ; maintenez la justice et soulagez les peuples. »

Un roi qui craint que ses revers ne le fassent regarder comme coupable, qui se croit obligé de prouver à son successeur la justice de ses droits malgré le peu de succès de ses armes, eût également confessé l'injustice de ces mêmes droits et les châtiments mérités d'une ambition criminelle. Et cette confession, à qui étoit-elle faite, à qui rappeloit-elle les voies impénétrables de la Providence? A ce roi Jean, que l'adversité marquoit déjà de son sceau, adversité qui néanmoins ne devoit pas perdre la France ; car Dieu *ne permet pas que le règne de l'iniquité soit durable.*

Le premier des Valois alla, le 22 août 1350, porter sa cause aux pieds de celui qui donne et retire les royaumes à sa volonté, laquelle n'est autre que le pouvoir éternel et l'infaillible justice.

## JEAN II.

#### Depuis son avénement à la couronne jusqu'à la bataille de Poitiers.

#### 1350-1356.

Philippe VI, dit de Valois, laissa le sceptre à son fils Jean, second du nom ; car on compte un fils de Louis X, Jean I, qui ne vécut que cinq jours. Louis XVII, enfant, a pareillement été placé au nombre de nos monarques. La loi salique étoit en ce point d'accord avec le caractère national : en France, l'innocence et le malheur n'excluent pas de la couronne.

Jean avoit reçu une éducation aussi bonne que celle de son père avoit été négligée ; il aima et protégea les lettres autant que Philippe les méprisoit : c'est à ses ordres que nous devons les premières traductions de Tite-Live, de Salluste, de Lucain et des *Commentaires* de César. Il chercha et récompensa le mérite ; il sentoit par le cœur ce qu'il ne voyoit pas par l'esprit. Il eut à la fois ces défauts et ces qualités propres à perdre les empires : l'impétuosité de caractère et l'irrésolution d'esprit ; le courage, qui ne consulte que l'honneur, et la magnanimité, qui sacrifie tout à l'accomplissement de sa parole. Dans un temps où la justice étoit en France la liberté, il protégea la justice.

En amitié, il n'y eut point d'homme plus fidèle ; mais on pardonne rarement aux rois d'avoir des amis ou de n'en avoir pas.

A Reims, le 26 septembre 1350, Jean se para de la couronne qui devoit orner son cercueil à Londres. Le jour de son sacre il arma chevaliers des princes et des gentilshommes qui ne devoient plus remettre dans le fourreau l'épée qu'ils prirent de sa main. La pompe fut superbe, la dépense prodigieuse ; chaque nouveau chevalier reçut, selon l'usage, aux frais du roi, les habits de la cérémonie : fourrures précieuses, double tenture d'or et de soie. Paris s'émut à l'aspect de son monarque. Les rues furent tapissées ; les artisans, divisés en corps de métiers, les uns à pied, les autres à cheval, étoient vêtus d'une manière uniforme, mais différente pour chaque confrérie. Les fêtes durèrent huit jours : une exécution sanglante met fin à ces joies funestes.

Jean fait décapiter le comte d'Eu, connétable de France, nouvellement revenu, sur parole, de sa prison d'Angleterre. Il fut dit, mais sans preuves, que le connétable trahissoit sa patrie, à l'exemple de tant de François.

## DU ROI DE NAVARRE.

Sommaire. — La trêve conclue avec l'Angleterre sous le règne précédent est confirmée par les soins du pape ; elle est prorogée à diverses reprises pendant trois années. — Néanmoins les hostilités ne cessent jamais tout à fait dans la Guienne et dans la Bretagne. — Combat des trente. — Création de l'ordre de l'Étoile. — Surprise du château de Guines par Édouard, qui disoit que les trêves étoient marchandes. — Recherches inutiles, par la chambre des comptes, des malversations financières. — Jean pris pour juge dans une querelle d'honneur entre le duc de Brunswick et le duc de Lancaster. — Mort du pape Clément VI. — Premier crime du roi de Navarre.

Le troisième fléau de sa patrie, Charles le Mauvais, monte sur la scène après Robert d'Artois, déjà disparu, et Geofroy d'Harcourt, qui va disparoître. Il étoit, comme on l'a déjà dit, fils de Jeanne, fille de Louis le Hutin, reine de Navarre, et de Philippe, comte d'Évreux, prince du sang : par l'héritage maternel, il possédoit un État important vers les Pyrénées ; par l'héritage paternel, des terres, des villes, des châteaux en Normandie. Sa puissance s'accrut encore : il devint gendre du roi, qui lui donna pour accordée, en attendant mariage, sa fille Jeanne, âgée de huit ans. Plus Charles s'approchoit du trône, plus il sembloit l'envier et le haïr. Si la loi salique avoit été rejetée, le roi de Navarre eût eu à ce trône des prétentions mieux fondées que celles d'Édouard, puisqu'il étoit fils d'une fille de Louis le Hutin, et qu'Édouard ne descendoit que d'une fille de Philippe le Bel. C'est ce qui fit qu'Édouard ne secourut Charles qu'autant qu'il le fallut pour désoler la France, pas assez pour le faire triompher.

Charles le Mauvais mérita son nom : esprit inquiet, âme noire, impuissant dans les forfaits comme dans les débauches, ses qualités étoient avortées comme ses vices. L'histoire parle de sa beauté, de sa libéralité, de son éloquence, de sa bravoure ; et cela ne le conduisit à rien : les monstres adorés au bord du Nil portoient aussi une parure.

Son caractère est tout à part au milieu des caractères de son siècle : Charles étoit moins un chevalier qu'un de ces petits tyrans alors oppresseurs des républiques d'Italie. Il naquit, comme Marcel, pour ces troubles civils qui alloient annoncer l'apparition de la nation dans ses propres affaires et une révolution dans les mœurs.

La charge de connétable de France avoit été donnée, après l'exécution du comte d'Eu, à Charles d'Espagne, frère de Louis d'Espagne. Ce jeune étranger, connu sous le nom de La Cerda, est le premier de cette race de favoris qui s'attacha aux Valois, comme une branche bâtarde de leur famille. On accusa La Cerda d'avoir poussé Jean à un acte de rigueur, afin de s'emparer des dépouilles de la victime. Que cette accusation fût fondée ou non, Charles d'Espagne devint odieux aussitôt qu'il eut pris l'épée de connétable. On pardonne quelquefois à celui qui verse le sang, jamais à celui qui en reçoit le prix.

---

### LES TROIS ÉTATS.

Sommaire. — Charles le Mauvais, jaloux de La Cerda, le fait assassiner. — Il passe de l'assassinat à la trahison, se lie avec l'Angleterre et entraîne dans ses projets le comte d'Harcourt et Louis son frère. — Traité honteux pour le roi Jean, conclu à Mantes, et pardon solennel accordé au roi de Navarre. — Celui-ci se brouille de nouveau. — Autre traité conclu à Valognes, presque aussi honteux que celui de Mantes. — La trêve avec l'Angleterre expire. — Édouard aborde à Calais, et entre pour la première fois en France par la porte dont il tenoit les clefs. — Il retourne en Angleterre, rappelé par une invasion des Écossois. — Charles le Mauvais séduit Charles le dauphin, âgé de dix-sept ans, et qui devient Charles le Sage. — Il l'engage à fuir de la cour, sous prétexte que le roi Jean lui préféroit ses autres fils. — Le dauphin, saisi de remords, révèle.

le secret à son père. — Jean, bien qu'il eût accordé de nouvelles lettres de grâce au roi de Navarre, se détermine à se venger de lui. — Convocation des états.

En moins de cinquante ans, depuis la première convocation régulière des états jusqu'à la convocation de ces états sous le roi Jean, les principes politiques se développèrent avec une force et une clarté qu'il auroit été impossible de prévoir. Si le royaume eût été un corps compacte; si des vassaux n'avoient pas exercé la souveraineté dans les provinces par eux possédées; si une guerre d'invasion n'avoit pas détourné les esprits de la politique, il est probable que les trois états se fussent fondés comme le parlement d'Angleterre. Les états de 1355 et ceux qui les suivirent eurent des idées beaucoup plus nettes des droits d'une nation que le parlement britannique n'en avoit alors. On ne sait où des bourgeois à peine émancipés, où des prélats et des seigneurs féodaux avoient pu puiser des notions si claires du gouvernement représentatif au milieu des préjugés du temps, de l'obscurité et du chaos des lois : la promptitude de l'esprit françois supplée à l'expérience des siècles.

Il est vrai que des malheurs, ces puissants maîtres de la race humaine, hâtèrent le développement de la vérité politique sous le règne de Jean et pendant la régence de son fils. Un grand fait se présente partout dans l'histoire : jamais les peuples ne sont entrés en jouissance de leurs droits qu'en passant au travers des maux inhérents aux révolutions combattues. Ces révolutions sont en vain accomplies au fond des mœurs; en vain elles sont devenues inévitables comme les productions naturelles du temps; les chefs des empires refusent de reconnoître que le moment est venu. Les intérêts particuliers font résistance aux intérêts généraux; la lutte commence, et devient plus ou moins sanglante, selon le mouvement des passions, le caractère des individus, les hasards et les accidents de la fortune. Déplorons les calamités que tout changement amène, mais apprenons de l'histoire qu'elles sont des nécessités auxquelles les hommes ne se peuvent soustraire. Quand les révolutions s'accompliront-elles sans efforts et sans injustices? Quand les lumières seront-elles assez répandues, la civilisation assez complète pour que peuples et rois se cèdent mutuellement ce qu'ils ne doivent se dénier ni se ravir? C'est le secret de Dieu.

Les états de la langue d'oïl, c'est-à-dire du pays coutumier, dans lequel on reconnoissoit pourtant le Lyonnois, quoique pays de droit écrit, s'assemblèrent dans la grand'chambre du parlement, à Paris, le 2 décembre de l'année 1355. L'archevêque de Rouen, Pierre de

Laforest, chancelier de France, ouvrit l'assemblée par un discours qu'il prononça au nom du roi; il exposa les besoins du royaume; il déclara que le roi étoit prêt à abandonner l'altération des monnoies, si les états trouvoient le moyen de remplacer cette sorte de taxe par un subside équivalent. Fixez au règne des Valois la naissance de l'impôt.

Jean de Craon, archevêque de Reims, au nom du clergé; Gauthier de Brienne, duc d'Athènes, au nom de la noblesse; Étienne Marcel, prévôt des marchands de Paris, au nom du tier sétat, protestèrent de leur dévouement et de leur fidélité au roi. Ils demandèrent la permission de se retirer, afin de délibérer entre eux sur les subsides à accorder et sur la réforme des abus..

Leur première déclaration fut ainsi conçue : Aucun règlement n'aura force de loi qu'autant qu'il sera approuvé par les trois ordres; l'ordre qui aura refusé son consentement ne sera pas lié par le vote des deux autres. Cette déclaration rend tout à coup le tiers état l'égal du clergé et de la noblesse. La liberté dépasse déjà la limite de la monarchie constitutionnelle ; car la majorité absolue des suffrages est reconnue aujourd'hui bastant à l'achèvement de la loi : par le décret des états, il suffisoit d'un ordre corrompu ou factieux pour arrêter le mouvement du corps politique.

Il n'est pas dit que le roi fut appelé à donner sa sanction à ce décret constituant des états de 1355 : ainsi le principe du pouvoir de la couronne tel que nous l'admettons maintenant étoit ignoré; mais cela est moins étonnant que la force acquise du tiers état : il n'y avoit pas deux siècles qu'il étoit encore esclave, et il n'y avoit pas deux siècles que le roi n'étoit rien au milieu des grands vassaux. La liberté revient aux sociétés par tous les canaux, comme le sang remonte au cœur par toutes les veines.

Ce point obtenu, on le paya au roi Jean d'un vote qui mit à sa disposition trente mille hommes d'armes, ce qui devoit composer un corps de quatre-vingt-dix mille combattants : on ne comptoit point dans ce nombre les communes, infanterie de l'armée. Un impôt sur le sel, un autre de huit deniers sur toutes les choses vendues, excepté sur les ventes d'héritages, devoient pendant l'espace d'une année fournir une somme de 50,000 livres par jour; somme jugée équipollente à l'entretien de trente mille hommes d'armes. Les états se réservoient le choix des personnes commises à la levée et à la régie de l'imposition, dont personne, pas même le roi et la famille royale, ne devoit être exempt.

Le roi rendit, le 28 décembre 1355, une ordonnance conforme à la délibération des états. Il promettoit de ne point toucher à l'argent levé pour la guerre, de le laisser distribuer aux hommes d'armes par une commission des députés des états, ce qui livroit le pouvoir exécutif au pouvoir législatif. Le roi s'engageoit en outre à fabriquer des monnoies fortes et stables, à renoncer dans les voyages pour lui, sa maison et les grands-officiers de bouche et de guerre aux réquisitions de blé, de vin, de vivres, de charrettes, de chevaux, que les paysans étoient obligés de fournir. Défense à tout créancier de transporter sa dette à une personne privilégiée ou plus puissante que lui. Ordre à toute juridiction de ressortir aux juges ordinaires. Nombre des sergents restreint comme abusif, et injonction auxdits sergents de ne rien exiger au delà de leur salaire. Commerce interdit à tout juge et officier judiciaire dans quelque espèce de tribunal que ce fût. Toutes les ordonnances en faveur des laboureurs confirmées.

Quant aux choses militaires, le roi bailloit parole de ne plus convoquer l'arrière-ban sans une nécessité évidente, et d'après l'avis des états, si faire se pouvoit. Les fausses montres étoient défendues sous des peines rigoureuses : les chevaux devoient être marqués pour être reconnus dans les revues, et afin que la solde ne fût pas payée à un homme d'armes deux ou trois fois pour le même cheval. Les capitaines étoient rendus responsables des désordres commis par leurs soldats. Les troupes ne pouvoient s'arrêter plus d'un jour dans les villes sur leur passage; si elles y demeuroient plus longtemps, on seroit libre de leur refuser l'étape et de les contraindre à passer outre. Le roi s'obligeoit enfin à ne conclure ni paix ni trêve que d'accord avec une commission des trois ordres des états.

Telle fut cette ordonnance que l'on a comparée, sous certains rapports, à la grande charte de cet autre roi Jean d'Angleterre, première source de la liberté britannique : par les choses que cette ordonnance défend, on apprend ce qui avoit été permis. Mais les états de 1355 devançoient en principes politiques et administratifs les lumières de leur siècle ; ils changeoient la nature de la monarchie. Aussi ne resta-t-il rien, pour le moment, de ces essais salutaires ; les temps et les malheurs firent avorter, dans un sol encore mal préparé, ces germes d'une civilisation trop hâtive.

## BATAILLE DE POITIERS.

Sommaire. — Le roi va à Rouen arrêter de sa propre main le roi de Navarre dans un banquet. — Il fait exécuter devant lui le comte d'Harcourt, le seigneur de Graville, Maubué de Mainant et Olivier Doublet. — Le roi de Navarre, fait prisonnier, est conduit à la tour du Louvre ou au château Gaillard, et de là au Châtelet.

Les fautes du roi sont frappantes : sa colère l'aveugle et passe plus vite que sa bonté, qui revint trop tôt pour épargner le seul coupable qu'il eût fallu punir ; il se croit sûr de sa justice, et il est arrêté au milieu de l'exécution par sa miséricorde ; il viole assez les lois pour faire haïr la couronne, pas assez pour la sauver ; il prouva qu'un honnête homme ne peut devenir un mauvais roi, et qu'après tout il n'est pas si aisé d'être un tyran. Les erreurs qui, comme celles de Jean, sont sensibles donnent aux esprits vulgaires l'occasion d'étaler des lieux communs de morale, et aux méchants un sujet de triomphe : les clameurs furent universelles ; Philippe de Navarre, frère de Charles, et Geofroy d'Harcourt, le fameux traître pardonné, oncle du comte décapité, soulèvent la Normandie ; ils se livrent au roi d'Angleterre, le reconnoissent pour roi de France, jurent de le seconder dans la conquête de ce royaume et lui font hommage de leurs domaines. Édouard, de son côté, agit comme il avoit fait autrefois à la mort des seigneurs bretons : il envoie à toutes les cours de la chrétienté un manifeste déclarant « que les gentilshommes décapités ou emprisonnés par Jean, se disant roi de France, avoient été traîtreusement frappés ; qu'ils n'avoient fait aucun traité avec lui, et qu'au contraire lui, Édouard, avoit toujours regardé le roi de Navarre et ses amis comme les ennemis de l'Angleterre ». Geofroy d'Harcourt étoit-il l'ennemi d'Édouard ?

Pour appuyer ce manifeste, le duc de Lancastre descendit en Normandie ; les Anglois, réunis aux Navarrois, formèrent une armée de quarante mille hommes d'armes, sans compter les gens de pied. Jean s'avança contre les alliés, qui venoient de prendre et de raser Verneuil au Perche ; les Anglois se retirèrent dans les forêts de l'Aigle, et Jean mit le siège devant Breteuil, qui n'ouvrit ses portes qu'après deux mois de résistance.

Jean, de retour à Paris, apprend que le prince de Galles, après avoir ravagé l'Auvergne, le Limousin et le Berry, s'approchoit de la Touraine : il fait aussitôt le serment de marcher à lui et de le combattre partout où il le rencontrera. Il convoque barons, grands vassaux, seigneurs, gentilshommes et chevaliers de son royaume, ordonnant qu'aucun d'eux ne se dispense de se trouver au rendez-vous sur les marches de Blois et de Tours.

On s'assemble dans les plaines de Chartres : Craon, Boucicault et l'Hermite de Chaumont se portent en avant avec trois cents hommes d'armes pour reconnoître et harceler l'ennemi.

Le prince Noir avoit eu d'abord le dessein de rejoindre dans le Perche l'armée du duc de Lancastre ; mais trouvant les passages de la Loire gardés et apprenant que Philippe réunissoit des forces considérables, il reprit le chemin de Bordeaux par la Touraine et le Poitou : il perdit quelque temps au château de Romorantin, dans lequel Boucicault, Craon et l'Hermite de Chaumont s'étoient renfermés, à la suite d'une affaire d'avant-poste : c'est le premier siége, comme Crécy fut la première bataille, où l'on se soit servi du canon. Le prince de Galles avoit donc du canon dans son armée. Il ne l'employa pourtant pas à la bataille de Poitiers ; nos grands barons dédaignèrent aussi d'en faire usage à la bataille d'Azincourt, quoiqu'ils eussent avec eux une artillerie formidable pour le temps. La valeur chevaleresque méprisoit les armes qui pouvoient être également celles du lâche et du brave.

Le prince de Galles, en s'arrêtant devant Romorantin, avoit commis une faute qui le devoit perdre : ce fut cette faute qui le couvrit de gloire et la France de deuil ; elle laissa à Jean le temps d'atteindre l'armée angloise, qui, n'eût été ce siége imprudent, fût rentrée en Guienne sans coup férir.

Les François franchirent la Loire sur différents points.

Le prince Noir commençoit à manquer de vivres ; il avoit fait un détour pour éviter Poitiers, resté fidèle à la France. Ce mouvement permit au roi, qui suivoit la ligne la plus courte, de se porter en avant des Anglois.

Or, ceux-ci envoyèrent à la découverte deux cents armures de fer « *tous montés sur fleur de coursiers*, » et commandés par le captal de Buch. Elles tombèrent dans les troupes du roi, et virent la campagne couverte d'hommes d'armes : elles fondirent sur les traîneurs. Le bruit de l'attaque parvint à Jean au moment même où il alloit entrer dans Poitiers : il retourna sur ses pas avec le gros de son armée.

Les coureurs anglois, ayant rejoint le prince de Galles, lui racontèrent ce qu'ils avoient appris, et combien l'armée françoise étoit nombreuse. Il répondit : « Or, il nous faut savoir à présent comment nous la combattrons à notre avantage. » Il prit poste sur un terrain de difficile accès; Philippe, de son côté, s'arrêta : la nuit vint et couvrit les deux camps.

Le lendemain dimanche, 18 septembre, le roi fit chanter une messe dans sa tente, et communia avec ses quatre fils, Charles, Louis, Jean, Philippe, et les seigneurs des fleurs de lis, comme on appeloit alors les princes du sang.

Quand cela fut fait, Jean assembla son conseil : il proposa d'attaquer l'ennemi, et le conseil fut de l'avis du roi.

Les historiens ont blâmé cette résolution; mais ils n'ont considéré ni les circonstances ni les mœurs. Sans doute il eût été plus sûr d'affamer les Anglois et de les forcer à se rendre ; mais il étoit aussi très-possible et plus héroïque de les vaincre. Si l'on n'eût pas perdu un jour; si le duc d'Orléans ne se fût pas retiré avec un tiers de l'armée à l'abord de l'engagement, il est probable que le prince de Galles eût succombé. Et quel juste sujet de ressentiment le roi n'avoit-il pas contre les Anglois ! Dans ce temps, d'ailleurs, les batailles n'étoient plus des calculs; elles étoient le fruit du hasard ou d'une impulsion guerrière; elles n'avoient presque jamais de grands résultats; elles ne changeoient pas la face des empires : c'étoient des actions où l'on décidoit non de l'existence, mais de l'honneur des nations. Aussi les princes s'envoyoient-ils des cartels pour se rencontrer en tel lieu convenu, comme de simples chevaliers s'appeloient en champ clos. Des hérauts d'armes portoient ces défis. « Vous irez à Troyes, » dit le comte de Buckingham aux deux hérauts d'armes qu'il envoya au duc de Bourgogne, sous le règne de Charles V; « vous parlerez aux seigneurs, et leur direz que nous sommes sortis d'Angleterre pour faire faits d'armes, et là où nous les croyons trouver nous les demandons; et pour ce que nous savons qu'une partie de la fleur de lis et de la chevalerie françoise repose là dedans, nous sommes venus à ce chemin, et s'ils veulent rien dire, ils nous trouveront sur les champs. »

On poussoit si loin quelquefois cette délicatesse du point d'honneur entre deux armées, qu'on se refusoit à prendre l'avantage du terrain. Souvent les généraux et les rois faisoient serment de combattre leur ennemi partout où ils le trouveroient, comme les dieux d'Homère juroient par eux-mêmes de faire des choses qui n'étoient pas toujours raisonnables, ou plutôt comme les vieux Germains s'engageoient à porter une longue barbe ou un anneau de fer jusqu'à ce qu'ils eussent abattu un Romain. Deux nations ainsi descendues dans la lice ne pouvoient pas plus refuser le combat qu'un homme de cœur ne se peut dispenser de tirer l'épée quand il a reçu un affront.

Il fut donc résolu dans le conseil du roi de marcher droit à l'ennemi. Aussitôt les ordres sont donnés : les cors de chasse et les trompettes sonnent haut et clair ; les ménestriers jouent de leurs instruments, les soldats s'apprêtent ; les seigneurs déploient leurs bannières ; les chevaliers montent à cheval, et viennent se ranger à l'endroit où l'étendard des lis et l'oriflamme flottoient au vent. On voyoit courir les chevaucheurs, les poursuivants, les hérauts d'armes, les pages, les varlets avec la casaque, le blason et la devise de leur maître. Partout brilloient belles cuirasses, riches armoiries, lances, écus, heaumes et pennons ; là se trouvoit toute la fleur de la France, car nul chevalier ni écuyer n'avoit osé demeurer au manoir. On entendoit au milieu des fanfares, de la voix des chefs, du hennissement des chevaux retentir les cris d'armes des différents seigneurs : *Montmorency au premier chrétien, Châtillon au noble duc, Montjoie au blanc épervier, Montjoie Bourgogne, Bourbon Notre-Dame.* Tous ces cris étoient dominés par le cri de France, *Montjoie Saint-Denis*, par des complaintes en l'honneur de la Vierge et par la chanson de Roland.

Des vassaux, tête nue, sous la bannière de leur paroisse, et portant des colobès et des tabards (espèce de chemise sans manches et de manteau court) ; des barons en chaperon, en robe longue et fourrée, marchant sous les couleurs de leur dame ; une infanterie en peliçons ou jaquettes, armée d'arcs, d'arbalètes, de bâtons ferrés et de fauchards ; une cavalerie couverte de fer et portant le bassinet et la lance ; des évêques en cotte de mailles et en mitre ; des aumôniers, des confesseurs ; des croix, des images de saints, de nouvelles et d'anciennes machines de guerre ; toute cette armée, enfin, présentoit aux feux du soleil un spectacle aussi extraordinaire que brillant et varié.

Les troupes réunies formoient plus de soixante mille combattants : on y voyoit le frère et les quatre fils du roi, la plupart des seigneurs des fleurs de lis, d'illustres commandants étrangers, trois mille chevaliers portant bannière. Tous ces guerriers avoient à leur tête le roi, qui, s'il n'étoit pas le plus grand capitaine de son royaume, en étoit du moins le plus brave soldat et le premier chevalier.

L'armée fut divisée en trois corps ou trois *batailles*, comme on parloit alors, par l'avis du connétable Jean de Brienne et des deux maréchaux d'Audeneham et Clermont. Le duc d'Orléans, frère du roi, ayant sous lui trente-six bannières et deux cents pennons, commandoit la première bataille ; la seconde avoit pour chef le dauphin Charles, duc de Normandie, qui fut Charles le Sage ; ses deux frères Louis et Jean marchoient avec lui : les trois princes étoient sous la garde des sires de Saint-Venant, de Landas, de Vondenay et de Cervolles, dit l'Archi-Prêtre, depuis célèbre aventurier. Le roi menoit la troisième bataille avec Philippe, le plus jeune de ses fils, tige de la seconde maison de Bourgogne.

Ces trois corps, qui auroient pu envelopper l'ennemi en tournant la position du prince de Galles, furent disposés sur une ligne oblique, un peu en arrière les uns des autres. L'aile gauche, la plus avancée vers l'ennemi, et sous les ordres du duc d'Orléans, n'étoit séparée des Anglois que par un monticule dont on négligea de s'emparer ; le dauphin commandoit au centre, et le roi, à l'aile droite, la réserve. On jugera de la science militaire de ce temps quand on saura que ces dispositions se faisoient avant d'avoir reconnu le terrain occupé par le prince de Galles.

Tandis que l'armée françoise se mettoit en bataille, le roi envoya Eustache de Ribaumont, Jean de Landas et Richard de Beaujeu, examiner le camp du chevalier qui avoit gagné ses éperons à Crécy. Cependant Philippe, monté sur un cheval blanc, parcouroit les lignes, et disoit : « Quand vous êtes dans vos bonnes villes, vous menacez les Anglois et désirez avoir le bassinet en la tête devant eux. Or, y êtes-vous ? Je vous les montre : si leur veuillez remontrer leur maltalent, et contre-venger les dommages qu'ils vous ont faits. » L'armée répondit d'une commune voix : « Sire, Dieu y ait part ! »

Les trois chevaliers envoyés à la découverte revinrent, et rendirent compte au roi de ce qu'ils avoient observé.

L'ennemi s'étoit retranché au milieu d'une vigne, sur une petite hauteur, auprès d'un village appelé *Maupertuis* ; pour aller à lui, il n'y avoit qu'un chemin creux bordé de deux haies épaisses, et si étroit, qu'à peine trois cavaliers y pouvoient passer de front. Le prince de Galles avoit embusqué des archers derrière ces haies. Parvenu au bout du défilé, on trouvoit l'armée angloise composée en tout de deux mille hommes d'armes, de quatre mille archers et de quinze cents aventuriers. Il n'y avoit guère sur ces sept à huit mille hommes que trois mille Anglois : le reste étoit François et Gascons.

Le prince avoit fait mettre pied à terre à sa cavalerie, qui ne pouvoit agir dans le lieu où elle se trouvoit : le tout formoit, sur la pente de la colline, un corps d'infanterie pesamment armé, retranché parmi des buissons et des vignes, couvert sur son front par des archers rangés en forme de herse. Cette disposition étoit l'ouvrage de James d'Audeley, chevalier d'une grande expérience.

Si le roi Jean avoit avec lui la fleur de la chevalerie de France, le prince Noir avoit pour compagnons les plus vaillants guerriers de l'Angleterre et de la Guienne : entre les premiers, on remarquoit Jean lord Chandos, les comtes de Warwick et de Suffolk, Richard Stanfort,

James d'Audeley et Pierre, son frère, sir Basset et plusieurs autres; entre les seconds on comptoit le captal de Buch, Jean de Chaumont, les sires de Lesparre, de Rozem, de Montferrand, de Landuras, de Prumes, de Bourguenze, d'Aubrecicourt et de Ghistelles : c'est toujours nommer des François.

Ribaumont ayant peint au roi la position des ennemis, Jean lui demanda comment on les devoit attaquer. « Tous à pied, répondit Ribaumont, excepté trois cents armures de fer choisies entre les plus habiles et les plus chevalereuses ; elles entreront dans le chemin creux pour rompre les archers. Elles seront suivies du reste des hommes d'armes à pied pour donner sur les hommes d'armes anglois qui sont en bataille sur la hauteur au bout du défilé, et pour les combattre de la main à la main. »

Jean suivit cet avis, qui lui plaisoit par sa hardiesse : mieux conseillé, il auroit fait attaquer les archers à dos, et les eût chassés des deux haies avant de s'engager dans le défilé. Les maréchaux, d'après le plan adopté, désignèrent les trois cents cavaliers qui devoient ouvrir le chemin. Le reste des hommes d'armes fut démonté ; on leur ordonna d'ôter leurs éperons, de tailler leurs piques et de les réduire à cinq pieds de long, pour s'en servir avec plus de facilité dans la mêlée. Un corps d'Allemands, commandé par les comtes de Nidau, de Nassau et de Saarbruck, demeura à cheval afin de soutenir, en cas de besoin, les trois cents hommes d'armes à l'attaque du défilé. Le roi, accompagné de vingt chevaliers, se mit au milieu de ces Allemands pour voir de plus près le commencement de l'action. Tout étant ainsi disposé, on donne le signal du combat.

Déjà les trois cents hommes d'armes avoient embrassé leurs targes, quand voici venir un cavalier qui demande à parler au roi ; on reconnut le cardinal de Périgord. Le pape ne cessoit de travailler à la réconciliation de la France et de l'Angleterre : les deux cardinaux d'Urgel et de Périgord avoient été envoyés vers les deux armées pour les engager à la paix et traiter de la liberté du roi de Navarre. Le cardinal de Périgord ne s'étoit point rebuté du mauvais succès de ses premières tentatives, et, s'attachant aux pas des princes rivaux, il étoit arrivé à l'instant même où ils alloient vider leur querelle.

Il court vers le roi de France ; aussitôt qu'il l'aperçoit, il descend de cheval, s'incline et s'écrie en joignant les mains : « Très-cher sire, vous avez ici toute la fleur de la chevalerie de votre royaume, réunie contre un petit nombre d'ennemis. Si vous pouvez en obtenir ce que vous désirez sans combattre, vous épargnerez le sang chrétien et la vie de vos sujets. Vous savez que Dieu tient dans sa main le sort des armes ; je vous conjure, au nom de ce Dieu et de la charité, de me permettre d'aller vers le prince de Galles lui représenter son péril et l'avantage de la paix. »

Le roi répondit : « Il nous plaît que cela soit ainsi ; mais retournez vite. »

Le cardinal chevauche au camp anglois : au nom de la religion, les barrières des deux armées s'abaissent et laissent passer son ministre : il trouva le fils d'Édouard au milieu de ses chevaliers, couvert de son armure noire, et portant la devise des princes de Galles, prise de l'écusson du vieux roi de Bohême ; présage qui promettoit à Poitiers le destin de Crécy. « Certes, beau fils, lui dit l'envoyé du pape, si vous aviez examiné l'armée du roi de France, vous me permettriez d'essayer de conclure avec lui un traité. » Le prince répondit : « J'entendrai à tout, fors à la perte de mon honneur et de celui de mes chevaliers. » Le cardinal répliqua : « Beau fils, vous dites bien. » Et il retourna en toute hâte au camp françois.

Il supplia le roi de suspendre l'attaque jusqu'au lendemain. « Vos ennemis, disoit-il, ne peuvent échapper ; accordez-leur quelques instants pour apercevoir leur péril. » Jean s'y refusa d'abord, sur l'avis de la plus grande partie de son conseil ; mais, par respect pour le saint-siége, il consentit enfin à ce délai, qui donna le temps aux Anglois de se retrancher, ralentit l'ardeur du soldat, et fut la cause principale de la perte de la bataille.

Le roi fit dresser une *belle tente de couleur vermeille* dans l'endroit même où il se trouvoit. Les troupes déposèrent leurs armes, à l'exception du corps commandé par le connétable et par les deux maréchaux.

Le cardinal, retourné au camp anglois, et revenu ensuite au camp françois, rapporta au roi les propositions du prince de Galles. Celui-ci offroit de rendre les prisonniers qu'il avoit faits, les villes et châteaux qu'il avoit pris depuis trois années ; il s'engageoit pendant sept ans à ne point porter les armes contre la France : Villani ajoute qu'il consentoit à payer deux cent mille nobles ou écus d'or pour les dégâts commis par son armée. Le prince demandoit en mariage une fille du roi, et pour dot de cette princesse le seul duché d'Angoulême ; enfin, il réclamoit la liberté de Charles le Mauvais, et s'engageoit à faire consentir Édouard aux conditions du traité.

Jean, que les historiens représentent comme un téméraire, n'avoit déjà été que trop modéré en accordant aux Anglois une suspension d'armes ; il alloit donner une nouvelle preuve de son esprit conciliant en acceptant l'offre du prince Noir, lorsque Renaud de Chauveau, évêque de Châlons, se leva dans le conseil.

« Sire, dit-il, s'il m'en souvient bien, le roi d'Angleterre, son fils et son frère le duc de Lancastre, vous ont à plusieurs reprises insulté, et ont rempli votre royaume de meurtres et de ruines. Sur terre, ils ont humilié votre père Philippe et massacré votre noblesse; sur mer, ils ont assailli vos vaisseaux et brûlé vos ports comme des pirates. Quelle vengeance en avez-vous tirée? Quoi! pour prix de ces brigandages, vous donneriez votre fille à des mains teintes du sang françois! Dieu vous livre votre principal ennemi, ces orgueilleux Anglois, ces Gascons infidèles, ces lâches qui viennent d'égorger les pâtres et les laboureurs, ces incendiaires qui ont porté la flamme dans les hameaux, qui fument encore, et vous les laisseriez échapper! Et croyez-vous qu'ils soient de bonne foi dans ce qu'ils vous proposent? Ne connoissez-vous pas leur perfidie? Sous le prétexte de faire ratifier les conditions par le monarque anglois, ils gagneront du temps; Édouard refusera de confirmer le traité conclu. Cependant le duc de Lancastre, qui ravage le Perche avec son armée, aura rejoint le prince de Galles : alors la victoire passera peut-être à vos ennemis. Dieu vous préserve de plus grands malheurs! Je demande qu'aucun délai ne soit accordé, et que votre vengeance cesse d'être suspendue par des propositions insidieuses et par les lenteurs de votre conseil. »

Ce discours, dont le prélat soutint la vigueur la pique à la main, fit bouillonner dans le sein du roi l'ardeur guerrière; les barons crièrent : Aux armes! « Allez, dit Jean au cardinal, allez signifier au prince de Galles qu'il ait à se rendre prisonnier, lui et cent de ses principaux chevaliers : à cette condition, je laisserai passer son armée. » Le prince, au ouïr de ces paroles, qui lui furent rapportées par le cardinal, répondit : « Mes chevaliers ne seront pris que les armes à la main; quant à moi, quelque chose qu'il arrive, l'Angleterre n'aura pas à payer ma rançon. »

Ces pourparlers occupèrent toute la journée du dimanche. Pendant la tenue du conseil, divers chevaliers des deux armées chevauchèrent le long des batailles. Dans une de ces courses, le maréchal de Clermont rencontra Jean Chandos : ils portoient tous les deux dans leurs armes le même emblème; c'étoit une dame vêtue d'une robe bleue, au milieu des rayons d'un soleil. « Chandos, dit le maréchal, depuis quand avez-vous pris ma devise? » — « Et vous, la mienne? » répliqua Chandos. — « Si nos gens, reprit Clermont, n'étoient au moment de jouer des mains, je vous prouverois tout à l'heure que vous ne devez pas porter cette devise. » — « Eh! s'écria Chandos, demain nous nous retrouverons, et je vous prouverai que la dame bleue est plutôt mienne que vôtre. » Cette querelle de chevalerie coûta la vie au maréchal, qui fut tué par Chandos.

La nuit étoit venue : les François, abondamment pourvus de vivres, se fiant dans leur nombre et leur valeur, la passèrent à dormir ; les Anglois, manquant de tout, veillèrent et se retranchèrent : autour de leur camp et devant leurs archers, ils creusèrent des fossés profonds, qu'ils revêtirent de palissades ; dans la partie la plus foible de leur poste, ils se couvrirent avec leurs bagages et leurs chariots. Le prince de Galles commanda d'apporter le butin enlevé ; il en fit faire trois monceaux entre son camp et celui des François, et l'on y mit le feu. Ce sacrifice ne laissa plus rien à regretter aux Anglois, tandis que les tourbillons de flammes et de fumée qui s'élevoient, la veille d'une bataille, dans les ténèbres, servirent à masquer les travaux de l'ennemi et à étonner nos soldats.

Le soleil qui devoit éclairer un jour si funeste à notre patrie se leva et trouva les cœurs bercés de fausses espérances (19 septembre 1356). Les François se rangèrent dans le même ordre que le jour précédent ; les Anglois changèrent quelque chose à leurs dispositions : instruits, on ne sait comment, de la manière dont ils seroient attaqués, ils placèrent au front de leur ligne un certain nombre de cavaliers pour soutenir le choc des maréchaux ; ils cachèrent, en outre, trois cents hommes d'armes et trois cents archers à cheval derrière une petite colline, au revers de laquelle s'étendoit le corps commandé par le dauphin et ses deux frères. Ces six cents hommes avoient ordre, aussitôt qu'ils verroient l'action engagée, de tourner le mamelon et de prendre en flanc les troupes du dauphin. Le cardinal de Périgord reparut, mais on lui fit dire de la part des François de se retirer. Il passa alors chez le prince de Galles, dont il étoit sujet, comme natif de Guienne. « Beau fils, lui dit-il, faites ce que vous pourrez ; il vous faut combattre. » Le prince répondit : « J'y compte, ainsi que mes chevaliers ; Dieu veuille aider au droit ! » Le cardinal alla rejoindre l'autre légat au haut d'une colline, d'où ils élevèrent leurs mains vers le Dieu de paix, tandis que dans la plaine on invoquoit celui des armées.

Au milieu de ses compagnons d'armes, le prince Noir leur tint ce discours :

« Seigneurs, si nous ne sommes qu'un petit nombre contre l'armée puissante de nos ennemis, il ne faut pas laisser s'affoiblir notre courage. Ce n'est pas le soldat, c'est Dieu qui donne la victoire. Si nous sommes vainqueurs, notre triomphe en sera plus éclatant ; si nous devons mourir, j'ai un père et deux frères ; vous, vous avez des amis qui vous vengeront : ainsi ne songez qu'à bien combattre. S'il plaît à Dieu, vous me verrez aujourd'hui bon chevalier. »

Le prince de Galles garda auprès de lui Chandos, qui cependant courut au choc des maréchaux de France : il désiroit aussi retenir d'Audeley ; mais celui-ci avoit fait vœu de combattre au premier rang dans toute affaire où le roi d'Angleterre, ou l'un de ses fils, se trouveroit en personne. Le prince de Galles lui permit donc d'accomplir son vœu, et il s'alla placer au front de la ligne, parmi les hommes d'armes qui soutenoient les archers.

Les François élèvent le cri d'armes : à ce signal, les deux maréchaux de France, les comtes d'Audeneham et de Clermont, entrent dans le défilé à la tête de trois cents cavaliers commandés pour frayer le chemin. A peine sont-ils engagés entre les deux haies qui bordent le chemin, que les archers retranchés derrière font pleuvoir sur eux une grêle de flèches. Ces flèches, longues, barbues, dentelées, lancées à bout portant par un ennemi invisible, frappent dans l'épais bataillon. Les chevaux, percés d'outre en outre, effrayés et rendus furieux par la douleur, hennissent, ronflent, se cabrent, refusent d'avancer, se tournent de côté, trébuchent et tombent sous leurs maîtres. Les derniers rangs essayent de passer sur les premiers rangs abattus, se renversent et augmentent le péril et la confusion. Cependant les deux maréchaux, avec quelques chevaliers, surmontent les obstacles et parviennent au front de l'armée angloise : là ils trouvent une nouvelle ligne d'archers et sire James d'Audeley à la tête de ses hommes d'armes. Ces braves maréchaux, sortis presque seuls du défilé, ne peuvent soutenir un combat trop inégal : Clermont meurt de la main de Chandos ; d'Audeneham, porté à terre par d'Audeley, est forcé de se rendre.

Bientôt le bruit de cette défaite se répand. Les cavaliers arrêtés au milieu du défilé, entre leurs premiers rangs abattus et les hommes d'armes à pied qui les suivent, ne pouvant ni avancer ni reculer, restent immobiles, exposés aux flèches qui les transpercent et les clouent à leurs chevaux ; des cris et des rugissements sortent de l'horrible mêlée. Les hommes d'armes, qui déjà pénétroient dans le chemin, se replient sur le corps commandé par le dauphin Charles. Au même moment les six cents cavaliers anglois cachés au revers de la colline sortent de leur embuscade et viennent prendre à dos ce même corps. La terreur s'empare des soudoyers ; les hommes d'armes démontés se dispersent. Les seigneurs de Landas, de Vondenay, de Saint-Venant, qui avoient la garde des trois fils du roi, jugeant trop vite la bataille perdue, les forcent de s'éloigner. Landas et Vondenay, après avoir laissé les jeunes princes entre les mains de Saint-Venant, revinrent avec de L'Angle, Saintré et Cervolles, se ranger auprès du roi.

Les troupes du dauphin s'étant débandées, celles du duc d'Orléans prirent lâchement la fuite avec leur chef ; il ne resta sur le champ de bataille que l'escadron de cavalerie allemande et la division conduite par le roi, à laquelle se joignirent plusieurs chevaliers qui n'avoient pu se résoudre à abandonner leur maître.

Instruit de la déroute des deux premiers corps françois, le prince de Galles ordonne à ses hommes d'armes de remonter à cheval. Jean Chandos dit au prince : « Sire, chevauchons avant ; la journée est vôtre ; Dieu sera aujourd'hui dans votre main ; marchons au roi de France. Je sais bien que par vaillance il ne fuira point, ainsi il nous demeurera. » Le prince répondit : « Allons, Jean ! vous ne me verrez d'aujourd'hui retourner en arrière. » Il crie aussitôt à sa bannière : « Bannière, chevauchez avant ! au nom de Dieu et de saint Georges ! » et il descend de la colline avec toute son armée.

Le roi, faisant serrer les rangs, marche aux Anglois, qui sortoient du défilé pour l'attaquer : il se faisoit remarquer au milieu des siens par sa haute taille, son air martial, et par les fleurs de lis d'or semées sur sa cotte d'armes ; il étoit à pied, comme le reste de ses chevaliers, et tenoit à la main une hache à deux tranchants, arme des vieux Franks. A ses côtés étoit son fils, le jeune Philippe, à peine âgé de quatorze ans, comme le lionceau auprès du lion. Tous les historiens conviennent que si la quatrième partie de notre armée avoit combattu comme son roi, elle auroit remporté la victoire. Le choc fut rude : d'un côté c'étoit le prince Noir environné de Chandos, du captal de Buch, fameux rival de Du Guesclin, de d'Audeley, d'Aubrecicourt, des comtes de Warwick et de Suffolk, maréchaux d'Angleterre ; de l'autre, le roi Jean, accompagné de Jacques de Bourbon et de Pierre de Bourbon, père de ce Louis II de Bourbon dont les vertus annoncèrent celles de Henri IV ; des deux princes d'Artois, fils d'un traître, et tous deux fidèles ; des comtes de Saarbruck, de Nidau et de Nassau, tous trois Allemands, et dignes d'être François ; de Guichard de Beaujeu, de Guillaume de Nesle, de Guillaume de Montagu, de Richard de L'Angle, des sires de Chambly, de La Heuse, de J'ons, de Tancarville, de Laval, de Damp-Marie, de La Tour d'Humières, d'Urfé, de Duras, de Gaucher de Brienne, connétable de France et duc d'Athènes, double titre qui lui imposoit l'obligation de tomber avec gloire ; de l'évêque de Châlons, qui mourut le casque en tête comme Adhémar sur les murs de Jérusalem ; de Geofroy de Charny, le vaillant porte-oriflamme ; d'Eustache de Ribaumont, si célèbre par la couronne de perles qu'Édouard lui donna devant Calais ; de La Fayette et de La Rochefoucauld, noms que les armes ont cédés aux lettres ; enfin, de Jean de Saintré, réputé le plus brave chevalier de son temps, et dont les romans gaulois ont consacré le nom.

La cavalerie allemande soutint bien la première charge; mais elle lâcha pied après avoir perdu les comtes de Saarbruck, de Nidau et de Nassau, qui les commandoient. Les chevaliers françois des diverses provinces, rangés, avec leurs écuyers, autour des bannières de leurs suzerains, combattoient tantôt par pelotons séparés, tantôt mêlés et confondus. Le prince de Galles, avec Chandos, attaqua la division du connétable, et le captal de Buch, avec les maréchaux d'Angleterre, se trouva en face du roi.

Jean le vit approcher avec une joie intrépide : abandonné des deux tiers de ses soldats, il ne lui vint pas même un moment la pensée de reculer, résolu qu'il étoit de sauver l'honneur françois, s'il ne pouvoit sauver la France. Nos hommes d'armes ayant raccourci leurs piques, le roi ne put les faire remonter à cheval comme le prince de Galles avoit fait remonter les siens. Les Anglois étoient, en outre, accompagnés d'archers qui décidèrent de la victoire en perçant de loin des fantassins pesants, qui ne pouvoient joindre leurs légers ennemis. L'armée angloise, toute à cheval, se ruoit avec de grands cris sur l'armée françoise toute à pied. Les flots des combattants étoient poussés vers Poitiers, et ce fut près de cette ville que se fit le plus grand carnage. Les habitants, craignant que les vainqueurs n'entrassent pêle-mêle avec les vaincus, refusèrent d'ouvrir leurs portes.

Déjà les plus braves avoient été tués; le bruit diminuoit sur le champ de bataille; les rangs s'éclaircissoient à vue d'œil; les chevaliers tomboient les uns après les autres, comme une forêt dont on coupe les grands arbres. Charny, haussant l'oriflamme, luttoit encore contre une foule d'ennemis qui la lui vouloient arracher. Jean, la tête nue (son casque étoit tombé dans le mouvement du combat), blessé deux fois au visage, présentoit son front sanglant à l'ennemi. Incapable de crainte pour lui-même, il s'attendrit sur son jeune fils, déjà blessé en parant les coups qu'on portoit à son père; il voulut éloigner l'enfant royal, et le confia à quelques seigneurs; mais Philippe échappa aux mains de ses gardes, et revint auprès de Jean, malgré ses ordres. N'ayant pas assez de force pour frapper, il veilloit aux jours du monarque en lui criant : « Mon père, prenez garde ! à droite, à gauche, derrière vous ! » à mesure qu'il voyoit approcher un ennemi.

Les cris avoient cessé. Charny, étendu aux pieds du roi, serroit dans ses bras roidis par la mort l'oriflamme qu'il n'avoit pas abandonnée; il n'y avoit plus que les fleurs de lis debout sur le champ de bataille : la France tout entière n'étoit plus que dans son roi. Jean, tenant sa hache des deux mains, défendant sa patrie, son fils, sa couronne et l'oriflamme, immoloit quiconque l'osoit approcher. Il n'avoit autour de lui que quelques chevaliers abattus et percés de coups, qui se ranimoient dans la poussière à la voix de leur souverain, faisoient un dernier effort, et retomboient pour ne plus se relever. Mille ennemis essayoient de saisir le roi vivant, et lui disoient : « Sire, rendez-vous ! » Jean, épuisé de fatigue et perdant son sang, n'écoutoit rien et vouloit mourir.

Un chevalier fend la foule, écarte les soldats, s'approche respectueusement du roi, et lui parlant en françois : « Sire, au nom de Dieu, rendez-vous ! » Le roi, frappé du son de cette voix, baisse sa hache, et dit : « A qui me rendrai-je? à qui? Où est mon cousin le prince de Galles? si je le voyois, je parlerois. » —« Il n'est pas ici, répondit le chevalier ; mais rendez-vous à moi, et je vous mènerai vers lui. »—« Qui êtes-vous? » repart le roi. « Sire, je suis Denis de Morbec, chevalier d'Artois ; je sers le roi d'Angleterre parce que j'ai été obligé de quitter mon pays pour avoir tué un homme. »

Jean ôta son gant de la main droite et le jeta au chevalier en lui disant : « Je me rends à vous. » Du moins le roi de France ne remit son épée qu'à un François.

On ne voyoit plus ni bannières ni pennons de notre armée dans les champs de Poitiers. Le prince de Galles ignoroit encore toute sa gloire : Chandos lui conseilla de planter sa bannière sur un buisson, pour rallier ses troupes et se reposer. On dressa une petite tente rouge : le prince y entra. Les officiers de sa chambre lui détachèrent son casque et lui présentèrent à boire ; les trompettes sonnèrent le rappel. Les chevaliers anglois et gascons accourent, amenant avec eux un nombre prodigieux de prisonniers ; il y avoit tel soldat qui à lui seul en avoit jusqu'à dix : on les traita avec une générosité extraordinaire : la plupart furent renvoyés sur parole et sur la simple promesse d'une rançon qu'on eut soin de ne pas rendre assez forte pour les ruiner.

Les deux maréchaux d'Angleterre arrivèrent auprès du fils d'Édouard, qui leur demanda des nouvelles du roi de France. « Sire, répondirent-ils, nous ne savons ce qu'il est devenu, mais il faut qu'il soit mort ou pris, car il n'a pas quitté l'ost. » Chandos avoit déjà jugé que Jean, par *vaillance*, ne fuiroit point ; Warwick déclare qu'il est mort ou pris, car il n'a pas cessé de combattre ; nous allons voir le prince de Galles proclamer Jean le plus brave gentilhomme de son armée : un monarque françois dont la valeur est si hautement reconnue même de ses ennemis peut être vaincu sans cesser de régner ; les rois chevelus ne perdirent que sur la pourpre la couronne qu'ils avoient reçue sur un bouclier.

Le prince Noir dit à Warwick et à Cobham : « Allez, je vous prie, et chevauchez si loin, que vous me puissiez apprendre nouvelle du roi de France. » Warwick et Cobham partirent, et tout en chevauchant montèrent sur un tertre, afin de regarder autour d'eux. Ils découvrirent une troupe d'hommes qui marchoient lentement et s'arrêtoient à chaque pas. Les deux barons descendirent aussitôt de la colline et piquèrent de ce côté. Ils s'écrièrent en approchant de la troupe : « Qu'est-ce cy ! » On leur répondit : « C'est le roi de France qui est pris : il y a plus de dix chevaliers et écuyers qui se le disputent. »

Jean, au milieu de ces soldats, menant son fils par la main, étoit exposé au plus grand péril : les Anglois et les Gascons s'arrachoient tour à tour la proie ; ils l'avoient enlevée à Denis de Morbec. Chacun crioit en parlant du roi : « Je l'ai pris, je l'ai pris ! » Jean disoit : « Menez-moi courtoisement, et mon fils aussi, devant le prince de Galles, mon cousin. Ne vous querellez point pour ma prise ; car je suis assez grand seigneur pour vous faire tous riches. » Ces paroles apaisoient un moment les hommes d'armes ; mais ils n'avoient pas fait un pas qu'ils recommençoient leur contention. Warwick et Cobham se jettent dans la foule, écartent les soldats, leur défendent sous peine de vie d'approcher du roi, descendent de cheval, saluent le monarque et son fils, et les mènent à la tente du prince de Galles.

Déjà averti de l'approche du roi, le fils d'Édouard sortit pour recevoir le grand prisonnier, s'inclina devant lui jusqu'à terre, l'accueillit de paroles courtoises, le pria d'entrer dans sa tente, commanda d'apporter le vin et les épices, « et les présenta lui-même à Jean et à son fils, disent les chroniqueurs, en *signe de fort grand amour* ». Ainsi sont écrites au ciel les défaites et les victoires ; ainsi s'élèvent et tombent les empires ! Huit siècles auparavant, le premier roi frank triompha des Visigoths presque au même instant où Jean devint prisonnier des Anglois ; et Charny succomba en défendant l'oriflamme dans les champs où, quatre cents ans après lui, La Rochejaquelein devoit mourir pour le drapeau blanc.

La nuit venue, le prince Noir fit dresser dans sa tente une table abondamment servie, où s'assirent, avec le roi et son fils, les plus illustres prisonniers, Jacques de Bourbon, Jean d'Artois, les comtes de Tancarville, d'Estampes, de Damp-Marie, de Graville et le seigneur de Parthenay. Les autres barons et chevaliers françois, compagnons des périls et des malheurs de leur maître, étoient placés à d'autres tables. Le prince de Galles servoit lui-même ses hôtes ; il refusa cons-

… ment de partager le repas du roi, disant qu'il n'étoit pas assez somptueux pour s'asseoir à la table d'un si grand prince et d'un si vaillant homme. « Cher sire, disoit-il à Jean, ne vous laissez abattre, Dieu n'a pas voulu faire aujourd'hui ce que vous désiriez ; monseigneur mon père vous traitera avec tous les honneurs que vous méritez, traitera avec vous à des conditions si raisonnables, que vous en demeurerez pour toujours amis. Vous devez certainement vous réjouir, puisque la journée n'ait pas été vôtre, car vous avez acquis le haut nom de prouesse ; vous avez surpassé tous ceux de votre côté. Je ne le nie cela, cher sire, pour vous consoler, car tous mes chevaliers qui ont vu le combat s'accordent à vous en donner le prix et la couronne. »

Jusque là Jean avoit supporté son malheur avec magnanimité : aucune plainte n'étoit sortie de sa bouche, aucune marque de foiblesse n'avoit trahi l'homme ; mais quand il se vit traiter avec cette générosité, quand il vit ces mêmes ennemis qui lui refusoient sur le trône le titre de roi de France le reconnoître pour roi dans les fers, alors il se sentit réellement vaincu. Des larmes s'échappèrent de ses yeux, et lavèrent les traces de sang qui restoient sur son visage. Au banquet de la captivité le roi très-chrétien put dire comme le saint roi : *Mes pleurs se sont mêlés au vin de ma coupe.*

Le reste des prisonniers se prit à pleurer en voyant pleurer le roi : le festin fut un moment suspendu. Les guerriers françois, si bons juges en nobles actions, regardoient avec un murmure d'admiration leur vainqueur, à peine âgé de vingt-six ans. « Quel monarque il promet à sa patrie, disoient-ils, s'il peut vivre et persévérer dans sa fortune ! »

Les paroles des malheureux sont prophétiques : si le prince de Galles entendit celles de ses prisonniers, il put avoir, à la vue des inconstances du sort, un pressentiment de ses propres destinées. Ce prince vécut peu de jours. Son fils, qui monta sur le trône d'Angleterre, trahi par ces mêmes nobles qui avoient combattu à Poitiers, obligé de recourir à la protection de l'héritier du roi Jean, déposé par un parlement ingrat, enfermé dans une tour ; son fils, dis-je, condamné à mourir de faim, lutta plusieurs jours contre la mort, désirant en vain à son dernier soupir les miettes de ce repas que son père, victorieux, servit à un monarque infortuné. La gloire même du vainqueur de Poitiers a péri dans les champs où elle jeta une si vive lumière.

Au-dessus de l'ancienne abbaye de Vouillé et du village de Beauvoir en Poitou, sur le haut d'une colline couverte de joncs marins, on croit trouver les vestiges d'un vieux camp. Vers le milieu de ce camp, remarque l'ouverture d'un puits à demi comblé : c'est tout ce [qui] atteste le passage d'un héros. Le village de Maupertuis a disparu ; [per]sonne dans le pays ne se souvient qu'il ait existé. Par une autre biz[ar]rerie du sort, le lieu où l'on voit les traces du camp anglois s'app[elle] aujourd'hui *Carthage;* comme si la fortune, pour se jouer des homm[es,] s'étoit plu à effacer un nom fameux par un nom plus fameux enco[re,] une ruine par une ruine, une vanité par une vanité [1].

---

1. Voyez sur ce mot de *Carthage* l'*Essai de dissertation sur le* Campus Vo[c]densis, dans les *Dissertations de* Lebeuf. Voyez encore les *Vies des Capitai*[nes] *illustres au moyen âge,* par M. Mazas. On trouve dans ce consciencieux ouvrage [des] renseignements sur les batailles de Crécy, de Poitiers et d'Azincourt. J'ai d[ans] mon récit corrigé les noms propres misérablement estropiés par nos historiens [;] ont suivi Froissart et les Chroniques de Flandre. L'édition de Froissart [de] M. Buchon, m'a beaucoup servi pour ces corrections, bien que je n'adopte pas ent[iè]rement toutes les lectures. J'ai reçu aussi de Poitiers, sur la bataille de ce nom, [des] plans et des documents.

FIN DES FRAGMENTS.

# ANALYSE RAISONNÉE

DE

# L'HISTOIRE DE FRANCE

DEPUIS LA BATAILLE DE POITIERS SOUS LE ROI JEAN,
EN 1356, JUSQU'A LA RÉVOLUTION DE 1789.

## JEAN II.

### 1356-1364.

La France paroît perdue ! ses finances sont épuisées, ses armées se 
changent en troupes de brigands, qui la déchirent; ses peuples se soulèvent; ses états attaquent le trône, laissé vide par la captivité du roi; 
un prince du sang, échappé de prison, vient mêler aux violences de 
l'étranger les discordes domestiques; il donne du poison à l'héritier 
de la couronne captive; des traîtres dans l'Église et dans la noblesse, 
des factieux dans le tiers état; au dedans les séditions et les crimes du 
tribunat, au dehors les horreurs de l'anarchie civile et militaire; et 
pour seul remède à tant de maux un prince à peine âgé de dix-huit 
ans, que son projet de fuite avec le roi de Navarre et sa conduite à la 
bataille de Poitiers n'avoient fait estimer ni des François ni des ennemis. Qui auroit pu croire que cet enfant étoit Charles le Sage, sauveur 
de son peuple, et l'un des plus utiles rois qui aient gouverné les 
hommes?

Mais Charles V n'étoit que la tête; il lui falloit un bras, et Dieu avoit 
en même temps formé ce bras. Tandis que le dauphin se retiroit 
obscurément de Poitiers, méprisé des vainqueurs, un pauvre gentilhomme, aussi inconnu que lui, combattoit pour Charles de Blois dans 
les bruyères de la Bretagne. Sans beauté, sans grâces, sans fortune,

d'un esprit si peu ouvert, qu'on ne lui avoit jamais pu apprendre
lire, ce gentilhomme, demi-paysan, n'avoit rien en apparence de
qui annonce les héros, hors la valeur. Nos Chroniques, qui en parle
pour la première fois à cette époque, l'appellent un *certain jeune bach
lier*. C'étoit pourtant là Du Guesclin, le premier grand capitaine q
l'Europe eût vu depuis les jours de Rome, et que nos aïeux nommoie
le *bon connétable* : tant ce sol de France est fécond! tant notre patr
a de ressources dans le malheur !

Charles et Du Guesclin viennent ensemble et l'un pour l'autre,
tous les deux pour la nation, d'autant plus illustres que tout e
entraves à leurs victoires. Lorsque Dieu envoie les exécuteurs de s
vengeance, le monde est aplani devant eux; ils ont des succès extr
ordinaires avec des talents médiocres; aucun adversaire habile ne le
dispute le triomphe, tout s'arrange pour que leurs fautes mêmes se
vent à augmenter leur puissance. Le ciel, afin de les seconder, assié
sur tous les trônes la folie et la stupidité ; pas un général dans l
camps, pas un ministre dans les conseils. Ces exterminateurs obtie
nent la soumission du peuple, au nom des calamités dont ils so
sortis et de la terreur que ces calamités ont inspirée. Traînant apr
eux un troupeau d'esclaves armés, déshonorés par cent victoires,
torche à la main, les pieds dans le sang, ils vont au bout de la ter
comme des hommes ivres, poussés par Dieu qui fait leur force,
qu'ils renient.

Mais lorsque la Providence, au contraire, veut relever un royaun
et non l'abattre, lorsqu'elle emploie des serviteurs et non des enn
mis, lorsqu'elle destine à ses serviteurs une vraie gloire et non u
épouvantable renommée, loin de leur rendre la route facile, elle le
oppose des obstacles dignes de leurs vertus. C'est ainsi que l'on pe
toujours distinguer le fléau du Sauveur, l'homme envoyé pour détrui
et l'homme venu pour réparer. Le premier paroît dans l'absence d
talents et du génie; le second rencontre à chaque pas d'habiles adve
saires capables de balancer ses succès; l'un n'a rien contre lui, (
maître de tout, se sert pour réussir de moyens immenses ; l'autre
tout contre lui, n'est maître de rien, n'a entre les mains que les pl
foibles ressources. Le dauphin se mesure avec Édouard, monarq
puissant, heureux guerrier, souverain d'un royaume florissant et de
moitié de la France; il lutte contre Charles le Mauvais, prince (
donnoit par ses crimes de l'importance à ses artifices, contre Marc
Le Coq et Pecquigny, triumvirat redoutable par la triple alliance
pouvoir populaire, aristocratique et religieux. Du Guesclin combat
prince de Galles, Chandos, le captal de Buch; rivaux qui le surp

soient en renommée et l'égaloient en mérite. Sans argent, sans crédit, c'est en vendant les joyaux de sa femme qu'il fait vivre ses compagnons d'armes. Tantôt il n'a pour soldats que des chevaliers braves, mais indociles, et des paysans indisciplinés; tantôt son armée est composée d'un ramas de brigands qui ne le suivent que par le miracle de sa gloire. Et cependant le prince et le sujet viennent à bout de leur œuvre; ils battent l'étranger, rétablissent l'ordre, font refleurir les lois, les lettres, le commerce et l'agriculture. Tous deux, après avoir brillé ensemble sur la scène du monde, en sortent tous deux presque en même temps : le bon connétable va dormir à Saint-Denis aux pieds de Charles le Sage. Réveillés de nos jours dans leurs tombeaux, toujours liés par la même destinée, ils se sont revus après une nuit de quatre siècles : les cendres du roi qui avoit arraché aux Anglois notre terre natale ont été jetées au vent, et des mains françoises ont brisé le cercueil de Du Guesclin; arche sainte devant qui tomboient les remparts ennemis.

Paris, après la bataille de Poitiers, reçut le jeune Charles avec des honneurs et des respects, soit que les hommes ne se puissent d'abord empêcher de saluer le malheur comme leur maître, soit qu'ils cherchent à s'acquitter vite envers lui, afin de s'en éloigner ensuite sans remords, et de mettre à l'aise leur ingratitude. Le dauphin avoit été nommé par son père lieutenant général du royaume, quelque temps avant la bataille de Poitiers. Ce fut en cette qualité qu'il gouverna la France jusqu'à sa majorité, époque à laquelle il prit le titre de régent, que personne ne lui contesta. Le premier soin de Charles fut de convoquer les états qui, dans leur dernière session, s'étoient ajournés au mois de novembre. Ils se réunirent dans la chambre du parlement.

Huit cents députés composoient toute l'assemblée de la langue d'oyl : la noblesse étoit présidée par le duc d'Orléans, frère du roi; le clergé, par Jean de Craon, archevêque de Reims, et le tiers état, par Étienne Marcel, prévôt des marchands. Le chancelier prononça le discours d'ouverture : il engagea les députés à s'occuper des besoins de la France et de la délivrance du roi. Les ordres s'assemblèrent séparément, nommèrent une commission composée de cinquante membres pris dans les trois ordres et choisis parmi les députés les plus opposés au prince. Cette commission devoit travailler à un projet de réforme générale.

Les bases de ce plan arrêtées, on pria le dauphin de se rendre aux Cordeliers, où les états s'étoient transportés. Ils voulurent obliger le jeune prince de tenir secret ce qu'ils avoient à lui dire; il s'y refusa.

Alors l'évêque de Laon, Robert Le Coq, se leva, et prit la parole : il rejeta les malheurs publics sur les flatteurs et les conseillers dont le roi Jean s'étoit entouré ; il présenta une liste de proscription de vingt-deux personnes, requérant que leur procès leur fût fait ; il proposa la formation d'une commission tirée du sein des états, pour surveiller les différentes branches de l'administration ; enfin, il demanda que Charles ne pût prendre aucune mesure sans l'avis d'un conseil également choisi parmi les députés ; l'évêque termina son discours en sollicitant la liberté du roi de Navarre. A ce prix, les états offroient la levée de trente mille hommes d'armes, une imposition d'un dixième et demi, ou de trois vingtièmes, sur les biens de la noblesse et du clergé. Le tiers état s'engageoit à équiper et à payer par chaque dix feux un homme d'armes.

On est étonné de voir un corps qui n'avoit encore aucune expérience marcher si directement à son but et suivre d'un pas ferme les routes que l'on a depuis suivies.

Ces états de 1356 (5 février), et ceux de 1357 (7 octobre), se trouvèrent à peu près dans la même position que l'Assemblée législative en 1792. La France à ces deux époques avoit à résister à une guerre étrangère, tandis qu'elle s'occupoit intérieurement de la réforme de ses lois, et qu'une grande révolution politique s'opéroit. La même cause donnée amena quelques-uns des mêmes effets ; les états de 1356, par cet instinct naturel qui pousse les agrégations d'hommes comme les individus à profiter des circonstances, se constituèrent : déjà ils avoient fait un grand pas depuis les précédentes sessions ; ils en firent un bien plus considérable après la bataille de Poitiers.

Mais la pression des armes étrangères, les résistances locales, les divisions intérieures, corrompirent ces éléments, et produisirent quelque chose des crimes dont nous avons été témoins en 1793. Des tribuns s'élevèrent : Marcel, Robert Le Coq et Pecquigny exaltèrent les passions de la multitude. Marcel, devenu le maître, disposoit à son gré de ces rois demi-nus, abrutis par la misère, vrais sauvages au milieu de la civilisation, mais sauvages dégradés de la noblesse des bois, et n'ayant que l'orgueil des haillons.

Le roi de Navarre, délivré de sa prison d'Arleux en Pailleul par Jean de Pecquigny, gouverneur d'Artois (1357), accourut à Paris, et vint augmenter la discorde. Il harangua le peuple convoqué dans le Pré aux Clercs. Il y eut des espèces d'assemblées du Forum aux Halles et à Saint-Jacques de l'Hôpital, où Marcel, Consac, échevin, Jean de Dormans, chancelier du duché de Normandie, et le dauphin lui-même, prononcèrent des discours devant le peuple, qui passoit d'une opinion à l'autre en écoutant tour à tour les orateurs. On n'a pas même vu cela en 1793; le peuple, qui prit alors une part si active aux événements, ne délibéra jamais en masse, et ne contraignit point les principaux personnages de l'État à venir plaider leur cause devant lui : la Convention même rejeta l'appel au peuple.

Paris devint un moment en 1357 une espèce de démocratie ancienne au milieu de la féodalité. On inventa des couleurs nationales; on prit le chaperon mi-parti de drap rouge et pers (bleu verdâtre), avec des fermails d'argent émaillé, portant cette inscription : *A bonne fin.* On ouvrit les prisons sur la demande du roi de Navarre, qui donna lui-même la liste des criminels que l'on devoit relâcher, à savoir : « *Larrons, meurtriers, voleurs de grands chemins, faux-monnoyeurs, faussaires, coupables de viol, ravisseurs de femmes, perturbateurs du repos public, assassins, sorciers, sorcières et empoisonneurs.* » Tout cela fut suivi de massacres. Le roi ne périt point dans ces troubles, car il étoit prisonnier des Anglois; mais l'héritier du trône fut exposé au danger le plus imminent.

Et qu'on ne dise pas que mettre un roi en jugement étoit une idée qui ne pouvoit venir alors : tout au contraire, c'étoit une idée naturelle aux anciens temps.

Le dix-huitième article du testament de Charlemagne contient cette disposition remarquable : « Si quelques-uns de nos petits-fils nés ou à naître sont accusés, ordonnons qu'on ne leur rase pas la tête, qu'on ne leur crève pas les yeux, qu'on ne leur coupe pas un membre, ou qu'on ne les condamne pas à mort, sans bonne discussion et sans examen [1]. » C'est Charlemagne qui parle ainsi, et dont les petit-fils nés ou à naître devoient être des rois!

Sous son fils, Louis le Débonnaire, une assemblée nationale jugea et condamna Bernard, roi d'Italie; une autre assemblée força ce même empereur, Louis, à descendre du trône, comme une autre assemblée l'y fit remonter. Peu de temps avant l'avénement de la branche des Valois à la couronne, le parlement d'Angleterre avoit ôté la couronne à Édouard II, père d'Édouard III. L'esprit des deux premiers ordres des états du moyen âge tendoit à établir un droit de suprématie sur l'autorité royale : l'Église romaine délioit les sujets du serment de fidélité, et les conciles généraux privoient les papes de la tiare; les grands vassaux regardoient les rois comme leurs pairs;

---

[1]. De nepotibus vero nostris, scilicet filiis prædictorum filiorum nostrorum, qui ex eis vel jam nati sunt vel adhuc nascituri sunt, placuit nobis præcipere ut nullus eorum per quaslibet occasiones, quemlibet ex illis apud se accusatum sine justa discussione atque examinatione aut occidere, aut membris mancare, aut excæcare, aut invitum tondere faciat. (*Capitul.*, Baluz., t. I, p. 446.)

ce principe d'égalité n'avoit besoin que de la force et du malheur pour produire sa conséquence naturelle. Croit-on, par exemple, que Charles le Mauvais, qui avoit empoisonné le dauphin, qui avoit formé le dessein d'enlever le roi Jean, de l'enfermer dans une tour et de l'y tuer, se fût fait scrupule de juger ce même monarque? Les diètes d'Allemagne conservoient le principe de l'élection à l'Empire, et ces diètes déposoient les empereurs. Une assemblée de notables adjugea en France la régence d'abord, ensuite la couronne, à Philippe de Valois : on est bien près de retirer le sceptre lorsqu'on le donne.

Quant aux communes, celles de Flandre tenoient leurs princes en tutelle ; les communes d'Angleterre avoient eu voix dans l'arrêt qui condamna Édouard II ; elles eurent voix encore dans la déposition de Richard II. Les communes de France, en 1355, en 1356 et 1357, constituèrent les états, sans s'embarrasser des priviléges de la royauté, sans demander la sanction du prince pour rétablir l'indépendance.

Le droit divin n'étoit point encore passé en principe : les rois disoient bien qu'ils ne tenoient leur pouvoir que de Dieu et de leur épée ; mais c'étoit toujours en repoussant les prétentions de quelque puissance étrangère, non en combattant une autorité nationale. Jean Petit, sous Charles VI, soutint publiquement, à propos du meurtre du duc d'Orléans, la doctrine du régicide. A la fin du XVIe siècle, le parlement de Paris commença le procès criminel de Henri III. Mariana ressuscita la doctrine de Jean Petit avant que Milton l'établît dans la cause de Charles Ier. Il faut donc reconnoître que le principe abstrait de l'inviolabilité de la personne du souverain, principe si sacré, si salutaire, appartient à cette monarchie constitutionnelle que l'ignorance passionnée se figure être contraire au pouvoir comme à la sûreté des rois ; il faut reconnoître que l'aristocratie et la théocratie avoient jugé, déposé et tué des souverains avant que la démocratie imitât cet exemple.

La trêve qui suivit la bataille de Poitiers, au lieu d'être favorable à la France et aux travaux des états, augmenta la confusion.

Les troupes nationales et étrangères dont on n'avoit plus besoin, et qu'on ne pouvoit solder, se débandèrent ; elles élurent des chefs, et formèrent ces grandes compagnies qui désolèrent la France. Une de ces compagnies, qui se surnomma *società dell' acquisto*, ravagea la Provence et fit trembler le pape dans Avignon. Après ces premières compagnies parurent les *routiers* et les *tard-venus*, qui battirent Jacques de Bourbon à Brignais (1361), lequel mourut de ses blessures, ainsi que son fils Pierre : le jeune comte de Forez fut tué dans l'action. Arnaud de Cervolles, surnommé l'Archi-Prêtre, le chevalier

Vert, le petit Meschin, Aymérigot Tête-Noire, et plusieurs autres, rappeloient, par leurs faits d'armes, dans les gorges des vallées qu'ils occupoient, dans les châteaux dont ils s'étoient emparés, tout ce que les romans nous racontent des mécréants et des enchanteurs.

Un autre fléau avoit éclaté, la jacquerie. Les paysans se révoltèrent contre les gentilshommes, auxquels ils avoient rendu le nom de *Jacques Bonhomme,* que les gentilshommes leur avoient d'abord donné : ils accusoient, ce qui étoit vrai, une partie de la noblésse d'avoir fui à Poitiers, de sorte que leur insurrection venoit à la fois du sentiment de l'oppression qu'ils avoient subie, de la soif d'indépendance qu'ils ressentoient, du désir de venger le roi, et d'un mouvement patriotique contre l'invasion étrangère. Ils combattirent les bandes angloises avec un courage qui eût plus tôt délivré la France s'ils eussent été imités. Le soulèvement des paysans du Beauvoisis, du Soissonnois et de la Picardie, signale la naissance de la monarchie des états, comme le soulèvement des laboureurs de la Vendée marque la fin de cette monarchie. Au milieu des épouvantables cruautés de la jacquerie, Guillaume Caillet, Guillaume Lalouette et le valet de ferme de celui-ci, le Grand-Ferré, furent pourtant des héros.

Les paysans, tant ceux qui s'étoient soulevés que ceux qui étoient restés chez eux, avoient fortifié leurs villages et placé des sentinelles dans les clochers de leurs paroisses : à l'approche de l'ennemi, ces sentinelles tintoient la campane ou donnoient l'alarme avec un cornet ; aussitôt les laboureurs répandus sur les champs se réfugioient dans l'église. Les riverains de la Loire se retiroient la nuit dans des bateaux qu'ils arrêtoient au milieu du fleuve. A Paris, on défendit de sonner les cloches, excepté celle du *couvre-feu* (1358) *depuis les vêpres chantées jusqu'au grand jour du lendemain,* afin que les bourgeois en faction ne fussent distraits par aucun bruit. Les chemins se couvrirent d'herbe, les monastères furent abandonnés, les sillons laissés en friche ne servirent plus que de camps aux différentes troupes de brigands, de Jacques, de soudoyers anglois, navarrois, françois, qui s'y succédoient comme des hordes d'Arabes passant dans le désert : on ne reconnoissoit l'existence des hommes dans ces solitudes qu'à la fumée des incendies qui s'élevoit des hameaux. Nous avons encore les complaintes latines que l'on chantoit sur les malheurs de ces temps, et ce couplet pour les Bonshommes :

> Jacques Bonshommes,
> Cessez, cessez, gens d'armes et piétons,
> De piller et manger le bonhomme,
> Qui de longtemps Jacques Bonhomme
> Se nomme.

Voilà ce que firent les *jacques*, les *compagnons*, les *bourgeois* de Paris : la France leur fut redevable du commencement d'une infanterie nationale, qui remplaça l'infanterie féodale des communes, joint à ce sentiment d'indépendance naturel à la force armée; force tyrannique quand elle triomphe régulièrement, libératrice quand elle naît spontanément dans le sein d'un peuple opprimé.

La France ne fut point délivrée de la conquête, sous Charles V, par l'énergie des masses populaires comme dans la dernière révolution, mais par la sagesse de la couronne : aussi la délivrance fut-elle plus lente. Il ne resta de l'insurrection parisienne que les fossés creusés et les remparts élevés en moins de deux ans par les bourgeois, dans un moment de terreur panique excitée par Marcel.

La révolution politique produite par les états de 1356 et 1357 ne passa point les murs de Paris. Paris ne donnoit pas alors le mouvement au royaume; Paris n'étoit point la capitale de la France; c'étoit celle des domaines du roi : grande commune qui agissoit spontanément, que les autres communes n'imitoient pas et dont elles savoient à peine le nom : Saint-Denis en France, en raison de sa célébrité religieuse, étoit beaucoup plus connu que Paris. Dans le pays de la langue d'oc, et même de la langue d'oyl, il y avoit des villes qui égaloient en richesses et surpassoient en beauté cette boueuse Lutèce dont Philippe-Auguste avoit à peine fait paver quelques rues.

Des germes de liberté politique se trouvèrent donc perdus au milieu de la monarchie féodale, qui, bien qu'ébranlée dans ses institutions, étoit encore toute-puissante par ses mœurs : aussi après les états de 1356 et 1357 voit-on le pouvoir à peine né de ces états décroître. La couronne, qui les avoit convoqués pour se défendre, en eut peur : leur retour dans des temps de calamités ne parut plus qu'un signal de détresse, et leur souvenir se lia à celui des malheurs qu'ils n'avoient pas faits et qu'on ne leur laissoit pas le temps de réparer. Le parlement, dans leur absence, usurpa le pouvoir politique qui leur échappoit, particulièrement le droit de doléance et de sanction de l'impôt. Quoi qu'il en soit, c'est cette monarchie des trois états substituée à la monarchie féodale qui nous a transmis la monarchie constitutionnelle, après la courte apparition de la monarchie absolue de Louis XIV et de Louis XV.

La paix fut conclue entre le régent et le roi de Navarre en 1359. La même année la trêve avec l'Angleterre expira. On se battit, on négocia pour la délivrance du roi Jean. Un projet honteux de traité fut proposé et rejeté par les trois ordres des états. Guillaume de Dormans, avocat général, du haut du perron de marbre de la cour, lut le traité au peuple assemblé; le peuple s'écria que *ledit traité n'étoit point pas-*

*sable ni faisable, et que toute la nation étoit résolue de faire bonne guerre au roi anglois.*

Advint enfin le traité de paix de Brétigny, signé à Brétigny-lez-Chartres, le 8 mai 1360. Une observation qui me semble avoir échappé aux historiens doit être faite : Jean, en cédant tant de provinces à Édouard, ne cédoit pourtant presque rien des domaines de son royaume proprement dit. C'étoient des seigneurs indépendants, les La Marche, les Cominges, les Périgord, les Châtillon, les Foix, les Armagnac, les Albret, qui changeoient seulement de seigneur, qui, ne reconnoissant jamais que la couronne de France eût eu le droit de leur donner un autre souverain, en appelèrent sous Charles V à cette couronne et secouèrent le joug étranger. Ainsi ce démembrement de la monarchie féodale ne se pourroit comparer en aucune manière au démembrement de la monarchie compacte et constitutionnelle d'aujourd'hui.

Le roi Jean revint en France, après quatre ans un mois et six jours de captivité, le 25 octobre 1360 ; il assista à un tournoi à Saint-Omer, vint prier à Saint-Denis, ce qui valoit mieux, et fit son entrée dans Paris le 13 décembre. Il marchoit sous un drap d'or soutenu par quatre lances ; des fontaines de vin couloient dans les rues tapissées. Le peuple françois admire le malheur comme la gloire.

A cette époque, Du Guesclin s'attacha au service de la France. Il commençoit à devenir fameux. « Vous verrez (lecteur) une âme forte nourrie dans le fer, pétrie sous des palmes, dans laquelle Mars fit école longtemps. La Bretagne en fut l'essai, l'Anglois son boute-hors, la Castille son chef-d'œuvre ; dont les actions n'étoient que hérauts de sa gloire, les défaveurs, théâtres élevés à sa constance, le cercueil, embassement d'un immortel trophée. » (*Vie de Du Guesclin.*)

La France avoit perdu des provinces par le traité de Brétigny ; elle reçut en compensation de cette perte un présent qui devint funeste : Philippe de Rouvre, âgé de quinze ans, dernier duc de la première maison de Bourgogne qui avoit subsisté trois cent trente années depuis Robert de France, premier duc, fils du roi Robert et petit-fils de Hugues Capet, mourut au château de Rouvre vers les fêtes de Pâques, en 1362. Le duché et une partie du comté de Bourgogne, et tout ce qui provenoit de l'héritage direct d'Eudes IV, échut au roi Jean, fils de Jeanne de Bourgogne, sœur d'Eudes. Jean avoit d'abord réuni cette riche succession à la couronne ; s'il eût maintenu cette réunion, il auroit évité bien des malheurs à sa race ; mais il donna l'investiture du duché de Bourgogne à son quatrième fils Philippe, premier duc de la seconde maison de Bourgogne. « Pour reconnoître, disent les lettres datées de Germiny, le 6 septembre 1363, le zèle que Philippe lui avoit témoigné à lui Jean, en s'exposant à la mort et en combattant intrépidement à ses côtés à la bataille de Poitiers, où ce fils si cher avoit été blessé et fait prisonnier avec lui. » Ces mêmes lettres instituent le duc de Bourgogne premier pair de France. Jean régularisa le guet ou la garde nationale à Paris, et retourna en Angleterre pour mourir.

Se voulut-il lui-même donner en otage au lieu de son fils, le duc d'Anjou, qui avoit faussé sa foi? Cela est bien dans son caractère. Retourna-t-il à Londres afin de satisfaire une passion, *causa joci?* dit le continuateur de Nangis. Auroit-il été le rival d'Édouard auprès de la comtesse de Salisbury? Édouard avoit cinquante ans; la comtesse n'étoit plus jeune; Jean lui-même étoit âgé de quarante-quatre ans. Les personnages qui avoient figuré sous Philippe de Valois vieillissoient; un grand nombre d'entre eux avoient déjà quitté la scène; un monde nouveau s'élevoit; le prince Noir, qui ne fut jamais populaire en Angleterre, étoit devenu prince souverain d'Aquitaine; on entrevoyoit déjà dans Charles régent Charles le Sage; Du Guesclin faisoit oublier le héros de Poitiers. Jean termina-t-il sa tragique histoire par un roman? On peut tout croire des hommes. Jean mourut le 8 avril de l'année 1364; quatre mille torches et quatre mille cierges éclairèrent ses funérailles dans l'église de Saint-Paul à Londres : c'étoit moins de flambeaux que les Anglois n'en avoient allumé pour voir les morts sur le champ de bataille de Crécy. Le corps du roi Jean fut rapporté en France et enterré auprès du grand autel de l'abbaye de Saint-Denis, le 6 mai de la même année 1364.

En dehors du règne de Jean remarquons la république de Nicolas Rienzi à Rome et la condamnation de Marin Falieri, doge de Venise. De temps en temps les principes populaires se faisoient jour, comme les volcans à travers les masses qui pèsent sur eux.

## CHARLES V.

### 1364-1380.

Une seule qualité doit être relevée dans Charles V, parmi celles qu'il possédoit : la connoissance des hommes et l'intelligence nécessaire pour les apprécier. Il se servit de ce qu'il y avoit de supérieur autour de lui, sans être obligé d'atteindre lui-même à une grande supériorité. A n'en citer que deux exemples, il choisit pour ses armées Bertrand Du Guesclin et Bureau de Larivière pour ses conseils. Les défauts mêmes de Charles V lui furent utiles ; la foiblesse de son corps, le condamnant à la retraite, favorisa le développement de son esprit. Du Guesclin délivra la France des grandes compagnies en les menant en Espagne. Les guerres du prince de Transtamare et de Pierre le Cruel se mêlèrent aux guerres de la France, et amenèrent des révolutions où le prince Noir et Du Guesclin augmentèrent leur renommée. En Bretagne, Clisson avoit paru, Charles de Blois avoit été tué à la bataille d'Auray.

Les grands barons de la Gascogne se soulevèrent contre les Anglois qui les avoient opprimés. Charles V fit sommer le prince Noir de se rendre à Paris pour *ouyr droict sur les dictes complaintes et griefs émeus de par vous à faire sur vostre peuple qui clame à avoir et à ouyr ressort en nostre cour, et à ce n'y êtes point de faulte*. Un valet de l'hôtel du roi porta à Londres une lettre de Charles V qui dénonçoit la guerre à Édouard : celui-ci ne pouvoit en croire ses yeux ; lui et ses ministres examinèrent à diverses reprises les sceaux attachés à cette déclaration inattendue. Édouard, endormi sur les lauriers de la victoire, ne s'étoit aperçu ni de la fuite des ans, ni des changements survenus autour de lui, ni de ce renouvellement de la race humaine au milieu de laquelle restent quelques hommes du passé que l'on ne comprend plus et qui ne comprennent rien. L'astre du vainqueur de Crécy pâlissoit : sa gloire d'un autre siècle ne touchoit plus une jeunesse qui, avec d'autres passions, découvroit un autre avenir. Le lecteur de l'histoire est comme l'homme qui avance dans la vie et qui voit tomber un à un ses contemporains et ses amis ; à mesure qu'il tourne les pages, les personnages disparoissent ; un feuillet sépare les siècles, comme une pelletée de terre les générations.

Chandos n'étoit plus ; le prince de Galles étoit mourant. Édouard fit une tentative pour aborder en France, dans le dessein de secourir Thouars, la dernière place qui lui restât en Poitou : cette fois la mer méconnut sa tête blanchie et le repoussa ; le vent de la fortune enfloit d'autres voiles. Le prince de Galles, transporté à Londres, expira, âgé de quarante-six ans, au palais de Westminster. Il laissoit un fils, le malheureux Richard II, à qui l'on disputa jusqu'à la légitimité de sa naissance. Édouard III ne tarda pas à suivre le prince Noir dans la tombe : ce n'étoit plus le brillant chevalier de la comtesse de Salisbury : c'étoit l'esclave d'une courtisane qui le vola sur son lit de mort et lui arracha l'anneau qu'il portoit au doigt (1377).

On peut remarquer, en 1371, la naissance de Jean de Bourgogne et de Louis, duc d'Orléans : ainsi se forme la chaîne des prospérités et des calamités des empires. Le grand schisme d'Occident éclata en 1379 par la mort de Grégoire XI et la double élection d'Urbain VI et de Clément VII. Charles V adhéra à ce dernier pape, et l'université suivit le même parti. Des troubles commencèrent en Flandre : le duc de Bretagne, tenant ferme à l'alliance angloise, vit la noblesse de son duché se soulever contre lui. Enfin Du Guesclin, après avoir éprouvé une disgrâce de cour et remis peut-être l'épée de connétable à Charles V, ce qui n'est pas prouvé, alla mourir devant *Castel-Neuf* de Randan. On sait que les clefs de la ville furent remises à son cercueil ; il respiroit encore cependant lorsqu'elles furent apportées. Dans le testament de Du Guesclin et dans le codicille de ce testament, daté du 9 et du 10 juillet 1380, il prend le titre de connétable de France. Bertrand dit à Olivier de Clisson, son compagnon : « Messire Olivier, je sens que la mort m'approche de près, et ne vous puis dire beaucoup de choses. Vous direz au roi que je suis bien marry que je ne lui aie fait plus longtemps service, de plus fidèle n'eussé-je pu, et, si Dieu m'en eût donné le temps, j'avois bon espoir de lui vuider son royaume de ses ennemis d'Angleterre. Il a de bons serviteurs qui s'y emploieront de mêmes effets que moi, et vous, messire Olivier, pour le premier. Je vous prie de reprendre l'épée qu'il me commit, quand il me donna l'épée de connétable, et la lui rendre ; il sçaura bien en disposer et faire élection de personne digne. Je lui recommande ma femme et mon frère ; et adieu, je n'en puis plus. » Du Guesclin n'écrivoit pas, mais il savoit signer. J'ai vu sa signature, *Bertrand*, au bas de quelques dispositions de famille.

Charles V ne survécut à Du Guesclin que de deux mois et quatre jours ; il mourut au château de Beauté-sur-Marne, le 16 septembre, à midi, de l'an 1380. Ce prince disoit des rois : « Je ne les trouve heureux que parce qu'ils peuvent faire du bien ; » mot qui peint toute sa vie.

Le règne de Charles V fut un règne de réparation et de recomposition de la monarchie. L'art militaire fit des progrès considérables sous le bon connétable, Bayard dans sa jeunesse, Turenne dans son âge mûr. Une sagesse obstinée renferma Charles V dans son palais ; il se souvenoit de Crécy et de Poitiers ; il vouloit confier le sort de la France, non à l'impétuosité, mais à la patience du courage françois. Il laissa le royaume ouvert à toutes les courses d'Édouard, qui promena ses troupes de Bordeaux à Calais et de Calais à Bordeaux, tant qu'il voulut. Nos soldats voyoient avec dépit, du haut des remparts où on les tenoit confinés, ces courses ; mais les Anglois perdoient toujours quelques places ; les provinces cédées se fatiguoient du joug étranger; les anciens grands vassaux de la couronne portoient leurs plaintes aux pieds de Charles V, qui, la main appuyée sur le cœur de la France et sentant la vie revenir, parloit en maître.

## CHARLES VI.

### 1380-1422.

La minorité de Charles VI fut en proie aux déprédations et aux rivalités de trois oncles paternels et tuteurs de ce prince, les ducs d'Anjou, de Berry et de Bourgogne : le duc de Bourbon, homme estimable, ne put presque rien pour contre-balancer les maux d'une administration sans talent et sans justice.

Soulèvement de Rouen et de Paris ; juifs, fermiers et receveurs, pillés et massacrés ; états où l'on entend parler du *peuple* et de la nation ; guerre civile en Bretagne ; désordres occasionnés par le schisme : tel est le prologue de la tragédie dont le premier acte s'ouvre à la folie de Charles VI. Le vertueux avocat général Jean Desmarets fut traîné à l'échafaud comme complice des séditions auxquelles il avoit au contraire opposé l'autorité de sa vertu.

« Maître Jean, lui disoit-on en le menant au supplice, criez merci au roi afin qu'il vous pardonne. » Desmarets répondit : « J'ai servi au roi Philippe son grand aïeul, au roi Jean, et au roi Charles son père, bien et loyaument ; ne oncques ces trois rois ne me sçurent que demander, et aussi ne feroit cestuy s'il avoit connaissance d'homme : à Dieu seul veux crier merci. » Paroles magnanimes s'il en fut jamais.

Les exécutions nocturnes, commencées sous ce règne, continuèrent ; on ne dérobe pas l'iniquité en la cachant.

Les corps étoient jetés dans la Seine avec cet écriteau : « Laissez passer la *justice du roi*. » Avertissement à la Loire en 1793, pour laisser passer la *justice du peuple*. Les assassinats juridiques datent du gouvernement des Valois : on marchoit vers la monarchie absolue.

Jean, fils du duc de Bourgogne, fut marié à Marguerite de Hainaut, et Charles VI, âgé de dix-sept ans, épousa Isabeau, fille d'Étienne, duc de Bavière, âgé de quatorze ans. Il y a des noms qui sont à eux seuls l'arrêt des destinées (1385) : « Il est d'usage en France, dit Froissart, que quelque dame, comme fille de haut seigneur que ce soit, qu'il convient qu'elle soit regardée et avisée toute nue par les dames pour savoir si elle est propre et formée pour porter enfant. » Du moins les flancs de cette femme qui devoit être si souvent *regardée toute nue* devoient porter Charles VII.

Grand projet de descente en Angleterre (1386); quinze cents vaisseaux rassemblés au port de L'Écluse; cinquante mille chevaux destinés à être embarqués; des munitions de guerre et de bouche, parmi lesquelles on remarque des barils de jaunes d'œufs cuits et pilés comme de la farine. Une ville de bois de trois mille pas de diamètre, munie de tours et de retranchements, étoit composée de pièces de rapport qui se démontoient et remontoient à volonté; elle pouvoit contenir une armée : nous n'avons pas aujourd'hui, dans notre état perfectionné d'industrie, l'idée d'un ouvrage aussi gigantesque de menuiserie et de charpenterie; il est évident, par les boiseries qui nous restent du moyen âge, que l'art du menuisier étoit poussé beaucoup plus loin que de nos jours. Les vaisseaux de la flotte étoient ornés de sculpture et de peinture; les mâts couverts d'or et d'argent : magnificence qui rappelle la flotte de Cléopâtre. La haute aristocratie étoit descendue du plus haut point de sa puissance au plus haut degré de sa richesse; elle avoit abouti au luxe, comme tout pouvoir, et par conséquent sa force déclinoit : les petits hommes qui faisoient ces grands préparatifs furent écrasés dessous. Les intrigues et les passions du duc de Berry, les vols de toutes les espèces d'agents, le retour de la mauvaise saison, empêchèrent la France de reporter en Angleterre les maux que celle-ci lui avoit faits, et ce fut en vain que les propriétaires furent taxés à la valeur du quart de leur revenu pour une inutile parade (1386).

Ces princes de la première maison de Valois étoient des esprits fastueux, bornés et ingouvernables : ils avoient rempli leur maison de cette foule de valets décorés, sangsues du peuple et plaies des cours. Cette noble tourbe jouissoit d'immunités abusives; il n'y avoit pas de surnuméraire de garde-robe qui, en attendant l'exercice de ses fonctions, ne fût exempt des charges publiques.

Le 1er janvier de cette année 1386 vit la fin du roi de Navarre, homme qui aimoit le crime de la même ardeur qu'il aimoit la débauche : s'il eût connu un moyen d'en ranimer le goût dans son cœur, il s'en seroit servi comme il se servoit du linceul imprégné d'esprit de vin où il se faisoit coudre pour rappeler ses forces épuisées avec les femmes, et dans lequel il fut brûlé.

Il faut placer à l'année 1386 le duel judiciaire de Jean de Carrouges et de Jacques Legris. La dame de Carrouges prétendoit avoir été violée dans le donjon de son château par Jacques Legris, gentilhomme du comte d'Alençon. « Jacquet, Jacquet, dit-elle à Legris, vous n'avez pas bien fait de m'avoir vergondée ; mais le blâme n'en demeurera pas sur moi, si Dieu donne que monseigneur mon mari retourne. » Il étoit alors en Écosse. Legris fut tué. Carrouges passa en Afrique pour combattre les Maures, et ne revint plus.

En 1387 eut lieu l'aventure d'Olivier de Clisson et du duc de Bretagne, aventure racontée partout, et dernièrement encore par un historien qui ne me laisse plus rien à dire (M. de Barante). Bavalan sauva à son maître un crime et des remords. Clisson paya une amende de cent mille livres, et livra quatre places au duc : ainsi les nobles avoient encore des places fortifiées à eux. Les seigneurs de Laval et de Chateaubriand furent cautions de l'amende. En 1387 Charles VI, devenu majeur, prit les rênes du gouvernement.

En 1389 on célébra un service solennel à Saint-Denis, pour le repos de l'âme de Du Guesclin. L'évêque d'Auxerre fit l'éloge du bon connétable : la première oraison funèbre fut prononcée pour Du Guesclin, la dernière pour le grand Condé ; car, après Bossuet, il ne faut compter personne : nouveau genre d'éloquence inspiré par la gloire de nos armes, et noblement épuisé entre les cercueils de deux grands capitaines.

L'Europe trembla au nom de cette puissance ottomane qui bientôt, maîtresse de Constantinople, alloit opprimer l'ancienne patrie de la civilisation, et qui expire aujourd'hui en rendant la liberté à la Grèce. Bajazet annonçoit qu'il passeroit en Occident et feroit manger l'avoine à son cheval sur l'autel de Saint-Pierre à Rome ; réaction des croisades, comme les croisades elles-mêmes étoient la réaction du premier débordement des nations islamistes sur les pays chrétiens. La guerre d'extermination n'a cessé entre les peuples du Christ et de Mahomet que quand le principe religieux s'est affoibli chez ces deux peuples.

Marchèrent au secours de Sigismond, roi de Hongrie, dix mille François, parmi lesquels on comptoit mille chevaliers et mille écuyers des plus grandes familles de France, commandés par les plus grands seigneurs, ayant à leur tête Jean de Nevers, prince qui fut le second duc de Bourgogne : pour faire tant de mal à la France, il alloit conquérir dans les prisons de Bajazet le surnom de Jean sans Peur. La bataille de Nicopolis perdue contribua, comme je l'ai déjà remarqué, avec les batailles de Crécy, de Poitiers et d'Azincourt, à la dislocation de l'armée aristocratique et à l'établissement de l'armée nationale. Quand le duc de Bourgogne sortit des cachots de Bajazet, Bajazet entra dans la cage de Tamerlan. Les grandes invasions étoient maintenant en Asie.

Le duc de Touraine, devenu depuis duc d'Orléans, épousa Valentine de Milan, fille de Galeas Visconti. Pierre de Craon, favori du duc de Touraine, fut disgracié pour avoir révélé à Valentine de Milan une infidélité de son mari. Craon étoit l'ennemi du connétable de Clisson et parent du duc de Bretagne.

Isabeau commençoit à manifester son penchant au luxe et à la galanterie : la cour d'amour fut instituée sur le modèle des cours de justice. Parmi les officiers de cette cour, on trouve avec les princes du sang et les plus anciens gentilshommes de la France des docteurs en théologie, des grands-vicaires, des chapelains, des curés et des chanoines. C'est à cette époque que les romanciers ont placé les aventures du petit Jehan de Saintré. Les plus terribles vérités n'interrompirent point ces fictions; on voit marcher, tantôt séparés, tantôt confondus, dans ce siècle, les forfaits et les amours, les fêtes et les massacres, l'histoire et le roman, tous les désordres d'un monde réel et d'un monde fictif : l'imagination entroit dans les crimes, les crimes dans l'imagination. Les fureurs du schisme et l'invasion des Anglois compliquèrent les querelles des Bourguignons et des Armagnacs.

En 1392, le duc de Touraine obtint le duché d'Orléans en échange de celui de Touraine.

Craon assassine le connétable de Clisson, le jour de la fête du Saint-Sacrement 1392 : Clisson ne mourut pas de ses blessures. Charles VI voulut tirer vengeance de Craon, réfugié auprès du duc de Bretagne. L'armée eut ordre de se mettre en marche. Dans la forêt du Mans, une espèce de fantôme, enveloppé d'un linceul, la tête et les pieds nus, se précipite d'entre deux arbres sur la bride du cheval de Charles VI, disant : « *Roi, ne chevauche plus avant; retourne, car tu es trahi.* » Le spectre rentre dans la forêt sans être poursuivi. Charles frémissant, et les traits altérés, continue sa route. Un page qui portoit la lance du roi la laissa tomber sur le casque d'un autre page : à ce bruit le roi sort de sa stupéfaction, tire son épée, fond sur les pages en s'écriant : « Avant! avant sur ces traîtres! » Le duc d'Orléans accourt; Charles se jette sur lui : « Fuyez, beau neveu d'Orléans, lui crie le duc de Bourgogne, monseigneur veut vous occire : haro! le grand meschef, monseigneur est tout dévoyé! Dieu! qu'on le prenne! » Le roi ne tua ni ne blessa personne, quoi qu'en ait dit Monstrelet. Il fut ramené au Mans *sur une charrette à bœufs.* Les oncles du roi, le duc de Berry et le duc de Bourgogne, prirent en main le gouvernement. Larivière, Lemercier, Montaigu et Le Bègues de Vilaines, ministres de Charles, eurent ordre de se retirer; le connétable de Clisson fuit en Bretagne après que le duc de Berry l'eut menacé de lui crever le seul œil qui lui restât. Benoît, le pape de Rome, prétendit que Dieu avoit ôté le jugement au roi parce qu'il avoit soutenu l'anti-pape d'Avignon ; Clément, le pape d'Avignon, soutenoit que le roi avoit perdu l'esprit parce qu'il n'avoit pas détruit l'anti-pape de Rome. Le peuple françois plaignit le jeune monarque et pria pour lui, tandis que les grands se réjouissoient de pouvoir conduire à leur gré les affaires de l'État. Georges III, dans une monarchie constitutionnelle, a été privé plusieurs années d'intelligence, et c'est l'époque la plus glorieuse de la monarchie angloise ; Charles VI, dans une monarchie absolue, resta à peu près le même nombre d'années dans un état d'insanité, et c'est l'époque la plus désastreuse de la monarchie françoise : dans la monarchie constitutionnelle, la raison nationale prend la place de la raison du roi ; dans la monarchie absolue, la folie de la cour succède à la folie royale.

Le parlement, toutes les chambres assemblées (1392), confirma l'édit de Charles V, qui fixe à quatorze ans la majorité des rois. La tutelle des enfants de France fut mise entre les mains de la reine et de Louis de Bavière, frère de la reine ; des lettres de régence furent accordées quelque temps après au duc d'Orléans, frère du roi. Il y avoit un conseil de tutelle de douze personnes ; il n'y avoit point de conseil de régence assigné. Charles VI fit son testament, et il vécut, après avoir lui-même disposé de tout, comme s'il étoit mort.

Et c'est de ce roi mort que l'on entend parler ensuite comme père d'enfants qui naissent au hasard, comme ayant été sur le point d'être brûlé dans un bal masqué où cet insensé figuroit déguisé en sauvage, comme niant qu'il eût été roi, comme effaçant avec fureur son nom et ses armes ; priant qu'on éloignât de lui tout instrument avec lequel il eût pu blesser quelqu'un, disant qu'il aimoit mieux mourir que de faire du mal à personne ; conjurant au nom de Jésus-Christ ceux qui pouvoient être coupables de ses souffrances de ne le plus tourmenter et de hâter sa fin ; s'écriant, à l'aspect de la reine : « *Quelle est cette femme ? Qu'on m'en délivre !* » et recevant dans son lit, trompé, la fille d'un marchand de chevaux que cette reine lui envoyoit pour la remplacer : ombre auguste, malheureuse et plaintive, autour de laquelle s'agitoit un monde réel de sang et de fêtes ! spectre royal dont on empruntoit la main glacée pour signer des ordres de destruction, et qui, innocent des actes revêtus de son nom à la lumière du soleil, revenoit la nuit parmi les vivants pour gémir sur les maux de son peuple ! Quel témoin nous reste-t-il de cette infirmité d'un monarque que ne purent guérir un *magicien* de Guienne avec son livre, *Smagorad* et deux moines qui furent les premiers criminels assistés à la mort par des confesseurs ? Quel monument durable atteste, au milieu de nous, les calamités d'un règne qui s'écoula entre l'apparition d'un fantôme et celle d'une bergère? Une amère dérision de la destinée des empires et de la fortune des hommes : un jeu de cartes.

Sous l'année 1395, on remarque l'ordonnance qui donne des confesseurs aux condamnés; mais le sacrement de l'eucharistie leur étoit encore refusé dans le dernier siècle. Plusieurs conciles avoient réprouvé cette rigueur, incompatible en effet avec la charité chrétienne et avec le principe moral d'une religion qui fait du repentir l'innocence.

Les prisonniers envoyés à l'échafaud s'arrêtoient deux fois en chemin ; dans la cour des Filles-Dieu, ils baisoient le crucifix, recevoient l'eau bénite, buvoient un peu de vin et mangeoient trois morceaux de pain : cela s'appeloit *le dernier morceau du patient*. Sauval remarque que cet usage ressemble au repas que les Juives faisoient aux personnes condamnées à mort, et au vin de myrrhe que les Juifs présentèrent à Jésus-Christ. Ne seroit-ce pas plutôt un souvenir du dernier repas des martyrs, *le repas libre?* Les exécutions avoient presque toujours lieu le dimanche et les jours de fête. Les cordeliers assistèrent d'abord les criminels, et eurent pour successeurs les docteurs en théologie de la maison de Sorbonne : sublime fonction du prêtre, qui commença en 1395 par l'édit d'un roi de France malheureux, et qui devoit donner, en 1793, un dernier consolateur à un roi de France encore plus infortuné.

L'usage étoit aussi d'offrir du vin aux juges qui assistoient à la mort du condamné : l'exécuteur des hautes œuvres faisoit les avances du prix de ce vin. Une somme de 12 livres 6 deniers fut allouée au bourreau en 1477, par le prévôt de Paris, pour avoir fourni du pain, des poires et douze pintes de vin à messieurs du parlement et officiers du roi, étant au grenier de la salle, pendant que le duc de Nemours (Armagnac) se confessoit.

La dernière année du xiv<sup>e</sup> siècle vit deux papes renoncés, deux rois jugés et déposés par deux assemblées nationales : le roi d'Angleterre Richard II, et Venceslas, empereur d'Allemagne. Venceslas, ivrogne et débauché, se soucioit si peu de l'empire, qu'il vendit aux habitants de Nuremberg, après sa déposition, un droit de souveraineté qu'il avoit conservé sur eux, pour quelques pipes de vin. Louis d'Anjou manqua son expédition sur Naples. Le duc de Bourbon voulut surprendre Bordeaux et Bayonne pendant les troubles qu'amena la déposition de Richard II ; il ne réussit pas, et la cour de France, ne pouvant dépouiller Henri de Lancastre, s'arrangea avec lui.

Les querelles des maisons d'Orléans et de Bourgogne éclatent. Il y a quelque chose de plus grand dans la maison de Bourgogne, quelque chose de plus attachant dans celle d'Orléans ; on se range malgré soi de son parti ; on lui pardonne la foiblesse de ses mœurs en faveur de son goût pour les arts, de sa fidélité au malheur et de son héroïsme. Par sa branche illégitime, on passe de Dunois aux Longueville ; par sa branche légitime, on arrive de Valentine de Milan à Louis XII et à François I$^{er}$.

Le premier attentat vint de la maison de Bourgogne. Jean sans Peur, qui avoit succédé à son père Philippe le Hardi, fait assassiner le duc d'Orléans le 23 novembre 1407. Les deux princes s'étoient juré dans le conseil du roi une amitié inviolable : *ils avoient pris les épices et bu du vin ;* ils s'étoient embrassés en se quittant ; ils avoient communié ensemble ; le duc de Bourgogne avoit promis de dîner chez le duc d'Orléans, qui l'avoit invité : il n'alla pourtant point chercher au repas des morts, où il l'envoya le lendemain, son convive de Dieu à la sainte table et son hôte au festin des hommes.

Le duc de Bourgogne nia d'abord son crime, et s'en vanta ensuite : dernière ressource de ceux qui sont trop coupables pour n'être pas convaincus et trop puissants pour être punis. Le peuple détestoit le duc d'Orléans et chansonna sa mort : les forfaits n'inspirent d'horreur que dans les sociétés en repos ; dans les révolutions, ils font partie de ces révolutions mêmes, desquelles ils sont le drame et le spectacle.

Le bruit de l'assassinat s'étant répandu dans Paris, la reine, épouvantée, se fit porter en l'hôtel de Saint-Pol ; la femme adultère se mit sous la protection de la royale folie. Bientôt elle est obligée de fuir devant le duc de Bourgogne et emmène à Tours le roi malade. Valentine de Milan succombe à sa douleur, sans avoir pu obtenir justice. On l'accusa de sortiléges : les sortiléges de Valentine étoient ses grâces. Cette Italienne, apportant dans notre rude climat, dans la France barbare, des mœurs polies et le goût des arts, dut paroître une magicienne ; on l'auroit brûlée pour sa beauté, comme on brûla Jeanne d'Arc pour sa gloire.

Le traité de Chartres donna tout pouvoir au duc de Bourgogne ; on trancha la tête au sire de Montaigu, administrateur des finances, ce qui ne remédia à rien ; on convoqua une assemblée pour réformer l'État, et l'État ne fut point réformé. Les princes, mécontents, prirent les armes contre le duc de Bourgogne. Le duc d'Orléans, fils du duc assassiné, avoit épousé en secondes noces Bonne d'Armagnac, fille du comte Bernard d'Armagnac, d'où le parti du duc d'Orléans, conduit par le comte Bernard, prit le nom d'*Armagnac*. On traite inutilement à Bicêtre ; on se prépare de nouveau à la guerre. Les Armagnacs assiègent Paris ; le duc de Bourgogne arrive avec une armée, et en fait lever le siège. A travers tous ces maux, la vieille guerre des Anglois se ranime.

Une sédition éclate dans Paris : les palais du roi et du dauphin sont forcés; la faction des bouchers prend le chaperon blanc; le duc de Bourgogne perd son pouvoir, et se retire : on négocie à Arras.

Le roi d'Angleterre descend en France. La bataille d'Azincourt, perdue, renouvelle tous les malheurs de Crécy et de Poitiers. Paris est livré aux Bourguignons, après avoir été gouverné par les Armagnacs; les prisons sont forcées, les prisonniers massacrés. Les Anglois s'emparent de Rouen, et Henri V prend le titre de roi de France.

Un traité de paix est conclu à Ponceau entre le duc de Bourgogne et le dauphin (1419). Vaine espérance! les inimitiés étoient trop vives : Jean sans Peur est assassiné sur le pont de Montereau.

Le nouveau duc de Bourgogne, Philippe le Bon, s'allie aux Anglois pour venger son père. Henri V épouse Catherine de France, et Charles VI le reconnoît pour son héritier, au préjudice du dauphin. Deux ans après la signature du traité de Troyes, Henri V meurt à Vincennes et Charles VI à Paris.

Le duc de Bedford, revenant des funérailles de Henri V, roi d'Angleterre, ordonne celles de Charles VI, roi de France. Cette course entre deux cercueils, entre le cercueil du plus glorieux comme du plus heureux des monarques, et le cercueil du plus obscur comme du plus misérable des souverains, est une leçon aussi sérieuse que philosophique. Qui en profitera? Personne.

## CHARLES VII.

### 1422-1461.

Le dauphin se trouvoit à Espally, château situé en Velay; d'autres disent à Mehun-sur-Yèvres en Berry, lorsqu'il apprend la mort de son père. Proclamé roi par le petit nombre de fidèles qui l'environnoient, il s'habille de noir et entend la messe dans la chapelle du château; puis on déploie la bannière aux fleurs de lis d'or. Une douzaine de serviteurs crient *Noël!* Et voilà un roi de France.

Richemond, Dunois, Xaintrailles, La Hire, soutiennent l'honneur françois sans pouvoir arracher la France aux étrangers : Jeanne paroît, et la patrie est sauvée [1].

---

[1] Voir les détails sur Jeanne d'Arc et sa mission, t. VI de cette édition, p. 576 et suiv., *Mélanges littéraires*.

Quelque chose de miraculeux dans le malheur comme dans la prospérité se mêle à l'histoire de ces temps. Une vision extraordinaire avoit ôté la raison à Charles VI; des révélations mystérieuses arment le bras de la Pucelle; le royaume de France est enlevé à la race de saint Louis par une cause surnaturelle; il lui est rendu par un prodige.

On trouve dans le caractère de Jeanne d'Arc la naïveté de la paysanne, la foiblesse de la femme, l'inspiration de la sainte, le courage de l'héroïne.

Lorsqu'elle eut conduit Charles VII à Reims et l'eut fait sacrer, elle voulut retourner garder les troupeaux de son père; on la retint. Elle tomba aux mains des Bourguignons, dans une sortie vigoureuse qu'elle fit à la tête de la garnison de Compiègne. Le duc de Bedford ordonna de chanter un *Te Deum*, et crut que la France entière étoit à lui. Les Bourguignons vendirent la Pucelle aux Anglois pour une somme de 10,000 francs. Elle fut transportée à Rouen dans une cage de fer, et emprisonnée dans la grosse tour du château. Son procès commença : l'évêque de Beauvais et un chanoine de Beauvais conduisirent la procédure. « *Cette fille si simple*, disent les historiens, *que tout au plus savoit-elle son* PATER *et son* AVE, ne se troubla pas un instant, et fit souvent des réponses sublimes. » Condamnée à être brûlée vive comme sorcière, la sentence fut exécutée le 30 mai 1431.

Un bûcher avoit été élevé sur la place du Vieux-Marché, à Rouen, en face de deux échafauds où se tenoient des juges séculiers et ecclésiastiques, ou plutôt les assassins dans les deux lois. Jeanne étoit vêtue d'un habit de femme, coiffée d'une mitre, où étoient écrits ces mots : *apostate, relapse, idolâtre, hérétique*. Jeanne n'avoit pourtant servi que les autels de son pays. Deux dominicains la soutenoient; elle étoit garrottée. Les Anglois avoient fait lier par leurs bourreaux ces mains que n'avoient pu enchaîner leurs soldats.

Jeanne prononça à genoux une courte prière, se recommanda à Dieu, à la pitié des assistants, et parla généreusement de son roi, qui l'oublioit. Les juges, le peuple, le bourreau, et jusqu'à l'évêque de Beauvais, pleuroient.

La condamnée demanda un crucifix; un Anglois rompit un bâton, dont il fit une croix : Jeanne la prit comme elle put, la baisa, la pressa contre son sein, et monta sur le bûcher : Bayard voulut expirer penché sur le pommeau de son épée, qui formoit une croix de fer.

Le second confesseur de la Pucelle rachetoit par ses vertus l'infamie du premier; il étoit auprès de sa pénitente. Comme on avoit voulu la donner en spectacle au peuple, le bûcher étoit très-élevé, ce qui rendit le supplice plus douloureux et plus long. Lorsque Jeanne sentit que la flamme l'alloit atteindre, elle invita le frère Martin à se retirer avec un autre religieux, son assistant. La douleur arracha quelques cris à cette pauvre, jeune et glorieuse fille. Les Anglois étoient rassurés ; ils n'entendoient cette voix que sur le champ du martyre. Le dernier mot que Jeanne prononça au milieu des flammes fut *Jésus*, nom du consolateur des affligés et du Dieu de la patrie.

Quand on présuma que la Pucelle étoit expirée, on écarta les tisons ardents afin que chacun la vît : tout étoit consumé, hors le cœur, qui se trouva entier.

Trois grands poëtes ont chanté Jeanne : Shakespeare, Voltaire et Schiller. La Pucelle, dans Shakespeare, est une sorcière qui a des démons à ses ordres ; dans Schiller, c'est une femme divine inspirée du ciel, qui doit sa force à son innocence, et qui perd cette force lorsqu'elle éprouve une passion. La Pucelle de Shakespeare renie son père, simple berger ; elle se déclare grosse pour retarder son supplice ; tantôt elle dit que c'est *Alençon qui a eu son amour*; tantôt que c'est *René, roi de Naples, qui a triomphé de sa vertu*; mais Shakespeare, malgré son sang anglois, prête à la Pucelle des sentiments héroïques. Il lui fait dire à Charles VII, qui hésite à attaquer l'ennemi : « Commandez la victoire, et la victoire est à vous. » Quand elle est prise, elle s'écrie : « L'heure est donc venue où la France doit couvrir d'un voile son superbe panache, et laisser tomber sa tête dans le giron de l'Angleterre ! » Lorsque l'héroïne est condamnée, elle prononce ces paroles : « Jeanne d'Arc vécut chaste et sans reproche dans ses pensées ; son sang pur, que vos mains barbares versent injustement, criera vengeance contre vous aux portes du ciel [1]. »

Schiller, dans son admirable tragédie, met ces mots dans la bouche de Jeanne inspirée : « Ce royaume doit-il tomber ? Cette contrée glorieuse, la plus belle que le soleil éclaire dans sa course, pourroit-elle porter des chaînes ?. . . . . . . . Eh quoi ! nous n'aurions plus de rois à nous ! de souverain né sur notre sol ! Le roi qui ne meurt jamais disparoîtroit de notre pays !. . . . . . . . . L'étranger qui veut régner sur nous pourroit-il aimer une terre où ne reposent pas les dépouilles de ses ancêtres ? Notre langage pourroit-il être entendu de son cœur ? A-t-il passé ses premières années au milieu d'une jeunesse françoise, et peut-il être le père de nos enfants ? »

Et Voltaire, le poëte françois, entre le poëte anglois et le poëte allemand, que fait-il dire à la Pucelle ? Reconnoissons-le, à l'honneur du temps où nous vivons, ce crime du génie, cette débauche du talent ne

---

1. *Œuvres de* SHAKESPEARE, collect. GUIZOT.

seroit plus possible aujourd'hui ; Voltaire seroit forcé d'être François par ses sentiments comme par sa gloire. Avant l'établissement de nos nouvelles institutions, nous n'avions que des mœurs privées ; nous avons maintenant des mœurs publiques, et partout où celles-ci existent les grandes insultes à la patrie ne peuvent avoir lieu : la liberté est la sauvegarde de ces renommées nationales qui appartiennent à tous les citoyens. Au surplus, Voltaire historien et philosophe est juste autant que Voltaire poëte et impie est inique [1].

Le traité d'Arras réconcilia le roi de France et le duc de Bourgogne ; Paris ouvrit ses portes au maréchal de l'Isle-Adam (1436), et Charles VII, un an après, y fit son entrée solennelle. Une trêve avoit été conclue entre la France et l'Angleterre ; elle expira en 1448.

Charles VII et ses généraux reprennent toute la Normandie, la Guienne et Bordeaux. Les Anglois sont chassés de France, où, après une si longue occupation et tant de malheurs, ils ne conservent que Calais, première conquête d'Édouard III (1449, 1450, 1451, 1452, 1453). Talbot, le dernier héros de cet âge dans les rangs anglois, avoit été tué à la bataille de Castillon.

Alors vivoit Agnès Sorel, *dame de beauté*, qui régnoit sur le roi et le poussoit à la gloire. Charles VII eut trois filles d'Agnès Sorel, Charlotte, Marguerite et Jeanne. Monstrelet assure que ce monarque n'entretint jamais qu'un commerce d'âme et de pensées avec sa maîtresse (1445, 1446).

Le dauphin (Louis XI), cantonné dans le Dauphiné pendant quinze ans, tantôt en révolte ouverte, tantôt en conspiration secrète contre son père, se retire auprès du duc de Bourgogne, où il demeure six ans (1456).

Procès fait au duc d'Alençon, prince du sang. Il est condamné à mort ; la peine est commuée en une prison, d'où Louis XI le délivra pour l'y remettre encore, parce qu'il conspira de nouveau.

Rivalité des maisons d'York et de Lancastre, en Angleterre. Révolutions et guerres de *la rose blanche* et de *la rose rouge* (1457, 1458, 1459, 1460, 1461).

Charles VII se laisse mourir de faim, dans la crainte d'être empoisonné par son fils. Il expire à Meun, en Berry, le 22 juillet 1461. On a dit ingénieusement qu'il n'avoit été que le témoin des merveilles de son règne.

Charles VII étoit ingrat, insouciant et léger : défauts qui lui furent utiles dans la mauvaise fortune, parce qu'en la sentant moins il eut l'air de la dominer.

---

[1]. Théâtre allemand, collect. Ladvocat ; voir l'*Essai sur les Mœurs*.

Vingt années de malheurs mûrirent les esprits et leur communiquèrent une activité prodigieuse. Les lois, l'administration, l'art militaire, les sciences, les lettres, s'éclairèrent des besoins d'une société tourmentée par tous les fléaux de la guerre civile et de la guerre étrangère. La puissance populaire s'accrut de tout ce que perdit la puissance aristocratique, en même temps que la royauté contestée, que la couronne attaquée dans son hérédité, consacrèrent leurs droits légitimes, en étant obligées de recourir à ceux même de la nation.

Les grandes scènes et les grandes causes ne se jugent ni ne se plaident devant les peuples sans que de nouvelles idées ne s'introduisent dans les masses et que le cerle de l'esprit humain ne s'élargisse. Aussi voyons-nous sous Charles VI et Charles VII les mouvements populaires succéder aux mouvements aristocratiques et des excès d'une autre nature se commettre : des massacres de prêtres et de nobles dans les prisons annoncent la renaissance des passions plébéiennes. L'augmentation de la moyenne propriété ; l'accroissement des cités et de leur population ; le progrès du droit civil ; la destruction matérielle du corps des nobles ; la multiplication des cadets de famille qui, presque tous privés d'héritage, n'avoient plus la ressource de vivre commensaux de leurs aînés, et se perdoient par misère dans la roture : voilà les principales causes qui amenèrent pendant les règnes de Charles VI et de Charles VII une des grandes transformations de la monarchie.

Sous Charles VII expirèrent les lois de la féodalité, dont il ne demeura que les habitudes. La conquête étrangère ayant obligé à la défense commune, on se donna naturellement au chef militaire autour duquel on s'étoit rassemblé : or, cela n'arrive jamais sans que des libertés périssent. L'impôt levé pour la solde des compagnies régulières ne fut point et ne put être consenti par la nation pendant les troubles de l'État ; il resta de ces troubles, à la couronne, un impôt non voté et une armée permanente, les deux pivots de la monarchie absolue. Les mœurs devinrent demi-chevaleresques, demi-soldatesques ; le *chevalier* se métamorphosa en *cavalier,* et le *pédaille* en *fantassin*. Les frères Bureau fondèrent l'artillerie : tout le monde à cette époque, bourgeois et gens de plume, avoit porté les armes.

Charles VII institua un conseil d'État, qui devint le conseil exécutif. Le parlement, ne faisant plus partie du conseil du roi, vit mieux les limites de ses fonctions judiciaires, en même temps qu'il garda les fonctions politiques dont il s'étoit emparé : car vers la fin du xive siècle les états avoient presque cessé d'être convoqués.

L'histoire des idées commence à se mêler à l'histoire des faits. Les spectacles modernes prennent naissance, ou du moins, étant déjà nés, ils se développent. Aux combats d'animaux, aux mimes de la première et de la seconde race, succédèrent, sous la troisième, les troubadours et trouvères, les jongleurs, les ménestriers, l'association de la *Mère folle*, les *Confrères de la Passion*, les *Enfants sans-souci*, les *Coqueluchiers*, les *Cornards*, les *Moralités* jouées par les clercs de la Basoche, la *Royauté des fous*, par les écoliers, et enfin les *Mystères*, plaisirs grossiers sans doute, enfance de l'art, où tout se trouvoit confondu, musique, danse, allégorie, comédie, tragédie, mais scènes pleines de mouvement et de vie, et dont nous aurions tiré une littérature bien plus originale et bien plus féconde, si notre génie, sous Louis XIV, ne s'étoit fait grec et latin. Les *Enfants sans-souci* jouoient particulièrement la comédie; leur chef s'appeloit le *prince des sots*, et portoit un capuchon surmonté de deux oreilles d'âne. Les *Cornards* avoient pour chef l'*abbé des Cornards*. Je ne sais si l'on a jamais remarqué que les premières éditions de la *Mer des histoires et chroniques de France* sont ornées de très-belles majuscules et de vignettes qui représentent le *prince des sots* et des scènes peu chastes. Le mariage chez les anciens n'a jamais été comme chez les modernes, et surtout comme chez les François, un sujet de raillerie ; cela tient à ce que les femmes n'étoient pas mêlées à la société antique ainsi qu'elles le sont à la société nouvelle. La comédie naissante n'épargna ni les choses ni les personnes ; elle fut licencieuse à l'exemple des mœurs qu'elle avoit sous les yeux, hardie de même que les guerres civiles au milieu desquelles elle surgit. La tragédie prit son plus grand essor pendant les troubles de la Fronde.

La fureur de ces spectacles devint si grande, que tout le monde voulut être acteur : des princes, des militaires, des magistrats, des évêques, se faisoient agréger à ces troupes comiques, dont la profession étoit libre. L'esprit passoit par degrés des plaisirs matériels à ceux de l'intelligence. Le christianisme, ayant porté la morale dans les passions, avoit combiné et modifié ces passions d'une manière toute nouvelle : le génie pouvoit fouiller cette mine, non encore exploitée, dont les filons étoient inépuisables.

Du point où la société étoit parvenue sous Charles VII, il étoit loisible d'arriver également à la monarchie libre ou à la monarchie absolue : on voit très-bien le point d'intersection et d'embranchement des deux routes ; mais la liberté s'arrêta, et laissa marcher le pouvoir. La cause en est qu'après la confusion des guerres civiles et étrangères, qu'après les désordres de la féodalité, le penchant des choses étoit vers l'unité du principe gouvernemental. La monarchie en ascension devoit monter au plus haut point de sa puissance ; il falloit qu'en écrasant totalement la tyrannie de l'aristocratie elle eût commencé à faire sentir la sienne avant que la liberté pût régner à son tour. Ainsi se sont succédé en France, dans un ordre régulier, l'aristocratie, la monarchie et la république ; le noble, le roi et le peuple : tous les trois, ayant abusé de la puissance, ont enfin consenti à vivre en paix dans un gouvernement composé de leurs trois éléments.

## LOUIS XI.

### 1461-1483.

Louis XI vint faire l'essai de la monarchie absolue sur le cadavre palpitant de la féodalité. Ce prince tout à part, placé entre le moyen âge, qui mouroit, et les temps modernes, qui naissoient, tenoit d'une main la vieille liberté noble sur l'échafaud, de l'autre jetoit à l'eau dans un sac la jeune liberté bourgeoise ; et pourtant celle-ci l'aimoit, parce qu'en immolant l'aristocratie il flattoit la passion démocratique, l'égalité.

Ce personnage, unique dans nos annales, ne semble point appartenir à la série des rois françois : tyran justicier aux mœurs basses, chéri et méprisé de la populace ; faisant décapiter le connétable et emprisonner les pies et les geais instruits à dire par les Parisiens : « *Larron, va dehors; va, Perrette;* » esprit matois, opérant de grandes choses avec de petites gens ; transformant ses valets en hérauts d'armes, ses barbiers en ministres, le grand-prévôt en *compère*, et deux bourreaux, dont l'un étoit gai et l'autre triste, en *compagnons*; regagnant par sa dextérité ce qu'il perdoit par son caractère ; réparant comme roi les fautes qui lui échappoient comme homme ; brave chevalier à vingt ans, et pusillanime vieillard ; expirant entouré de gibets, de cages de fer, de chausses-trapes, de broches, de chaînes appelées les *filleites du roi*, d'ermites, d'empiriques, d'astrologues; mourant après avoir créé l'administration, les manufactures, les chemins, les postes; après avoir rendu permanents les offices de judicature, fortifié le royaume par sa politique et ses armes, et vu descendre au tombeau ses rivaux et ses ennemis, Édouard d'Angleterre, Galeas de Milan, Jean d'Aragon, Charles de Bourgogne, et jusqu'à l'héritière de ce duc ; tant il y avoit quelque chose de fatal attaché à la personne d'un prince qui, par *gentille industrie*, empoisonna son frère, le duc de Guienne, *lorsqu'il y pensoit le moins*, priant la Vierge, *sa bonne dame, sa petite maîtresse, sa grande amie*, de lui obtenir son pardon. (Brantome.)

Louis XI. fit bien autre chose par *gentille industrie :* « Le barbare, après le traité (de Conflans), fit jeter dans la rivière plusieurs bourgeois de Paris, soupçonnés d'être partisans de son ennemi. On les liait deux à deux dans un sac. . . . . . . . . . . . . . .
. . . . . . . . . . . . . . . . . . . . . . . . . . . . .

« Les grandes âmes choisissent hardiment des favoris illustres et des ministres approuvés. Louis XI n'eut guère pour ses confidents et pour ses ministres que des hommes nés dans la fange, et dont le cœur était au-dessous de leur état. Il y a peu de tyrans qui aient fait mourir plus de citoyens par les mains des bourreaux et par des supplices plus recherchés. Les chroniques du temps comptent quatre mille sujets exécutés sous son règne, en public ou en secret. . . . . . .
. . . . . . . . . . . . . . . . . . . . . . . . . . . . .

« Le roi voulut que le duc de Nemours fût interrogé dans sa cage de fer, qu'il y subît la question et qu'il y reçût son arrêt. On le confessa ensuite dans une salle tendue de noir. . . . . . . . . . .
« On mit sous l'échafaud, dans les halles de Paris, les jeunes enfants du duc, pour recevoir sur eux le sang de leur père. Ils en sortirent tout couverts, et en cet état on les conduisit à la Bastille dans des cachots faits en forme de hottes, où la gêne que leur corps éprouvait était un continuel supplice. On leur arrachait les dents à plusieurs intervalles. . . . . . . . . . . . . . . Sous Louis XI pas un grand homme. Il avilit la nation. Il n'y eut nulle vertu : l'obéissance tint lieu de tout, et le peuple fut enfin tranquille, comme les forçats le sont dans une galère. » (Voltaire.)

L'hésitation étoit dans les manières de Louis XI, non dans sa tête, où, comme il le disoit, *il portoit tout son conseil.* Ses lettres font foi de cette vérité; il écrivoit à Saint-Pierre, grand-sénéchal : « Monsieur le grand-sénéchal, je vous prie que remontriez à M. de Saint-André que je veux être servi à mon profit, et non pas à l'avarice, tant que la guerre dure; et s'il ne veut faire par beau, faites-lui faire par force, et empoignez ses prisonniers et les mettez au butin comme les autres.
. . . . . . . . . . . . . . . . Monsieur le grand-sénéchal, je suis bien esbahi que les capitaines et M. de Saint-André, ni autres, ne trouvent bon l'ordonnance que je fais que tout soit au butin; car par ce moyen ils auront tous ces prisonniers les plus gros pour un rien qui vaille; c'est ce que je demande, afin qu'ils tuent une autre fois tout, et qu'ils ne prennent plus prisonniers, ni chevaux, ni bagage, et jamais nous ne perdrons bataille. . . . . . . . . . .
Je vous prie, dites à M. de Saint-André qu'il ne vous fasse point du floquet ni du rétif; car c'est la première désobéissance que j'aie

jamais eue de capitaine. S'il fait semblant de désobéir, mettez-lui vous-même la main sur la tête et lui ôtez par force les prisonniers, et je vous jure que je lui ôterai bientôt la tête de dessus les épaules; mais je crois que le traître ne désobéira pas, car il n'a le pouvoir. »

Il mandoit au chef de la justice : « Chancelier, vous avez refusé de sceller les lettres de mon maître d'hôtel Boutilas; je sais bien à l'appétit de qui vous le faites... Vous souvienne, beau sire, de la journée que vous prîtes avec les Bretons, et les dépêchez, sur votre vie. »

Ne diroit-on pas un homme de la Convention? C'est qu'en effet Louis XI étoit l'homme de la terreur pour la féodalité.

L'idée des chaînes et des tortures étoit si fortement empreinte dans l'esprit de Louis, que, fatigué des disputes des *nominaux* et des *réalistes*, il fit enchaîner et enclouer dans les bibliothèques les gros ouvrages des premiers, afin qu'on ne les pût lire. Et ce même homme protégea contre l'université et le parlement les premiers imprimeurs venus d'Allemagne, que l'on prenoit pour des sorciers; l'imprimerie, ce puissant agent de la liberté, fut élevée en France par un tyran.

Les caprices même de Louis XI avoient le caractère de la domination; il tenoit prisonnier Wolfang Poulhain, homme de confiance de Marie de Bourgogne; il consentoit à le mettre à rançon, pourvu qu'on ajoutât au prix convenu les meutes renommées du seigneur de Bossu. Le Bossu ne vouloit point du tout céder ses chiens; après maints courriers expédiés des deux côtés, les chiens furent envoyés au roi, qui les garda, sans relâcher Poulhain; il ne lui rendit la liberté que quand on ne la demanda plus.

Ce prince avoit quelque chose des juifs de son temps : il prêtoit sur bons nantissements de provinces et de places, à des souverains de famille qui avoient besoin d'argent. Jean d'Aragon lui engagea les comtés de Cerdagne et de Roussillon pour trois cent mille écus d'or; et Marguerite d'Anjou lui avoit hypothéqué la ville de Calais pour une somme de vingt mille écus. Marguerite étoit femme de Henri VI, roi d'Angleterre, prisonnier dans la Tour de Londres, après avoir été roi de France dans son berceau; elle étoit fille du bon roi René, qui ne régna guère, mais qui faisoit des vers et des tableaux, qui rédigeoit des lois pour les tournois, qui avoit pour emblème une chaufferette, et qui diminuoit les impôts toutes les fois que la tramontane souffloit sur la Provence. René ne ressembloit pas beaucoup à Louis.

La politique de Louis XI a été l'objet du blâme général des historiens : tous ont dit qu'il avoit manqué pour le dauphin le mariage de Marie de Bourgogne, héritière de Charles le Téméraire, et celui de Jeanne, fille de Ferdinand et d'Isabelle; que s'il eût consenti au premier mariage, les Pays-Bas, réunis à la France, n'auroient point produit ces longues guerres qui firent couler tant de sang; que s'il avoit donné les mains au second mariage, c'est-à-dire à celui du dauphin et de Jeanne, fille de Ferdinand et d'Isabelle, Jeanne n'eût point épousé Philippe, fils de Maximilien et de Marie de Bourgogne, et ne seroit point devenue la mère de Charles Quint. Par le premier mariage, le dauphin (Charles VIII) auroit annexé les Pays-Bas, l'Artois, la Bourgogne, la Franche-Comté, à la monarchie de saint Louis; par le second, ses enfants seroient devenus maîtres des royaumes des Espagnes et bientôt des Amériques.

Ce n'est point ainsi qu'il faut juger la politique de Louis XI : le but de ce prince ne fut jamais d'agrandir son royaume au dehors, mais d'abattre la monarchie féodale pour constituer la monarchie absolue. Loin de désirer des conquêtes, il refusa l'investiture du royaume de Naples et repoussa les avances de Gênes. « Les Génois se donnent à moi, disoit-il, et moi je les donne au diable. » Mais il acheta les droits éventuels de la maison de Penthièvre sur la Bretagne; et toutes les fois qu'il trouvoit à se nantir pour un peu d'argent de quelque bonne ville dans l'intérieur de ses États, il n'y faisoit faute.

Les seigneurs appauvris brocantoient alors leurs plus célèbres manoirs, et Louis XI, comme un regrattier de vieilles gloires, maquignonnoit à bas prix la marchandise qu'il ne revendoit plus.

Le constant travail de la vie de Louis XI et l'idée fixe qui le domina furent l'abaissement de la haute aristocratie et la centralisation du pouvoir dans sa personne : ce qu'il fit en bien et en mal vient de cette préoccupation. S'il déclara qu'*il ne seroit donné aucun office s'il n'étoit vacant par mort, résignation ou forfaiture,* principe de l'inamovibilité des juges, ce ne fut pas pour ajouter de l'indépendance à la loi, mais pour lui communiquer de la force : il savoit très-bien violer les règlements, changer les juges pour son compte, et nommer des commissions exécutives. S'il abolit la pragmatique sanction, ce ne fut pas pour favoriser la cour de Rome, mais en haine de tout ce qui portoit un caractère de liberté. S'il créa des parlements de Bordeaux et de Dijon, et s'il fit de nouvelles divisions de territoire, ce ne fut point par un esprit d'équité et d'ordre général; mais c'est qu'il vouloit détruire l'esprit de province, et avoir partout des *gens du roi.* S'il songea à établir l'uniformité des coutumes et l'égalité des poids et mesures, ce ne fut point pour faire disparoître ces inconvénients de la barbarie, mais pour attaquer les autorités seigneuriales. S'il établit les cent gentilshommes au bec de corbin, origine des gardes du corps; s'il prit des Suisses à sa solde et y joignit un corps de dix mille hommes d'infanterie françoise, ce n'est pas qu'il eût en vue de créer une armée nationale, c'est qu'il formoit une garde pour sa personne. Quand il s'humilioit devant Édouard IV et le duc de Bourgogne, ce n'étoit point par une méconnoissance de sa grandeur, mais pour obtenir le loisir de poursuivre dans l'intérieur de la France les seigneurs puissants. Il harcela sans relâche le duc de Bretagne ; il attachoit bien plus d'importance à la conquête des États de ce duc qu'à celle du duc de Bourgogne, parce qu'il ne vouloit pas avoir derrière lui une principauté indépendante, porte toujours ouverte sur son royaume par où l'ennemi pouvoit toujours entrer. Il fit ou laissa empoisonner son frère le duc de Guienne, parce qu'il ne vouloit pas plus d'apanagistes que de grands vassaux ; l'apanage étoit en effet une sorte de démembrement.

Cette suite d'idées le mena à négliger le mariage du dauphin et de Marie de Bourgogne. Le dauphin étoit un enfant de huit ans, laid et mal conformé ; Marie étoit une belle princesse de vingt ans ; elle eût été obligée d'attendre, dans une espèce de veuvage de dix ans, la croissance d'un avorton dont les dix-huit ans auroient peut-être dédaigné ses trente années. Louis XI avoit trop de jugement pour ne pas calculer ce qui pouvoit arriver pendant la durée de ces longues fiançailles sans noces, dont le moindre accident pouvoit rompre les foibles liens. Il détestoit en outre les Flamands, et les Flamands le détestoient ; l'esprit de liberté qui régnoit depuis trois siècles dans ces communes manufacturières étoit antipathique à son génie. Les comtes de Flandre étoient plutôt les sujets des Flamands que les Flamands n'étoient leurs sujets. C'est dans ce pays resserré, ancien berceau des Franks, que s'est maintenu jusqu'à nos jours ce feu d'indépendance et de courage qui animoit les compagnons de Khlovigh.

Qu'auroit fait Louis XI, tuteur de son fils, de ces bourgeois qui firent exécuter sous les yeux de Marie de Bourgogne ses deux ministres, Hymbercourt et Hugonet ? Élever des échafauds, c'étoit attenter aux droits de Louis XI. Il trouva plus sûr et plus court de s'emparer du duché de Bourgogne, qui revenoit naturellement à la couronne à la mort de Charles le Téméraire, les apanages ne passant point aux filles. Il s'empara des villes sur la Somme, et de plusieurs villes dans l'Artois, sur lesquelles il avoit des prétentions assez fondées ; mais pour éteindre le droit de suzeraineté que l'Artois avoit sur la ville de Boulogne il transporta et conféra cette suzeraineté à la sainte Vierge, *sa petite maîtresse, sa grande amie.*

Par le mariage du dauphin et de Marie de Bourgogne, il se seroit commis avec le corps germanique : la Franche-Comté, le Luxembourg, le Hainaut et la Hollande, relevoient de l'Empire : or Louis XI ne vouloit de querelles que quand il se croyoit sûr du succès. Toutes ces considérations le portèrent à préférer le certain à l'incertain, à prendre ce qu'il pouvoit garder, à laisser ce qui présentoit des chances périlleuses. Il ne favorisa pas davantage l'union de Charles d'Angoulême, de la maison d'Orléans, avec l'héritière de Charles le Téméraire, parce que c'eût été rétablir sous un autre nom la puissance des ducs de Bourgogne. Mais s'il rejeta le mariage du dauphin avec Marie, il rechercha le mariage de ce même dauphin avec Marguerite, fille de Marie et de Maximilien, parce que d'un côté il y avoit proportion d'âge, et que de l'autre on gratifioit Marguerite des comtés d'Artois et de Bourgogne : or cette dot n'offroit aucune matière de contestation avec la Flandre et l'Empire. Ce mariage n'eut pas lieu, parce que la dame de Beaujeu, qui suivit la politique de son père, préféra pour son frère Charles VIII l'héritière de Bretagne.

En tout, Louis XI étoit ce qu'il falloit qu'il fût pour accomplir son œuvre. Né à une époque sociale où rien n'étoit achevé et où tout étoit commencé, il eut une forme monstrueuse, indéfinie, toute particulière à lui, et qui tenoit des deux tyrannies entre lesquelles il paroissoit. Une preuve de son énergie sous cette enveloppe, c'est qu'il craignoit la mort et l'enfer, et que pourtant il surmontoit cette frayeur quand il s'agissoit de commettre un crime. Il est vrai qu'il espéroit tromper Dieu comme les hommes : il avoit des amulettes et des reliques pour toutes les sortes de forfaits. Louis XI vint en son lieu et en son temps : il y a une si grande force dans cet à-propos, que le plus vaste génie hors de sa place peut être frappé d'impuissance, et que l'esprit le plus rétréci, dans telle position donnée, peut bouleverser le monde.

Louis XI, vers la fin de sa vie, s'enferma au Plessis-lez-Tours, dévoré de peur et d'ennui. Il se traînoit d'un bout à l'autre d'une longue galerie, ayant sous les yeux pour toute récréation, quand il regardoit par les fenêtres, le paysage, des grilles de fer, des chaînes et des avenues de gibets qui menoient à son château : pour seul promeneur dans ces avenues, paroissoit Tristan, le grand-prévôt, compère de Louis. Des combats de chats et de rats, des danses de jeunes paysans et de jeunes paysannes qui venoient figurer dans les donjons du Plessis le bonheur et l'innocence champêtres, servoient à dérider le front du tyran. Puis il buvoit du sang de petits enfants pour se redonner de la jeunesse ; remède qui sembloit tout à fait approprié au tempérament du malade. On faisoit sur lui, disent les chroniques, *de terribles et de merveilleuses médecines.* Enfin il fallut mourir. Louis XI porta le premier le titre de roi Très-Chrétien, et les protestants jetèrent au vent ses cendres : les excès de la liberté religieuse et politique profanèrent la tombe de celui qui avoit abusé du pouvoir et de la religion.

Les principaux conseillers de ce roi furent Philippe de Commines, homme complaisant, qui a laissé des Mémoires hardis, et Jean de Lude, homme encore plus souple, que son maître appeloit *Jean des habiletés*.

Louis XI laissa deux filles et un fils légitimes, la dame Anne de Beaujeu, Jeanne, duchesse d'Orléans, et Charles VIII. Ce vilain homme fit subir à des femmes le despotisme de ses caresses. Il eut de Marguerite de Sassenage une fille qui, mariée à Aymar de Poitiers, fut l'aïeule de la belle Diane de Poitiers.

Quand Louis XI disparoît, l'Europe féodale tombe; Constantinople est prise; les lettres renaissent; l'imprimerie est inventée, l'Amérique au moment d'être découverte; la grandeur de la maison d'Autriche se fait pressentir par le mariage de l'héritière de Bourgogne avec Maximilien. Henri VIII, Léon X, François I$^{er}$, Charles Quint, Luther avec la Réformation, ne sont pas loin : vous êtes au bord d'un nouvel univers.

## CHARLES VIII.

### 1483-1498.

Du Haillant ne veut pas que Charles VIII soit fils de Louis XI, ou du moins qu'il soit fils de la reine Charlotte de Savoie : il avoit ouï dire cela. A ce compte, une foule de rois n'auroient pas été fils de leur prétendu père, car ces histoires d'enfants supposés sont renouvelées de règne en règne dans tous les pays. Au surplus l'adultère est toujours un crime, et dans la famille particulière des princes l'infidélité des femmes est affligeante; mais dans la famille générale des peuples, peu importeroit (n'étoit la violation du droit et le désordre moral) d'où viendroit le royal enfant : s'il devoit à une fiction légale les avantages de l'hérédité et les qualités d'un grand homme, alors, souverain de droit et de fait, il emprunteroit à la naissance et au génie une double légitimité. Mais Charles VIII étoit bien fils de Louis XI.

Ce dernier, par un trait remarquable de sa politique, avoit réglé qu'Anne de France, dame de Beaujeu, sa fille, seroit chargée du gouvernement de la personne du roi. Louis XI s'étoit souvenu des abus de la régence sous Charles VI. Les états de Tours de 1484 confirmèrent Anne dans ce gouvernement, malgré l'opposition du duc d'Orléans, qui s'étoit adressé au parlement de Paris, lequel déclina sa compétence et renvoya l'affaire aux états. Ils nommèrent un conseil de dix personnes où devoient assister les princes du sang. Le point le plus élevé de la monarchie des états se trouve sous le règne de Charles VIII et de Louis XII.

Charles VIII fait mettre en liberté Charles d'Armagnac, frère de Jean, tué à Lectoure. Tous les Armagnacs sont rendus à la liberté ou rétablis dans leurs biens. Landois, favori de François II, duc de Bretagne, est pendu.

Henri VII d'Angleterre défait et tue Richard III. Henri VII, de la branche de Lancastre, épousa Élisabeth d'York, et confondit les droits des deux maisons qui s'étoient si longtemps disputé la couronne.

Le duc d'Orléans, mécontent de la cour, s'étoit retiré en Bretagne : il commence, aidé des Bretons et d'une troupe d'Anglois, une courte guerre civile. Il est défait et pris à la bataille de Saint-Aubin, que gagna Louis II, sire de La Trémoïlle (1488).

Charles VIII épouse, en 1491, Anne, héritière du duché de Bretagne ; Marguerite, fille de Maximilien, qu'il avoit fiancée et ensuite renvoyée à son père, est mariée à l'infant d'Espagne, Jean d'Aragon.

L'an 1492, chute de Grenade, fin de la domination des Maures en Espagne, et découverte de l'Amérique par Christophe Colomb.

Expédition de Charles VIII en Italie. Jusque alors l'Italie n'avoit vu les François que comme des espèces d'aventuriers : aussitôt que les rois de France eurent brisé le dernier anneau de la chaîne féodale, ils purent marcher hors de leur pays à la tête de leur nation. Les droits de Charles VIII sur la souveraineté de Naples étoient la cession qui lui en avoit été faite par Charles d'Anjou, héritier de son oncle René. Charles VIII, arrivé à Rome (1494), y trouva un empire aussi chimérique que le royaume qu'il prétendoit conquérir : André Paléologue, héritier de l'empire de Constantinople, qu'il n'avait pas, céda ses prétentions au roi de France, et le pape Alexandre VI livra à Charles Zizim, frère de Bajazet, exilé dans les États du saint-siége. Charles VIII entra dans Naples le 21 février 1495 avec les ornements impériaux, soit qu'il les portât comme empereur d'Occident ou comme empereur d'Orient. Une ligue conclue à Venise entre le pape, l'empereur, le roi d'Aragon, Henri VII, roi d'Angleterre, Ludovic Sforce et les Vénitiens, oblige Charles VIII à évacuer l'Italie. Les François repassent les Alpes après avoir vaincu à Florence. On admira le service de l'artillerie françoise ; pour la première fois une armée

régulière de notre nation se montra dans la belle contrée où ell
devoit un jour acquérir tant de gloire.

Charles VIII expire au château d'Amboise, le 7 avril 1498 : son fils
le dauphin, étoit mort âgé de trois ans. Une branche collatérale mont
sur le trône.

« Charles VIII, petit homme de corps et peu entendu, dit Com
mines, étoit si bon qu'il n'est point possible de voir meilleure créa
ture. »

## LOUIS XII.

### 1498-1515.

Louis XII a obtenu le plus beau surnom des rois de France : il fut
tout d'une voix appelé le Père du peuple. Et ici le mot *peuple* a une
grande valeur et annonce une révolution : ce n'est point un mot
banal appliqué à une foule depuis longtemps gouvernée par un maître;
c'est un mot nouvellement introduit dans la langue pour désigner une
jeune nation affranchie, formée des débris des serfs et des corvéables
de la féodalité. Elle ouvroit les temps modernes, cette nation; elle
avoit la force et l'éclat qu'elle eut dans sa première métamorphose,
lorsque les Franks, transformés en François, entrèrent dans les siècles
du moyen âge.

Louis XII étoit arrière-petit-fils de ce Louis duc d'Orléans par qui
le sang italien commença à couler dans les veines de nos monarques
et à leur communiquer le goût des arts : race légère et romanesque,
mais élégante, brave, intelligente, et qui mêla la civilisation à la chevalerie. On ne sauroit trop rappeler le mot de Louis XII en parvenant
au trône : « Le roi de France ne venge pas les querelles du duc
d'Orléans » (1498).

Louis XII épousa la veuve de Charles VIII. La Bretagne fut le dernier
grand fief revenu à la couronne. Ainsi périt la monarchie féodale :
commencée par le démembrement successif des provinces du royaume,
elle finit par la réunion successive de ces provinces au royaume,
comme les fleuves sortis de la mer retournent à la mer. Il restoit
encore une soumission pour les comtés de Flandre et d'Artois, possédés par l'archiduc d'Autriche; mais ce n'étoit plus qu'un vain hommage auquel ni celui qui le rendoit ni celui qui le recevoit n'attachoient aucune idée d'obéissance ou de supériorité. Les lambeaux de la
monarchie féodale traînèrent assez longtemps dans la monarchie

absolue, de même que l'on voit aujourd'hui des débris du despotisme impérial flotter parmi les libertés constitutionnelles. Le passé se prolonge dans l'avenir, et une nation ne peut ni ne doit se séparer de ses tombeaux.

La cour de l'échiquier en Normandie fut érigée en parlement : ainsi tomboient tour à tour les pièces de la vieille armure gothique.

Louis XII porta la guerre en Italie : aussitôt que nos querelles cessèrent au dedans, elles commencèrent au dehors : il falloit une nouvelle issue à l'humeur guerrière de la France. Louis XII prétendoit au duché de Milan par les droits de Valentine de Milan, son aïeule, et au royaume de Naples par les droits de la maison d'Anjou. Dominoient alors à Rome les abominables Borgia : César Borgia, le héros de Machiavel ; Alexandre VI avec sa fille, triplement incestueuse, nommée Lucrèce, comme pour offrir à Rome un contraste fameux avec l'antique pudeur romaine. Le Milanois fut conquis dans l'espace de vingt jours, le royaume de Naples en moins de quatre mois : ce royaume fut occupé de concert avec Ferdinand le Catholique. Bientôt les François et les Espagnols se brouillent pour le partage de cet État (1500, 1501, 1502). D'Aubigny perd la bataille de Seminare, le vendredi 21 avril ; et le vendredi 28 du même mois le duc de Nemours est vaincu et tué à Cérignole par Gonzalve de Cordoue, dit le grand capitaine. La maison d'Armagnac finit en la personne du duc de Nemours, et ce duc de Nemours n'étoit rien moins que le dernier descendant de Khlovigh : reste étrange au commencement du xvi<sup>e</sup> siècle ! Le parlement d'Aix avoit été créé en 1501.

Cependant Charles Quint étoit né (1500). Alexandre meurt (18 août 1503). Après Pie III, qui n'occupa le siége pontifical que vingt-cinq jours, vient Jules II, dont le nom annonce et le règne des arts et une révolution dans le genre d'influence que la cour de Rome exerça sur le monde chrétien. Cette cour cessa d'être plébéienne, et, par une double erreur, elle s'attacha au pouvoir aristocratique lorsqu'il expiroit. L'ère politique du christianisme déclinoit.

Les états de Tours de 1506 vous montrent ces assemblées parvenues à leur dernier point de perfection, séparées de la magistrature parlementaire et du pouvoir exécutif. Louis XII les ouvre dans une séance royale, environné des princes du sang et de toute sa cour, ayant à sa droite le chancelier de France : c'est la forme même dans laquelle commencent aujourd'hui les sessions législatives, et ce qui montre que les grands de la cour ne faisoient point ou ne faisoient plus partie des états.

La ligue de Cambray formée contre les Vénitiens se dissipe, comme toutes ces coalitions où des princes ennemis se réunissent dans un intérêt momentané.

Henri VII d'Angleterre meurt, et est remplacé sur le trône par Henri VIII (1509 et 1510).

Jules II se ligue contre les François en Italie avec Ferdinand, Henri VIII et les Suisses. Le dernier des chevaliers françois, Bayard, digne de clore l'époque de la chevalerie, se signale à Saint-Félix et à la journée de la Bastide (1511). Concile général de Pise, où Jules II est cité par Louis XII. Concile de Latran en opposition au concile de Pise.

Bataille de Ravenne gagnée le jour de Pâques, 11 avril 1512, sur les confédérés par le duc de Nemours, le chevalier Bayard, Louis d'Arce et Lautrec. Le duc de Nemours achète la victoire de sa vie; il est tué âgé seulement de vingt-trois ans. Ce jeune prince étoit Gaston de Foix, fils de Marie, sœur de Louis XII, pour lequel le comté de Nemours avoit été érigé en duché-pairie (1507). Il ne le faut pas confondre avec Armagnac, duc de Nemours, le dernier des Mérovingiens dont on a parlé.

Le Milanois est perdu pour Louis XII, qui ne conserve en Italie que quelques places, avec le château de Milan. Le concile de Pise est transféré à Milan, ensuite à Lyon. Jules II frappe d'interdit le royaume de France et la ville de Lyon en particulier : méprise de temps; ces foudres, comme la féodalité, étoient épuisés; les vieilles mœurs n'étoient plus que des usages.

Ferdinand s'empare du royaume de Navarre; Maximilien Sforce reprend la souveraineté du Milanois, les Médicis celle de Florence. L'empereur Maximilien Ier veut se faire pape. La reine, Anne de Bretagne, meurt. Jules II la suit dans la tombe. Léon X lui succède. Louis XII reprend le Milanois, et le perd enfin à la bataille de Novare. La France est attaquée par Maximilien, Henri VIII et les Suisses. Tout s'arrange au moyen de plusieurs mariages, les uns projetés, les autres accomplis. Louis XII épouse Marie, sœur de Henri VIII, dans les bras de laquelle il trouva la mort. Le comte d'Angoulême, qui devint François Ier, aima Marie, et s'en éloigna de peur de perdre une couronne. Ce calcul n'étoit guère de son âge et de son caractère : aussi ne céda-t-il qu'au conseil de Grignaux, ou de Gouffier, ou de Duprat (1512, 1513, 1514, 1515).

Louis XII décède le 1er janvier 1515, à l'hôtel des Tournelles à Paris. Il réduisit les impôts de plus de moitié; il avoit une affection tendre pour ses sujets, qui la lui rendirent, malgré ses fautes dans la politique extérieure; il voulut toutes les franchises dont on pouvoit jouir sous la monarchie d'alors. Il est convenable de remarquer qu'à cette époque, et jusqu'à celle où nous vivons, les peuples régloient leur haine ou leur amour sur le plus ou le moins de taxes dont ils se trouvoient chargés. Aujourd'hui que l'espèce humaine a gagné en intelligence et en civilisation, les nations attachent moins leurs affections à ces intérêts tout matériels : elles accorderoient plus volontiers le nom de père au souverain qui accroîtroit leurs libertés qu'à celui qui épargneroit leur argent.

## FRANÇOIS I<sup>er</sup>.

### 1515-1547.

François I<sup>er</sup> étoit arrière-petit-fils de Louis d'Orléans et de Valentine de Milan. Trois générations avoient déjà changé le monde ; soixante ans de la découverte de la presse, quoique non libre, avoient produit un mouvement considérable dans les esprits. Les controverses de Luther prêt à paroître ou ne se fussent pas propagées avec la même rapidité, ou auroient été étouffées, si la presse ne s'étoit trouvée là tout juste à point pour les répandre.

François I<sup>er</sup> rentre en Italie (1515). Le 14 de septembre il livre aux Suisses, à Marignan, ce combat que Trivulse appela *le combat des géants* : ce fut la première grande victoire remportée par les François depuis leurs défaites à Crécy, Poitiers et Azincourt. Cette bataille n'avoit plus aucun des caractères de ces premières batailles ; elle étoit à celles-ci ce que les batailles de la révolution ont été à celle de Marignan. Le sénat de Venise déclara, par un décret, que François I<sup>er</sup> et tous les princes de sa race seroient nobles vénitiens ; décret que Louis XVIII demanda à effacer de sa main lorsqu'il reçut l'ordre de quitter Vérone. Commencement de la vénalité des charges, qui amène l'inamovibilité des juges.

Ferdinand, roi d'Aragon par lui-même, roi de Castille par sa femme Isabelle, roi de Grenade par conquête, roi de Navarre par usurpation, héritier de trois bâtards couronnés, meurt, et Charles Quint monte sur le trône.

Le traité de Fribourg produit entre la France et les Suisses cette paix nommée perpétuelle, qui ne laissa plus à ceux-ci que l'honneur de verser leur sang pour les François (1516).

Concordat entre Léon X et François I<sup>er</sup>, auquel s'opposèrent le clergé, l'université et le parlement, comme attentatoire aux libertés de l'Église nationale. Luther, cette même année (1517), s'éleva contre les indulgences prêchées en Allemagne. Henri VIII étoit sur le trône; il alloit porter un autre coup à la foi catholique, dont il se constitua d'abord le *défenseur*. En 1521, Ignace de Loyola fut blessé dans le château de Pampelune, que les François tenoient assiégé : Loyola fut pour les réformés ce que saint Dominique avoit été pour les Albigeois; mais la Saint-Barthélemy ne détruisit point le protestantisme, et les croisés exterminèrent les Albigeois.

Charles Quint est élu empereur après la mort de Maximilien : son concurrent étoit François I$^{er}$ (1519). Alors la France se trouva enveloppée par les possessions de la maison d'Autriche : l'Espagne, conquérante en Amérique et dans les Indes, disoit que le soleil ne se couchoit pas sur ses États. La découverte de l'Amérique produisit une révolution dans le commerce, la propriété et les finances de l'ancien monde. L'introduction de l'or du Mexique et du Pérou baissa le prix des métaux, éleva celui des denrées et de la main-d'œuvre, fit changer de main la propriété foncière, créa une propriété inconnue jusque alors, celle des capitalistes, dont les Lombards et les juifs avoient donné la première idée. Avec les capitalistes naquit la population industrielle et la constitution artificielle des fonds publics. Une fois entrée dans cette route, la société se renouvela sous le rapport des finances, comme elle s'étoit renouvelée sous les rapports moraux et politiques.

Aux aventures des croisades succédèrent des aventures d'outre-mer d'une tout autre importance; le globe s'agrandit, le système des colonies modernes commença, la marine militaire et marchande s'accrut de toute l'étendue d'un océan sans rivages. La petite mer intérieure de l'ancien monde ne resta plus qu'un bassin de peu d'importance, depuis que les richesses des Indes arrivoient en Europe par le cap des Tempêtes. A trois années de distance l'heureux Charles Quint triomphoit de Montezume à Mexico et de François I$^{er}$ à Pavie.

Mais ce qui fit avancer les autres peuples vers l'indépendance et la civilisation enchaîna les nations soumises au sceptre de Philippe II; les Amériques, l'Espagne et les Pays-Bas perdirent leurs libertés pour des siècles. Ces champs de la Flandre, où les communes avoient si longtemps combattu pour leur émancipation, ne furent plus ensanglantés que par des échafauds ou par les batailles que s'y livrèrent les maisons de France et d'Autriche.

L'entrevue de François I$^{er}$ et de Henri VIII, près de Guines, appelée le *camp du drap d'or*, fut une dernière parade des temps féodaux, un simulacre des tournois, des cours plénières, de ces anciennes mœurs déjà assez passées pour n'être plus que des spectacles (1520).

Le duc de Bouillon déclara la guerre à l'empereur : celui-ci crut que le duc étoit secrètement appuyé de la France : commencement des guerres entre Charles Quint et François Ier. Le Milanois est perdu de nouveau ; Léon X, qui a donné son nom à son siècle, meurt. Il écrivoit à Raphael : « Vous rendrez mon pontificat à jamais célèbre. » Il prophétisoit. Malheureusement la renaissance des arts tomba presque au moment de la réformation, dont la rigidité proscrivoit les arts. Si l'ardeur religieuse des siècles qui élevèrent les monuments gothiques avoit encore existé au temps des Michel-Ange et des Raphael, de combien d'autres chefs-d'œuvre Rome, déjà si riche, seroit ornée !

A Léon X succéda Adrien VII, qui laissa la tiare à Clément VII, autre Médicis (1521).

Prise de Rhodes par Soliman II (1522).

Le connétable de Bourbon, que persécutoit la duchesse d'Angoulême, passe au service de Charles Quint. Le marquis de Villane, sollicité par l'empereur de prêter son palais au connétable, répondit : « Je ne puis rien refuser à Votre Majesté ; mais si le duc de Bourbon loge dans ma maison, j'y mettrai le feu aussitôt qu'il en sera sorti, comme lieu infecté de trahison et ne pouvant plus être habité d'un homme d'honneur. » Seul traître que les Bourbons aient jamais compté dans leur race.

Le capitaine Bayard est tué dans la retraite de Rebecque (1524). « Il fut tiré ung coup de hacquebouzé, dont la pierre le vint frapper au travers des reins et lui rompit tout le gros os de l'eschine. Quand il sentit le coup, se print à crier *Jésus* ! Et puis dist : *Hélas ! mon Dieu, je suis mort !* Si print son espée par la poignée, et baisa la croisée, en signe de la croix, et en disant tout hault : *Miserere mei, Deus, secundum misericordiam tuam*; devint incontinent tout blesme, comme failly des esperitz, et cuyda tomber : mais il eut encore le cueur de prendre l'arson de la selle ; et demoura en cet estat jusques à ce que ung jeune gentil homme, son maistre d'hostel, lui ayda à descendre, et le mit soubz ung arbre... Ses povres domestiques estoient tous transiz, entre lesquelz estoit son povre maistre d'hostel, qui ne l'abandonna jamais ; et se confessa le bon chevalier à luy, par faulte de prestre. Le pauvre gentil homme fondoit en larmes, voyant son bon maistre si mortellement navré, que nul remède en sa vie n'y avoit ; mais tant doulcement le reconfortoit icelluy bon chevalier, en lui disant : Jacques, mon amy, laisse ton deuil ; c'est le vouloir de Dieu de m'oster de ce monde ; je y ay la sienne grâce longuement demouré, et y ay receu des biens et des honneurs plus que à moi n'appartient : tout le regret que j'ay à mourir, c'est que je n'ay pas si bien fait mon devoir que je devoys. »

Le connétable de Bourbon, du parti des ennemis, se présenta pour consoler Bayard : « Monseigneur, lui dit le capitaine, ne faut avoir pitié de moi, mais de vous qui êtes armé contre votre roi, votre pays et votre foi. » Bourbon insista, et parla de bons chirurgiens.; Bayard répliqua : « Je cognois que je suis blessé à mort. Je prends la mort en gré et n'y ai aucune desplaisance. » Le connétable s'en alla les larmes aux yeux et s'écriant : « Bien heureux le prince qui a ung tel serviteur, et ne sçait la France qu'elle a perdu aujourd'huy ! »

Le marquis de Pescaire (Fernand-François d'Avaloz) dit : « Plust à Dieu, gentil seigneur de Bayard, qu'il m'eust cousté une quarte de mon sang, sans mort recevoir, je ne deusse manger chair de deux ans, et je vous tiensssisse en santé mon prisonnier ! »

Bataille de Pavie, 14 février 1525. On ne retrouve plus l'original du fameux billet : *Tout est perdu, fors l'honneur;* mais la France, qui l'auroit écrit, le tient pour authentique. Jean, pris à Poitiers, fut servi à table par son vainqueur, et traité à Londres comme un monarque triomphant ; François I<sup>er</sup> fut transféré rudement dans les prisons de Madrid : les chevaliers, que le monarque françois vouloit faire revivre, n'étoient plus. Au reste, les états de Bourgogne, en 1526, ne se crurent pas liés par le traité de Madrid, qui détachoit, sans leur consentement, la Bourgogne de la France ; les états de Paris, en 1359, refusèrent de ratifier le traité négocié pour la délivrance du roi Jean : il n'y a de permanent que l'indépendance des peuples, toutes les fois qu'elle est appelée à parler seule.

L'année de la captivité de François I<sup>er</sup>, prisonnier, vit Albert, margrave de Brandebourg, grand-maître de l'ordre Teutonique, embrasser le luthéranisme et s'emparer des provinces de l'ordre. Les descendants d'Albert sont devenus rois de Prusse.

Le traité de Cambray, en 1529, termina les guerres d'Italie entre François I<sup>er</sup> et Charles Quint. La Bretagne est réunie à la France par une ordonnance expresse. Avant l'édit du domaine de 1566, nos rois pouvoient librement disposer de leurs biens patrimoniaux ; ces biens ne devenoient inaliénables que par leur réunion au domaine ; d'où il faut distinguer deux choses dans l'ancien droit commun de la troisième race : la propriété particulière du prince, la propriété générale de la couronne.

François I<sup>er</sup> fonde l'infanterie françoise : elle remplaça les fantassins allemands à notre solde. Cette infanterie fut d'abord formée sur le modèle des légions romaines et divisée en corps de six mille hommes.

On en revint à la division par bandes de cinq ou six cents hommes, origine de nos régiments. Henri, frère puîné de François dauphin, épouse à Marseille Catherine de Médicis (1532, 1533).

Le schisme d'Angleterre éclate en 1534, à propos du divorce de Henri VIII pour épouser Anne de Boulen. Cette année même, 1534, les doctrines de Calvin se glissoient en France sous la protection de Marguerite, reine de Navarre, sœur de François Ier; et cette année encore Ignace de Loyola fonda la Société de Jésus : quand les idées des peuples sont mûres pour un changement, il arrive que les princes se trouvent faits pour les développer. Nouvelle guerre entre la France et l'Espagne, à propos de la décapitation, par François Sforce, de l'envoyé de France à Milan. Charles Quint, revenu triomphant de son expédition d'Afrique, est battu en Provence et en Picardie.

Henri devient dauphin par la mort de François, son frère aîné, empoisonné. Les anabaptistes sont dispersés par le supplice de Jean de Leyde, à Munster (1536). Charles Quint est ajourné à la cour des pairs de France, comme vassal rebelle, ainsi que l'avoit été le prince Noir; ridicule résurrection des droits périmés de la monarchie féodale (1537).

Charles Quint traverse la France (1539) pour aller apaiser des troubles survenus dans cette ville de Gand, berceau des tribuns et asile des rois.

L'ordonnance de Villers-Coterets (1539) commande l'abréviation des procès, le non-empiétement des tribunaux ecclésiastiques sur les justices ordinaires et la rédaction en françois des actes publics. On s'est étonné que cette ordonnance n'ait pas été rendue plus tôt : il falloit bien attendre la langue; elle ne commença à être assez débrouillée pour être convenablement intelligible que sous le règne de François Ier. Si dès l'an 1281 l'empereur Rodolphe obligea d'écrire les actes impériaux en langue vulgaire, c'est que l'allemand étoit une langue mère parlée de tout temps par un peuple qui l'entendoit. La langue françoise n'étoit qu'un patois né principalement des langues romane et latine; des siècles s'écoulèrent avant qu'elle devînt une langue générale dans toute l'étendue de la monarchie. Édouard III put défendre l'usage du jargon normand dans les tribunaux d'Angleterre, parce qu'il trouva derrière ce jargon l'anglois, ou le bas allemand, conservé par les Saxons conquis.

La procédure criminelle, devenue presque publique, cesse de l'être sous le chancelier Poyet.

On commence à voir paroître les noms fameux dans les règnes suivants : le cardinal de Lorraine et son frère, le premier duc de

Guise, le connétable Anne de Montmorency et Catherine de Médicis (1540).

François Ier établit de nouvelles relations extérieures; il envoie des ambassadeurs à Soliman II, à Constantinople, et en reçoit de Gustave Wasa, roi de Suède. Ce prince, célèbre par son courage et ses aventures, rendit la Suède luthérienne et devint chef militaire des protestants (1542).

En 1544, bataille de Cérisoles, gagnée par les François.

En 1545, premières exterminations des guerres de religion en France; exécution des villes huguenotes de Cabrières et de Mérindol.

Les deux chefs du schisme, Luther et Henri VIII, meurent, le premier en 1546, et le second en 1547. François Ier, qui commença la persécution contre les huguenots, suivit deux mois après dans la tombe le tyran des libertés politiques et le fondateur des libertés religieuses de l'Angleterre (1er mars 1547).

Charles Quint se traîna neuf ans sur la terre après son rival : il abdiqua en 1556, se retira au monastère de Saint-Just, dans l'Estramadure, et célébra vivant ses propres funérailles. Enveloppé d'un linceul, couché dans une bière, il chanta, du fond de son cercueil, l'office des morts, que les religieux célébroient autour de lui. « C'étoit l'homme pour lequel, dit Montesquieu, le monde s'étendit, et l'on vit paroître un monde nouveau. » Ce monde nouveau donna la mort à François Ier. Toute la destinée de Charles Quint pesa sur celle du monarque françois. Importuné jusque dans ses derniers jours des rivalités de ses maîtresses et de celles des maîtresses de son fils, François Ier mourut en chrétien qui reconnoît sa fragilité; Charles Quint s'en alla comme un ambitieux, qui se revêt du froc et du cercueil, dépité de n'avoir pu se parer de la dépouille du monde. Les foiblesses du monarque espagnol ne furent pas apparentes comme celles du monarque françois, dont la galanterie étoit aussi éclatante que la valeur. Un inceste mystérieux, qui dans les ombres d'un cloître donna naissance à un héros, a été reproché à Charles Quint : ses désordres avoient quelque chose de sérieux, de secret et de profond comme lui.

Il y a des époques où la société se renouvelle, où des catastrophes imprévues, des hasards heureux ou malheureux, des découvertes inattendues, déterminent un changement préparé de longue main dans le gouvernement, les lois, les mœurs et les idées. Cette révolution, qui paroît subite, n'est que le travail continu de la civilisation croissante, que le résultat de la marche de cette civilisation vers le perfectionnement nécessaire, efficient, attaché à la nature humaine. Dans les révolutions, même en apparence rétrogrades, il y a un pas de fait, une lumière acquise pour aveindre quelque vérité. Les conséquences ne se font pas immédiatement remarquer en jaillissant du principe qui les produit; ce n'est guère qu'après une cinquantaine d'années qu'on aperçoit les transformations opérées chez les peuples par des événements déjà vieux d'un demi-siècle.

Ainsi, lorsque François I<sup>er</sup> monta sur le trône, la découverte de l'Amérique, la prise de Constantinople par les Turcs, l'invention de l'imprimerie, toutes ces choses, qui avoient précédé le règne de ce roi, commençoient à agir en étendant le domaine de l'homme physique et moral. Des mers inconnues à braver, de nouveaux mondes à explorer, offroient des objets dignes de leurs efforts à l'esprit chevaleresque et religieux qui régnoit encore, aux lettres, aux sciences et aux arts, qui renaissoient, aux gouvernements et au commerce, qui cherchoient de nouvelles sources de puissance et de richesses. L'imprimerie sembloit en même temps avoir été trouvée tout exprès pour multiplier et répandre les trésors que les Grecs, chassés de leur patrie, avoient apportés dans l'Occident. Les courses transalpines de Charles VIII et de Louis XII avoient fait passer dans les Gaules ce goût des élégances de la vie, perdu depuis longtemps. Milan, Florence, Sienne virent reparoître ces noms, qu'ils avoient bien connus au temps de la conquête des Normands et de Charles d'Anjou : les La Palice, les Nemours, les Lautrec, les Vieilleville ne trouvèrent plus, comme leurs pères, une terre demi-barbare, mais une terre classique, où le génie d'Auguste s'étoit réveillé, où comme les vieux Romains ils adoucirent leurs rudes vertus à la voix des arts accourus une seconde fois de la Grèce. Quand Bayard acquéroit le haut renom de prouesse, c'étoit au milieu de l'Italie moderne, de l'Italie dans toute la fraîcheur de la civilisation renouvelée; c'étoit au milieu de ces palais bâtis par Bramante, Michel-Ange et Palladio, de ces palais dont les murs étoient couverts de tableaux récemment sortis des mains des plus grands maîtres; c'étoit à l'époque où l'on déterroit les statues et les monuments de l'antiquité; tandis que les Gonzalve de Cordoue, les Trivulce, les Pescaire, les Strozzi combattoient, que les artistes se faisoient justice de leurs rivaux à coups de poignard, que les aventures de Roméo et de Juliette se répétoient dans toutes les familles, que l'Arioste et le Tasse alloient chanter cette chevalerie dont Bayard étoit le dernier modèle.

Les guerres de François I<sup>er</sup>, de Charles Quint et de Henri VIII, mêlèrent les peuples, et les idées se multiplièrent. Des armées régulières, connues en Europe depuis la fin du règne de Charles VII, firent disparoître le reste des milices féodales. Les braves de tous les pays se rencontrèrent dans ces troupes disciplinées : Bayard put combattre tels fils de Pizarre et de Fernand Cortès qui avoient vu tomber les empires du Pérou et du Mexique. Ces infidèles, que les chevaliers alloient, avec saint Louis, chercher au fond de la Palestine, maîtres de Constantinople, et devenus nos alliés, intervenoient dans notre politique; leur prince envoyoit le renégat grec Barberousse combattre pour le pape et le roi très-chrétien sur les côtes de la Provence.

Tout changea donc dans la France; les vêtements mêmes s'altérèrent; il se fit des anciennes et des nouvelles mœurs un mélange unique. La langue naissante fut écrite avec esprit, finesse et naïveté, par la sœur de François I$^{er}$, la reine de Navarre; par François I$^{er}$ lui-même, qui faisoit des vers aussi bien que Marot; par Rabelais, Amyot, les deux Marot et les auteurs de Mémoires. L'étude des classiques, celle des lois romaines, l'érudition générale, furent poussées avec ardeur; les arts acquirent une perfection qu'ils n'ont jamais surpassée depuis en France. La peinture, éclatante en Italie, fut transplantée dans nos forêts et nos châteaux gothiques; ceux-ci virent leurs tourelles et leurs créneaux se couronner des ordres de la Grèce. Anne de Montmorency, qui disoit ses patenôtres, ornoit Écouen de chefs-d'œuvre; le Primatice embellissoit Fontainebleau; François I$^{er}$, qui se faisoit armer chevalier comme au temps de Richard Cœur de Lion, assistoit à la mort de Léonard de Vinci et recevoit le dernier soupir de ce grand peintre; et auprès de tout cela, le connétable de Bourbon, dont les soldats, comme ceux d'Alaric, se préparoient à saccager Rome; ce connétable, qui devoit mourir d'un coup de canon tiré peut-être par le graveur Benvenuto Cellini, représentoit dans ses terres de France la puissance, la vie et les mœurs d'un ancien grand vassal de la couronne.

François I$^{er}$, qui ne fut pas un grand homme, mais auquel le surnom de *grand roi* est néanmoins resté, ce père des lettres, qui voulut rompre toutes les presses dans son royaume, attira les femmes à la cour. Cette cour, lettrée, galante et militaire, méloit les faits d'armes aux amours. Alors commença le règne de ces favorites qui furent une des calamités de l'ancienne monarchie. De toutes ces maîtresses, une seule, Agnès Sorel, a été utile au prince et à la patrie.

Une aventure, choisie entre mille, suffira pour faire connoître la haute société sous François I$^{er}$. Brantôme, qui, avec un autre genre de talent, imite souvent Froissart, est en cette matière le conteur parfait : « J'en ay ouy conter d'une autre du temps du roy François I$^{er}$, de ce beau escuyer Gruffy, qui estoit un escuyer de l'escurye dudit roy, et mourut à Naples au voyage de M. de Lautrec, et d'une très-grande dame de la cour, qui en devint très-amoureuse : aussi estoit-il très-beau, et ne l'appeloit-on ordinairement que le beau Gruffy, dont j'en ay veu le portrait qui le monstre tel.

« Elle attira un jour un sien valet de chambre en qui elle se fioit, pourtant inconnu, et non veu dans sa chambre, qui luy vint dire un jour, luy bien habillé, qui sentoit son gentilhomme, qu'une très-belle et honeste dame se récommandoit à luy, et qu'elle en estoit si amoureuse, qu'elle en desiroit fort l'accointance plus que d'homme de la cour; mais par tel si, qu'elle ne vouloit pour tout le bien du monde qu'il la vist et la connust ; mais qu'à l'heure du coucher, et qu'un chacun de la cour seroit retiré, il le viendroit querir et prendre en un certain lieu qu'il luy diroit, et de là il le mèneroit chez cette dame ; mais par tel pact aussi, qu'il lui vouloit boucher les yeux avec un beau mouchoir blanc, comme un trompette qu'on mène en ville ennemie, afin qu'il ne pust voir ny reconnoistre le lieu, ny la chambre, là où il le mèneroit, et le tiendroit toujours par les mains, afin de ne deffaire ledit mouchoir ; car ainsi luy avoit commandé sa maîtresse pour ne vouloir estre connue de luy jusques à quelque temps certain et préfix qu'il luy dit et promit.

Partant le messager se départit d'avec Gruffy, qui fut en peine et en songe, luy ayant grand sujet de penser que ce fust quelque partie jouée de quelque ennemy de cour, pour lui donner quelque venuë, ou de mort, ou de charité envers le roy. Songeoit aussi quelle dame ce pouvoit estre, ou grande, ou moyenne, ou petite, ou belle, ou laide, qui plus lui faschoit (encore que tous chats sont gris la nuit). Par quoy après en avoir conféré à un de ses compagnons des plus privez, il résolut de tenter la risque, et que pour l'amour d'une grande, qu'il présumoit bien estre, il ne falloit rien craindre et appréhender : par quoy le lendemain que le roy, les reynes, les dames et tous et toutes celles de la cour se furent retirez pour se coucher, ne faillit de se trouver au lieu que le messager l'avoit assigné, qui ne faillit aussitost à l'y venir trouver avec un second, pour l'y aider à faire le guet, si l'autre n'estoit point suivi de page, ny laquais, ny valet, ny gentilhomme. Aussitost qu'il le vid, luy dit seulement : *Allons, monsieur, madame vous attend*. Soudain il le banda et le mena par lieux estroits, obscurs, travers et inconnus ; de sorte que l'autre luy dit franchement qu'il ne sçavoit là où il le menoit : puis il entra dans la chambre de la dame, qui étoit si sombre et si obscure, qu'il ne pouvoit rien voir ni connoistre, non plus que dans un four.

« Bien la trouva-t-il très-bien parfumée, qui luy fit espérer quelque

chose de bon ; . . . . . . . . . . . . . . . . . . . .
et après le mena par la main, luy ayant osté le mouchoir, au lit de la
dame, qui l'attendoit ; et se mit auprès d'elle. . . . . . . . .
. . . . . . . . . . . . où il n'y trouva rien que de très-exquis,
tant à sa peau qu'à son lit et son linge, qu'il tastonnoit avec les
mains ; et ainsi passa la nuict joyeusement avec cette belle dame,
que j'ay bien ouy nommer. . . . . . . . . . . . . . . . .
. . . . . . . Mais rien ne lui faschoit, disoit-il, sinon que jamais
n'en sceut tirer aucune parole.

« Il n'avoit garde : car il parloit assez souvent à elle le jour, comme
aux autres dames, et pour ce l'eust connue aussitost. De folastreries,
de mignardises, de caresses, elle n'y espargnoit aucune : tant il y a
qu'il se trouva bien.

« Le lendemain matin, à la poincte du jour, le messager ne faillit
de le venir esveiller, et le lever et habiller, le bander et le retourner
au lieu où il l'avoit pris, et de luy dire adieu jusqu'au retour, qui
seroit bien tost.

« Le beau Gruffy, après l'avoir remercié cent fois, lui dit adieu, et
qu'il seroit toujours prest de retourner ; ce qu'il fit : et la feste en
dura un bon mois ; au bout duquel fallut à Gruffy partir pour son
voyage de Naples, qui prit congé de sa dame, et luy dit adieu à grand
regret, sans en tirer d'elle aucun parler seulement de bouche, sinon
soupirs et larmes, qu'il luy sentoit couler des yeux. Tant il y a qu'il
partit d'avec sans la connoistre nullement, ny s'en apercevoir. »

Il faut maintenant trouver place pour la réformation au milieu de
ces mœurs licencieuses et légères : elle avoit la prétention de reproduire le premier christianisme chez les chrétiens vieillis, comme François I$^{er}$ vouloit ressusciter la chevalerie parmi les porteurs de mousquets et d'arquebuses.

La réformation est l'événement le plus important de cette époque ;
elle ouvre les siècles modernes et les sépare du siècle indéterminé
qui suivit la disparition du moyen âge.

Jusque alors on avoit souvent vu des hérésies dans l'Église latine,
mais peu durables, et elles n'avoient jamais altéré l'ordre politique.
Le protestantisme devint dès son origine une affaire d'État, et divisa
sans retour la cité. Les métamorphoses opérées dans les lois et dans
les mœurs doivent nécessairement amener des changements dans la
religion ; il étoit impossible que l'extérieur de l'édifice changeât sans
que les bases mêmes de cet édifice ne fussent ébranlées.

La réformation réveilla les idées de l'antique égalité, porta l'homme
à s'enquérir, à chercher, à apprendre. Ce fut, à proprement parler,

la vérité philosophique qui, revêtue d'une forme chrétienne, attaqua la vérité religieuse. La réformation servit puissamment à transformer une société toute militaire en une société civile et industrielle ; ce bien est immense, mais ce bien a été mêlé de beaucoup de mal, et l'impartialité historique ne permet pas de le taire.

Le christianisme commença chez les hommes par les classes plébéiennes, pauvres et ignorantes. Jésus-Christ appela les petits, et ils allèrent à leur maître. La foi monta peu à peu dans les hauts rangs, et s'assit enfin sur le trône impérial. Le christianisme étoit alors catholique ou universel ; la religion dite catholique partit d'en bas pour arriver aux sommités sociales : nous avons vu que la papauté n'étoit que le tribunat des peuples, lorsque l'âge politique du christianisme fut arrivé.

Le protestantisme suivit une route opposée : il s'introduisit par la tête du corps politique, par les princes et les nobles, par les prêtres et les magistrats, par les savants et les gens de lettres, et il descendit lentement dans les conditions inférieures ; les deux empreintes de ces deux origines sont restées distinctes dans les deux communions.

La communion réformée n'a jamais été aussi populaire que le culte catholique : de race princière et patricienne, elle ne sympathise pas avec la foule. Équitable et moral, le protestantisme est exact dans ses devoirs, mais sa bonté tient plus de la raison que de la tendresse ; il vêtit celui qui est nu, mais il ne le réchauffe pas dans son sein ; il ouvre des asiles à la misère, mais il ne vit pas et ne pleure pas avec elle dans ses réduits les plus abjects ; il soulage l'infortune, mais il n'y compatit pas. Le moine et le curé sont les compagnons du pauvre : pauvres comme lui, ils ont pour compagnons les entrailles de Jésus-Christ ; les haillons, la paille, les plaies, les cachots, ne leur inspirent ni dégoût ni répugnance : la charité en a parfumé l'indigence et le malheur. Le prêtre catholique est le successeur des douze hommes du peuple qui prêchèrent Jésus-Christ ressuscité ; il bénit le corps du mendiant expiré comme la dépouille sacrée d'un être aimé de Dieu et ressuscité à l'éternelle vie. Le pasteur protestant abandonne le nécessiteux sur son lit de mort ; pour lui les tombeaux ne sont point une religion, car il ne croit pas à ces lieux expiatoires où les prières d'un ami vont délivrer une âme souffrante ; dans ce monde, il ne se précipite point au milieu du feu, de la peste : il garde pour sa famille particulière ces soins affectueux que le prêtre de Rome prodigue à la grande famille humaine.

Sous le rapport religieux, la réformation conduit insensiblement à l'indifférence ou à l'absence complète de foi : la raison en est que l'indépendance de l'esprit aboutit à deux abîmes : le doute ou l'incredulité.

Et par une réaction naturelle la réformation, en se montrant au monde, ressuscita le fanatisme catholique, qui s'éteignoit : elle pourroit donc être accusée d'avoir été la cause indirecte des horreurs de la Saint-Barthélemy, des fureurs de la Ligue, de l'assassinat de Henri IV, des massacres d'Irlande, de la révocation de l'édit de Nantes et des dragonnades. Le protestantisme crioit à l'intolérance de Rome, tout en égorgeant les catholiques en France, en jetant au vent les cendres des morts, en allumant les bûchers de Siryen à Genève, en se souillant des violences de Munster, en dictant les lois atroces qui ont accablé les Irlandois, à peine aujourd'hui délivrés après deux siècles d'oppression. Que prétendoit la réformation relativement au dogme et à la discipline? Elle pensoit bien raisonner en niant quelques mystères de la foi catholique, en même temps qu'elle en retenoit d'autres tout aussi difficiles à comprendre. Elle attaquoit les abus de la cour de Rome : mais ces abus ne se seroient-ils pas détruits par le progrès de la civilisation? Ne s'élevoit-on pas de toutes parts, et depuis longtemps, contre ces abus? Érasme, Rabelais, et tant d'autres, ne commençoient-ils pas à remarquer et à faire sentir, sans le concours de Luther, les vices que le pouvoir non contrôlé et la grossièreté du moyen âge avoient introduits dans l'Église? Les rois n'avoient-ils pas secoué le joug des papes? Le long schisme du xive siècle n'avoit-il pas attiré les yeux mêmes de la foule sur l'ambition du gouvernement pontifical? Les magistrats ne faisoient-ils pas lacérer et brûler les bulles?

La réformation, pénétrée de l'esprit de son fondateur, moine envieux et barbare, se déclara ennemie des arts. En retranchant l'imagination des facultés de l'homme, elle coupa les ailes au génie et le mit à pied. Elle éclata au sujet de quelques aumônes destinées à élever au monde chrétien la basilique de Saint-Pierre : les Grecs auroient-ils refusé les secours demandés à leur piété pour bâtir un temple à Minerve?

Si la réformation, à son origine, eût obtenu un plein succès, elle auroit établi, du moins pendant quelque temps, une autre espèce de barbarie : traitant de superstition la pompe des autels, d'idolâtrie les chefs-d'œuvre de la sculpture, de l'architecture et de la peinture, elle tendoit à faire disparoître la haute éloquence et la grande poésie, à détériorer le goût par la répudiation des modèles, à introduire quelque chose de sec, de froid, de pointilleux, dans l'esprit, à substituer une société guindée et toute matérielle à une société aisée et tout intellectuelle, à mettre les machines et le mouvement d'une roue en place des mains et d'une opération mentale. Ces vérités se confirment par l'observation d'un fait.

Dans les diverses branches de la religion réformée, cette communion s'est plus ou moins rapprochée du beau, selon qu'elle s'est plus ou moins éloignée de la religion catholique. En Angleterre, où la hiérarchie ecclésiastique s'est maintenue, les lettres ont eu leur siècle classique. Le luthéranisme conserve des étincelles d'imagination que cherche à éteindre le calvinisme ; et ainsi de suite en descendant jusqu'au quaker, qui voudroit réduire la vie sociale à la grossièreté des manières et à la pratique des métiers.

Shakespeare, selon toutes les probabilités, étoit catholique ; Milton a visiblement imité quelques parties des poëmes de Sainte-Avite et de Masenius ; Klopstock a emprunté la plupart des croyances romaines. De nos jours, en Allemagne, la haute imagination ne s'est manifestée que quand l'esprit du protestantisme s'est affoibli et dénaturé : les Gœthe et les Schiller ont retrouvé leur génie en traitant des sujets catholiques ; Rousseau et M$^{me}$ de Staël font une illustre exception à la règle : mais étoient-ils protestants à la manière des premiers disciples de Calvin? C'est à Rome que les peintres, les architectes et les sculpteurs des cultes dissidents viennent aujourd'hui chercher des inspirations que la tolérance universelle leur permet de recueillir. L'Europe, que dis-je? le monde est couvert de monuments de la religion catholique. On lui doit cette architecture gothique qui rivalise par les détails et qui efface par la grandeur les monuments de la Grèce. Il y a trois siècles que le protestantisme est né ; il est puissant en Angleterre, en Allemagne, en Amérique ; il est pratiqué par des millions d'hommes : qu'a-t-il élevé? Il vous montrera les ruines qu'il a faites, parmi lesquelles il a planté quelques jardins ou établi quelques manufactures. Rebelle à l'autorité des traditions, à l'expérience des âges, à l'antique sagesse des vieillards, le protestantisme se détacha du passé pour planter une société sans racines. Avouant pour père un moine allemand du XVI$^e$ siècle, le réformé renonça à la magnifique généalogie qui fait remonter le catholique par une suite de saints et de grands hommes jusqu'à Jésus-Christ, de là jusqu'aux patriarches et au berceau de l'univers. Le siècle protestant dénia à sa première heure toute parenté avec le siècle de ce Léon, protecteur du monde civilisé contre Attila, et avec le siècle de cet autre Léon qui, mettant fin au monde barbare, embellit la société lorsqu'il n'étoit plus nécessaire de la défendre.

Si la réformation rétrécissoit le génie dans l'éloquence, la poésie et les arts, elle comprimoit les grands cœurs à la guerre : l'héroïsme est l'imagination dans l'ordre militaire. Le catholicisme avoit produit les chevaliers; le protestantisme fit des capitaines, braves et vertueux comme La Noue, mais sans élan ; souvent cruels à froid, et austères moins de mœurs que d'esprit : les Châtillon furent toujours effacés par les Guise. Le seul guerrier de mouvement et de vie que les protestants comptassent parmi eux, Henri IV, leur échappa. La réformation ébaucha Gustave-Adolphe, Charles XII et Frédéric; elle n'auroit pas fait Buonaparte, de même qu'elle avorta de Tillotson et du ministre Claude, et n'enfanta pas Fénelon et Bossuet, de même qu'elle éleva Inigo Jones et Webb, et ne créa point Raphael et Michel-Ange.

On a dit que le protestantisme avoit été favorable à la liberté politique et avoit émancipé les nations. Les faits parlent-ils comme les personnes ?

Il est certain qu'à sa naissance la réformation fut républicaine, mais dans le sens aristocratique, parce que ses premiers disciples furent des gentilshommes. Les calvinistes rêvèrent pour la France une espèce de gouvernement à principautés fédérales, qui l'auroient fait ressembler à l'empire germanique : chose étrange! on auroit vu renaître la féodalité par le protestantisme. Les nobles se précipitèrent par instinct dans ce culte nouveau et à travers lequel s'exhaloit jusqu'à eux une sorte de réminiscence de leur pouvoir évanoui. Mais cette première ferveur passée, les peuples ne recueillirent du protestantisme aucune liberté politique.

Jetez les yeux sur le nord de l'Europe, dans les pays où la réformation est née, où elle s'est maintenue : vous verrez partout l'unique volonté d'un maître : la Suède, la Prusse, la Saxe, sont restées sous la monarchie absolue; le Danemark est devenu un despotisme légal. Le protestantisme échoua dans les pays républicains ; il ne put envahir Gênes, et à peine obtint-il à Venise et à Ferrare une petite église secrète qui mourut : les arts et le beau soleil du Midi lui étoient mortels. En Suisse, il ne réussit que dans les cantons aristocratiques, analogues à sa nature, et encore avec une effusion de sang. Les cantons populaires ou démocratiques, Schwitz, Ury et Underwald, berceau de la liberté helvétique, le repoussèrent. En Angleterre il n'a point été le véhicule de la constitution, formée bien avant le XVI$^e$ siècle dans le giron de la foi catholique. Quand la Grande-Bretagne se sépara de la cour de Rome, le parlement avoit déjà jugé et déposé des rois, les trois pouvoirs étoient distincts; l'impôt et l'armée ne se levoient que du consentement des lords et des communes; la monarchie représentative étoit trouvée et marchoit; le temps, la civilisation, les lumières croissantes, y auroient ajouté les ressorts qui lui manquoient encore, tout aussi bien sous l'influence du culte catholique que sous l'empire du culte protestant. Le peuple anglois fut si loin d'obtenir une extension de ses libertés par le renversement de la religion de ses pères, que jamais le sénat de Tibère ne fut plus vil que le parlement de Henri VIII : ce parlement alla jusqu'à décréter que la seule volonté du tyran fondateur de l'Église anglicane avoit force de loi. L'Angleterre fut-elle plus libre sous le sceptre d'Élisabeth que sous celui de Marie? La vérité est que le protestantisme n'a rien changé aux institutions : là où il a trouvé une monarchie représentative ou des républiques aristocratiques, comme en Angleterre et en Suisse, il les a adoptées ; là où il a rencontré des gouvernements militaires, comme dans le nord de l'Europe, il s'en est accommodé, et les a même rendus plus absolus.

Si les colonies angloises ont formé la république plébéienne des États-Unis, elles n'ont point dû leur émancipation au protestantisme ; ce ne sont point des guerres religieuses qui les ont délivrées ; elles se sont révoltées contre l'oppression de la mère patrie, protestante comme elles. Le Maryland, État catholique et très-peuplé, fit cause commune avec les autres États, et aujourd'hui la plupart des États de l'ouest sont catholiques ; les progrès de cette communion dans ce pays de liberté passent toute croyance, parce qu'elle s'y est rajeunie dans son élément naturel populaire, tandis que les autres communions y meurent dans une indifférence profonde. Enfin, auprès de cette grande république des colonies angloises protestantes viennent de s'élever les grandes républiques des colonies espagnoles catholiques ; certes celles-ci pour arriver à l'indépendance ont eu bien d'autres obstacles à surmonter que les colonies anglo-américaines, nourries au gouvernement représentatif avant d'avoir rompu le foible lien qui les attachoit au sein maternel.

Une seule république s'est formée en Europe à l'aide du protestantisme, la république de la Hollande ; mais il faut remarquer que la Hollande appartenoit à ces communes industrielles des Pays-Bas qui pendant plus de quatre siècles luttèrent pour secouer le joug de leurs princes, et s'administrèrent en forme de républiques municipales, toutes zélées catholiques qu'elles étoient. Philippe II et les princes de la maison d'Autriche ne purent étouffer dans la Belgique cet esprit d'indépendance ; et ce sont des prêtres catholiques qui viennent aujourd'hui même de la rendre à l'état républicain.

Il faut conclure de l'étroite investigation des faits que le protestantisme n'a point affranchi les peuples : il a apporté aux hommes la liberté philosophique, non la liberté politique : or la première liberté n'a conquis nulle part la seconde, si ce n'est en France, vraie patrie de la catholicité. Comment arrive-t-il que l'Allemagne, très-philosophique de sa nature et déjà armée du protestantisme, n'ait pas fait un pas vers la liberté politique dans le xviiie siècle, tandis que la France, très-peu philosophique de tempérament et sous le joug du catholicisme, a gagné dans le même siècle toutes ses libertés?

Descartes, fondateur du doute raisonné, auteur de la *Méthode* et des *Méditations*, destructeur du dogmatisme scolastique, Descartes, qui soutenoit que pour atteindre à la vérité il falloit se défaire de toutes les opinions reçues, Descartes fut toléré à Rome, pensionné du cardinal de Mazarin et persécuté par les théologiens de la Hollande.

L'homme de théorie méprise souverainement la pratique : de la hauteur de sa doctrine jugeant les choses et les peuples, méditant sur les lois générales de la société, portant la hardiesse de ses recherches jusque dans les mystères de la nature divine, il se sent et se croit indépendant, parce qu'il n'a que le corps d'enchaîné. Penser tout et ne faire rien, c'est à la fois le caractère et la vertu du génie philosophique : ce génie désire le bonheur du genre humain ; le spectacle de la liberté le charme, mais peu lui importe de le voir par les fenêtres d'une prison. Comme Socrate, le protestantisme a été un accoucheur d'esprits ; malheureusement les intelligences qu'il a mises au jour n'ont été jusqu'ici que de belles esclaves.

Au surplus, la plupart de ces réflexions sur la religion réformée ne se doivent appliquer qu'au passé : aujourd'hui les protestants, pas plus que les catholiques, ne sont ce qu'ils ont été ; les premiers ont gagné en imagination, en poésie, en éloquence, en raison, en liberté, en vraie piété, ce que les seconds ont perdu. Les antipathies entre les diverses communions n'existent plus ; les enfants du Christ, de quelque lignée qu'ils proviennent, se sont resserrés au pied du Calvaire, souche commune de la famille. Les désordres et l'ambition de la cour romaine ont cessé ; il n'est plus resté au Vatican que la vertu des premiers évêques, la protection des arts et la majesté des souvenirs. Tout tend à recomposer l'unité catholique ; avec quelques concessions de part et d'autre, l'accord seroit bientôt fait. Je répéterai ce que j'ai déjà dit dans cet ouvrage : pour jeter un nouvel éclat, le christianisme n'attend qu'un génie supérieur venu à son heure et dans sa place. La religion chrétienne entre dans une ère nouvelle ; comme les institutions et les mœurs, elle subit la troisième transformation ; elle cesse d'être politique ; elle devient philosophique sans cesser d'être divine ; son cercle flexible s'étend avec les lumières et les libertés, tandis que la croix marque à jamais son centre immobile.

## HENRI II.

### 1547-1559.

Les douze années du règne d'Henri II ne furent que l'avant-scène de cette nouvelle société qui se forma sous les derniers Valois, et qui ne ressemble plus à la société commencée sous Louis XI et achevée sous François I$^{er}$. Comme événements, vous remarquerez : la bataille de Saint-Quentin, perdue par le maréchal de Saint-André ; la levée du siége de Metz, défendu par le duc de Guise ; la prise de Thionville et de Calais par ce même prince, ce qui mit fin aux conquêtes d'Édouard III et constitua nos frontières militaires ; la ligue pour la défense de la liberté germanique entre Henri-II, l'électeur de Saxe et le marquis de Brandebourg. La paix de Câteau-Cambrésis, ouvrage du connétable de Montmorency, fit perdre à Henri II les avantages qu'il commençoit à reprendre sur les armes espagnoles.

Les autres événements sont : le mariage de Jeanne d'Albret, héritière de Navarre, avec Antoine de Bourbon, père de Henri IV ; le mariage de Marie Stuart avec François, dauphin ; l'avénement de Marie au trône d'Angleterre, laquelle rétablit un moment la religion catholique et laissa sa couronne à une autre femme, la fameuse Élisabeth ; l'abdication et la mort de Charles Quint.

Dans l'intérieur de la France, la persécution contre les réformés s'étendit et se régularisa par l'intervention de la loi : l'édit d'Escouen les punit de mort, avec défense d'amoindrir la peine. Henri II fit arrêter (1559) cinq conseillers du parlement de Paris, accusés d'être fauteurs d'hérésie ; parmi ces conseillers se trouvoient Louis Faure et Anne Dubourg, qui osèrent reprocher à Henri ses adultères, attaquer les vices de la cour de Rome et annoncer que la puissance des clefs penchoit vers sa ruine. L'estrapade, ou les baptêmes de feu, consistoit à suspendre un protestant au-dessus d'un bûcher, à le plonger à différentes reprises dans la flamme en abaissant et en relevant la corde : Henri II et Diane de Poitiers assistèrent au spectacle de ce supplice comme passe-temps. L'amiral de Coligny paroissoit ; les trois factions des Montmorency, des Châtillon et des Guise, s'organisoient. Alors que l'esprit humain avoit un instrument pour multiplier la parole et répandre la pensée dans les masses, quand tout se pénétroit de lumière et d'intelligence, la monarchie, prête à vaincre les dernières libertés aristocratiques, se donnoit par tous les abus et par tous les vices l'avant-goût du pouvoir absolu.

Henri II mourut d'une blessure à l'œil, qu'il reçut de Montgomery dans une joute; et le règne de ce prince s'ouvrit par le duel de Jarnac et de La Châtaigneraie.

## FRANÇOIS II.

### 1559-1560.

Le règne de François II, de Charles IX, d'Henri III, et une partie du règne d'Henri IV, jusqu'à la reddition de Paris, ne forment qu'un seul drame, dont les principales figures sont, pour les femmes : Catherine de Médicis, Marguerite de Valois, Marie Stuart, Jeanne d'Albret, la duchesse de Nemours, M$^{me}$ de Montpensier, M$^{me}$ d'Aumale, M$^{me}$ de Noirmoutiers, Gabrielle d'Estrées et quelques autres; pour les hommes, parmi les princes, les prélats et les guerriers : les deux premiers Guise, François de Guise et le cardinal de Lorraine; la seconde génération des Guise, Henri dit le Balafré, le cardinal de Guise et le duc de Mayenne; le duc de Nemours, le connétable Anne de Montmorency, l'amiral de Coligny et les Châtillon; les princes du sang, Antoine, roi de Navarre, son fils Henri de Béarn, et les deux princes de Condé; pour les magistrats : L'Hospital, le premier Molé, Harlay, Brisson, de Thou.

Dans le second plan du tableau, les personnages sont : les filles d'honneur de Catherine de Médicis, les mignons de Henri III et de son frère le duc d'Alençon, les satellites des Guise; Maugiron, Saint-Mesgrin, Joyeuse, d'Espernon, Bussy; les grands massacreurs de la Saint-Barthélemy, Maurevert, Besme, Coconnas, Thomas, le parfumeur de Catherine de Médicis, sans oublier Poltrot, Jacques Clément, et enfin Ravaillac, qui ferma plus tard la liste de ces assassins.

Les gens de lettres et les savants ne doivent point être oubliés dans cette scène, parce que chacun d'eux y joue un rôle selon la religion qu'il professoit : Jean de Bellai, cardinal; Melanchthon; Beauvais, gouverneur de Henri IV; Jean Calvin, Charles Étienne, Étienne Jodelle, Charles Dumoulin, Henri d'Oysel, Pierre Ramus, du Tillet, Belleforest, Jean de Montluc, évêque de Valence; Pibrac, Ronsard, Saint-Gelais, Amyot, Bodin, Charron, Cujas, Fauchet, Garnier, du Haillan, Lipse, de Mesme, Miron, Montaigne, Nicot, d'Ossat, Passerat, Pitou, Scaliger, de Serres. Alors le Tasse racontoit à l'Italie la gloire des anciens chevaliers, à laquelle Cervantes alloit donner une autre espèce d'immortalité en Espagne; le Camoëns chantoit l'Orient retrouvé; le génie du moyen âge, apparu sur la terre avec le Dante, descendoit glorieux dans la tombe avec Shakespeare; Tycho-Brahé, tout en abandonnant le vrai système du monde dévoilé par Copernic, acquéroit le titre de restaurateur de l'astronomie dans ces régions dont les Romains n'avoient entendu parler que comme la patrie inconnue des barbares destructeurs de leur empire.

Sur les trônes étrangers, les personnages à remarquer sont : Sixte V, Élisabeth et Philippe II. Des quatre rois qui gouvernèrent la France dans ces troubles, François II, Charles IX, Henri III et Henri IV, le premier n'est célèbre que par la beauté et les malheurs de sa veuve, cette Marie Stuart qui transmit à son fils un nom funeste et un sang d'échafaud.

Le gouvernement sous François II tomba aux mains des oncles maternels de ce jeune monarque, François de Guise et le cardinal de Lorraine. Le cardinal avoit des liaisons intimes avec Catherine de Médicis : « Un de mes amis, non huguenot, dit L'Estoile, m'a conté qu'étant couché avec un valet de chambre du cardinal dans une chambre qui entroit en celle de la reine mère, il vit sur le minuit ledit cardinal avec une robe de nuit seulement sur ses épaules, qui passoit pour aller voir la reine, et que son ami lui dit que s'il avenoit jamais de parler de ce qu'il avoit vu, il en perdroit la vie. »

Le connétable de Montmorency et la duchesse de Valentinois voient tomber leur crédit. Antoine de Bourbon et le cardinal son frère sont envoyés en Espagne sous le prétexte d'y conduire Élisabeth de France à Philippe II. La conspiration d'Amboise contre les Guise éclate; elle étoit dirigée secrètement par le prince de Condé.

Édit de Romorentin par lequel les évêques sont investis de la connoissance du crime d'hérésie. L'Hospital fut malheureusement l'auteur de cet édit; il ne le rédigea que pour empêcher l'établissement de l'inquisition.

Convocation des états à Orléans, où sont mandés le roi de Navarre et le prince de Condé; le prince de Condé est arrêté comme chef d'une conspiration nouvelle; il est jugé, condamné à perdre la tête, et délivré par la mort de François II (1559, 1560).

## CHARLES IX.

### 1560-1574.

Les états d'Orléans de 1560 se voulurent séparer à la mort du roi, disant que leurs pouvoirs étoient expirés; ils furent retenus d'après le principe que le mort saisit le vif, et que l'autorité royale ne meurt point. Ils rendirent l'ordonnance sur les matières ecclésiastiques, le règlement de la justice et les substitutions réduites à deux degrés. Les ordonnances ou décrets des états lioient si peu l'autorité royale, que Charles IX révoqua par sa déclaration de Chartres, en 1562, l'article 1er de l'ordonnance d'Orléans qui rétablissoit la pragmatique.

Catherine de Médicis, sans être régente du royaume sous la minorité de Charles IX, jouit d'une autorité qui se prolongea pendant tout le règne de ce prince et celui de Henri III. On a tant de fois peint le caractère de cette femme, qu'il ne présente plus qu'un lieu commun usé; une seule remarque reste à faire : Catherine étoit Italienne, fille d'une famille marchande élevée à la principauté dans une république; elle étoit accoutumée aux orages populaires, aux factions, aux intrigues, aux empoisonnements, aux coups de poignard ; elle n'avoit et ne pouvoit avoir aucun des préjugés de l'aristocratie et de la monarchie françoise, cette morgue des grands, ce mépris des petits, ces prétentions de droit divin, cet amour du pouvoir absolu en tant qu'il étoit le monopole d'une race; elle ne connoissoit pas nos lois, et s'en soucioit peu : elle vouloit faire passer la couronne à sa fille. Elle étoit incrédule et superstitieuse ainsi que les Italiens de son temps ; elle n'avoit en sa qualité d'incrédule aucune aversion contre les protestants; elle les fit massacrer par politique. Enfin, si on la suit dans toutes ses démarches, on s'aperçoit qu'elle ne vit jamais dans le vaste royaume dont elle étoit souveraine qu'une Florence agrandie, que les émeutes de sa petite république, que les soulèvements d'un quartier de sa ville natale contre un autre quartier, la querelle des Pazzi et des Médicis dans la lutte des Guise et des Châtillon.

Triumvirat du duc de Guise, du connétable de Montmorency et du maréchal Saint-André. Le roi de Navarre fortifie ce triumvirat. Colloque de Poissy, où le cardinal de Lorraine plaida pour les catholiques, et Théodore de Bèze pour les huguenots. Le prince de Condé est absous, par arrêt du parlement, de la conjuration d'Amboise, au fond de laquelle il étoit pourtant. Marie Stuart retourne en Écosse. Elle eut un secret pressentiment de ses adversités.

« Icelle n'étant quasi, par manière de dire, que née, et étant aux mamelles tettant, les Anglois vindrent assaillir l'Écosse, et fallut que sa mère l'allât cacher par crainte de cette furie de terre en terre d'Écosse. . . . . . . Et ce nonobstant la fallut mettre sur les vaisseaux et l'exposer aux vagues, orages et vents de la mer ; alla passer en France pour sa plus grande sûreté. . . . . . . . La male fortune la laissa, et la bonne la prit par la main. » (BRANTOME.)

Ce ne fut pas pour longtemps. Veuve de François II, il lui fallut retourner dans une contrée demi-sauvage, le cœur plein de l'image du jeune époux qu'elle avoit perdu ; elle portoit le deuil en blanc, chantoit les élégies qu'elle composoit elle-même, en s'accompagnant du luth :

>Si je suis en repos,
>Sommeillant sur ma couche,
>J'oy qu'il me tient propos,
>Je le sens qui me touche :
>En labeur, en reçoy,
>Toujours est près de moy.

Elle s'embarqua à Calais dans les premiers jours de septembre 1561, au commencement du printemps ; elle vit périr un vaisseau en sortant du port. Appuyée sur la poupe de sa galère et les yeux attachés au rivage, elle fondit en larmes quand la terre s'éloigna ; elle demeura cinq heures entières dans cette attitude, répétant sans cesse : « *Adieu, France ! adieu, France !* » Lorsque la nuit fut venue : « *Adieu donc, ma chère France, que je perds de vue,* redisoit-elle, *je ne vous verrai jamais plus.* » Elle refusa de descendre dans la chambre de la galère ; on étendit un tapis sur le château de poupe ; elle s'y coucha sans prendre aucune nourriture. Elle commanda au timonnier de l'éveiller au point du jour, si l'on apercevoit encore les côtes de France. En effet, la terre restoit visible au lever de l'aurore, et Marie Stuart la salua de ces derniers mots : *Adieu la France ! cela est fait ; adieu la France ! je pense ne vous voir jamais plus.* (BRANTOME.) Une autre exilée, plus malheureuse encore, a pu prononcer les mêmes paroles en allant demander un abri solitaire au palais de Marie Stuart.

Premier édit en faveur des huguenots ; le parlement refuse d'abord de l'enregistrer. Première guerre civile à la suite du massacre de Vassy. Le prince de Condé, déclaré chef des protestants, s'empare de la ville d'Orléans. Rouen tombe au pouvoir des huguenots : Antoine, roi de Navarre, père de Henri IV, blessé devant cette place, le 16 octobre 1562, meurt, par intempérance, des suites de cette blessure ; il avoit été protestant, et s'étoit fait catholique. Jeanne d'Albret, sa femme, de catholique qu'elle avoit été, s'étoit changée en *huguenote très-forte,* dit Brantôme.

Bataille de Dreux que perdent les huguenots. Les deux généraux des deux armées furent faits prisonniers, le prince de Condé, chef de l'armée protestante, et le connétable de Montmorency, chef de l'armée catholique. Le maréchal de Saint-André fut tué. Le duc de Guise décida la victoire, et le soir partagea son lit avec le prince de Condé, son prisonnier : le prince de Condé ne put dormir ; le duc de Guise ne fit qu'un somme (1562).

Le duc de Guise est assassiné devant Orléans par Poltrot. Il est probable que l'amiral de Coligny connut les projets du meurtrier. Les dernières paroles de Guise à Poltrot, bien que connues de tous, ne doivent jamais être omises ; il faut les redire en vers pour rappeler à la fois la mémoire de deux grands hommes :

> Des Dieux que nous servons connois la différence :
> Le tien t'a commandé le meurtre et la vengeance ;
> Le mien, lorsque ton bras vient de m'assassiner,
> M'ordonne de te plaindre et de te pardonner.

François de Guise fut supérieur à son fils Henri, quoique non appelé à jouer un aussi grand rôle. Il faut remonter jusqu'aux Romains pour retrouver cette hérédité de gloire et de génie dans une même famille. C'est ici le point le plus élevé de la seconde aristocratie ; elle jeta en expirant autant d'éclat que la première ; elle étoit moins morale, mais plus civilisée et plus intelligente.

Le 19 mars 1563, première paix entre les catholiques et les huguenots. Ceux-ci donnent les premiers l'exemple d'appeler les étrangers à leur secours ; ils livrent aux Anglois le Havre-de-Grâce, qui est repris par Charles IX. Clôture du concile de Trente : ses décrets de police et de réformation ne furent point reçus dans le royaume.

En 1564, l'ordonnance du château de Roussillon, en Dauphiné, fixa le commencement de l'année au 1$^{er}$ janvier. L'année s'ouvroit auparavant le samedi saint, après vêpres, ce qui, par la mobilité de ce jour, produisoit des aberrations chronologiques. La société moderne étant née du christianisme, l'année en avoit pris l'ère ; elle renaissoit avec le Christ.

L'histoire des monuments et des arts veut que l'on parle des premiers travaux de 1564, pour la construction du palais des Tuileries ; élégante architecture que gâtent les ouvrages lourds dont elle a été élargie et écrasée.

C'est en 1565 qu'eut lieu à Bayonne l'entrevue du roi et de Catherine de Médicis avec Isabelle de France, femme de Philippe II, et le duc d'Albe. On a dit que le massacre des chefs huguenots fut confirmé dans cette entrevue, après avoir été conçu au concile de Trente, en 1563, par le cardinal Charles de Lorraine. La reine, en levant des troupes après le voyage de Bayonne, alarma les protestants régnicoles et étrangers, fit naître la deuxième guerre civile en France et commencer les troubles des Pays-Bas.

On remarque à peine dans ces temps l'abandon du siége de Malte par les Turcs; de même que, sous Louis XIV, on ne fait guère attention au siége de Candie que par la mort du héros de la Fronde. Pourtant les infidèles étoient plus formidables que jamais, mais l'esprit des croisades n'existoit plus. D'Aubusson, L'Isle-Adam et La Valette, représentants de la chevalerie, étoient comme ces rois sans États, non sans gloire, qui survivent à leur puissance.

Une première ordonnance de Moulins réunit et assimile les domaines possédés par le roi aux domaines de la couronne. Autre ordonnance de Moulins, pour la réformation de la justice : elle fait encore aujourd'hui le fond du droit commun dans le nouveau Code (1566).

L'association des *gueux*, pour s'opposer à l'établissement de l'inquisition, soulève les Pays-Bas. Le prince d'Orange fuit; l'année d'après, le duc d'Albe fait trancher la tête au comte de Horn et au comte d'Aiguemont.

La bataille de Saint-Denis signala la seconde guerre civile. Le connétable, Anne de Montmorency, commandoit l'armée royale ; l'armée protestante marchoit sous la conduite du prince de Condé et de l'amiral de Coligny. Le connétable reçut huit blessures, et cassa du pommeau de son épée les dents de Jacques Stuart, qui lui tira le dernier coup de pistolet. Il avoit vécu sous quatre rois et étoit âgé de soixante-quatorze ans. C'est ce connétable, homme borné, grossier et rigide, qui fait en partie la gloire nationale des Montmorency. Cette maison étoit un débris de la première aristocratie, resté au milieu de la seconde (1567).

Voici une anecdote qui peint l'homme et les temps : le connétable, *grand rabroueur de personnes*, étoit à Bordeaux ; Strozzi lui demanda la permission de dépecer un vaisseau de trois cents tonneaux appelé *le Mont-Réal*, qu'il disoit vieux, pour en chauffer les gardes du roi. Le connétable y consentit : les jurats de la ville et les conseillers de la cour réclamèrent, disant que le vaisseau étoit bon et pouvoit encore servir.

« Et qui êtes-vous, messieurs les sots, s'écria le connétable, qui me voulez controller et me remonstrer? Vous êtes d'habiles veaux d'estre si hardis d'en parler. Si je faisois bien, j'envoyerois tout à cette heure dépecer vos maisons au lieu du navire. »

Brantôme, dans un transport d'admiration, s'écrie : « Qui furent estonnez, ce furent ces galands qui tous rougirent de honte. Et le navire fut défait dans une après-dînée, qu'on ne vit jamais si grande diligence de soldats et de goujats. »

A qui appartenoit le vaisseau? A l'État ou à des particuliers? Voilà les idées qu'on avoit alors de la propriété publique ou privée, de l'autorité des lois et des magistrats. On sent dans les paroles du connétable le mélange des deux époques, l'insolence aristocratique et le despotisme monarchique.

Seconde paix de 1568, appelée *la petite paix*, suivie immédiatement de la troisième guerre civile. Aventures et mort tragique de don Carlos et d'Élisabeth de France. La reine Élisabeth fait arrêter Marie Stuart, réfugiée en Angleterre. Le chancelier de L'Hospital se retire de la cour.

Bataille de Jarnac, gagnée le 13 mars 1569, par le duc d'Anjou, depuis Henri III, sur Louis Ier, prince de Condé, tué après le combat par Montesquiou. L'amiral de Coligny et le prince de Béarn (Henri IV), déclaré chef du parti, rassurent les huguenots.

Bataille de Moncontour, du 3 octobre de la même année, perdue par l'amiral de Coligny.

Troisième paix, conclue à Saint-Germain, au mois d'août 1570. En 1571, le mariage de Henri de Bourbon, prince de Béarn, est proposé avec Marguerite, sœur de Charles IX et de Henri III.

Ces batailles de nos guerres civiles religieuses, qui firent tant de bruit, disparoissent aujourd'hui entre les grandes batailles de l'aristocratie sous la féodalité, presque toutes perdues contre les étrangers, et les grandes batailles de la démocratie pendant la révolution, presque toutes gagnées sur les étrangers.

De l'époque des Valois il ne reste qu'une seule bataille dont le souvenir soit européen; c'est celui de la bataille de Lépante : là se retrouvèrent en présence les deux religions qui depuis neuf siècles n'avoient pu terminer leur querelle. La Grèce esclave vit du moins humilier ses tyrans; elle put avoir un pressentiment du dernier combat naval qui lui devoit rendre à Navarin la liberté qu'elle avoit jadis conquise à Salamine.

L'année 1572, sortie des entrailles du temps toute sanglante, garda et n'essuya point le sang de l'enfantement maternel. Jeanne d'Albret, reine de Navarre, vient à Paris marier son fils Henri avec Marguerite de Valois. L'amiral de Coligny et les seigneurs protestants s'y rendent pour assister à ces noces et pour conférer de la guerre des Pays-Bas. La reine de Navarre meurt, peut-être empoisonnée : « Reine, n'ayant de femme que le sexe, l'âme entière aux choses viriles, l'esprit puissant aux affaires, le cœur invincible aux adversités. » (D'AUBIGNÉ.)

« Le roi l'appeloit sa grand'tante, son tout, sa mieux aimée... Le soir, en se retirant, il dit à la reine sa mère, en riant : Et puis, madame, que vous en semble? joué-je pas bien mon rollet? » (L'ESTOILE.)

Henri, roi de Navarre, épouse Marguerite de Valois. « Après que le roi eut fait la Saint-Barthélemy, il disoit en riant et en jurant Dieu à sa manière accoutumée, et avec des paroles que la pudeur oblige de taire, que sa grosse *Margot,* en se mariant, avoit pris tous ses rebelles huguenots à la pipée. » (L'ESTOILE.)

Maurevert blesse l'amiral d'un coup d'arquebuse; les huguenots sont massacrés le jour de la Saint-Barthélemy.

Coligny est tué le premier : « Besme, Haustefort, Hattain, trouvent l'admiral sur pied en l'appréhension de la mort; les admoneste d'avoir pitié de sa vieillesse, se sentant leurs épées glacées dans son corps, il prolonge sa vie, embrasse la fenestre pour n'être pas jeté en bas, où tombé il assouvit les yeux du fils dont il avoit fait tuer le père. » (TAVANNES.)

Le même historien ajoute : « Le roi de Navarre et le prince de Condé sont menés au roi. Il leur propose la messe ou la mort, menace le prince de Condé, qui ne se pouvoit feindre. La résolution de tuer seulement les chefs est enfreinte : plusieurs femmes et enfants tués à la furie populaire ; il demeure deux mille massacrés. »

Tavannes avoit voulu que le massacre ne tombât que sur les chefs des huguenots, et que *l'on gagnât la bataille dans Paris,* soutenant « que cette exécution devoit être nette de toute répréhension, ayant été faite par contrainte, enfilée d'un accident à l'autre; que les enfants, ces princes et maréchaux de France (le roi de Navarre, le prince de Condé, les maréchaux de Montmorency et de Danville), et pauvres personnes, et ne devoient pas pâtir pour les coupables les jeunes princes innocents... »

Le maréchal de Retz maintenoit le contraire; il disoit « qu'il falloit tout tuer; que ces jeunes princes, nourris en la religion, cruellement offensés de la mort de leur oncle et de leurs amis, s'en ressentiroient; qu'il ne falloit point offenser à demi; qu'en ces desseins extraordinaires il falloit considérer premièrement s'il estoit nécessaire, contraint ou juste; les ayant jugez tels, il ne les falloit rien laisser qui pust causer la ruine du but de paix où l'on tendoit; que s'il estoit juste en un chef, il l'estoit en tous ; puisque des parties joinctes dépendoit l'effet principal de l'action, il les falloit couper, à ce que les racines ne restassent : aussi, s'il n'estoit juste, il falloit s'en distraire du tout et n'entreprendre rien ; au contraire que si on rompoit les lois, il falloit les violer entièrement pour sa seureté, le péché étant aussi grand pour peu que pour beaucoup. L'opinion du sieur de Tavannes subsista pour être plus juste, et que l'on croyoit celle du maréchal de Retz ambitieuse des états qu'il vouloit faire à son profit. »

Voilà la doctrine des assassinats nettement exposée ; elle ne date pas de nos jours.

Depuis le massacre de la Saint-Barthélemy [1] *Charles IX parut tout changé, et disoit-on qu'on ne lui voyoit plus au visage cette douceur qu'on avoit accoutumé de lui voir.* (BRANTOME.)

Cette exécrable journée ne fit que des martyrs ; elle donna aux idées philosophiques un avantage qu'elles ne perdirent plus sur les idées religieuses, et en rendant les catholiques odieux elle augmenta la force des protestants. En 1573, une quatrième guerre civile éclata par le soulèvement de la ville de Montauban. Le sénéchal de Périgord, André de Bourdeille, écrivoit au duc d'Alençon, le 13 mars 1574 : « Si le roi, la reine et vous, ne pourvoyez aux troubles de l'État autrement que par le passé, je crains de vous voir aussi petits compagnons que moi. »

Le siége fut mis devant La Rochelle par le duc d'Anjou. Quatrième paix avantageuse aux huguenots. Le duc d'Anjou (depuis Henri III) alla prendre la couronne de Pologne, et raconter dans les forêts de la Lithuanie à son médecin Miron les meurtres dont la pensée l'empêchoit de dormir : « Je vous ai fait venir ici pour vous faire part de mes inquiétudes et agitations de cette nuit, qui ont troublé mon repos, en repensant à l'exécution de la Saint-Barthélemy. » En quittant la France, le duc d'Anjou avoit été moins poursuivi du souvenir de ses crimes que de celui de ses amours ; il écrivoit avec son sang à Marie de Clèves, première femme de Henri Ier, prince de Condé.

Dans l'année 1574 se forma le parti des *politiques* ou des centres,

---

1. Je ne donne presque aucun détail sur la Saint-Barthélemy ; en voici la raison : Buonaparte avoit fait transporter à Paris les archives du Vatican ; immense et précieux trésor, qui bien fouillé pourroit changer en grande partie l'histoire moderne. Quoi qu'il en soit, quelques recherches dans ce dépôt sur l'époque de la Saint-Barthélemy m'ont mis en possession des dépêches de Salviati, alors chargé d'affaires de la cour de Rome à Paris. Ces dépêches, tantôt en *chair*, tantôt *chiffrées* avec la traduction linéaire, sont d'un grand intérêt. Je les publierai peut-être un jour, en y joignant, par forme d'introduction, l'histoire complète de la Saint-Barthélemy.

qui l'emportèrent à la fin, comme dans toutes les révolutions, parce que c'est celui des hommes raisonnables, et que la raison est une des conditions de l'existence sociale. Les *politiques* avoient pour chefs le duc d'Alençon et les Montmorency : la faction la plus foible, celle des huguenots, s'attacha naturellement aux *politiques*. La Mole et Coconnas furent décapités pour intrigues; le premier étoit aimé de la reine Marguerite, le second d'Henriette de Clèves, duchesse de Nevers.

Charles IX languissoit depuis deux années ; il se félicitoit de n'avoir point de fils, de crainte que ce fils n'eût été aussi malheureux que lui. Ayant appris un soulèvement des princes : « Au moins, dit-il, s'ils eussent attendu ma mort; c'est trop m'en vouloir. » Il mourut au château de Vincennes, le 30 mai 1574. Deux jours avant qu'il expirât, les médecins avoient fait retirer toutes les personnes de sa chambre, « hormis trois, savoir : La Tour, Saint-Pris et sa nourrice, que Sa Majesté aimoit beaucoup, encore qu'elle fût huguenote. Comme elle se fut mise sur un coffre, elle commençoit à sommeiller ; ayant entendu le roi se plaindre, pleurer et soupirer, s'approche tout doucement du lit, et, tirant sa custode, le roi commença à lui dire, jetant un grand soupir, et larmoyant si fort que les sanglots lui coupoient la parole : Ah, ma nourrice! ma mie, ma nourrice, que de sang et que de meurtres! *Ah! que j'ai suivi un méchant conseil ! O, mon Dieu ! pardonne-les-moi, s'il te plaît... Que ferai-je? Je suis perdu, je le vois bien.* Alors la nourrice lui dit : Sire, les meurtres soyent sur ceux qui vous les ont fait faire ! mais de vous, sire, vous n'en pouvez mais; et puisque vous n'y prêtez pas consentement et en avez regret, croyez que Dieu ne vous les imputera jamais et les couvrira du manteau de la justice de son Fils, auquel seul faut qu'ayez votre recours ; mais pour l'honneur de Dieu, que Votre Majesté cesse de larmoyer. Et sur cela lui ayant été querir un mouchoir pour ce que le sien étoit tout mouillé de larmes, après que Sa Majesté l'eut pris de sa main, lui fit signe qu'elle s'en allât et le laissât reposer. »

Ce roi, qui tiroit par les fenêtres de son palais sur ses sujets huguenots, ce monarque catholique, se reprochant ses meurtres, rendant l'âme au milieu des remords en vomissant son sang, en poussant des sanglots, en versant des torrents de larmes, abandonné de tout le monde, seulement secouru et consolé par une nourrice huguenote! N'y aura-t-il pas quelque pitié pour ce monarque de vingt-trois ans, né avec des talents heureux, le goût des lettres et des arts, un caractère naturellement généreux, qu'une exécrable mère s'étoit plu à dépraver par tous les abus de la débauche et de la puissance?

Charles IX avoit dit à Ronsard, dans des vers dont Ronsard auroit dû imiter le naturel et l'élégance :

> Tous deux également nous portons des couronnes :
> Mais, roi, je la reçois ; poëte, tu la donnes.

Heureux si ce prince n'avoit jamais reçu une couronne doublement souillée de son propre sang et de celui des François, ornement de tête incommode pour s'endormir sur l'oreiller de la mort!

Le corps de Charles IX fut porté sans pompe à Saint-Denis, accompagné par quelques archers de la garde, par quatre gentilshommes de la chambre et par Brantôme, raconteur cynique qui mouloit les vices des grands comme on prend l'empreinte du visage des morts.

## HENRI III.

### 1574-1589.

Aussitôt que Henri III apprit le décès de son frère, il s'évade de la Pologne comme d'une prison, se dérobe à la couronne des Jagellons, qu'il trouvoit trop légère, et vient se faire écraser sous celle de saint Louis. « Quand on lui mit la couronne sur la tête (à son sacre, à Reims, le 15 février 1574), il dit assez haut qu'elle le blessoit, et lui coula pour deux fois, comme si elle eût voulu tomber. » (L'Estoile.)

On avoit conseillé à Henri III, à Vienne et à Venise, de conclure la paix avec les huguenots ; il n'écouta point ce conseil ; il détestoit, à l'égal les uns des autres, les protestants et les Guise ; le règne des mignons commença (1574).

La première génération des Guise finit cette année même avec le cardinal de Lorraine (26 décembre 1574). « Le jour de sa mort, et la nuit suivante, s'éleva en Avignon, à Paris et quasi par toute la France, un vent si impétueux que de mémoire d'homme il n'en avoit été ouy un tel. Les catholiques lorrains disoient que la véhémence de cet orage portoit indice du courroux de Dieu sur la France, d'un si bon, si grand et si sage prélat ; et les huguenots, au contraire, que c'estoit le sabbat des diables qui s'assembloient pour le venir querir ; qu'il faisoit bon mourir ce jour-là pour ce qu'ils étoient bien empêchés. Ils disoient encore que pendant sa maladie quand on pensoit lui parler de Dieu, il n'avoit en la bouche que des vilainies. . . . . . .

dont l'archevêque de Reims, son neveu, le voyant tenir tel langage, avoit dit, en se riant : Je ne vois rien en mon oncle pour en désespérer, et qu'il avoit encore toutes ses paroles et actions naturelles. » (L'Estoile.) Catherine le crut voir après sa mort.

Le duc d'Alençon se met à la tête des mécontents, et Élisabeth lui envoie des secours. Lesdiguières conduit les protestants du Dauphiné, en place de Montbrun, pris et décapité. Ce partisan avoit coutume de dire que le jeu et les armes rendent les hommes égaux (1575.).

Henri, roi de Navarre, s'échappe de la cour et devient le chef des huguenots; il abjure la religion catholique, qu'il avoit embrassée de force. Cinquième paix ou cinquième édit de pacification, qui accorde aux protestants l'exercice public de leur religion. Il leur donnoit dans les huit parlements du royaume des chambres mi-parties; il légitimoit les enfants des prêtres et des moines mariés, et réhabilitoit, par une confusion injurieuse, la mémoire de l'amiral, de La Mole et de Coconnas. C'étoit une grande conquête des opinions nouvelles sur les anciennes opinions, et un étrange mais naturel résultat de la Saint-Barthélemy ; ce résultat ne fut pas durable, parce que la révolution n'étoit pas descendue dans les classes populaires. Le cinquième édit de pacification amena une réaction qui fut la *Ligue*.

L'idée de la Ligue avoit été conçue par le génie des Guise; elle étoit venue au cardinal de Lorraine au concile de Trente; la mort de François de Guise l'avoit fait abandonner; elle fut reprise par le Balafré. Les gentilshommes de Picardie et les magistrats de Péronne signèrent, en 1576, une confédération; c'est la première pièce officielle de la Ligue.

Les gentilshommes du Béarn, de la Guienne, du Poitou, du Dauphiné, de la Bourgogne, étant devenus les capitaines et l'armée des protestants; les gentilshommes de la Picardie et des autres provinces devinrent les capitaines et l'armée des catholiques. Henri III, inspiré par sa mère, qui prenoit des révolutions pour des intrigues, crut déjouer les projets des Guise, en se déclarant le chef de la Ligue; il s'associoit à une faction qui le détestoit, et dont son nom légalisa les fureurs.

Sous la Ligue, le peuple ne marchoit point à la tête de ses affaires, il étoit à la suite des grands; il n'avoit point formé un gouvernement à part, il avoit pris ce qui étoit; seulement il se faisoit servir par le parlement, et avoit transformé ses curés en tribuns. Quand Mayenne le jugeoit à propos, il ordonnoit de pendre qui de droit, parmi le peuple et les Seize, comité du salut public de ce temps.

Au surplus, la Ligue, quels que furent ses crimes, sauva la religion catholique en France, dans ce sens qu'elle donna des soldats et un chef à de vieux principes et de vieilles idées qu'attaquoient des principes nouveaux et des idées nouvelles. La royauté se trouvoit combattue et par la Ligue, qui vouloit changer la dynastie, et par les protestants, qui tendoient à dénaturer la constitution de l'État. Ce double assaut, qui devoit emporter la couronne, la sauva, lorsque Henri IV, abandonnant les protestants, dont il protégea le culte, se réunit aux catholiques, auxquels il donna un roi.

Sixième édit de pacification, moins favorable que le cinquième (1577).

A cette année se rapporte l'expédition de dom Sébastien en Afrique. Ce prince, que quelques montagnards du Portugal attendent peut-être encore, périt dans un combat contre le roi de Maroc. Camoëns, étendu sur son lit de mort, à peine nourri des aumônes qu'un fidèle esclave javanois alloit mendier pour lui dans les rues de Lisbonne, s'écria en apprenant le sort de son roi : « La patrie est perdue ; mais du moins je meurs avec elle ! » Et le Tasse, presque aussi infortuné que le Camoëns, félicitoit dans de beaux vers Vasco de Gama d'avoir été chanté *par le noble génie dont le vol glorieux avoit dépassé celui des vaisseaux qui retrouvèrent les régions de l'aurore.*

Combien auprès du grand navigateur, du grand roi portugais et des deux grands poëtes, semblent ignobles et petits ces mignons de la fortune et ces princes si peu dignes de leur haut rang! C'étoit alors que les duellistes Caylus, Maugiron et Livarot, se battoient contre d'Entragues, Ribérac et Schomberg; qu'Henri III faisoit élever à Caylus, Maugiron et Saint-Mégrin, des statues et des tombeaux que n'avoient pas dom Sébastien dans les déserts de l'Afrique, Gama sur les rives de l'Inde, les chantres de la *Jérusalem* et des *Lusiades* au bord du Tage et du Tibre.

« Or, pour célébrer la mémoire de Caylus et Maugiron, à cause des rares et détestables paillardises et blasphèmes estant en eux, Henry de Valois les feit superbement eslever en marbre blanc, posez sur une base, à l'entour de laquelle estoient plusieurs descriptions comme de personnages généreux, dont ceux du siècle sçavoient bien le contraire, et les catholiques estoient fort faschez qu'il souillast un lieu sainct ( qui estoit l'église de Sainct-Paul à Paris) des effigies de tels libertins et renieurs de Dieu. » ( *Vie et mort de Henry de Valois.*)

Le duc d'Alençon, devenu duc d'Anjou, appelé par les catholiques des Pays-Bas, s'y montre indigne de la souveraineté qu'on lui vouloit déférer : « *Prince*, disoit le roi de Navarre, depuis Henri IV, *qui a si peu de courage, le cœur si double et si malin, le corps si mal basti.* » Marguerite de Valois, qui l'avoit beaucoup aimé, déclaroit que *si l'infidélité étoit bannie de la terre, il la pourroit repeupler* (1578).

L'ordre du Saint-Esprit, créé en 1579, ou plutôt renouvelé de l'ordre du *Saint-Esprit* ou du *Droit-Désir*, de Louis d'Anjou, fut d'abord assez mal accueilli. Henri III, élu roi de Pologne le jour de la Pentecôte, et parvenu à la couronne de France l'anniversaire du même jour, institua son ordre en mémoire de ce double avénement. On a dit que cet ordre avoit une origine plus mystérieuse, indiquée dans l'entrelacement des chiffres. Ces chiffres, prétendoit-on, désignoient les mignons du roi et sa maîtresse, Marguerite sa sœur. Selon Brantôme, l'ordre ne se devoit pas soutenir, parce qu'*il étoit allé en cuisine*, ayant été donné à Combaut, premier maître d'hôtel du roi. Les réflexions que nous avons faites à propos de la chevalerie de la Jarretière s'appliquent également à la chevalerie du Saint-Esprit. Les traces du sang de Louis XVI sont effacées sur le pavé de Paris, les cendres de Napoléon sont cachées sous le roc d'une île déserte, et le ruban de Henri III a reparu dans ce palais de Catherine de Médicis, devant lequel tomba la tête du roi-martyr et où reposa celle du vainqueur de l'Europe; enfin, il couvre encore dans le château des Stuarts le sein de l'exilé, qui, en abdiquant la couronne (comme je l'ai déjà dit dans l'avant-propos de ces *Études*), a vraisemblablement fait abdiquer avec lui tous ces rois, grands vassaux du passé sous la suzeraineté des Capets.

Une ordonnance rétrograde, rendue en conséquence des cahiers présentés par les états de Blois de 1576, porte que les « roturiers et non nobles achetant fiefs nobles ne seront pour ce anoblis ni mis au degré des nobles ». La noblesse s'apercevoit que ses rangs étoient envahis. Comme il arrive toujours à la veille des grandes révolutions, on vouloit ressaisir par les actes du pouvoir ce que le temps avoit enlevé.

Le Portugal tombe aux mains de Philippe II, après la mort du cardinal Henri, qui avoit succédé à dom Sébastien. Élisabeth, reine d'Angleterre, flatte le duc d'Anjou de l'espoir de l'épouser. Les états de Hollande ôtent la souveraineté des Pays-Bas à Philippe II et la confèrent au duc d'Anjou. La comté de Joyeuse et la baronnie d'Espernon sont érigées en duchés-pairies pour les deux favoris de Henri III, qui dépensa 1,200,000 écus aux noces du duc de Joyeuse, en lui en promettant 400,000 autres. Les tailles, élevées à 32 millions, dépassoient de 23 millions celles du dernier règne (1580, 1581).

Le calendrier grégorien est réformé (1582).

Le duc d'Anjou, jaloux du prince d'Orange, se veut emparer d'Anvers : les François sont repoussés par les bourgeois; quatre cents gentilshommes et douze cents soldats périrent dans cette échauffourée.

Méprisé et abandonné, le prince françois se retira à Termonde. « Deux jours après ce désastre, comme on discouroit de la mort du comte de Saint-Aignan, brave officier et fort fidèle à son service, lequel s'étoit noyé en cette occasion : Je crois, dit-il, que qui auroit pu prendre le loisir de contempler à cette heure Saint-Aignan, on lui auroit vu faire une plaisante grimace. Ce disoit-il parce que le comte avoit coutume d'en faire. » Ainsi étoient payés le sang et les services. Le duc d'Anjou mourut l'année suivante, à l'âge de trente ans. Par cette mort, le roi de Navarre devenoit héritier de la couronne, Henri III n'ayant point d'enfants.

Le duc de Guise saisit cette occasion pour mettre en mouvement la Ligue, dont il est déclaré le chef; il s'agissoit, selon lui, d'éloigner du trône un prince hérétique : Guise convoitoit cette couronne, et ne l'osa prendre. Le prince d'Orange est assassiné à Delft, par Balthasar Gérard; les Pays-Bas se veulent donner à Henri III, qui les refuse; la France, par une destinée constante, manque encore l'occasion de porter ses frontières aux rives du Rhin (1584).

Le cardinal de Bourbon, dans un manifeste, prend le titre de premier prince du sang et demande que la couronne soit maintenue dans la branche catholique : le pape et presque tous les princes de l'Europe appuient cette déclaration, qui venoit à la suite d'un traité fait avec le roi d'Espagne pour le soutien de la Ligue. Le roi reste passif au milieu de ces désordres; la Ligue commence la guerre pour son propre compte contre les huguenots.

Sixte Quint, qui rappeloit les grands pontifes des temps passés, avoit succédé à Grégoire XIII : il désapprouve la Ligue, et excommunie néanmoins le roi de Navarre, qu'il déclare indigne de succéder à la couronne. Henri IV en appelle au parlement et au concile général, et fait afficher cet appel jusqu'aux portes du Vatican. Les Seize commencent à gouverner Paris. Guerre des trois Henri, Henri III, Henri roi de Navarre, Henri de Guise (1585-1586).

Marie Stuart, après dix-neuf ans de captivité, a la tête tranchée au château de Fotheringuay, le 18 février 1587. Les couronnes n'étoient pas inviolables. « La veille de sa mort, elle beut, sur la fin du souper, à tous ses gens, leur commandant de la pléger. A quoy obéissants, ils se mirent à genouil, et meslant leurs larmes avecques leur vin, beurent à leur maistresse. Le jour de la mort, elle commanda à l'une de ses filles de lui bander les yeux du mouchoir qu'elle avoit expressément dédié pour cet effet. Bandée, elle s'agenouille, s'accoudoyant sur un billot, estimant devoir être exécutée avecques une épée à la françoise; mais le bourreau, assisté de ses satellites, luy fit mettre la tête sur ce billot, et la luy coupa avec une doloire. » (PASQUIER.) Quelles que fussent les années d'Élisabeth et de Marie, il est probable qu'une rivalité de femme et une supériorité de talent et de beauté coûtèrent la vie à la dernière.

Les Seize songent à s'emparer de la personne du roi et à le faire descendre du trône. La Sorbonne rend un arrêt dans lequel il étoit dit que l'on pouvoit ôter le gouvernement au prince que l'on ne trouvoit pas tel qu'il falloit, comme on ôte *l'administration au tuteur qu'on avoit pour suspect*. Les doctrines des temps de l'ancienne monarchie respectoient-elles davantage la majesté des rois et le *droit divin* que les doctrines de la monarchie constitutionnelle ? Henri III se consoloit en recevant l'ordre de la Jarretière et en établissant les Feuillants à Paris.

Henri de Navarre gagne la bataille de Coutras, où le duc de Joyeuse est tué de sang-froid, comme François de Guise devant Orléans, le prince de Condé à Jarnac, le maréchal de Saint-André à Dreux, le connétable de Montmorency à Saint-Denis. Le Béarnois, au lieu de profiter de sa victoire, retourne auprès de Corisandre. Maintes fois ce prince joua sa couronne contre ses amours, et ce sont peut-être ses foiblesses unies à sa vaillance et à ses malheurs qui l'ont rendu si populaire.

Henri I$^{er}$, prince de Condé, meurt empoisonné à Saint-Jean-d'Angély ; Charlotte de La Trémoïlle, sa femme, accusée de l'empoisonnement, fut déclarée innocente huit ans après, par arrêt du parlement, sur l'ordre exprès de Henri IV. La veuve de Condé, demeurée grosse, accoucha d'un fils, qui fut Henri II du nom et aïeul du grand Condé. C tte race héroïque étoit comme une flamme toujours prête à s'éteindre ; elle s'est enfin évanouie.

An 1588 : Journée des barricades.

Les Seize s'étant concertés avec le duc de Mayenne, en l'absence du duc de Guise, qui se tenoit éloigné de Paris dans la crainte d'être surpris par le roi, avoient résolu de s'emparer de la Bastille après avoir tué, s'ils le pouvoient, le chevalier du guet, le premier président, le chancelier, le procureur général, MM. de Guesle et d'Espesses et quelques autres. Ils comptoient se saisir de l'Arsenal au moyen d'un fondeur gagné par leur parti, et qui leur en ouvriroit les portes. Des commissaires et des sergents, feignant de mener de nuit des prisonniers, étoient chargés d'occuper le grand et le petit Châtelet. Une autre bande de conjurés se tenoit prête à se jeter dans le Temple, l'Hôtel de Ville et le Palais de Justice, à l'heure où l'on avoit coutume d'en permettre l'entrée au public. Quant au Louvre, il devoit être assiégé et bloqué à la fois par les rues y aboutissant : les gardes égorgés, on arrêteroit le roi.

Dans le conseil secret où l'on dressoit le plan de cette insurrection des ligueurs, un des conjurés représenta qu'il y avoit à Paris beaucoup de voleurs et six ou sept mille ouvriers à qui l'on ne pouvoit faire part de l'entreprise ; que ceux-ci s'étant mis une fois à piller, et grossissant comme une boule de neige, feroient avorter le dessein. D'après cette observation, qui parut juste, on s'arrêta à l'idée d'élever des barricades : elles consistoient à tendre des chaînes à l'entrée des rues et à placer contre ces chaînes des tonneaux remplis de terre. Les barricades formées, on ne permettroit à personne de les franchir sans prononcer les mots d'ordre et sans montrer une marque convenue. Quatre mille hommes seulement auroient l'entrée des retranchements pour aller au Louvre attaquer les gardes du roi, et aux postes où se trouvoient les forces militaires. La noblesse, logée en divers quartiers de la ville, étant égorgée avec les *politiques* et les *suspects,* on crieroit : *Vive la messe !* tous les bons catholiques prendroient les armes, et le même jour les villes de la Ligue imiteroient Paris. Aussitôt qu'on se seroit rendu maître de Henri, on tueroit les membres du conseil ; on donneroit d'autres ministres au roi, en épargnant sa personne, à charge à lui de ne se mêler dorénavant d'aucune affaire.

Henri III averti de ces menées n'en voulut rien croire, trompé par Villequier, qui lui répétoit que le peuple l'aimoit trop pour rien entreprendre contre sa couronne. La Bruyère, La Chapelle, Rolland, Le Clerc, Crucé, Compan, principaux chefs des Seize, se réunirent de nouveau dans la maison de Santeul, auprès de Saint-Gervais. Nicolas Poulain, qui redisoit tout au roi, s'y trouvoit aussi ; on lut une lettre du duc de Guise qui promettoit merveille. La Chapelle déploya une grande carte de gros papier, où Paris et ses faubourgs étoient figurés : les seize quartiers de la capitale furent réunis en cinq quartiers qui eurent chacun pour chefs un colonel et un capitaine. Le dénombrement fait, on trouva que l'on pouvoit promettre au duc de Guise trente mille hommes bien armés.

Le Balafré envoya de son côté des capitaines expérimentés qui se cachèrent dans Paris ; la porte Saint-Denis, dont il avoit les clefs, devoit être livrée à d'Aumale, qui s'introduiroit dans la capitale la nuit du dimanche de Quasimodo, avec cinquante cavaliers ; le duc d'Espernon faisoit pour le roi la ronde militaire, depuis dix heures du soir jusqu'à quatre heures du matin : deux de ses gens, vendus aux ligueurs, s'étoient chargés de le dépêcher.

Incrédule comme la foiblesse qui redoute d'agir, Henri auroit pu vingt fois faire arrêter Le Clerc et ses complices dans les conciliabules que lui indiquoit Nicolas Poulain ; mais il avoit fini par soupçonner ce fidèle serviteur d'être attaché au parti des huguenots et intéressé à grossir le mal : la pusillanimité prend en haine celui qui lui montre le danger.

Le roi ne trouva rien de mieux à faire, au milieu de ces périls, que d'aller paisiblement à Saint-Germain conduire le duc d'Espernon, et de revenir huit jours après. Mme de Montpensier avertit les Seize que la mine étoit éventée, et qu'elle avoit prié Henri III de recevoir le duc de Guise, son frère, qui viendroit seul se justifier auprès de Sa Majesté des projets dont on l'accusoit *à tort.* Henri interdit au duc de Guise l'entrée de Paris ; l'ordre fut mal donné ou mal exécuté, et l'on ne trouva pas quelques écus au trésor pour faire partir le courrier. A travers ces mille complots, Mme de Montpensier avoit remarqué que le roi s'alloit promener presque sans escorte au bois de Vincennes ; vite elle conçoit le projet de l'enlever, de mettre cet enlèvement sur le compte des huguenots et de procéder au massacre des *politiques*. Le coup manqua, toujours par les révélations de Poulain. Le duc de Guise vint à Paris malgré la défense du roi, rassuré qu'il étoit par Catherine de Médicis, qui lui promettoit d'arranger tout à son avantage. La reine mère, négligée de son fils, vouloit reprendre son empire en brouillant les affaires et les intérêts.

L'entrée du Balafré à Paris fut un triomphe ; la foule se précipita sur ses pas, criant : *Vive Guise ! vive le pilier de l'Église !* baisant ses habits et lui faisant toucher des chapelets comme un saint. De toutes les fenêtres les femmes lui jetoient des feuillages et des fleurs. Louise de L'Hospital-Vitry, montée sur une boutique dans la rue Saint-Honoré, baissa son masque, et s'écria : « Bon prince, puisque tu es ici, nous sommes tous sauvés. » Le chef de la Ligue alla descendre à l'hôtel de Soissons, chez la reine mère. Catherine fut troublée ; mais, bientôt raffermie, elle conduisit son hôte chez le roi. Elle étoit portée dans sa chaise, et le duc marchoit à pied auprès d'elle : arrivés au Louvre, ils trouvèrent la garde doublée, les Suisses rangés en haie, les archers dans les salles, les gentilshommes dans les chambres. Dans ce moment même Henri III délibéroit s'il ne feroit pas tuer son ennemi à ses pieds : Alphonse, Corse, dit Ornano, avoit été mandé, et se proposoit pour exécuteur des hautes œuvres du roi. Le duc de Guise entre avec Catherine dans le cabinet du monarque, qui lui reproche d'avoir violé ses ordres. Le duc balbutie quelques excuses, profite d'un moment d'hésitation de Henri, et se retire sans être arrêté. Une seconde entrevue eut lieu à l'hôtel de Soissons ; mais alors Guise étoit gardé par le peuple.

Cependant le roi fait entrer, le jeudi 4 mai, quatre mille Suisses dans Paris. Le peuple les vit défiler en silence, et paroissoit assez tranquille, lorsqu'un *rodomont de cour*, c'est l'expression de Pasquier, se croyant assuré de la victoire, dit tout haut : qu'*il n'y avoit femme de bien qui ne passât par la discrétion d'un Suisse*. Ce mot prononcé sur le pont Saint-Michel produisit l'explosion, comme l'étincelle qui tombe sur de la poudre : dans un moment les rues sont dépavées, les pierres portées aux fenêtres, les chaînes tendues, renforcées de meubles, de planches, de solives, de tonneaux pleins de terre; le tocsin sonne, les troupes royales, laissées sans ordre, sont renfermées dans les retranchements, et les dernières barricades poussées jusqu'aux guichets du Louvre.

Le duc de Guise ne parut point dans les premières heures : retiré dans son hôtel, il se ménageoit des moyens de retraite. Lorsqu'il apprit le plein succès de l'insurrection, il se montra; on cria : Vive Guise ! et *lui, baissant son grand chapeau, disoit : Mes amis, c'est assez; messieurs, c'est trop; criez vive le roi !* Le poste des Suisses au Marché-Neuf, attaqué à coups de pierres et d'arquebuses, eut une trentaine d'hommes tués et blessés. Ces étrangers, dont le sort étoit de jouer un si triste rôle dans nos troubles domestiques, ne se défendirent point; ils tendoient les mains à la foule, montroient leurs chapelets, et crioient : *Bons catholiques !* comme ils auroient crié aux dernières barricades : *Bons libéraux !* Le duc de Guise les délivra; il permit aux soldats du roi de se retirer, faisant ouvrir les barrières qui se refermoient derrière eux. Des négociations entamées par Catherine n'aboutirent à rien. Les prédicateurs déclarèrent qu'il *falloit aller prendre frère Henri de Valois dans son Louvre*. Sept ou huit cents écoliers et trois ou quatre cents moines se proposoient d'assaillir le palais du côté de Paris, tandis qu'une quinzaine de mille hommes menaçoient de l'investir du côté de la campagne. Le roi, n'ayant pas un moment à perdre, sortit à pied tenant une baguette à la main. Arrivé aux Tuileries où étoient les écuries, *il monta à cheval avec ceux de sa suite qui eurent moyen d'y monter; Duhalde le botta, et lui mettant son éperon à l'envers : « C'est tout un, dit le roi, je ne vais pas voir ma maîtresse. »* . . . . . . . . . .
Étant à cheval, *il se retourna vers la ville, et jura de n'y rentrer que par la brèche*. Il ne vit plus Paris que des hauteurs de Saint-Cloud, et n'y rentra jamais.

Un gardeur de troupeau, devenu pape, faisoit alors réparer Saint-Jean-de-Latran, et relevoit le grand obélisque des pharaons : ses courriers lui annoncent que le duc de Guise est entré presque seul

dans Paris; il s'écrie : *Oh l'imprudent!* Bientôt il apprend que Henri a laissé échapper sa proie, et il s'écrie : *Oh le pauvre homme!* Henri séjourna à Chartres; il y reçut en députation une procession de pénitents. « A la tête paroissoit un homme à grande barbe sale et crasseuse, couvert d'un cilice, et par-dessus un large baudrier, d'où pendoit un sabre recourbé. D'une vieille trompette rouillée il tiroit par intervalles des sons aigres et discordants. . . . . . . . . . .
Après eux venoit frère Ange de Joyeuse. . . . . . . . . . .
Il représentoit le Sauveur montant au Calvaire. Il s'étoit laissé lier et peindre sur la figure des gouttes de sang qui sembloient découler de sa tête couronnée d'épines. Il paroissoit ne traîner qu'avec peine une longue croix de carton peinte, et se laissoit tomber par intervalles, poussant des gémissements lamentables. »

L'histoire vivante a rapetissé ces faits de l'histoire morte, si fameux autrefois. Qu'est-ce en effet que la journée des barricades, que la Saint-Barthélemy même, auprès de ces grandes insurrections du 7 octobre 1789, du 10 août 1792, des massacres du 2, du 3 et du 4 septembre de la même année, de l'assassinat de Louis XVI, de sa sœur et de sa femme, et, enfin, de tout le règne de la terreur? Et comme je m'occupois de ces barricades qui chassèrent un roi de Paris, d'autres barricades faisoient disparoître en quelques heures trois générations de rois. L'histoire n'attend plus l'historien; il trace une ligne, elle emporte un monde.

La journée des barricades ne produisit rien, parce qu'elle ne fut point le mouvement d'un peuple cherchant à conquérir sa liberté; l'indépendance politique n'étoit point encore un besoin commun. Le duc de Guise n'essayoit point une submersion pour le bien de tous, il convoitoit seulement une couronne; il méprisoit les Parisiens tout en les caressant, et n'osoit trop s'y fier. Il agissoit si peu dans un cercle d'idées nouvelles, que sa famille avoit répandu des pamphlets qui le faisoient descendre de Lother, duc de Lorraine; il en résultoit que la race des Capets n'avoit d'autres droits que l'usurpation; que les Lorrains étoient les légitimes héritiers du trône, comme derniers rejetons de la lignée carlovingienne. Cette fable venoit un peu tard. Les Guise représentoient le passé; ils luttoient dans un intérêt personnel contre les huguenots révolutionnaires de l'époque, qui représentoient l'avenir : or, on ne fait point de révolution avec le passé.

Les peuples, de leur côté, ne regardoient le duc de Guise que comme le chef d'une sainte ligue, accouru pour les débarrasser des édits bursaux, des mignons et des réformés; ils n'étendoient pas leur vue plus loin : le duc de Guise leur paroissoit d'une nature supérieure à la leur, un homme fait pour être leur maître en place et lieu de leur tyran. Si la Sorbonne, si les curés, si les moines prêchoient la désobéissance à Henri III et les principes du tyrannicide, c'est que l'Église romaine n'avoit jamais admis le pouvoir absolu des rois ; elle avoit toujours soutenu qu'on les pouvoit déposer en certain cas et pour certaine prévarication. Ainsi tout s'opéroit sans une de ces grandes convictions de doctrine politique, sans cette foi à l'indépendance, qui renversent tout ; il y avoit matière à trouble ; il n'y avoit pas matière à transformation, parce que rien n'étoit assez édifié, rien assez détruit. L'instinct de liberté ne s'étoit pas encore changé en raison ; les éléments d'un ordre social fermentoient encore dans les ténèbres du chaos ; la création commençoit, mais la lumière n'étoit pas faite.

Même insuffisance dans les hommes ; ils n'étoient assez complets, ni en défauts, ni en qualités, ni en vices, ni en vertus, pour produire un changement radical dans l'État. A la journée des barricades, Henri de Valois et Henri de Guise restèrent au-dessous de leur position ; l'un faillit de cœur, l'autre de crime. La partie fut remise aux états de Blois.

Profondément dissimulé comme les esprits de peu d'étendue, le Balafré se servoit, avec le pape, avec le roi d'Espagne, avec le duc de Lorraine, avec le cardinal de Bourbon, d'un langage différent approprié à chacun ; il cachoit bien ses desseins, et quand tout étoit mûr pour agir, il temporisoit, et ne se pouvoit résoudre à faire le dernier pas. Plus d'orgueil que d'audace, plus de présomption que de génie, plus de mépris pour le roi que d'ardeur pour la royauté, voilà ce qui apparoît dans la conduite du duc de Guise. Il intriguoit à cheval comme Catherine dans son lit. Libertin sans amour, ainsi que la plupart des hommes de son temps, il ne rapportoit du commerce des femmes [qu'un cœur affoibli et des passions rapetissées ; il avoit toute une religion et toute une nation derrière lui, et des coups de poignard firent le dénoûment d'une tragédie qui sembloit devoir finir par des batailles, la chute d'un trône et le changement d'une race.

La journée des barricades, si infructueuse, lui resta cependant à grand honneur dans son parti. « Mais quels miracles avons-nous veu depuis dix-huit mois qu'il a fait à l'aide de Dieu ! Qui est-ce qui peut parler de la journée des barricades sans grande admiration, voyant un grand peuple, qui jamais n'a sorty des portes de sa ville pour porter armes, ayant veu à l'ouverture de sa boutique les escadrons royaux, tous armez, dressez par toutes les grandes et fortes places de la ville, se barricader en si grande diligence, qu'il rembarra tous ces escadrons jusque dans le Louvre sans grande effusion de sang? » (*Oraison funèbre des duc et cardinal de Guise.*)

La ressemblance des éloges et des mots avec ce que nous lisons tous les jours donne seule quelque prix à ce passage oublié dans un pamphlet de la Ligue.

Catherine, qui, sans égard à la loi salique, vouloit faire tomber la couronne à sa fille, mariée au duc de Lorraine, hâta à Rouen (11 juillet 1588) l'édit d'union. Cet édit rétablissoit la paix, en accordant d'immenses avantages à la Ligue, en entassant les honneurs et les charges sur le duc de Guise, et en excluant tout prince non catholique de la couronne : le roi le signa en pleurant. Alors Philippe II d'Espagne perdoit son invincible *armada*, comme Henri III de France perdoit son honneur. Mais ce qui advint fit voir que de la part de Henri il entroit dans cet abandon de toute dignité moins de lâcheté que de vengeance. Les états se devoient assembler à Blois au mois d'octobre, pour sanctionner l'édit d'union. Guise et Henri méditoient, chacun dans leur cœur, d'y terminer leur querelle.

Le roi se mit d'abord en mesure d'agir, en congédiant ses ministres, Bellièvre, Cheverny, Villeroy, Pinart et Brulart; il nomma à leur place Montholon, Ruzé et Revol. On fit peu d'attention à ce changement, qui ne laissoit pourtant dans le conseil aucun homme capable, par sa position ou son expérience, de s'opposer au dessein du maître. La reine mère arriva malade au château de Blois, avec son fils. Les états s'ouvrirent le 16 d'octobre (1588). « *Les députés étant entrés et la porte fermée, le duc de Guise, assis en sa chaire, habillé d'un habit de satin blanc, la cape retroussée à la bigearre, perçant de ses yeux toute l'épaisseur de l'assemblée, pour reconnoître et distinguer ses serviteurs, et d'un seul élancement de sa vue les fortifier en l'espérance de l'avancement de ses desseins, de sa fortune et de sa grandeur, et leur dire sans parler,* JE VOUS VOIS, *se leva, et après avoir fait une révérence, suivi de deux cents gentilshommes et capitaines des gardes, alla querir le roi, lequel entra plein de majesté, portant son grand ordre au col.* » (MATHIEU.)

« *La harangue du roi, prononcée avec une grande éloquence et majesté, ne fut guère agréable à ceux de la Ligue; le duc de Guise en changea de couleur et perdit contenance, et le cardinal encore plus, qui suscita le clergé à en aller faire grande plainte à Sa Majesté.* » (L'ESTOILE.) Le roi fut obligé de faire des changements à son discours, avant de le livrer au public. Lorsqu'il le corrigeoit, survint un orage noir, qui obligea de recourir à des flambeaux : sur quoi « on dit que Henri venoit de faire son testament et celui de la France, et qu'on avoit allumé des torches funèbres pour voir rendre au roi son dernier soupir. »

Les députés des trois ordres étoient presque tous du parti Guise. Henri, dans les lettres qu'il adressa aux souverains étrangers, pour se justifier du meurtre des deux frères, assure « qu'en l'assemblée des trois états ils n'ont épargné aucuns moyens par le ministère de plusieurs auxquels ils auroient pratiqué par les provinces de faire tomber les élections, pour ôter toute autorité et obéissance à Sa Majesté et la rendre odieuse à ses sujets ».

Voici quel étoit le plan du duc de Guise : offrir au roi sa démission de lieutenant général du royaume, demander à se retirer afin d'obtenir des états l'épée de connétable ; alors, devenu maître de toutes les forces du royaume, déposer Valois et l'enfermer dans un couvent. Le cardinal de Guise juroit qu'il ne vouloit pas mourir *avant d'avoir mis et tenu la tête de ce tyran entre ses jambes pour lui faire la couronne avec la pointe d'un poignard.* C'étoit un propos de famille : madame de Montpensier portoit, suspendus à son côté, des ciseaux d'or *pour faire,* disoit-elle, *la couronne monacale à Henri, quand il seroit confiné dans un cloître.* Cette femme ne pardonna jamais à Henri III ou des faveurs offertes et dédaignées, ou quelques paroles échappées à ce monarque sur des infirmités secrètes. Ces petits détails seroient peu dignes de la gravité des fastes de l'espèce humaine si en France l'histoire de l'amour propre n'étoit trop souvent liée à celle des crimes[1].

Toutes les batteries étoient dressées pour briser le sceptre dans les mains de Henri de Navarre, héritier légitime, mais protestant. Le duc de Guise faisoit très-peu de cas du Béarnois, par un souvenir de jeunesse et de l'humble condition où il l'avoit vu. « La veille de la Toussaint (1572), dit L'Estoile, le roi de Navarre jouoit avec le duc de Guise à la paume, où le peu de compte qu'on faisoit de ce petit prisonnier de roitelet, qu'on galopoit à tous propos de paroles et brocards, comme on eût fait un simple page ou laquais de cour, faisoit bien mal au cœur à beaucoup d'honnêtes hommes, qui les regardoient jouer. »

Reste à savoir si les états auroient adjugé la couronne au duc de Guise ; la reine mère la vouloit faire passer à la branche aînée de Lorraine ; le vieux cardinal de Bourbon revendiquoit de prétendus droits, et Philippe II mêloit ses intrigues et ses armes à toutes ces prétentions et à toutes ces discordes.

1. Les moqueries d'Henri III pouvoient avoir aussi pour objet quelque imperfection visible. Lorsque M<sup>me</sup> de Montpensier apprit l'assassinat de ce prince, elle dit à ses femmes : « *Eh bien, que vous en semble? ma tête ne tient-elle pas bien à cette heure? Il m'est avis qu'elle ne branle plus comme elle branloit auparavant.* » Ne pourroit-on pas conclure de ces paroles de M<sup>me</sup> de Montpensier qu'elle avoit un hochement de tête, qu'elle faisoit allusion à quelques railleries de Henri III ?

Quoi qu'il en soit, Henri III, poussé à bout, se réveille pour la vengeance : il se conduisit avec une profondeur de dissimulation qui ne sembloit plus possible dans une âme aussi énervée et un homme aussi avili.

Il commença par habituer le cardinal de Guise à venir fréquemment au château, sous le prétexte de lui parler du maréchal de Matignon. Le roi vouloit maintenir ce maréchal en sa charge de lieutenant général en Guienne ; le cardinal de Guise, qui désiroit obtenir cette charge pour lui-même, poussoit les états à demander le rappel de Matignon. Le roi flattoit doublement les passions du cardinal, en s'adressant à lui pour modérer les états, et en lui laissant l'espérance d'obtenir la place qu'il ambitionnoit.

Henri feignit ensuite un redoublement de ferveur ; il fit construire au-dessus de sa chambre de petites cellules, afin d'y loger des capucins, résolu qu'il étoit, disoit-il, de quitter le monde et de se livrer à la solitude. *En un temps où il s'agissoit de sa vie et de sa couronne, il paroissoit à vue presque privé de mouvement et de sentiment.* Il écrivit de sa propre main un mémoire *pour faire dépêcher des paremens d'autel et autres ornemens d'église aux capucins.* Le duc de Guise fut tellement trompé à ces marques d'une imbécile foiblesse, qu'il ne vouloit croire à aucun projet du roi : *Il est trop poltron*, disoit-il à la princesse de Lorraine ; *il n'oseroit*, disoit-il à la reine mère, qui sembloit l'avertir, en conseillant peut-être sa mort.

Henri régla d'avance tout ce qu'il feroit dans la semaine de Noël, semaine qu'il avoit fixée pour la catastrophe, y compris le vendredi, jour auquel il annonçoit un pèlerinage à Notre-Dame de Cléry. Les plus zélés serviteurs de ce prince, le voyant se livrer à ces soins et le croyant sincère, désespéroient de sa sûreté. De même que le duc de Guise recevoit de continuels renseignemens des desseins du roi, Henri ne cessoit d'être averti des machinations du duc de Guise : le duc d'Espernon lui en mandoit les détails dans ses lettres, et, ce qu'il y a de plus étrange, le duc de Mayenne et le duc d'Aumale étoient au nombre des dénonciateurs : l'un dépêcha à Blois un gentilhomme, et le second sa femme, pour instruire le roi du tout. On ne sauroit douter de ce fait, puisque Henri III le relate dans sa déclaration publique du mois de février 1589 contre le duc de Mayenne : il affirme que ce duc lui avoit fait dire que s'il ne venoit pas lui-même révéler le crime projeté de son frère, c'est qu'étant à Lyon il craignoit de ne pouvoir arriver assez tôt ; ce fait est encore confirmé par le duc de Nevers dans son traité *De la prise des armes.* Et pourtant, malgré la déclaration d'Henri III, la Ligue, faute de mieux, mit Mayenne à sa tête. Ce même Mayenne avoit refusé d'entrer dans les complots contre la vie du roi, notamment dans celui qui devoit être exécuté le jour du service funèbre de la reine d'Écosse, et il avoit voulu une fois se battre contre son frère, duc de Guise.

Quant à la duchesse d'Aumale, elle s'étoit engagée dès la naissance de la Ligue à avertir le roi de tout ce qui se trameroit contre lui ; malheureusement Villequier, qui trahissoit Henri III, avoit souvent reçu les confidences de cette femme. Le 10 de novembre 1588, elle écrivit à la reine mère ; Catherine envoya chercher son fils, qui lui dépêcha Miron son médecin pour prendre ses ordres. « Dites au roi, répondit-elle, que je le prie de descendre dans mon cabinet, pour ce que j'ai chose à lui dire qui importe à sa vie, à son honneur et à son État. » Le roi descendit accompagné d'un de ses familiers et de Miron. Catherine et son fils se retirèrent dans l'embrasure d'une fenêtre. Quand le roi sortit, les deux témoins, qui se tenoient à l'écart à l'autre bout du cabinet, entendirent la reine-mère prononcer distinctement ces paroles : « Monsieur mon fils, il s'en faut dépêcher ; c'est trop longtemps attendre ; mais donnez si bon ordre que vous ne soyez plus trompé comme vous le fûtes aux barricades de Paris. » D'autres ont cru que Catherine ignora le projet de Henri, et qu'elle s'y seroit opposée par ce système de contre-poids qu'elle employoit pour conserver son autorité au milieu des factions ; mais il faut préférer à cette version le récit d'un témoin auriculaire (Miron).

On remarqua que le duc, qui avoit eu connoissance de la conférence, se promena plus de deux heures à pas agités, en donnant des marques d'impatience, au milieu des *pages* et des *laquais*, sur la terrasse du donjon du château, appelée *la Perche-au-Breton*.

Ce château de Blois étoit joint à la ville par un chemin pratiqué dans le roc, vaste édifice où étoit empreinte la main de divers siècles, depuis les bâtisses féodales des Châtillon et la tour du Château-Renaud, jusqu'aux ouvrages demi-grecs et demi-gothiques de Louis XII, de François Ier et de ses successeurs : c'est là qu'eut lieu une des catastrophes les plus tragiques de l'histoire.

Trois jours avant, le Balafré avoit invité à souper le cardinal son frère, l'archevêque de Lyon, le président de Neuilly, La Chapelle-Marteau, prévôt des marchands de Paris, et Mendreville, tous de sa faction. Le duc, par un de ces pressentiments vagues qui avertissent du péril, avoit quelque intention de faire un voyage à Orléans ; il dit à ses convives qu'on l'avertissoit d'une entreprise du roi sur sa personne, et il leur demanda conseil.

L'archevêque de Lyon s'éleva avec force contre tout projet de retraite; c'étoit, selon lui, manquer une occasion qui ne se retrouveroit jamois, après avoir eu le bonheur d'avoir fait convoquer les états, et d'y avoir réuni tant de membres de la sainte-union ; il soutint que le duc de Guise disposoit du tiers état, du clergé et de plus du tiers des membres de la noblesse. Le président de Neuilly étoit tout alarmé; La Chapelle-Marteau prétendoit qu'il n'y avoit rien à craindre; mais Mendreville déclara, en jurant, que l'archevêque de Lyon parloit du roi comme d'un prince sensé et bien conseillé, mais que le roi étoit un fou, qu'il agiroit en fou ; qu'il n'auroit ni appréhension ni prévoyance; que s'il avoit conçu un dessein, il l'exécuteroit mal ou bien ; qu'ainsi il se falloit lever en force devant lui, où qu'autrement il n'y avoit nulle sûreté.

Le duc de Guise trouva que Mendreville avoit plus raison qu'eux tous; mais il ajouta : « Mes affaires sont réduites en tels termes que quand je verrois entrer la mort par la fenêtre, je ne voudrois pas sortir par la porte pour la fuir. »

Le roi, de son côté, avoit assemblé son conseil, composé des seigneurs de Rieux, d'Alphonse Ornano et des secrétaires d'État. « Il y a longtemps, leur dit-il, que je suis sous la tutelle de messieurs de Guise. J'ai eu dix mille arguments de me méfier d'eux, mais je n'en ai jamais eu tant que depuis l'ouverture des états. Je suis résolu d'en tirer raison, mais non par la voie ordinaire de justice ; car M. de Guise a tant de pouvoir dans ce lieu, que si je lui faisois faire son procès, lui-même le feroit à ses juges. Je suis résolu de le faire tuer présentement dans ma chambre ; il est temps que je sois seul roi : qui a compagnon a maître. » ( PASQUIER. )

Le roi ayant cessé de parler, un ou deux membres du conseil proposèrent l'emprisonnement légal et le procès en forme ; tous les autres furent d'une opinion contraire, soutenant qu'en matière de crime de lèse-majesté la punition devoit précéder le jugement.

Le roi confirma cette opinion : « Mettre le *Guisard* en prison, dit-il, ce seroit mettre dans les filets le sanglier qui seroit plus puissant que nos cordes. » ( L'ESTOILE. )

On délibéra sur le jour où le coup seroit frappé ; le roi déclara qu'il feroit tuer le duc de Guise au souper que l'archevêque de Lyon lui devoit donner, le dimanche avant la Saint-Thomas. Ensuite l'exécution fut retardée jusqu'au mercredi suivant, jour même de la Saint-Thomas, et enfin renvoyée au 23, avant-veille de Noël.

Le 22, le duc de Guise, se mettant à table pour dîner, trouva sous sa serviette un billet ainsi conçu : « *Donnez-vous de garde, on est sur le point de vous jouer un mauvais tour.* » Il écrivit au bas au crayon :

*On n'oseroit;* et il jeta le billet sous la table. Le même jour, le duc d'Elbeuf lui dit qu'on attenteroit le lendemain à sa vie. « *Je vois bien, mon cousin,* répondit le Balafré, *que vous avez regardé votre almanach, car tous les almanachs de cette année sont farcis de telles menaces.* » (L'Estoile.)

Le roi avoit annoncé qu'il iroit le lendemain 23 à La Noue, maison de campagne au bout d'une longue allée sur le bord de la forêt de Blois, afin de passer la veille de Noël en prières. Rassuré par le projet de ce prétendu voyage, le cardinal de Guise pressa son frère de partir pour Orléans, disant qu'il étoit assez fort, lui cardinal, pour enlever Henri et le conduire à Paris. Une fois remis aux mains des Parisiens, les états l'auroient déposé comme incapable de régner, puis confiné dans un château avec une pension de 200,000 écus; le duc de Guise eût été proclamé roi à sa place : c'étoit le dernier plan, car les plans varioient. Catherine avoit elle-même songé à priver son fils de la couronne, mais en lui donnant dans sa retraite des femmes au lieu d'or, comme chaînes plus sûres; elle eût alors demandé le trône pour le duc de Lorraine, son petit-fils par sa fille. Deux grands conspirateurs cherchoient donc à se devancer pour s'arracher mutuellement le pouvoir et la vie; leurs complots respectifs étoient connus de l'un et de l'autre : le plus dissimulé l'emporta sur le plus vain.

Le 22, le roi, après avoir soupé, se retira dans sa chambre vers les sept heures; il donna l'ordre à Liancourt, premier écuyer, de faire avancer un carrosse à la porte de la galerie des Cerfs, le lendemain matin, 23 décembre, à quatre heures, toujours sous prétexte d'aller à La Noue. En même temps il envoya le sieur de Marle inviter le cardinal de Guise à se rendre au château à six heures, parce qu'il désiroit lui parler avant de partir. Le maréchal d'Aumont, les sieurs de Rambouillet, de Maintenon, d'O, le colonel Alphonse Ornano, quelques autres seigneurs et gens du conseil, les quarante-cinq gentilshommes ordinaires, furent requis de se trouver à la même heure dans la chambre du roi.

A neuf heures du soir le roi mande Larchant, capitaine des gardes du corps; il lui enjoint de se tenir le lendemain, à sept heures du matin, avec quelques-uns des gardes, sur le passage du duc de Guise, quand celui-ci viendroit au conseil; Larchant et les siens présenteroient à ce prince une supplique tendant à les faire payer de leurs appointements. Aussitôt que le duc seroit entré dans la chambre du conseil, qui formoit l'antichambre de la chambre du roi, Larchant se saisiroit de l'escalier et de la porte, ne laisseroit ni entrer, ni sortir, ni passer personne. Vingt autres gardes seroient placés par lui Larchant à l'escalier du vieux cabinet, d'où l'on descendoit à la galerie des Cerfs.

Tout étant disposé de la sorte, Henri rentra dans son cabinet avec de Termes ; c'étoit Roger de Saint-Lary de Belgarde, si connu depuis. A minuit Valois lui dit : « Mon fils, allez vous coucher, et dites à Duhalde qu'il ne faille de m'esveiller à quatre heures, et vous trouverez ici à pareille heure. Le roi prend son bougeoir, et s'en va dormir avec la reine. » (MIRON.)

Le duc de Guise veilloit alors auprès de Charlotte de Beaune, petite-fille de Semblançai, mariée d'abord au seigneur de Sauve, et en secondes noces à François de La Trémoille, marquis de Noirmoutiers. Aussi belle que volage, elle alloit, selon l'expression libre du Laboureur, coucher d'un parti chez l'autre. Liée jadis avec le duc d'Alençon et le roi de Navarre, les secrets qu'elle déroboit au plaisir, elle les redisoit à Catherine de Médicis et au duc de Guise. Cette fois elle essaya de l'éclairer sur les dangers qu'il couroit ; elle le conjura de fuir ; mais il crut moins à ses conseils qu'à ses caresses, et il resta : il ne rentra chez lui qu'à quatre heures du matin ; on lui remit cinq billets, qui tous l'admonestoient de se précautionner contre le roi. Le duc mit ces billets sous son chevet. Le Jeune, son chirurgien, et beaucoup d'autres clients qui l'environnoient, le supplioient de tenir compte de cet avis : « Ce ne seroit jamais fini, répondit-il ; dormons, et vous, allez coucher. » (MIRON.)

Le 23, à quatre heures du matin, Duhalde vint heurter à la porte de la chambre de la reine ; la dame de Piolant, première femme de chambre, accourt au bruit : « Qui est là ? » dit-elle. « C'est Duhalde, répond celui-ci ; dites au roi qu'il est quatre heures. » — « Il dort, et la reine aussi, » répliqua la dame de Piolant. « Éveillez-le, dit Duhalde, ou je heurterai si fort que je les réveillerai tous deux. »

Le roi ne dormoit point, ses inquiétudes étoient trop vives. Ayant appris la venue de Duhalde, il demande ses bottines, sa robe de chambre et son bougeoir ; il se lève, et, laissant la reine tout émue, se rend dans son cabinet, où l'attendoient déjà de Termes et Duhalde. Il prend les clefs des cellules destinées aux capucins ; il monte éclairé par de Termes, qui portoit le bougeoir devant lui ; il ouvre une cellule, et y enferme Duhalde, effrayé ; il redescend, et à mesure que les quarante-cinq gentilshommes de sa garde se présentent, il les conduit aux cellules, dans lesquelles il les incarcère un à un, comme Duhalde. Les personnages convoqués au conseil commençoient d'arriver au cabinet du roi ; on y pénétroit à travers un passage étroit et oblique qu'Henri avoit fait pratiquer exprès dans un coin de sa chambre à coucher, laquelle précédoit ce cabinet. La porte ordinaire de la chambre avoit été bouchée. Lorsque les ministres et les seigneurs sont entrés, le roi va mettre en liberté ces prisonniers, les ramène en silence dans sa chambre, leur recommandant de ne faire aucun bruit, à cause de la reine mère qui étoit malade et logée au-dessous.

Ces précautions prises, le roi revient au conseil, et redit aux assistants ce qu'il leur avoit déjà dit sur la nécessité où il se trouvoit réduit de prévenir les complots du duc de Guise. Le maréchal d'Aumont hésitoit, parce que le roi avoit promis et juré le 4 décembre, sur le saint sacrement de l'autel, parfaite réconciliation et amitié avec le duc de Guise : « Mon cousin, lui avoit-il dit, croyez-vous que j'aye l'âme si meschante que de vous vouloir mal? Au contraire, je déclare qu'il n'y a personne en mon royaume que j'ayme mieux que vous, et à qui je sois plus tenu, comme je le feray paroistre par bons effects d'icy à peu de temps. . . . . . . . . . . . . . . . . . . . . . . . . Cet athéiste Henri de Valois cacheta sa trahison avec une cire du corps de Notre-Seigneur Jésus-Christ. » (*Vie et mort de Henri de Valois.*)

On calma les scrupules du maréchal d'Aumont en s'efforçant de lui prouver que le duc de Guise avoit manqué le premier à sa parole.

Le roi passa du cabinet du conseil dans la chambre, où étoient assemblés les gentilshommes, et il leur parla de la sorte :

« Il n'y a aucun de vous qui ne soit obligé de reconnoître combien est grand l'honneur qu'il a reçu de moi, ayant fait choix de vos personnes sur toute la noblesse de mon royaume, pour confier la mienne à leur valeur, vigilance et fidélité. Vous avez été mes obligés, maintenant je veux être le vôtre en une urgente occasion, où il y va de mon honneur, de mon État et de ma vie. Vous savez tous les insultes que j'ai reçues du duc de Guise, lesquelles j'ai souffertes, jusqu'à faire douter de ma puissance et de mon courage, pensant par ma douceur allentir ou arrêter le cours de cette violente et furieuse ambition. Il est résolu de faire son dernier effort sur ma personne, pour disposer après de ma couronne et de ma vie. J'en suis réduit à telle extrémité, qu'il faut que je meure ou qu'il meure, et que ce soit ce matin. Ne voulez-vous pas me servir et me venger? »

Tous ensemble s'écrièrent qu'ils étoient prêts à tuer le rebelle; et Sariac, gentilhomme gascon, frappant de sa main la poitrine du roi, lui dit : *Cap de Diou, sire, iou lou bous rendis mort!*

Henri les pria de modérer les témoignages de leur zèle, de peur d'éveiller la reine mère. « Voyons, dit-il ensuite, qui de vous a des poignards? » Huit d'entre eux en avoient : le poignard de Sariac étoit d'Écosse. Ces huit gentilshommes, pourvus de l'arme des assassins, furent particulièrement choisis pour demeurer dans la chambre et porter les premiers coups ; le roi leur adjoignit un autre garde nommé Loignac, qui n'avoit qu'une épée. Douze autres des quarante-cinq furent placés dans le vieux cabinet où le roi devoit demander le duc ; ils reçurent l'ordre de le tuer ou de l'achever de tuer à coups d'épée lorsqu'il lèveroit la portière de velours pour entrer dans le cabinet. Le reste des gardes prit poste à la montée qui communiquoit du cabinet à la galerie des Cerfs. Nambu, huissier de la chambre, ne devoit laisser entrer ni sortir personne que par le commandement exprès du roi. Le maréchal d'Aumont s'assit au conseil pour s'assurer du cardinal de Guise et de l'archevêque de Lyon, après la mort du duc.

Le roi se retira dans un appartement qui avoit vue sur les jardins, ayant tout ordonné avec le sang-froid d'un général qui va donner une bataille décisive : il ne s'agissoit que d'un assassinat et de la mort d'un homme ; mais cet homme étoit le duc de Guise. Henri, demeuré seul, ne garda pas cette tranquillité ; il alloit, venoit, ne pouvoit demeurer en place, se présentoit à la porte de son cabinet. Plein d'intérêt et de pitié pour les meurtriers, il les invitoit à bien se prémunir contre le courage et la force de cet autre Henri qu'ils étoient chargés d'immoler. « Il est grand et puissant, leur disoit-il ; s'il vous endommageoit, j'en serois marry. » On lui vint apprendre que le cardinal de Guise étoit entré au conseil ; mais son frère n'arrivoit pas, et le roi étoit cruellement travaillé de ce retard.

Le duc dormoit ; il cherchoit dans le sommeil le renouvellement de ses forces, épuisées aux voluptés de cette même nuit qui vit préparer sa mort : il alloit entrer dans une nuit plus longue, où il auroit le temps de se reposer, prêt à tomber qu'il étoit des bras d'une femme entre les mains de Dieu. Ses valets de chambre ne l'éveillèrent qu'à huit heures, en lui disant que le roi étoit près de partir. Il se lève à la hâte, revêt un pourpoint de satin gris, et sort pour se rendre au conseil.

Arrivé sur la terrasse du château, il est accosté par un gentilhomme d'Auvergne nommé La Salle, qui le supplie de ne passer outre : « Mon bon ami, lui répond-il, il y a longtemps que je suis guéri d'appréhensions. » Quatre ou cinq pas plus loin, il rencontre un Picard, appelé d'Aubencourt, qui cherche à le retenir ; il le traite de sot. Ce matin même il avoit reçu neuf billets qui lui annonçoient son sort ; et il avoit dit, en mettant le dernier dans sa poche : « Voilà le neuvième. » Au pied de l'escalier du château, le capitaine Larchant lui présenta, comme il en étoit convenu avec le roi, une requête, afin d'obtenir le payement des gardes ; et c'étoient ces mêmes gardes qui alloient assassiner celui dont ils imploroient la bonté : on profitoit du généreux caractère du duc pour lui ôter les soupçons qu'il eût pu concevoir à la vue des soldats.

Arrivé dans la chambre du conseil, il parut cependant étonné de la présence du maréchal d'Aumont ; car on ne devoit traiter que de matières de finances. Il s'assit, et dit un moment après : « J'ai froid, le cœur me fait mal, qu'on fasse du feu. » Quelques gouttes de sang lui churent du nez, et quelques larmes des yeux, affoiblissement qu'on attribua plutôt à une débauche qu'à un pressentiment. S'étant établi devant le feu, il laissa tomber son mouchoir, et mit le pied dessus comme par mégarde. Fontenai ou Mortefontaine, trésorier de l'épargne, le releva ; sur quoi le duc de Guise pria Fontenai de le porter à Péricart, son secrétaire, pour en avoir un autre, et de dire en même temps à ce secrétaire de le venir promptement trouver. « C'étoit, comme plusieurs ont cru, dit Pasquier, afin d'avertir ses amis du danger où il pensoit être. » Saint-Prix, premier valet de chambre du roi, présenta au duc quelques fruits secs qu'il avoit demandés au moment de sa défaillance.

Henri, ayant appris l'arrivée du duc de Guise, envoya Révol l'inviter à lui venir parler dans le vieux cabinet. L'huissier de la chambre, Nambu, refusa, d'après sa consigne, le passage à Révol, celui-ci revint vers son maître avec un visage effaré : « Mon Dieu ! qu'avez-vous, dit le roi ; qu'y a-t-il ? Que vous êtes pâle ! Vous me gâterez tout. Frottez vos joues, frottez vos joues, Révol. » La cause du retour de Révol expliquée, Henri ouvre la porte du cabinet, et ordonne à Nambu de laisser passer Révol.

Marillac, maître des requêtes, rapportoit une affaire des gabelles, quand Révol parut dans la salle du conseil. « Monsieur, dit-il au duc de Guise, le roi vous demande ; il est en son vieux cabinet. » Et Révol se retire. Le duc de Guise se lève, enferme quelques fruits secs dans son drageoir, répand le reste sur le tapis en disant : « Qui en veut ? » Il jette sur ses épaules son manteau, qu'il tourne, comme en belle humeur, tantôt d'un côté, tantôt de l'autre ; il le retrousse sous son bras gauche, met ses gants, tenant son drageoir de la main du bras qui relevoit son manteau. « Adieu, messieurs, » dit-il aux membres du conseil ; et il heurte aux huis de la chambre du roi. Nambu les lui ouvre, sort incontinent, tire et ferme la porte après lui.

Guise salue les gardes qui étoient dans la chambre ; les gardes se lèvent, s'inclinent, et accompagnent le duc comme par respect. Un d'eux lui marcha sur le pied : étoit-ce le dernier avertissement d'un ami?

Guise traverse la chambre : comme il entroit dans le corridor étroit et oblique qui menoit à la porte du vieux cabinet, il prend sa barbe de la main droite, se retourne à demi pour regarder les gentilshommes qui le suivoient. Montléry, l'aîné, qui étoit près de la cheminée, crut que le duc vouloit reculer pour se mettre sur la défensive : il s'élance, le saisit par le bras, et lui enfonçant le poignard dans le sein, s'écrie : « Traître, tu en mourras! » Effranats se jette à ses jambes, Sainte-Malines lui porte un autre grand coup de poignard de la gorge dans la poitrine; Loignac lui enfonce l'épée dans les reins.

Le duc, à tous ces coups, disoit : « Eh! mes amis! Eh! mes amis! » Frappé du stylet de Sariac par derrière, il s'écrie à haute voix : « *Miséricorde!* » « Et, bien qu'il eût son épée engagée dans son manteau et les jambes saisies, il ne laisse pourtant de les entraîner, tant il étoit puissant, d'un bout de la chambre à l'autre. » Il marchoit les bras tendus, les yeux éteints, la bouche ouverte, comme déjà mort. Un des assassins ne fit que le toucher, et il tomba sur le lit du roi : jamais lit plus honteux ne vit mourir tant de gloire. Le cardinal de Guise, assis au conseil avec l'archevêque de Lyon, entendit la voix de son frère, qui crioit merci à Dieu : « Ah! dit-il, on tue mon frère! » Il recule sa chaise pour se lever; mais le maréchal d'Aumont, la main sur son épée : « *Ne bougez pas, morbleu, monsieur! le roi a affaire de vous.* » L'archevêque de Lyon, joignant les mains, s'écria : « Notre vie est entre les mains de Dieu et du roi. » Le cardinal et l'archevêque furent d'abord enfermés dans les cellules des capucins, et de là transférés à la tour de Moulins.

Henri, informé que la chose étoit faite, sortit de son cabinet pour voir la victime : il lui donna un coup de pied au visage, comme le duc de Guise en avoit donné un à l'amiral de Coligny, lors du massacre de la Saint-Barthélemy. Il contempla un moment le Lorrain, et dit : « Mon Dieu, qu'il est grand! il paroît encore plus grand mort que vivant. » (L'Estoile.) Derechef, il le poussa du pied, et parlant à Loignac : « Te semble-t-il qu'il soit mort, Loignac? » Alors Loignac, le prenant par la teste, répondit à Henri de Valois : « Je croy qu'ouy : car il a la couleur de mort, sire. » Ainsi, Henri de Valois, traistre, couard et poltron, fait mourir ce magnanime prince. . . . . . . . . . . . . . .
Et croy que si M. de Guise eût seulement respiré, lorsqu'il le poussa du pied, il fût tombé de frayeur auprès de luy. » (*Vie et mort de Henri III.*)

Les courtisans abondoient en moqueries, insultant à l'homme qu'ils avoient flatté; ils l'appeloient *le beau roi de Paris*, nom que lui avoit donné Henri.

L'un des secrétaires d'État, Beaulieu, eut ordre de fouiller le duc : il lui trouva autour du bras une petite clef attachée à des chaînons d'or, dans les poches de son haut-de-chausses une bourse qui contenoit douze écus d'or, et un billet sur lequel étoient écrits ces mots de la main du duc : « *Pour entretenir la guerre en France, il faut 700 mille livres tous les mois.* » Un cœur de diamants fut pris par d'Entragues à son doigt (Miron). « Les quarante-cinq lui ôtèrent son épée, ses pendants d'oreilles et anneaux fort précieux qu'il avoit aux doigts. » (*Vie et mort d'Henri III.*) Beaulieu ayant achevé sa recherche, et s'apercevant que l'illustre massacré respiroit encore : « Monsieur, lui dit-il, cependant qu'il vous reste un peu de vie, demandez pardon à Dieu et au roi. » C'étoit le roi qui auroit dû demander pardon à Dieu et au duc de Guise; l'homme le lui eût accordé. « Alors le prince de Lorraine, sans pouvoir parler, jetant un grand et profond soupir comme d'une voix enrouée, il rendit l'âme, fut couvert d'un manteau gris, et au-dessus mis une croix de paille. » (Miron.)

On trouve dans un pamphlet du temps une anecdote peu connue. Il est dit que le roi ayant fait arrêter les principaux seigneurs catholiques, commanda de les amener en sa présence, leur montra le corps du duc de Guise, et leur dit : « Messieurs, voilà votre roi de Paris habillé comme il le mérite. . . . . . Cela faict, l'on amène le jeune prince de Ginville (Joinville), auquel semblablement le roi monstre le corps mort estendu sur la place dudict sieur de Guise : laquelle veüe saisit tellement le cœur du jeune prince, qu'il cuida tomber pasmé sur le corps de son père, quand le roy le retint : et à l'instant le jeune prince, ne pouvant baiser son père pour lui dire le dernier adieu, commence à vomir une infinité de paroles injurieuses contre les massacreurs de son père : occasion que le roy commanda que l'on le mist à mort, ce qui eût été exécuté si Charles Monsieur, présent, qui ayme naturellement ledict prince de Ginville, ne se fût jeté à genoux devant le roy, le priant de lui vouloir donner en garde ledict prince, à la charge de le représenter quand il en seroit requis. » (*Les cruautés sanguinaires exercées envers feu M*gr *le cardinal de Guise, etc.*)

Deux heures après, le corps du duc de Guise fut livré à Richelieu, prévôt de France, aïeul de ce cardinal qui n'épargna pas les grands, mais qui les fit mourir par la main du bourreau.

Le lendemain, le cardinal de Guise fut tué dans la tour de Moulins à coups de hallebarde. Il se mit à genoux, se couvrit la tête, et dit aux meurtriers : « Faites votre *commission*. » Ils étoient quatre, au salaire de cent écus chaque. Les *bons* des Septembriseurs étoient de cinq francs : le prix de main-d'œuvre avoit baissé. Le cardinal de Guise étoit plus méchant, avoit plus de résolution et autant de courage et d'ambition que le duc ; mais il l'avoit mise au service de son aîné. Quinze jours auparavant, la duchesse de Guise étoit allée à Paris pour y faire ses couches ; elle y avoit été suivie de M<sup>me</sup> de Montpensier.

Richelieu, accompagné de ses archers, se transporta dans la salle du tiers état, se saisit du président de Neuilly, de Marteau, prévôt des marchands, de Compans et de Cotteblanche, échevins de Paris ; mais il n'avoit point reçu l'ordre de faire sauter l'assemblée par les fenêtres.

Henri avoit épuisé ce qui lui restoit de vigueur dans l'assassinat des deux frères : il n'appela point son armée de Poitou pour marcher immédiatement sur Paris, et ne se saisit point d'Orléans. Quand il alla voir sa mère après le meurtre, et qu'il lui dit : « Madame, je suis maintenant seul roi, je n'ai plus de compagnon, » elle lui répondit : « Que pensez-vous avoir fait ? Avez-vous donné ordre à l'assurance des villes ? C'est bien coupé, mon fils, mais il faut coudre. » Catherine étoit mourante ; elle expira le 5 janvier 1589, « à Blois, où elle étoit adorée et révérée comme la Junon de la cour. Elle n'eut pas plus tôt rendu le dernier soupir, qu'on n'en fit pas plus de compte que d'une chèvre morte. » (L'Estoile.)

Le jour et le lendemain de la mort des Guise, Henri III fit arrêter le cardinal de Bourbon, la duchesse de Nemours, le duc de Nemours son fils, le prince de Joinville, le duc d'Elbeuf et l'archevêque de Lyon ; les autres seigneurs de la Ligue qui se trouvoient à Blois se sauvèrent de vitesse. Toutes les boutiques furent fermées ; il tomba des torrents de pluie. Les corps du duc et du cardinal de Guise, transportés dans une des salles basses du château, furent découpés par le maître des hautes-œuvres, puis brûlés en lambeaux pendant la nuit, et leurs cendres enfin jetées dans le fleuve. Un roi de France couchoit au-dessus de cette boucherie ; il pouvoit entendre les coups de hache qui dépeçoient les corps de ses grands sujets, et sentir l'odeur de la chair des victimes. Selon une autre version, beaucoup moins authentique que celle de Miron et de L'Estoile, les corps des deux frères auroient été mis dans de la chaux vive. M<sup>me</sup> de Montpensier attendoit à Paris le moine qui devoit sortir de ses bras pour aller planter son couteau dans le ventre de Henri III, comme le duc de Guise étoit sorti des bras de M<sup>me</sup> de Noirmoutiers pour tomber sous le poignard des gardes de ce monarque.

En 1807, revenant de la Terre Sainte, je passai à Blois et visitai le château ; il étoit rempli de prisonniers de guerre. Ce fut un soldat polonois qui me montra la salle des états, la chambre où le duc de Guise avoit été assassiné, et sur le pavé de laquelle on avoit cru voir longtemps des traces de sang. Qu'étoit devenu Henri III, roi de Pologne? Où étoit alors la race des monarques françois? Où est aujourd'hui celui qui avoit poussé ses soldats au delà de la Vistule, celui qui, changeant la face de l'Europe, avoit fait oublier les plus grandes époques de notre histoire? La Loire a roulé les cendres du duc de Guise à cet Océan qui emprisonne celles de Napoléon de l'autre côté de la terre. Ainsi les siècles se vont effaçant les uns les autres. Il ne reste que Dieu pour rendre compte de toutes ces vanités des sociétés humaines.

Lorsque la nouvelle de la mort des deux frères parvint dans la capitale, le premier moment fut de la stupeur et de l'effroi ; mais bientôt les ligueurs se soulèvent ; le duc d'Aumale, créé gouverneur de Paris, fait fouiller les maisons des *royaux* et des *politiques,* et emprisonner les suspects. Le prédicateur Lincestre déclare que le *vilain Hérode* (anagramme du nom de Henri de Valois) n'étoit plus roi des François. Il oblige ses auditeurs à jurer de répandre jusqu'à la dernière goutte de leur sang, d'employer jusqu'à la dernière obole de leur bourse pour venger la mort des princes. Le premier président de Harlay étoit assis devant la chaire ; Lincestre l'apostrophant, lui crie : « Levez la main, monsieur le président, levez-la bien haut ; encore plus haut, afin que le peuple la voye. »

Le peuple arracha partout les armoiries du roi, les brisa, les foula aux pieds, les jeta dans le ruisseau, et détruisit les beaux monuments élevés dans l'église de Saint-Paul à Saint-Mesgrin, Caylus et Maugiron. Le parlement presque tout entier fut mis à la Bastille et à la Conciergerie par Bussy Le Clerc. On obligea le président Brisson à tenir audience, Édouard Molé, conseiller en la cour, à remplir les fonctions de procureur général, Jean Lemaître et Louis d'Orléans à accepter la place d'avocats du roi. Brisson déposa, le 21 janvier, devant deux notaires, une protestation secrète contre tout ce qu'il pourroit être obligé de faire ou de dire contre les intérêts du roi ; précaution et pressentiment d'un homme foible qui ne se sentoit pas capable de remplir tous ses devoirs, et qui cependant se sentoit le courage de mourir.

Un héraut, dépêché par Henri aux Parisiens, fut renvoyé sans réponse et avec ignominie. La faculté de théologie (c'est-à-dire, selon le sieur de L'Estoile, huit ou dix soupiers et marmitons) déclara les sujets délié du serment de fidélité et d'obéissance à Henri de Valois, naguère roi.

*Primum quod populus hujus regni solutus est et liberatus a sacramento fidelitatis et obedientiæ præfato Henrico, regi præstito. Deinde, etc.*

Sur la requête de la duchesse douairière de Guise, le parlement rendit un arrêt dans la forme suivante :

*Arrests de la cour souveraine des pairs de France, donnez contre les meurtriers et assassinateurs de messieurs les cardinal et duc de Guyse.*

« Veu par la cour, toutes les chambres assemblées, la requeste à elle présentée par dame Gatherine de Clèves, duchesse douairière de Guyse, tant en son nom que comme tutrice naturelle de ses enfants mineurs : contenant que le feu seigneur duc de Guyse, pair et grand maistre de France, son mary, estoit fils d'un prince qui a remply toute la terre du renom de ses vertus, si utiles à la France ; que l'ayant estendue du costé d'Allemaigne, par la conservation de Metz, il l'a rejointe, du côté de l'Angleterre, à la grande mer, son ancienne borne, par la prise de Calais, et d'un autre endroit, il l'a délivrée de la terreur d'une place par avant réputée inexpugnable, par la ruine de Thionville. Puis ayant heureusement travaillé à purger ce royaume du venin contagieux de l'hérésie qui l'avoit quasi tout infecté, et se voyant prest d'en venir à bout, il fut proditoirement meurtry et assassiné par les ennemys de Dieu et de son Église, délaissant trois enfants qui se sont toujours montrés vrais héritiers des vertus de leur père, même de son zèle ardent en la religion catholique, apostolique et romaine. . . . . . . . . . . . . . . . . . . . .

Ceux qui veulent toujours continuer la dissolution de leur première vie et préparer le chemin à la domination des hérétiques n'en peuvent imaginer un plus propre moyen que le massacre des princes qui s'estoient toujours montrez les plus affectionnez au soulagement du peuple et à la conservation de la pure religion catholique. Pour l'exécution duquel desseing ayant rejuré l'édit d'union et renouvelé les autres promesses d'assurance, tant par serments solennels que par toutes autres simulations de bienveillance, voires jusques à se dévouer par imprécations pleines d'horreur, après avoir prins la sainte Eucharistie. Enfin, le vingt-troisième décembre, le duc de Guyse, qui estoit assis au conseil, ayant esté mandé de la part du roy, et s'estant levé et acheminé pour y aller seul, nud, et sans autres armes que l'espée née avec sa qualité, comme celui qui ne se fust jamais défié d'une si indigne perfidie, est cruellement massacré par plusieurs meurtriers expressément disposés à cet effect. . . . . . . . . . . .

La suppliante désireroit en reformer l'ordonnance d'icelle, requerroit à cette cause commission de ladicte cour luy estre octroyée pour informer des faicts susdits, circonstances et dépendances, et ce par tels des conseillers de la dicte cour qu'il lui plairoit commettre pour l'information veue et rapportée estre décrétée contre ceux qui se trouveroient chargez et coupables, et autrement procéder comme de raison. Oy sur ce le procureur général, qui l'auroit requis. Et tout considéré la dicte cour, toutes les chambres assemblées, a ordonné et ordonne commission d'icelle estre délivrée à la dicte suppliante. »

Cet arrêt fait revivre le pouvoir souverain de la *cour des pairs* même sur un roi, et ce roi est le roi *légitime*, le roi de France ; l'information doit être faite *contre ceux qui se trouveront chargez et coupables*; ces coupables sont les assassins, et *leur chef Henri de Valois* ; enfin le parlement se prétend la cour des pairs : voilà l'aristocratie entière ressuscitée, appuyée de la fougue populaire et recommençant sa vie d'un moment par le JUGEMENT d'un roi : qu'a fait de plus la démocratie de 1793 ?

D'un autre côté, Henri III en faisant mourir les deux Guise avoit agi selon les principes de la monarchie d'alors : toute justice émanoit du roi ; le roi étoit le souverain juge ; il étoit aussi le pouvoir constituant ; il étoit aussi le pouvoir exécutif ; il faisoit la loi et l'appliquoit ; il portoit le glaive et la main de justice ; il avoit droit de prononcer l'arrêt et de frapper ; un meurtre de sa part pouvoit être inique, mais il étoit légal. Le despotisme est fondé sur les mêmes principes que la démocratie : les spoliations et les massacres sont légaux par le peuple souverain ; les confiscations et les assassinats sont également légaux par le monarque absolu.

Vous voyez ici face à face l'ancienne aristocratie et l'ancienne monarchie avec tous leurs principes et tous leurs inconvénients.

Un service solennel fut fait à Notre-Dame pour le duc et le cardinal de Guise. On exposoit partout leurs portraits ou leurs images en cire, percés de grands poignards. Passoient et repassoient des processions où hommes et femmes, garçons et filles, marchoient pêle-mêle et demi-nus d'église en église. « Ce bon religieux de chevalier d'Aumale s'y trouvoit ordinairement, jetant au travers d'une sarbacane des dragées musquées aux demoiselles, auxquelles il donnoit des collations, auxquelles la sainte Beuve n'étoit oubliée, qui, seulement couverte d'une fine toile et d'un point coupé à la gorge, se laissa une fois mener par-dessous le bras au travers de l'église de Saint-Jean, et muguetter au scandale de plusieurs. » ( L'ESTOILE. )

Mais rien ne fut plus remarquable qu'une procession générale de petits enfants des deux sexes, au nombre de cent mille, portant des cierges ardents, qu'ils éteignoient sous leurs pieds en disant : « Dieu permette qu'en bref la race des Valois soit entièrement éteinte! »

Les prédicateurs redoubloient d'invectives contre le roi. « Ce teigneux, disoit le docteur Boucher, est toujours coiffé à la turque, d'un turban, lequel on ne lui a jamais vu ôter, même en communiant, pour faire honneur à Jésus-Christ; et quand ce malheureux hypocrite sembloit d'aller contre les Reîtres, il avoit un habit d'Allemand fourré et des crochets d'argent qui signifioient la bonne intelligence et accord qui étoient entre lui et ces diables noirs empistoletés; bref, c'est un Turc par la tête, un Allemand par le corps, une harpie par les mains, un Anglois par la jarretière, un Polonois par les pieds, et un vrai diable en l'âme. »

Lincestre, curé de Saint-Gervais, déclara, le mercredi des Cendres, qu'il ne prêcheroit point l'Évangile, mais qu'il prêcheroit « la vie, gestes et faits abominables de ce perfide tyran Henri de Valois..... Il tira de sa poche un des chandeliers du roi que les Seize avoient dérobé aux capucins, et auquel il y avoit des satyres engravés, lesquels il affirmoit être les démons du roi, et que ce tyran adoroit pour ses dieux. » (L'ESTOILE.)

Henri III avoit été un des massacreurs de la Saint-Barthélemy; il étoit religieux jusqu'à la superstition: il aimoit les moines; il en avoit établi d'une nouvelle sorte à Paris, les Feuillants; il passoit une partie de sa vie à visiter les églises, à faire des processions et des pèlerinages pieds nus, en habits de pénitent. Il étoit grand ennemi des réformés; il avoit gagné contre eux, avec beaucoup de vaillance, les deux batailles de Jarnac et de Moncontour; enfin il s'étoit déclaré le chef de la Ligue: rien de tout cela ne lui valut, parce qu'il avoit contre lui la haine des prêtres, qui lui préféroient les Guise. La manière dont ils parvinrent à lui enlever l'opinion populaire est un chef-d'œuvre d'industrie et de calomnie: prédications, libelles, gravures, tout fut employé. Dans une oraison funèbre du duc de Guise, Muldrac de Senlis compare Henri de Valois au mauvais riche, « lequel Henri, dit-il, nous avons vu non-seulement estre habillé de pourpre et d'escarlate, mais avec ces mignons habillés de mesme, et encore plus richement que lui, mener une vie dissolue, danser tout nud avec une *femme*[1] publique qu'il a fait exprès venir de loing pays. »

« Il n'étoit plus question, dit un autre écrit, parlant du roi et du duc d'Espernon, il n'étoit plus question que de vivre selon la sensualité; chassant la vertu bien arrière d'eux, aujourd'hui (en secret néanmoins) ils usoient d'une sorte de libertinage[2], et demain d'une

---

1. Je change le mot du texte.   2. Je change le mot du texte.

autre : ores se faisant servir à table par des femmes toutes nues, et par après faisant un nouveau mesnage. »

De méchantes gravures représentoient la Loire roulant des noyés, avec cette explication : *Figure des cruautés que Henry de Valois avoit exécutées contre les gens de bien qui ne trouvoient bons ses mauvais déportements.* Dans une autre gravure, on voyoit une grande main marquée de trois fleurs de lis, saisissant par les cheveux, avec des doigts crochus, une religieuse à genoux devant un crucifix. L'inscription portoit : *Figure de la vierge religieuse violée à Poissy par Henry de Valois.*

Une autre main, se glissant à travers les barreaux, s'étendoit sur une croix enrichie de diamants et couchée sur un coussin de velours; on lisoit au-dessous de l'image : *Pourtraict du sacrilège fait par Henry de Valois en la Sainte-Chapelle à Paris.* Ce prince étoit accusé d'avoir dit, en regardant la couronne d'épines de la Sainte-Chapelle : « Jésus-Christ avoit la tête bien grosse. »

Le duc de Mayenne, pressé par sa sœur la duchesse de Montpensier, étoit arrivé à Paris : le conseil de l'union le déclara lieutenant général de l'État royal et couronne de France. Paris, bien différent alors de ce qu'il étoit sous le roi Jean aux temps féodaux, commençoit à prendre sur la France compacte et nationalisée cet ascendant qu'il a conservé : le reste du royaume catholique l'imita, et se révolta contre l'autorité de Henri III.

Ce prince avoit fait à Blois la clôture des états le 16 janvier 1589; de là, après avoir manqué Orléans, il s'étoit retiré à Tours presque sans troupes. Il appela auprès de lui les membres fugitifs du parlement de Paris, de la chambre des comptes et de la cour des aides, et il entama des négociations avec le roi de Navarre.

Le Béarnois, pendant la tenue des états de Blois, avoit présidé l'assemblée des églises réformées à La Rochelle; il faisoit la guerre en Poitou et dans la Saintonge, ayant en tête le duc de Nevers, qui commandoit les troupes royales : par le conseil de Mornay, il publia un manifeste qui tendoit à le rapprocher de Henri III et de la nation; on y trouve ses sentiments, son caractère et son style : « Plût à Dieu que je n'eusse jamais été capitaine, puisque mon apprentissage devoit se faire aux dépens de la France! Je suis prêt à demander au roi, mon seigneur, la paix, le repos de son royaume et le mien. . . . On m'a souvent sommé de changer de religion; mais comment? la dague à la gorge. . . . . . . Si vous désirez simplement mon salut, je vous remercie; si vous ne désirez ma conversion que par la crainte que vous avez qu'un jour je vous contraigne, vous avez tort. »

Le roi de France craignoit de se joindre au roi de Navarre : sa répugnance auroit été fondée en politique s'il eût été le chef de l'opinion catholique ; mais c'étoit le duc de Mayenne qui étoit alors à la tête de cette opinion, comme frère et successeur du duc de Guise. Néanmoins l'accord fut fait entre les deux rois par l'entremise de Diane, légitimée de France, sœur naturelle de Henri III. On stipula une trêve d'un an, avec clause de déclarer conjointement la guerre au duc de Mayenne. Le duc se présenta avec une armée, et fut sur le point d'enlever Henri dans la ville qui lui servoit d'asile. L'entrevue de Henri III et du Béarnois eut lieu au Plessis-les-Tours, le dernier jour du mois d'avril 1589. Le roi de France attendoit le roi de Navarre dans les jardins du château de Louis XI. Il n'y avoit alors ni chausse-trapes, ni broches, ni grilles de fer, ni gibets, mais une grande foule de capitaines et de soldats curieux de ce spectacle d'union au milieu des haines si vives qui divisoient la France.

Le Béarnois arriva : « De toute sa troupe, nul n'avoit de manteau et de panache que lui ; tous avoient l'écharpe, et lui vêtu en soldat, le pourpoint usé sur les épaules et aux côtés de porter la cuirasse. Le haut-de-chausses de velours feuille morte, le manteau d'écarlate, le chapeau gris, avec un grand panache blanc. »

Les deux Henri se virent longtemps sans se pouvoir approcher, à cause de la foule. Enfin, le premier Bourbon se jeta aux pieds du dernier Valois, qui le releva et l'embrassa en l'appelant son frère.

Henri de Navarre écrivit à Mornay : « La glace a été rompue, non sans nombre d'avertissements, que si j'y allois, j'étois mort : j'ai passé l'eau en me recommandant à Dieu. » C'étoit à peu près la position du duc de Guise à Blois ; mais la confiance du Balafré vint du mépris et du désespoir, et celle du Béarnois d'une conscience sans reproche.

Les rois s'avancèrent vers Paris. La réunion de l'armée protestante et de l'armée catholique sous le même étendard changea la nature des événements. Jusque-là il avoit été possible que ces guerres civiles religieuses devinssent une véritable révolution. Tant que les réformés eurent un drapeau à part, leur marche vers l'avenir et l'indépendance de leurs principes pouvoient amener un changement dans la constitution de l'État ; mais aussitôt que les catholiques et les huguenots se rangèrent sous un commun chef, l'esprit aristocratique républicain se perdit, la monarchie triompha ; les troubles de la France ne furent plus qu'une vulgaire question de personnes et de malheurs stériles.

Divers petits combats eurent lieu. Les soldats de l'armée de Mayenne forçoient les prêtres de baptiser les veaux, les moutons, les cochons, et de leur donner les noms de carpes, de brochets et de barbots.

Henri, excommunié par le pape, reçut la nouvelle de cette excommunication à Étampes. « Le remède à cela, lui dit le Béarnois, c'est de vaincre; et vous serez absous. » Un gentilhomme, envoyé de la part du roi à M^me de Montpensier, lui déclara, de la part de son maître, qu'elle entretenoit le feu de la sédition, et que si elle tomboit jamais entre les mains du roi, il la feroit brûler vive. Elle répondit : « Le feu est pour les sodomites comme lui. » Les rois vinrent asseoir leurs camps devant Paris : leurs armées réunies, en y comprenant les dix mille Suisses amenés par Sancy, s'élevoient à plus de quarante mille hommes. Henri III prit son logement à Saint-Cloud, dans la maison de Gondy. Contemplant la capitale de la France du haut des collines, il disoit : « Paris, tête trop grosse pour le corps, tu as besoin d'une saignée pour te guérir. » (DAVILA.) Jacques Clément mit fin à ses menaces et à ses espérances ; il tua le roi d'un coup de couteau à Saint-Cloud, le 1^er août 1589. « Vous pouvez juger, monsieur, écrit un témoin oculaire, quel étoit ce piteux et misérable spectacle de voir d'un côté le roi ensanglanté, tenant ses boyaux entre ses mains, de l'autre ses bons serviteurs qui arrivoient à la file, pleurant, criant, se déconfortant. » (*Lettre de* LA GUESLE.)

Charles de Valois, fils naturel de Charles IX et de Marie Touchet, comte d'Auvergne et duc d'Angoulême, avoit rencontré Jacques Clément en allant chez le roi. « Je trouvai ce monstre de moine, dit-il dans ses trop courts Mémoires, que la nature avoit fait de si mauvaise mine, que c'étoit un visage de démon plutôt que de forme humaine. »

La sœur du duc de Guise, la fière Montpensier, n'avoit pas craint de se livrer à ce démon pour lui mettre le poignard à la main.

Henri fit dresser un autel vis-à-vis de son lit; son chapelain y dit la messe; au moment des élévations Henri prononça ces paroles : « Seigneur Dieu, si tu connois que ma vie soit utile et profitable à mon peuple et à mon État, conserve-moi et me prolonge mes jours, sinon prends mon corps et sauve mon âme; ta volonté soit faite! » (*Certificats de plusieurs seigneurs.*)

Le roi de Navarre arriva : Henri III lui tendit la main : « Mon frère, lui dit-il, vous voyez comme vos ennemis et les miens m'ont traité; *il faut que vous preniez garde qu'ils ne vous en fassent autant.* » Henri déclara que le roi de Navarre étoit son légitime successeur; il invita les seigneurs présents à le reconnoître.

« Je ne regrette point d'avoir peu vécu, puisque je meurs en Dieu; je sais que la dernière heure de ma vie sera la première de mes féli-

cités ; mais je plains ceux qui me survivent, mes bons et fidèles serviteurs. . . . . . . . . . . . . . . .
Je vous conjure tous, par l'inviolable fidélité que vous devez à votre patrie, et par les cendres de vos pères, que vous demeuriez fermes et constants défenseurs de la liberté commune, et que vous ne posiez les armes que vous n'ayez entièrement nettoyé le royaume des perturbateurs du repos public ; et d'autant que la division seule sape les fondements de cette monarchie, avisez d'être unis et conjoints en une même volonté. Je sais, et j'en puis répondre, que le roi de Navarre, mon beau-frère, légitime successeur de cette couronne, est assez instruit ès lois de bien régner, pour bien savoir commander choses raisonnables ; et je me promets que vous n'ignorez pas la juste obéissance que vous lui devez. Remettez les différends de la religion à la convocation des états du royaume, et apprenez de moi que la piété est un devoir de l'homme envers Dieu, sur lequel le bras de la chair n'a point de puissance. Adieu, mes amis ; convertissez vos pleurs en oraisons, et priez pour moi. » (*Histoire des derniers troubles*, livre v.). Henri III expira le mercredi 2 août, deux heures après minuit, ayant pardonné à ceux *qui avoient pourchassé sa blessure*. (Certificat des seigneurs.)

S'il y avoit douleur à Saint-Cloud, il y avoit joie à Paris : maudit ici, béni là ; admiré dans un parti, ravalé dans l'autre ; grand ou petit personnage en deçà ou au delà d'une limite et d'un jour, traîné du mausolée à l'égout, ou transporté de l'égout au mausolée : tel est le sort de tout homme qui s'est fait un nom dans les temps de factions. Les véritables paroles de Henri III sur son lit de mort furent graves et courageuses ; les ligueurs lui prêtèrent d'autres discours ; ainsi les révolutionnaires falsifièrent les *Mémoires* de Cléry, et mirent dans la bouche de Louis XVI à l'échafaud des expressions ignobles. On vendoit dans les rues de Paris, en 1589, *les propos lamentables de Henri de Valois* : « O Satan ! tu m'as versé au commencement de bon vin. . . . . . . . . . . . . Déjà ma sentence est prononcée, mon sépulcre et tombeau jà prest et appareillé aux ténèbres, pour me recevoir à cause de mes péchés. Où est maintenant la grandeur de mes richesses ? la multitude de mes barons et gentilshommes ? Où sont mes gendarmes et l'ordre de mes armées ? Où est l'appareil de mes délices ? Où sont mes chiens de chasse ? Où sont mes chevau-légers ? Où sont mes oiseaux si bien chantants ? Où sont mes grandes salles, si richement peintes et tapissées ? . . . . . . . . . . . . O mes péchés et délices, me rendez-vous ce que vous m'aviez promis ? . . . . . Oh ! qui sera mon loyal ami, mon féable secours à

ce mien dernier besoin, à cette étroite heure de ma départie! . . .
Je suis tourmenté très-âprement par la véhémente chaleur du feu, par
la très-furieuse rigueur du froid, par les ténèbres, fumée, grand'faim,
grand'soif, puantise, par horrible vision des diables, et leurs cris
perpétuels et épouvantables, et par le ver de ma méchante et malheureuse conscience. . . . . . Mes mains mollettes, qui, pour
chasser le froid et l'ardeur du soleil, étoient jadis couvertes de gants,
et mes bras, beaux et jolis, ornés de bracelets, mes pieds semblablement, en somme tout mon corps endure tourment. Je suis laid, vilain,
passible, pesant, obscur ; choses tristes, déconfortées, me sont exhibées et représentées. . . . . . . . . En tourments demeurerai et en privation éternelle de la vision de Dieu. »

Les ligueurs faisoient de Henri III un ennemi de Dieu, et les révolutionnaires faisoient de Louis XVI un ennemi de la liberté.

L'effet de la mort de Henri, dans le camp des deux rois, étoit représenté aux Parisiens avec un mélange d'exaltation, de raillerie et de
vérité propre à agir sur la foule. « Les nouvelles de cette prompte
mort furent incontinent semées par tout le camp ; et d'Espernon de se
contrister et pleurer comme un veau, et messieurs de la garde de se
regarder l'un et l'autre les bras croisés, et les politiques, qui avoient
fait saler leurs états pour les mieux conserver, de demeurer étonnés,
et les Suisses de boire, et ceux qui pensent de succéder à la couronne,
de rire en cœur, et faire bonne mine et mauvais jeu, maudissant les
ligueurs et encore plus le pauvre jacobin, qui, tout mort, est tiré à
quatre chevaux et brûlé par après. Je vous laisse à penser le mal qu'il
enduroit, étant traité ainsi après sa mort. Son âme cependant ne
laisse de monter au ciel avec les bienheureux ; de celle de Henri de
Valois, je m'en rapporte à ce qui en est. » (*Discours véritable de
l'étrange et subite mort de Henri de Valois.*)

Lorsque M<sup>me</sup> de Montpensier reçut la première nouvelle de l'assassinat, elle sauta au cou du messager : « Ah, mon ami ! soyez le bienvenu ! Mais est-il vrai au moins ? Ce méchant, ce perfide, ce tyran est-il
mort ? Dieu, que vous me faites aise ! Je ne suis marrie que d'une
chose, c'est qu'il n'ait pas su avant de mourir que c'est moi qui l'ai
fait faire. » Elle courut chez M<sup>me</sup> de Nemours, sa mère ; monta avec
elle en carrosse, et s'en alla de rue en rue, distribuant des écharpes
vertes, couleur d'une espèce de deuil dérisoire consacré aux fous :
« Bonne nouvelle ! mes amis ! s'écrioit-elle, bonne nouvelle ! le tyran
est mort ; il n'y a plus de Henri de Valois en France ! » (L'Estoile.)

M<sup>me</sup> de Nemours, du haut des degrés du grand hôtel des Cordeliers,
harangua le peuple. On fit des feux de joie ; les prédicateurs canoni-

sèrent Jacques Clément; on publia les actes du *Martyre de frère Jacques Clément, de l'ordre de Saint-Dominique.* On vendoit à la foule le portrait du moine, avec des vers dignes du héros :

> Un jeune jacobin, nommé Jacques Clément,
> Dans le bourg de Saint-Cloud une lettre présente
> A Henri de Valois, et vertueusement
> Un couteau fort pointu dans l'estomac lui plante.

Sixte Quint, en plein consistoire, déclara que le régicide Jacques Clément étoit comparable, pour le salut du monde, à l'Incarnation et à la Résurrection, et que le courage du religieux jacobin surpassoit celui d'Éléazar et de Judith. Ce pape avoit trop peu de conviction politique et trop de génie pour être sincère dans ces comparaisons sacrilèges; mais il lui importoit d'encourager des fanatiques prêts à tuer des rois au nom du pouvoir papal. Le parlement de Toulouse ordonna qu'une procession solennelle auroit lieu tous les ans, le jour de l'assassinat du roi. (DUPLEIX.)

Au reste, jamais coup de poignard n'a produit plus grand effet et révolution plus subite; il dispersa une armée formidable qui assiégeoit Paris; il coupa une branche sur l'arbre de saint Louis, et fit pousser un autre rameau royal : une couronne catholique tomba sur la tête d'un prince huguenot, lequel prince, abandonnant le protestantisme, priva les religionnaires de leur chef et anéantit cette espèce d'avenir qui pouvoit naître de la Réformation.

Coligny, le connétable de Montmorency, le maréchal de Saint-André, François de Guise et le premier cardinal de Guise, les deux Condé, Henri de Guise et le cardinal son frère, Catherine de Médicis, n'étoient plus; ainsi les personnages les plus remarquables sous les règnes de Henri II, de François II, de Charles IX, de Henri III, disparoissent avant et avec le dernier prince de cette race. Le règne des Valois finit à Saint-Cloud, le 2 août 1589; celui des Bourbons y commença le même jour, pour y finir le 31 juillet 1830.

Maintenant il est essentiel de dérouler de suite le tableau des mœurs depuis Henri II jusqu'à Henri IV, parce qu'il offre des choses qu'on n'avoit point encore vues en France, et qu'on ne reverra jamais. Les orgies sanglantes de la république révolutionnaire ne reparoîtront pas davantage : les mœurs aux deux époques étoient symptomatiques de faits épuisés.

La débauche et la cruauté sont les deux caractères distinctifs de l'ère des Valois.

A la Saint-Barthélemy, sans parler du meurtre général, un nommé Thomas se vantoit d'avoir massacré quatre-vingts huguenots dans un seul jour. Coconnas épouvanta Charles IX lui-même par son récit : il avoit racheté trente huguenots des mains du peuple, et les avoit tués à petits coups de stylet, après leur avoir fait abjurer leur foi sous promesse de la vie. Le parfumeur de Catherine de Médicis, « homme confit en toutes sortes de cruautés et de méchancetés, alloit aux prisons poignarder les huguenots, et ne vivoit que de meurtres, brigandages et empoisonnements. »

On entretenoit des assassins à gages comme des domestiques : les Guise en avoient, les Châtillon en avoient, les rois en avoient; tous ceux qui les pouvoient payer en avoient, et ces assassins connus n'étoient point ou étoient rarement punis. Charles IX, son frère, roi de Pologne (et depuis Henri III), Henri, roi de Navarre, et le bâtard d'Angoulême, étant allés dîner chez Nantouillet, prévôt de Paris, lui volèrent sa vaisselle d'argent. Ce jour-là même Nantouillet avoit caché chez lui quatre coupe-jarrets pour commettre un meurtre qu'ils exécutèrent. Ces quatre hommes entendant le fracas que faisoient les rois, et se croyant découverts, furent au moment de sortir de leur repaire le pistolet à la main.

Marguerite de Valois fit poignarder dans son lit Du Gouast, favori de Henri III.

Outre les assassins à gages, on s'attachoit des braves qui se provoquoient entre eux et qui ressuscitèrent les gladiateurs gaulois. Ces jeunes gentilshommes, qui s'attachoient à des maîtres, passoient les jours, dans les salles basses du Louvre, à tirer des armes, ou dans la campagne, à franchir des fossés, à manier le pistolet et la dague. Les amis se lioient par des serments terribles : quand un ami faisoit une absence, l'ami présent prenoit le deuil, laissoit croître sa barbe, se refusoit à tous plaisirs et paroissoit plongé dans une mélancolie profonde. Les femmes entroient dans ces associations romanesques : au signal de sa maîtresse, il se falloit précipiter dans une rivière sans savoir nager, se livrer aux bêtes féroces ou se déchiqueter avec un poignard.

On jouoit avec la mort : Henri III portoit un long chapelet, dont les grains étoient des têtes de mort, et qu'il appeloit *le fouet de ses grandes haquenées*. Il avoit encore de petites têtes de mort peintes sur les rubans de ses souliers. Si on l'eût cru, on auroit transformé le bois de Boulogne en un cimetière qui seroit devenu ce qu'est aujourd'hui le cimetière de l'Est. Marguerite de Valois et la duchesse de Nevers se firent apporter les têtes de Coconnas et de La Mole, leurs amants décapités; elles

les baisèrent, les embaumèrent et les baignèrent de leurs larmes. Villequier tue sa femme parce qu'elle ne se vouloit pas prostituer à Henri III. Simiers tue son frère, chevalier de Malte, que sa femme aimoit. Baleims condamne à mort dans son château un jeune homme qui avoit séduit sa sœur; la sentence est rédigée par un prétendu greffier, dans une moquerie de cour de justice; Baleims prononce l'arrêt et l'exécute. Le soldat corse San-Pietro étrangle Vanina sa femme; menacé d'un jugement, il vient à la cour et dit : *Qu'importe au roi, qu'importe à la France, la bonne ou la mauvaise intelligence de Pierre avec sa femme?* Pierre reste estimé et impuni.

Tous les jours il y avoit des rencontres de cent contre cent, de deux cents contre deux cents, comme au moyen âge de l'Italie; à tous propos des duels d'un contre un, de deux contre deux, de quatre contre quatre : ceux de Caylus, de Maugiron, d'Antragues, de Ribérac, de Schomberg et de Livarot, sont entre les plus connus.

Bussy d'Amboise avoit aimé Marguerite de Valois, qui ne s'en cache pas dans ses Mémoires. Attaché au duc d'Anjou, Bussy insultoit incessamment les mignons du roi. « Entrant dans la chambre du roi avec cette belle façon qui lui étoit naturelle, le roi lui dit qu'il vouloit qu'il s'accordât avec Caylus. . . . . . ; » Bussy lui répond : « Sire, s'il vous plaît que je le baise, j'y suis tout disposé. » Et accommodant les gestes avec la parole, il lui fit une embrassade à la pantalone. » (Marguerite de Valois.)

Bussy avoit une intrigue avec la femme de Charles de Chambres, comte de Montsoreau, grand-veneur du duc d'Anjou; il en parloit dans une lettre qu'il écrivoit à ce prince, lui disant qu'il tenoit dans ses *filets la biche du grand-veneur*. Le duc d'Anjou montra cette lettre à Henri III, qui, haïssant Bussy, la communiqua au mari offensé. Montsoreau contraignit sa femme de donner un rendez-vous à Bussy au château de Constancières, et l'y fit assassiner. Bussy, gouverneur d'Anjou, étoit abbé de Bourgueil, et son *messager d'amour* étoit le lieutenant criminel de Saumur. « Telle fut la fin du capitaine Bussy, d'un courage invincible, haut à la main, fier et audacieux, aussi vaillant que son épée. . . . . . . . mais vicieux et peu craignant Dieu; ce qui causa son malheur, n'étant parvenu à la moitié de ses jours, comme il advient aux hommes de sang tels que lui. » Bussy, grand massacreur à la Saint-Barthélemy, égorgea ce jour-là Antoine de Clermont, son parent, avec lequel il avoit un procès. « Tous ces spadassins, dit L'Estoile, ne croyoient en Dieu que sous bénéfice d'inventaire. »

Le vicomte de Turenne, qui fut depuis le maréchal de Bouillon, ayant pour second Jean de Gontaut, baron de Salignac, se battit, sur la grève d'Agen, contre Jean de Durfort de Duras-Razan, et Jacques de Duras, son frère. Le vicomte de Turenne reçut traîtreusement dix-sept blessures. Rauzan fut accusé d'avoir porté une cotte de mailles sous ses vêtements ou d'avoir aposté dix ou douze hommes qui assaillirent, pendant le combat, le vicomte de Turenne.

Comme dans les proscriptions romaines, on tuoit pour confisquer les biens, sans jugement et sans qu'il y eût des vaincus et des vainqueurs. « En ce temps, la bonne dame Catherine, en faveur de son mignon de Retz, qui vouloit avoir la terre de Versailles, fit étrangler aux prisons Loménie, secrétaire du roi, auquel cette terre appartenoit, et fit mourir encore quelques autres pour récompenser ses serviteurs de confiscations. » ( L'Estoile. )

Cette cruauté des mœurs privées se retrouvoit à la guerre : Alphonse Ornano, fils du Corse San-Pietro, exécutoit lui-même les sentences de mort qu'il prononçoit contre ses soldats. Un de ses neveux, ayant manqué à quelque devoir militaire, vint pour dîner avec son oncle : Alphonse se lève, le poignarde, demande à laver ses mains, et se remet à table.

Montluc, du parti catholique, dit dans ses Mémoires : « Je recouvrai deux bourreaux, lesquels on appela depuis mes laquais, parce qu'ils étoient souvent avec moi. On pouvoit connoître par où j'avois passé, car, par les arbres sur les chemins, on trouvoit les enseignes. » — « Il apprenoit à ses enfants à être tels que lui, et à se baigner dans le sang, dont l'aîné ne s'épargna pas à la Saint-Barthélemy. » Cet homme farouche fut blessé à l'assaut de Rabasteins d'une arquebusade qui lui perça les deux joues et lui enleva une partie du nez ; il cacha sous un masque, le reste de sa vie, ces traits déchirés à la guise de ses victimes. Il eut l'intention de finir ses jours dans un ermitage au haut des Pyrénées, comme les ours.

Son rival de férocité chez les calvinistes étoit le baron des Adrets : « Au regard farouche, au nez aquilin, au visage maigre et décharné, et marqué de taches de sang noir. » (De Thou.) A Montbrison, il s'amusoit à faire sauter du haut d'une tour les prisonniers qu'il avoit faits. Un d'entre eux hésite ; il prend deux fois son élan ; des Adrets s'écrie : « *C'est trop de deux fois.* » — « Je vous le donne en dix, » répond le prisonnier. On reconnoît le soldat françois.

La ville de Niort est surprise par les Réformés. « Passant toute barbarie et cruauté, après avoir prins tous les prestres de la ville, et voyant que l'un d'iceux, pour quelque tourment qu'ils lui fissent, ne vouloit se divertir de sa religion, le prindrent, et, après l'avoir lié comme bourreaux, l'ouvrirent tout vif par le ventre, en la présence des autres prestres, et lui firent tirer par leurs goujats les parties nobles, desquelles ils en battoient la face des autres, afin de les intimider et leur faire renier Dieu.

.............. Ils exercèrent la plus grande cruauté qu'on sçauroit excogiter en la personne d'une femme qui méprisoit leurs cruautez, laquelle ayant veu tuer son mary, qui combattoit pour la foy catholique, et les voulant reprendre des cruautez qu'ils commettoient, ils la prindrent et lièrent, et l'ayant menacée de la faire mourir, si elle ne vouloit renier la messe.

.............. Ces bourreaux, voyant sa constance, excogitèrent une mort de laquelle les diables mêmes ne sçauroient adviser, qui est qu'ils luy emplirent par la nature le ventre de poudre à canon et y mirent le feu, la faisant, par ce moyen, crever et jaillir les boyaux, la laissant mourir en un tel martyre. »

Le connétable de Montmorency rendoit le mal pour le mal : « On disoit aux armées qu'il se falloit garder des patenôtres de monsieur le connétable, car en les disant ou murmurant, il disoit : « Allez-moy « pendre un tel ; attachez celui-là à un arbre ; faites passer celui-là « par les picques tout à cette heure, ou les harquebusez tous devant « moy ; taillez-moy en pièces tous ces marauts qui ont voulu tenir ce « clocher contre le roy ; bruslez-moy ce village ; boutez-moy le feu « partout à un quart de lieue à la ronde. »

Les mœurs de Henri III et de sa cour ne ressemblent en rien à ce que nous avons vu jusque ici dans l'histoire de France ; on retrouve avec étonnement au milieu de la société moderne une espèce d'Élagabale chrétien. Les petits chiens, les perroquets, les habillements de femme, les mignons, les processions de pénitents, remplissent, avec les duels, les assassinats et les faits d'armes, les pages de ce règne d'un monarque si loin des rois féodaux.

« *Henri III faisoit joutes, ballets et tournois, et force mascarades, où il se trouvoit ordinairement habillé en femme, ouvroit son pourpoint et découvroit sa gorge, y portoit un collier de perles et trois collets de toile, deux à fraise et un renversé, ainsi que lors le portoient les dames de la cour.* »

Dans un festin somptueux les femmes, vêtues en habits d'homme, firent le service, et dans un autre festin les *plus belles et honnêtes de la cour, étant à moitié nues, et ayant leurs cheveux épars comme épousées, furent employées à faire le service.*

« Nonobstant toutes les affaires de la guerre et de la rébellion que le roi avoit sur les bras, il alloit ordinairement en coche avec la reine, son épouse, par les rues et les maisons de Paris, prendre les petits chiens qui leur plaisoient ; alloient aussi par tous les monastères des femmes aux environs de Paris, faire pareilles quêtes de petits chiens, au grand regret des dames qui les avoient, se faisoient lire la grammaire et apprendre à décliner. »

« Le nom de Mignon, dit L'Estoile, commença alors à trotter sur la bouche du peuple (1576), à qui ils étoient fort odieux, tant pour leurs façons de faire badines et hautaines, que par leurs accoustrements efféminés et les dons immenses qu'ils recevoient du roy : ces beaux mignons portoient les cheveux longuets, frisés et refrisés, remontant par dessus leurs petits bonnets de velours, comme font les femmes, et leurs fraises de chemise de toile d'atour empesées et longues de demi-pied, de façon que voir leur tête dessus leurs fraises, il sembloit que ce fût le chef de saint Jean en un plat. »

Thomas Arthus nous représente Henri III couché dans un lit large et spacieux, se plaignant qu'on le réveille trop tôt à midi, ayant un linge et un masque sur le visage, des gants dans les mains, prenant un bouillon et se replongeant dans son lit. Dans une chambre voisine, Caylus, Saint-Mesgrin et Maugiron se font friser, et achèvent la toilette la plus correcte : on leur arrache le poil des sourcils, on leur met des dents, on leur peint le visage, on passe un temps énorme à les habiller et à les parfumer. Ils partent pour se rendre dans la chambre de Henri III, « branlant tellement le corps, la tête et les jambes, que je croyois à tout propos qu'ils dussent tomber de leur long... Ils trouvoient cette façon-là de marcher plus belle que pas une autre. »

Henri embrassoit ses favoris devant tout le monde ; il leur mettoit des colliers et des pendants d'oreilles ; il passoit des jours avec eux dans des appartements secrets ; la nuit il couchoit avec eux dans une vaste salle, autour de laquelle étoient des lits séparés par une petite cloison, comme dans un dortoir ; le favori du jour partageoit la couche de son roi. Ce fut dans cette chambre commune que Saint-Luc essaya de réveiller les remords dans l'âme de son maître, en lui parlant dans le tuyau d'une sarbacane.

Les femmes jouoient un rôle principal dans toutes ces intrigues : Catherine de Médicis avoit entretenu un commerce intime avec le premier cardinal de Guise, *comme nièce de deux papes* (Léon X et Clément VII), disoient les huguenots. Elle fut accusée d'avoir corrompu à dessein son fils Charles IX : « Au lieu de teindre cette royale jeunesse en toute vertu... elle laisse approcher de sa personne des maîtres de jurements et de blasphèmes, des moqueurs de toute religion ; elle le fait solliciter par des pourvoyeurs, qu'elle pose comme en sentinelle à l'entour de lui-même; perd tellement toute honte, qu'elle lui sert de pourvoyeuse [1]. » (*Discours merveilleux.*) On prétendit qu'elle avoit essayé d'empoisonner l'armée du prince de Condé tout entière.

Mme de La Bourdaisière, aïeule de Gabrielle, remplissoit la cour de ses aventures : « Aussi belle en ses vieux jours, dit Brantôme, que l'on eût dit qu'elle eût été en ses jeunes ans, si bien que ses cinq filles, qui ont été des belles, ne l'effaçoient en rien. »

La jeune duchesse de Nevers ne conserva pas longtemps le souvenir de la fin tragique de Coconnas; elle fut surprise dans d'autres rendez-vous, ce qui donna lieu au titre d'un des prétendus ouvrages de l'ingénieuse satire intitulée : *Bibliothèque de madame de Montpensier.* Ce titre étoit : *La manière d'arpenter les prés brièvement, par madame de Nevers.*

J'ai déjà parlé de la belle de Sauve, femme en secondes noces de François de La Trémoïlle, marquis de Noirmoutiers.

Anne d'Estrées, marquise de Cœuvres, fille de Mme de La Bourdaisière et mère de Gabrielle, avoit quitté son mari pour s'attacher au marquis d'Allègre. Elle fut massacrée dans Issoire, lorsque cette ville fut prise d'assaut par les catholiques, le 28 mai 1577; son corps dépouillé apprit une singulière parure de ces temps de libertinage.

De plus hautes dames, telles que la duchesse de Guise, entretenoient des liaisons qui se terminoient presque toujours par des meurtres. Saint-Mesgrin fut assassiné à onze heures du soir, en sortant du Louvre, par une trentaine d'hommes, à la tête desquels on crut reconnoître le duc de Mayenne. La nouvelle en étant parvenue en Gascogne au roi de Navarre, il dit : « Je sais bon gré au duc de Guise, mon cousin, de n'avoir pu souffrir qu'un mignon de couchette le déshonorât; c'est ainsi qu'il faudroit accoutrer tous ces petits galants de la cour, qui se mêlent d'approcher les princesses pour les muguetter. » (L'Estoile.)

Marguerite de Valois se consoloit à Usson de la perte de ses grandeurs et des malheurs du royaume *par la seule vue de l'ivoire de son bras;* selon le père La Coste, elle avoit triomphé du marquis de Canillac, qui la gardoit dans ce château. Elle faisoit semblant d'aimer la femme de Canillac. « Le bon du jeu, dit d'Aubigné, fut qu'aussitôt que son mari (Canillac) eut le dos tourné pour aller à Paris, Marguerite la dépouilla de ses beaux joyaux, la renvoya comme une péteuse avec tous ses gardes, et se rendit dame et maîtresse de la place.

---

1. Je change le mot du texte.

Le marquis se trouva bête, et servit de risée au roi de Navarre. »
Marguerite pleuroit les objets de son attachement lorsqu'elle les
avoit perdus, faisoit des vers à leur mémoire, et déclaroit qu'elle leur
seroit toujours fidèle :

> Atys, de qui la perte attriste mes années ;
> Atys, digne des vœux de tant d'âmes bien nées,
> Que j'avois élevé pour montrer aux humains
> Une œuvre de mes mains !
> . . . . . . . . . . . . . . . . . . . . . . . .
> Si je cesse d'aimer, qu'on cesse de prétendre :
> Je ne veux désormais être prise ni prendre.

Et dès le soir même Marguerite étoit prise et mentoit à son amour et
à la muse. La Mole ayant été décapité, elle soupira ses regrets *au beau
Hyacinthe*. « Le pauvre diable d'Aubiac, en allant à la potence, au lieu
de se souvenir de son âme et de son salut, baisoit un manchon de
velours raz bleu qui lui restoit des bienfaits de sa dame. » Aubiac, en
voyant Marguerite pour la première fois, avoit dit : « Je voudrois *avoir
été aimé d'elle*[1], à peine d'être pendu quelque temps après. » Marti-
gues portoit aux combats et aux assauts un petit chien que lui avoit
donné Marguerite. D'Aubigné prétend que Marguerite avoit fait faire à
Usson les lits de ses dames extrêmement hauts, « afin de ne plus
s'écorcher, comme souloit, les épaules en s'y fourrant à quatre pieds
pour y chercher Pominy, » fils d'un chaudronnier d'Auvergne, et
qui d'enfant de chœur qu'il étoit devint secrétaire de Marguerite.
Le même historien la prostitue dès l'âge de onze ans à d'Antragues et
à Charin ; il la livre à ses deux frères, François duc d'Alençon et
Henri III. Mais il ne faut pas croire entièrement d'Aubigné, huguenot,
hargneux, ambitieux, mécontent, d'un esprit caustique : Pibrac et
Brantôme ne parlent pas comme lui.

Marguerite n'aimoit point Henri IV, qu'elle trouvoit sale. « Elle
recevoit Champvallon dans un lit éclairé avec des flambeaux entre deux
linceuls de taffetas noir. » « Elle avoit écouté M. de Mayenne, bon
compagnon, gros et gras, et voluptueux comme elle, et ce grand
dégoûté de vicomte de Turenne, et ce vieux rufian de Pibrac, dont elle
montroit les lettres pour rire à Henri IV ; et ce petit chicon de valet de
Provence, Date, qu'avec six aulnes d'étoffe elle avoit anobli dans
Usson ; et ce bec-jaune de Bajaumont, » dernier amant de la longue
liste qu'avoit commencée d'Antragues, et qu'avoient continuée, avec
les favoris déjà cités, le duc de Guise, Saint-Luc et Bussy.

1. Le texte est plus franc.

Au milieu de ces débordements, il faut donner place à la rigide façon d'être des réformés et à la vie austère de ces magistrats catholiques qui ressembloient à des Romains du temps de Cincinnatus transportés à la cour d'Élagabale. Duplessis-Mornay étoit l'exemple du parti protestant. Sa vertu lui conféroit le droit d'avertir Henri IV de ses foiblesses : sur le champ de bataille de Coutras, au moment où l'action alloit commencer, il représente au jeune roi de Navarre qu'il a porté le trouble dans une honnête famille par une liaison criminelle ; qu'il doit à son armée la réparation publique de ce scandale, et à Dieu, devant lequel il va peut-être paroître, l'humble aveu de sa faute. Henri se confesse au ministre Chandieu, et dit aux seigneurs de sa cour qui l'en veulent détourner : « On ne peut trop s'humilier devant Dieu, ni trop braver les hommes. » Il tombe ensuite à genoux avec ses soldats protestants ; le pasteur prononce la prière. Joyeuse, à la tête de l'armée catholique, les voit, et s'écrie : « Le roi de Navarre a peur ! — Ne le prenez pas là, répond Lavardin ; ils ne prient jamais sans qu'ils soient résolus de vaincre ou de mourir. » Joyeuse perdit la bataille et la vie.

Mornay, comme Sully, resta fidèle à sa religion lorsque Henri IV l'abjura : outragé par un jeune gentilhomme, il en demanda justice à Henri IV, qui lui répondit : « Monsieur Duplessis, j'ai un extrême déplaisir de l'injure que vous avez reçue, à laquelle je participe comme roi et comme votre ami. Pour le premier, je vous en ferai justice et à moi aussi ; si je ne portois que le second titre, vous n'en avez nul de qui l'épée fût plus prête à dégaîner, ni qui y portât sa vie plus gaiement que moi. » Sous Louis XIII, Mornay, toujours considéré, mais tombé dans la disgrâce et obligé de renoncer à son gouvernement de Saumur, vouloit quitter la France : « On gravera sur mon tombeau, disoit-il, en terre étrangère : *Ci-gît qui âgé de soixante-treize ans, après en avoir employé sans reproche quarante-six au service de deux grands rois, fut contraint de chercher son sépulcre hors de sa patrie.* »

Les magistrats catholiques offroient encore des mœurs plus graves et plus saintes. Pendant plusieurs siècles ils ne reçurent ni présents, ni visites, ni lettres, ni messages relativement aux procès. Il leur étoit défendu de boire et de manger avec les plaideurs ; on ne leur pouvoit parler qu'à l'audience ; le commerce leur étoit interdit ; ils ne paroissoient jamais à la cour que par ordre du roi. La justice fut d'abord gratuite ; les conseillers au parlement reçoivent cinq sous *parisis* par jour, le premier président mille livres par an, les trois autres présidents cinq cents livres ; on y ajoutoit un manteau d'hiver et un manteau d'été. Il falloit trente ans d'exercice pour obtenir, à titre de pension, la continuation d'un si modique traitement. Lorsque ces magistrats n'étoient point de service, ils n'étoient point payés, et retournoient enseigner le droit dans leurs écoles. Sous Charles VI, le parlement étoit si pauvre, que le greffier ne put dresser le procès-verbal de quelques fêtes données à Paris, parce qu'il n'avoit pas de parchemin, et que sa cour n'avoit pas d'argent pour en acheter. Toutes les dépenses du parlement de Paris, vers le XIV<sup>e</sup> siècle, s'élevoient à la somme de onze mille livres, monnoie de ce temps.

Quant à la science, ces anciens magistrats la considéroient comme une partie de leurs devoirs, et depuis l'enfance jusqu'à la vieillesse leur vie n'étoit qu'une longue étude. « L'an 1545, dit Henri de Mesmes, fils du premier président de Mesmes, je fus envoyé à Toulouse pour étudier en lois avec mon précepteur et mon frère, sous la conduite d'un vieux gentilhomme tout blanc, qui avoit voyagé longtemps par le monde. Nous étions debout à quatre heures, et, ayant prié Dieu, allions à cinq heures aux études, nos gros livres sous le bras, nos écritoires et nos chandeliers à la main. »

De Thou rencontra Charles de Lamoignon à Valence, où Cujas expliquoit Papinien ; il accompagna en Italie Paul de Foix et Arnauld d'Ossat. De Foix se faisoit lire en soupant à l'auberge, et pour se délasser, quelques pages d'Aristote et de Cicéron dans leur langue originale, ou les sommaires de Cujas sur le Digeste : De Thou étoit l'auditoire, et de Chœsne, qui devint président à Chartres, le lecteur. Le chancelier d'Aguesseau raconte à peu près la même chose de l'éducation que lui donna son père : « Mon père nous menoit presque toujours avec lui dans ses fréquents voyages ; son carrosse devenoit une espèce de classe où nous avions le bonheur de travailler sous un aussi grand maître. Après la prière des voyageurs, par laquelle ma mère commençoit toujours sa marche, nous expliquions les auteurs grecs et latins. . . . . . . . . . . . . La règle ordinaire de mon père et de ma mère étoit de réserver pour l'exercice continuel de leur charité la dîme de tout ce qu'ils recevoient. Ils regardoient les pauvres comme leurs enfants ; de sorte que s'ils avoient dix mille francs à placer, ils n'en plaçoient que huit, et en donnoient deux aux pauvres, qu'ils regardoient comme leur propre sang, par une adoption sainte et glorieuse pour eux, qui mettoit Jésus-Christ même au nombre de leurs enfants. Mais les calamités publiques et particulières augmentoient presque toujours la part des pauvres bien au delà de cette proportion. »

A la mort d'un des ancêtres de De Thou, le parlement déclara que non-seulement il assisteroit aux obsèques de son président, mais qu'il en pleureroit la perte aussi longtemps que la justice régneroit dans les tribunaux; déclaration qui fut inscrite sur les registres. En 1588, les litières et les carrosses commençoient à être en usage à la cour; la présidente De Thou n'alloit jamais par la ville qu'en croupe derrière un domestique, pour servir de règle et d'exemple aux autres femmes.

On remarque, sous le règne des Valois, un Chrestien de Lamoignon : il en est de certaines familles comme de certains hommes, elles sont longtemps à chercher leur génie, et restent inconnues jusqu'à ce qu'elles l'aient trouvé. Les Lamoignon, de braves et obscurs chevaliers qu'ils étoient, devinrent des magistrats illustres; mais ils semblèrent retenir quelque chose de leur première destinée; la robe ne fut que leur cotte d'armes : la Providence réserva à Malesherbes un champ de bataille, un combat glorieux, et la mort par le glaive. Le Chrestien de Lamoignon du xvie siècle avoit étudié sous Cujas, comme son père Charles sous Alciat; il vécut au milieu des guerres civiles. Entre autres aventures, il revint de Bourges à Paris déguisé en mendiant; il entra dans sa maison comme Ulysse, en demandant l'aumône; il y fut reçu avec des larmes de joie par ses frères et ses sœurs. Bâville n'étoit d'abord qu'une petite gentilhommière, contenant à peine deux ou trois chambres à donner aux étrangers; dans la plus grande, on mettoit quatre lits. Dans la suite Bâville devint un château où se rassembloit la meilleure et la plus illustre société : Mme de Sévigné y rencontroit, dans une bibliothèque célèbre, « le père Rapin, et Bourdaloue, dont l'esprit étoit charmant et d'une facilité fort aimable. »

Une anecdote fait connoître la simplicité des mœurs de ces anciens magistrats : « Claude de Bullion, dit le président de Lamoignon dans ses Mémoires, avoit été nourri avec feu mon père. Il aimoit à me conter comment on les portoit tous deux sur un même âne, dans des paniers, l'un d'un côté, l'autre de l'autre, et qu'on mettoit un pain du côté de mon père, parce qu'il étoit plus léger que lui, pour faire le contre-poids. »

Le premier président Le Maître stipuloit dans les baux de ses fermiers « qu'aux veilles des quatre bonnes fêtes de l'année et au temps des vendanges ils seroient tenus de lui amener une charrette couverte, avec de bonne paille fraîche dedans, pour y asseoir Marie Sapi, sa femme, et sa fille Geneviève, comme aussi de lui amener un ânon et une ânesse pour montures de leur chambrière, pendant que lui, premier président, marcheroit devant, sur sa mule, accompagné de son clerc, qui iroit à ses côtés. »

Ces hommes si simples, si doctes, si intègres, qui s'avançoient au milieu des générations nouvelles comme les oracles du passé, étoient encore des juges intrépides; non-seulement ils étoient les gardiens des lois, mais ils en étoient les soldats, et savoient mourir pour elles.

Brantôme, parlant du chancelier de L'Hospital : « C'étoit un autre censeur Caton, celui-là, et qui savoit très-bien censurer et corriger le monde corrompu. Il en avoit du moins toute l'apparence avec sa grande barbe blanche, son visage pâle, sa façon grave, qu'on eût dit à le voir que c'étoit un vrai portrait de saint Jérôme.

« Il ne falloit pas se jouer avec ce grand juge et rude magistrat; si étoit-il pourtant doux quelquefois, là où il voyoit de la raison. . . .
. . . Ces belles-lettres humaines lui rabattoient beaucoup de sa rigueur de justice. Il étoit grand orateur et fort disert, grand historien, et surtout très-divin poëte latin, comme plusieurs de ses œuvres l'ont manifesté tel. »

L'Hospital, peu aimé de la cour et disgracié, se retira pauvre dans une petite maison de campagne auprès d'Étampes. On l'accusoit de modération en religion et en politique : des assassins lui furent dépêchés lors du massacre de la Saint-Barthélemy. Ses domestiques s'empressoient de fermer les portes de sa maison : « Non, non, dit-il, si la petite porte n'est bastante pour les faire entrer, ouvrez la grande. »

La veuve du duc de Guise sauva la fille du chancelier, en la cachant dans sa maison; il dut lui-même son salut aux prières de la duchesse de Savoie. Nous avons son testament en latin ; Brantôme le donne en françois.

« Ceux, dit L'Hospital, qui m'avoient chassé prenoient une couverture de religion, et eux-mêmes étoient sans pitié et sans religion; mais je vous puis assurer qu'il n'y avoit rien qui les émût davantage que ce qu'ils pensoient, que tant que je serois en charge, il ne leur seroit permis de rompre les édits du roi ni de piller ses finances et celles de ses sujets.

« Au reste, il y a près de cinq ans que je mène ici la vie de Laerte . . . . . . . . . . . . . . . et ne veux point rafraîchir la mémoire des choses que j'ai souffertes en ce département de la cour. »

Les murs de sa maison tomboient; il avoit de la peine à nourrir ses vieux serviteurs et sa nombreuse famille; il se consoloit, comme Cicéron, avec les Muses. Mais il avoit désiré voir les peuples rétablis dans leur liberté, et il mourut lorsque les cadavres des victimes du fanatisme n'avoient pas encore été mangés des vers, ou dévorés par les poissons et les corbeaux.

Après la journée des barricades, le duc de Guise alla avec sa suite visiter le premier président Achille de Harlay : « Il se pourmenoit dans son jardin, lequel s'étonna si peu de leur venue, qu'il ne daigna pas seulement tourner la tête, ni discontinuer sa pourmenade commencée, laquelle achevée qu'elle fut et étant au bout de son allée, il retourna, et en tournant il vit le duc de Guise qui venoit à lui ; alors ce grave magistrat levant la voix, lui dit : C'est grand'pitié quand le valet chasse le maître. Au reste, mon âme est à Dieu, mon cœur est à mon roi, et mon corps est entre les mains des méchants : qu'on en fasse ce que l'on voudra. » Le mépris de la vertu écrasoit l'orgueil de l'ambition.

Mathieu Molé, pendant les troubles de la Fronde, répondoit à des menaces : « Six pieds de terre feront toujours raison du plus grand homme du monde. »

Ici se termine la peinture des mœurs du XVI$^e$ siècle ; avec celle des siècles féodaux, elle compose toute la galerie des tableaux de notre ancien édifice monarchique.

Au surplus l'histoire, qui dit le bien comme le mal, doit reconnoître aujourd'hui que les Valois n'ont point été traités avec impartialité. C'est de leur règne qu'il faut dater le perfectionnement des lois administratives, civiles et criminelles ; on en compte quarante-six sous le règne si court de François II, cent quatre-vingt-huit sous le règne de Charles IX, et trois cent trente sous celui de Henri III ; les plus remarquables furent l'ouvrage du chancelier de L'Hospital.

Le siècle des arts en France est celui de François I$^{er}$ en descendant jusqu'à Louis XIII, nullement le siècle de Louis XIV : le *petit palais* des Tuileries, le vieux Louvre, une partie de Fontainebleau et d'Anet, la chapelle des Valois à Saint-Denis, le palais du Luxembourg, sont ou étoient pour le goût fort au-dessus des ouvrages du grand roi.

La race des Valois fut une race lettrée, spirituelle, protectrice des arts, qu'elle sentoit bien. Nous lui devons nos plus beaux monuments : jamais, dans aucun pays et à aucune époque, l'application de la statuaire à l'architectonique n'a été poussée plus loin qu'en France au XVI$^e$ siècle : Athènes n'offre rien de supérieur aux cariatides du Louvre. Louis XIV regardoit les artistes comme des ouvriers, François I$^{er}$ comme des amis. Louis XIV, plus véritable souverain que les Valois, leur fut inférieur en intelligence et en courage. Autour de François II, de Charles IX, de Henri III, on aperçoit encore les restes indépendants de l'aristocratie ; autour de Louis le Grand, les descendants des fiers seigneurs de la Ligue ne sont plus que des courtisans, troquant l'orgueil de leur indépendance contre la vanité de leur nom, mettant leur honneur à servir, ne tirant plus l'épée que dans la cause d'un maître. Henri IV lui-même a quelque chose de moins royal et de moins noble que les princes dont il reçut la couronne : tous ensemble sont effacés par les Guise, véritables rois de ces temps.

La vérité religieuse sous le règne des derniers Valois lutta corps à corps avec la vérité philosophique, et la terrassa ; il y eut choc entre le passé et l'avenir : le passé triompha, parce qu'il mit les Guise à sa tête.

## HENRI IV.

### 1589-1610.

Henri III étant mort, l'armée se divisa. Une partie des catholiques resta attachée à Henri IV; une autre, sous la conduite de Vitry et d'Espernon, l'abandonna. Henri IV, obligé de lever le siége de Paris, se retira à Dieppe pour recevoir des secours qu'il attendoit d'Élisabeth. Il étoit alors dans cet état de dénûment qu'il peint à Sully : « Mes chemises sont toutes déchirées, mon pourpoint troué au coude, et depuis deux jours je soupe et dîne chez les uns et chez les autres. »

Les membres de son conseil étoient d'avis qu'il s'embarquât pour l'Angleterre ; Biron s'y opposa : « Sortir de France, s'écria-t-il en colère, seulement pour vingt-quatre heures, c'est s'en bannir pour jamais ! » Mézeray lui prête un rude et éloquent discours.

Combat d'Arques et du faubourg de Dieppe. Henri IV y reçut maints coups d'épée, et en rendit autant ; il disoit en frappant ce que disoient les rois très-chrétiens en touchant les écrouelles : « Le roi te touche, Dieu te guérisse. » Le champ de bataille inspiroit le Béarnois ; sa vaillance étoit son génie. A la terrible prise de Cahors, où il se battit cinq jours entiers dans les rues, blessé en divers endroits, conjuré par ses soldats de se retirer : « Ma retraite hors de cette ville, leur répondit-il, sans l'avoir assurée à mon parti, sera la retraite de ma vie hors de mon corps. »

A Coutras, il dit aux officiers qui se trouvoient devant lui au moment de la charge : « A quartier, ne m'offusquez pas, je veux paroître. » Il dit encore au prince de Condé et au comte de Soissons : « Vous êtes du sang de Bourbon ; vive Dieu ! je vous ferai voir que je suis votre aîné. »

Attaqué à la fois par le baron de Frinct et par Château-Renaud, Frontenac abattit le premier d'un coup de sabre, et Henri, saisissant le second au corps, lui crie : « Rends-toi, Philistin ! »

Dans une chaude affaire qu'il eut près d'Yvetot avec les ducs de Parme et de Mayenne, il leur tua trois mille hommes. Tout couvert de

HENRI IV.

Garnier frères, Editeurs.

sang et de sueur, après le combat, il disoit aux capitaines qui l'environnoient : « Vive Dieu ! si je perds le royaume de France, je suis en possession de celui d'Yvetot. »

A Ivry, le grand fait d'armes de sa vie, ses mots prirent le caractère élevé de sa gloire. On lui parloit de se ménager une retraite : « Point d'autre retraite, répondit-il brusquement, que le champ de bataille. »

Schomberg lui demanda le payement de ses troupes : « Jamais homme de cœur, s'écrie Henri, n'a demandé de l'argent la veille d'une bataille. » Le lendemain, se repentant de ce mot dur : « Monsieur de Schomberg, cette journée sera peut-être la dernière de ma vie ; je ne veux emporter l'honneur d'un brave : je déclare donc que je vous reconnois pour homme de bien et incapable de faire aucune lâcheté : embrassez-moi. » — « Sire, repartit Schomberg, Votre Majesté me blessa l'autre jour, aujourd'hui elle me tue. » Schomberg se fit tuer auprès du roi.

Au moment d'aller à la charge, le Béarnois, se tournant vers les siens : « Gardez bien vos rangs ; si vous perdez vos enseignes, cornettes ou guidons, ce panache blanc que vous voyez en mon armet vous en servira tant que j'aurai goutte de sang ; suivez-le ; vous le trouverez toujours au chemin de l'honneur et de la gloire. »

L'officier qui portoit l'étendard royal ayant reçu un coup de feu dans l'œil, se retire de la mêlée ; les troupes royales commencent à fuir. Henri les arrête et leur crie : « Tournez visage, sinon pour combattre, du moins pour me voir mourir. »

Quand il fut paisible maître de la couronne, il montra un jour au maréchal d'Estrées un des gardes qui marchoit à la portière de son carrosse : « Voilà, lui dit-il, le soldat qui m'a blessé à la journée d'Aumale. »

Le vieux cardinal de Bourbon, que l'on appeloit Charles X, mourut dans sa prison de Fontenay en Poitou ; il n'aimoit pas les ligueurs, dont il étoit alors le prétendu roi ; il disoit : « Le roi de Navarre, mon neveu, fera sa fortune, et tandis que je suis avec eux, c'est toujours un Bourbon qu'ils reconnoissent. »

Henri IV, vainqueur de tous ses ennemis, s'approcha de Paris, dont il ferma les avenues. Ce siége est fameux par les dernières folies de la Sainte-Union, par une effroyable famine et par la générosité du Béarnois. La *Satire Ménippée* a décrit la grande procession, qu'elle place à l'ouverture de la Ligue, mais qui est de l'année 1590. Les ingénieux auteurs ont seulement ajouté aux moines et au clergé les principaux personnages de ce drame tragi-comique.

« La procession fut telle. Ledit docteur Roze, quittant sa capeluche rectorale, prit sa robe de maître ès arts avec le camail et le rochet, et un hausse-col dessus, la barbe et la tête rasées tout de frais, l'épée au côté et une pertuisane sur l'épaule. Les curés Hamilton, Boucher et Lincestre, un petit plus bizarrement armés, faisoient le premier rang, et devant eux marchoient trois moynetons et novices, leurs robes troussées, ayant chacun le casque en tête dessous leur capuchon, une rondache pendue au col, où étoient peintes les armoiries et devises desdits seigneurs. Maître Julian Pelletier, curé de Saint-Jacques, marchoit à côté, tantôt devant, tantôt derrière, habillé de violet, en gendarme scholastique, la couronne et la barbe faites de frais, une brigandine sur le dos, avec l'épée et le poignard, et une hallebarde sur l'épaule gauche, en forme de sergent de bande, qui suoit, poussoit et haletoit pour mettre chacun en rang et ordonnance. Puis suivoient de trois en trois cinquante ou soixante religieux, tant cordeliers que jacobins, carmes, capucins, minimes, bons-hommes, feuillants et autres, tous couverts avec leurs capuchons et habits agrafés, armés à l'antique catholique, sur le modèle des Épîtres de saint Paul; entre autres il y avoit six capucins, ayant chacun un morion en tête, et au-dessus une plume de coq, revêtus de cottes de mailles, l'épée ceinte au côté par dessus leurs habits; l'un portant une lance, l'autre une croix, l'un un épieu, l'autre une harquebuse et l'autre une arbaleste, le tout rouillé par humilité catholique; les autres, presque tous, avoient des piques qu'ils branloient souvent, par faute de meilleur passe-temps, hormis un feuillant boiteux, qui, armé tout à crud, se faisoit faire place avec une épée à deux mains et une hache d'armes à sa ceinture, son bréviaire pendu par derrière; et le faisoit bon voir sur un pied faisant le moulinet devant les dames. A la queue il y avoit trois minimes, tous d'une parure, sçavoir est, ayant sur leurs habits chacun un plastron à corroyes et le derrière découvert, la salade en tête, l'épée et pistolet à la ceinture, et chacun une harquebuse à croc sans fourchette; derrière étoit le prieur des jacobins, en fort bon point, traînant une hallebarde gauchère, et armé à la légère en morte-paye; je n'y vis ni Chartreux, ni Célestins, qui s'étoient excusés sur le commerce. Mais tout cela marchoit en moult belle ordonnance catholique, apostolique et romaine, et sembloient les anciens cranequiniers de France. Ils voulurent, en passant faire une salve ou escoupeterie; mais le légat leur défendit, de peur qu'il ne lui mésadvînt, ou à quelqu'un des siens, comme au cardinal Cajetan. Après ces beaux pères marchoient les quatre mendiants, qui avoient multiplié en plusieurs ordres, tant ecclésiastiques que séculiers; puis les Seize, quatre à quatre, réduits au nombre des apôtres et habillés de même comme on les joue à la Fête-Dieu. Après eux marchoient les prévôts des marchands et échevins, bigarrés de diverses couleurs ; puis la cour de parlement, telle quelle ; les gardes italiennes, espagnoles et wallonnes de M. le lieutenant ; puis les cent gentilshommes de frais gradués par la Sainte-Union, et après eux quelques vétérinaires de la confrérie de saint Éloy. Suivoient après M. de Lyon, tout doucement ; le cardinal de Pellevé, tout bassement ; et après eux M. le légat, vrai miroir de parfaite beauté ; et devant lui marchoit le doyen de Sorbonne, avec la croix, où pendoient les bulles du pouvoir. *Item* venoit M$^{me}$ de Nemours, représentant la reine mère, ou grande-mère (*in dubio*) du roi futur ; et lui portoit la queue M$^{lle}$ de La Rue, fille de noble et discrète personne M. de La Rue, ci-devant tailleur d'habits sur le pont Saint-Michel, et maintenant un des cent gentilshommes et conseillers d'État de l'Union ; et la suivoient M$^{me}$ la douairière de Montpensier, avec son écharpe verte, fort sale d'usage, et madame la lieutenante de l'État et couronne de France, suivie de M$^{mes}$ de Blin et de Bussy Le Clerc. Alors s'avançoit et faisoit voir M. le lieutenant, et devant lui deux massiers fourrés d'hermines, et à ses flancs deux Wallons portant hoquetons noirs, tout parsemés de croix de Lorraine rouges. »

Ces burlesques misères aidèrent quelque temps le peuple à supporter la faim, qui bientôt se fit sentir dans toute son horreur. Après s'être nourri de tous les animaux, chats, chiens et autres, et des peaux de ces animaux ; après avoir dévoré des enfants, on en vint à moudre des os de morts, dont on fit de la poussière et non de la farine : ce pain conservoit sa vertu ; quiconque en mangeoit mouroit. M$^{me}$ de Montpensier refusa d'échanger avec des joyaux de la valeur de plus de deux mille écus un petit chien qu'elle se réservoit comme sa dernière ressource. Trente mille personnes succombèrent ; les rues étoient jonchées de cadavres ; les demi-vivants se traînoient parmi. Des prostitutions impuissantes, payées de quelques aliments vils à des mains décharnées, avoient lieu dans ces cimetières sans fosses. La vie de l'homme rampoit à peine ainsi, avec des couleuvres, sur les corps gisants.

« M. de Nemours, sortant de sa maison pour aller visiter quelques postes vers les murailles de la ville, rencontra un homme qui, d'un air effaré, lui dit : Où allez-vous, monsieur le gouverneur ? N'allez plus outre dans cette rue ; j'en viens, et j'ai trouvé une femme demi-morte, ayant à son cou un serpent entortillé, et autour d'elle plusieurs bêtes envenimées. » (L'Estoile.)

Pendant ce temps, Henri IV laissoit ses soldats monter au bout de leurs piques des vivres aux Parisiens ; il faisoit relâcher des villageois qui avoient amené des charrettes de pain à une poterne ; il leur distribuoit quelque argent, et leur disoit : « Allez en paix ; le Béarnois est pauvre : s'il avoit davantage, il vous le donneroit. » Et le Béarnois négocioit, attendoit le duc de Parme, oublioit ses soucis avec l'abbesse de Montmartre, commençoit une passion nouvelle avec Gabrielle d'Estrées, se déguisoit en paysan pour l'aller voir à Cœuvres, au milieu de tous les périls.

Le duc de Parme oblige Henri IV d'abandonner le blocus de Paris. Sixte-Quint meurt fatigué de la Ligue. Grégoire XIV, qui le remplace, publie des lettres monitoriales contre Henri. Le chevalier d'Aumale est tué dans Saint-Denis, qu'il avoit voulu surprendre. La Noue est tué pareillement devant le château de Lamballe, en combattant pour le roi : « Grand homme de guerre, disoit Henri, et plus grand homme de bien. » Le duc de Mercœur faisoit la guerre en Bretagne pour son propre compte, et d'accord avec Philippe II. Le jeune duc de Guise, fils du Balafré, s'échappe de sa prison : les Seize lui veulent faire épouser l'infante d'Espagne et lui livrer la couronne. Brisson, Larcher et Tardif sont pendus par les ligueurs. Le duc de Mayenne revient à Paris, et fait pendre à son tour quatre des Seize. Là finit l'autorité de ce comité de sûreté de la Ligue : il n'avoit été ni sans audace ni sans génie ; mais la multitude des puissances supérieures à la sienne l'empêcha d'agir. Les membres de ce comité, au lieu d'accomplir leurs projets ouvertement, tel qu'un pouvoir reconnu, furent obligés d'agir en secret comme des conspirateurs, ce qui les rapetissa. Ils ne tendoient point à la liberté ; ils visoient au changement de dynastie ; ils ne firent plus rien après les supplices de leurs compagnons : la potence les déshonora.

Le duc de Parme rentre en France pour faire lever le siége de Rouen, et il réussit. Le vieux maréchal de Biron est tué à la bataille d'Épernay. Le duc de Parme meurt dans les Pays-Bas : grand capitaine, qui fixa l'art moderne de la guerre. Le duc d'Espernon, sentant que les affaires du Béarnois s'amélioroient, revient à la cour ou plutôt au camp ; car alors le Louvre de Henri IV étoit une tente. (1590, 1591, 1592.)

États de la Ligue convoqués à Paris, ruinés par le ridicule et par les prétentions de divers candidats à la couronne. Les Espagnols demandoient l'abolition de la loi salique, afin de faire tomber le sceptre à leur infante. Le parlement rend un arrêt en faveur de la loi salique, et remporte la victoire sur les états. Le duc de Mayenne, mécontent des Espagnols, ouvre des conférences à Surène avec les catholiques. Henri abjure dans l'église de Saint-Denis, le 25 juillet 1593, et se fait ensuite sacrer à Chartres ; on y rapiéceta son pourpoint pour une somme de quelques deniers, dont le reçu existe encore : ces lambeaux-là n'alloient pas mal au manteau royal tout neuf du Béarnois.

Henri IV se trouva dès sa naissance, et par les hasards de sa vie, à la tête de la réformation et des idées nouvelles; mais la réformation étoit en minorité contre l'ancien culte et les vieilles idées. Les François catholiques rejetoient un roi protestant, malgré son titre héréditaire; ils en avoient le droit, comme les Anglois protestants eurent le droit de repousser un roi catholique. La Ligue, coupable envers le dernier des Valois, étoit innocente envers le premier des Bourbons, à moins de soutenir que les nations ne sont aptes à maintenir le culte qu'elles ont choisi et les institutions qui leur conviennent. Le péril étoit imminent : les états, illégalement convoqués sans doute, mais redoutables, car tout corps politique dans un moment de crise a une force prodigieuse, l'Espagne, appuyée de la cour de Rome, et des préjugés populaires, étoient prêts, en s'alliant au prince lorrain, à disposer du trône. L'héritier légitime ne se pouvoit défendre qu'avec des soldats étrangers, triste ressource pour un roi national; les protestants qui l'appuyoient étoient en petit nombre, et plutôt inclinés à l'aristocratie qu'à la monarchie; les catholiques attachés à sa personne ne le suivoient que parce qu'il avoit promis de se faire instruire dans leur religion. Il ne restoit donc évidemment à Henri IV qu'un seul parti à prendre, celui d'abjurer : ce fut une affaire entre lui et sa conscience; s'il vit la vérité du côté où il voyoit la couronne, il eut raison de changer d'autel. Il est fâcheux seulement qu'il écrive à Gabrielle à propos de son abjuration : « C'est dimanche que je ferai le saut périlleux. »

Une fois réuni au clergé et aux grandes masses populaires, il n'eut plus qu'à marchander un à un les capitaines qui commandoient dans les villes. Les gentilshommes s'étoient emparés des forteresses et des cités, ainsi qu'au commencement de la race capétienne; on auroit vu renaître les seigneuries, si les mœurs avoient été les mêmes, et si le temps n'eût marché. Henri IV reprit plusieurs châteaux, comme Louis le Gros, et acheta les autres. L'esprit aristocratique expiroit. Paris ouvrit ses portes à Bourbon le 22 mars 1594. Le pouvoir absolu qui commençoit supprima tous les écrits du temps, et en défendit, sous peine de la vie, l'impression et la vente. François Ier avoit senti le premier instinct contre la liberté de la presse; Henri IV en conçut la première raison.

En 1594, Jean Châtel blesse Henri IV d'un coup de couteau à la lèvre, et les Jésuites sont bannis de France. En 1595, rencontre de Fontaine-Françoise, une des plus furieuses qui fut jamais. Henri combattit tête nue, avec toute la verve d'un jeune soldat. Il écrivit à sa sœur : « Peu s'en faut que vous n'ayez été mon héritière. »

Le roi est absous par le pape. Le duc de Mayenne se soumet (1596). Lorsque Henri entra dans Paris, la seule vengeance qu'il exerça contre

M^me de Montpensier fut de jouer aux cartes avec elle ; la seule vengeance qu'il tira de son frère le duc de Mayenne, replet et lourd, fut de le faire marcher vite dans un jardin.

Édit de Nantes. Traité de Vervins (1598). Mariage de Henri avec Marie de Médicis, la première année du xvii^e siècle. Comment n'étoit-on pas las des Médicis ?

Conspiration du maréchal de Biron. Mort d'Élisabeth, reine d'Angleterre. Le premier Stuart, Jacques I^er, arrive à la couronne de la Grande-Bretagne à l'époque où le premier Bourbon venoit de s'asseoir sur le trône de France. Établissement des manufactures de soie, de tapisserie, de faïence, de verrerie. Colonisation du Canada. On ne croyoit faire que du commerce, et l'on faisoit de la politique ; la propriété industrielle vit de liberté, et en accroissant l'aisance elle accroît les lumières. Henri IV, qui tentoit partout des passions, qui ne fut écouté ni de M^me de Guercheville, ni de Catherine de Rohan, ni de la duchesse de Mantoue, ni de Marguerite de Montmorency, vit le prince de Condé, mari de la dernière, se retirer avec elle à Bruxelles. Ce prince de Condé étoit-il fils de Henri IV, par Charlotte de La Trémoille, accusée d'avoir empoisonné son mari pour cacher une grossesse ? On prétend que Marguerite de Montmorency, pressée par Henri IV, lui avoit dit : « Méchant, vous voulez séduire[1] la femme de votre fils, car vous savez bien que vous m'avez dit qu'il l'étoit. » (*Mémoires pour servir à l'histoire de France*.)

Henri IV, ou dans le dessein de poursuivre l'objet de sa nouvelle passion, ou pour réaliser un projet de république chrétienne, alloit porter la guerre dans les Pays-Bas, sous le prétexte de la succession de Clèves et de Juliers, lorsqu'il fut arrêté par un de ces envoyés secrets de la mort qui mettent la main sur les rois (14 mai 1610). Ces hommes surgissent soudainement et s'abîment aussitôt dans les supplices ; rien ne les précède, rien ne les suit : isolés de tout, ils ne sont suspendus dans ce monde que par leur poignard ; ils ont l'existence même et la propriété d'un glaive ; on ne les entrevoit un moment qu'à la lueur du coup qu'ils frappent. Ravaillac étoit bien près de Jacques Clément : c'est un fait unique dans l'histoire, que le dernier roi d'une race et le premier d'une autre aient été assassinés de la même façon, chacun d'eux par un seul homme, au milieu de leurs gardes et de leur cour, dans l'espace de moins de vingt-et-un ans. Le même fanatisme anima les deux assassins ; mais l'un immola un prince catholique, l'autre un prince qu'il croyoit protestant. Clément fut l'instrument

---

1. Ce n'est pas la franchise du texte.

d'une ambition personnelle ; Ravaillac, comme Louvel, l'aveugle mandataire d'une opinion.

J'ai fait observer plusieurs fois que la seconde aristocratie vint finir à Arques, à Ivry, à Fontaine-Françoise, comme la première à Crécy, à Poitiers et à Azincourt. Elle disparut de fait et de droit, car Henri IV publia un édit en vertu duquel la profession militaire n'anoblissoit plus. Tout homme d'armes sous Louis XII étoit gentilhomme, ainsi que tout bourgeois qui avoit acquis un fief noble et le desservoit militairement. Le 258e article de l'ordonnance de Blois de 1579 avoit détruit la noblesse résultant du fief. Louis XV, en 1750, rétablit la noblesse acquise au prix du sang ; mais le coup étoit porté. Henri IV, ce soldat, avoit voulu que les armes restassent en roture : l'armée, devenue plébéienne, laissa à la gloire le soin de l'ennoblir.

On s'est fait une fausse idée de la manière dont les Bourbons parvinrent au trône. D'un côté, on n'a vu que les massacres de la Saint-Barthélemy, que les fureurs de la Ligue, que les intrigues de Catherine de Médicis, que les débauches de Henri III, que l'ambition des princes de Lorraine ; de l'autre côté, on n'a aperçu que la bravoure, l'esprit et la loyauté de Henri IV ; on a cru que tous les partis avoient été fidèles à leurs doctrines, qu'ils avoient constamment suivi leurs drapeaux respectifs, que les services avoient été récompensés, les injures punies, qu'enfin chacun avoit été rétribué selon ses œuvres : telle n'est point la vérité historique. Tout se passa comme de nos jours ; on céda à des nécessités, à des intérêts créés par le temps ; le vainqueur d'Ivry ne monta point sur le trône botté et éperonné, en sortant de la bataille : il capitula avec ses ennemis, et ses amis n'eurent souvent pour toute récompense que l'honneur d'avoir partagé sa mauvaise fortune.

Brissac, La Châtre et Bois-Dauphin, maréchaux de la Ligue, furent confirmés dans leur dignité ; ils avoient tous vendu quelque chose. Laverdin, Villars, Balagny, Villeroy, jouirent de la faveur de Henri IV. Par l'article 10 de l'édit de Folembray, les dettes même du duc de Mayenne sont payées et déclarées dettes de la couronne. Le Béarnois étoit ingrat et gascon, oubliant beaucoup et tenant peu. « Montez, dit la duchesse de Rohan, dans son ingénieuse satire apologétique, montez les degrés, entrez jusque dans son antichambre : vous oyrez les gentilshommes qui diront : J'ai mis ma vie tant de fois pour son service, je l'ai tant de temps suivi, j'ai été blessé, j'ai été prisonnier ; j'y ai perdu mon fils, mon frère ou mon parent : au partir de là il ne me connoît plus ; il me rabroue si je lui demande la moindre récompense. . . . . . . . . . Ses effets parlent et disent en bon langage : Mes amis, offensez-moi, je vous aimerai; servez-moi, je vous haïrai. »

Henri laissa mourir de faim le fidèle bourgeois qui avoit favorisé sa fuite lorsque lui Henri étoit à Paris prisonnier de Charles IX. A la mort de Henri III, Henri IV avoit dit à Armand de Gontaud, baron de Biron : *C'est à cette heure qu'il faut que vous mettiez la main droite à ma couronne; venez-moi servir de père et d'ami contre ces gens qui n'aiment ni vous ni moi.* Henri auroit dû garder la mémoire de ces paroles; il auroit dû se souvenir que Charles de Gontaud, fils d'Armand, avoit été son compagnon d'armes; que la tête de celui qui avoit mis *la main droite à sa couronne* avoit été emportée d'un boulet de canon : ce n'étoit pas au Béarnois à joindre la tête du fils avec celle du père. Le grand-maître des échafauds, Richelieu, désapprouvoit celui de Biron comme inutile.

Mais la bravoure de Henri IV, son esprit, ses mots heureux, et quelquefois magnanimes, son talent oratoire, ses lettres pleines d'originalité, de vivacité et de feu, ses malheurs, ses aventures, ses amours, le feront éternellement vivre. Sa fin tragique n'a pas peu contribué à sa renommée; disparoître à propos de la vie est une condition de la gloire. Henri IV étoit encore un fort bon administrateur; il montra son habileté à faire vivre en paix des hommes qui se détestoient, particulièrement ses ministres, hommes de capacité, mais antipathiques les uns aux autres, et sortis de partis divers. Les Bourbons n'ont compté que cinq rois dans leur courte monarchie absolue; sur ces cinq rois, ils ont deux grands princes et un martyr. Ce sang n'étoit pas stérile.

Au surplus, tout le siècle de Louis XIV se tut sur l'aïeul des Bourbons. Le grand roi ne permettoit d'autre bruit que le sien. A peine retrouve-t-on le nom de Henri IV dans un pamphlet de la Fronde qui établit un dialogue entre *le roi de Bronze et la Samaritaine;* l'ouvrage de Péréfixe étoit oublié. Un poëte qui a tant fait de renommées avec la sienne, Voltaire, a ressuscité le vainqueur d'Ivry : le génie a le beau privilége de distribuer la gloire.

Depuis le commencement de la troisième race jusqu'aux Valois, il n'y avoit point eu en France de guerre civile proprement dite. Les guerres féodales étoient des guerres de souverain à souverain, car les seigneurs étoient de véritables princes indépendants. Si la moitié de la France prit les armes contre l'autre sous Charles V, Charles VI et Charles VII, c'est que la France étoit partagée entre deux souverains, le roi de France et le roi d'Angleterre. Une guerre civile s'alluma sous Louis XI et sous Charles VIII, mais ne dura qu'un moment. Malheureusement ce fut la religion qui donna naissance aux longues guerres civiles de la Ligue. Toutefois ces espèces de guerres qui causent de grands maux à l'espèce sont favorables à l'individu; elles mettent en valeur les qualités personnelles; jamais il n'apparoît à la fois autant d'hommes remarquables que pendant les discordes intestines des peuples. Presque toujours les temps qui suivent ces discordes sont des temps d'éclat, de prospérité, de progrès, comme de riches moissons s'élèvent sur des champs engraissés.

Quelques faits principaux constituent la révolution de l'époque que nous venons de parcourir.

La seconde aristocratie perd le reste de sa puissance; les gentilshommes ne vont plus être que les officiers de l'armée démocratique prête à se former sous Louis XIII et Louis XIV.

La monarchie des états finit avec les Valois : elle ne se montre un moment sous Louis XIII que pour rendre le dernier soupir.

La monarchie parlementaire atteint le plus haut degré de son pouvoir, et vient expirer, par abus de sa force, dans les démêlés de la Fronde.

La monarchie absolue monte donc en effet sur le trône avec le premier Bourbon; il ne restoit plus à cette monarchie qu'à renverser quelques obstacles, que balaya Richelieu.

Les états pendant les guerres civiles ne répondirent point à ce qu'on devoit attendre d'un aussi grand corps, soit qu'il repoussât soit qu'il adoptât les nouvelles opinions; ce qui prouve qu'ils n'étoient point entrés dans les mœurs ou dans les libertés du pays. Ces états firent des actes remarquables de législation civile et administrative, mais ils ne montrèrent aucun génie politique; ils furent maîtrisés par les caractères individuels. Quand l'ordre reparut sous Henri IV, l'esprit humain, après avoir remué tant d'idées, après avoir passé à travers tant de crimes, s'étoit agrandi, mais le gouvernement s'étoit resserré. Le parlement, rival victorieux de la représentation nationale, rendoit des arrêts politiques, disposoit de la régence, refusoit ou ordonnoit l'impôt; il y avoit deux pouvoirs législatifs. Les savants, les gens de lettres, les écrivains attachés de préférence à la robe, faisoient opposition à l'autorité des trois ordres. Les états de la Ligue achevèrent de déconsidérer des assemblées qui, luttant sans cesse contre les abus de la féodalité, de la couronne, du parlement et du peuple, n'avoient jamais pu contenir le despotisme royal, refréner les injustices aristocratiques, arrêter les empiétements de la magistrature, enchaîner les violences populaires.

L'édit de Nantes constitua l'état civil et religieux des protestants :

ils obtinrent un culte public, des consistoires, des écoles, des revenus, et jusqu'à des forces militaires pour protéger leurs établissements. Les quatre-vingt-douze articles généraux de l'édit, et les cinquante-six articles particuliers, reproduisoient à peu près les dispositions de l'édit de Poitiers et des conventions de Flex et de Bergerac. Un codicille secret permettoit aux calvinistes de garder quelques places de sûreté pendant huit ans.

Les concessions n'étoient malheureusement qu'*octroyées*; Henri IV les respecta, mais Richelieu et Louis XIV pensèrent que ce qui étoit accordé se pouvoit reprendre. Les protestants soutinrent trois guerres contre Louis XIII. Le duc de Rohan, leur chef, appela les Anglois à leur secours; ils furent battus; La Rochelle tomba, et Louis XIV, après une longue série de séductions et de persécutions, révoqua l'édit de Nantes en 1668.

A compter depuis la conjuration d'Amboise, 1560, jusqu'à la publication de l'édit de Nantes, en 1599, s'écoulèrent trente-neuf années de massacres, de guerres civiles et étrangères, entremêlées de quelques moments de paix; c'est à peu près la période qu'a parcouru notre dernière révolution. Ce temps de la Saint-Barthélemy et de la Ligue est le temps de la terreur religieuse, d'où sortit la monarchie absolue, comme le despotisme militaire sortit de la terreur politique de 1793. Il ne coula guère moins de sang françois dans les guerres et les massacres du XVI$^e$ siècle que dans les massacres et les guerres de la révolution. « Durant ces guerres (de la Ligue) sont morts prématurément, et avant le temps, plus de deux millions de personnes, tant de mort violente que de nécessité et pauvreté, par famine et autrement. » (*La vie et déportements de Henri le Béarnois.*)

Un capital immense fut dissipé; les dettes de l'État se trouvèrent monter sous Henri IV à trois cent trente millions de la monnoie de ce temps, sans parler de toutes les autres sommes absorbées et non constituées en dettes publiques, comme on le va voir par les autorités suivantes : « Le pauvre peuple avoit été tellement pillé, vexé, saccagé, rançonné et subsidié, sans aucune relâche ni moyen de respirer, qu'il ne lui restoit plus aucune facilité de vivre, étant comme désespéré et résolu de quitter le pays de sa naissance pour aller vivre en terre étrangère; car depuis ledit temps la ville de Paris et pays circonvoisins avoient fourni trente-six millions de livres, outre autre somme de soixante millions de livres ou environ, qui avoient été fournis par le clergé de France, sans les dons, emprunts et subsides levés extraordinairement, tant sur ladite ville que sur les autres pays et provinces du royaume : somme suffisante non-seulement pour conserver l'état de la France, mais aussi, avec la terreur de l'ancien nom des François, en rendre le nom formidable à tous les autres princes, potentats et nations. » (*Vie et mort de Henri de Valois.*)

Dans les pays qu'ils occupoient, les huguenots détruisirent les monuments catholiques et s'emparèrent des biens du clergé. Beaucoup de prêtres se marièrent, et restèrent néanmoins catholiques; leurs mariages furent sanctionnés par la cour de Rome, et leurs enfants légitimés. La cour, de son côté, ne se fit faute des biens ecclésiastiques.

« Son règne (de Charles IX) à aussi esté taché d'avoir esté soubs lui les ecclésiastiques fort vexez, tant de lui que des huguenots : les huguenots les avoient persécutez de meurtres, massacres, et expolié leurs églises de leurs sainctes reliques; et lui avoit exigé de grandes décimes, et aliéné et vendu le fonds et temporel de l'Église, de laquelle vendition il tira grand argent. » (BRANTOME.)

Les députés du clergé de France, assemblés à Melun, représentèrent à Henri III « qu'en plusieurs archevêchés et évêchés il n'y avoit aucun pasteur; et quant aux autres abbayes et aux autres grands bénéfices étant aussi sans pasteurs, le nombre en étoit quasi infini, mêmement que de cent trente-cinq diocèses qu'il y a en Languedoc et en Guienne, par non-résidence d'évêques et par maladie des autres, et principalement par faute d'évêques pourvus en titre, on avoit été quelques années sans y faire le saint-chrême, tellement qu'il étoit tous les jours besoin de l'aller mendier de là les monts en Espagne. Au surplus, nul roi par avant lui (Henri III) n'avoit été cause de tant d'œconomats, constitutions de pensions pour les femmes (voire la plus grande partie *courtisanes*), et autres personnes laïques, sur les biens de l'Église, et, qui pis est, il souffroit trafiquer des bénéfices, vendre, engager et hypothéquer le domaine de Dieu. Faisant autoriser et justifier ces choses par jugement et lois publiques en son grand conseil, où de l'argent provenu de la vente d'un évêché ont été acquittées les dettes du vendeur, et en son conseil même une abbaye y auroit été adjugée à une dame, comme lui ayant été baillée en don, avec déclaration qu'après son décès ses héritiers en jouiront par égale portion. » (*Vie et mort de Henri de Valois.*)

Ces choses, que les catholiques reprochoient amèrement à Henri III, ils les approuvoient dans Charles IX.

La vente, saisie et jouissance des biens de l'Église par des laïques étoient accompagnées de la saisie, jouissance et vente des biens des particuliers, comme dans la révolution. Plusieurs édits et déclarations ordonnent la confiscation des biens des huguenots. Le parlement, en

1589, rendit un arrêt *pour faire procéder à la vente des biens de ceux de la nouvelle opinion. . . . . . afin qu'on ne soit pas privé du fruit et secours espéré des saisies et ventes des biens et héritages de ceux de la nouvelle opinion.*

Un règlement du duc de Mayenne, de la même année, exige le serment à l'union catholique par le clergé, la noblesse, le tiers état, les habitants des villes et des campagnes, etc. Ce serment doit être prêté dans la quinzaine du jour de la publication du règlement. L'article 9 porte : « Après ladite quinzaine passée, sera *procédé à la saisie des biens meubles et immeubles de tous ceux qui se trouveront refusant ou délaiant faire ledit serment*, soit ecclésiastique, noble, ou du tiers état ; et si dans un mois après ladite saisie ils ne le voudroient faire, ou n'auroient proposé excuse valable de leur absence et légitime empêchement, seront tenus et réputés pour ennemis de Dieu et de l'État, et *passé outre à la vente desdits meubles*, etc. »

On voit que les massacres, les injustices, les spoliations, ne sont pas, comme on l'a cru, particuliers à nos temps révolutionnaires. Les terroristes de la Saint-Barthélemy et de la Ligue étoient des aristocrates nobles, des rois, des princes, des gentilshommes, Charles IX, Henri III, le duc de Guise, Tavannes, Clermont, Coconnas, La Mole, Bussy d'Amboise, Saint-Mesgrin, et tant d'autres : non-seulement ils lâchèrent les bourgeois de Paris sur les huguenots, mais ils trempèrent eux-mêmes leurs mains dans le sang. Les septembriseurs et les terroristes de 1792 et de 1793 étoient des démocrates plébéiens : au delà des meurtres individuels qu'ils commirent, ils inventèrent le meurtre légal, effroyable crime qui fit désespérer de Dieu ; car si la justice de la terre peut jamais être armée du fer de l'assassin, où est la justice du ciel ? Que reste-t-il aux hommes ?

La terreur de la Saint-Barthélemy et de la Ligue fut approuvée par la grande majorité de la nation. On regarda aussi cette terreur comme *nécessaire*. On ne trouve pas contre Charles IX, qui nous fait tant d'horreur aujourd'hui, un seul écrit de ses contemporains catholiques ; il est loué au contraire de presque tous les hommes de mérite de cette époque, Du Tillet, Brantôme, Ronsard, tandis que Henri III est accablé d'outrages.

J'ai souvent cité les pamphlets de la Ligue, parce qu'on y suit mieux le mouvement des opinions. C'est la première fois que la presse a joué un rôle important dans les troubles politiques ; par son moyen la pensée étoit devenue, ainsi que de nos jours, un élément social, un fait qui se mêloit aux autres faits, et leur donnoit une nouvelle vie. La plume étoit aussi active que l'épée. Comme chacun avoit la liberté entière dans son parti, et n'étoit proscrit que dans l'autre, il y avoit réellement liberté de la presse. Les imaginations audacieuses de Rabelais, le traité *De la Servitude volontaire,* de La Béotie, les *Essais* de Montaigne, *la Sagesse* de Charron, *la République* de Bodin, les écrits polémiques, le traité où Mariana va jusqu'à défendre le régicide, prouvent qu'on osa tout examiner. Comme la succession à la couronne étoit contestée, les catholiques, en se divisant à ce sujet, examinèrent hardiment les principes de la monarchie, et les protestants rêvèrent la république aristocratique. La liberté politique et la liberté religieuse eurent un moment pleine licence, en s'appuyant à la liberté de la presse, leur compagne, ou plutôt leur mère. Mais cet horizon, qui s'ouvrit un moment dans l'esprit humain, se referma tout à coup. La réaction qui suit l'action, quand l'action n'est pas consommée, précipita la France sous le joug.

En résumé, les guerres civiles religieuses du xvi$^e$ siècle, qui ont duré trente-neuf ans, ont engendré les massacres de la Saint-Barthélemy, ont versé le sang de plus de deux millions de François, ont dévoré près de trois milliards de notre monnoie actuelle, ont produit la saisie et la vente des biens de l'Église et des particuliers, ont fait périr deux rois de mort violente, Henri III et Henri IV, et commencé le procès criminel du premier de ces rois. La vérité religieuse, quand elle est faussée, ne se livre à pas moins d'excès que la vérité politique lorsqu'elle a dépassé le but.

Maintenant je vais cesser de raconter les faits et les mœurs qui n'ont plus rien de caractéristique et de pittoresque. Les mœurs du xvii$^e$ siècle, non les opinions, étoient à peu près celles qui précédèrent immédiatement l'époque révolutionnaire. Les François qui parlèrent la langue de Louis XIII, de Louis XIV et de Louis XV, sont si près de nous, qu'il semble que nous les ayons vus vivants. Il n'y a pas longtemps que sont morts des vieillards qui avoient connu Fontenelle. Fontenelle étoit né en 1657, et d'Espernon étoit mort en 1642. La veuve du duc d'Angoulême, fils naturel de Charles IX, ne trépassa que le 10 août 1715. Quelques réflexions générales sur les quatre règles de la monarchie absolue termineront cette *analyse raisonnée* de notre histoire.

## LOUIS XIII, LOUIS XIV, LOUIS XV ET LOUIS XVI.

### 1610-1793.

Le parlement conféra la régence et la tutelle de Louis XIII à Marie de Médicis. Sully (1611) se retire de la cour : il avoit payé deux cents millions de dettes sur trente-cinq millions de revenu, et il laissa trente millions dans la Bastille. On ne sait pas que ce rigide et fastueux protestant, ministre habile d'ailleurs, qui vivoit dans sa retraite comme un dernier grand baron de l'aristocratie, déridoit ses graves loisirs en écrivant sur l'ancienne cour des Mémoires aussi orduriers que ceux de Brantôme.

Le duc de Mayenne meurt : il n'entra jamais bien dans la Ligue et dans les complots de son frère ; mais il avoit plus de bon sens que le Balafré, et cet esprit commun qui convient aux affaires.

Concini, marquis d'Ancre, et sa femme, gouvernent Marie de Médicis. Brouilleries de cour ; retraite des princes ; petites guerres civiles mêlées de protestantisme (1614). Derniers états généraux, du 17 octobre 1614. Le premier vote des communes de France, lorsqu'elles furent appelées aux états par Philippe le Bel, pour s'opposer aux empiétements de Boniface VII, fut ainsi conçu : « Qu'il plaise au seigneur roi de garder la souveraine franchise de son royaume, qui est telle que dans le temporel le roi ne reconnoît souverain en terre, fors que Dieu. » Le dernier vote des communes aux états de 1614 fut celui-ci :

« Le roi est supplié d'ordonner que les seigneurs soient tenus d'affranchir dans leurs fiefs tous les serfs. »

Le premier vote du tiers état sortant de la longue servitude de la monarchie féodale est une réclamation pour la liberté du roi ; son dernier vote, au moment où il rentre dans l'esclavage de la monarchie absolue, est une réclamation en faveur de la liberté du peuple : c'est bien naître et bien mourir. J'ai dit pourquoi la monarchie des états ne se put établir en France.

Richelieu, dont le génie (heureusement pour lui) n'étoit deviné de personne, est fait secrétaire d'État par la protection du maréchal d'Ancre.

Ce maréchal (1617) est arrêté par Vitry, et massacré par le peuple. Sa femme, qui eut la tête tranchée, dit le mot fameux que Voltaire a un peu arrangé. Les biens du maréchal d'Ancre sont donnés à Luynes, favori de Louis XIII. Luynes avoit fait son chemin auprès du roi en élevant des pies-grièches. Mésintelligence entre Louis XIII et sa mère.

(1621.) Guerre religieuse renouvelée par Rohan et Soubise. Les idées politiques s'étoient débrouillées dans la tête des protestants ; ils vouloient faire de la France une république divisée en huit cercles.

Richelieu, devenu cardinal, entre au conseil (1624). Le maréchal de Luynes l'avoit protégé après le maréchal d'Ancre. Sa souplesse fit sa fortune, son orgueil sa gloire. Henriette de France, sœur de Louis XIII, épouse Charles Ier, roi d'Angleterre (1625).

L'an 1626 voit commencer les cabales contre le cardinal de Richelieu, encouragées par Gaston, frère du roi, qui perdoit ses amis, et fuyoit toujours. Richelieu abaisse à la fois les grands, les huguenots et la maison d'Autriche. Tragique histoire du duc de Montmorency et de Cinq-Mars.

Toutes les libertés meurent à la fois, la liberté politique dans les états congédiés, la liberté religieuse par la prise de La Rochelle ; car la force huguenote demeura anéantie, et l'édit de Nantes ne fut que la conséquence de la disparition du pouvoir matériel des protestants. La liberté littéraire périt à son tour : on avoit passé de l'école naïve, simple, originale d'Amyot, de Rabelais, de Marot, de Montaigne, à l'école artificielle et boursouflée de Ronsard. Malherbe rentra dans la première route : les sujets étrangers à nos mœurs et à nos croyances furent choisis de préférence. Alors s'éleva l'Académie françoise, haute cour du classique, qui fit comparoître devant elle, comme premier accusé, le génie de Corneille. Racine vint ensuite imposer aux lettres le despotisme de ses chefs-d'œuvre, comme Louis XIV le joug de sa grandeur à la politique. Sous l'oppression de l'admiration, Chapelain, Coras, Leclerc, Saint-Amand, maintenoient en vain, dans leurs ouvrages persécutés, l'indépendance de la langue et de la pensée : ils expiroient pour la liberté de mal dire sous les vers de Boileau, en appelant de la servitude de leur siècle à la postérité délivrée. Ils eurent raison de réclamer contre la règle étroite et la proscription des sujets nationaux ; ils eurent tort d'être de méchants poëtes.

Le premier ministre mourut détesté et admiré, la même année que la veuve de Henri IV mourut à Cologne dans la dernière misère. Pendant le règne du cardinal de Richelieu, on voit se traîner quelques hommes du passé et s'avancer quelques hommes de l'avenir : Guise et d'Espernon, Turenne, le jeune Villars et le jeune Condé. D'Espernon est le seul favori qui soit jamais devenu un personnage par une imperturbable morgue de médiocrité. A force de vivre et d'insulter, ce bourgeois avoit fini par faire croire qu'il étoit un grand seigneur. Il ne paroît pas tout à fait innocent de l'assassinat de Henri IV. Les sujets, comme le chef suprême, inclinoient au despotisme ; on arrivoit peu à peu à l'admiration du pouvoir.

Louis XIII, mort en 1643, fut placé entre Henri IV et Louis XIV, comme Louis le Jeune entre Philippe-Auguste et saint Louis. Il fut aussi intrépide que son père, et n'eut rien de la grandeur de son fils. Il n'y a qu'une seule chose et qu'un seul homme dans le règne de Louis XIII, Richelieu. Il apparoît comme la monarchie absolue personnifiée, venant mettre à mort la vieille monarchie aristocratique. Ce génie du despotisme s'évanouit, et laisse en sa place Louis XIV, chargé de ses pleins pouvoirs.

Le parlement de Paris donna la régence et la tutelle à Anne d'Autriche, comme il l'avoit donnée à Marie de Médicis en 1610 : il achevoit son usurpation législative.

La monarchie parlementaire, survivant à la monarchie des états, atteignit, sous la minorité de Louis XIV, le faîte de sa puissance : elle démena ses guerres ; on se battit en son honneur ; ses arrêts servoient de bourre à ses canons. Dans son règne d'un moment, elle eut pour magistrat Mathieu Molé ; pour prélat, le cardinal de Retz ; pour héroïne, la duchesse de Longueville ; pour héros populaire, le fils d'un bâtard de Henri IV, et pour généraux, Condé et Turenne. Mais cette monarchie neutre, qui n'étoit ni la monarchie absolue ni la monarchie tempérée des états, cette monarchie qui paroissoit entre l'une et l'autre, qui ne vouloit ni la servitude ni la liberté, qui n'aspiroit qu'au renversement d'un ministre fin et habile, cette monarchie à la suite de quelques princes brouillons et factieux, passa vite. Louis XIV, devenu majeur, entra au parlement avec un fouet, sceptre et symbole de la monarchie absolue, et les François furent mis à l'attache pour cent cinquante ans.

Auprès de la comédie de Mazarin se jouoit la tragédie de Charles I$^{er}$, et Mazarin reconnut humblement le protecteur. La monarchie des états avoit commencé en France et en Angleterre presque au même moment dans les siècles barbares ; elle aboutit presque au même moment dans le xvii$^e$ siècle, en Angleterre, à la monarchie représentative, en France, à la monarchie absolue. La réforme religieuse que tenta Henri VIII réussit, et la réforme religieuse qu'essayèrent les huguenots avorta : de cette différence de fortune dans la vérité religieuse naquit peut-être la différence de position dans la vérité politique. Les guerres parlementaires de la Grande-Bretagne furent les dernières convulsions de l'arbitraire anglois expirant ; les guerres de la Fronde, les derniers efforts de l'indépendance françoise mourante : l'Angleterre passa à la liberté avec un front sévère, la France, au despotisme en riant.

Le traité des Pyrénées met fin à la guerre entre la France et l'Espagne, et stipule le mariage de Louis XIV et de l'infante Marie-Thérèse (1659). Restauration de Charles II, en 1660. Mariage de Louis XIV dans la même année. Mort de Mazarin, en 1664 : homme habile, patient, insensible à l'injure, et qui regretta la vie. Arrestation de Fouquet. Commencement de l'élévation de Colbert. Louis XIV sort de l'ombre à la mort de Mazarin. Conquête de la Flandre. Louvois étoit ministre de la guerre ; Turenne, Condé, Créqui, Grammont, Luxembourg, étoient généraux et capitaines (1667).

Conquête de la Franche-Comté. Triple alliance entre l'Angleterre, la Suède et la Hollande. Paix entre la France et l'Espagne. La France garde les conquêtes de la Flandre et rend la Franche-Comté. Conversion de Turenne, qui cède à l'*Exposition de la foi* de Bossuet ; grands noms (1668).

Suppression des chambres mi-parties dans les parlements établies par l'édit de Nantes. Troubles au sujet de l'affaire de Jansénius. Prise de Candie par les Turcs. Le duc de Beaufort, roi des halles ou de la Fronde, est tué dans une sortie. Édit qui permet le commerce à la noblesse (1669).

Mort de M^me Henriette, immortalisée par Bossuet. La France s'allie secrètement à l'Angleterre. Louis XIV se vouloit venger des Hollandois, qui avoient interrompu ses succès contre les Espagnols. Il étoit, en outre, choqué de la liberté des gazetiers républicains, acharnés contre son gouvernement et sa personne. Il entre en Hollande et en fait la conquête. Guillaume III devient stathouder, et commence à balancer la fortune du grand roi.

Les guerres continuèrent pendant tout le règne de Louis XIV ; et la dernière, celle de 1701, la plus juste dans son principe et la plus malheureuse dans ses résultats, laissa pourtant à la maison de France la succession de la maison d'Espagne : le royaume y gagna de n'avoir plus besoin de se défendre du côté des Pyrénées et de pouvoir porter toutes ses forces sur les frontières de l'est et du nord.

Louis XIV a rendu fameux le premier règne de la monarchie absolue, par sa protection des lettres et des arts, par ses conquêtes, son administration, ses fêtes, ses galanteries ; car dans l'histoire du despotisme la magnificence et les foiblesses du prince deviennent des affaires d'État. Voltaire n'a rien laissé à dire à la gloire du siècle de Louis XIV. Un auteur moderne, sévère sur tout le reste, a rendu justice à l'administration de Louis le Grand : seulement il reproche à ce roi ce qu'il falloit reprocher à tous les rois ses prédécesseurs, et ce qui découloit de la législation romaine. Nous n'entendons plus aujourd'hui l'esclavage, nous ne concevons plus comment un homme pouvoit être la propriété d'un autre homme ; et néanmoins les sages, les philosophes, les hommes les plus libres et les plus éclairés de l'antiquité, le concevoient et le trouvoient juste. Nous ne comprenons plus comment un juge pouvoit accepter les biens de l'accusé qu'il avoit jugé et condamné ; et pourtant sous Louis XIV les magistrats les plus intègres le comprenoient et le trouvoient naturel. Aujourd'hui même en Angleterre, où la confiscation existe, les biens confisqués pour crime de haute trahison seroient encore distribués entre les délateurs et les favoris de la cour. Nous nous demandons comment un prince pouvoit avoir une maîtresse en titre que venoient idolâtrer l'honneur, le génie et la vertu : on entroit dans cette idée au xviie siècle : Bossuet se chargeoit de réconcilier Louis XIV et Mme de Montespan. Le grand roi, dans la démence de son orgueil, osa imposer en pensée à la France, comme monarques légitimes, ses bâtards adultérins légitimés. Sous certains rapports généraux nous valons mieux, hommes de notre siècle, ou plutôt notre temps vaut mieux que les hommes et le temps qui nous ont précédés, et cela tout naturellement par le progrès de la raison et de la civilisation ; mais nous sommes injustes quand nous jugeons nos devanciers par des lumières qu'ils ne pouvoient avoir et par des idées qui n'étoient pas encore nées.

Tout devint individuel sous Louis XIV. Le peuple disparut comme aux temps féodaux : on eût dit d'une nouvelle conquête, d'une nouvelle irruption des barbares, et ce n'étoit que l'invasion d'un seul homme. Observons néanmoins une différence : le nom du peuple ne se rencontre nulle part dans la monarchie de Hugues Capet, parce que le peuple n'existoit pas : il n'y avoit que des serfs ; la nation, militaire et religieuse, consistoit dans la noblesse et le clergé. Sous Louis XIV le peuple étoit créé ; il se perdoit seulement dans l'arbitraire, ce qui fait qu'il se retrouva au moment où ses chaînes se rompirent.

Quand la lutte de l'aristocratie avec la couronne finit, la lutte de la démocratie avec cette même couronne commença. La royauté, qui avoit favorisé le peuple afin de se débarrasser des grands, s'aperçut qu'elle avoit élevé un autre rival moins tracassier, mais plus formidable. Le combat s'établit sur le terrain de l'égalité. Il y eut monarchie absolue sous Louis XIV, parce que la liberté aristocratique étoit morte, et que l'égalité démocratique vivoit à peine : dans l'absence de la liberté et de l'égalité, l'une moissonnée, l'autre encore en germe, il y eut despotisme, et il ne pouvoit y avoir que cela.

La monarchie absolue naquit le jour où l'hérédité royale dans la famille capétienne s'établit ; cette monarchie mit sept siècles à croître au travers des transformations sociales : comme toute institution qui ne tombe pas fortuitement dans sa marche, elle monta, degré à degré, à son apogée. Le despotisme de Louis XIV fut un fait progressif naturel, venu à point, dans son temps, dans son lieu, un résultat inévitable des opinions et des mœurs à cette époque, un anneau de la chaîne qui servoit à joindre le principe répudié de la liberté au principe non encore adopté de l'égalité. Il falloit enfin que la royauté s'usât comme l'aristocratie ; que l'on sentît les abus du gouvernement d'un seul comme on avoit senti l'oppression du gouvernement de plusieurs. Du moins ce fut une chance heureuse pour la France d'avoir produit dans ce moment même un roi capable de remplir avec éclat cette période obligée d'asservissement : l'héritier de Richelieu et l'élève de Mazarin fut en rapport de caractère avec l'autorité absolue qui lui échéoit ; l'homme et le temps se corroborèrent. Le siècle de Louis XIV fut le superbe catafalque de nos libertés, éclairé par mille flambeaux de la gloire, que tenoit à l'entour un cortége de grands hommes.

Les troubles de la minorité de Louis XIV mêlés à des victoires sur l'étranger achevèrent de former des généraux et de créer une armée régulière, élément indispensable du despotisme civilisé : ainsi les troubles, les victoires et les habiles capitaines de la république préparèrent tout pour la domination de Buonaparte. Aux deux époques on étoit las de révolution, et l'on avoit des moyens de conquêtes. Louis XIV, comme Napoléon, chacun avec la différence de son temps et de son génie, substituèrent l'ordre à la liberté.

L'homme d'une époque ou d'un siècle eut pourtant un avantage sur l'homme fastique ou de tous les siècles.

La féodalité ou la monarchie militaire noble perdit ses principales batailles ; mais les étrangers ne purent garder les provinces qu'ils avoient occupées dans notre patrie, et ils en furent successivement chassés : l'empire ou la monarchie militaire plébéienne fit des conquêtes immenses, mais elle fut forcée de les abandonner, et nos soldats, en se retirant, entraînèrent deux fois avec eux les étrangers à Paris : la monarchie royale absolue n'alla pas loin chercher ses combats, mais le fruit de ses victoires nous est resté ; notre indépendance vit encore à l'abri dans le cercle de remparts qu'elle a tracé autour de nous. A quoi cela a-t-il tenu ? A l'esprit positif du grand roi et à la longueur du règne de ce prince. Louis chercha à donner à notre territoire ses bornes naturelles ; on a trouvé dans les papiers de son administration des projets pour reculer la frontière de la France jusqu'au Rhin et pour s'emparer de l'Égypte ; on a même un mémoire de Leibnitz à ce sujet. Si Louis XIV eût complétement réussi, il ne nous resteroit plus aujourd'hui aucune cause de guerre étrangère.

Mais si les conquêtes de la monarchie militaire plébéienne n'ont point été annexées à notre sol comme les conquêtes de la monarchie royale absolue, elles ont eu un effet moral que n'ont pas eu les profits tout matériels des envahissements de Louis XIV. Nos armées, comme celles d'Alexandre, ont semé les lumières chez les peuples où notre drapeau s'est promené : l'Europe est devenue françoise sous les pas de Napoléon, comme l'Asie devint grecque dans la course d'Alexandre.

Louis XIV eut quelque chose de Dioclétien, sans en avoir les mœurs et la philosophie ; il établit comme lui le faste de l'Orient à sa cour, éleva comme lui des monuments, et fut comme lui grand administrateur. L'attention qu'il donnoit à l'agriculture s'étendoit sur les autres parties de l'État : il chercha jusque dans les pays étrangers les hommes qui pouvoient faire fleurir le commerce et les manufactures. Magnifiquement occupé de ses plaisirs, il travailloit néanmoins avec ses ministres ; laborieux, il entroit jusque dans les moindres détails. Le plus petit bourgeois lui pouvoit soumettre des plans et obtenir audience de lui : de la même main dont il protégeoit les arts et faisoit céder l'Europe à nos armes, il corrigeoit les lois et introduisoit l'unité dans les coutumes.

La monarchie absolue n'étoit pas un état de privilége pour les individus : on se figure que la classe mitoyenne étoit éloignée de tout, que les emplois n'appartenoient qu'aux nobles ; rien de plus faux que cette idée. Toutes les carrières étoient ouvertes aux François : l'église, la magistrature et le commerce étoient presque exclusivement le partage des plébéiens. La plus haute dignité civile, celle du chancelier, étoit roturière. Les bourgeois parvenoient aux premières places militaires et administratives. Louis XIV surtout ne fit aucune distinction dans ses choix : Fabert, Gassion, Vauban même et Catinat, furent maréchaux de France ; Colbert et Louvois étoient ce que plus tard on appela impertinemment *des hommes de peu*. En général, dans toute l'ancienne monarchie, les familles nobles ne fournissoient pas les ministres. « Le chancelier Voisin, dit Saint-Simon, avoit essentiellement la plus parfaite qualité sans laquelle nul ne pouvoit entrer et n'est jamais entré dans le conseil de *Louis XIV*, en tout son règne, *qui est la pleine et parfaite roture*, si l'on en excepte le seul duc de Beauvilliers. » Les ambassadeurs du grand roi n'étoient pas tous choisis parmi les grands seigneurs. La plupart des évêques (et quels évêques, Bossuet et Massillon!) sortoient des rangs médiocres ou tout à fait populaires.

Mais cette jalousie de la bourgeoisie contre la noblesse, qui a éclaté avec tant de violence au moment de la révolution, ne venoit pas de l'inégalité des emplois; elle venoit de l'inégalité de la considération. Il n'y avoit si mince hobereau qui n'eût le privilége d'insulte ou de mépris envers le bourgeois, jusqu'à ce point de lui refuser de croiser l'épée : ce nom de gentilhomme dominoit tout. Il étoit impossible qu'à mesure que les lumières descendoient dans les classes mitoyennes on ne se révoltât pas contre des prétentions d'une supériorité devenue sans droits. Ce ne sont point les nobles que l'on a persécutés dans la révolution ; ce ne sont point leurs immunités d'eux-mêmes abandonnées que l'on a voulu détruire en eux : c'est une opinion que l'on a immolée dans leur personne ; opinion contre laquelle la France entière se soulèveroit encore si l'on essayoit de la faire renaître.

Louis XIV révéla à la France le secret de sa force; il prouva qu'elle se pouvoit rire des ligues de l'Europe jalouse. Ce prince eut une fois huit cent mille hommes sous les armes, onze mille soldats de marine, cent soixante mille matelots, mille élèves de marine, cent quatre-vingt-dix-huit vaisseaux de soixante canons et trente galères armées. Les étrangers, qui cherchoient à rabaisser notre gloire, devoient ce qu'ils étoient à notre génie. En Angleterre, en Allemagne, en Italie, en Espagne, partout on reconnoît qu'on a suivi les édits de Louis XIV pour la justice, ses règlements pour la marine et le commerce, ses ordonnances pour l'armée, ses institutions pour la police des chemins et des villes; tout, jusqu'à nos mœurs et à nos habits, fut servilement copié. Tel pays qui se vantoit de ses établissements publics en avoit emprunté l'idée à notre nation ; on ne pouvoit faire un pas chez les étrangers sans retrouver la France mutilée.

A ce beau côté de Louis XIV il y a un vilain revers. Ce prince, qui fit notre patrie pour l'administration, la force extérieure, les lettres et les arts, à peu près ce qu'elle est demeurée, écrasa le reste des libertés publiques, viola les priviléges des provinces et des cités, posa sa volonté pour règle, enrichit ses courtisans de confiscations odieuses. Il ne lui vint pas même en pensée que la liberté, la propriété, la vie d'un de ses sujets, ne fussent pas à lui.

Dans les idées du temps, ou plutôt dans les idées formées par Louis XIV, cela ne choquoit point. Les esprits les plus frondeurs, comme Saint-Simon, qui n'aimoit pas son maître et qui met à nu ses foiblesses, ne songeoient guère plus au peuple que le souverain.

Mais ce que l'on ne sentoit point alors, les générations suivantes le sentirent; l'impression du despotisme resta, et quand Louis XIV eut cessé de vivre, on en voulut à ce roi d'avoir usurpé à son profit la dignité de la nation.

Ce prince fit encore un mal irréparable à sa famille : l'éducation orientale qu'il établit pour ses enfants, cette séparation complète de l'enfant du trône des enfants de la patrie, rendirent étranger à l'esprit du siècle, aux peuples sur lesquels il devoit régner, l'héritier de la couronne. Henri IV couroit pieds nus et tête nue avec les petits paysans sur les montagnes du Béarn. Le gouverneur qui montroit au jeune Louis XV la foule assemblée sous les fenêtres de son palais lui disoit : « Sire, tout ce peuple est à vous. » Cela explique les temps, les hommes et les destinées.

Cependant, comme la pensée sociale ne rétrograde point, bien que les faits rebroussent souvent vers le passé, un contre-poids s'étoit formé par les lumières de l'intelligence aux principes de l'absolu de Louis XIV. Au moment où l'ancien droit politique intérieur de la France s'anéantit, le droit public extérieur des nations se fonda : les publicistes parurent, Grotius à leur tête. Le cardinal de Richelieu, en abaissant la maison d'Autriche, donna naissance au système de la balance européenne, système maintenu par Mazarin. Les relations diplomatiques se régularisèrent, et des traités confirmèrent l'existence des gouvernements populaires qui s'étoient affranchis les armes à la main. Locke et Descartes avoient appris à raisonner ; Corneille avoit exhumé les vertus républicaines.

Pascal osa écrire : « Ce chien *est à moi*, disoient ces pauvres enfants: c'est ma place au soleil : voilà le commencement et l'image de l'usurpation de toute la terre. »

Pascal avoit dit encore : « Trois degrés d'élévation du pôle renversent toute la jurisprudence. Un méridien décide de la vérité, ou de peu d'années de possession. Les lois fondamentales changent, le droit a ses époques ; plaisante justice qu'une rivière ou une montagne borne ; vérité au deçà des Pyrénées, erreur au delà! »

Ajoutez à ces incursions de la pensée dans des régions encore inconnues les effets de la révolution de l'Angleterre et de l'émancipation de la Hollande, qui avoient mis en circulation des idées directement opposées aux principes du gouvernement de Louis XIV.

Enfin l'esprit même de l'administration et l'instinct de grandeur de ce prince favorisoient la marche progressive de l'esprit humain. Il fut question d'établir l'uniformité des poids et mesures, d'abolir les coutumes provinciales, de réformer le Code civil et criminel, d'arriver à l'égale répartition de l'impôt. Tous les projets pour les embellissements de Paris avoient été discutés ; on vouloit achever le Louvre, faire venir des eaux, découvrir les quais de la Cité, etc. La liberté de la chaire, alors la seule inviolable, avoit donné un asile à la liberté politique, et même, sous un certain rapport, à l'indépendance religieuse. Massillon dit tout sur la souveraineté du peuple ; dans le *Télémaque* les leçons ne manquent pas ; Bossuet s'étoit occupé sérieusement de la réunion de l'Église protestante à l'Église romaine : il n'étoit pas éloigné de consentir au mariage des prêtres, ce qui eût amené un changement obligé dans la confession auriculaire et la communion fréquente : tant la société s'avance vers son but, la liberté, à l'insu même et contre les desseins des hommes qui composent cette société !

Les souvenirs des fureurs de la Ligue et les brouilleries de la Fronde avoient favorisé l'établissement de la monarchie absolue ; les souvenirs du despotisme de Louis XIV, quand ce grand prince s'alla reposer à Saint-Denis, rendirent plus amers les regrets de l'indépendance nationale. La vieille monarchie avoit traversé six siècles et demi avec ses libertés féodales et aristocratiques, pour venir tomber aux pieds du trentième fils de Hugues Capet. Combien l'état formé par Louis XIV a-t-il duré ? Cent quarante années. Après le tombeau de ce monarque, on n'aperçoit plus que deux monuments de la monarchie absolue : l'oreiller des débauches de Louis XV et le billot de Louis XVI.

Le siècle de Louis XV, précédé des grandeurs et des désastres du siècle de Louis XIV, et suivi des destructions et de la gloire du siècle de la révolution, disparoît écrasé entre ses pères et ses fils. Le peuple n'eut pas plus tôt chanté un *Te Deum* pour la mort de Louis, et insulté le cercueil de ce prince immortel, que le régent, Philippe d'Orléans, prit les rênes de l'empire. Le cardinal Dubois fut son digne ministre : la corruption du règne d'Henri III reparut.

A cette vieille corruption de mœurs se mêla cette corruption nouvelle qui s'opère par les révolutions subites des fortunes, et que nous devons au moderne système de finances. La dette de l'État étoit de deux milliards soixante-deux millions, quatre milliards et plus de notre monnoie actuelle. Le duc de Saint-Simon proposa la banqueroute sanctionnée par les états généraux, lesquels seroient appelés à la sanction de ce vol : le régent ne voulut ni de la banqueroute ni du retour des états. On refondit les monnoies ; on raya trois cent trente sept millions de créances vicieuses : Law se chargea d'éteindre le reste de la dette au moyen de sa banque, qui ne fut composée d'abord que de douze cents actions de trois mille francs chacune. Law est parmi nous le fondateur du crédit public et de la ruine publique. Son système ingénieux et savant n'offroit, en dernier résultat, comme tout capital fictif, qu'un jeu où l'on venoit perdre son or et sa terre contre du papier[1].

Voltaire et Montesquieu étoient nés et publioient leurs premiers ouvrages; ainsi tout étoit préparé pour le changement des mœurs, de la religion et des lois. La bigoterie des dernières années de Louis XIV, la fatigue des querelles théologiques, l'ennui de la vieille cour de Saint-Cyr, enfin cette lassitude du passé et cette avidité de l'avenir, naturelles aux nations légères, précipitèrent les François dans un ordre de choses tout différent de celui qui finissoit. Louis XV respira dans son berceau l'air infecté de la régence; il se trouva chargé, avec un caractère indécis et la plus insurmontable des passions, de l'énorme poids d'une monarchie absolue; son esprit ne lui servoit qu'à voir ses fautes et ses vices, comme un flambeau dans un abîme.

Le parlement avoit cassé le testament de Louis XIV, et l'édit de 1717 ôta aux princes légitimés la qualité de prince du sang.

Après la mort du régent, le duc de Bourbon, premier ministre, marie Louis XV à la fille de Stanislas Leckzinski, roi détrôné de Pologne, espèce d'augure pour la postérité de cette reine. L'abbé Fleury, précepteur du roi, devient premier ministre après le duc de Bourbon, et reçoit le chapeau de cardinal : ce vieux prêtre rendit des forces à la France épuisée, en la laissant se rétablir d'elle-même à l'aide de son tempérament robuste : chose que tout le monde a dite.

Deux guerres avec l'Autriche; le vainqueur de Denain reparut sur les champs de bataille à l'âge de quatre-vingt-trois ans. En apprenant la mort du maréchal de Berwick, tué d'un coup de canon, il s'écria avec humeur : « Cet homme a toujours été heureux! » Frédéric et Marie-Thérèse paroissent sur la scène.

Le cardinal de Fleury meurt, et le roi gouverne par lui-même. Il tombe malade à Metz; s'il fût mort, il eût été pleuré : la France le surnommoit le Bien Aimé. Bataille de Fontenoy. Le prétendant descend en Écosse, remporte deux victoires, et ne marche pas sur Londres: le temps des Stuarts étoit accompli. Tandis que la France couroit à sa ruine, l'Angleterre parvenoit au plus haut point de sa puissance. Paix d'Aix-la-Chapelle. Querelles parlementaires et jansénistes. Billets de confession. Conflit de l'archevêque de Paris, Beaumont, et des administrateurs de l'hôtel-Dieu. Damiens attente à la vie du roi.

La guerre recommence entre la France et l'Angleterre au sujet des limites du Canada. Pour la première fois on lit le nom de Washington

---

1. Voyez, sur le système de Law, une excellente brochure de M. Thiers.

dans le récit d'un obscur combat donné dans les forêts, vers le fort Duquesne, entre quelques sauvages, quelques François et quelques Anglois (1754). Quel est le commis à Versailles et le pourvoyeur du *Parc aux Cerfs*, quel est surtout l'homme de cour ou d'académie qui auroit voulu changer à cette époque son nom contre celui de ce planteur américain? A cette même époque l'enfant qui devoit un jour tendre sa main secourable à Washington venoit de naître. Que d'espérances attachées à ce berceau! C'étoit celui de Louis XVI.

Le duc de Choiseul fut chargé du département des affaires étrangères, en remplacement de l'abbé de Bernis, né de ses chansons et fils de ses vers, si profondément oubliés. Homme habile, courtisan adroit, quoique hautain et léger, le duc de Choiseul obtint son avancement politique de M$^{me}$ de Pompadour, qui nommoit les ministres, les évêques et les généraux. Cette femme, que Marie-Thérèse affola en l'appelant *son amie*, précipita la France dans la guerre honteuse et fatale de 1757.

Le duc de Choiseul est l'auteur du *Pacte de famille*; on lui doit la création des corps de l'artillerie et du génie; l'expulsion des Jésuites de toute la chrétienté catholique fut en partie son ouvrage. Quand on chassa les Jésuites, leur existence n'étoit plus dangereuse à l'État; on punit le passé dans le présent: cela arrive souvent parmi les hommes; les *Lettres provinciales* avoient ôté à la Compagnie de Jésus sa force morale. Et pourtant Pascal n'est qu'un calomniateur de génie : il nous a laissé un mensonge immortel.

Après la mort de M$^{me}$ de Pompadour, le duc de Choiseul ne voulut point accepter la protection de M$^{me}$ Dubarry; il étoit entretenu dans ce scrupule par la duchesse de Grammont, sa sœur, et par M$^{me}$ de Beauvau. Les grandes dames de la cour, qui avoient accepté un tabouret chez M$^{me}$ de Pompadour, se scandalisoient de la même faveur offerte chez M$^{me}$ Dubarry. Louis XV leur sembloit manquer à ce qu'il devoit à leur naissance, en leur faisant l'injure de ne pas choisir dans leurs rangs ses courtisanes; la nouvelle maîtresse du prince parut un outrage aux droits d'un noble sang, précisément parce qu'elle étoit à sa place. Le chancelier de France Maupeou, le duc d'Aiguillon et l'abbé Terray, se servirent de M$^{me}$ Dubarry pour faire renvoyer le duc de Choiseul. Cette femme dégradée n'étoit pas méchante; elle avoit la bonté du vice banal; sans ambition et sans intrigue, elle eût volontiers servi le premier ministre, si celui-ci n'avoit guindé son orgueil. Maupeou venoit d'attaquer la monarchie parlementaire, qui s'avisoit de vouloir revivre; le duc de Choiseul fut enveloppé dans la disgrâce des magistrats; relégué à Chanteloup

1770), il y languit dans un exil insolent, qui accusoit la foiblesse et la rapide décadence de la monarchie absolue. La duchesse de Choiseul, la duchesse de Grammont et la comtesse Dubarry ont vécu assez, la première pour réclamer son illustre ami, l'abbé Barthélemy, dans les temps révolutionnaires; la seconde pour monter intrépidement à l'échafaud ; la troisième pour porter au même échafaud la foiblesse de sa vie et lutter avec le bourreau en face des *tricoteuses*, Parques ivres et basses, que pouvoit allécher le sang de Marie-Antoinette, mais qui auroient dû respecter celui de M<sup>lle</sup> Lange.

Le règne de Louis XV finit par l'exil des parlements, le procès de La Chalotais, la mort du grand dauphin, le mariage de son fils aîné et de l'archiduchesse d'Autriche, et le partage de la Pologne; différentes espèces de calamités. Louis XV trépassa le 10 mai 1774, dans la soixante-cinquième année de son âge.

Le règne de ce prince est l'époque la plus déplorable de notre histoire : quand on en cherche les personnages, on est réduit à fouiller les antichambres du duc de Choiseul, les garde-robes des Pompadour et des Dubarry, noms qu'on ne sait comment élever à la dignité de l'histoire. La société entière se décomposa : les hommes d'État devinrent des hommes de lettres, les gens de lettres des hommes d'État, les grands seigneurs des banquiers, les fermiers généraux de grands seigneurs. Les modes étoient aussi ridicules que les arts étoient de mauvais goût; on peignoit des bergères en panier dans les salons où les colonels brodoient. Tout étoit dérangé dans les esprits et dans les mœurs, signe certain d'une révolution prochaine. Les magistrats rougissoient de porter la robe, et tournoient en moquerie la gravité de leurs pères; les prêtres en chaire évitoient le nom de Jésus-Christ, et ne parloient plus que du *législateur des chrétiens;* les ministres tomboient les uns sur les autres; le pouvoir glissoit de toutes les mains; le suprême *bon ton* étoit d'être Anglois à la cour, Prussien à l'armée, tout enfin, excepté François. Ce que l'on disoit, ce que l'on faisoit, n'étoit qu'une suite d'inconséquences : on prétendoit garder des abbés commendataires, et l'on ne vouloit plus de religion ; nul ne pouvoit être officier s'il n'étoit gentilhomme, et l'on déblatéroit contre la noblesse ; on introduisoit l'égalité dans les salons et les coups de bâton dans les camps.

La société avoit quelque chose de puéril comme la société romaine au moment de l'invasion des barbares : au lieu de faire des vers dans un cloître, on en faisoit dans les *boudoirs;* avec un quatrain on étoit illustre. L'intrigue élevoit et renversoit chaque jour les ministres : ces créatures éphémères, qui apportoient dans le gouvernement leur ineptie, y apportoient encore un esprit antipathique à celles qui les avoient précédées : de là ce changement continuel de systèmes, de projets, de vues. Ces nains politiques étoient suivis d'une nuée de commis, de laquais, de flatteurs, de comédiens, de maîtresses. Tous ces êtres d'un moment se hâtoient de sucer le sang du misérable, et s'abîmoient bientôt devant une autre génération d'insectes, aussi fugitive et dévorante que la première.

Tandis que le peuple perdoit à la fois ses mœurs et son ignorance, sourde au bruit d'une vaste monarchie qui rouloit en bas, la cour se plongeoit plus que jamais dans un despotisme qu'elle n'avoit plus la force d'exercer. Au lieu d'élargir ses plans, d'élever ses pensées en progression relative à l'accroissement des lumières, elle rétrécissoit ses préjugés, ne savoit ni se soumettre au mouvement des choses ni s'y opposer avec vigueur. Cette misérable politique qui fait qu'un gouvernement se resserre quand l'esprit public s'étend est remarquable en toutes révolutions : c'est vouloir inscrire un grand cercle dans une petite circonférence; le résultat est certain. La tolérance s'accroît, et les prêtres font juger et exécuter un jeune homme qui dans une orgie avoit insulté un crucifix; le peuple se montre incliné à la résistance, et tantôt on lui cède mal à propos, tantôt on le contraint imprudemment; l'esprit de liberté paroît, et on multiplie les lettres de cachet. A voir le monarque endormi dans la volupté, des courtisans corrompus, des ministres méchants ou imbéciles, des philosophes les uns sapant la religion, les autres l'État; des nobles ou ignorants ou atteints des vices du jour; des ecclésiastiques à Paris la honte de leur ordre, dans les provinces pleins de préjugés, on eût dit une foule de manœuvres empressés à démolir un grand édifice.

Comme pourtant ce peuple françois ne peut jamais être tout à fait obscur, il gagnoit encore la bataille de Fontenoy. Pour empêcher la prescription contre la gloire, d'Assas, aux champs de Clostercamp, s'écrioit : « A moi, Auvergne, c'est l'ennemi ! » Pour maintenir nos droits au génie, Montesquieu, Voltaire, Buffon et les deux Rousseau, écrivoient. Et c'est d'ici qu'il faut prendre la grande vue du xviiie siècle, tout pitoyable qu'il paroît au premier coup d'œil. Les diverses classes de la société étoient également corrompues; la cour et la ville, les gens de lettres, les économistes et les encyclopédistes; les grands seigneurs et les gentilshommes, les financiers et les bourgeois, se ressembloient, témoin les Mémoires qu'ils nous ont laissés. Mais ce seroit assigner de trop petites causes à la révolution, que de les chercher dans cette vie d'hommes à bonnes fortunes, dans cette vie de théâtres, d'intrigues galantes et littéraires, unie aux coups d'État sur le parlement et aux colères d'un despotisme en décrépitude. Cet abâtardissement de la nation contribua sans doute à diminuer les obstacles que devoit rencontrer la révolution; mais il n'étoit point la cause efficiente de cette révolution, et il n'en étoit que la cause auxiliaire.

La civilisation avoit marché depuis six siècles ; une foule de préjugés étoient détruits, mille institutions oppressives battues en ruine. La France avoit successivement recueilli quelque chose des libertés aristocratiques féodales, du mouvement communal, de l'impulsion des croisades, de l'établissement des états, de la lutte des juridictions ecclésiastiques et seigneuriales, du long schisme, des découvertes du XVIe siècle, de la réformation, de l'indépendance de la pensée pendant les troubles de la Ligue et les brouilleries de la Fronde, des écrits de quelques génies hardis, de l'émancipation des Pays-Bas et de la révolution d'Angleterre. La presse, bien qu'enchaînée, conserva le dépôt de ces souvenirs sous la monarchie absolue de Louis XIV; la liberté dormit, mais elle ne dérogea pas, et cette antique liberté, comme l'antique noblesse, a repris ses droits en reprenant son épée. Les générations du corps et celles de l'esprit conservent le caractère de leurs origines respectives. Tout ce que produit le corps meurt comme lui : tout ce que produit l'esprit est impérissable comme l'esprit même. Toutes les idées ne sont pas encore engendrées ; mais quand elles naissent, c'est pour vivre sans fin, et elles deviennent le trésor commun de la race humaine.

On touchoit à l'époque où l'on alloit voir paroître cette liberté nouvelle, fille de la raison, qui devoit remplacer l'ancienne liberté, fille des mœurs. Il arriva que la corruption même de la régence et du siècle de Louis XV ne détruisit point les principes de la liberté que nous avons recueillie, parce que cette liberté n'a point sa source dans l'innocence du cœur, mais dans les lumières de l'esprit.

Au XVIIIe siècle, les affaires firent silence pour laisser le champ de bataille aux idées. Soixante ans d'un ignoble repos donnèrent à la pensée le loisir de se développer, de monter et de descendre dans les diverses classes de la société, depuis l'homme du palais jusqu'à l'habitant de la chaumière. Les mœurs affoiblies se trouvèrent ainsi calculées (comme je viens de le remarquer) pour ne plus offrir de résistance à l'esprit, ce qu'elles font souvent quand elles sont jeunes et vigoureuses.

Montesquieu, Rousseau, Raynal même et Diderot, à travers leurs déclamations, fixoient l'attention de la foule sur les droits de la liberté politique. On commençoit à mieux connoître l'Angleterre, et l'on comparoit les deux gouvernements. Voltaire accomplissoit une révolution dans les idées religieuses. Si l'irréligion étoit poussée jusqu'à l'outrage, si elle prenoit un caractère sophistique et étroit, elle menoit néanmoins à ce dégagement des préjugés qui devoit faire revenir au véritable christianisme. La grande existence de ce siècle est celle de Voltaire. Tous les souverains écrivoient à cet homme illustre, et étoient flattés de recevoir un mot de sa main : Ferney étoit la cour européenne. Cet hommage universel, rendu au génie qui sapoit à coups redoublés les fondements de la société alors existante, étoit caractéristique de la transformation prochaine de cette société. Et pourtant il est vrai que si Louis XV eût fait la moindre caresse au flatteur de M<sup>me</sup> de Pompadour, que s'il l'eût traité comme Louis XIV traitoit Racine, Voltaire eût abdiqué le sceptre ; il eût troqué sa puissance contre une distinction d'antichambre, de même que Cromwell fut au moment d'échanger ce qu'il est aujourd'hui dans l'histoire pour la jarretière d'Alix de Salisbury : ce sont là les mystères des vanités humaines.

Tel fut l'œuvre inaperçu de soixante années, tel fut un résultat en apparence si dissemblable à sa cause, qu'au moment où la révolution éclata on fut étonné que tant de foiblesse, d'asservissement, de folie, eût déposé tant de force, de liberté et de raison dans les cahiers des trois états ; c'est qu'on voyoit là le travail des lumières de l'esprit, et non celui de la corruption des mœurs. Catilina et les jeunes patriciens ses complices méditèrent au milieu de leurs débauches le renversement de la liberté romaine ; les jeunes nobles de France sortirent des bras des courtisanes de haute ou basse compagnie pour parler à notre tribune, à peine ouverte, le langage des hommes libres.

Louis XVI avoit commencé l'application des théories inventées sous le règne de son aïeul par les économistes et les encyclopédistes. Ce prince honnête homme rétablit les parlements, supprima les corvées, améliora le sort des protestants ; enfin, le secours qu'il prêta à la révolution d'Amérique (secours injuste selon le droit privé des nations, mais utile à l'espèce humaine en général) acheva de développer en France les principes de la liberté. La monarchie parlementaire, réveillée à la fin de la monarchie absolue, rappelle la monarchie des états ; et la monarchie des états remet à son tour à la monarchie constitutionnelle les pouvoirs qu'elle avoit reçus héréditairement des états de 1355 et 1356. Alors le roi-martyr quitte le monde.

C'est entre les fonts baptismaux de Clovis et l'échafaud de Louis XVI qu'il faut placer le grand empire chrétien des François. La même religion étoit debout aux deux barrières qui marquent les deux extrémités de cette longue arène. « Doux Sicambre, incline le col, adore ce que tu as brûlé, brûle ce que tu as adoré, » dit le prêtre qui administroit à Clovis le baptême d'eau. « Fils de saint Louis, montez au ciel, » dit le prêtre qui assistoit Louis XVI au baptême de sang.

Le vieux monde fut submergé. Quand les flots de l'anarchie se retirèrent, Napoléon parut à l'entrée d'un nouvel univers, comme ces géants que l'histoire profane et sacrée nous peint au berceau de la société, et qui se montrèrent à la terre après le déluge.

FIN DE L'ANALYSE RAISONNÉE.

LES

# QUATRE STUARTS

# LES
# QUATRE STUARTS

## JACQUES I$^{\text{ER}}$.

### 1603-1625.

Il naquit sans doute dans la Grande-Bretagne en 1603, à l'avénement de Jacques I$^{\text{er}}$, plusieurs individus qui ne moururent qu'en 1688, à la chute de Jacques II : ainsi tout l'empire des Stuarts en Angleterre ne fut pas plus long que la vie d'un vieil homme. Quatre-vingt-cinq ans suffirent à la disparition totale de quatre rois qui montèrent sur le trône d'Élisabeth, avec la fatalité, les préjugés et les malheurs attachés à leur race.

Jacques, comme beaucoup de princes dévots, fut gouverné par des favoris : tandis qu'avec sa plume il combattoit pour le droit divin, il laissoit le sceptre à Buckingham, qui usoit et abusoit du droit politique : le favori prenoit les vices de la royauté, dont le monarque retenoit les vertus. Souvent les princes se plaisent à déléguer le pouvoir à un ministre dont ils reconnoissent eux-mêmes l'indignité; imitant Dieu, dont ils se disent l'image, ils ont l'orgueil de créer quelque chose de rien.

Jacques expira sans violence dans le lit de la femme qui avoit tué Marie d'Écosse, de cette noble Marie, qui, selon une tradition, créa son bourreau gentilhomme ou chevalier; de cette belle veuve de François de France, laquelle désira avoir *la tête tranchée avec une épée à la françoise*, raconte Étienne Pasquier. *Le bourreau montra la tête séparée du corps*, dit Pierre de L'Estoile, *et comme en cette montre la coiffure chut en terre, on vit que l'ennui avoit rendu toute chauve cette pauvre reine de quarante-cinq ans, après une prison de dix-huit.* Mais Jacques n'en travailla pas moins à établir les principes qui devoient amener la fin tragique de Charles Ier : il mourut toujours tremblant entre l'épée qui l'avoit effrayé dans le ventre de sa mère, et le glaive qui devoit tomber sur la tête de son fils. Son règne ne fut que l'espace qui sépara les deux échafauds de Fotheringay et de Whitehall; espace obscur, où s'éteignirent Bacon et Shakespeare.

Jacques étoit auteur, et auteur non sans mérite. Son *Basilicon Doron*, qui servit de modèle à l'*Eikon Basiliké*, renfermoit cette inutile leçon pour Charles son fils : « Ne vous en rapportez point à des gens qui ont des intérêts à vous cacher les besoins de vos sujets, afin de vous tenir dans la dépendance, et qui ne portent jamais au souverain les plaintes publiques que comme des révoltes, donnant aux larmes du peuple les noms de désobéissance et de rébellion. »

# CHARLES IER.

## DEPUIS L'AVÉNEMENT DE CHARLES Ier A LA COURONNE JUSQU'A LA CONVOCATION DU LONG PARLEMENT.

### 1625-1640.

Charles parvint à la puissance suprême rempli des idées romanesques de Buckingham et des maximes de l'absolu Jacques Ier. Mais Jacques n'avoit défendu le droit divin que par la controverse ; sa vanité littéraire et sa modération naturelle avoient permis la réplique : de là étoit née la liberté des opinions politiques ; la liberté des opinions religieuses étoit déjà sortie de la lutte entre l'esprit catholique et l'esprit protestant.

De très-bonne foi dans ses doctrines, Charles tenoit des traditions paternelles que les priviléges de la couronne sont inaliénables, que le roi régnant n'en est que l'usufruitier, qu'il les doit transmettre intacts à son successeur.

La nation, au contraire, commençant à douter de l'étendue de ces priviléges, soutenoit que le trône en avoit usurpé une partie sur elle. Les premiers symptômes de division éclatèrent lorsque Charles voulut continuer la guerre allumée dans le Palatinat ; le parlement refusa l'argent demandé : avant d'accorder le subside, il prétendit obtenir la réparation des griefs dont il se plaignoit ; il sollicitoit surtout l'éloignement d'un insolent favori. Charles crut son autorité attaquée : il s'entêta à soutenir Buckingham, cassa le parlement, et leva, en vertu de certaines vieilles lois, des taxes arbitraires. Le reste de son règne s'écoula dans le même esprit.

Charles fit des efforts pour gouverner sans parlement ; mais la nécessité salutaire de la monarchie représentative, nécessité qui oblige le prince à la modération, afin d'opérer la levée paisible de l'impôt, ramenoit de force la couronne au principe constitutionnel. Plus le roi avoit agi selon le bon plaisir, plus on exigeoit de lui de garanties : il cédoit ou s'emportoit de nouveau, et ses concessions et ses emportements finissoient toujours par la reconnoissance de quelques droits.

Dans ce conflit, de grands talents se formèrent, les limites de différents pouvoirs se tracèrent, le chaos politique se débrouilla : à travers beaucoup de passions on entrevit beaucoup de vérités, et quand les passions s'évanouirent, les vérités restèrent.

Buckingham, mignon de Jacques, et qui troubla les premières années du règne de Charles Ier, a fait plus de bruit dans l'histoire passée qu'il n'en fera dans l'histoire à venir, parce qu'il ne se rattache ni à quelque grand mouvement de l'esprit humain ni à quelque grand vice ou à quelque grande vertu dans la chaîne de la morale.

Buckingham étoit un de ces hommes comme il y en a tant, prodigue, débauché, d'une beauté fade, d'un orgueil démesuré, d'un esprit étroit et fou, un de ces hommes tout physiques, où la chair et le sang dominent l'intelligence. Le favori se croyoit un général, et n'étoit qu'un soldat. Fanfaron de galanterie à la cour d'Espagne, insolent dans ses prétentions d'amour à la cour de France, et peut-être à celle d'Angleterre, il affectoit des triomphes que souvent il n'avoit pas obtenus.

Il est néanmoins remarquable que Buckingham brava impunément Richelieu, et que ces terribles parlementaires qui, quelque temps après, traînèrent à l'échafaud un grand homme, Strafford, souffrirent, bien qu'en l'accusant, les insolences d'un courtisan vulgaire. C'est qu'on pardonne plutôt à la puissance qu'au génie : reste à savoir encore si d'un côté Richelieu ne méprisa pas un aventurier, et si de l'autre il n'y avoit pas dans le caractère impérieux et déréglé de Buckingham quelque chose qui sympathisât avec le caractère national anglois.

Cet homme fut assassiné (1628) de la main d'un autre homme qui n'étoit le vengeur de rien : Felton poignarda un extravagant patricien par une extravagance plébéienne.

Buckingham laissa deux fils : le cadet périt au milieu de la guerre civile, dans le parti de Charles Ier : l'aîné, devenu gendre de Fairfax, fut, sous Charles II, le chef de ce conseil connu sous le nom de la *Cabale*. Célèbre héréditairement par sa passion pour les femmes, il tua en duel le comte de Shrewsbury; tandis que la femme du comte, déguisée en page, tenoit la bride du cheval de ce second Buckingham. Aussi désordonné que son père, mais d'un esprit brillant et cultivé, il écrivit des lettres, des poëmes, des satires, et travailla avec Butler à une comédie qui changea le goût du théâtre anglois.

Depuis l'avénement de Charles Ier au trône d'Angleterre jusqu'à la mort du duc de Buckingham, trois parlements avoient été convoqués : le premier ne vota qu'une somme insuffisante pour la continuation de la guerre continentale en faveur des protestants, et le second se montra infecté de l'esprit puritain. Déjà l'Angleterre étoit partagée en deux grandes factions appelées le parti de la cour et le parti de la campagne.

Charles, après avoir cassé le second parlement, ne tarda pas à être obligé d'en convoquer un troisième (17 mars 1628). Ce parlement posa la première pierre de la liberté constitutionnelle angloise, en faisant passer la fameuse *pétition des droits,* bill qui tendoit, en vertu des principes de la grande charte, à régler les pouvoirs de la couronne. Les communes furent rendues intraitables par leur victoire, et après des scènes violentes où quelques députés en vinrent aux mains, le roi se vit forcé de les renvoyer.

Buckingham assassiné, le troisième parlement dissous, douze années s'écoulèrent sans qu'aucun autre parlement fût appelé. Le conseil de Charles se composoit alors de ministres qui présentoient un contraste et un mélange de mérite et d'incapacité.

Le garde des sceaux, sir Thomas Coventry, joignoit à beaucoup d'érudition une éloquence simple et la science des affaires; mais son caractère intègre manquoit de cette chaleur qui crée des amis, et de ces passions qui font des disciples. Peu appuyé à la cour, il vit le mal s'accroître sans en avertir son maître : « Il eut le bonheur de mourir, dit Clarendon, dans un temps où tout honnête homme auroit désiré quitter la vie. »

Sir Richard Weston, premier lord de la trésorerie, avoit montré dans un rang inférieur un esprit et un courage qui l'abandonnèrent au degré plus élevé du pouvoir : hautain et timide, prompt à l'insulte, prompt à trembler devant l'insulté, il ne laissa à sa famille qu'indigence et malheur.

Des vertus, du génie même et une grâce particulière faisoient remarquer le comte de Pembroke : on ne lui a reproché que sa passion pour les femmes, à laquelle il sacrifia des moments qu'il auroit dû donner aux adversités de son pays.

Le comte de Montgomery n'avoit réussi à la cour que par sa belle figure et ses talents pour la chasse; on ne l'eût pas aperçu dans un temps ordinaire. Sa médiocrité fut reprochée à Charles : dans les révolutions on fait un crime aux rois de ne pas s'entourer d'hommes égaux aux circonstances.

Un esprit agréable, un savoir universel, étoient le partage du comte de Dorset : il brilla également à la chambre des communes et dans la chambre héréditaire. Malheureusement son caractère fougueux le précipita dans des excès. Brave et passionné, il prodigua son temps à des amours sans honneur et son sang à des combats sans gloire.

Le comte de Carlisle ne profita de la faveur que pour jouir des plaisirs. Il avoit aux affaires un talent naturel, qu'il n'employa jamais. Il mourut insouciant, sans avoir été atteint de l'orage qu'il écouta de loin.

Flatteur de Charles dans la prospérité, lord Holland l'abandonna dans l'infortune; lâcheté vulgaire, commune à tant d'âmes vulgaires: il devint un des boute-feux du parlement. Quand les factions commencent, elles saisissent au hasard leurs chefs; elles plongent ensuite dans l'abîme les singes qu'elles avoient pris pour des hommes.

Enfin, l'archevêque de Cantorbéry ferme la liste des conseillers de Charles, dans les temps qui précédèrent les troubles. Il parut à la cour avec cette roideur de caractère qui le rendit incapable de se plier aux circonstances. Haï des grands, dont il méprisoit l'art et les mœurs, il n'eut pour se soutenir que l'autorité d'une vie sainte et la renommée d'une intégrité poussée jusqu'à la rudesse. De même qu'il dédaigna de s'abaisser devant la faveur des courtisans, il s'opposa aux excès du peuple, et de la persécution des intrigues il tomba dans la proscription des révolutions.

Charles, appuyé de ce conseil, régna l'espace de douze ans avec une autorité illimitée; il n'en fit pas un mauvais usage sous le rapport administratif, mais il cherchoit en théorie ce qui étoit devenu impossible en pratique, une monarchie absolue. Du gouvernement absolu au gouvernement arbitraire, la conversion est facile : l'absolu est la tyrannie de la loi, l'arbitraire est la tyrannie de l'homme.

Si l'Angleterre avoit voulu souffrir la levée d'un impôt d'ailleurs fort modéré, elle eût vécu sous un assez doux despotisme. Charles avoit des vertus domestiques, du courage, de la modération, de la probité; mais on lui disputoit, la loi à la main, tous ses actes : ils pouvoient être bons, mais ils n'étoient pas légaux. Une seule résistance amenoit l'emploi de la force et un scandale. Au défaut du pouvoir parlementaire, les conseillers du monarque suscitèrent le pouvoir de la chambre étoilée, dont on augmenta les attributions : fatal auxiliaire de la couronne.

Le jugement rendu contre Hampden (1636) pour n'avoir pas voulu se soumettre à la taxe du *shipmoney* remua de plus en plus les esprits : une commotion religieuse ébranla l'Écosse. Par ce concours de circonstances, qui produit le renouvellement des empires, le peuple d'Écosse et celui d'Angleterre inclinoient au puritanisme au moment même où les évêques vouloient faire triompher l'Église anglicane, et prétendoient introduire quelque chose de la pompe catholique dans le culte protestant.

La nouvelle liturgie est repoussée (1637) à Édimbourg. La foule s'écrie : Le *pape!* le *pape!* l'*antechrist!* le royaume se soulève, et le *covenant* est signé.

C'est pourtant de cet acte fanatique, mystique, inintelligible, exprimant dans un jargon barbare les idées les plus rétrécies, que sont émanées la liberté, la tolérance et la civilisation constitutionnelle d'Angleterre. C'est ainsi que des horribles comités de 1793 est pour ainsi dire sorti le pacte de notre nouvelle monarchie. Chaque trouble politique chez un peuple est fondé sur une vérité qui survit à ce trouble. Souvent cette vérité est confusément enveloppée dans des mots sauvages et dans des actions atroces ; mais dans les grands changements des États les mots et les actions passent ; le fait politique et moral qui reste d'une révolution est toute cette révolution. Quand celle-ci ne réussit pas, c'est qu'elle a été tentée ou trop tôt ou trop tard, en deçà ou au delà de l'époque où elle eût trouvé les choses et les hommes au degré de maturité propre à sa fructification.

Une assemblée générale de la nation écossoise succéda aux premiers troubles d'Édimbourg. L'épiscopat fut aboli (1638), et l'on commença des levées pour soutenir des opinions avec des soldats.

Sir Thomas Wentworth, membre du troisième parlement, avoit fortement provoqué dans ce parlement la fameuse *pétition des droits*; mais lorsque le fondement de l'indépendance constitutionnelle eut été posé, Wentworth devint le soutien de la prérogative royale attaquée, comme il avoit été le défenseur de la liberté populaire méconnue. Charles l'avoit nommé pair d'Angleterre et vice-roi d'Irlande. Ce monarque, dans les circonstances difficiles où il se trouva engagé, consulta le nouveau lord Wentworth. Ce sujet fidèle donna à son souverain des conseils énergiques. Que sert de recommander la force à la foiblesse ?

Dans toute révolution, il y a toujours quelques moments où rien ne sembleroit plus facile que de l'arrêter ; mais les hommes sont toujours faits de sorte, les choses arrangées de manière, qu'on ne profite jamais de ces moments. Au lieu de résister, Charles fit lui-même un *covenant,* comme Henri III avoit fait une ligue. Les covenantaires écossois traitèrent de *satanique* le covenant du roi. Après d'inutiles concessions, le roi réunit des troupes ; lord Wentworth lui fournit de l'argent, et pouvoit lui amener une seconde armée : il ne s'agissoit que d'avancer ; Charles recula : il conclut une trêve (17 juin 1639), lorsqu'il étoit assuré d'une victoire.

Bientôt les Écossois reprirent les armes. Lord Wentworth, créé comte de Strafford, vouloit qu'on portât la guerre dans le cœur du royaume rebelle, et qu'on assemblât un parlement anglois : Charles ne suivit que la moitié de ce conseil.

On auroit pu croire que ce quatrième parlement, rassemblé après un intervalle de douze années, éclateroit en justes reproches : Strafford le ménagea avec tant d'habileté, que les communes se montrèrent d'abord assez dociles. Elles étoient divisées en trois partis : les amis du roi, les partisans de la monarchie constitutionnelle, et les puritains : ceux-ci vouloient un changement radical dans les lois et la religion de l'État ; ces trois partis furent cependant au moment de se réunir pour voter les subsides. La trahison du secrétaire d'État, sir Henry Vane, que protégeoit la reine, perdit tout.

Le roi et le parlement, également trompés par ce ministre, se crurent brouillés, lorsqu'ils s'entendoient. Charles, avec sa précipitation accoutumée, s'imaginant qu'on lui alloit refuser les subsides, fit pour la dernière fois usage d'une prérogative dont il avoit abusé. Il cassa encore ce quatrième parlement (5 mai 1640), lequel devoit être suivi de l'assemblée qui brisa à son tour la couronne.

A l'instigation des puritains, les Écossois, ayant envahi de nouveau l'Angleterre, surprirent les troupes du roi à Newborn. Charles, arrivé à York pour repousser les Écossois, manda un grand conseil des pairs. Il lui déclara tout à coup que la reine désiroit la réunion d'un cinquième parlement.

Arrêtons-nous ici pour parler de cette reine dont l'influence fut si grande sur la destinée de Charles Ier son mari, et sur celle de Jacques II son fils.

# HENRIETTE-MARIE

DE FRANCE.

---

Sixième enfant et troisième fille de Henri IV, Henriette-Marie naquit le 25 novembre 1609, six mois avant l'assassinat de son père, et mourut vingt ans après le meurtre de son mari. Elle fut tenue sur les fonts de baptême par le nonce qui devint pape sous le nom d'Urbain VIII. Elle épousa Charles, roi d'Angleterre (11 mai 1625). Le contrat de mariage, rédigé sous les yeux du pape, contenoit des clauses favorables à la religion catholique. Henriette-Marie arriva en Angleterre avec les instructions de la mère Madeleine de Saint-Joseph, carmélite, et sous la conduite du père Bérulle, accompagné de douze prêtres de la nouvelle congrégation de l'Oratoire : ceux-ci, renvoyés en France, furent remplacés par douze capucins. Rien ne pouvoit être plus fatal à Charles Ier que le hasard de cette union catholique, d'ailleurs si noble, dans le siècle du fanatisme puritain. La haine populaire se tourna d'abord contre la reine, et rejaillit sur le roi.

Il est impossible de pénétrer aujourd'hui dans le secret des raisons qui firent agir Henriette-Marie au commencement des troubles de la Grande-Bretagne : on la trouve placée dans l'intérêt parlementaire jusqu'au moment de l'explosion de la guerre civile ; elle protège sir Henry Vane, qui brouilla le roi et le quatrième parlement; elle demande la convocation de ce long parlement, qui conduisit Charles à l'échafaud; elle arrache au roi la confirmation de l'arrêt qui frappa Strafford; ce fut par sa protection que le conseil du roi se remplit des ennemis ou des adversaires de la couronne.

Henriette-Marie étoit-elle en mésintelligence domestique avec le roi, comme le prétendoient les parlementaires? Bossuet laissa entendre quelque chose d'une division secrète. « Dieu, dit-il, avoit préparé un charme innocent au roi d'Angleterre dans les agréments infinis de la reine son épouse. Comme elle possédoit son affection, car *les nuages qui avoient paru au commencement furent bientôt dissipés, etc.* »

Il n'y a plus aujourd'hui de doute sur le genre de division qui régna un moment entre Charles et Henriette-Marie : élevée dans une monarchie absolue, dans une religion dont le principe est inflexible, dans une cour où l'on passe tout aux femmes, dans un pays où l'humeur est mobile et légère, Henriette fut d'abord un enfant capricieux, qui prétendit à la fois faire dominer sa volonté, sa religion et son humeur. Les prêtres, les femmes et les gentilshommes qu'elle avoit amenés avec elle vouloient les uns exercer leur culte dans tout son éclat, les autres établir leurs modes et se moquer des usages d'une *cour barbare*. Charles, accablé de toutes ces querelles, renvoya en France la suite de la reine. Il se plaint de la conduite d'Henriette-Marie dans des instructions pour la cour de France, datées du 12 juillet 1626.

« Le roi de France et sa mère n'ignorent pas, dit-il [1], les aigreurs et les dégoûts qui ont eu lieu entre ma femme et moi, et tout le monde sait que je les ai supportés jusqu'ici avec beaucoup de patience, croyant et espérant toujours que les choses iroient mieux, parce qu'elle étoit fort jeune, et que cela venoit plutôt des mauvais et artificieux conseils de ses domestiques, qui n'avoient que leur propre intérêt en vue, que de sa propre inclination. En effet, lorsque je me rendis à Douvres pour la recevoir, je ne pouvois pas attendre plus de marques de respect et d'affection qu'elle n'en fit paroître en cette occasion. La première chose qu'elle me dit fut que, comme elle étoit jeune et qu'elle venoit dans un pays étranger, dont elle ignoroit les coutumes, elle pourroit ainsi commettre quantité d'erreurs, et qu'elle me prioit de ne me point fâcher contre elle pour les fautes où elle pourroit tomber par ignorance, jusqu'à ce que je l'eusse instruite de la manière de les éviter... Mais elle n'a jamais tenu sa parole. Peu de temps après son arrivée, M$^{me}$ de Saint-Georges... mit ma femme de si mauvaise humeur contre moi, que depuis ce temps-là on ne peut pas dire qu'elle en ait usé envers moi deux jours de suite avec les égards que j'ai mérités d'elle...

« Je ne prendrai pas la peine de m'arrêter à quantité de petites négligences, comme le soin qu'elle prend d'éviter ma compagnie, si bien que lorsque j'ai à lui parler de quelque chose, il faut que je m'adresse d'abord à ses domestiques, autrement je suis assuré d'avoir un refus; son peu d'application à l'anglois et d'égards pour la nation en général. Je passerai de même sous silence l'affront qu'elle me fit avant que j'allasse à cette dernière et malheureuse assemblée du parlement; on n'en a déjà que trop discouru, et vous en avez l'auteur.

---

1. Je me sers de la traduction de l'excellente édition des *Mémoires de Ludlow*, dans la Collection des *Mémoires relatifs à la révolution d'Angleterre*, par M. Guizot.

sous vos yeux en France... Après avoir donc supporté si longtemps avec patience les chagrins que je reçois de ce qui devoit faire ma plus grande consolation, je ne saurois plus souffrir autour de ma femme ceux qui sont la cause de sa mauvaise humeur, et qui l'animent contre moi ; je devrois les éloigner, quand ce ne seroit que pour une seule chose, pour l'avoir engagée à aller en dévotion à Tiburn [1]. »

On ne peut donc attribuer la mésintelligence de Charles et d'Henriette qu'à une sorte d'incompatibilité d'humeur entre les deux époux. Si le temps et l'adversité l'affoiblirent, la vie de Charles ne fut pas assez longue pour la faire entièrement disparoître. Charles avoit quelque chose de doux, de facile et d'affectueux dans le caractère ; sa femme étoit plus impérieuse, et l'on s'apercevoit qu'elle avoit un certain mépris pour la foiblesse de Charles. La reine étoit charmante : quoiqu'elle fût née d'un sang et dans une cour qui n'abondoit pas en austères vertus, les républicains mêmes n'osèrent calomnier ses mœurs. Nous avons des portraits d'elle laissés par lord Kensington, par Ellis et Howel. Un des historiens françois de sa vie nous la dépeint ainsi au moment de son mariage : « Elle n'avoit pas encore seize ans. Sa taille étoit médiocre, mais bien proportionnée. Elle avoit le teint parfaitement beau, le visage long, les yeux grands, noirs, doux, vifs et brillants, les cheveux noirs, les dents belles, la bouche, le nez et le front grands, mais bien faits, l'air fort spirituel, une extrême délicatesse

---

1. Ce document, trouvé avec les lettres de la reine et du roi dans la cassette de Charles, perdue sur le champ de bataille de Naseby, est évidemment falsifié. On ne conçoit pas d'abord comment un document semblable a été conservé par Charles depuis l'année 1626 jusqu'à l'année 1645 parmi des papiers récents et une correspondance toute relative à la guerre civile. Ensuite ces paroles, *je passerai sous silence l'affront qu'elle me fit avant que j'allasse à cette dernière et malheureuse assemblée du parlement*, si elles signifient quelque chose, présentent un grossier anachronisme. Henriette-Marie débarqua à Douvres le 11 juin 1625 ; le roi Charles, nouvellement parvenu au trône, ouvrit son premier parlement le 18 du même mois, et en prononça la dissolution le 12 août. Il convoqua un second parlement en 1626 ; et ce parlement orageux, à cause de l'accusation de Buckingham, fut cassé au mois de juin de cette même année. Charles *n'alla point à cette dernière et malheureuse assemblée du parlement*. Il est évident que les faussaires, ne faisant point attention aux dates, ont voulu parler du long parlement, où Charles se transporta en effet le 4 janvier 1642, pour faire arrêter six membres de la chambre des communes, lesquels avoient été avertis des projets du roi par la trahison de la comtesse de Carlisle, jadis maîtresse de Strafford, ensuite attachée à Pym et favorite de la reine. Enfin, le roi parle dans ce document des dévotions de la reine à Tiburn : l'esprit de fanatisme accusoit Henriette-Marie d'être allée prier devant la potence à laquelle avoient été pendus quelques prêtres catholiques. Or il est démontré par les pièces diplomatiques angloises que cette imputation étoit dénuée de tout fondement. Charles ne pouvoit pas écrire ce que son gouvernement même ne croyoit pas.

dans les traits, et quelque chose de noble et de grand dans toute sa personne. C'étoit de toutes les princesses ses sœurs celle qui ressembloit le plus à Henri IV, son père : elle avoit comme lui le cœur élevé, magnanime, intrépide, rempli de tendresse et de charité, l'esprit doux et agréable, entrant dans les douleurs d'autrui et compatissant aux peines de tout le monde. »

Les historiens anglois la représentent petite et brune, mais remarquable par la beauté de ses traits et l'élégance de ses manières.

Charles aimoit Henriette avec passion ; il ne paroît pas qu'elle éprouvât pour lui le même degré de tendresse ; et pourtant, tandis qu'il ne lui témoignoit aucune inquiétude, c'étoit elle qui se plaignoit et qui sembloit un peu jalouse. Dans les lettres de Charles, imprimées par ordre du parlement, respire le sentiment le plus touchant d'amour pour Henriette.

Le 13 février 1643, il lui mande : « Je n'avois pas éprouvé jusque ici combien il est quelquefois heureux d'ignorer, car je n'ai appris le danger que tu as couru en mer par la violence de la tempête que lorsque j'avois déjà la certitude que tu en étois heureusement échappée... L'effroi que m'a causé ce danger ne se calmera pas jusqu'à ce que j'aie eu le bonheur de te voir, car ce n'est pas à mes yeux la moindre de mes infortunes que tu aies couru pour moi un si grand péril, et tu m'as témoigné en ceci tant d'affection, qu'il n'y a chose au monde qui me puisse jamais acquitter, et des paroles beaucoup moins que toute autre chose ; mais mon cœur est si rempli de tendresse pour toi et d'une impatience passionnée de reconnoissance envers toi, que je n'ai pu m'empêcher de t'en dire quelques mots, laissant à ton noble cœur le soin de deviner le reste[1]. »

Il lui écrit d'Oxford, le 2 janvier 1645 : « En déchiffrant la lettre qui arriva hier, je fus bien surpris d'y trouver que tu te plains de ma négligence à t'écrire... Je n'ai jamais manqué aucune occasion de te donner de mes nouvelles... Si tu n'as point la patience de t'interdire un jugement défavorable sur mes actions jusqu'à ce que je t'en aie marqué les véritables motifs, tu cours souvent risque d'avoir le double chagrin d'être attristée par de faux rapports et d'y avoir cru trop vite. Ne m'estime qu'autant que tu me verras suivre les principes que tu me connois. »

Charles lui écrit du même lieu, le 9 avril de la même année : « Je te gronderois un peu, si je pouvois te gronder, sur ce que tu prends trop tôt l'alarme. Songe, je te prie, puisque je t'aime plus que toute

1. *Note des Mémoires de Ludlow*, collect. Guiz.

autre chose au monde, et que ma satisfaction est inséparablement unie avec la tienne, si toutes mes actions ne doivent avoir pour but de te servir et de te plaire... L'habitude de ta société m'a rendu difficile à contenter ; mais ce n'est pas une raison pour que tu m'en plaignes moins, toi le seul remède à cette maladie. Le but de tout ceci est de te prier de me consoler par tes lettres le plus souvent qu'il te sera possible. Et ne crois-tu pas que les détails de ta santé soient des sujets agréables pour moi, quand même tu n'aurois pas autre chose à m'écrire? N'en doute pas, ma chère âme, ta tendresse est aussi nécessaire à la consolation de mon cœur que ton secours à mes affaires. »

Lorsqu'on songe que Charles épanchoit ainsi son cœur au milieu des horreurs de la guerre civile, au moment de tomber entre les mains de ses ennemis, on est profondément attendri.

La reine, un an auparavant, lui écrivoit d'York, le 30 mars, ces paroles un peu rudes : « Souvenez-vous de ce que je vous ai écrit dans mes trois dernières lettres, et ayez plus de soin de moi que vous n'en avez eu jusque ici, ou faites semblant du moins d'en prendre davantage, afin qu'on ne s'aperçoive pas de votre négligence à mon égard. »

Charles crut devoir déclarer, en mourant, à sa jeune fille, la princesse Élisabeth, qu'*il avoit toujours été fidèle* à la reine, et la lettre d'adieux qu'il écrivit à celle-ci se terminoit par ces mots : « Je meurs satisfait, puisque mes enfants sont auprès de vous. Votre vertu et votre tendresse me répondent du soin que vous aurez de leur conduite. Je ne puis vous laisser des gages plus chers et plus précieux de mon amour. Je bénis le ciel de faire tomber sa colère sur moi seul. Mon cœur est plein pour vous de la même tendresse que vous y avez toujours vue. Je vais mourir sans crainte, me sentant fortifié par le souvenir de la fermeté d'âme que vous m'avez fait paroître dans nos périls communs. Adieu, madame, soyez persuadée que jusqu'au dernier moment de ma vie je ne ferai rien qui soit indigne de l'honneur que j'ai d'être votre époux[1]. »

Cette dernière lettre de Charles, qui n'est pas assez connue, montre que ses sentiments intimes étoient aussi nobles et peut-être encore plus touchants que ceux qu'il fit éclater sur l'échafaud.

On peut reprocher à Henriette-Marie du penchant à l'intrigue, penchant qu'elle tenoit du sang des Médicis ; elle se livra aussi à des moines sans prudence et à des favorites qui la trahirent. Elle avoit le courage du sang ; le courage politique lui manquoit quelquefois : et quand les orages populaires grondoient, quoique femme de tête et

---

1. *Vie de Henriette-Marie.*

de cœur, elle donnoit des conseils pusillanimes. Bienfaisante et magnanime, elle fit souvent accorder la liberté et la vie à ses ennemis. Elle ne vouloit pas même connoître le nom de ses calomniateurs. « Si ces personnes me haïssent, disoit-elle, leur haine ne durera peut-être pas toujours, et s'il leur reste quelque sentiment d'honneur, ils auront honte de tourmenter une femme qui prend si peu de précaution pour se défendre. » Les infortunes d'Henriette-Marie avoient été pour ainsi dire prédites par François de Sales, qui reste à notre histoire au triple titre de saint, d'homme illustre et d'ami de Henri IV.

Quoi qu'il en soit des altercations religieuses et domestiques qui troublèrent la paix intérieure de Charles et d'Henriette ; quoi qu'il en soit des causes qui amenèrent la liaison, jusqu'à présent inexplicable, de la reine et des premiers parlementaires, quand les malheurs de Charles éclatèrent, la fille du Béarnois retrouva comme lui dans la guerre civile le courage et la vertu.

Lorsqu'en 1625 elle alla recevoir la couronne de la Grande-Bretagne, la reine Marie de Médicis sa mère, la reine Anne d'Autriche sa belle-sœur, l'accompagnèrent jusqu'à Amiens. Toutes les villes sur son passage lui rendoient des honneurs extraordinaires : par une pompe digne de la royauté chrétienne, *les prisons étoient ouvertes à son arrivée, et elle voyoit devant elle une infinité de malheureux qui la remercioient de leur liberté et la combloient de bénédictions* [1]. Les trois reines se quittèrent à Amiens. Vingt vaisseaux qui attendoient Henriette de France à Boulogne la transportèrent à Douvres : elle y fut reçue au bruit de l'artillerie et aux acclamations du peuple. Il y eut des combats à la barrière, des jeux et des courses de bagues.

Quand la reine d'Angleterre revint en France, en 1644, elle y rentra en fugitive ; les prisons ne s'ouvroient plus par le charme de son sceptre ; elle se déroboit elle-même aux prisons. Voyageant d'un royaume à l'autre, échappant à des tempêtes pour arriver à des combats, quittant des combats pour retrouver des tempêtes, Henriette étoit saisie par la fatalité qui poursuivoit les Stuarts. On vit cette courageuse femme, canonnée jusque dans la maison qui lui servoit d'abri contre les flots, obligée de passer la nuit dans un fossé où les boulets la couvroient de terre. Une autre fois, le vaisseau qui la portoit étant près de périr, elle dit aux matelots ce mot, qui rappelle celui de César : « Une reine ne se noie pas. »

Libre d'esprit au milieu de tous les dangers, elle écrivoit au roi, de Newark, le 27 juin 1643 : « Tout ce qu'il y avoit actuellement de

---

1. *Vie de Henriette-Marie.*

troupes à Nottingham s'est rendu à Leicester et à Derby, ce qui nous fait croire qu'elles ont dessein de nous couper le passage... J'emmène avec moi trois mille hommes d'infanterie, trente compagnies de cavalerie ou de dragons, six pièces d'artillerie et deux mortiers. Henri Germyn, en qualité de colonel de mes gardes, commande toutes ces forces ; il a sous lui sir Alexandre Lesley qui commande l'infanterie, Gérard la cavalerie, et Robert Legg l'artillerie ; Sa Majesté est madame la généralissime, pleine d'ardeur et d'activité ; et en cas que l'on en vienne à une bataille, j'aurai à commander cent cinquante chariots de bagages[1]. »

Après de nouveaux revers, privée de presque toute assistance dans la petite ville d'Exeter, que le comte d'Essex se préparoit à assiéger, elle mit au monde, le 16 juin 1644, sa dernière fille.

A peine accouchée, elle fut forcée de fuir de nouveau, n'ayant pour toute aide que son confesseur, un gentilhomme et une de ses femmes, *qui avoient de la peine à la soutenir, à cause de son extrême foiblesse.* Elle avoit été obligée d'abandonner à Exeter sa fille nouvellement née : c'étoit cette princesse prisonnière dix-sept jours après sa naissance, cette princesse frappée par la mort à Saint-Cloud dans toute la fleur de la beauté et de la jeunesse, cette duchesse d'Orléans, cette seconde Henriette, que la gloire de Bossuet devoit atteindre comme la première.

Une cabane déserte, à l'entrée d'un bois, s'offrit à la fuite d'Henriette-Marie. Elle y demeura cachée pendant deux jours. Elle entendit défiler les troupes du comte d'Essex qui parloient de porter à Londres *la tête de la reine,* laquelle tête avoit été mise à prix pour une somme de 6,000 liv. sterl.

Henriette, arrivée à Plymouth à travers mille périls, s'embarque pour l'île de Jersey ; l'amiral Batty la poursuit. Alors, comme la femme de saint Louis, elle fait promettre à un capitaine de la tuer et de la jeter dans la mer avant qu'elle tombât aux mains de ces infidèles d'une nouvelle sorte. Elle aborde avec quelques matelots parmi des rochers sur la côte de la Basse-Bretagne ; les paysans, prenant ces étrangers pour des pirates, s'arment contre eux ; Henriette-Marie se fait reconnoître, part pour Paris, arrive au Louvre, et tombe dans de nouveaux malheurs.

Outragée par des libelles jusque sur le continent, elle tomboit des mains de la populace féroce de Londres dans celles de la populace insolente de Paris. Ballottée entre deux guerres civiles, sur les bords de la Tamise elle rencontre les crimes sérieux des révolutions, sur les

---

1. *Note des Mémoires de Ludlow,* collect. Guiz.

rivages de la Seine les pasquinades sanglantes de la Fronde ; là le drame de la liberté, ici sa parodie. Les bouchers et les boulangers d'Angleterre veulent tuer Henriette-Marie dans le palais des Stuarts ; les bouchers et les boulangers de France lui refusent des aliments dans le palais des Bourbons, oubliant que leurs pères avoient été nourris par celui dont ils dédaignoient de nourrir la fille.

« Cinq ou six jours avant que le roi sortît de Paris, dit le cardinal de Retz, j'allai chez la reine d'Angleterre, que je trouvai dans la chambre de Mademoiselle, sa fille, qui a été depuis madame d'Orléans. Elle me dit d'abord : Vous voyez, je viens tenir compagnie à Henriette ; la pauvre enfant n'a pu se lever aujourd'hui faute de feu... La postérité aura peine à croire qu'une petite-fille d'Henri le Grand ait manqué d'un fagot pour se lever au mois de janvier dans le Louvre et sous les yeux d'une cour de France. »

*Elle étoit souvent obligée de se promener des après-dînées entières dans les galeries du Louvre pour s'échauffer... Elle appréhendoit non-seulement les insultes du peuple de Paris, mais la dureté de ses créanciers... Les Parisiens ne la pouvoient souffrir, et un jour que le roi Charles II, son fils, se promenoit sur une terrasse qui donnoit du côté de la rivière, quelques mariniers lui firent des menaces, ce qui l'obligea de se retirer, de peur de les aigrir davantage par sa présence*[1].

Triste et extraordinaire complication et ressemblance de destinée ! Henriette-Marie, en 1639, avoit reçu à Whitehall sa mère exilée, Marie de Médicis. Les habitants de Londres, déjà soulevés contre la reine d'Angleterre, se portèrent à des excès contre l'ancienne reine de France. La fille de Henri IV, qui se défendoit à peine contre la haine publique, fut obligée de demander une garde pour protéger la veuve de Henri IV : et Anne d'Autriche fut impuissante, à son tour, dans Paris, pour mettre à l'abri la sœur fugitive de Louis XIII et la tante de Louis le Grand.

Une fausse nouvelle parvint d'abord à la reine d'Angleterre sur la catastrophe du 30 janvier 1649 : le bruit courut que Charles I$^{er}$ avoit été délivré sur l'échafaud par le peuple ; mais la lettre d'adieu de l'infortuné monarque, qui fut remise à Henriette le 9 février, dans le couvent des Carmélites à Paris, la tira d'erreur ; elle s'évanouit. Le lendemain, M$^{me}$ de Motteville la vint complimenter de la part de la reine régente. Le malheur donnoit le droit à la reine d'Angleterre de faire des leçons : elle chargea M$^{me}$ de Motteville de dire à Anne d'Autriche « que le roi son seigneur (Charles I$^{er}$) ne s'étoit perdu que

---

[1]. *Vie de Henriette-Marie.*

pour n'avoir jamais su la vérité... que le plus grand des maux qui pouvoient arriver aux rois, et celui qui seul dévoroit leurs empires, étoit d'ignorer la vérité. »

Cette insistance d'Henriette n'expliqueroit-elle pas son premier penchant pour les parlementaires, et son antipathie pour Strafford, dont elle trouvoit peut-être l'esprit trop absolu? Elle ajouta dans cette conversation « qu'il falloit prendre garde à irriter les peuples ». Si Charles I$^{er}$ ne s'étoit perdu que pour n'avoir pas connu la vérité, au dire de la reine, cette reine ne partageoit donc pas l'entêtement du roi sur l'étendue de la prérogative? Elle aimoit les parlements : lorsqu'elle songea à quitter l'Angleterre avec Marie de Médicis, sa mère, les deux chambres lui présentèrent une humble pétition pour la supplier de ne pas s'éloigner. Henriette répondit en anglois par un gracieux discours qu'elle resteroit, et qu'il n'y avoit point de sacrifices que le peuple ne pût attendre d'elle [1].

Après la mort de son mari, elle se donna le surnom de *reine malheureuse*, et elle porta le deuil toute sa vie.

L'épreuve la plus rude que cette reine eut à soutenir fut de solliciter un douaire de veuve auprès de l'homme qui l'avoit faite veuve : Cromwell répondit au cardinal Mazarin qu'Henriette de France n'avoit jamais été reconnue reine d'Angleterre. Cette réponse sauvage, qui transformoit en concubine d'un prince étranger la fille d'un de nos plus grands rois, étonne moins que la demande même de cette petite-fille de Jeanne d'Albret. Lorsque Henriette apprit ce refus, elle dit noblement : « Ce n'est pas à moi, c'est à la France que cet outrage s'adresse. » Telle étoit en effet l'abjection où la politique d'un ministre sans honneur avoit alors réduit notre patrie. Mazarin étoit descendu jusqu'à se faire l'espion de Cromwell auprès de la famille royale exilée : ce fait résulte d'une lettre de Cromwell, qui n'étoit lui-même qu'un grand espion couronné et armé.

Quelque temps auparavant, Henriette-Marie avoit été forcée de demander au parlement de Paris ce qu'elle appeloit une *aumône*.

Retirée à Chaillot, chez les sœurs de la Visitation, établies dans une maison bâtie par Catherine de Médicis, Henriette devint bigote : il est assez curieux de lire que Port-Royal lui avoit offert de l'argent et un asile. Dans les histoires de sa vie, tristes sont ces petits contes de religieux et de religieuses, ces conseils de nonnes qui parlent des plus grands événements dont elles entendent à peine le bruit, qui jugent du fond de leurs cellules les choses de la politique, et qui, immo-

---

[1]. *Journaux du P.*, IV, 314.

biles dans leurs saints déserts, ne s'aperçoivent pas même que le monde marche et passe au pied des murs de leur cloître. Henriette-Marie essaya de rendre ses enfants à l'Église romaine. Charles II, indifférent à tout principe, préféra sa couronne à sa foi : il ne se fit catholique qu'en mourant, lorsqu'il n'avoit plus rien à perdre des biens de la terre. Le duc de Glocester et la princesse d'Orange restèrent zélés protestants; le duc d'York seul (Jacques II) reçut des impressions qui le devoient ramener un jour à Paris, pour y mourir dépouillé comme sa mère. La princesse Henriette, depuis duchesse d'Orléans, fut élevée dans la religion romaine.

A la restauration de Charles II, la veuve de Charles Ier passa en Angleterre, et ne put se résoudre à y demeurer. Elle ne connoissoit plus personne ; elle alloit pleurant dans les palais de Whitehall, de Saint-James et de Windsor, poursuivie qu'elle étoit par quelques souvenirs. Après avoir vu mourir deux de ses enfants (la princesse d'Orange, veuve de vingt-six ans, et le duc de Glocester), elle s'embarqua avec sa fille Henriette pour revenir en France. Son vaisseau échoua; Henriette fut saisie d'une rougeole dangereuse, et resta, soignée par sa mère, un mois entier à bord du vaisseau. La compagne éprouvée de l'infortuné Charles maria Henriette au duc d'Orléans, et reçut à Chaillot le bref de la béatification de saint François de Sales : dernières grandeurs de la terre et du ciel qui la visitèrent dans la solitude.

Vers l'an 1663, Henriette-Marie fit un dernier voyage à Londres. Enfin, rentrée pour toujours dans sa patrie, elle tomba malade à Sainte-Colombe, petite maison de campagne située à peu de distance de la Seine. Un grain d'opium qu'elle prit la plongea dans un sommeil dont elle ne se réveilla plus. Elle expira vers minuit, le 10 septembre 1669. Un historien dit qu'*elle avoit fait un saint usage de ses maux*. Bien que son corps fut porté à Saint-Denis et son cœur à la Visitation de Chaillot, elle seroit morte oubliée si Bossuet ne s'étoit emparé de ce grand débris de la fortune pour le façonner à la manière de son génie.

Le grand orateur, en envoyant l'oraison funèbre de la reine d'Angleterre et de madame Henriette à l'abbé de Rancé, lui écrivoit : « J'ai laissé ordre de vous faire passer deux oraisons funèbres qui parce qu'elles font voir le néant du monde peuvent avoir place parmi les livres d'un solitaire, et qu'en tous cas il peut regarder comme deux têtes de mort assez touchantes. »

# DE L'OUVERTURE

# DU LONG PARLEMENT

## AU COMMENCEMENT DE LA GUERRE CIVILE.

### 1640-1647.

Ce fut donc par l'avis de la reine que Charles Ier annonça au conseil des pairs réunis à York la convocation d'un parlement.

Pour ne s'occuper que des affaires intérieures, il se falloit débarrasser des Écossois. En vain Strafford s'opposa au traité déshonorant que l'on conclut avec eux; en vain il montra, par une action hardie, combien il étoit facile de les vaincre; le roi n'écouta rien, et se hâta de revenir à Londres. Le quatrième parlement avoit été dissous le 5 mai 1640, et le 3 novembre de la même année s'ouvrit cette cinquième assemblée, si fameuse dans l'histoire sous le nom du *long parlement*.

Charles avoit passé douze années sans appeler les communes; il s'étoit hâté, après ce laps de temps, de les disperser de nouveau; on ne s'étonne donc pas de voir, par une réaction naturelle, les communes, irritées, établir le bill des parlements triennaux, enlever au roi le pouvoir de proroger ces parlements et de les dissoudre; par ce seul acte, la monarchie constitutionnelle étoit changée en une démocratie royale. Le monarque qui avoit tant combattu pour la *prérogative* lorsqu'elle n'étoit pas virtuellement attaquée l'abandonna au moment même où on lui porta les plus rudes coups.

Désespérant d'être utile à un prince si foible, Strafford avoit voulu se retirer du ministère; Charles retint le conseiller fidèle qui, ne le pouvant plus servir, se dévoua.

Un dessein tout à fait digne du caractère déterminé de Strafford avoit été conçu : le ministre vouloit dénoncer au parlement même les membres de ce parlement qui avoient appelé l'armée écossoise en Angleterre. Les preuves de l'appel existoient; mais ceux que Strafford prétendoit accabler le devancèrent: Pym présenta, au nom des communes, à la barre de la chambre des pairs, une accusation de haute trahison contre Strafford, qui fut immédiatement saisi et envoyé à la Tour.

Charles alors, croyant adoucir les communes, consentit à tout ce qu'elles voulurent entreprendre contre l'autorité de la couronne; mais en renonçant, comme on vient de le dire, au pouvoir de dissoudre le parlement, il se priva du moyen le plus sûr de sauver son ami.

Les chefs du parti étoient, dans la chambre des lords, le duc de Bedford, lord Say, lord Mandeville et le comte d'Essex.

Le duc de Bedford jouissoit d'un revenu immense, qui provenoit en grande partie des confiscations dont la couronne avoit doté sa famille. Il avoit ce commun bon sens que le vulgaire prend pour de la sagesse : orgueilleux d'une richesse de mauvaise origine, et d'une raison suffisante pour vaquer aux intérêts ordinaires de la vie, regardant les bienfaits des cours, non comme une faveur, mais comme un tribut payé à sa puissance. Bedford, si zélé pour le régime légal, et dont les biens étoient les iniques présents de l'arbitraire, se réservoit, au jour du malheur, le droit d'être ingrat.

Lord Say, violent puritain, n'avoit qu'une fortune médiocre. Son ambition étoit démesurée, son esprit fin, son caractère réservé : les royalistes n'avoient pas d'ennemi plus dangereux.

Sans talents réels, avec de l'urbanité et quelque chose de sincère, lord Mandeville gagna l'affection et la confiance des communes.

Quant au comte d'Essex, dupe des chefs populaires qui flattoient sa vanité, c'étoit un de ces hommes, à l'esprit étroit et faux, pour qui l'expérience est nulle; un de ces hommes qui voient le bonheur de l'espèce dans le malheur de l'individu, toujours prêts à recommencer les mêmes fautes, toujours s'ébahissant de ce qui arrive; personnages qui sont les niais d'un parti, comme d'autres en sont les trafiquants ou les héros.

Dans la chambre des communes, Pym étoit chargé de toutes les propositions de loi; il n'avoit d'autre talent que celui des affaires, auxquelles il sembloit donner du poids par une parole lourde et un ton dogmatique; il ne manquoit pas de conscience, et son jugement étoit droit. Il ne désiroit qu'une amélioration dans le gouvernement : chef des réformateurs à la naissance des troubles, il se trouva loin derrière eux quand la révolution eut fait des progrès.

Hampden vint à point pour aider au renversement d'un empire : passé tout à coup d'une vie dissipée aux mœurs les plus sévères, cachant sous les dehors de l'affabilité des desseins vastes, il est probable qu'il conçut l'idée d'une république quand on ne songeoit encore qu'aux priviléges parlementaires.

Hampden prenoit une partie de sa force dans la flexibilité de ses talents : son éloquence et son esprit étoient à volonté concis ou diffus, clairs ou embarrassés, et cette obscurité, dont il étoit le maître, lui donnoit plus de puissance en le rattachant aux défauts de son siècle. Tantôt il résumoit les débats du parlement avec une précision admirable, quand ces débats menoient au triomphe de son opinion; tantôt il embrouilloit la question de manière à la faire ajourner, si elle paroissoit se résoudre contre son avis. Poli et modeste avec art, paroissant se défier de son jugement et céder à celui d'autrui, il finissoit toujours par emporter ce qu'il désiroit. Intrépide à l'armée, profond dans la connoissance des hommes, lui seul devina Cromwell, alors que la foule n'apercevoit encore rien dans ce destructeur du trône des Stuarts. Sylla pénétra de même l'âme de César : les aigles voient de loin et de haut. On a cru pourtant qu'Hampden fut tenté par la proposition à lui faite d'être gouverneur du prince de Galles, s'il vouloit, avec Pym et Hollis, s'engager à sauver Strafford[1].

Sombre, vindicatif, implacable, Saint-John formoit avec Pym et Hampden le triumvirat qui dominoit la nation. Ces trois hommes se servoient encore du fanatisme de Fiennes et des talents de sir Henry Vane.

Celui-ci joignoit à une dissimulation profonde un esprit prompt et une parole mordante : dans la laideur bizarre de sa physionomie on croyoit lire des destinées extraordinaires. Emporté par une imagination inquiète et ardente, libertin à Londres, puritain à Genève, séditieux à Boston, Vane excitoit partout des troubles; il enflammoit les esprits pour des principes dont il se jouoit. Après avoir traîné une vie d'aventures sur tous les rivages, il revint dans son pays, où la révolution sembloit attirer et demander son fatal génie.

Strafford ayant été mis en accusation, le parlement crut qu'il étoit temps de recourir aux grandes mesures populaires. On fit sortir des prisons et promener en triomphe trois écrivains condamnés pour des libelles. Dans les temps de troubles, la licence de la presse est souvent confondue avec la liberté de la presse, et l'on se sert ensuite de la crainte qu'inspire la première pour enchaîner la seconde : Milton prit la plume en faveur de celle-ci. On trouve pour la première fois le grand nom de l'Homère anglois confondu parmi ceux des pamphlétaires du temps, comme on lit le nom d'Olivier Cromwell sur la liste

---

1. Whitelocke.

des colonels ou des capitaines de cavalerie de l'armée parlementaire.

Des pétitions étoient colportées de maison en maison, et revêtues de la signature d'honnêtes citoyens dont la bonne foi étoit surprise. Quiconque à la chambre basse se montroit modéré perdoit son siége: on trouvoit cent causes de nullité à son élection; et quiconque entroit violemment dans les idées du jour restoit député, sa nomination fût-elle entachée de tous les vices. Le pouvoir passé entièrement aux communes, il fut aisé de prévoir la mort de Strafford.

Cet homme n'eut qu'un défaut, et ce défaut le perdit : il méprisoit trop les conseils et les obstacles. Fait par la nature pour commander, la moindre contradiction lui étoit insupportable. L'empire appartient sans doute aux talents, la souveraineté réside dans le génie; mais c'est un malheur quand le sentiment d'une supériorité incontestable est révélé à celui qui la possède dans une seconde place, alors qu'il lui est impossible d'atteindre à la première. Ce qui seroit grandeur et puissance légitime au plus haut degré de l'ordre social devient un degré plus bas orgueil et tyrannie.

Amené devant la chambre des pairs, Strafford sans assistance, sans préparation, sans connoître même les accusations dont il étoit chargé, luttant seul contre la foiblesse du roi, la fougue des communes, le torrent de l'inimitié populaire, Strafford se défendoit avec tant de présence d'esprit, que ses juges n'osèrent d'abord prononcer la sentence.

Toutes les paroles de l'illustre infortuné furent calmes, dignes, pathétiques et modestes. Son discours, qui nous est resté, n'est point souillé du jargon de l'époque. Strafford, dans son adversité, se montra aussi supérieur aux Pym et aux Fiennes par la beauté du génie que par la grandeur de l'âme. La conclusion de sa défense, citée partout, arracha des pleurs à ses ennemis :

« Mylords, j'ai retenu ici vos seigneuries beaucoup plus longtemps que je ne l'aurois dû ; je serois inexcusable si je n'avois parlé pour l'intérêt de ces gages qu'une sainte, maintenant dans le ciel, m'a laissés (il montroit ses enfants, et ses pleurs l'interrompirent); ce que je perds moi-même n'est rien ; mais, je l'avoue, ce que mes indiscrétions vont faire perdre à mes enfants m'affecte profondément : je vous prie de me pardonner cette foiblesse. J'aurois voulu dire quelque chose de plus, mais j'en suis incapable à présent : ainsi je me tairai...

« Et maintenant, mylords, je remercie Dieu de m'avoir instruit, par sa grâce, de l'extrême vanité des biens de la terre comparés à l'importance de notre salut éternel. En toute humilité et en toute paix d'esprit, mylords, je me soumets à votre sentence. Que cet équitable jugement soit pour la vie ou pour la mort, je me reposerai plein de gratitude et d'amour dans les bras du grand Auteur de mon existence. »

Socrate fut moins soumis : il accusa ses juges à la fin de son apologie. « Il est temps, leur dit-il, que je me retire, vous, *pour vivre,* moi, pour mourir. »

Ce ne fut qu'à force de menaces que l'on parvint à faire condamner Strafford dans la chambre des pairs : malgré ces violences, dix-neuf voix sur quarante-six l'osèrent encore absoudre.

L'accusé, dans sa défense, avoit surtout foudroyé Pym, l'accusateur, réduit à balbutier une misérable réplique. L'animosité des communes contre Strafford n'étoit peut-être si grande que parce que le noble pair avoit fait partie de la chambre populaire, et qu'il s'étoit montré lui-même ardent adversaire de la couronne. Les chefs plébéiens le regardoient comme un déserteur. L'envie s'attachoit aussi à l'élévation du ministre de Charles : le mérite oublié plaît ; récompensé, il offusque.

Enfin, il faut dire encore que les partis ont un merveilleux instinct pour découvrir et pour perdre les hommes de taille à les combattre. Dans les grandes révolutions, le talent qui heurte de front ces révolutions est écrasé ; le talent qui les suit peut seul s'en rendre maître : il les domine lorsque, ayant épuisé leurs forces, elles n'ont plus pour elles le poids des masses et l'énergie des premiers mouvements. Mais cette sorte de talent complice appartient à des personnages plus grands par la tête que par le cœur, car ils sont longtemps obligés de se cacher dans le crime pour s'emparer de la puissance.

Charles dans son palais, tremblant pour les jours de la reine, nomma une commission chargée de ratifier *tous* les bills portés à la sanction royale. Parmi ces bills se trouvoit celui qui condamnoit Strafford : dernière et misérable foiblesse d'un prince qui cherchoit à couvrir son ingratitude à ses propres yeux, en comprenant dans un acte *général* de l'autorité suprême l'acte *particulier* qui donnoit la mort à un ami ! On sait que le monarque fut déterminé à permettre l'exécution de la sentence par la chose même qui l'auroit dû affermir dans la résolution de s'y opposer. Le magnanime Strafford écrivit une lettre à Charles pour dégager la conscience de son roi et lui donner la permission de le faire mourir.

« Ma vie, lui mandoit-il, ne vaut pas les soins que Votre Majesté prend pour me la conserver : je vous la donne avec empressement en échange des bontés dont vous m'avez comblé, et comme un gage de réconciliation entre vous et votre peuple. Jetez seulement un regard de compassion sur mon pauvre fils et sur ses trois sœurs. »

De tous les conseillers de la couronne, Juxon, évêque de Londres, eut seul le courage de dire au roi qu'il ne devoit pas souscrire à la condamnation s'il ne trouvoit pas Strafford coupable. Exemple frappant de la justice divine ! ce fut ce même Juxon, cet équitable et courageux prélat, qui assista Charles I<sup>er</sup> à l'échafaud.

Lorsque Strafford apprit que son supplice avoit été autorisé, il se leva avec étonnement de son siége, et s'écria dans le langage de l'Écriture : « Ne mettez point votre confiance dans la parole des princes ni dans les enfants des hommes. » Strafford avoit-il cru au courage du roi ? un reste d'amour de la vie s'étoit-il caché au fond du cœur d'un grand homme ?

Charles n'apaisa point les esprits en laissant verser le sang de son ministre : une lâcheté n'a jamais sauvé personne. Les princes de la terre, que des fautes ou des crimes exposent souvent à perdre la couronne, feroient mieux de la compromettre quelquefois pour des causes saintes.

Au surplus, l'infortuné Stuart ne cessa de se reprocher sa foiblesse : condamné à son tour, il déclara que sa mort étoit un juste talion de celle de Strafford. Cette confession publique, prononcée à haute voix sur l'échafaud, est une des plus hautes leçons de l'histoire : la postérité n'a pas absous l'ami, mais elle a pardonné au monarque en faveur de la sincérité du repentir et de la grandeur de l'expiation.

Strafford s'étoit certainement rendu coupable d'actes arbitraires en Irlande ; mais l'Irlande avoit été gouvernée de tout temps par l'autorité militaire et par des lois exceptionnelles. D'ailleurs les limites des priviléges de la couronne et des droits du parlement étoient encore si confuses, que l'on se pouvoit ranger du côté d'un de ces deux pouvoirs d'après des antécédents d'une égale autorité. Cinquante ans plus tard, Strafford eût été sévèrement mais justement condamné ; à l'époque de l'arrêt prononcé sur lui, les lois qu'on lui appliqua étoient ou non faites, ou contestées, ou détruites par d'autres lois. Le bill d'*attainder* renferma implicitement le délit et la peine ; la sentence fut à la fois un jugement et une loi, laquelle loi avoit un effet rétroactif : il y eut donc violence et iniquité.

Strafford se prépara au supplice avec le plus grand calme [1]. Le 22 mai 1641, au matin, on le conduisit au lieu de l'exécution : en passant au pied de la tour où l'archevêque Laud, accusé comme lui, étoit renfermé, il éleva la voix, et pria le prélat de le bénir. Le vieillard

---

1. J'invite à lire, dans la collection des lettres de Strafford, la lettre qu'il écrivit à son fils avant d'aller à l'échafaud.

parut à la fenêtre; ses cheveux étoient blancs, des larmes baignoient son visage, deux ecclésiastiques le soutenoient. Strafford se mit à genoux : Laud passa ses mains à travers les barreaux ; il essaya de donner une bénédiction, que l'âge, l'infortune et la douleur ne lui permirent pas d'achever ; il défaillit dans les bras de ses deux assistants.

Strafford se releva, prit la route de l'échafaud où le vieil évêque le devoit suivre. Le ministre de Charles marcha au supplice d'un air serein, au milieu des insultes de la populace. Avant de poser le front sur le billot, il prononça ces paroles : « Je crains qu'une révolution qui commence par verser le sang ne finisse par les plus grandes calamités et ne rende malheureux ceux qui l'entreprennent. » Il livra sa tête, et passa à l'éternité (1641).

La révolution précipite son cours ; le roi part pour l'Écosse ; la conspiration irlandoise éclate et est suivie d'un des plus horribles massacres dont il soit fait mention dans l'histoire ; les chefs du parti puritain saisissent cette occasion pour hâter la marche des événements. Charles revient de l'Écosse ; le parlement lui présente des remontrances séditieuses, et fait emprisonner les évêques.

Irrité de tant d'affronts, le roi va lui-même accuser de haute trahison dans la chambre des communes les six membres les plus fameux de la faction puritaine. Ceux-ci, prévenus de cette imprudente démarche par une indiscrétion de la reine, se réfugient dans la cité. Une insurrection éclate ; les bruits les plus absurdes se répandent : tantôt c'est la rivière que les *cavaliers* doivent faire sauter en l'air par l'explosion d'une mine ; tantôt ce sont ces mêmes *cavaliers* (les royalistes) qui viennent mettre le feu à la demeure des *têtes rondes* (les parlementaires). Menacée d'un décret d'accusation, la reine force le roi à donner sa sanction à la loi qui privoit les évêques du droit de voter. Henriette quitte l'Angleterre ; Charles se retire à York, après avoir refusé d'apposer sa signature au bill relatif à la milice ; bill qui tendoit à mettre le pouvoir militaire aux mains de la chambre élective : de part et d'autre on se prépare à la guerre.

On remarque dans la conduite du roi, depuis son avénement au trône jusqu'à l'époque de la guerre civile, cette incertitude qui prépare les catastrophes. Entêté de la *prérogative*, il se la laissa d'abord arracher par lambeaux, et la livra ensuite toute à la fois ; il étoit brave : il pouvoit en appeler à l'épée, et il ne recourut aux armes que quand ses ennemis eurent acquis le pouvoir de résister ; toutes les voies constitutionnelles lui étoient ouvertes pour agir au nom de la constitution, même contre le parlement, et il n'entra point dans ces voies. Enfin, Charles lutta inutilement contre la force des choses ; son temps l'avoit devancé : ce n'étoit pas sa nation seule qui l'entraînoit, c'étoit le genre humain ; il voulut ce qui n'étoit plus possible. La liberté conquise s'alla perdre d'abord dans le despotisme militaire, qui la dépouilla de son anarchie ; mais enlevée aux pères, elle fut substituée aux fils, et resta en dernier résultat à l'Angleterre.

Dans les combats de plume qui précédèrent des combats plus sanglants, le parti de Charles eut presque toujours raison par le fond et par la forme : ce parti posa très-nettement les questions relatives aux formes du gouvernement ; il prouva que la constitution angloise étoit composée de monarchie, d'aristocratie et de démocratie (c'étoit la première fois que l'on s'exprimoit ainsi) ; il prouva que les demandes du parlement tendoient à dénaturer la constitution monarchique et à jeter la Grande-Bretagne dans l'état populaire, le pire de tous les états. Falkland et Clarendon écrivoient pour le roi ; tous deux étoient ennemis déclarés des mesures arbitraires de la cour.

Pourquoi un parti si raisonnable dans ses doctrines ne fut-il pas écouté ? C'est qu'on ne le crut pas sincère, et qu'ensuite il étoit froid ; il se trouvoit placé du côté d'un pouvoir qui tendoit à conserver, tandis que les passions étoient du côté d'un pouvoir qui vouloit détruire. Enfin, ce parti étoit dépassé dans ses sentiments de liberté par les puritains, qui marchoient à la république. Plus tard on retourna aux principes de Clarendon et de Falkland ; mais il fallut dévorer vingt ans de calamités. Ainsi nous sommes revenus en 1814 aux doctrines de 1789 : nous aurions pu nous épargner le luxe de nos maux.

Cependant (il est triste de le dire), les crimes et les misères des révolutions ne sont pas toujours des trésors de la colère divine dépensés en vain chez les peuples. Ces crimes et ces misères profitent quelquefois aux générations subséquentes, par l'énergie qu'ils leur donnent, les préjugés qu'ils leur enlèvent, les haines dont ils les délivrent, les lumières dont ils les éclairent. Ces crimes et ces misères, considérés comme leçons de Dieu, instruisent les nations, les rendent circonspectes, les affermissent dans des principes de liberté raisonnables ; principes qu'elles seroient toujours tentées de regarder comme insuffisants si l'expérience douloureuse d'une liberté sous une autre forme n'avoit été faite.

Falkland a laissé un de ces souvenirs mêlés de mélancolie et d'admiration qui attendrissent l'âme. Il étoit doué du triple génie des lettres, des armes et de la politique. Il fut fidèle aux muses sous la tente, à la liberté dans le palais des rois, dévoué à un monarque infortuné sans méconnoître les fautes de ce monarque. Accablé des maux de son pays, fatigué du poids de l'existence, il se laissa aller à une tristesse qui se faisoit remarquer jusque dans la négligence de ses vêtements. Il chercha et trouva la mort à la bataille de Naseby : on devina son dessein de quitter la vie au changement de ses habits : il s'étoit paré comme pour un jour de fête.

Le chancelier Clarendon, qui, de son côté, servit si bien Charles Ier, vint dans la suite mourir à Rouen, exilé par Charles II, qui lui devoit en partie sa couronne. Sous le règne de ce dernier prince, on condamna à être brûlé par la main du bourreau le mémoire justificatif du vertueux magistrat dont les écrits mêlés à ceux de Falkland avoient fait triompher la cause royale.

L'étendard royal planté à Nottingham donna, dit Hume, le signal de la discorde et de la guerre civile à toute la nation. Clarendon remarque que les parlementaires avoient commis le premier acte d'hostilité en s'emparant des magasins de Hull. L'observation est juste, mais le parlement avoit agi dans ses intérêts: lorsque dans les troubles des empires on en est venu à l'emploi de la force, il s'agit moins de la première attaque que de la dernière victoire.

La fortune se déclara d'abord pour le roi : la reine lui amena des secours. Il assembla à Oxford les membres du parlement qui lui étoient demeurés fidèles, afin de combattre le parlement de Londres : ainsi sous la Ligue nous avions le parlement de Tours et celui de Paris ; « mais depuis, dit Bossuet, des retours soudains, des changements inouïs, la rébellion longtemps retenue, à la fin tout à fait maîtresse ; nul frein à la licence, les lois abolies, la majestée violée par des attentats jusque alors inconnus ; l'usurpation et la tyrannie sous le nom de liberté ».

# CROMWELL.

Tous ces revers tinrent à un homme : non que Cromwell fût l'adversaire de Charles (dans ce cas encore la lutte eût été trop inégale), mais Cromwell étoit la destinée visible du moment. Charles, le prince Rupert, les partisans du roi, remportoient-ils quelque avantage, cet avantage devenoit inutile par la présence de Cromwell. Moins les talents de cet homme étoients éclatants, plus il paroissoit surnaturel : bouffon et trivial dans ses jeux, lourd et ténébreux dans son esprit, embarrassé dans sa parole, ses actions avoient la rapidité et l'effet de la foudre. Il y avoit quelque chose d'invincible dans son génie, comme dans les idées nouvelles dont il étoit le champion.

Olivier Cromwell, fils de Robert Cromwell et d'Élisabeth Stewart, naquit à Huntingdon, le 24 avril v. s., la dernière année du seizième siècle. Robert eut dix enfants, et Olivier fut le second de ses fils. Les frères d'Olivier moururent en bas âge. Milton a exalté et d'autres ont ravalé la famille du Protecteur : il a dit lui-même, dans un de ses discours, qu'il n'étoit ni bien ni mal né, ce qui étoit modeste, car sa naissance étoit bonne et ses alliances surtout remarquables. Les premiers biographes de Cromwell, particulièrement les premiers biographes françois, l'envoient servir d'abord sur le continent, et le font comparoître devant le cardinal de Richelieu, qui prédit la grandeur future du jeune Anglois : ces fables sont aujourd'hui abandonnées. Cromwell reçut les premiers rudiments des lettres à Huntingdon, sous un docteur Thomas Beard, ministre dans cette petite ville. Le docteur fut un mauvais maître, quoiqu'il composât des pièces de théâtre pour ses écoliers ; Cromwell ne sut jamais correctement l'orthographe.

Envoyé à Cambridge au collége de Sydney-Sussex (23 avril 1616), il étudia sous Richard Howlet, apprit un peu de latin : Waller veut qu'il sût bien l'histoire grecque et romaine. Il aimoit les livres, écrivoit facilement de mauvaise prose et de méchants vers.

Son père étant mort, sa mère le rappela auprès d'elle. Pendant deux années, Olivier fut la terreur de la petite ville d'Huntingdon par ses excès. Envoyé à Lincoln-Inn pour s'instruire dans les lois, au lieu de s'y appliquer, il se plongea dans la débauche. Revenu de Londres en province, il se maria à Élisabeth Bourchier, fille de sir James Bourchier, du comté d'Essex. Elle étoit laide et assez vaine de sa naissance : une seule lettre d'elle, qui nous reste, montre qu'elle avoit reçu l'éducation la plus négligée [1].

Cromwell, qui n'avoit que vingt-et-un ans au moment de son mariage, changea subitement de mœurs, entra dans la secte puritaine, et fut saisi de l'enthousiasme religieux, tantôt feint, tantôt vrai, qu'il conserva toute sa vie. Nous verrons plus tard les contrastes de son caractère.

Une succession ayant donné quelque aisance à Cromwell, il devint *gentleman farmer* dans l'île d'Ely, et fut élu membre du troisième parlement de Charles en 1628. Il ne se fit remarquer que par son ardeur religieuse et par ses déclamations contre les évêques de Winchester et de Winton. Sa voix étoit aigre et passionnée, ses manières rustiques, ses vêtements sales et négligés. Cromwell étoit d'une taille ordinaire (cinq pieds cinq pouces environ); il avoit les épaules larges, la tête grosse et le visage enflammé.

Après la dissolution du parlement de 1628, Cromwell disparoît; on ne le retrouve qu'à la convocation du parlement de 1640. On sait seulement que les censures de l'intolérance de la chambre étoilée ayant déterminé beaucoup de citoyens à passer à la Nouvelle-Angleterre, Hampden et son cousin Olivier Cromwell résolurent de s'expatrier. Ils avoient choisi pour le lieu de leur résidence, dans des pays sauvages, une petite ville puritaine, fondée en 1635, sous le nom de Say-Brook, par lord Brook et lord Say. Cromwell et Hampden étoient déjà à bord d'un vaisseau sur la Tamise, lorsque cette proclamation les contraignit de débarquer : « Il est défendu à tous marchands, maîtres et propriétaires de vaisseaux de mettre en mer un vaisseau ou des vaisseaux avec des passagers, avant d'en avoir obtenu licence spéciale de quelques-uns des lords du conseil privé de Sa Majesté, chargés des plantations d'outre-mer. »

Hampden et Cromwell, au lieu de s'aller ensevelir dans les déserts de l'Amérique, furent retenus en Angleterre par les ordres de Charles Ier : il n'y a pas dans les annales des hommes un exemple plus frappant de la fatalité.

Obligé de rester en Angleterre par la volonté du roi qu'il devoit

---

1. Il ne faut pourtant pas confondre les fautes d'orthographe et de langue, dans les manuscrits de la première partie du XVIIIe siècle, avec l'orthographe et les langues de cette époque, qui n'étoient pas fixées et varioient encore dans chaque pays, selon les provinces.

conduire à l'échafaud, Cromwell, ne sachant où jeter son inquiétude, s'opposa au desséchement très-utile des marais de Cambridge, de Huntingdon, Northampton et Lincoln, desséchement entrepris par le comte de Bedford. Les personnages puissants qu'il attaquoit lui donnèrent le surnom dérisoire de *lord des marais*; mais le parti populaire et puritain, à cause même de cette attaque contre de nobles hommes, choisirent Cromwell membre de la chambre des communes pour Cambridge, au parlement du 5 mai 1640. Ce quatrième parlement ayant été subitement dissous, l'obscur député reparut enfin, la même année, dans ce long parlement qui devoit faire sa puissance et qu'il devoit détruire.

La révolution qui commençoit sa marche ne se trompoit pas sur son chef, bien que ce chef fût encore le membre le plus ignoré de ces fameuses communes. Au premier cri de la guerre civile, le génie du protecteur s'éveilla. Volontaire d'abord, et puis colonel parlementaire, Cromwell leva un régiment de fanatiques qu'il soumit à la plus sévère discipline : le moine devient facilement soldat. Pour vaincre le principe d'honneur qui animoit les *cavaliers*, Cromwell enrôla à son service le principe religieux qui enflammoit les *têtes rondes*. Il fut bientôt l'âme de tout : il refondit et reconstitua l'armée; et sachant se faire exempter des bills qu'il inspiroit au parlement, il restoit pouvoir arbitraire au milieu d'une faction toute démocratique.

# DU COMMENCEMENT
# DE LA GUERRE CIVILE

## A LA CAPTIVITÉ DU ROI.

### 1642-1647.

Cromwell s'éleva principalement en adoptant un parti : il se plaça à la tête des *indépendants*, secte sortie du sein des puritains, et dont l'exagération fit la force. Les membres *indépendants* du parlement devinrent les tribuns de la république : les généraux et les officiers de l'armée furent remplacés par des généraux et des officiers *indépendants*. On établit auprès de chaque corps des commissaires qui contrecarroient les mesures des capitaines modérés ; l'esprit des troupes s'exalta jusqu'au plus haut degré du fanatisme.

En vain Charles, auquel il restoit encore une ombre de puissance, voulut traiter à Huxbridge : la négociation fut rompue et la guerre renouvelée. Montross obtint quelques succès inutiles en Écosse. « Le comte de Montross, Écossois et chef de la maison de Graham, dit le cardinal de Retz, est le seul homme du monde qui m'ait jamais rappelé l'idée de certains héros que l'on ne voit plus que dans les Vies de Plutarque ; il avoit soutenu le parti du roi d'Angleterre dans son pays, avec une grandeur d'âme qui n'en avoit point de pareille en ce siècle. »

Montross n'étoit point un homme de Plutarque : c'étoit un de ces hommes qui restent d'un siècle qui finit dans un siècle qui commence : leurs anciennes vertus sont aussi belles que les vertus nouvelles, mais elles sont stériles ; plantées dans un sol usé, les mœurs nationales ne les fécondent plus.

Tandis qu'on s'égorgeoit dans les champs de l'Angleterre, les membres des communes livroient des batailles à Londres, abattoient des têtes sans exposer les leurs. L'archevêque Laud, prisonnier depuis plus de trois ans, fut tiré de son cachot par la vengeance de Prynne, pour aller au supplice (10 janvier 1645). Ce prélat inflexible avoit fait beaucoup de mal à Charles, en l'entêtant de la suprématie épiscopale, en persuadant au roi d'entreprendre ce qu'il n'avoit pas la force d'accomplir. Laud, courbé sur son bâton pastoral, étoit naturellement si près du terme de sa course, qu'on auroit pu se dispenser de hâter le pas du vieux voyageur. « Agé de soixante-seize ans, vénérable par ses vertus, il regarda la mort sans tomber dans la pusillanimité des vieillards qui, du bord de leur tombeau, font des vœux au ciel pour en obtenir quelques malheureux moments qu'ils veulent attacher au grand nombre de leurs années [1]. »

Battu de toutes parts, défait complétement à Naseby (juin 1645), Charles crut trouver un asile parmi ses véritables compatriotes : il quitta Oxford, où il s'étoit réfugié, et s'alla rendre à l'armée écossoise, avec les chefs de laquelle il avoit secrètement traité. On le conduisit à Newcastle, où s'ouvrirent de nouvelles négociations. Des commissaires du gouvernement anglois arrivèrent : tout le monde pressoit Charles d'accepter les conditions proposées : les Écossois ou les *saints* (c'est ainsi qu'ils se nommoient), les *presbytériens* effrayés des *indépendants*, l'ambassadeur de France, Bellièvre, la reine même absente, mais se faisant entendre par l'intermédiaire de Montreuil. Charles refusa l'arrangement, parce qu'il blessoit les principes de sa croyance. A cette époque la foi étoit partout, excepté chez un petit nombre de libertins et de philosophes ; elle imprimoit aux fautes et quelquefois aux crimes des divers partis quelque chose de grave, de moral même, si l'on ose dire, en donnant à la victime de la politique la conscience du martyr, et à l'erreur la conviction de la vérité.

Un ministre écossois prêchant devant Charles commença le psaume 51 : *Pourquoi, tyran, te vantes-tu de ton iniquité?* Charles se leva, et entonna le psaume 56 : *Seigneur, prends pitié de moi, car les hommes me veulent dévorer.* Le peuple, attendri, continua le cantique avec le souverain tombé : l'un et l'autre ne s'entendoient plus qu'à travers la religion.

Ces marques de pitié s'évanouirent ; les *saints* d'Écosse en vinrent à un marché avec les *justes* d'Angleterre, et l'armée covenantaire livra Charles au parlement anglois, pour la somme de 800,000 livres sterling. « Les gardes fidèles de nos rois, dit Bossuet, trahirent le leur. » Lorsque Charles fut instruit de la convention, il prononça ces belles et dédaigneuses paroles : « J'aime mieux être au pouvoir de ceux qui m'ont acheté chèrement que de ceux qui m'ont lâchement vendu. »

---

1. *Vie de Henriette de France.*

Prisonnier des hommes qui alloient bientôt l'immoler, Charles fut conduit au château de Holmby (9 février 1647). Il reçut partout des témoignages de respect : la foule accouroit sur son passage ; on lui amenoit des malades afin qu'il les touchât pour les rendre à la santé ; vertu qu'il étoit censé posséder comme *roi de France*, comme héritier de saint Louis. Plus Charles étoit malheureux, plus on le croyoit doué de cette vertu bienfaisante : étrange mélange de puissance et d'impuissance ! On supposoit au royal captif une force surnaturelle, et il n'avoit pas celle de briser ses chaînes ; il pouvoit fermer toutes les plaies, excepté les siennes. Ce n'étoit pas sa main, c'étoit son sang qui devoit guérir cette maladie de liberté dont l'Angleterre étoit travaillée.

Les *presbytériens*, libres de craintes du côté du roi, essayèrent de licencier l'armée où dominoient les *indépendants* ; les *indépendants* l'emportèrent : ils formèrent entre eux dans leurs camps une espèce de parlement militaire aux ordres de Cromwell. Les officiers composoient la chambre haute, les soldats, qu'on nommoit *agitateurs*, la chambre basse : c'est ainsi que la constitution républicaine de Rome passa aux légions de l'empire. Soixante-deux membres indépendants du vrai parlement, ayant à leur tête les orateurs, allèrent rejoindre l'armée militante, prêchante et délibérante, laquelle vint à Londres, et chassa qui bon lui plût de Westminster. En même temps, le cornette Joyce, qui, jadis tailleur, avoit quitté l'aiguille pour l'épée, enleva le roi du château d'Holmby, le conduisit prisonnier de l'armée à New-Market, et de là à Hamptoncourt.

Les hommes qui se jettent les premiers dans les révolutions sont partis d'un point de repos ; ils ont été formés par une éducation et par une société qui ne sont point celles que les révolutions produisent. Dans les plus violentes actions de ces hommes, il y a quelque chose du passé, quelque chose qui n'est pas d'accord avec leurs actions, c'est-à-dire des impressions, des souvenirs, des habitudes qui appartiennent à un autre ordre de temps. Ces athlètes expirent successivement dans la lice à des distances inégales, selon le degré de leurs forces, ou, s'arrêtant tout à coup, refusent d'avancer. Mais auprès d'eux sont nés d'autres hommes, factieux engendrés par les factions ; aucune impression, aucun souvenir, aucune habitude ne contrarie ceux-ci dans les faits du présent ; ils accomplissent par nature ce que leurs devanciers avoient entrepris par passion : aussi vont-ils beaucoup au delà de ces premiers révolutionnaires, qu'ils immolent et remplacent.

DEPUIS

# LA CAPTIVITÉ DU ROI

JUSQU'A L'ÉTABLISSEMENT DE LA RÉPUBLIQUE.

1647-1649.

---

Près d'une moitié de la propriété angloise avoit été séquestrée par le parlement, sous le prétexte de l'attachement que les propriétaires conservoient aux opinions royalistes. Le clergé anglican étoit errant dans les bois; des victimes entassées dans les pontons, sur la Tamise, périssoient de maladie, et quelquefois de faim. On avoit établi des comités investis du droit de vie et de mort, lesquels, sans forme de procès, dépouilloient les citoyens. Ces comités exerçoient des vengeances, vendoient la justice et protégeoient le crime.

Tous ces maux rendirent l'entreprise de l'armée contre le parlement extrêmement populaire, car, dans le mouvement des ambitions et dans le ressentiment des misères publiques, on n'examina pas jusqu'à quel point le succès de la révolution n'avoit pas tenu à des rigueurs que l'humanité, l'équité et la morale ne pouvoient d'ailleurs justifier.

Après avoir chassé les *presbytériens* du parlement, l'armée entama, à l'exemple de ce même parlement, des négociations avec le roi.

Cromwell pensa-t-il d'abord à se réunir à Charles? On l'a cru. John Cromwell, un de ses cousins, lui avoit entendu dire à Hamptoncourt: « Le roi est injustement traité, mais voici ce qui lui fera rendre justice; » il montroit son épée. Il est certain qu'Ireton et Cromwell eurent des pourparlers fréquents à Hamptoncourt avec les agents du roi. Charles offroit, dit-on, à Cromwell l'ordre de la Jarretière et le titre de comte d'Essex; mais Cromwell prévit tant d'opposition de la part des *agitateurs* et des *niveleurs*, qu'il se décida à les suivre. L'esprit républicain, en forçant un simple citoyen à refuser un cordon, lui donna une couronne : Cromwell fût redevenu sujet obscur, mais vertueux ; la liberté lui imposa le crime, le despotisme et la gloire.

Cromwell jouoit vraisemblablement un double jeu ; si les négociations avec Charles réussissoient, elles le menoient à la fortune ; si elles échouoient, il trouvoit, en abandonnant le roi, d'autres honneurs : d'un côté la prudence et l'intérêt lui conseilloient de se rapprocher de Charles ; de l'autre, sa haine plébéienne et son ambition démesurée l'en écartoient. Ainsi s'expliqueroit mieux l'ambiguïté de la conduite de Cromwell que par la profonde hypocrisie d'une trahison non interrompue et inébranlablement décidée d'avance à se porter aux derniers excès.

Dans ces négociations tant de fois reprises et rompues avec les divers partis, Charles lui-même fut généralement accusé de fausseté. Il avoit le tort de trop écrire et de trop parler : ses billets, ses lettres, ses déclarations, ses propos, finissoient par être connus de ses ennemis, qui à cet effet se servoient souvent de moyens peu honorables. Après la bataille de Naseby (14 juin 1645), on trouva dans une cassette perdue des lettres et des papiers importants : ils furent lus dans une assemblée populaire à Guildhall, et publiés ensuite avec des notes, par ordre du parlement, sous ce titre : *Le portefeuille du roi ouvert*, etc. Ces papiers et ces lettres (du roi et de la reine) prouvoient trop que Charles ne regardoit pas sa parole comme engagée, qu'il songeoit à appeler des armées étrangères, et qu'il étoit toujours entêté des maximes du pouvoir absolu [1].

C'est encore ainsi qu'avant de quitter Oxford pour se livrer aux Écossois, il avoit écrit à Digby que si les *presbytériens* ou les *indépendants* ne se joignoient à lui, ils s'égorgeroient les uns les autres, et qu'alors il deviendroit roi.

Lorsque, saisi à Holmby par l'armée, Charles fut conduit à Hamptoncourt, il adressa à la reine une lettre dans laquelle, après s'être expliqué sur sa position, il ajoutoit : « En temps et lieu je saurai agir

---

1. J'ai déjà cité ces papiers et ces lettres. Malgré la candeur des *saints*, et les *certifiés conformes*, il ne m'est pas prouvé que le texte soit religieusement conservé. Outre les raisons matérielles et morales que je pourrois apporter de mon opinion, je remarquerai que ce fut Cromwell, le plus grand des fourbes, qui vainquit les scrupules des parlementaires et les détermina à faire publier ces documents. Sous le Directoire, n'a-t-on pas falsifié et interpolé les *Mémoires* même de Cléry ? Sous Buonaparte même on employoit ces odieux moyens, bien indignes de son génie et de sa puissance. Pendant les Cent Jours ne publia-t-on pas à Paris les lettres altérées de $M^{gr}$ le duc d'Angoulême à S. A. R. $M^{me}$ la duchesse d'Angoulême, et jusqu'à une fausse édition de mon *Rapport fait au roi dans son conseil à Gand* ? Les partis sont sans conscience : tout leur est bon pour réussir.

comme il le faudra avec ces coquins-là. Je leur donnerai un cordon de chanvre au lieu d'une jarretière de soie. » Ireton et Cromwell, qui traitoient avec le roi, retirèrent cette lettre des panneaux d'une selle où elle avoit été renfermée. Comme homme, Charles étoit naturellement sincère ; comme roi, l'orgueil du sang et du pouvoir le rendoit méprisant et trompeur. Montross, allant au supplice, employa plus noblement cette image des cordons. « Le feu roi, dit-il, m'a fait l'honneur de me gratifier de l'ordre de la Jarretière ; mais la corde rend ma position plus illustre. »

Les *niveleurs*, à la politique desquels Cromwell dut sa puissance, étoient une autre faction engendrée par les *indépendants*, et poussant les principes de ceux-ci à leur dernière conséquence.

Effrayé par des menaces, ne pouvant s'entendre avec l'armée et le parlement, qui traitoient séparément avec lui, le roi eut la foiblesse de s'échapper de Hamptoncourt, laissant sur sa table une déclaration adressée aux deux chambres, et divers papiers. Huntingdon prétend que Cromwell avoit écrit une lettre au gouverneur de Hamptoncourt pour l'avertir du danger de Charles.

Ce prince croyoit sa cause bien abandonnée, puisqu'il n'essaya pas de s'enfoncer dans l'Angleterre et d'y retrouver son parti, quoiqu'il eût un moment la pensée de se retirer à Berwick. Après avoir marché toute la nuit, accompagné seulement du valet de chambre Legg et de deux gentilshommes, Ashburnham et Berckley, il arriva sur la côte ; il ne vit qu'une mer déserte. Celui qui commande à l'abîme, et qui le mit à sec pour laisser passer son peuple, n'avoit pas même permis qu'une barque de pêcheur se présentât pour ouvrir un chemin sur les flots au monarque fugitif. Charles alla frapper à la porte du château de Tichfield, où la comtesse douairière de Southampton lui donna l'hospitalité ; il prit ensuite le parti desespéré de solliciter la protection du gouverneur de l'île de Wight, le colonel Hammond, créature de Cromwell.

Prévenu par Jacques Ashburnham et par Berckley, Hammond refusa de promettre sa protection à Charles, et demanda à être conduit vers lui. Le roi, apprenant l'arrivée inattendue du gouverneur, se crut encore une fois victime d'une de ces trahisons dont il avoit l'habitude. Il s'écria : « Jacques, tu m'as perdu ! » Ashburnham, fondant en larmes, proposa à Charles de poignarder Hammond, qui attendoit à la porte. Charles refusa de consentir à l'assassinat d'Hammond, assassinat qui l'eût peut-être sauvé.

Le roi devint une seconde fois prisonnier de la faction militaire, au château de Carisbrook. Cromwell, qui par ses tergiversations étoit devenu suspect au parlement et aux soldats, assembla les officiers : dans un conseil secret il fut résolu, quand l'armée auroit achevé de s'emparer de tous les pouvoirs, de mettre le roi en jugement pour crime de tyrannie; crime que cette indépendante armée employoit à son profit, le regardant sans doute comme un de ses priviléges ou l'une de ses libertés.

Or, le parlement, tout mutilé qu'il étoit déjà, essayoit de résister encore ; il continuoit de traiter avec le roi. Lorsque les commissaires de cette assemblée devenue impuissante furent introduits au château de Carisbrook, ils demeurèrent frappés de respect à la vue de cette tête blanchie et *découronnée*, comme l'appelle Charles dans quelques vers qui nous restent de lui. Les débats entre les commissaires et le roi s'ouvrirent sur des points de discipline religieuse, et l'on ne s'entendit point ; tel étoit le génie de l'époque : on sacrifioit tout à l'entêtement d'une controverse. Cependant les libertés publiques, et notamment la liberté de la presse, pour lesquelles on prétendoit tout faire, étoient sacrifiées aux partis tour à tour triomphants. Des brochures intitulées *Cause de l'armée*, *Accord du peuple*, étoient déclarées par les parlementaires attentatoires à l'autorité du gouvernement; la force militaire, de son côté, obtenoit, sur la demande du général Fairfax, que tout écrit seroit soumis à la censure et que le censeur seroit désigné par le général. Les *factions*, même les *factions républicaines*, n'ont jamais voulu la liberté de la presse : c'est le plus grand éloge que l'on puisse faire de cette liberté.

Cependant les *niveleurs* poussèrent si loin leur politique de théorie, qu'ils donnèrent des craintes sérieuses à Cromwell. Il se présente tout à coup à l'un de leurs rassemblements avec le régiment *rouge* qu'il commandoit, et dont les soldats étoient surnommés *côtes de fer*. Il tue deux démagogues de sa main, en fait pendre quelques autres, dissipe le reste. Que disoient les lois de ces homicides arbitraires, dans ce temps de liberté légale? Rien.

Les Écossois, honteux d'avoir livré leur maître, courent aux armes; Cromwel les bat et fait prisonnier leur général, le duc d'Hamilton ; des royalistes, obligés de capituler dans la ville de Colchester, sont exposés au marché comme un troupeau de nègres, et encaqués pour la Nouvelle-Angleterre : Charles II, rendu à sa puissance, oublia de les racheter : l'ingratitude des rois fit de la postérité de ces infortunés prisonniers des hommes libres, sur le même sol où ils avoient été vendus comme esclaves des rois.

L'armée victorieuse demanda, d'abord en termes couverts, et ensuite patemment, le jugement du roi. Diverses garnisons du royaume appuyèrent cette demande. Louis XVI fut victime de la violence d'un corps politique. Charles Ier ne succomba qu'à l'animosité de la faction militaire : ses accusateurs, une partie de ses juges, et jusqu'à ses bourreaux, furent des officiers.

Épouvanté de tant de démarches audacieuses, le parlement presse les négociations avec l'auguste prisonnier, afin d'opposer le pouvoir de la couronne au pouvoir de la soldatesque : pour toute réponse Cromwell marche sur Londres.

En même temps l'ordre est expédié au colonel Hammond, dans l'île de Wight, d'aller rejoindre le général Fairfax et de remettre la garde de la personne du roi au colonel Ewers.

Le parlement défend à Hammond d'obéir : Hammond se seroit soumis aux ordres de l'autorité civile ; mais trouvant les soldats de la garnison disposés à la révolte, il partit pour le camp, où on l'arrêta. Le roi fut saisi, conduit de l'île de Wight au château de Hurst, et bientôt à Windsor. Charles avoit envoyé son *ultimatum* aux communes, et avoit promis à Hammond d'attendre vingt jours dans l'île de Wight la réponse définitive du parlement ; il ne tenta donc point de s'échapper, ce qu'il auroit pu faire aisément : sa fidélité à sa parole le conduisit à l'échafaud ; l'honneur du prince fit le crime de la nation.

Les *indépendants* avoient précédemment expulsé de la chambre élective les presbytériens les plus probes ; ils en alloient être chassés à leur tour. Ce fut la seule circonstance où ces fameuses communes montrèrent du courage : à la face de l'armée, qui assiégeoit les portes de Westminster, elles déclarèrent que les conditions venues de l'île de Wight étoient suffisantes et qu'on pouvoit conclure un traité avec le roi. Les grandes résolutions tardives ne réussissent presque jamais, parce que, n'appartenant ni à l'inspiration de la vertu ni à l'impulsion du caractère, elles ne sont que le résultat d'une position désespérée qui fait un moment surmonter la peur ; alors, l'on manque du courage suffisant pour soutenir ces résolutions, ou des moyens nécessaires pour les exécuter.

L'équitable histoire doit remarquer que ce vote des communes fut principalement l'ouvrage de Prynne, de ce presbytérien si persécuté par le parti de la couronne et de l'épiscopat, de cet homme qui pour l'indépendance de ses opinions avoit subi deux fois la mutilation, trois fois l'exposition au pilori, huit années de prison et des amendes considérables.

Le lendemain de la résolution parlementaire, le colonel Pride, charretier par état, arrêta quarante-sept membres des communes lorsqu'ils se présentèrent aux portes de Westminster. Le jour suivant, l'entrée de la chambre fut refusée à quatre-vingt-dix-huit autres ; Prynne déclara qu'il ne se retireroit jamais volontairement, et l'on fut obligé de l'entraîner de force. Après diverses épurations, le long parlement se trouva réduit à soixante-dix-huit membres, et bientôt à cinquante-trois par des retraites volontaires : trois cent quarante votants avoient été présents à la délibération relative aux négociations avec le roi. La poignée de séditieux conservée par la dérision des soldats retint le nom de parlement : le mépris populaire y ajouta le surnom de *rump*, qui lui est resté.

Le *rump* rejeta tout projet d'accommodement avec Charles ; il parla aussi de forger un de ces plans de république qui ébaudissent les dupes et dont les fripons profitent. Le bill pour mettre Charles en jugement et pour ériger à cet effet une cour de justice fut proposé et voté dans la prétendue chambre des communes. La chambre haute, dont il n'existoit plus que l'ombre, et qui ne comptoit que seize pairs dans son sein, rejeta à l'unanimité le double bill. Le *rump* rendit aussitôt cet arrêt : « Attendu que les membres des communes sont les véritables représentants du peuple, de qui après Dieu émane tout pouvoir, la loi naît des communes et n'a besoin pour être obligatoire ni du concours des pairs ni de celui du roi. »

Un acte fut passé, autorisant cent quarante-cinq juges nommés dans cet acte, où trente seulement parmi eux, à se former en haute cour, afin de faire le procès à Charles Stuart, roi d'Angleterre. Coke fut l'avocat général et Bradshaw eut la présidence de cette cour, dont Cromwell faisoit partie. Il ne se trouva à l'ouverture de la procédure que soixante-six membres, et soixante seulement au prononcé de la sentence.

Le roi fut conduit de Windsor au palais de Saint-James, et de là à la barre de la cour, qui siégeoit au bout de la grande salle de Westminster. Le président Bradshaw étoit assis dans un fauteuil de velours cramoisi, et les soixante-six commissaires, rangés des deux côtés du président, sur des banquettes recouvertes d'écarlate : un autre fauteuil, en face du président, avoit été préparé pour *l'accusé*. Lorsqu'on annonça l'arrivée du roi, Cromwell se précipita à une fenêtre pour le voir, et s'en retira tout aussi vite, pâle comme la mort.

Charles entra d'un pas ferme, le chapeau sur la tête, une canne à la main ; il s'assit d'abord, puis se leva et promena sur ses juges un regard assuré ; c'étoit le 20 janvier 1649, jour qui devoit avoir son anniversaire : le 20 janvier 1793 fut lue à Louis XVI, prisonnier au Temple, la sentence de mort.

Amené quatre fois devant ses meurtriers, Charles montra une

noblesse, une patience, un sang-froid, un courage qui effacèrent le souvenir de ses foiblesses. Il déclina la compétence de la cour, et, la tête couverte, parla en roi.

Bradshaw opposa à Charles la souveraineté du peuple ; il accusa le prince d'avoir violé la loi, opprimé les libertés publiques et versé le sang anglois. Cette controverse politique n'étoit qu'une plaidoirie dérisoire devant la mort séant au tribunal. On entendit des témoins qui prouvèrent que le roi avoit commandé ses troupes dans diverses affaires : en France on n'auroit pas tué un roi pour s'être battu.

Lady Fairfax montra la généreuse audace particulière aux femmes : de la tribune où elle assistoit au procès, elle osa contredire les commissaires. On la menaça de faire tirer les soldats sur les tribunes.

Les juges, se reconnoissant bourreaux, avoient déposé une épée sur la table à laquelle étoient assis les deux secrétaires du tribunal. Charles, passant devant cette table, toucha le glaive du bout de la canne qu'il tenoit à la main, et dit : « Il ne me fait pas peur. » Il disoit vrai.

Il avoit pareillement touché avec cette canne l'épaule de l'avocat général Coke, en lui adressant le cri parlementaire *Hear! hear!* (Écoutez! écoutez!) lorsque Coke commença la plaidoirie. La pomme d'argent de la canne tomba. Amis et ennemis en conclurent que le roi seroit décapité.

Charles, entendant autour de lui les exclamations : « Justice! justice! Exécution! exécution! » sourit de pitié.

Un misérable, peut-être un des juges, lui crache au visage : il s'essuie tranquillement. « Les pauvres soldats, dit-il ensuite à Herbert (le Cléry du devancier de Louis XVI.), les pauvres soldats ne m'en veulent pas ; ils sont excités à ces insultes par leurs chefs, qu'ils traiteroient de la même manière pour un peu d'argent. » Un de ces soldats, qui lui témoignoit quelque commisération, fut rudement frappé par un officier. « La punition me semble passer l'offense, » dit Charles.

La religion soutenoit le monarque : il pensoit partager ces ignominies avec le Roi des rois, et cette comparaison élevoit son âme au-dessus des misères de la vie. Il ne s'attendrit qu'en entendant le peuple s'écrier derrière les gardes : « Que Dieu préserve Votre Majesté! » Ce ne sont pas les outrages, ce sont les marques de bonté qui brisent le cœur des malheureux.

Dans les intervalles des séances, les commissaires se retiroient pour délibérer entre eux dans *la chambre peinte.* C'est ce qui arriva surtout le troisième jour du jugement, lorsque le roi proposa de s'expliquer devant un comité composé de lords et de membres des communes, ayant à faire, disoit-il, une proposition propre à rendre la paix à son peuple. Bradshaw repoussa la demande du roi : le colonel Downes, un des juges, réclama ; la cour alla délibérer dans la chambre voisine ; Cromwell l'emporta sur le colonel : il fut décidé qu'on n'admettroit point la proposition du roi. Charles avoit dessein, du moins on l'a cru, de déclarer qu'il abdiquoit la couronne en faveur du prince de Galles.

Avant et pendant l'instruction du procès, on essaya, par toutes sortes de jongleries, d'échauffer l'esprit du peuple.

Un prédicateur annonça en chaire « qu'il venoit d'avoir une révélation ; que pour assurer le bonheur du peuple il étoit urgent d'abolir la monarchie ; que le roi étoit visiblement Barabbas, et l'armée le Christ ; qu'il ne falloit pas imiter les Juifs, délivrer le voleur au lieu du juste ; que plus de cinq mille *saints* étoient dans l'armée, et des saints tels qu'il n'y en avoit pas de plus grands dans le paradis ; qu'ainsi justice devoit être faite du grand Barabbas de Windsor. » Ce prédicant, venu de la Nouvelle-Angleterre, s'appeloit Peters ; singulière ressemblance de nom avec cet autre Peters qui contribua à la perte de Jacques second.

On vit dans ce moment critique ce que l'on a vu trop souvent : la probité commune, suffisante dans le temps de calme, insuffisante au moment du péril. Cette espèce d'honnêtes gens qui avoient voulu la révolution de bonne foi manquèrent d'énergie pour la retenir dans de justes bornes. Whitelocke, de ce troupeau des foibles, déclare qu'on rejetoit la *sale besogne* du procès fait au roi sur l'armée ; chose naturelle, selon lui, puisque l'armée avoit demandé l'accusation. Whitelocke avoit raison ; mais l'armée n'entendoit pas la chose comme cela : elle prétendoit rendre les parlementaires exécuteurs de ses hautes œuvres. Whitelocke, commissaire du sceau, s'alla cacher à la campagne avec son collègue Weddrington ; Elsing, clerc du parlement, résigna sa charge.

John Cromwell, alors au service de Hollande, vint en Angleterre de la part du prince de Galles et du prince d'Orange pour tâcher de sauver le roi. Introduit, avec beaucoup de peine, auprès d'Olivier, son cousin, il chercha à l'effrayer de l'énormité du crime prêt à se commettre ; il lui représenta, à lui Olivier Cromwell, qu'il l'avoit vu jadis à Hamptoncourt dans des opinions plus loyales. Olivier répliqua que les temps étoient changés, qu'il avoit jeûné et prié pour Charles, mais que le ciel n'avoit point encore donné de réponse. John s'emporta, et alla fermer la porte ; Olivier crut que son cousin le vouloit poignarder : « Retournez à votre auberge, lui dit-il, et ne vous couchez qu'après avoir entendu parler de moi. » A une heure du matin, un messager d'Olivier vint dire à John que le conseil des officiers avoit *cherché le Seigneur*, et que le Seigneur vouloit que le roi mourût. Dans une autre occasion on avoit entendu Cromwell s'écrier : « Il s'agit de ma tête ou de celle du roi ; mon choix est fait. »

L'ordre pour l'exécution de l'arrêt de mort fut signé dans la *salle peinte*, par une soixantaine de membres, qui le scellèrent de leurs sceaux ; l'original de cet ordre existe : plusieurs noms des signataires sont écrits de manière à ce qu'on ne les puisse lire ; d'autres sont effacés et remplacés par des noms en interligne. La lâcheté du présent et la crainte de l'avenir avoient commandé ces viles précautions d'une conscience épouvantée.

Cromwell apposa son nom à l'ordre d'exécution avec ces bouffonneries qu'il avoit coutume de mêler aux actions les plus sérieuses ; soit qu'il fût ou qu'il voulût avoir l'air d'être au-dessus de ces actions, soit que son caractère se composât du burlesque et du grand, l'un servant de délassement à l'autre.

On avoit vu Cromwell dans sa première jeunesse si mauvais sujet, que les maîtres des tavernes fermoient leur porte lorsqu'il passoit dans les rues d'Huntingdon. Une fois, chez un de ses oncles, il obligea les assistants à fuir d'un bal par le choix d'un parfum dont il avoit frotté ses gants et ses habits. Plus tard, s'occupant d'une constitution pour l'Angleterre, il jeta un coussin à la tête de Ludlow, qui lui lança un autre coussin dans les jambes comme il s'enfuyoit. Des *saints* le surprirent un jour occupé à boire. « Ils croient, dit-il à ses joyeux amis, que nous *cherchons le Seigneur*, et nous cherchons un tire-bouchon. » Le tire-bouchon étoit tombé.

Cromwell donc, en signant l'ordre de l'exécution de Charles I$^{er}$, barbouilla d'encre le visage de Henry Martyn, qui signoit après lui ; le régicide Martyn rendit jeu pour jeu à son camarade de forfait : cette encre étoit du sang ; elle leur laissa la marque qu'on voyait au front de Caïn.

Le colonel Ingoldsby, parent d'Olivier, nommé commissaire à la haute cour, où il ne siégea pas, entra par hasard dans la *chambre peinte* au moment de la signature ; Cromwell le presse de joindre son nom aux noms déjà inscrits ; le colonel s'y refuse. Les commissaires se saisissent d'Ingoldsby ; Cromwell lui met de force la plume entre les doigts avec de grands éclats de rire, et, lui conduisant la main, le contraint de tracer le mot *Ingoldsby*.

Au surplus, cette nargue abominable se retrouve souvent dans l'histoire. Les plus grands révolutionnaires de France étoient bavards, indiscrets, et affectoient de verser le sang avec la même indifférence que l'eau. Une conscience paralysée et une conscience vertueuse produisent la même paix ; elles portent légèrement la vie, avec cette différence : l'une ne sent pas le fardeau du remords, l'autre le poids de l'adversité.

Cromwell joua auprès de Fairfax une autre comédie : celui-ci vouloit, avec son régiment, tenter de délivrer le roi. Cromwell, secondé d'Ireton, s'efforça de persuader à Fairfax que le Seigneur avoit rejeté Charles. Ils l'engagèrent à implorer le ciel pour en obtenir un oracle, cachant toutefois à leur honorable dupe qu'ils avoient déjà signé l'ordre de l'exécution.

Le colonel Harrison, aussi simple que Fairfax, mais dans d'autres idées que lui, fut laissé par le gendre et le beau-père auprès de Fairfax : il fit durer les prières jusqu'au moment où la nouvelle arriva que la tête du roi étoit tombée.

Les lords Richmond, Lindsay, Southampton, Herforth, jadis ministres de Charles, demandèrent à subir la mort pour leur maître, comme seuls responsables, selon l'esprit de la constitution, des actes de la couronne. Les factions ne reconnurent point cette noble responsabilité : le crime donna un bill d'indemnité aux ministres. L'Écosse menaça ; la France et l'Espagne firent des représentations, assez froides à la vérité ; la Hollande agit plus vivement en vain.

Charles avoit écouté sa sentence sans donner d'autre signe d'émotion qu'une contraction dédaigneuse des lèvres lorsqu'il s'entendit déclarer tyran, traître, meurtrier, ennemi de la république, et condamné comme tel à avoir la tête tranchée. Les soixante-treize commissaires restant des cent quarante-quatre nommés se levèrent tous en signe d'adhésion à l'arrêt, qui fut lu à haute voix. Charles témoigna le désir de parler après la lecture ; on lui interdit la parole : il n'étoit plus vivant aux yeux de la loi.

Pendant les trois jours accordés au prisonnier pour se préparer à la mort, le seul bruit de la terre qui lui parvint dans sa solitude fut celui des ouvriers qui dressoient l'échafaud. Deux enfants de Charles restoient entre les mains des républicains, la princesse Élisabeth et le duc de Glocester, âgé de trois ans ; on les lui amena. Il prit ce dernier sur ses genoux, et lui dit : « Ils vont couper la tête à ton père ; peut-être te voudront-ils faire roi ; mais tu ne peux pas être roi tant que tes frères aînés, Charles et Jacques, seront vivants. » L'enfant répondit : « Je me laisserai plutôt mettre en pièces. » Le père embrassa bientôt l'orphelin, en répandant des larmes de tendresse. Cromwell, qui se réservoit la couronne, vouloit faire du duc de Glocester un marchand de boutons. Le jeune roi Louis XVII et sa sainte et noble sœur reçurent depuis, dans le Temple, les bénédictions de Louis XVI.

Un comité nommé par la haute cour avoit choisi le lieu de l'exécution ; l'échafaud fut bâti devant le palais de Whitehall et élevé au niveau de la salle des *banquets*. En conséquence de cette disposition, Charles se devoit trouver de plain-pied avec son trône nouveau, lorsqu'il sortiroit par les fenêtres. La main de Dieu avoit écrit sur la muraille de cette salle des festins la ruine de l'empire des Stuarts[1].

Le roi avoit demandé l'assistance de l'évêque Juxon, vertueux défenseur de Strafford ; elle lui fut accordée à la sollicitation de Peters, ce prédicant fanatique qui ressembloit assez aux curés de Paris sous la Ligue. Herbert, qui ne quittoit point son maître, couchoit sur un grabat auprès de son lit.

Dans la nuit du 29 au 30 janvier, le roi dormit profondément jusqu'à quatre heures du matin. Alors il réveilla Herbert, et lui dit : « Le jour de mon second mariage est arrivé ; il me faut des vêtements dignes de la pompe. » Il indiqua les habits qu'il vouloit porter ; il mit deux chemises, à cause de la rigueur de la saison : « Si je tremblois, dit-il, mes ennemis l'attribueroient à la peur. »

Charles s'étoit aperçu qu'Herbert avoit eu un sommeil agité ; il lui en demanda la cause : « J'ai rêvé, dit le serviteur, que je voyois entrer l'archevêque Laud dans votre chambre ; vous lui avez ordonné de s'approcher de vous, et vous lui avez parlé d'un air triste. L'archevêque a poussé un profond soupir, et s'est retiré en se prosternant. » Charles, frappé de ce songe, répliqua : « L'archevêque est mort ; s'il étoit vivant, je lui aurois dit quelque chose qui l'auroit fait soupirer. »

Le monarque passa quelques heures en prières avec l'évêque, et reçut la communion de la main de ce véritable ami de Dieu. Le républicain Ludlow travestit cette scène pathétique : il raconte que Juxon, appelé par Charles, mit en hâte son attirail épiscopal, et que le prélat, n'ayant rien de préparé sur la matière, lut à son pénitent un de ses vieux sermons. Les Mémoires de Cléry falsifiés par ordre des intéressés altèrent les paroles du roi martyr, et tournent en moquerie les actions de la vertu et du malheur.

Herbert rentra dans la chambre du roi, et bientôt le colonel Hacker vint annoncer qu'il étoit temps de partir pour Whitehall.

Charles, vêtu de deuil, le collier de Saint-Georges sur la poitrine, un chapeau orné d'un panache noir sur la tête (ainsi Falkland s'étoit paré pour mourir), sortit à pied du palais de Saint-James, le 30 janvier 1649 (vieux style), vers les huit heures du matin. Il traversa le

---

1. Quelques Mémoires disent qu'on avoit pratiqué une ouverture dans le mur.

parc entre deux détachements de soldats : ses serviteurs et ses geôliers, le colonel Thomlinson lui-même, chef de sa garde funèbre, l'accompagnoient tête nue ; le respect étoit égal à la grandeur de la victime.

Le roi entra dans son palais de Whitehall : on lui avoit préparé un dîner ; il ne prit qu'un peu de pain et de vin, encore par le conseil de Juxon. Deux heures s'écoulèrent avant qu'il fût appelé au supplice : on n'a pu que former des conjectures sur ce délai mystérieux.

Les ambassadeurs de Hollande n'étoient arrivés à Londres que le 25 janvier; ils n'eurent audience des communes que le 29 au soir, la veille même de la catastrophe.

Seymour étoit avec eux ; il apportoit deux lettres du prince de Galles, l'une adressée au roi, l'autre à Fairfax, et de plus un blanc seing du prince : Seymour avoit ordre de déclarer que les parlementaires pouvoient écrire sur ce blanc seing toutes les conditions qu'ils jugeroient à propos d'imposer pour le rachat de la vie du prisonnier; le nom de l'héritier de la couronne qui se trouveroit au bas de ces conditions deviendroit le garant de leur acceptation pleine et entière. Cet incident put jeter de l'incertitude dans les esprits ; et s'il fût arrivé quelques jours plus tôt, il auroit peut-être sauvé le roi. Quoi qu'il en soit, il est certain qu'on délibéra au pied de l'échafaud ; le sacrifice fut suspendu deux heures par une raison qu'on ignore. On trouve une preuve singulière de l'hésitation des conjurés jusqu'au dernier moment.

Fairfax étoit à Whitehall pendant l'exécution; il avoit refusé d'être du nombre des juges ; il s'étoit opposé à l'arrêt, et lady Fairfax encore plus que lui ; il avoit menacé de soulever les soldats de son régiment ; il ne fut trompé, comme nous l'avons vu, que par les jongleries de Cromwell. Herbert le rencontra entouré de quelques officiers dans un corridor de Whitehall ; Fairfax l'apercevant lui dit aussitôt : « Comment se porte le roi? » La question parut étonnante à Herbert. Fairfax croyoit donc qu'on négocioit? il ignoroit donc où en étoient les choses? La droiture sans les lumières a les résultats de la méchanceté : si elle n'accomplit pas les faits, elle les laisse accomplir, et sa conscience même lui est un piége.

Peut-être aussi le retard provint-il de la difficulté de trouver des bourreaux et de les habiller pour la scène. Le jugement des régicides fait voir qu'on ne se servit pas de l'exécuteur ordinaire, que tous les soldats d'un régiment, appelés sous serment secret à cette œuvre, dénièrent leurs bras, et que Hulet (officier accusé au procès d'avoir été le bourreau) soutint, dans sa défense, qu'on l'avoit retenu prisonnier à Whitehall pour avoir refusé la hache d'honneur des régicides.

Le colonel Thomlinson eut l'humanité de permettre à Seymour de donner à Charles la lettre de son fils. Seymour reçut les dernières instructions du roi pour le prince de Galles. A peine s'étoit-il retiré que le colonel Hacker entra : il venoit annoncer au monarque le dernier moment.

Charles suivit sans hésiter le colonel. Il traversa, accompagné de Juxon, une longue galerie bordée de soldats : ceux-ci étoient bien changés ; leur contenance annonçoit la part qu'ils prenoient enfin à une si haute infortune. Le roi sortit par l'extrémité de la galerie, et se trouva soudain sur l'échafaud : dix heures et demie sonnoient.

L'échafaud étoit tapissé de noir. Deux bourreaux masqués, mystérieux fantômes qui augmentoient la terreur de la catastrophe, se tenoient debout auprès du billot sur lequel on voyoit briller la hache : tous les deux étoient uniformément vêtus d'un habit de boucher, espèce de sarrau étroit de laine blanche ; l'un, à cheveux et à barbe noirs, portoit un chapeau retroussé ; l'autre avoit une longue barbe grise ; sa tête étoit couverte d'une perruque également grise, dont les poils épars pendoient sur son masque. Quatre anneaux de fer étoient scellés dans l'échafaud ; on y devoit passer des cordes pour forcer le roi à poser la tête sur le billot, en cas qu'il eût fait résistance[1], comme les anciens sacrificateurs attachoient le taureau à l'autel. Des régiments de cavalerie et d'infanterie, en casaques rouges, environnoient l'échafaud ; un peuple innombrable, placé hors de la portée de la voix de son souverain, se pressoit en silence au delà des troupes.

Charles, du haut du monument funèbre, dominoit ce formidable spectacle : il y avoit dans ses regards quelque chose d'intrépide et de serein. Ne se pouvant faire entendre de la foule, il parla de toutes sortes d'affaires aux personnes qui l'environnoient. Il ne se montroit ni effrayé ni pressé de mourir ; on l'eût pris pour un homme occupé dans sa chambre de l'action la plus commune tandis que ses serviteurs préparent le lit de son repos.

On vendit, le soir, dans les rues de Londres, une relation populaire des derniers moments du roi : elle abonde en ces petits détails où se plaisent les Anglois. Dans ces portraits faits sur le modèle vivant, il y a une naïveté, une nature que toutes les copies du monde ne peuvent reproduire. Voici cette relation : on y remarquera la liberté d'esprit de Charles ; les discours de ce prince mêlés de controverse religieuse et politique : le royal orateur sembloit oublier qu'il étoit là pour mourir ; seulement ses parenthèses relatives à la hache mon-

1. *Regicid's Trial.*

troient qu'il se souvenoit de tout. On sera encore frappé, dans ce récit, de la douleur des assistants et du respect même du bourreau : Hulet, le masque à la barbe grise, ne porta le coup que par l'ordre de celui qui seul avoit le droit de le commander.

Nous nous servons de la traduction françoise de cette pièce, faite en 1649, et qui est aussi naïve que l'original.

# RELATION VÉRITABLE

DE LA MORT DU ROI DE LA GRANDE-BRETAGNE,

AVEC

LA HARANGUE FAITE PAR SA MAJESTÉ SUR L'ÉCHAFAUD
IMMÉDIATEMENT AVANT SON EXÉCUTION.

---

Le vingt-neuvième jour de janvier, sur les dix heures du matin, le roi fut conduit de Saint-James, à pied, par dedans le parc, au milieu d'un régiment d'infanterie, tambour battant et enseignes déployées, avec sa garde ordinaire, armée de pertuisanes, quelques-uns de ses gentilshommes devant et après lui, la tête nue ; le sieur Juxon, docteur en théologie, ci-devant évêque de Londres, le suivoit, et le colonel Thomlinson, qui avoit la charge de Sa Majesté, parlant à lui la tête nue, depuis le parc de Saint-James, au travers de la galerie de Whitehall, jusques en la chambre de son cabinet[1], où il couchoit ordinairement et faisoit ses prières : où étant arrivé il refusa de dîner, pour autant que (ayant communié une heure avant) il avoit bu ensuite un verre de vin et mangé un morceau de pain.

« De là il fut accompagné par ledit sieur Juxon, le colonel Thomlinson et quelques autres officiers qui avoient charge de le suivre, et de sa garde du corps, environné de mousquetaires depuis la salle à banqueter joignant laquelle l'échafaud[2] étoit dressé, tendu de deuil, avec la hache et le chouquet au milieu. Plusieurs compagnies de cavalerie et d'infanterie étoient rangées aux deux côtés de l'échafaud, avec confusion de peuple pour voir ce spectacle. Le roi étant monté sur l'échafaud jeta les yeux attentivement sur la hache et le chouquet, et demanda au colonel Hacker s'il n'y en avoit point de plus haut, puis

---

1. Le roi avoit demandé le cabinet et la petite chambre prochaine. (*Cette note et les suivantes sont de l'auteur de la Relation.*)
2. C'étoit proche ou en ce lieu-là même que fut tué un bourgeois et trente blessés; premier sang de cette dernière guerre.

parla comme il s'ensuit, adressant ses paroles particulièrement au colonel Thomlinson :

« J'ai fort peu de choses à dire, c'est pourquoi je m'adresse à vous, et vous dirai que je me tairois fort volontiers si je ne craignois que mon silence ne donnât sujet à quelques-uns de croire que je subis la faute comme je fais le supplice; mais je crois que pour m'acquitter envers Dieu et mon pays je dois me justifier comme bon chrétien et bon roi, et finalement comme homme de bien.

« Je commencerai premièrement par mon innocence ; et en vérité je crois qu'il ne m'est pas nécessaire de vous entretenir longtemps sur ce sujet. Tout le monde sait que je n'ai jamais commencé la guerre avec les deux chambres du parlement, et j'appelle Dieu à témoin (auquel je dois bientôt rendre compte) que je n'ai jamais eu intention d'usurper sur leurs priviléges; au contraire, ils commencèrent eux-mêmes en se saisissant des arsenaux ; ils confessent qu'ils m'appartiennent, mais ils jugèrent qu'il étoit nécessaire de me les ôter ; et pour le faire court, si quelqu'un veut regarder les dates des commissions de leurs députés et des miens comme des déclarations, il verra évidemment qu'ils ont commencé ces malheureux désordres, et non pas moi : de sorte que j'espère que Dieu vengera mon innocence... Non, je ne le veux pas ! j'ai de la charité ; à Dieu ne plaise que j'en impute la faute aux deux chambres du parlement ; il n'est pas besoin ni de l'une ni de l'autre ; j'espère qu'ils sont exempts de ce crime, car je crois que les mauvais ministres d'entre eux et moi ont été les causes principales de tout ce sang répandu. Tellement que, par manière de parler, comme je m'en trouve exempt, j'espère (et prie Dieu qu'ainsi soit) qu'ils le soient aussi. Néanmoins à Dieu ne plaise que je sois si mauvais chrétien que je ne confesse que les jugements de Dieu sont justes contre moi : car souventes fois il punit justement par une injuste vengeance ; cela se voit ordinairement. *Je dirai seulement qu'un injuste arrêt*[1] *que j'ai souffert être exécuté est puni à présent par un autre injuste, donné contre moi-même.* Ce que j'ai dit jusque ici est pour vous faire voir mon innocence.

« Maintenant, pour vous faire voir que je suis un bon chrétien, voilà un honnête homme (montrant au doigt le sieur Juxon), lequel portera témoignage que j'ai pardonné à tout le monde, et en particulier à ceux qui sont auteurs de ma mort ; quels y sont, Dieu le sait, je prie Dieu de leur pardonner. Mais ce n'est pas tout : il faut que ma charité passe plus avant ; je souhaite qu'ils se repentent, car véritablement ils

---

1. L'arrêt de mort du comte de Strafford.

ont commis un grand péché en cette occurrence. Je prie Dieu avec saint Étienne qu'ils n'en reçoivent pas la punition ; non-seulement cela, mais encore qu'ils puissent prendre la vraie voie d'établir la paix dans le royaume ; car la charité me recommande non-seulement de pardonner aux personnes particulières, mais aussi de tâcher jusqu'à mon dernier soupir de mettre la paix dans le royaume.

« Ainsi, messieurs, je le souhaite de toute mon âme et espère qu'il y a quelques-uns ici [1] qui le feront connoître plus loin, afin d'aider à la pacification du royaume.

« Maintenant, messieurs, il vous faut faire voir comme vous êtes en un mauvais chemin, et vous remettre en un meilleur. Premièrement, pour vous montrer que vous vous détournez de la justice, je vous dirai que tout ce que vous avez jamais fait, à ce que j'en ai pu concevoir, a été par voie de conquête ; certainement c'est une fort mauvaise voie : car une conquête, messieurs, n'est jamais juste, s'il n'y a quelque bonne et légitime cause, soit pour quelque tort reçu, ou en ayant droit légitime ; et alors si vous outrepassez cela, la première contestation que vous en avez rend votre cause injuste à la fin, quoiqu'elle fût juste au commencement ; mais si ce n'est que par conquête, c'est une grande volerie, comme un pirate reprocha un jour à Alexandre qu'il étoit le grand voleur ; et pour lui, qu'il se contentoit d'avoir le nom de petit. De sorte, messieurs, que je trouve la voie que vous prenez fort mauvaise à présent. Messieurs, pour vous mettre en un bon chemin, soyez assurés que vous ne ferez jamais bien, et que Dieu ne vous assistera jamais, que vous ne donniez à Dieu ce qui appartient à Dieu et au roi ce qui appartient au roi (je veux dire à mes successeurs) et au peuple. Je suis autant pour le peuple qu'aucun de vous. Il vous faut donner à Dieu ce qui appartient à Dieu, en réglant son Église droitement (selon l'Écriture), laquelle est à présent en désordre. Pour vous en dire la voie en détail présentement, je ne le puis faire ; je vous dirai seulement qu'il seroit bon d'assembler un synode national, où chacun pourroit disputer avec toute liberté, et que les opinions qui paroîtraient évidemment bonnes fussent suivies.

« Quant au roi, en vérité, je ne le veux pas... » Puis se tournant vers un gentilhomme qui touchoit la hache, dit : « Ne gâtez pas la hache [2]. » « Quant au roi, les lois du royaume vous en instruisent clairement, et partant, d'autant que cela me touche en particulier, je ne vous en dis qu'un mot en passant.

---

1. Se tournant vers quelques gentilshommes qui écrivoient ce qu'il disoit.
2. Voulant dire qu'il n'en gâtât pas le tranchant.

« Pour le peuple, certainement je désire autant sa liberté et franchise que qui que ce soit ; mais il faut que je vous dise qu'elle consiste à être conservée par les lois, par lesquelles ils soient assurés de leur vie et de leurs biens : ce n'est pas qu'il faille qu'ils aient part au gouvernement, messieurs ; cela ne leur appartient pas. Un souverain et un sujet sont bien différents l'un de l'autre, et partant jusques à ce que vous fassiez cela (je veux dire que vous mettiez le peuple en cette sorte de liberté), certainement ils n'en auront jamais.

« Messieurs, c'est pour ce sujet que je suis ici. Si j'eusse voulu donner lieu à un arbitrage, afin de changer les lois suivant la puissance du glaive, j'eusse pu éviter ceci, et partant je vous dis (et prie Dieu qu'il en détourne son châtiment de dessus vous) que je suis martyrisé pour le peuple.

« Véritablement, messieurs, je ne vous tiendrai pas plus longtemps ; je vous dirai seulement que j'eusse bien pu demander quelque peu de temps pour mettre ceci en meilleur ordre, et le digérer mieux ; partant j'espère que vous m'excuserez.

« J'ai déchargé ma conscience ; je prie Dieu que vous preniez les voies les plus propres pour le bien du royaume et votre propre salut. »

« Alors le sieur Juxon dit au roi : « Plaît-il à Votre Majesté (encore que l'affection qu'elle a pour la religion soit assez connue) de dire quelque chose pour la satisfaction du peuple ? »

— « Je vous remercie de tout mon cœur, monseigneur, parce que je l'avais presque oublié. Certainement, messieurs, je crois que ma conscience et ma religion est fort bien connue de tout le monde, et partant je déclare devant vous tous que je meurs chrétien, professant la religion de l'Église anglicane, en l'état que mon père l'a laissée, et je crois que cet honnête homme (en montrant le sieur Juxon) le témoignera. »

« Puis, se tournant vers les officiers, dit : « Messieurs, excusez-moi en ceci, ma cause est juste et mon Dieu est bon ; je n'en dirai pas davantage. »

« Puis il dit au colonel Hacker : « Ayez soin, s'il vous plaît, que l'on ne me fasse point languir. »

« Et alors un gentilhomme approchant auprès de la hache, le roi lui dit : « Prenez garde à la hache, je vous prie ; prenez garde à la hache. »

« Ensuite de quoi, le roi parlant à l'exécuteur, dit : « Je ferai ma prière fort courte, et lorsque j'étendrai les bras... »

« Puis le roi demanda son bonnet de nuit au sieur Juxon, et l'ayant mis sur sa tête, il dit à l'exécuteur : « Mes cheveux vous empêchentils ? » Lequel le pria de les mettre sous son bonnet ; ce que le roi fit étant aidé de l'évêque et de l'exécuteur. Puis le roi, se tournant derechef vers le sieur Juxon, dit : « Ma cause est juste, et mon Dieu est bon. »

« *Le sieur Juxon* : « Il n'y a plus qu'un pas, mais ce pas est fâcheux ; il est fort court, et pouvez considérer qu'il vous portera bien loin promptement ; il vous transportera de la terre au ciel, et là vous trouverez beaucoup de joie et de réconfort. »

« *Le roi* : « Je vais d'une couronne corruptible à une incorruptible, où il ne peut pas y avoir de trouble ; non, aucun trouble du monde. »

« *Juxon* : « Vous changez une couronne temporelle à une éternelle ; un fort bon change. »

« Le roi dit à l'exécuteur : « Mes cheveux sont-ils bien ? ». Le roi ôta son manteau, et donna son cordon bleu, qui est l'ordre de Saint-Georges, audit sieur Juxon, disant : « Souvenez-vous... »

« Puis le roi ôta son pourpoint, et étant en chemisette, remit son manteau sur ses épaules ; puis, regardant le chouquet, dit à l'exécuteur : « Il vous le faut bien attacher. »

« *L'exécuteur* : « Il est bien attaché. »

« *Le roi* : « On le pouvoit faire un peu plus haut. »

« *L'exécuteur* : « Il ne sauroit être plus haut, sire. »

« *Le roi* : « Quand j'étendrai les bras ainsi, alors... » Après quoi ayant dit deux ou trois paroles tout bas, debout, les mains et les yeux levés en haut, s'agenouilla incontinent, mit son col sur le chouquet, et lors l'exécuteur remettant encore ses cheveux sous son bonnet, le roi dit (pensant qu'il alloit frapper) : « Attendez le signe. »

« *L'exécuteur* : « Je le ferai, s'il plaît à Votre Majesté. »

« Et une petite pause après, le roi étendit les bras. L'exécuteur sépara la tête de son corps d'un seul coup, et quand la tête du roi fut tranchée, l'exécuteur la prit dans sa main et la montra aux spectateurs, et son corps fut mis en un coffre couvert, pour ce sujet, de velours noir. Le corps du roi est à présent dans sa chambre à Whitehall. »

Sic transit gloria mundi.

(*Fin de la relation.*)

Clarendon raconte que le corps du roi, qui se voyoit le soir de l'exécution *dans sa chambre à Whitehall*, ne put être retrouvé à la restauration de Charles II. Cependant Herbert avoit positivement écrit que l'inhumation avoit eu lieu à Windsor, dans le caveau du chœur de la chapelle de Saint-Georges, où reposoient les restes de Henri VIII et

EXÉCUTION DE CHARLES I.er

Garnier frères, Éditeurs

de Jeanne Seymour. Des ouvriers travaillant dans cette chapelle, en 1813, ouvrirent par hasard le caveau. Le prince régent, aujourd'hui Georges IV, ordonna des recherches ; on découvrit un cercueil de plomb ; sur ce cercueil étoit une plaque portant ces mots : Charles Roi ; ce qui étoit conforme en tout au récit d'Herbert.

Une entaille fut pratiquée dans le couvercle, et, après l'enlèvement d'une toile imprégnée d'une matière grasse, on vit apparoître le visage d'un mort, dont les traits brouillés et confus ressembloient au portrait de Charles I$^{er}$. D'après le procès-verbal de sir Henri Halford, la tête du cadavre, séparée du tronc, avoit les yeux à demi ouverts, et l'on put teindre un mouchoir blanc d'un sang encore assez liquide. Ce témoin extraordinaire, de retour de la tombe après le meurtre de Louis XVI, est venu déposer des fautes des rois, des excès des peuples, de la marche du temps, de l'enchaînement des événements et de la complicité du crime de 1649 avec celui de 1793.

Une omission frappe dans la relation populaire de l'exécution de Charles : cette relation ne parle point du masque des bourreaux. Ludlow, le régicide, se tait aussi sur ce fait. La petite feuille dont il s'agit ne put être vendue dans les rues de Londres qu'après avoir passé à la *censure* des hommes de la *liberté*. Or, des bourreaux sous le masque étoient, ou une affreuse saturnale, ou l'aveu qu'un meurtre avoit été accompli sur une tête qu'aucune créature à visage d'homme n'avoit le droit de toucher.

Pour arriver à la fatale exécution, Cromwell avoit eu besoin de ces ris et de ces larmes qui, se contrariant en lui, déjouoient leur mutuelle hypocrisie ; il redevint franc après le coup : il se fit ouvrir le cercueil, et s'assura, en touchant la tête de son roi, qu'elle étoit véritablement séparée du corps ; il remarqua qu'un homme aussi bien constitué auroit pu vivre de longues années. Le terrible Cromwell, obscur et inconnu comme le destin, en avoit dans ce moment l'orgueil inexorable : il se délectoit dans la victoire par lui remportée sur un monarque et sur la nature.

Les meurtriers ses compagnons ne partageoient pas dans ce moment son assurance et sa joie. Tous s'étoient hâtés de quitter la scène sanglante. Le principal bourreau, Hulet, capitaine au régiment de cavalerie du colonel Hewson, se jeta, pour traverser la Tamise, dans le bateau d'un marinier appelé Smith : celui-ci fut contraint par des mousquetaires de le prendre à son bord. S'étant éloigné du rivage, Smith dit au sinistre passager : « Êtes-vous le bourreau qui a coupé la tête du roi ? » — « Non, répondit Hulet, vrai comme je suis un pécheur devant Dieu. » Et il trembloit de tout son corps. Smith, toujours ramant, reprit : « Êtes-vous le bourreau qui a coupé la tête du roi? » Hulet nia de nouveau, raconta qu'on l'avoit retenu prisonnier à Whitehall, mais qu'on s'étoit emparé de ses *instruments*. Smith lui dit : « Je coulerai bas mon bateau si vous ne me dites la vérité. » La tête du roi avoit été payée 100 livres sterling à Hulet. « Je prouverai que c'est toi qui as porté le coup, » lui dit l'avocat général Turner, lors du procès des régicides, « et je t'arracherai ton masque [1]. »

1. *Regicide's trial.*

# LA RÉPUBLIQUE ET LE PROTECTORAT.

1649-1658.

Deux effets furent produits en Angleterre par l'exécution de Charles. D'une part, les hommes de bien furent consternés ; il y eut des douleurs profondes, des morts subites causées par ces douleurs ; et comme la nation étoit religieuse, il y eut aussi des remords. L'*Eikon Basiliké* fit regretter Charles 1er, de même que le testament de Louis XVI a fait admirer ce dernier roi. L'*Eikon Basiliké* n'étoit point de Charles : le docteur Gauden en est aujourd'hui reconnu l'auteur. Milton eut l'odieuse commission d'éclaircir ce point de critique : toute la sublimité de son génie, appuyé de la vérité du fait, ne put néanmoins triompher d'une imposture, ouvrage d'un esprit commun, mais fondée sur la vérité du malheur.

Que reste-t-il aujourd'hui de toutes ces douleurs en Angleterre ? Une cérémonie établie par Charles second, et qui se célèbre le 30 janvier de chaque année. On est censé jeûner, et l'on ne jeûne point ; les spectacles sont fermés, et l'on se divertit dans les salons et dans les tavernes ; la bourse est aussi fermée, au grand ennui des spéculateurs, qui se soucient fort peu de trouver sur le chemin de leur fortune ou de leur ruine la tête d'un roi. Les siècles n'adoptent point ces legs de deuil ; ils ont assez de maux à pleurer, sans se charger de verser encore des larmes héréditaires.

D'une autre part, la confusion se répandit dans les trois royaumes, après la mort de Charles 1er. Chacun avoit un plan de république et de religion. Les Millénaires, ou les hommes de la cinquième monarchie, demandoient la loi agraire et l'abolition de toute forme de gouvernement, afin d'attendre le gouvernement prochain du Christ ; il n'y avoit, d'après eux, d'autre charte que l'Écriture. Les Antoniniens prétendoient que la loi morale étoit détruite, que chacun se devoit conduire désormais par ses propres principes, et non plus d'après les anciennes notions de justice et d'humanité ; ils réclamoient la liberté de tout faire : la fornication, l'ivrognerie, le blasphème, sont, disoient-ils, selon les voies du Seigneur, puisque c'est le Seigneur qui parle en nous. Ils n'étoient pas loin de devenir Turcs, et se plaisoient à la lecture du Coran, nouvellement traduit. Les quakers, et surtout les quakeresses, passoient aussi pour une secte mahométane. Des politiques, s'élevant contre toute espèce de culte, vouloient que le pouvoir ne reconnût aucune religion particulière ; d'autres prétendoient refondre les lois civiles et effacer complétement le passé. Dépouillés de leurs biens et de leurs honneurs, les épiscopaux gémissoient dans l'oppression, et les presbytériens voyoient le fruit d'une révolution qu'ils avoient semée recueilli par les indépendants, les agitateurs et les niveleurs. Ces niveleurs étoient de plusieurs espèces : les uns, les *fouilleurs* et *déracineurs*, s'emparoient des bruyères et des champs en friche ; les autres, les *guerriers* et les *turbulents*, soulevoient les soldats ou devenoient voleurs de grands chemins : tous demandoient la dissolution du long parlement et la convocation d'un parlement nouveau. Dans cette désorganisation complète de la société, au milieu des potences et des échafauds qui s'élevoient pour punir le crime et la vertu, on n'avoit aucun parti arrêté : par une sorte de bonne foi que l'anarchie laissoit libre, il étoit très-commun d'entendre des républicains parler de mettre Charles second à la tête de la république, et des royalistes déclarer qu'une république étoit peut-être ce qu'il y avoit de mieux.

Il restoit cependant à Londres deux principes de gouvernement et d'administration : le *rump*, et le conseil des officiers, qui avoit déjà subjugué le *rump*.

On examina d'abord si la chambre des pairs faisoit partie intégrante du pouvoir législatif : malgré l'opinion de Cromwell, qui, dans ses intérêts, vouloit garder la pairie, il fut décidé que la chambre héréditaire étoit inutile et dangereuse ; sa suppression fut décrétée. La monarchie éprouva le même sort : le maire de Londres refusa de proclamer l'acte d'abolition de la royauté.

Le royaume d'Angleterre se trouvant transformé en république, un nouveau grand sceau fut gravé ; il représentoit d'un côté la chambre des communes, avec cette inscription : *Le grand sceau de la république d'Angleterre ;* sur le revers on voyoit une croix et une harpe, armes de l'Angleterre et de l'Irlande, avec ces mots : *Dieu avec nous ;* dans l'exergue on lisoit : *L'an premier de la liberté, par la grâce de Dieu.* 1649. C'est une mauvaise date pour la liberté que celle d'un crime.

Cinq membres des communes furent chargés (Ludlow en étoit un) de composer un conseil de Quarante, auquel seroit dévolu le pouvoir exécutif. Ce comité des Cinq présenta trente-cinq candidats; on leur adjoignit le comité des Cinq. Celui-ci fut en outre chargé d'examiner la conduite des parlementaires qui n'avoient pas siégé à Westminster durant le procès du roi.

Il étoit convenable d'immoler des victimes en l'honneur des funérailles du prince : le duc d'Hamilton, le earl de Holland et lord Capell, prisonniers, furent décapités; le premier contre le droit des gens, les deux derniers contre le droit de la guerre. Tous les partis regrettèrent lord Capell; Cromwell fit de lui un éloge magnifique, mais il prétendit qu'on le devoit sacrifier à cause même de sa vertu. Le noble pair, étant sur l'échafaud, s'adressa à l'exécuteur : « Avez-vous coupé la tête de mon maître? » — « Oui, » répondit l'exécuteur. « Où est l'instrument qui porta le coup? » Le bourreau montra la hache. « Êtes-vous sûr que ce soit la même? » reprit lord Capell. Sur sa réponse affirmative, le royaliste prit la hache, la baisa avec respect, la rendit au meurtrier public, en lui disant : « Misérable! n'étois-tu pas effrayé? » Le bourreau repartit : « Ils me forcèrent de faire mon métier. J'eus trente livres sterling pour ma peine. »

Eh bien, le bourreau mentoit; il se vantoit d'une victoire qui n'étoit pas la sienne; il n'avoit souillé ni sanctifié ses mains et sa hache dans le sang de son roi. Cet homme, qui se nommait Brandon, n'étoit que le bourreau ordinaire; on ne l'avoit point appelé (ou peut-être avoit-il refusé par frayeur son ministère) à la grande exécution. La peur cessant, la vanité revint; Brandon songea à sauver ses droits et son *honneur* : le soir même de la mort de Charles, Brandon tint dans un cabaret le propos qu'il redit à lord Capell, se parant du crime qu'il n'avoit pas commis.[1]

Lord Capell livra sa tête, après avoir déclaré qu'il mouroit pour Charles Ier, pour son fils Charles II et pour tous les héritiers légitimes de la couronne.

Le *rump*, feignant de céder à l'opinion publique, s'occupa, en apparence, de sa dissolution, et rechercha les principes d'après lesquels un parlement nouveau pourroit être élu. Le *rump* n'étoit pas sincère; il ne songeait qu'à se perpétuer en attendant les événements, grands débrouilleurs de la politique.

Cependant le comte d'Ormond, lord Inchiquin et le général Preston avoient soulevé l'Irlande, où Monk, qui défendoit Dundalk pour le parlement, avoit capitulé.

1. *Trial of twenty-nine regicides*, p. 33.

Cromwell, malgré les prétentions de Lambert et de Fairfax, fut nommé au gouvernement militaire et civil d'Irlande. Il partit accompagné d'Ireton, son gendre, après avoir cherché *le Seigneur* devant Harrison et expliqué les Écritures.

Il aborde à l'île dévouée avec dix-sept mille vétérans et une garde particulière de quatre-vingts hommes, tous officiers. Tredall est emporté d'assaut; Cromwell monte lui-même à la brèche : tout périt du côté des Irlandois. Le commandant, sir Arthur Ashton, est tué. Ce vieux militaire avoit une jambe artificielle ; elle passoit pour être d'or : les soldats républicains se disputèrent cette jambe royaliste, qui n'étoit que le trésor de bois de l'honneur et de la fidélité.

Wexford est saccagé, Goran rendu par les soldats ; les officiers sont fusillés. Kilkenny, Youghall, Cooke, Kingsale, Colonmell, Dungarvan et Carrik se soumettent. Cromwell et Ireton portent à l'Irlande, comme ils l'avoient annoncé, l'extermination et l'enfer.

Cromwell, au milieu de ses victoires, est rappelé pour repousser les Écossois : ceux-ci s'étoient décidés à reconnaître les droits de Charles second ; et bien qu'ils eussent pendu le royaliste Montross, parce qu'il n'étoit pas covenantaire, ils étoient eux-mêmes royalistes. Rien de plus commun que ces inconséquences des partis dans les discordes civiles.

Les négociations entre Charles II et les Écossois avoient été plusieurs fois interrompues. Charles, enfin, privé de toutes ressources, s'étoit rendu à Édimbourg : là il avoit repris le sceptre de Marie Stuart, à la charge de publier cette déclaration déshonorante :

« Que son père avoit péché en prenant femme dans une famille idolâtre ;

« Que le sang versé dans les dernières guerres devoit être imputé à son père ;

« Qu'il avoit une profonde douleur de la mauvaise éducation qu'on lui avoit donnée, et des préjugés qu'on lui avoit inspirés contre la cause de Dieu, et dont il reconnoissoit à présent l'injustice ;

« Que toute sa vie précédente n'avoit été qu'un cours suivi d'inimitié contre l'œuvre de Dieu ;

« Qu'il se repentoit de la commission donnée à Montross, et de toutes ses actions qui avoient pu scandaliser ;

« Qu'il protestoit devant Dieu qu'il étoit à présent sincère dans cette déclaration, et qu'il s'y tiendroit jusqu'à son dernier soupir, tant en Écosse qu'en Angleterre et en Irlande. »

Cependant Charles II n'étoit ni sans honneur ni sans courage. Jeune encore, il avoit combattu pour son père, à la tête des forces de terre et de mer. Mais c'étoit bien le prince le moins fait qu'il y eût au monde pour entendre six sermons de presbytériens par jour. Lorsque, accablé de ces prédications, il cherchoit quelque distraction, il ne pouvoit sortir d'Édimbourg, sans passer sur les membres mutilés de Montross, attachés aux portes de la ville. Montross, en mourant, avoit souhaité que son corps fût mis en autant de morceaux qu'il y avoit de villes dans les trois royaumes, afin qu'on rencontrât partout des témoins de sa fidélité. Un de ses bras fut exposé sur un gibet à Aberdeen ; les habitants l'enlevèrent secrètement et le cachèrent : après la restauration, ils le mirent dans une cassette couverte de velours cramoisi brodé d'or, et le portèrent en triomphe dans toute leur ville.

Cromwell marcha contre les Écossois à la tête de dix-huit mille hommes. Il les attaqua à Dunbar, et les défit (3 septembre 1650). L'année suivante, après avoir conquis une partie de l'Écosse, il s'attacha aux pas de Charles II, qui s'étoit avancé en Angleterre avec une armée : il l'atteignit à Worcester. Le génie si fatal au père n'est pas moins fatal au fils ; le combat se livre le 3 septembre 1651, jour anniversaire de la bataille de Dunbar : deux mille royalistes sont tués ; huit mille prisonniers sont encore vendus comme esclaves. On retrouve cette habitude de trafiquer les hommes jusque sous Jacques II.

Le jeune roi fuit seul, se coupe les cheveux, de peur, comme Absalon ou comme les rois chevelus, d'être reconnu au bel ornement de sa tête. Ce prince nous a laissé le récit de ses aventures : son déguisement en bûcheron ; sa tentative pour entrer dans le pays de Galles avec le pauvre Pendrell ; sa journée passée avec le colonel Careless au haut du chêne qui retint le nom de chêne royal ; ses aventures chez un gentilhomme appelé Lane, dans le comté de Strafford ; son voyage à Bristol, voyage qu'il fit à cheval, menant en croupe la fille de son hôte ; son arrivée chez M. Norton ; sa rencontre d'un des chapelains de la cour qui regardoit jouer aux quilles, et d'un vieux serviteur qui le nomma en fondant en larmes ; son passage chez le colonel Windham ; le danger qu'il courut par la sagacité du maréchal, qui, visitant les pieds des chevaux, affirma qu'un de ces chevaux avoit été ferré dans le nord ; enfin l'embarquement de Charles à Brightelmsted, et son débarquement en Normandie, firent de ce moment de la vie de ce prince un moment de gloire romanesque qui lutta avec la gloire historique de Cromwell. Ludlow se contente de dire que Charles s'enfuit avec une mistress Lane.

Cromwell revint triompher à Londres. Le parlement envoya une députation au-devant de lui. Le général fit présent à chaque commissaire d'un cheval et de deux prisonniers : toujours même mépris des hommes parmi ces républicains. Les historiens n'ont pas remarqué ce trait de mœurs qui distingue les Anglois d'alors de tous les peuples chrétiens de l'Europe civilisée et les rapproche des peuples de l'Orient. Monk, laissé en Écosse par Cromwell, l'acheva de soumettre. Le royaume de Marie Stuart fut réuni par acte du *rump* à l'Angleterre, ce que n'avoient pu faire les plus puissants monarques de la Grande-Bretagne.

Autant le corps législatif étoit méprisé, autant le conseil exécutif avoit montré de vigueur et de talent : c'est ce qu'on a vu en France, sous les fameux comités émanés de la Convention. Les terres du clergé avoient été mises en vente ainsi que les domaines de la couronne, et ceux-ci tant en Angleterre qu'en Écosse. Les propriétés nationales, proposées d'abord au prix de dix années de leur affermage annuel, s'élevèrent avec les succès de la république au taux de quinze, seize, et dix-sept années de leur revenu net : on vendoit les bois à part. Les royalistes dont les biens avoient été séquestrés ou confisqués en obtenoient le retour ou la mainlevée, moyennant une finance plus ou moins forte payée argent comptant. Une taxe de 120 mille livres sterling par mois suffisoit avec ces différentes sommes au besoin des services de l'État.

Toutes les puissances de l'Europe, et l'Espagne la première, avoient reconnu la république. L'Irlande étoit domptée, l'Écosse soumise et réunie à l'Angleterre ; une flotte, commandée par le fameux Robert Blake, devenu amiral de colonel qu'il étoit, gardoit les mers autour des îles Britanniques ; une autre, sous le pavillon d'Édouard Popham, croisoit sur les côtes du Portugal. Les Indes occidentales, les Barbades et la Virginie, soulevées d'abord, furent réduites à l'obéissance. Le fameux acte de navigation proposé par le conseil d'État au parlement en 1651, rendu exécutoire le 1er décembre de cette même année, n'est point, comme on l'a écrit mille fois, l'ouvrage de l'administration de Cromwell, mais de la république avant l'établissement du protectorat. Cet acte fit éclater la guerre entre la Hollande et la Grande-Bretagne en 1652. Blake, Aiskew, Monk et Dean soutinrent en onze combats, depuis le 17 mai 1652, vieux style, jusqu'au 10 août 1653, l'honneur du pavillon anglois contre Tromp, Ruyter, Van Galen et de Witte.

Les classes populaires, que les révolutions font monter à la surface des sociétés, donnent un moment aux vieux peuples une énergie extraordinaire ; mais ces classes, chez qui l'ignorance et la pauvreté ont conservé la vigueur, se corrompent vite au pouvoir, parce qu'elles y arrivent avec des besoins violents et des appétits longtemps excités par la misère et l'envie ; elles prennent et exagèrent les vices des grands qu'elles remplacent, sans avoir l'éducation qui du moins tempère ces vices. Une nation ainsi renouvelée par l'invasion d'une sorte de barbares indigènes ne conserve que peu de jours son énergie; n'étant plus jeune par nature, elle n'est jeune que par accident; or, les mœurs ne se renouvellent pas comme les pouvoirs, et tant que les premières ne sont pas changées, il n'y a rien de durable.

Cromwell s'aperçut que ce reste d'assemblée, soumis d'abord et humilié, commençoit à être jaloux du pouvoir que lui, Cromwell, avoit acquis. L'autorité dictatoriale des camps avoit dégoûté le futur usurpateur de l'autorité légale : son ambition, comme son caractère et son génie, le poussoit à la souveraine puissance.

Il avoit manœuvré longtemps entre les divers partis, tour à tour presbytérien, niveleur et même royaliste, mais s'appuyant toujours sur l'armée, où l'esprit républicain dominoit autant que cet esprit peut exister au milieu des armes. Les officiers vouloient l'égalité et la liberté, avec la fortune, les honneurs et le pouvoir absolu : c'est ainsi que sous la tente, depuis les légions romaines jusqu'aux mamelouks, on a toujours compris la république.

Cromwell, après ses victoires, ayant repris son siége au parlement (16 septembre 1651), pressa la rédaction du bill pour mettre fin à ce parlement interminable : il ne le put obtenir qu'à la majorité de deux voix, quarante-neuf contre quarante-sept; encore l'exécution du bill fut-elle remise au 3 novembre 1654.

Ce bill procédoit à la réforme radicale parlementaire, si souvent et si inutilement demandée depuis. La chambre des communes devoit être composée à l'avenir de quatre cents membres, sans compter les députés de l'Irlande et de l'Écosse. Les bourgs pourris disparoissoient; on ne donnoit le droit d'élire qu'aux villes et aux bourgs principaux; deux cents livres sterling en meubles ou immeubles étoient la propriété exigée du citoyen pour l'exercice du droit électoral.

Cromwell ne désiroit la dissolution du *rump* que dans l'espoir d'obtenir le suprême pouvoir, au moyen de députés choisis par son influence et dévoués à ses intérêts. Afin de préparer les idées à un changement de choses, il avoit encouragé des discussions sur l'excellence du gouvernement monarchique; mais n'ayant pu amener le *rump* à prononcer la dissolution, il prit un chemin plus court pour y parvenir.

Le rusé général avoit eu l'adresse de remplir toutes les places de ses créatures : les soldats lui étoient dévoués. Depuis la bataille de Worcester, qu'il appela, dans sa lettre au parlement, la *victoire couronnante*, il dissimuloit à peine ses projets. La modération, besoin de tout homme qui près d'arriver au pouvoir s'y veut maintenir, étoit devenue l'arme de Cromwell : il avoit fait publier une amnistie générale, et se montroit favorable aux royalistes ; il les trouvoit par principe moins opposés que les autres partis à l'autorité d'un seul, et à son tour il avoit besoin de fidélité.

Les communes, qui se sentoient attaquées, essayèrent de se défendre : tantôt elles se plaignoient des calomnies que Cromwell faisoit semer contre elles ; tantôt elles songeoient encore à se perpétuer d'une manière moins directe, en procédant à l'élection des places vacantes au parlement. Cromwell ne s'endormoit pas ; il présidoit à des assemblées, à des colloques, à des traités entre les partis, et trompoit tout le monde. Le colonel Harrison, franc républicain, mais aveugle d'esprit, prétendoit toujours que le général, loin de se vouloir faire roi, ne songeoit qu'à préparer le règne de Jésus. « Que Jésus vienne donc vite, répondit le major Streater, ou il arrivera trop tard. » Cromwell, de son côté, déclaroit que le psaume cx$^e$ l'encourageoit à mettre la nation en république ; et à cette fin il engageoit le comité d'officiers à présenter des pétitions qui devoient amener, par l'opposition des parlementaires, la destruction de la république. Une de ces pétitions demandoit le payement des arrérages de l'armée et la réforme des abus ; une autre sollicitoit la dissolution immédiate du parlement et la nomination d'un conseil pour gouverner l'État jusqu'à la prochaine convocation du parlement nouveau. Emportées par leur ressentiment, les communes déclarèrent que quiconque présenteroit à l'avenir de pareilles doléances seroit coupable de haute trahison. On vint apprendre cette résolution à Cromwell, qui s'y attendoit. Il s'écria, animé d'une feinte colère, au milieu des officiers : « Major général Vernon, je me vois forcé de faire une chose qui me fait dresser les cheveux sur la tête. » Il prend trois cents soldats, marche à Westminster, laisse les trois cents soldats en dehors, et pénètre seul dans la chambre : il étoit député.

Il écoute un moment en silence la délibération, puis appelant Harrison, membre comme lui de l'assemblée, il lui dit à l'oreille : « Il est temps de dissoudre le parlement. » Harrison répondit : « C'est une dangereuse affaire, songez-y bien. »

Cromwell attend encore ; puis se levant tout à coup, il accable les communes d'outrages, les accuse de servitude, de cruauté, d'injustice : « Cédez la place, s'écrie-t-il en fureur, le Seigneur en a fini avec vous ! il a choisi d'autres instruments de ses œuvres. » Sir Peters Wentworth veut répondre ; Cromwell l'interrompt : « Je ferai cesser ce bavardage. Vous n'êtes pas un parlement ; je vous dis que vous n'êtes pas un parlement. »

Le général frappe du pied : les portes s'ouvrent ; deux files de mousquetaires, conduits par le lieutenant-colonel Worsley, entrent dans la chambre et se placent à droite et à gauche de leur chef. Vane veut élever la voix : « Oh ! sir Henri Vane ! sir Henri Vane ! dit Cromwell : le Seigneur me délivre de sir Henri Vane ! » Désignant alors tour à tour quelques-uns des membres présents : « Toi, dit-il, tu es un ivrogne, toi un débauché (c'étoit Martyn, ce régicide dont il avoit barbouillé le visage d'encre), toi un adultère, toi un voleur. » Ce qui étoit vrai. Harrison fait descendre l'orateur de son fauteuil en lui tendant la main. Le troupeau épouvanté sort pêle-mêle ; tous ces hommes s'enfuient sans oser tirer l'épée que la plupart portoient au côté. « Vous m'avez forcé à cela, disoit Cromwell ; j'avois prié le Seigneur nuit et jour de me faire mourir plutôt que de me charger de cette commission. »

Alors, montrant du doigt aux soldats la masse d'armes : « Emportez ce jouet[1]. » Il sort le dernier, fait fermer les portes, met les clefs dans sa poche, et se retire à Whitehall. Le lendemain on trouva suspendu à la porte de la chambre des communes un écriteau ainsi conçu : *Chambre à louer, non meublée.* Ainsi fut chassé de Westminster le parlement : la liberté y resta.

Remarquons les justices du ciel : ces députés qui avoient tué leur prince légitime, prétendant qu'il avoit violé les droits du peuple ; ces députés qui avoient eux-mêmes précipité violemment de leur siège un grand nombre de leurs collègues, furent dispersés par un de leurs complices, bien autrement coupable que Charles envers les droits de la nation. Mais souvent ce que l'on conteste à la légitimité, on l'accorde à l'usurpation : les hommes dans leur orgueil se consolent de l'esclavage lorsqu'ils ont eux-mêmes choisi leur maître parmi leurs égaux.

Buonaparte à Saint-Cloud fit sauter les républicains par les fenêtres, avec moins de fermeté et moins de décision politique que Cromwell n'en mit à dissoudre le long parlement. L'Angleterre républicaine accepta le joug : les tempêtes avoient enfanté leur roi ; elles s'y soumirent.

La véritable république ne dura en Angleterre que quatre ans et trois mois, à compter de la mort du roi (30 janvier 1649) jusqu'à la dislocation totale du *rump* (20 avril 1653). Cette courte république ne fut pas sans gloire au dehors ni même sans vertu, sans liberté et sans justice au dedans. Les membres des communes s'exclurent, il est vrai,

---

1. Whitelocke dit : *cette marotte.*

mutuellement de l'assemblée législative; mais ils ne se décimèrent point, ne s'assassinèrent point tour à tour comme les Conventionnels. La république françoise exista douze années, de 1792 à 1804, à l'érection de l'empire, temps de gloire et de conquête au dehors, mais de crimes, d'oppression et d'iniquités au dedans. Cette différence entre deux révolutions qui ont cependant produit, en dernier résultat, la même liberté, vient du sentiment religieux qui animoit les novateurs de la Grande-Bretagne, et des principes d'irréligion qu'affichoient les artisans de nos discordes. Quelques vertus peuvent exister dans la superstition, il n'y en a point dans l'impiété. Les révolutionnaires anglois, fanatiques, connurent le repentir; les révolutionnaires françois, athées, ont tous été sans remords : ils étoient insensibles à la fois comme la matière et comme le néant.

# LE PROTECTORAT.

## 1653-1658.

Il étoit facile à Cromwell de convoquer un parlement libre ; il ne le voulut pas : il cherchoit le pouvoir, non la liberté. L'Angleterre d'ailleurs étoit lasse de parlements ; après l'anarchie on respiroit pour le despotisme. Le conseil des officiers, qui avoit présenté la pétition décisive, s'arrogea le droit d'élection ; il choisit (toujours à la suggestion de Cromwell) dans le parti millenaire les hommes les plus obscurs, les plus ignorants, les plus fanatiques : cent quarante-quatre personnages, ainsi triés, furent revêtus du pouvoir souverain. Le major général Lambert, qui se disoit républicain et qui n'étoit que servile, Harrison, sincère démocrate et d'un esprit borné, prêtoient les mains à toutes ces violences. Harrison, sectaire de la *cinquième monarchie*, demandoit seulement que le nouveau conseil fût composé de soixante-dix membres, pour mieux ressembler au sanhédrin des Juifs. Dans le club législatif des cent quarante *saints*, il falloit avoir de longs noms composés et tirés de l'Écriture, comme dans nos clubs on s'appeloit *Scævola* et *Brutus*. Des deux frères Barebone, l'un, le corroyeur, s'appeloit *Loue-Dieu* ; l'autre, *si Christ n'étoit pas mort pour vous, vous seriez damné, Barebone*. Ce Barebone, dont le nom signifie en françois *décharné*, donna son nom aux cent quarante-quatre : au parlement *croupion* succéda le parlement *damné Barebone*, ou *le damné décharné*.

Sur une liste de jurés du comté de Sussex on voit les noms de White d'Emer, *combats pour la bonne cause de la foi* ; de Pimple, de Whitham, *tue le péché* ; de Harding de Lewes, *plein de la grâce*. Lorsque les *saints* entroient en séance à Westminster, ils récitoient des prières, cherchoient le Seigneur des journées entières, et expliquoient l'Écriture : cela fait, ils s'occupoient des affaires, dont ils se croyoient saisis. Cromwell ouvrit la session des *décharnés* par un discours qu'il accompagna de pieuses larmes, remerciant le ciel d'avoir assez vécu pour assister au commement du règne des *saints* sur la terre. Au fond de toutes ces folies, les nouvelles mœurs se formoient et les institutions prenoient racine. Ces caractères n'étoient si ridicules que parce qu'ils étoient originaux; or tout ce qui est fortement constitué a un principe de vie. Les courtisans de Charles second purent rire, mais ces fanatiques de bonne foi laissèrent une arrière-postérité qui a fait raison des courtisans.

Whitelocke prétend que quelques hommes éclairés et d'un rang élevé se trouvoient dans le parlement Barebone. Ludlow représente les *décharnés* comme un troupeau d'honnêtes niais, ressemblant assez à nos théophilanthropes. Whitelocke était un parlementaire timide, qui avoit fui de peur de condamner Charles I<sup>er</sup>, et qui se rangeoit toujours du parti le plus fort; Ludlow étoit un parlementaire décidé, meurtrier du roi et ennemi de Cromwell.

Cinq mois s'étoient à peine écoulés lorsque les cent quarante-quatre *saints*, ne pouvant plus gouverner au milieu de la risée publique, chargèrent Rouse, leur orateur, créature de Cromwell, de remettre l'autorité entre les mains de celui qui les en avoit revêtus. Cromwell l'avoit prévu : il accepta en gémissant le poids de l'autorité souveraine.

Quelques pauvres d'esprit qui n'étoient pas de la faction militaire s'obstinèrent à siéger, malgré la désertion de l'orateur et du sergent qui avoit emporté la masse. Le capitaine White entra dans la chambre, et demanda à ces saints entêtés ce qu'ils faisoient là (12 décembre 1653). « Nous cherchons le Seigneur, » répondirent-ils. « Allez donc ailleurs, s'écria White ; le Seigneur n'a pas fréquenté ce lieu depuis longues années ; » et il les fit chasser par ses sbires. Le véritable principe républicain existoit pourtant alors dans l'armée angloise plus que dans les autorités civiles ; mais il ne peut y avoir d'alliance durable entre le pouvoir constitutionnel et l'autorité militaire : quand la liberté se réfugie à l'autel de la victoire, elle y est bientôt immolée ; on la sacrifie pour obtenir le vent de la fortune.

Tous les différents partis, excepté celui des *saints* et celui des républicains véritables, le parti du roi, le parti de l'épiscopat, le parti militaire, le parti des gens de loi qui avoient craint la réforme des coutumes et la simplification du code de procédure ; tous les intérêts, toutes les ambitions, toutes les corruptions, toutes les lassitudes applaudissoient aux entreprises de Cromwell : il fut complimenté par l'armée, la flotte, les autorités civiles. On attendait avec anxiété et curiosité ce qu'il alloit faire du pouvoir : sa fabrique étoit toute prête et ses ouvriers à l'œuvre.

Le conseil des officiers est convoqué. Le major général Lambert lit un écrit intitulé : *Instrument de gouvernement*. C'étoit une constitution qui plaçoit la puissance législative dans un parlement et dans un *protecteur*. Il y étoit statué que les membres de ce parlement seroient choisis par le peuple ; qu'ils siégeroient tous les ans cinq mois, selon le bon plaisir du *protecteur* ; que le *protecteur* auroit le *veto* suspensif ; qu'il nommeroit à tous les emplois civils et militaires ; que dans l'intervalle des sessions la nation seroit gouvernée par le *protecteur* et par un conseil composé de vingt-et-un membres au plus, de treize au moins.

On supplia Cromwell d'accepter le protectorat : il se rendit gracieusement aux vœux de ses peuples. Le maire et les aldermen de Londres furent requis de se trouver à une parade d'installation à la salle de Westminster. Le Protecteur prêta serment à l'*instrument de gouvernement*, qui étoit son œuvre. Le général Lambert, un genou en terre, lui présenta une épée dans le fourreau ; les commissaires lui remirent les sceaux ; le maire de Londres lui donna une épée nue, et le sujet des Stuarts alla, monarque absolu des trois royaumes, coucher dans le palais du roi qu'il avait assassiné.

Le premier parlement convoqué par Cromwell ne répondit pas à son attente : il s'y manifesta un esprit de liberté que l'oppression militaire n'avait pu étouffer. En vain le Protecteur, à l'ouverture de ce parlement, parla des excès de cette liberté, déclama contre ce qui lui avoit donné la puissance, les agitateurs, les niveleurs, les millénaires et les diverses autres sectes ; en vain il s'éleva contre une égalité chimérique, et loua la division des classes en nobles, gentilshommes et bourgeois : son discours étoit raisonnable au fond, d'accord même avec l'opinion nationale, encore arrêtée aux principes de l'ancienne société ; mais ce n'étoit pas là la question pour les communes. Elles ne s'occupèrent que du pouvoir du Protecteur et de la mauvaise origine de ce pouvoir. Le parlement ne voyoit pas qu'il étoit tout aussi illégitime que le protectorat ; l'un et l'autre n'existoient qu'en vertu d'une prétendue constitution faite par qui n'avait pas eu droit de la faire.

Cromwell en péril n'hésita pas : violer la représentation nationale étoit devenu depuis l'épuration du long parlement une sorte de jurisprudence politique. Le Protecteur plaça des gardes à la porte de Westminster ; ils avoient ordre de ne laisser entrer que les députés consentant à souscrire un engagement en vertu duquel ils reconnoîtroient l'autorité du parlement et *d'un seul*. Cent trente membres signèrent tout d'abord ; plusieurs autres membres s'empressèrent ensuite d'imiter la turpitude de leurs collègues. Rien n'est plus rempli d'émulation que la bassesse : il y a des espèces de vils héros que les succès de la lâcheté empêchent de dormir.

Cromwell, devenu Protecteur, prit le titre d'Altesse. Des médailles furent frappées en son honneur ; l'une le représentoit en buste avec cette inscription : *Oliverius, Dei gratia, Reipublicæ Angliæ, Scotiæ et Hiberniæ Protector* ; au revers étoit l'écusson d'Angleterre ; autour on lisoit ces mots, gravés depuis sur les monnoies du temps : *Pax quæritur bello*. D'autres médailles offrent un grand olivier, à l'ombre duquel s'élèvent deux petits oliviers, symbole du Protecteur et de ses deux fils. L'inscription porte : *Non deficient olivarii*. La flatterie ne parloit pas aussi bien latin qu'au temps de Tibère.

Lorsque les officiers vinrent complimenter Cromwell sur sa modestie à n'avoir accepté que le titre de *Protecteur*, il porta la main à son épée : « Elle m'a élevé, leur dit-il ; si je veux monter plus haut, elle me maintiendra au rang qu'il me plaira d'occuper. »

Quelles que soient néanmoins la pusillanimité des hommes et la crainte du pouvoir, il est impossible d'éteindre dans une assemblée délibérante tout principe vital. Les membres des communes, malgré leur engagement signé, tout en examinant avec modération l'*instrument de gouvernement*, se réservèrent la nomination du successeur de Cromwell ; ils rejetèrent le principe du protectorat héréditaire, à la majorité de deux cents voix contre soixante.

Les cinq mois de la session expirés, Cromwell rassembla le parlement (22 janvier 1655) dans la *chambre peinte*. Il se répandit en outrages, traita les députés de parricides pour lui avoir contesté son autorité, à lui régicide ; il leur déclara que si la république devoit souffrir, meilleur étoit qu'elle fût dépendante des riches que des pauvres, qui, selon Salomon, lorsqu'ils oppriment, ne laissent rien après eux. Cromwell avoit été blessé de la discussion relative à l'hérédité du protectorat : il vouloit dissimuler sur ce point ; mais entraîné, comme le sont tous les hommes, à parler de la chose même où il se sentoit foible, contre le protectorat héréditaire, laissant par là aux principaux officiers, et particulièrement au major général Lambert, l'espoir de lui succéder.

Le parlement dissous, Cromwell en convoqua un autre pour lever, disoit-il, l'argent nécessaire au service de l'armée et de la flotte, pour confirmer l'*instrument de gouvernement*, et enfin pour légaliser l'autorité des *majors généraux*. Ces majors étoient des commissaires militaires, chargés de lever sur les biens des royalistes, à cause de quelques mouvements insurrectionnels, une contribution arbitraire d'un dixième de la valeur de ces biens. Cromwell corrompit autant qu'il le put les élections, et cassa celles qui lui étoient le moins favorables.

De tout cela sortit enfin un parlement qui, sous le nom d'*humble pétition et avis*, invitoit le Protecteur à prendre le titre de roi et à former *une autre chambre*, c'est-à-dire une espèce de chambre des pairs, composée de soixante-dix membres à la nomination de Cromwell. Cromwell se crut obligé de refuser la couronne par un long et obscur discours, où l'on découvroit à la fois ses regrets de repousser le diadème et sa satisfaction de remettre au théâtre la parade de César. Il avoit plusieurs fois fait traiter devant lui la question du *meilleur gouvernement*; c'étoit à peu près à la même époque que le grand Corneille écrivoit la scène de Cinna.

Buonaparte n'hésita pas à se couronner; soit qu'ayant plus de gloire il eût plus d'audace, soit que la France, plus malheureuse dans sa révolution que l'Angleterre ne l'avoit été dans la sienne, craignît moins de perdre la liberté.

Le nouveau parlement confirma et conféra de nouveau à Cromwell le titre de Protecteur, avec la faculté de nommer son successeur, ce qui, par le fait, rendoit le protectorat héréditaire. Ce parlement fut encore renvoyé à cause des alarmes qu'il inspira à son maître; peut-être Cromwell en vouloit-il secrètement à ces députés trop naïfs de ne lui avoir pas mis de force la couronne sur la tête. L'usurpation se livroit ainsi à ces fréquentes dissolutions qui avoient perdu la légitimité; mais le bras de Cromwell étoit autrement puissant que celui de Charles; ce bras pouvoit soutenir debout des ruines qu'une force ordinaire n'auroit pu empêcher de tomber.

Mettez à part l'illégalité des mesures de Cromwell, illégalité dont, après tout, il étoit peut-être obligé d'user pour maintenir son illégale puissance, l'usurpation de ce grand homme fut glorieuse. Au dedans il fit régner l'ordre : comme beaucoup de despotes, il étoit ami de la justice en tout ce qui ne touchoit pas à sa personne, et la justice sert à consoler les peuples de la perte de la liberté. Le fanatique, le régicide Cromwell, parvenu au pouvoir, fut tolérant en religion et en politique; il fit passer le bill de la liberté de culte et de conscience; il employa des royalistes avoués : Hale, magistrat intègre, zélé partisan des Stuarts, fut placé à la tête de la magistrature; Monk, qui commanda les armées et les flottes du Protecteur, étoit un royaliste fait jadis prisonnier sur le champ de bataille par les parlementaires : il s'en souvint lors de la restauration.

Cromwell aimoit et protégeoit la noblesse angloise. Cette noblesse ne périt point, comme de nos jours la noblesse françoise, parce qu'elle ne sépara pas tout à fait sa cause de la cause générale, et qu'en même temps la révolution de 1640, entreprise en faveur de la liberté, et non de l'égalité, n'étoit point dirigée contre l'aristocratie. Les Falkland, les Strafford, les Clarendon, avoient été membres de l'opposition dans ces fameux parlements qui contribuèrent à restreindre les priviléges excessifs de la couronne : il y eut une chambre des pairs jusqu'à la mort de Charles I^er. Essex, Denbigh, Manchester, Fairfax et tant d'autres se distinguèrent dans le service parlementaire de terre et de mer ; une foule de lords entrèrent dans l'administration, se firent élire membres des communes aux parlements de la république et du protectorat, parurent dans les conseils, et jusqu'à la cour de Cromwell. Il n'y eut point d'émigration systématique ; quelques individus nobles périrent, mais le corps patricien, ayant suivi et même devancé le mouvement de la nation, resta tout entier dans cette nation.

L'administration de Cromwell fut active, vigilante, vigoureuse, mais trop fondée sur la corruption de la police, pour qui Cromwell avoit un penchant décidé et à laquelle il sacrifioit des sommes considérables. Tous les services étoient payés régulièrement un mois d'avance ; de grosses pensions, accordées à des hommes considérables, créoient des intérêts, si elles ne pouvoient créer des devoirs.

Au dehors, Cromwell acheva d'humilier la Hollande et de faire reconnoître la supériorité du pavillon anglois ; les nations étrangères recherchèrent l'alliance du Protecteur. Richelieu avoit favorisé les premiers troubles de l'Angleterre ; il les avoit pris pour des orages passagers qui, en occupant chez eux des ennemis, donnoient du repos à la France : il ne s'étoit pas aperçu qu'il s'agissoit d'une révolution qui, en accroissant la vigueur d'un peuple, ne laisseroit à Mazarin que des mépris à dévorer ; nourriture d'ailleurs analogue au tempérament du cardinal.

Dunkerque fut par Mazarin livré à Cromwell ; Blake prit la Jamaïque ; l'Espagne fut contrainte d'offrir de grandes réparations. On a remarqué que Cromwell s'abandonna à sa passion religieuse plus qu'il ne suivit une saine politique, en s'alliant avec la France contre l'Espagne. Cette remarque faite après coup n'a rien de profond aujourd'hui ; il est curieux seulement de la trouver dans les *Mémoires de Ludlow*. Ludlow, il est vrai, vit les triomphes de Louis XIV, et survécut longtemps à Cromwell, dont il étoit l'ennemi.

Le Protecteur traita l'Irlande domptée en pays de conquête. Les malheureux Irlandois furent transportés par milliers aux colonies ; un grand nombre périrent dans les supplices. Des lois draconiennes et étrangères remplacèrent ces vieilles coutumes nées du sol, dont l'autorité se perpétuoit par traditions devant quelque image de la Vierge sur une bruyère au son d'une musette. Les terres furent vendues : on donnoit mille acres de terrain pour 1,500 livres sterling dans le canton de Dublin, pour 1,000 dans celui de Kilkenny, pour 800 dans le comté de Wexford, et pour 600 dans les divers comtés de la province de Leinster. Des colonies militaires eurent en partage les terres situées aux environs de Slego, de Colke et de Collel. Les naturels du sol devinrent les serfs des soldats anglois dans le Connaught.

Olivier étendit son autorité protectrice jusque sur les Vaudois, dans les montagnes de la Suisse. Le frère de l'ambassadeur de Portugal à Londres tua un Anglois ; Cromwell le fit décapiter. Le fier usurpateur signant un traité mit son nom au-dessus de celui de Louis XIV. En 1657, il envoya son portrait à la reine Christine, avec un distique qui disoit que le front de Cromwell *n'étoit pas toujours l'épouvante-roi*.

C'est de cet orgueil du Protecteur qu'est née la superbe affectée par nos voisins pendant un siècle et demi, et qui n'a disparu qu'avec les victoires de notre révolution : elles nous ont remis au niveau de la révolution angloise.

Pourtant Cromwell ne fut pas heureux ; toute sa puissance ne put empêcher la vérité de faire entendre sa voix. Quand il descendoit en lui-même, il trouvoit toujours qu'il avoit tué le roi ou la liberté ; il lui falloit opter entre l'un ou l'autre remords.

Le Protecteur racontoit que dans son enfance une femme lui étoit apparue ; elle lui avoit annoncé, comme les magiciennes de Macbeth, qu'il seroit roi. La conscience de Cromwell lui présenta lorsqu'il étoit encore innocent la vision de la royauté ; quand il devint coupable, elle lui en envoya le fantôme. Placé entre les royalistes et les républicains, qui le menaçoient également, Olivier étoit peu satisfait du titre équivoque dont la légitimité et la liberté l'avoient obligé de se contenter. Plusieurs conspirations des *cavaliers* éclatèrent : celles de Bagnal, fils de lady Terringham, de Penruddock, du capitaine Grove, du docteur Hervet, et de sir Henry Slingsby. Quelques hommes de la *cinquième monarchie* s'agitèrent aussi : un cornette, nommé Day, étoit de l'assemblée républicaine de Coleman-Street, où l'on traitoit Cromwell de coquin et de traître. Quelques régicides suspects furent enfermés dans ce château de Carisbrook, qui avoit servi de prison à Charles I$^{er}$. Les juges, et surtout les jurés, contrarioient le despotisme du Protecteur, qui retrouvoit la liberté retranchée derrière cette barrière. Olivier étoit alors obligé de chercher les tribunaux naturels à son gouvernement, les conseils de guerre et les commissions.

Les brochures politiques, une pétition signée de plusieurs officiers, un libelle intitulé le *Memento*, surtout le fameux écrit *Killing no murder* (tuer n'est pas assassiner), achevèrent de troubler le repos de Cromwell. Le colonel Titus, sous le nom de *William Allen*, étoit l'auteur du dernier pamphlet. Dans une dédicace ironique adressée à *Son Altesse Olivier Cromwell*, Titus invitoit Son Altesse à mourir pour le bonheur et la délivrance des Anglois; il lui disoit que sa mort étoit le vœu général, la prière commune de tous les partis, qui ne s'entendoient que sur ce point. Titus signoit W. A., *de présent votre esclave et vassal.*

Enfin, la famille de Cromwell étoit pour lui un autre sujet de tourment et d'angoisse.

Il rencontroit parmi les siens deux espèces d'oppositions, aussi violentes l'une que l'autre : ses trois sœurs épousèrent trois hommes qui tous trois votèrent la mort de Charles Ier. Il eut deux fils et quatre filles. Richard, Protecteur après lui, étoit royaliste; Henry, lord lieutenant d'Irlande, partageoit une partie des talents et des opinions de son père, mais avec plus de modération que lui.

Sa fille aînée, lady Briget, était républicaine; elle fut mariée d'abord au fameux Ireton, et après la mort de celui-ci au lieutenant général Fleetwood. Lady Élisabeth, sa seconde fille et sa fille chérie, avoit épousé lord Claypole, homme ennemi de la tyrannie : lady Élisabeth étoit ardente royaliste.

Lady Marie, dont l'opinion est peu connue, épousa lord Falconbridge, qui fut actif dans la restauration. Enfin lady Francis, la plus jeune des filles du Protecteur, se maria clandestinement, en apparence, à Robert Rich, petit-fils du comte de Warwick. Robert ne vécut que trois mois, et sa veuve épousa sir John Russell.

La destinée de cette dernière fille de Cromwell fut assez singulière. Lord Broghill avoit eu la pensée de la donner en mariage à Charles II. Lady Francis consentoit à cet étrange projet; Cromwell, assez tenté, ne le repoussoit qu'en disant : « Charles II est trop damnablement débauché pour me pardonner la mort de son père. » Il est difficile de juger si Charles n'auroit pas, par politique ou par légèreté, approuvé cette union parricide. L'affaire manqua; lady Francis s'éprit d'inclination pour Jerry White, tout à la fois chapelain et bouffon de Cromwell, lequel White, surpris aux genoux de lady Francis par le Protecteur, fut obligé, pour se sauver, d'épouser une des femmes de chambre de sa maîtresse. Le mariage, d'abord clandestin, de lady Francis avec Robert Rich, fut ensuite célébré publiquement (11 novembre 1657). Le Protecteur, se souvenant, à ce mariage, des jeux de sa première jeunesse, arracha la perruque de son gendre, et répandit des confitures liquides sur les robes des femmes : du moins cette fois on put rester dans la salle du bal.

Ainsi Cromwell dans sa famille trouvoit tantôt des républicains et des républicaines qui détestoient sa grandeur; tantôt des royalistes, qui lui reprochoient ses crimes. Lady Claypole ne le laissoit pas respirer ; Richard s'étoit jeté aux pieds de son père pour obtenir la vie de Charles Ier. La femme du Protecteur, bien que vaine, portoit avec crainte sa fortune ; décemment traitée, mais peu aimée de son mari, elle auroit voulu qu'on s'arrangeât avec le souverain légitime. Enfin, la mère de Cromwell, qu'il chérissoit et respectoit, l'avoit aussi supplié de sauver le roi : elle trembloit pour les jours de son Olivier; elle le vouloit voir une fois le jour au moins, et si elle entendoit l'explosion d'une arme à feu, elle s'écrioit : « Mon fils est mort ! »

Ces tracasseries intérieures et de tous les moments, qui troublent la vie d'un homme bien plus que les grands événements politiques, ne se pouvoient perdre dans les distractions que cherchoit Cromwell : il s'étoit attaché à lady Dysert, duchesse de Lauderdale; les *saints* se scandalisèrent. On trouvoit aussi que Cromwell faisoit de trop longues prières avec mistress Lambert. Plusieurs bâtards, qui se sont peut-être vantés faussement de leur naissance, ont prouvé que ce rigide Cromwell, ce sévère ennemi de la débauche et de la licence, ce prophète qui communiquoit directement avec Dieu, étoit tombé dans la foiblesse commune à presque tous les grands hommes, d'autant plus attaqués et plus fragiles qu'ils ont plus de gloire.

Tous les monarques avoient renoncé à divertir leur orgueil du spectacle de la dégradation humaine, blessés peut-être encore qu'ils étoient de quelques vérités cachées sous de basses bouffonneries ; ils n'entretenoient plus dans leur cour ces misérables appelés *fous*. Cromwell en avoit quatre, soit que ce tueur de rois aimât à s'environner de ce qui avoit dégradé les rois, régicide encore envers leur mémoire; soit que, n'osant porter leur sceptre, il affectât d'imiter leurs mœurs; soit enfin qu'il trouvât dans son penchant naturel aux scènes grotesques un rapport avec ces joies royales. Mais tous les bouffons de la terre n'auroient pu chasser du cœur de Cromwell la tristesse qui s'y étoit glissée. Sa cour, ou plutôt sa maison, étoit à la fois une espèce de caserne et un séminaire, où quelques pompes bruyantes venoient, deux ou trois fois l'an, dérider le front des prédicants et des vieux soldats. Depuis la publication du pamphlet *Killing no murder*, on ne vit plus Cromwell sourire; il se sentoit abandonné par l'esprit de la révolution, d'où lui étoit venue sa grandeur. Cette révolution qui l'avoit pris pour guide ne le vouloit plus pour maître; sa mission étoit accomplie; sa nation et son siècle n'avoient plus besoin de lui : le temps ne s'arrête point pour admirer la gloire ; il s'en sert, et passe outre [1].

Ce grand renégat de l'indépendance soupçonnoit jusqu'à ses gardes, qu'il faisoit relever trois et quatre fois par jour, et dont lui-même, déguisé, épioit les propos. Il passoit sa vie à entendre les rapports de ses nombreux espions ; il n'osoit plus se montrer en public que revêtu d'une cuirasse cachée sous ses habits, misérable cilice de la peur. Il portoit des pistolets chargés dans ses poches. Un jour qu'il essayoit un attelage de chevaux frisons, il tomba, et l'un de ses pistolets partit. Quand il voyageoit, c'étoit avec une rapidité extrême : on n'apprenoit qu'il avoit passé en un lieu que quand il n'y étoit plus. Dans ce palais de Whitehall, témoin de la grande immolation, Cromwell erroit la nuit, comme un spectre poursuivi par un autre spectre ; il ne couchoit presque jamais deux fois de suite dans la même chambre, tourmenté en cette demeure par ses remords, comme la veuve de Charles y fut dans la suite désolée par ses souvenirs.

La mort de lady Claypole vint ajouter à la noire mélancolie de Cromwell : cette femme, encore jeune, consumée à Hamptoncourt d'une douloureuse maladie, succomba en accablant son père de reproches, et en l'appelant pour ainsi dire après elle. Il ne tarda pas à la suivre ; depuis quelque temps il souffroit d'une humeur à la jambe : la fièvre le prit dans le même château où sa fille avoit rendu le dernier soupir ; on le transporta à Londres. Fidèle à son caractère, Cromwell déclara qu'il avoit eu des révélations, qu'il guériroit pour être utile à son pays. Les chapelains de Whitehall annonçoient le prochain rétablissement du prophète : il mourut pourtant. Il expira dans sa cinquante-neuvième année, le 3 septembre 1658, anniversaire des victoires de Dunbar, de Worcester, et de l'ouverture du premier parlement protectoral.

« Cromwell alloit ravager toute la chrétienté, dit Pascal, la famille royale étoit perdue et la sienne à jamais puissante, sans un petit grain de sable qui se mit dans son urètre ; Rome même alloit trembler sous lui ; mais ce petit gravier, qui n'étoit rien ailleurs, mis dans cet endroit, le voilà mort, sa famille abaissée et le roi rétabli. »

Il n'y a de vrai dans cette remarque de Pascal que le néant de la gloire et de la nature humaine. Une de ces tempêtes qui précèdent, accompagnent ou suivent les équinoxes, éclata au moment de la mort du Protecteur : le poëte Waller, qui chantoit tout le monde, annonça en fort beaux vers que les derniers soupirs de Cromwell avoient

---

[1]. Cette dernière phrase se retrouve dans mon Discours non prononcé sur la liberté de la presse ; je l'avois enlevée à ce passage des *Quatre Stuarts :* je l'ai laissée ici à sa première place.

ébranlé l'île des Bretons; que l'Océan s'étoit soulevé en perdant son maître; que Cromwell, comme Romulus, avoit disparu dans un orage. Les faits se réduisoient à une fièvre et à un coup de vent.

Cromwell eut quelque chose de Hildebrand, de Louis XI et de Buonaparte; il eut du prêtre, du tyran et du grand homme : son génie remplaça pour son pays la liberté. Il y avoit trop de puissance en Cromwell pour qu'il pût créer une autre puissance; il tua toutes les institutions qu'il trouva ou qu'il voulut donner.

La plupart des souverains de l'Europe mirent des crêpes funèbres pour pleurer la mort d'un régicide : Louis XIV porta le deuil de Cromwell auprès de la veuve de Charles I$^{er}$. Une couronne, même usurpée, absout-elle d'un crime?

Ce nom de Cromwell, qui produisoit la lâcheté européenne, faisoit passer en Angleterre le pouvoir absolu entre les mains du foible Richard : tant il y a de puissance dans la gloire! Cromwell laissa l'empire à son fils; mais ces génies en qui commence un autre ordre de choses, soit en bien, soit en mal, sont solitaires; ils ne se perpétuent que par leurs œuvres, jamais par leur race.

Le Protecteur vécut l'âge des hommes de sa nature : leur règne le plus court est ordinairement de neuf à dix ans, et le plus long de vingt à vingt-deux. Ces calculs historiques, que rien ne semble démentir, reposent sans doute sur quelque vérité naturelle : il se peut faire que la force physique d'un homme placé au plus haut point des révolutions se trouve épuisée dans une période de trois ou quatre lustres.

Achevons de suite, en anticipant même un peu sur les faits, ce qui a rapport à Cromwell.

Thurloe déclaroit que Cromwell étoit monté au ciel, embaumé des larmes de son peuple : Cromwell, plus franc au moment où la grande vérité, la mort, se présente aux hommes, avoit dit : « Plusieurs m'ont trop estimé, d'autres souhaitent ma fin. » La bassesse de la flatterie qui survit à l'objet de l'adulation n'est que l'excuse d'une conscience infirme : on exalte un maître qui n'est plus, pour justifier par l'admiration la servilité passée.

Richard fit de magnifiques funérailles à son père. Le corps embaumé du Protecteur fut exposé pendant deux mois au palais de Sommerset, dans une salle tendue de velours noir, et où l'on ne comptoit pas moins de mille flambeaux. Portant un vêtement de brocart d'or fourré d'hermine, une figure en cire, l'épée au côté, un sceptre dans la main droite, un globe dans la gauche, représentoit le Protecteur; elle étoit couchée sur un lit funèbre. Une épitaphe racontoit en abrégé l'histoire de Cromwell et de sa famille. « Il mourut, disoit l'épitaphe, avec grande assurance et sérénité d'âme, dans son lit. » Paroles qui s'appliquoient mieux à Charles Ier, excepté les trois dernières.

La figure en cire fut ensuite mise debout sur une estrade, comme pour annoncer une résurrection, ou, comme disoient les *indépendants*, indignés de ces pompes *papistes*, pour représenter le passage d'une âme du purgatoire dans le paradis. Le 23 novembre, l'image de cire fut couchée de nouveau, mais dans un beau cercueil qu'enlevèrent dix gentilshommes pour le placer sur un char; le tout s'en alla en pompe à Westminster : lord Claypole menoit le cheval de Cromwell. Le cercueil fut déposé dans la chapelle de Henri VII. On ne voit plus aujourd'hui l'effigie de Cromwell à Westminster, mais celle de Monk : on y cherche vainement aussi les cendres du Protecteur.

On se plut à dire et à écrire, au moment de la restauration de Charles II, que Cromwell, prévoyant les outrages qu'on pourroit faire à ses restes, avoit ordonné qu'on précipitât son corps dans la Tamise, ou qu'on l'enterrât sur le champ de bataille de Naseby, à neuf pieds de profondeur : Barkstead, régicide, lieutenant de la Tour et protégé de Cromwell, auroit, disoit-on, fait exécuter cet ordre par son fils. On racontoit enfin que les corps de Charles Ier et de Cromwell, échangés, avoient été transportés de l'un à l'autre tombeau; de sorte que Charles II, dans sa vengeance, auroit pendu au gibet le corps de son propre père, au lieu de celui de l'assassin de son père. Ces noires imaginations angloises disparoissent devant les faits : si l'on ne vit que l'image de cire du Protecteur à la pompe funèbre, c'est que l'état des chairs, malgré l'embaumement, obligea de porter le cadavre à Westminster avant la cérémonie publique : l'enterrement précéda les funérailles. Le corps de Charles Ier, retrouvé de nos jours à Windsor, prouve que le meurtrier n'étoit pas allé dormir dans la couche du meurtri, et que, satisfait de lui avoir ravi la couronne, il lui laissa son cercueil.

S'il falloit des témoignages de plus, nous dirions que l'on conserve la plaque de cuivre dorée trouvée sur la poitrine de Cromwell lors de l'ouverture de sa tombe à Westminster. Cette plaque, renfermée dans une boîte de plomb, fut remise à Norfolk, sergent d'armes de la chambre des communes. Elle porte cette inscription :

*Oliverius, Protector reipublicæ Angliæ, Scotiæ et Hiberniæ, natus 25° aprilis anno 1599°, inauguratus 16° decembris 1653°, mortuus 3° septembris anno 1658°, hic situs est.*

Une autre preuve de l'exhumation nous reste : la redoutable histoire a gardé dans *le trésor de ses Chartes* la quittance du maçon qui brisa, par ordre, le Sépulcre du Protecteur, et qui reçut une somme de 15 schellings pour sa besogne. Nous donnerons cette quittance dans la langue originale, afin que les fautes mêmes de l'ignorant ouvrier attestent l'authenticité de la pièce.

*May the 4th day, 1661, rec<sup>d</sup> then in full, of the worshipful serjeant Norforke, fiveteen shillinges, for taking up the corpes of Cromell, et Ierton et Brasaw.*

*Rec. by me* JOHN LEWIS.

« Mai, le 4<sup>me</sup> jour, 1661, reçu alors en totalité, du respectable sergent Norfoke, quinze schellings, pour enlever le corps de *Cromell*, et *Ierton* et *Brasaw.*

« Reçu par moi JOHN LEWIS. »

On voit par la date de cette pièce, 4 mai 1661, que John Lewis avoit fait un long crédit au gouvernement : les os de Cromwell furent exposés à Tyburn le 30 janvier de la même année.

La France garde aussi quelques quittances des assassins du 2 septembre 1792, lesquels déclarent avoir reçu 5 francs *pour avoir travaillé pour le peuple.* Sur l'une de ces quittances est demeurée la trace des doigts sanglants du signataire.

Enfin, voici la pièce officielle qui rend compte de l'exhumation. Nous la traduisons littéralement.

Janvier 30 (1661), vieux style.

« Les odieuses carcasses de O. Cromwell, H. Ireton et J. Bradshaw, traînées sur des claies jusqu'à Tyburn, et étant arrachées de leur cercueil : là pendues aux différents angles de ce triple arbre (*triple tree*) jusqu'au coucher du soleil, alors descendues, décapitées et leurs troncs infects jetés dans un trou profond au-dessous de la potence. Leurs têtes furent après cela exposées sur des pieux au sommet de Westminster-Hall. »

Il est donc certain qu'Olivier mort fut déposé à Westminster ; il n'y resta pas longtemps. Qu'avoit-on à craindre de lui ? Son squelette pouvoit-il emporter les têtes des squelettes couronnés, s'emparer de la poussière des rois, usurper leur néant ? Quoi qu'il en soit, le 30 janvier 1661, anniversaire du régicide, les restes du Protecteur pendillèrent au haut d'un gibet.

Cromwell avoit visité Stuart dans son cercueil ; il l'avait touché de sa main ; il s'étoit assuré que le chef étoit séparé du tronc : Charles II vint en son temps, et appuyé aussi d'une chambre des communes, il rendit aux os du Protecteur la visite faite à ceux de Charles I<sup>er</sup>; vengeance malavisée, car si d'un côté on ne peut empêcher de vivre ce qui est immortel, de l'autre on ne donne pas la mort à la mort.

Les dispendieuses funérailles qui n'ajoutoient rien à la grandeur de l'homme, et qui ne légitimoient pas l'usurpateur, ruinèrent Richard Cromwell; il fut obligé de demander aux communes un bill suspensif des lois, afin de n'être pas arrêté pour les dettes contractées à l'occasion des obsèques de son père. L'Angleterre, qui ne paya pas l'enterrement de celui qu'elle avoit reconnu pour maître, s'est chargée depuis des frais d'inhumation d'un simple ministre des finances.

Que devint la famille de Cromwell?

Richard eut un fils et deux filles; le fils ne vécut pas. Henri habita une petite ferme, où Charles II entra un jour par hasard, en revenant de la chasse. Il est possible qu'un héritier direct d'Olivier Cromwell par Henri soit maintenant quelque paysan irlandois inconnu, catholique peut-être, vivant de pommes de terre dans les tourbières d'Ulster, attaquant la nuit les orangistes, et se débattant contre les lois atroces du Protecteur. Il est possible encore que ce descendant inconnu de Cromwell ait été un Franklin ou un Washington en Amérique.

Lady Claypole mourut sans enfants. Nous savons par une mauvaise plaisanterie d'un chapelain de Cromwell que lady Falconbridge fut également privée de postérité. Restent lady Rich, depuis lady John Russel, et lady Ireton, qui épousa en secondes noces le général Fleetwood. Nous trouvons une mistress Cook de Newington en Middlesex petite-fille du général Fleetwood, qui communiqua une lettre de Cromwell à William Harris, biographe du Protecteur.

La famille de Buonaparte ne se perdra pas comme celle de Cromwell: le perfectionnement de l'administration civile ne permettroit plus cette disparition. D'ailleurs rien ne se ressemble sous ce rapport dans la position et la destinée des deux hommes.

Le Protecteur ne sortit point de son île; les troubles de 1640 commencèrent et finirent dans la Grande-Bretagne. Nos discordes se sont mêlées à celles du monde entier; elles ont bouleversé les nations, renversé les trônes. Ce qui distingue les derniers mouvements politiques de la France de tous les mouvements politiques connus, c'est qu'ils furent à la fois un affranchissement pour nous et un esclavage pour nos voisins, une révolution et une conquête. Demandez aux Arabes de la Libye et de la mer Morte; demandez aux nababs des Indes le nom de Cromwell, ils l'ignorent. Demandez-leur le nom de Napoléon, ils vous le diront comme celui d'Alexandre.

Cromwell immola Charles Ier et prit sa place; Buonaparte, retournant dix siècles en arrière, ne s'empara que de la couronne de Charlemagne; il fit et défit des rois, mais n'en tua point.

Cromwell prit à femme Élisabeth Bourchier ; il eut pour principal gendre un procureur : tous les enfants d'Élisabeth Bourchier retombèrent dans l'état obscur de leur mère, quand leur père fameux disparut.

Buonaparte épousa la fille des césars, maria ses sœurs à des souverains qu'il avoit créés, et ses frères à des princesses dont il avoit protégé la race. Il n'appartint jamais à aucune assemblée législative ; il ne fut jamais, comme Cromwell, un tribun populaire ; moins coupable que lui envers la liberté, puisqu'il avoit pris moins d'engagements avec elle, il se crut libre d'écrire son nom avec son épée dans la généalogie des rois : les siècles à venir se sont chargés de fournir ses titres de noblesse.

# RICHARD CROMWELL.

1658-1660.

Richard, devenu Protecteur, étoit un homme commun ; il ne sut que faire de la gloire et des crimes de son père. L'armée, depuis longtemps domptée par son chef, reprit l'empire. L'oncle de Richard, Desborough, son beau-frère Fleetwood, se mirent avec le général Lambert à la tête des officiers, et forcèrent le foible Protecteur de dissoudre le parlement, qui seul le soutenoit.

Chaque jour amena un nouvel embarras, une nouvelle peine : Richard, qui s'oublioit et qu'on oublioit, qui détestoit le joug militaire et qui n'avoit pas la force de le rompre, qui n'étoit ni républicain ni royaliste, qui ne se soucioit de rien, qui laissoit les gardes lui dérober son dîner, et l'Angleterre aller toute seule, Richard abdiqua le protectorat (22 avril 1659).

De tous les soucis du trône, le plus grand pour lui fut de sortir de Whitehall, non qu'il tînt au palais, mais parce qu'il falloit faire un mouvement pour en sortir. Il n'emporta que deux grandes malles remplies des *adresses* et des *congratulations* qu'on lui avoit présentées pendant son petit règne : on lui disoit dans ces félicitations, à la gloire de tous les hommes puissants et à l'usage de tous les hommes serviles, que Dieu lui *avoit donné*, à lui Richard, *l'autorité pour le bonheur des trois royaumes*. Quelques amis lui demandèrent ce que ces malles renfermoient de si précieux : « Le bonheur du bon peuple anglois, » répondit-il en riant. Longtemps après, retiré à la campagne, il s'amusoit, après boire, à lire à ses voisins quelques pièces de ces archives de la bassesse humaine et des caprices de la fortune. Cette moquerie philosophique ne le rendoit pas un fils digne de son père, mais le consoloit. Son frère Henri, lord lieutenant d'Irlande, projeta de remettre cette île entre les mains du roi ; mais, quoique plus ferme et plus habile que Richard, il céda au torrent qui emportoit sa famille, revint à Londres, et tomba presque aussi obscurément que Richard.

Le conseil des officiers, demeuré maître, rappela, sous la présidence du républicain Lenthal, le *rump* parlement, et dans le jargon des partis les principes du *rump* se nommèrent *la vieille-bonne cause*. Il ne se trouva qu'une quarantaine de députés à la première réunion, encore fallut-il aller chercher en prison deux de ces législateurs enfermés pour dettes. Cette momie estropiée, arrachée de son tombeau, crut un moment qu'elle étoit puissante, parce qu'elle se souvenoit d'avoir fait juger un roi. A peine ressuscitée, elle attaqua l'autorité militaire qui lui avoit rendu la vie; mais le *rump* étoit sans force, car il étoit placé entre les royalistes unis aux presbytériens, qui vouloient le retour de la monarchie légitime, et les officiers, indociles au joug de l'autorité civile.

Le général Lambert, ayant marché contre un parti royaliste, qui s'étoit levé trop tôt, le dispersa. Lâche régicide, courtisan disgracié de Cromwell, Lambert, qui s'étoit toujours flatté d'hériter d'une puissance trop pesante pour lui, osa tout après sa misérable victoire. Il fit présenter au *rump* une de ces humbles pétitions gonflées de menaces, dont la révolution avoit introduit l'usage. Le *rump* s'emporta, destitua Lambert et Desborough, et abolit le généralat. Lambert, selon l'usage de la *bonne vieille cause*, bloqua si étroitement Westminster avec ses satellites, qu'un seul membre du prétendu parlement, Pierre Wentworth, y put entrer. Sur ces entrefaites, Bradshaw, le fameux président de la commission qui jugea Charles, mourut. Monk, qui gouvernoit l'Écosse, et qui, sans s'en ouvrir à personne, méditoit le rétablissement de la monarchie, entra en Angleterre avec douze mille vieux soldats : il s'avança vers Londres.

Le comité des officiers s'adresse à lui; le parlement, qui ne siégeoit plus, le sollicite. Monk se déclare républicain et l'ennemi de Stuart en venant le couronner. Il prend parti contre les officiers pour la cause constitutionnelle, installe le *rump* de nouveau; mais en même temps il y fait rentrer les membres presbytériens, exclus par violence avant la mort de Charles Ier : de ce seul fait résultoit le triomphe certain des royalistes. Le long parlement, après avoir ordonné des élections générales, prononça sa dissolution, et mit fin lui-même à sa trop longue existence, dans laquelle se trouvoit déjà la lacune des années du protectorat. Le peuple brûla en réjouissance, sur les places publiques, des monceaux de croupions de divers animaux. Quelques vrais républicains, comme Vane et Ludlow, s'enfuirent; d'autres étoient destitués, non par le fait de Monk, mais par les proscriptions dont ils s'étoient frappés les uns les autres. Le régiment d'Haslerig fut donné par Monk à lord Falconbridge, qui, quoique gendre de Cromwell, servit Charles II. Le colonel Hutchinson, dont la femme nous a laissé des Mémoires pleins d'intérêt, se retira en province. Lambert, à la restauration, s'avoua coupable, obtint grâce de la vie, et vécut trente ans relégué dans l'île de Guernesey, sous le double poids du régicide et du mépris.

Le nouveau parlement, divisé, selon l'ancienne forme, en deux chambres, s'assembla le 25 avril 1660 : les communes, sous la présidence d'Harbotele-Green-Stone, ancien membre exclu du long parlement pour avoir dénoncé l'ambition de Cromwell; la chambre des pairs, sous la présidence de lord Manchester, qui jadis avoit fait la guerre à Charles Ier.

Un commissaire de Charles II, Grenville, s'étoit entendu avec Monk. De retour des Pays-Bas, Grenville apporta la déclaration royale de Charles : elle ne promettoit rien ; ce n'étoit pas une charte. Charles ne faisoit ni la part aux conquêtes du temps, ni les concessions nécessaires aux mœurs, aux idées, à la possession et aux droits acquis ; dès lors une seconde révolution devenoit inévitable, et le prince légataire du trône déshéritoit sa famille. On reprocha à Monk de n'avoir obtenu aucune garantie pour la monarchie constitutionnelle : à l'immortel honneur des royalistes, ce fut un royaliste de la chambre des communes qui réclama les libertés de la nation; ce fut sir Mathew Hale, ce juge si intègre et si estimé, que Cromwell l'avoit employé malgré le dévouement connu de Hale à ses souverains légitimes. Monk répondit que si on délibéroit, il ne répondoit pas de la paix de l'Angleterre : « Que craignez-vous? dit-il, le roi n'a ni or pour vous acheter, ni armée pour vous conquérir. »

On n'écouta plus aucune représentation ; on avoit soif de repos après de si longs troubles. Des commissaires du parlement allèrent déposer aux pieds du souverain, à Breda, les vœux et les présents du peuple des trois royaumes. Charles II monta sur un vaisseau de la flotte angloise à La Haye, et débarqua à Douvres le 26 mai 1660 : il embrassa Monk, qui l'attendoit sur le rivage : et, voyant une foule immense ivre de joie, il dit gracieusement : « Où sont donc mes ennemis? » Monk jouoit alors le plus grand rôle : quel petit personnage aujourd'hui que ce Monk, auprès de Cromwell, bien que sa figure en cire à la Curtius soit dans une armoire à Westminster!

Le fils de Charles Ier fit son entrée dans Londres le 29 mai, anniversaire de sa naissance, ce qui parut d'un bon augure. Il accomplissoit sa trentième année; il étoit jeune, spirituel, affable ; il reparoissoit sur une terre où naguère il n'avoit trouvé d'abri que dans les branches d'un chêne ; il étoit roi, il avoit été malheureux : on l'adora. Qui l'auroit cru ? c'étoit le peuple de la *bonne vieille cause* qui poussoit des cris d'allégresse à cette descente des nains dans l'île des géants!

Les corps politiques commencent les révolutions, les corps politiques les terminent : une assemblée délibérante, souvent même illégale et sans droits réels, a plus de puissance pour rappeler un souverain au trône que ne l'auroit une armée. Sans un arrêt du parlement de la ligue, qui déclara la couronne de France incommunicable à tout autre prince qu'à un prince françois, Henri IV n'auroit jamais régné. Il y a dans la loi une force invincible, et c'est de la loi que les monarques doivent tirer leur vraie puissance.

# CHARLES II.

## 1660-1685.

S'il étoit possible de supposer que la corruption de mœurs répandue par Charles II en Angleterre fût un calcul de sa politique, il faudroit ranger ce prince au nombre des plus abomidables monarques; mais il est probable qu'il ne suivit que le penchant de ses inclinations et la légèreté de son caractère. Assez souvent les hommes se font un plan de vertu, rarement un système de vice : la foiblesse emprunte un appui pour marcher ferme : elle n'a pas besoin de secours pour l'aider à tomber. Entre son père décapité et son frère qui devoit perdre la couronne, Charles ne se sentit jamais bien assuré au pouvoir. Il voulut du moins achever dans les plaisirs une vie commencée dans les souffrances.

Les fêtes de la restauration passées, les illuminations éteintes, vinrent les supplices. Charles s'étoit déchargé sur le parlement de toute responsabilité de cette nature, et celui-ci n'épargna pas les réactions et les vengeances. Cromwell fut exhumé; Richard son fils émigra au continent : à la vérité, il fuyoit moins devant son roi que devant ses créanciers. Il alla se faire insulter par le prince de Conti, qui, ne le connoissant pas, lui demanda qu'était devenu ce *sot et poltron de Richard?*

Se souvient-on aujourd'hui qu'il exista un Thomas *Cromwell*, comte d'Essex, et qui, favori d'Henri VIII, fut décapité par le bon plaisir du tyran son maître? Olivier *Cromwell* tue son nom chez les hommes qui le précédèrent, et le fait vivre chez les hommes qui l'ont suivi et le suivront : une grande gloire obscurcit le passé et illumine l'avenir.

Une commission de trente-quatre membres s'assembla, le 9 octobre 1660, à Hichs's-hall, pour commencer le procès des régicides : vingt-et-un jurés composoient le grand jury. On remarque dans la liste des juges plusieurs fauteurs de la révolution, entre autres Monk, qui, humble serviteur du régicide Cromwell, étoit devenu chevalier de la Jarretière et duc d'Albemarle. Lorsqu'au tirage de la grande loterie des révolutions, chacun ouvre son billet, il se fait une amère et ironique distribution des dons de la fortune : un homme se couvre d'honneurs et de cordons, un homme monte à l'échafaud ; tous deux ont fait la même chose, ont risqué le même enjeu. Pierre est plongé dans la richesse, c'étoit un ennemi ; Paul dans la misère, c'étoit un ami. Celui-ci est récompensé de sa trahison, celui-là puni de sa fidélité.

Le pauvre Harrison, traduit devant ses juges, leur dit : « Plusieurs d'entre vous, mes juges, furent *actifs* avec moi dans les choses qui se sont passées en Angleterre… Ce qui a été fait l'a été par l'ordre du parlement, alors la suprême autorité. »

L'excuse étoit de bonne foi, mais mauvaise. Il suffiroit qu'un pouvoir *légal* nous commandât une action injuste, pour que nous fussions obligés de la commettre. La loi morale l'emporte en certains cas sur la loi politique ; autrement on pourroit supposer une société constituée de sorte que le crime y fût le droit commun. Enfin le *rump* n'étoit pas le *vrai* parlement, le parlement *légal*.

Harrison était un homme simple d'esprit et de cœur, une espèce de fou fanatique de la *cinquième monarchie* ; franc républicain, il s'étoit séparé de Cromwell, oppresseur de la liberté. Ce fut à propos d'Harrison qu'un juge appliqua au peuple anglois le bel apologue de l'enfant devenu muet, qui recouvre la parole en apercevant le meurtrier de son père[1]. Tout criminel qu'il étoit, Harrison étoit plus estimable que beaucoup d'autres hommes ; mais il y a des fatalités dans la vie : tel, d'un caractère noble et pur, tombe dans une impardonnable erreur ; chacun le repousse : tel, vil et corrompu par nature, n'a point eu l'occasion de faillir ; chacun le recherche. L'un est condamné au tribunal des hommes : l'autre au tribunal de Dieu.

On découvrit au procès des juges de Charles I$^{er}$ que les deux bourreaux masqués étoient un nommé Walker et un nommé Hulet, tous deux militaires : Hulet étoit capitaine. *Garlland*, qui occupoit le fauteuil dans le *meeting* régicide, fut accusé par un témoin d'avoir craché à la figure du roi ; Axtell, monstre de cruauté, qui tuait, dit le procès, les Irlandois comme *la vermine*, Axtell, anabaptiste et agitateur, fut convaincu d'avoir obligé les soldats de crier *justice*, *exécution !* de les avoir pressés de tirer sur la tribune de lady Fairfax, de leur avoir fait brûler de la poudre au visage de l'auguste prisonnier. Tous ces hommes soutinrent que leur cause étoit *celle de Dieu*. Thomas Scott montra plus de fermeté. Il avoit déclaré dans le parlement « qu'il ne se

---

[1]. J'ai cité ce passage du procès de Harrison dans le ch. II des *Réflexions politiques*, t. VII, p. 58 et 59.

repentiroit jamais d'avoir jugé le roi, et qu'il vouloit que l'on gravât sur sa tombe : *Ci gît Thomas Scott, qui condamna le feu roi à mort.* »
Il ne démentit point ce langage au milieu des plus cruels supplices. La sentence prononcée à tous était ainsi conçue :

« Vous serez traîné sur une claie au lieu de l'exécution ; là pendu, et étant encore en vie, on coupera la corde. Vous serez mutilé (*your privy member to be cut off*) ; on vous arrachera les entrailles, et, vous vivant, elles seront brûlées devant vos yeux. Votre tête sera coupée, vos membres divisés en quatre quartiers. Votre tête et vos membres seront mis à la disposition du roi, et Dieu ait merci de votre âme. »

De quatre-vingts régicides qui restoient en Angleterre au moment de la restauration, cinquante-et-un se présentèrent à la proclamation du roi, se reconnurent coupables, et jouirent de l'amnistie ; vingt-neuf furent mis en jugement ; dix soutinrent qu'ils n'étoient pas criminels, et volèrent martyrs au supplice. Le prédicant Hugh Peters partagea leur sort. John Jones à la potence déclara le roi innocent de sa mort ; Charles II ne faisoit, selon la conscience de Jones, que remplir les devoirs d'un bon fils envers un père.

C'est ainsi que des exhumations et des exécutions ouvrirent un règne que des échafauds devoient clore. Vingt-deux années de débauche passèrent sous des fourches patibulaires ; dernières années de joie à la façon des Stuarts, et qui avoient l'air d'une orgie funèbre.

Dans les premiers jours de la restauration, on chercha comment on pourroit jamais être assez esclave pour expier le crime d'indépendance : c'étoit une émulation domestique qui débarrassoit le maître des actes de rigueur ; le clergé et le parlement se chargeoient de tout. Les communes passèrent un acte afin d'établir ou de rétablir la doctrine de l'obéissance passive. Le bill des convocations triennales fut aboli : une espèce de long parlement royal dura dix-sept années pour la corruption, l'impiété et la servitude, comme le long parlement républicain en avoit existé vingt pour le rigorisme, le fanatisme et la liberté. Tout prit le caractère d'une monarchie absolue dans une monarchie représentative : on copia la cour de Louis XIV sans en avoir la grandeur ; on cabala pour être ministre ; il y eut des influences de maîtresse à Windsor comme à Versailles ; les intérêts publics étoient traités comme des intérêts privés ; ce ne furent plus les révolutions, mais les intrigues, qui élevèrent les échafauds.

La peste et un vaste incendie ne troublèrent point la vie voluptueuse de Charles. A l'instigation de la France et par les séductions d'Henriette, duchesse d'Orléans, il fit la guerre à la Hollande dans l'unique but de détourner au profit de ses plaisirs les subsides du parlement.

Les malheureux *cavaliers*, ces royalistes qui avoient tout sacrifié à la cause des Stuarts, oubliés maintenant, languissoient dans la misère ; les *têtes rondes* jouissoient des biens et des honneurs qu'ils avoient acquis en s'armant contre la famille légitime. Waller, conspirateur poltron sous le long parlement, poëte adulateur de l'usurpation heureuse, faisoit les délices de la légitimité restaurée, tandis que le fidèle et courageux Butler mouroit de faim. Charles savoit pourtant par cœur et se plaisoit à répéter les vers d'*Hudibras*. Cette satire pleine de verve contre les personnages de la révolution charmoit une cour où brilloient la débauche de Rochester et la grâce de Grammont : le ridicule étoit une espèce de vengeance tout à fait à l'usage des courtisans. Au surplus, les républiques sont-elles plus reconnoissantes que les monarchies? Charles II a-t-il oublié ses amis plus que ne l'ont fait les autres rois? Il y a des infirmités qui appartiennent aux couronnes, quels que soient d'ailleurs les qualités et les défauts des hommes couronnés. « Entrez dans la basse-cour du château (de Henri IV), » dit l'ingénieuse duchesse de Rohan dans son apologie ironique, « vous oyrez des officiers crier : *Il y a vingt-cinq ou trente ans que je fais service au roi sans pouvoir être payé de mes gages : en voilà un qui lui faisoit la guerre il n'y a que trois jours, qui vient de recevoir une telle gratification*. Montez les degrés, entrez jusque dans son antichambre, vous oyrez les gentilshommes qui diront : *Quelle espérance y a-t-il à servir ce prince? j'ai mis ma vie tant de fois pour son service, j'ai été blessé, j'ai été prisonnier, j'y ai perdu mon fils, mon frère ou mon parent; au partir de là, il ne me connoît plus, il me rabroue si je lui demande la moindre récompense...* Tout beau, messieurs, aurez-vous tantôt tout dit? Écoutez-moi un peu à mon tour ; sachez que ce prince est doué de vertus surnaturelles ; il dit en bon langage : *Mes amis, offensez-moi, je vous aimerai ; servez-moi, je vous haïrai...* O valeureux prince, et généreux courage, qui ne se rend qu'aux généreux, qui ne se laisse forcer que par la seule force! »

Quelques souvenirs, quelques ambitions privées, quelques rêveries particulières à des esprits faux qui s'imaginoient pouvoir faire revivre le passé, fermentèrent dans un coin, sous la protection de Jacques, alors duc d'York et catholique de religion. Ces ambitions, ces rêveries ces souvenirs pris mal à propos pour une opinion possible ou applicable, donnèrent à la nation la crainte d'un règne opposé au culte établi et à la liberté des peuples. La correspondance diplomatique nous apprend le rôle odieux que joua Louis XIV alors, et la funeste influence qu'il exerça sur la destinée de Charles et de Jacques : en même temps qu'il encourageoit le souverain à l'arbitraire, il poussoit les sujets à l'indépendance, dans la petite vue de tout brouiller et de rendre l'Angleterre impuissante au dehors. Les ministres de Charles et les membres les plus remarquables de l'opposition du parlement étoient pensionnaires du grand roi.

L'église épiscopale se mêloit de toutes les transactions : proscrite durant les derniers troubles par des fanatiques, l'intérêt et la vengeance l'avoient rendue à son tour fanatique. Infecté de cet esprit de réaction, le parlement vouloit l'uniformité du culte, et persécutoit également catholiques et presbytériens, bien qu'un bon nombre des membres de ce parlement n'eût aucune croyance. Sous le règne de Charles Ier, la politique n'avoit été que l'instrument de la religion : sous le règne de Charles II, la religion ne fut que l'instrument de la politique. Les principes avoient changé de place, et par la manière dont ils s'étoient coordonnés, ils conduisoient plus directement à la liberté civile, tout en opprimant la liberté de conscience. Les indépendants avoient disparu : la cour étoit déiste ou athée.

En 1673, le parlement passa l'acte du test ; précaution prise dans l'avenir contre le duc d'York, comme papiste. Effet miraculeux, et toutefois naturel, de la marche des siècles ! ce fameux acte, qui servit à précipiter les Stuarts et qui devint la sauvegarde d'une nouvelle dynastie, s'abolit au moment même où je trace ces mots. L'abolition n'est pas encore pleine et entière, mais elle ne peut tarder à le devenir. Si la race des Stuarts n'étoit pas éteinte, elle ne trouveroit plus dans sa religion d'obstacle à remonter sur le trône : en trouveroit-elle dans sa politique? Tout est là aujourd'hui pour les peuples et pour les rois.

Une prétendue conspiration découverte par l'infâme Titus Oates compromit la reine dont le parlement alla jusqu'à demander l'exil, et envoya au gibet quelques jésuites. Shaftesbury, flatteur de Cromwell et instrument de la restauration, homme d'un esprit, d'un caractère et d'un talent assez semblables à ceux du cardinal de Retz, Shaftesbury, père d'un fils célèbre, passoit d'une intrigue à l'autre. Un bill, ouvrage de son antipathie plus que de sa conviction, fut présenté à la chambre des communes pour exclure le duc d'York de la succession à la couronne ; la chambre des pairs repoussa le bill. Les communes s'indignèrent ; Charles casse le parlement, en convoque un autre à Oxford : celui-ci, plus séditieux que l'autre, représente le bill rejeté. Charles brise de nouveau le parlement, dépouille Londres et quelques villes municipales de leurs chartes, règne jusqu'à sa mort en maître, et, par les conseils de son frère, devient cruel et persécuteur.

De là les conspirations opposées et mal conçues de Monmouth, bâtard de Charles, des lords Shaftesbury, Essex, Grey, Russel, de Sidney, et d'Hampden, petit-fils du fameux parlementaire. Ces trois derniers sont célèbres : lord Russel est la seule victime de ces temps qui ait mérité l'estime complète de la postérité. Hampden fut misérable dans le procès ; il eut de moins ce que son aïeul avoit de trop. Quant au républicain Sidney, il recevoit de l'argent de Louis XIV : il s'étoit arrangé de manière à vivre à son aise par le despotisme, et à mourir noblement pour la liberté.

L'inquiétude croissante du règne futur, les prétentions de Marie, fille du duc d'York et femme du prince d'Orange, la profonde et froide ambition de ce gendre de Jacques, autour duquel les mécontents de tous les partis commençoient à se rallier, empoisonnèrent les derniers jours d'une cour frivole. Charles mourut subitement, le 16 février 1685, d'une apoplexie, suite assez commune de la débauche, dans le passage de l'âge mûr à la vieillesse. Les plaisirs de ce prince lui rendirent un dernier service ; ils l'enlevèrent à une nouvelle révolution, ou plutôt au dernier acte de la révolution, puisque les Stuarts n'avoient pas voulu jouer eux-mêmes ce dernier acte, et prendre à leur profit ce que Guillaume sut recueillir. Les uns ont cru que Charles II avoit été empoisonné ; il est plus certain qu'il mourut catholique, si toutefois il étoit quelque chose en religion.

Ce fils de Charles I$^{er}$ fut un de ces hommes légers, spirituels, insouciants, égoïstes, sans attachement de cœur, sans conviction d'esprit, qui se placent quelquefois entre deux périodes historiques pour finir l'une et commencer l'autre, pour amortir les ressentiments, sans être assez forts pour étouffer les principes ; un de ces princes dont le règne sert comme de passage ou de transition aux grands changments d'institutions, de mœurs et d'idées chez les peuples ; un de ces princes tout exprès créés pour remplir les espaces vides qui dans l'ordre politique séparent souvent la cause de l'effet.

L'intelligence humaine avoit marché en raison des progrès de la science sociale. La poésie brilla du plus vif éclat. C'est l'époque de Milton, de Waller, de Dryden, de Butler, de Cowley, d'Otway, de Davenant ; les uns admirateurs, les autres dépréciateurs du génie de Cromwell, et tous plus ou moins soumis à Charles. « Nourrie dans les factions, exercée par tous les fanatismes de la religion, de la liberté et de la poésie, cette âme orageuse et sublime (Milton), en perdant le spectacle du monde, devoit un jour retrouver dans ses souvenirs le modèle des passions de l'enfer, et produire du fond de sa rêverie, que la réalité n'interrompoit plus, deux créations également idéales, également inattendues dans ce siècle farouche, la félicité du ciel et l'innocence de la terre. » Nous empruntons cette peinture admirable à l'*Histoire de Cromwell*, par M. Villemain.

Tillotson, Burnet, Shaftesbury, Hobbes, Locke et Newton avoient paru ou commençoient à paroître : les sciences, selon les temps, sont filles ou mères de la liberté.

# JACQUES II.

## 1685-1688.

Quand les révolutions doivent s'accomplir, on voit naître ou se maintenir aux affaires les hommes qui par leurs vertus ou leurs crimes, leur force ou leur foiblesse, conduisent ces révolutions à leur terme ; on voit en même temps mourir ou s'éloigner les hommes qui pourroient arrêter la marche des événements. Charles I$^{er}$ n'étoit que le troisième fils de Jacques I$^{er}$ ; si ses frères aînés avoient vécu, il ne seroit pas arrivé à la couronne : son père, dévot, le destinoit à l'église ; il se seroit assis paisiblement sur le trône archiépiscopal de Cantorbéry, au lieu de monter à l'échafaud. Toute la série des événements eût été changée par l'influence personnelle des monarques qui auroient régné au lieu de Charles I$^{er}$ et de ses deux fils ; les Stuarts gouverneroient peut-être encore la Grande-Bretagne.

Jacques II, homme dur et foible, entêté et fanatique, n'avoit pas, lorsqu'il prit en main les rênes des trois royaumes, la moindre idée de la révolution accomplie dans les esprits ; il étoit resté en arrière de ses contemporains de plus d'un siècle. Il voulut tenter en faveur de l'Église romaine ce que son père n'avoit pas pu même exécuter pour l'épiscopat : il se croyoit le maître d'opérer un changement dans la religion de l'État aussi facilement qu'Henri VIII ; mais le peuple anglois n'étoit plus le peuple des Tudors, et quand Jacques eût distribué à ses sujets tous les biens du clergé anglican, il n'auroit pas fait un seul catholique. Son plus grand tort fut de jurer, en parvenant à la couronne, ce qu'il n'avoit pas l'intention de tenir : la foi gardée n'a pas toujours sauvé les empires ; la foi mentie les a souvent perdus.

Jacques eut tout d'abord le cœur enflé par la folle rébellion du duc de Monmouth, si facilement réprimée. Monmouth, battu à Segmore, découvert après le combat dans des broussailles, conduit à Londres, présenté à Jacques, ne put sauver sa vie par les humbles soumissions que Jacques exilé a complaisamment racontées, croyant excuser sa foiblesse en divulguant celle des autres. La certitude de la mort rendit à Monmouth le courage, il se montra brave et léger comme Charles II son père; il avoit toutes les grâces de la courtisane sa mère : il joua avec la hache dont il fallut cinq coups pour abattre sa belle tête. On a voulu faire de Monmouth le *Masque de fer* : c'est toujours du roman.

Jacques, naturellement cruel, trouva un bourreau : Jeffries avoit commencé ses œuvres vers la fin du règne de Charles II, dans le procès où Russel et Sidney perdirent la vie. Cet homme, qui à la suite de l'invasion de Monmouth fit exécuter dans l'ouest de l'Angleterre plus de deux cent cinquante personnes, ne manquoit pas d'un certain esprit de justice : une vertu qu'on n'aperçoit pas dans un homme de bien se fait remarquer quand elle est placée au milieu des vices.

Emporté par son zèle religieux, le monarque n'écoutoit que les conseils de son confesseur, le jésuite Peters, qu'il avoit entrepris de faire cardinal. Missionnaire dans sa propre cour, Jacques avoit converti son ministre Sunderland, qui n'étoit pas plus fidèle à son nouveau dieu qu'il ne l'étoit à son roi. Le nonce du pape fit une entrée publique à Windsor en habits pontificaux : ces choses, qui, dans l'esprit tolérant ou indifférent de ce siècle, seroient fort innocentes aujourd'hui étoient alors criminelles aux yeux d'un peuple instruit à regarder la communion romaine comme ennemie des libertés publiques.

Le roi, ne pouvant parvenir directement à son but, voulut l'atteindre par une voie oblique; il se fit le protecteur des quakers, et demanda la liberté de conscience pour tous ses sujets : Cromwell avoit aussi recherché cette liberté, mais pour se défendre, et non pour attaquer, comme Jacques. Le roi intrigua sans succès, afin d'obtenir une majorité sur ce point dans le parlement. Ayant échoué, il publia de sa propre autorité une déclaration de liberté de conscience. Sept évêques refusèrent de la lire dans leurs églises : conduits à la Tour, puis acquittés par un jugement, leur captivité et leur élargissement devinrent un triomphe populaire. Jacques avoit formé un camp qu'il exerçoit à quelques milles de Londres; il ne trouva pas les soldats plus disposés à admettre la liberté de conscience que les évêques.

Ainsi ce fut par un acte juste et généreux en principe que Jacques acheva de mécontenter la nation. On trouve aisément la double raison de cette sorte d'iniquité des faits : d'un côté il y avoit fanatisme protestant; de l'autre on sentoit que la tolérance royale n'étoit pas sincère, et qu'elle ne demandoit une liberté particulière que pour détruire la liberté générale.

Il est difficile de s'expliquer la conduite du roi sous le règne même de son frère ; il avoit vu proposer un bill d'incapacité à la possession de la couronne, incapacité fondée sur la profession de toute religion qui ne seroit pas la religion de l'État : ces dispositions hostiles pouvoient sans doute avoir irrité secrètement Jacques le catholique ; mais aussi comment ne comprit-il pas que pour conserver la couronne chez un pareil peuple, il ne le falloit pas frapper à l'endroit sensible ? Loin de là, au lieu de se modérer en parvenant au souverain pouvoir, Jacques abonda dans les mesures propres à le perdre.

La Hollande étoit depuis longtemps le foyer des intrigues des divers partis anglois : les émissaires de ces partis s'y rassembloient sous la protection de Marie, fille aînée de Jacques, femme du prince d'Orange, homme qui n'inspire aucune admiration, et qui pourtant a fait des choses admirables. Souvent averti par Louis XIV, Jacques ne vouloit rien croire : il lui fallut pourtant se rendre à l'évidence ; une dépêche du marquis d'Abbeville, ambassadeur de la Grande-Bretagne à La Haye, déroula à ses yeux tout le plan d'invasion. Abbeville tenoit ses renseignements du grand-pensionnaire Fagel ; le comte d'Avaux avoit su beaucoup plus tôt toute l'affaire. Une flotte étoit équipée au Texel ; elle devoit agir contre l'Angleterre, où le prince d'Orange se disoit appelé par la noblesse et le clergé.

Louis XIV, dont la politique avoit été désastreuse et misérable jusqu'au dénoûment, retrouva sa grandeur à la catastrophe ; il fit des offres magnanimes, et les auroit tenues, mais il commit en même temps une faute irréparable : au lieu d'attaquer les Pays-Bas, ce qui eût arrêté le prince d'Orange, il porta la guerre ailleurs. La flotte mit à la voile ; Guillaume débarqua avec treize mille hommes à Broxholme, dans Torbay.

À son grand étonnement, il n'y trouva personne : il attendit dix jours en vain. Que fit Jacques pendant ces dix jours ? Rien. Il avoit une armée de vingt mille hommes, qui se fût battue d'abord, et il ne prit aucune résolution. Sunderland, son ministre, le vendoit ; le prince Georges de Danemark, son gendre, et Anne, sa fille favorite, l'abandonnoient de même que sa fille Marie et son autre gendre Guillaume. La solitude commençoit à croître autour du monarque qui s'étoit isolé de l'opinion nationale : il demanda des conseils au comte de Bedford, père de lord Russel, décapité sous le règne précédent à la poursuite de Jacques. « J'avois un fils, répondit le vieillard, qui auroit pu vous secourir. »

Jacques ne montra de fermeté dans ce moment critique que pour sa religion : elle avoit dérobé à son profit le courage naturel du prince. Jacques rappela, il est vrai, les mesures favorables aux catholiques, et toutefois, bravant l'animadversion publique, il fit baptiser son fils dans la communion romaine : le pape fut déclaré parrain de ce jeune roi, qui ne devoit point porter la couronne. La conscience étoit la vertu de ce Jacques II, mais il ne l'appliquoit qu'à un seul objet : cette vive lumière devenoit pour lui des ténèbres lorsqu'elle frappoit autre chose qu'un autel.

Le prince d'Orange avançoit lentement vers Londres, où la seule présence de Jacques combattoit l'usurpateur. Peu à peu la défection se mit dans l'armée angloise. Le *Lilli-Bullero*, espèce d'hymne révolutionnaire, fut chanté parmi les déserteurs. « Qu'on leur donne des passeports en mon nom, dit Jacques, pour aller trouver le prince d'Orange ; je leur épargnerai la honte de me trahir. »

Cependant le roi prenoit la plus fatale des résolutions, celle de quitter Londres. Il fit partir d'abord la reine et son jeune fils, qu'accompagnoit Lauzun, favori de la fortune, comme ses suppliants en étoient le jouet. Jacques lui-même s'embarqua sur la Tamise, y jeta le sceau de l'État ou plutôt sa couronne, que le flot ne lui rapporta jamais. Arrêté par hasard à Feversham, il revint à Londres, où le peuple le salua des plus vives acclamations : cette inconstance populaire pensa renverser l'œuvre de la patiente et coupable ambition du prince d'Orange. Ce duc d'York, si brave dans sa jeunesse sous les drapeaux de Turenne et de Condé, si vaillant et si habile amiral sur les flottes de son frère Charles II, ce duc d'York ne retrouvoit plus comme roi son ancien courage ; il ne s'agissoit cependant pour lui que de rester et de regarder en face son gendre et sa fille. Guillaume lui fit ordonner de se retirer au château de Ham ; le monarque, au lieu de s'indigner contre cet ordre, sollicita humblement la permission de se rendre à Rochester. Le prince d'Orange devina aisément que son beau-père, en se rapprochant de la mer, avoit l'intention de s'échapper du royaume ; or, c'étoit tout ce que désiroit l'usurpateur : il s'empressa d'accorder la permission : Jacques gagna furtivement le rivage, monta sur un vaisseau qui l'attendoit et que personne ne vouloit prendre.

L'austère catholique qui sacrifioit un royaume à sa foi étoit suivi de son fils naturel, le duc de Berwick, qu'il avoit eu d'Arabelle Churchill, sœur du duc de Marlborough. Marlborough devoit sa fortune à Jacques ; il déserta son bienfaiteur et son maître infortuné pour se donner à un coupable heureux. Berwick et Marlborough, l'un bâtard et l'autre traître, devoient devenir deux capitaines célèbres : Marlborough ébranla l'empire de Louis XIV ; Berwick assura l'Espagne au petit-fils de ce grand roi, et ne put rendre l'Angleterre à son père,

Jacques II. Berwick eut la gloire de mourir d'un coup de canon à Philipsbourg pour la France (12 juin 1734), et d'avoir mérité les éloges de Montesquieu.

Jacques aborda les champs de l'éternel exil, le 2 janvier 1689 (nouveau style), mois funeste. Il débarqua à Ambleteuse, en Picardie. Il n'avoit fallu que quatre ans au dernier fils de Charles I$^{er}$ pour perdre un royaume.

Une assemblée nationale convoquée à Westminster, sous le nom de *Convention*, déclara, le 23 février 1689, que Jacques, second du nom, en quittant l'Angleterre avoit abdiqué ; que son fils, le prince de Galles, étoit un enfant supposé (impudent mensonge); que Marie, fille de Jacques, princesse d'Orange, étoit de droit l'héritière d'un trône délaissé : l'usurpation s'établit sur une fiction de légitimité.

Le prince d'Orange et sa femme Marie acceptèrent la succession royale, non vacante, à des conditions qui devinrent la constitution écrite de la Grande-Bretagne : tel fut le dernier acte et le dénoûment de la révolution de 1640 ; ainsi furent posées, après des siècles de discordes, les limites qui séparent aujourd'hui en Angleterre le juste pouvoir de la couronne des libertés légales du peuple.

Au reste, ni Jacques ni les Anglois n'eurent aucune dignité dans cet événement mémorable : ils laissèrent tout faire à Guillaume avec une foible armée de treize mille hommes, où l'on comptoit douze ou quatorze cents soldats et officiers françois protestants : ceux-ci, chassés de France par la révocation de l'édit de Nantes, allèrent détrôner en Angleterre un prince catholique, allié de Louis XIV; ainsi s'enchaînent les choses humaines. Ce fut une garde hollandoise qui fit la police à Londres et qui releva les postes de Whitehall. Les historiens de la Grande-Bretagne appellent la révolution de 1688 la *glorieuse* révolution ; ils se devroient contenter de l'appeler la révolution *utile* : les faits en laissent le profit, mais en refusent la gloire à l'Angleterre. Le plus léger degré de fermeté dans le roi Jacques auroit suffi pour arrêter le prince Guillaume ; presque personne dans le premier moment ne se déclara en sa faveur.

Au surplus, cette révolution, qui auroit pu être retardée, n'en étoit pas moins inévitable, parce qu'elle étoit opérée dans l'esprit de la nation. Si Jacques parut frappé de vertige au moment décisif; si pendant son règne on ne le vit occupé qu'à se créer une place de sûreté en Angleterre, ou un moyen de fuite en France ; s'il se laissa trahir de toutes parts ; s'il ne profita ni des avis ni des offres de Louis XIV, c'est qu'il avoit la conscience que ses destins étoient accomplis. La liberté méconnue sous Jacques I$^{er}$, ensanglantée sous Charles I$^{er}$, déshonorée sous Charles II, attaquée sous Jacques II, avoit pourtant été conservée dans les formes constitutionnelles; et ces formes la transmirent à la nation, qui continua de féconder le sol natal après l'expulsion des Stuarts.

Ces princes ne purent jamais pardonner au peuple anglois les maux qu'il leur avoit fait endurer; le peuple anglois ne put jamais oublier que ces princes avoient essayé de lui ravir ses droits : il y avoit de part et d'autre trop de justes ressentiments et trop d'offenses. Toute confiance réciproque étant détruite, on se regarda en silence pendant quelques années. Les générations qui avoient souffert ensemble, également fatiguées, consentirent à achever leurs jours ensemble; mais les générations nouvelles, qui ne sentoient pas cette lassitude, qui, ne nourrissant plus d'inimitiés, n'avoient pas besoin d'entrer dans les compromis du malheur, ces générations revendiquèrent les fruits du sang et des larmes de leurs pères : il fallut dire adieu aux choses du passé. Il ne restoit dans les deux partis à la révolution de 1688 que quelques témoins de la catastrophe de 1649 : Jacques lui-même, qui alloit mourir dans l'exil, et le vieux régicide Ludlow, qui revint de l'exil pour jouir du plaisir de voir chasser un roi dont il avoit condamné le père. Ludlow se trouva d'ailleurs tout aussi étranger dans Londres avec ses principes républicains que Jacques avec ses maximes de pouvoir absolu.

Mais nous nous trompons dans ce récit : un autre personnage assista encore à l'avénement de Guillaume. Le nommé *Clark*, du comté d'Erford, avoit eu un procès avec ses filles. Après la mort de son fils unique, il vint plaider à Londres; il lui prit envie d'assister à une séance de la chambre haute. Un homme lui demanda s'il avoit jamais rien vu de semblable. « Non pas, répondit Clark, depuis que j'ai cessé de m'asseoir dans ce fauteuil. » Il montroit le trône : c'étoit Richard Cromwell.

Les Stuarts auroient-ils pu régner après la restauration? Très-facilement, en faisant ce que fit Guillaume en Angleterre, ce qu'a fait Louis XVIII en France, en donnant une charte, en acceptant de la révolution ce qu'elle avoit de bon, d'invincible, ce qui étoit accompli dans les esprits et dans le siècle, ce qui étoit terminé dans les mœurs, ce qu'on ne pouvoit essayer de détruire, sans remonter violemment les âges, sans imprimer à la société un mouvement rétrograde, sans bouleverser de nouveau la nation. Les révolutions qui arrivent chez les peuples dans le sens naturel, c'est-à-dire dans le sens de la marche progressive du temps, peuvent être terribles, mais elles sont durables; celles que l'on tente en sens contraire, c'est-à-dire en rebroussant le cours des choses, ne sont pas moins sanglantes ; mais, fléau d'un moment, elles ne fondent, elles ne créent rien ; tout au plus elles peuvent exterminer.

Les Stuarts ont passé, les Bourbons resteront, parce qu'en nous rapportant leur gloire, ils ont adopté les libertés récentes, douloureusement enfantées par nos malheurs. Charles II débarqua à Douvres les mains vides : il n'avoit dans ses bagages que des vengeances et le pouvoir absolu : Louis XVIII s'est présenté à Calais, tenant d'une main l'ancienne loi, de l'autre la loi nouvelle avec l'oubli des injures et le pouvoir constitutionnel : il étoit à la fois Charles II et Guillaume III ; la légitimité déshéritoit l'usurpation. Le loyal Charles X, imitant son auguste frère, n'a voulu ni changer le culte national, ni détruire ce qu'il avoit juré de maintenir. Alors le drame de la révolution s'est terminé ; la France entière s'est reposée avec joie, amour et reconnoissance, sous la protection de ses anciens monarques. Tout a été renversé par la tempête autour du trône de saint Louis, et ce trône est demeuré debout : il s'élève au cœur de la France comme ces antiques et vénérables ouvrages de la patrie, comme ces vieux monuments des siècles qui dominent les édifices modernes, et au pied desquels vient se jouer la jeune postérité.

Retournons au roi Jacques : que devint-il ? « Le lendemain, jour que le roi d'Angleterre arrivoit, le roi l'alla attendre à Saint-Germain dans l'appartement de la reine. Sa Majesté y fut une demi-heure ou trois quarts d'heure avant qu'il arrivât : comme il étoit dans la garenne, on le vint dire à Sa Majesté, et puis on vint avertir quand il arriva dans le château. Pour lors Sa Majesté quitta la reine d'Angleterre, et alla à la porte de la salle des gardes au-devant de lui. Les deux rois s'embrassèrent fort tendrement, avec cette différence que celui d'Angleterre, y conservant l'humilité d'une personne malheureuse, se baissa presque aux genoux du roi. Après cette première embrassade, au milieu de la salle des gardes, ils se reprirent encore d'amitié, et puis, en se tenant la main serrée, le roi le conduisit à la reine, qui étoit dans son lit. Le roi d'Angleterre n'embrassa point sa femme, apparemment par respect.

« Quand la conversation eut duré un quart d'heure, le roi mena le roi d'Angleterre à l'appartement du prince de Galles. La figure du roi d'Angleterre n'avoit pas imposé aux courtisans : ses discours firent encore moins d'effet que sa figure. Il conta au roi dans la chambre du prince de Galles, où il y avoit quelques courtisans, le plus gros des choses qui lui étoient arrivées, et il les conta si mal, que les courtisans ne voulurent point se souvenir qu'il étoit Anglois, que par conséquent il parloit fort mal françois, outre qu'il bégayoit un peu, qu'il étoit fatigué, et qu'il n'est pas extraordinaire qu'un malheur aussi considérable que celui où il étoit diminuât une éloquence beaucoup plus parfaite que la sienne. »

Louis XIV donna une flotte au roi Jacques, et l'envoya en Irlande. Il perdit la bataille de la Boyne (juin 1690) et revint à Saint-Germain. Un parti assez nombreux vouloit le rappeler au trône ; il négocioit et brouilloit tout par ses prétentions. Bossuet se montroit moins exigeant que lui ; il soutenoit qu'un roi catholique pouvoit tolérer la prééminence de la religion protestante dans ses États ; toutefois Bossuet laisse apercevoir, en avançant ce principe, une arrière-pensée peu digne de son génie et de sa vertu.

Jacques vit du cap de La Hogue la destruction de la seconde flotte qui le devoit porter une seconde fois dans les trois royaumes. « Ma mauvaise étoile, écrivoit-il à Louis XIV, a fait sentir son influence sur les armes de Votre Majesté, toujours victorieuses jusqu'à ce qu'elles aient combattu pour moi : je vous supplie donc de ne plus prendre intérêt à un prince aussi malheureux. »

Louis XIV sentit la valeur de ces paroles, et son intérêt redoubla pour son auguste client : il arma encore en 1696 au soutien du parti jacobite. Jacques se refusa à tout complot d'assassinat sur Guillaume ; il ne voulut point non plus monter au trône de Pologne que son hôte royal se chargeoit de lui faire obtenir. A l'époque du traité de Ryswick, Louis XIV, qui alloit être forcé de reconnoître Guillaume pour roi d'Angleterre, proposa à Guillaume de reconnoître à son tour le jeune fils de Jacques pour héritier de lui. Guillaume. Le prince d'Orange, qui n'avoit pas d'enfants, y consentoit ; Jacques s'y refusa. « Je me résigne à l'usurpation du prince d'Orange, dit-il, mais mon fils ne peut tenir la couronne que de moi ; l'usurpation ne sauroit lui donner un titre légitime. » Il y a dans tout cela de la grandeur, et une sorte de politique négative magnanime. Jacques détrôné et n'étant plus qu'un simple chrétien cessoit d'être un homme vulgaire. N'être frappé que des dévotions de ce prince avec les Jésuites, c'est prendre la moquerie pour l'histoire.

Jacques eut la consolation et la douleur de voir quelquefois dans sa retraite les sujets fidèles à sa mauvaise fortune. « Ils se formèrent en une compagnie de soldats au service de France, dit Dalrymple ; ils furent passés en revue par le roi (Jacques) à Saint-Germain-en-Laye. Le roi salua le corps par une inclination et le chapeau bas ; il revint, s'inclina de nouveau, et fondit en larmes. Ils se mirent à genoux, baissèrent la tête contre terre ; puis se relevant tous à la fois, ils lui firent e salut militaire... Ils étoient toujours les premiers dans une bataille et les derniers dans la retraite. Ils manquèrent souvent des choses les plus nécessaires à la vie ; cependant on ne les entendait jamais se plaindre, si ce n'est des souffrances de celui qu'ils regardoient comme leur souverain. »

Il y a un fait assez peu connu : Marie Stuart avoit désiré que la compagnie écossoise au service de France fût commandée par un des fils des rois d'Écosse ; on trouve en effet que Charles I$^{er}$ et Jacques II furent tour à tour capitaines de cette compagnie. Les Jacobites, qui prirent plusieurs fois les armes ou pour Jacques ou pour le prétendant son fils, marquèrent d'un caractère touchant une vieille société expirante. Guillaume avoit chassé Jacques de l'Angleterre au refrain d'une chanson révolutionnaire : on croit que le fameux *God save the king*, dont l'air est d'origine françoise, est un hymne religieux entonné par les Jacobites en marchant au combat. La loyauté, la légitimité et la religion catholique de la vieille Angleterre, ont légué une chanson à la liberté, à l'usurpation et à la communion protestante de l'Angleterre nouvelle.

Afin de punir les montagnards écossois qui se soulevèrent dans la suite pour le fils de leur ancien maître, le gouvernement anglois ne vit pas de moyen plus sûr que de les obliger à quitter le vêtement et les usages de leurs pères : leur petit jupon et leur musette. En les dépouillant de leur ancien habit, on espéra leur enlever leur antique vertu.

Jacques passa le reste de son exil à écrire les Mémoires de sa vie : la piété lui tenoit lieu de puissance ; retiré dans sa conscience, empire dont il ne pouvait être chassé, ses souvenirs le faisoient vivre dans le passé, sa religion dans l'avenir. Il avoit écrit de sa propre main cette courte prière : « Je vous remercie, ô mon Dieu ! de m'avoir ôté trois royaumes, si c'étoit pour me rendre meilleur. »

Il mourut en paix à Saint-Germain, le 16 septembre 1701.

Le prince de Galles, son fils, qui porta quelque temps le nom de Jacques III, et qui quitta ce monde le 2 janvier 1766 (toujours ce mois de janvier), eut deux fils : Charles-Édouard, le prétendant, et Henri-Benoît, cardinal d'York. Le prince Édouard avoit du héros, mais il n'étoit plus dans ce siècle des Richard Cœur-de-Lion, où un seul chevalier conquéroit un royaume. Le prétendant aborda en Écosse au mois d'août 1745 : un lambeau de taffetas apporté de France lui servit de drapeau ; il rassembla sous ce drapeau dix mille montagnards, s'empara d'Édimbourg, passa sur le ventre de quatre mille Anglois à Preston, et s'avança jusqu'à quatorze lieues de Londres.

S'il eût pris la résolution d'y marcher, on ne peut dire ce qui seroit arrivé.

Obligé de faire un mouvement rétrograde devant le duc de Cumberland, le prétendant gagna néanmoins la bataille de Falkirk ; mais il essuya une défaite complète à Culloden. Errant dans les bois, couvert de haillons, exténué de fatigue, mourant de faim, le souverain de droit de trois royaumes vit se renouveler en lui les aventures de son oncle, Charles second : mais il n'y eut point de restauration pour Édouard, et il ne laissa à ses amis que des échafauds.

Revenu en France, il en fut chassé par le traité d'Aix-la-Chapelle (1748). Arrêté au spectacle, conduit à Vincennes presque enchaîné, il se retira d'abord à Bouillon, ensuite à Rome : Louis XIV ne régnoit plus. Le pape Grégoire le Grand renvoyoit comme missionnaires dans l'île des Bretons de jeunes esclaves bretons baptisés : douze siècles après, la Grande-Bretagne renvoyoit à son tour aux souverains pontifes des rois bretons confesseurs de la foi.

L'illustre banni s'attacha à une princesse dont Alfieri a continué la généreuse renommée. Édouard éprouva ce qu'éprouvent les grands dans l'adversité : on l'abandonna. Il avoit pour lui son bon droit ; mais le malheur prescrit contre la légitimité. Les petits-fils de Louis XV devoient errer en Europe comme le prétendant ; ils devoient lire cet ordre sur des poteaux en Allemagne : « Il est défendu à tous mendiants, vagabonds et *émigrés* de s'arrêter ici plus de vingt-quatre heures. »

Édouard ne pardonna jamais au gouvernement françois sa lâcheté. Vers la fin de sa vie il s'abandonna à la passion du vin, passion ignoble, mais avec laquelle du moins il rendoit aux hommes oubli pour oubli. Il mourut à Florence, le 31 janvier 1788 (toujours ce mois de janvier), un peu plus d'un an avant le commencement de la révolution françoise. Nous avons vu nous-même mourir son frère, le cardinal d'York, le dernier des Stuarts, dans la capitale du monde chrétien. Les deux frères ont un mausolée commun : Rome leur devoit bien une place dans la poussière de ses grandeurs évanouies.

Quand la maison de Marie d'Écose a failli, le cercueil de l'exilé de 1688 a été retrouvé en France presque au moment où l'on retrouvoit en Angleterre le cercueil de la victime de 1649. Si l'on eût dit à Louis XIV : « En moins d'un siècle, votre dépouille mortelle aura disparu ; celle du prince votre royal hôte sera tout ce qui restera de vous dans le palais où vous l'avez reçu... » qu'auroit pensé Louis le Grand ?

Par la volonté de Dieu, les cendres d'un monarque étranger réclament vainement aujourd'hui au milieu de nous les cendres des rois de la patrie. La vieille abbaye de Dagobert a mal gardé ses trésors ; Jacques II, en se réveillant à Saint-Germain, n'a aperçu à Saint-Denis que Louis XVI. La tombe du fils de Charles Ier s'élève au-dessus de nos ruines : triste témoin de deux révolutions, preuve extraordinaire de la contagieuse fatalité attachée à la race des Stuarts.

FIN DES QUATRE STUARTS.

# VIE
# DE RANCÉ

A LA MÉMOIRE DE L'ABBÉ SÉGUIN,

Prêtre de Saint-Sulpice, né à Carpentras, le 8 août 1748, mort à Paris,
à 95 ans, le 19 avril 1843.

# AVERTISSEMENT

## DE LA PREMIÈRE ÉDITION.

Je n'ai fait que deux dédicaces dans ma vie : l'une à Napoléon, l'autre à l'abbé Séguin. J'admire autant le prêtre obscur qui donnoit sa bénédiction aux victimes qui mouroient à l'échafaud, que l'homme qui gagnoit des victoires. Lorsque j'allois voir, il y a plus de vingt ans, M$^{lles}$ d'Acosta (cousines de M$^{me}$ de Chateaubriand, alors au nombre de quatre, et qui ne sont plus que deux), je rencontrois, rue du Petit-Bourbon, un prêtre vêtu d'une soutane relevée dans ses poches : une calotte noire à l'italienne lui couvroit la tête ; il s'appuyoit sur une canne, et alloit, en marmottant son bréviaire, confesser, dans le faubourg Saint-Honoré, M$^{me}$ de Montboissier, fille de M. de Malesherbes. Je le retrouvai plusieurs fois aux environs de Saint-Sulpice ; il avoit peine à se défendre d'une troupe de mendiantes qui portoient dans leurs bras des enfants empruntés. Je ne tardai pas à connoître plus intimement cette proie des pauvres, et je le visitois dans sa maison, rue Servandoni, n° 16. J'entrois dans une petite cour mal pavée ; le concierge, allemand, ne se dérangeoit pas pour moi. L'escalier s'ouvroit à gauche, au fond de la cour ; les marches en étoient rompues. Je montois au second étage ; je frappois : une vieille bonne, vêtue de noir, venoit m'ouvrir : elle m'introduisoit dans une antichambre sans meubles, où il n'y avoit qu'un chat jaune, qui dormoit sur une chaise. De là je pénétrois dans un cabinet, orné d'un grand crucifix de bois noir. L'abbé Séguin, assis devant le feu et séparé de moi par un paravent, me reconnoissoit à la voix : ne pouvant se lever, il me donnoit sa bénédiction et me demandoit des nouvelles de ma femme. Il me racontoit que sa mère lui disoit souvent, dans le langage figuré de son pays : « Rappelez-vous que la robe des prêtres ne doit jamais être brodée d'avarice. » La sienne étoit brodée de pauvreté. Il avoit eu trois frères, prêtres comme lui, et tous quatre avoient dit la messe ensemble dans l'église paroissiale de Sainte-Maure. Ils allèrent aussi se prosterner à Carpentras sur le tombeau de leur mère. L'abbé Séguin refusa de prêter le serment : poursuivi pendant la révolution, il traversa un jour en courant le jardin du Luxembourg, et se sauva chez M. de Jussieu, rue Saint-Dominique-d'Enfer. En quittant le Luxembourg pour la dernière fois, en 1830, je passai de même à travers le jardin solitaire, avec mon ami M. Hyde de Neuville. De tristes échos se réveillent dans les cœurs qui ont retenu le bruit des révolutions.

L'abbé Séguin rassembloit dans les lieux cachés les chrétiens persécutés. L'abbé Antoine, son frère, fut arrêté, mis aux Carmes, et massacré le 2 septembre. Quand cette nouvelle parvint à Jean-Marie, il entonna le *Te Deum*. Il alloit déguisé, de faubourg en faubourg, administrer des secours aux fidèles. Il étoit souvent accompagné de femmes pieuses et dévouées : M$^{me}$ Choque passoit pour sa fille ; elle faisoit le guet, et étoit chargée d'avertir le confesseur. Comme il étoit grand et fort, on l'enrôla dans la garde nationale. Dès le lendemain de cet enrôlement, il fut envoyé avec quatre hommes visiter une maison, rue Cassette. Le ciel lui apprit ce qu'il avoit à faire : il demande avec fracas que les appartements lui soient ouverts. Il aperçoit un tableau placé contre un mur et qui cachoit ce qu'il ne vouloit pas trouver. Il en approche, soulève avec sa baïonnette un coin de ce tableau et s'aperçoit qu'il bouche une porte. Aussitôt, changeant de ton, il reproche à ses camarades leur inactivité, leur donne l'ordre d'aller visiter les chambres en face du cabinet que déroboit le tableau. Pendant que la religion inspiroit ainsi l'héroïsme à des femmes et à des prêtres, l'héroïsme étoit sur le champ de bataille avec nos armées : jamais les François ne furent si courageux et si infortunés. Dans la suite l'abbé Séguin, ayant vu quel parti on pouvoit tirer de la garde nationale, étoit toujours prêt à s'y présenter. Le mensonge étoit sublime, mais il n'en offensoit pas moins l'abbé Séguin, parce qu'il étoit mensonge. Au milieu de ses violents sacrifices, il tomboit dans un silence consterné qui épouvantoit ses amis. Il fut délivré de ses tourments par suite du changement des choses humaines. On passa du crime à la gloire, de la république à l'empire.

C'est pour obéir aux ordres du directeur de ma vie que j'ai écrit l'histoire de l'abbé de Rancé. L'abbé Séguin me parloit souvent de ce travail, et j'y avois un répugnance naturelle. J'étudiai néanmoins, je lus, et c'est le résultat de ces lectures qui compose aujourd'hui la *Vie de Rancé*.

Voilà tout ce que j'avois à dire. Mon premier ouvrage a été fait à Londres, en 1797, mon dernier à Paris, en 1844. Entre ces deux dates, il n'y a pas moins de quarante-sept ans, trois fois l'espace que Tacite appelle une longue partie de la vie humaine : « *Quindecim annos, grande mortalis ævi spatium.* » Je ne serai lu de personne, excepté de quelques arrière-petites-nièces, habituées aux contes de leur vieil oncle. Le temps s'est écoulé; j'ai vu mourir Louis XVI et Bonaparte; c'est une dérision que de vivre après cela. Que fais-je dans le monde? Il n'est pas bon d'y demeurer lorsque les cheveux ne descendent plus assez bas pour essuyer les larmes qui tombent des yeux. Autrefois je barbouillois du papier avec mes filles, Atala, Blanca, Cymodocée; chimères qui ont été chercher ailleurs la jeunesse. On remarque des traits indécis dans le tableau du *Déluge*, dernier travail du Poussin : ces défauts du temps embellissent le chef-d'œuvre du grand peintre, mais on ne m'excusera pas : je ne suis pas Poussin, je n'habite point au bord du Tibre, et j'ai un mauvais soleil.

# AVERTISSEMENT

## DE CETTE SECONDE ÉDITION.

J'ai suivi dans cette édition tous les changements qui m'ont été indiqués. On ne peut me faire plus de plaisir que de m'avertir quand je me suis trompé : on a toujours plus de lumière et plus de savoir que moi.

# VIE
# DE RANCÉ

## LIVRE PREMIER.

Don Pierre Le Nain, religieux et prieur de l'abbaye de La Trappe, frère du grand Tillemont et presque aussi savant que lui, est reconnu comme le plus complet historien de Rancé. Il commence ainsi la vie de l'abbé réformateur :

« L'illustre et pieux abbé du monastère de Notre-Dame de La Trappe, l'un des plus beaux monuments de l'ordre de Cîteaux, le parfait miroir de la pénitence, le modèle accompli de toutes les vertus chrétiennes et religieuses, le digne fils et le fidèle imitateur du grand saint Bernard, le révérend père *dom Armand-Jean Le Bouthillier de Rancé*, de qui, avec le secours du ciel, nous entreprenons d'écrire l'histoire, naquit à Paris, le 9 janvier 1626, d'une des plus anciennes et illustres familles du royaume. Il n'y a personne qui ne sache qu'elle a donné à l'Église monseigneur Victor Le Bouthillier, évêque de Boulogne, depuis archevêque de Tours, premier aumônier de M. le duc d'Orléans; monseigneur Sébastien Le Bouthillier, évêque d'Aire, prélat d'une piété singulière; et à l'État Claude Le Bouthillier, sieur de Pons et de Foligny, qui fut d'abord conseiller au parlement de Paris, ensuite secrétaire d'État, et quelques années après surintendant des finances et grand-trésorier des ordres du roi. Cette famille, qui tiroit son origine de Bretagne et touchoit de parenté aux ducs de cette province, a été encore plus ennoblie par la sainteté de celui dont nous écrivons la vie.

« Son père se nommoit Denis Le Bouthillier, seigneur de Rancé, maître des requêtes, président en la chambre des comptes et secrétaire de la reine Marie de Médicis. Il épousa Charlotte Joly, de laquelle il eut huit enfants : cinq filles, qui se firent religieuses presque toutes, et trois garçons. Le premier, Denis-François Le Bouthillier, fut chanoine de Notre-Dame de Paris ; le second fut notre digne abbé ; le troisième est le chevalier de Rancé, qui servit Sa Majesté en qualité de capitaine du port du Marseille et de chef d'escadre.

« Comme notre abbé avoit été baptisé en la maison de son père, sans les cérémonies ordinaires de l'Église, elles furent suppléées le 30 mai 1627 en la paroisse de Saint-Côme-et-Saint-Damien. L'éminentissime cardinal de Richelieu fut son parrain, et lui donna le nom d'Armand-Jean ; il eut pour marraine Marie de Fourcy, femme du marquis d'Effiat, surintendant des finances. »

Tel est le début du Père Le Nain. Le désert se réjouit, le réformateur de La Trappe se montre au monde entre Richelieu, son protecteur, et Bossuet, son ami. Il falloit que le prêtre fût grand pour ne pas disparoître entre ses acolytes.

Le frère aîné de Rancé, Denis-François, le chanoine de Notre-Dame, étoit dès le berceau abbé commendataire de La Trappe ; la mort de Denis rendit Armand le chef de sa famille : il hérita de l'abbaye de son frère par cet abus des bénéfices convertis en espèce de biens patrimoniaux. Admis dans l'ordre de Malte, quoiqu'il fût devenu l'aîné, ses parents le laissèrent dans la carrière de l'Église.

Le père de Rancé, frappé des dispositions de son fils, lui donna trois précepteurs : le premier lui montroit le grec, le second le latin, le troisième veilloit sur ses mœurs ; traditions d'éducation qui remontoient à Montaigne. Les parlementaires étoient alors très-érudits, témoin Pasquier et le président Cousin. A peine sorti des langes, Armand expliquoit les poëtes de la Grèce et de Rome. Un bénéfice étant venu à vaquer, on mit sur la liste des recommandés le filleul du cardinal de Richelieu ; le clergé murmura. Le père Caussin, jésuite et confesseur du roi, fit appeler l'abbé en jaquette. Caussin avoit un *Homère* sur sa table, il le présenta à Rancé : le petit savant expliqua un passage à livre ouvert. Le jésuite pensa que l'enfant s'aidoit du latin placé en regard du texte, il prit les gants de l'écolier, et en couvrit la glose. L'écolier continua de traduire le grec. Le père Caussin s'écria : *Habes lynceos oculos!* Il embrassa l'enfant, et ne s'opposa plus aux faveurs de la cour.

A l'âge de douze ans (1638), Rancé donna son *Anacréon*. Cette précocité de science est suffisamment démontrée possible par ce que l'on sait de Saumaise et des enfants célèbres. Rancé à soixante-huit ans, dans une lettre à l'abbé Nicaise, s'avoue l'auteur du commentaire.

L'*Anacréon* grec parut sous la protection du cardinal de Richelieu; Chardon de La Rochette a fourni la traduction de l'épître dédicatoire. On la pourroit faire plus précise, non plus exacte. Il est curieux d'entendre celui qui devoit dédaigner le monde parler à celui qui n'aspiroit qu'à en devenir le maître : l'ambition est de toutes les âmes; elle mène les petites, les grandes la mènent.

L'épître ouvre par ces mots :

« Au grand Armand-Jean, cardinal de Richelieu, Armand-Jean Le Bouthillier, abbé,

« Salut et longue prospérité. Ayant appris de bonne heure à me pénétrer des sentiments de reconnoissance, etc.

« La langue grecque est aussi la langue des saintes Écritures, etc.

« J'ai donné à l'étude de cette langue les mêmes soins qu'à celle des Romains, etc.

« Me dévouant tout entier au service de votre Éminence... »

C'est une des immortalités contradictoires de Richelieu d'avoir eu pour panégyristes Rancé, scoliaste d'*Anacréon*, et Corneille, qui devint à son tour pénitent : *Les Horaces* sont dédiés au persécuteur du *Cid*.

Les scolies dans l'*Anacréon* de Rancé suivent une à une les odes : les pièces à la louange du jeune traducteur, imprimées à la tête de l'ouvrage, ne donnent guère une idée de l'avenir du saint. Dans les colléges il y avoit une sorte d'enfance mythologique, qui passoit d'une génération à l'autre. « Quels vœux formes-tu, chantre de Téos? dit un des rapsodes de ces pièces; brûles-tu pour Bathille, pour Bacchus, pour Cythérée? Aimes-tu les danses des jeunes vierges? Voici Armand (de Rancé) qui l'emporte sur Bathille et sur les jeunes vierges; si tu possèdes Armand, vis heureux. »

Singulière annonciation du saint. Je me souviens qu'un de nos régents nous expliquoit en classe l'églogue d'Alexis : Alexis étoit un écolier indocile, qui refusoit d'écouter les paroles de son affectueux maître. Candide pudeur chrétienne!

Rancé subséquemment jeta au feu ce qu'il lui restoit du tirage de l'*Anacréon*, dont on trouve néanmoins des exemplaires à la Bibliothèque du Roi. Un voyageur anonyme, qu'on sait être aujourd'hui l'abbé Nicaise, dans un voyage fait à La Trappe du vivant de Rancé, raconte une conversation qu'il eut avec l'abbé. Celui-ci lui dit « qu'il n'avoit gardé dans sa bibliothèque qu'un exemplaire de l'*Anacréon*, qu'il avoit donné cet exemplaire à M. Pellisson, non pas comme un bon livre, mais comme un livre fort propre et fort bien relié; que dans les deux premières années de sa retraite, avant que d'être religieux, il avoit voulu lire les poëtes, mais que cela ne faisoit que rappeler ses anciennes idées, et qu'il y a dans cette lecture un poison subtil, caché sous des fleurs, qui est très-dangereux, et qu'enfin il avoit quitté tout cela[1] ».

Il écrivoit à l'abbé Nicaise, le 6 avril 1692 : « Ce que j'ai fait sur *Anacréon* n'est rien de considérable : qu'est-ce que l'on peut penser à l'âge de douze ans qui mérite qu'on l'approuve! j'aimois les lettres et je m'y plaisois, voilà tout. »

Protégé de Richelieu et chéri de la reine mère, Rancé entroit dans la vie sous les auspices les plus heureux. Marie de Médicis avoit pour lui une tendresse d'aïeule ; elle le tenoit sur ses genoux, le portoit, le baisoit ; elle dit un jour au père de Rancé : « Pourquoi ne m'avez-vous pas encore amené mon fils? Je ne prétends pas être si longtemps sans le voir! » On auroit pris ces caresses pour le comble de la fortune ; mais elles venoient de la veuve de Henri IV et de la mère de la femme de Charles Ier. Il ne manquoit rien à l'opulence de l'écolier : pourvu d'un canonicat de Notre-Dame de Paris, et abbé de La Trappe, il jouissoit du prieuré de Boulogne, près de Chambord, de l'abbaye de Notre-Dame du Val, de Saint-Symphorien de Beauvais ; il étoit prieur de Saint-Clémentin en Poitou, archidiacre d'Outre-Mayenne dans l'église d'Angers et chanoine de Tours, faveurs obtenues de Richelieu par le crédit d'*Anacréon*.

Vers cette époque le jeune Bouthillier auroit eu à subir une épreuve : Richelieu s'étoit brouillé avec Marie de Médicis. La reine italienne auroit mieux fait de continuer d'élever le Luxembourg et l'aqueduc d'Arcueil, de perfectionner son propre portrait gravé en bois par elle-même. Bouthillier le père, qui demeuroit attaché à la fortune de Marie, voulut contraindre Rancé à cesser d'aller chez son parrain ; Rancé resta fidèle au cardinal, et le vit secrètement jusqu'à sa mort. Telles sont les traditions conservées dans les biographies ; mais la chronologie les renverse : lorsque Marie de Médicis se réfugioit dans les Pays-Bas, Rancé n'avoit que trois à quatre ans.

Richelieu mourut le 4 décembre 1642, dans la dix-huitième année de son ministère : le génie est une royauté, par l'ère de laquelle il faut compter. Le *Père Joseph*, *Marion de Lorme*, la *Grande Pastorale*, sont des infirmités ensevelies avant celui auquel elles furent attachées.

---

1. *Correspondances de l'abbé Nicaise*, 5 vol. in-4º (Bibl. royale).

Sous la régence d'Anne d'Autriche et le ministère de Mazarin, Rancé poursuivit son éducation. Dans ses cours de philosophie et de théologie, il obtint des succès que la société d'alors voyoit avec un vif intérêt. Il dédia sa thèse à la mère de Louis XIV. Un jour, poussé par un professeur qui appuyoit son opinion sur un passage concluant d'Aristote, il répondit qu'il n'avoit jamais lu Aristote qu'en grec, et que si l'on vouloit lui produire le texte, il tâcheroit de l'expliquer. Le professeur ne savoit pas le grec : ce que Rancé avoit soupçonné. Alors l'abbé cita de mémoire l'original, et fit voir la différence qui existoit entre le texte et la version latine.

Rancé eut le bonheur de rencontrer aux études un de ces hommes auprès desquels il suffit de s'asseoir pour devenir illustre, Bossuet. Rancé commença par la cour et finit par la retraite, Bossuet commença par la retraite et finit par la cour ; l'un grand par la pénitence, l'autre par le génie. Dans sa licence, Bossuet n'atteignit qu'à la seconde place ; Rancé obtint la première. On attribua ce succès à sa naissance : Rancé n'en triompha pas ; Bossuet n'en fut point humilié.

Rancé prêcha avec succès dans diverses églises. Sa parole avoit du torrent, comme plus tard celle de Bourdaloue ; mais il touchoit davantage, et parloit moins vite.

Dans l'année 1648, s'ouvrit la Fronde, tranchée dans laquelle sauta la France pour escalader la liberté. Cette bacchanale entachée de sang brouille les rôles : les femmes devinrent des capitaines ; le duc d'Orléans écrivoit des lettres adressées *à mesdames les comtesses maréchales de camp dans l'armée de ma fille contre le Mazarin.*

Broussel, le conseiller, étoit le grand homme ; Condé, un petit personnage tenu en cage à Vincennes par un prêtre ; le coadjuteur attendoit à Saint-Denis le sac de Paris. On égorgeoit le voisin, et l'on se consoloit par des vers :

En voyant ces œillets qu'un illustre guerrier...

Mazarin et Turenne étoient des amoureux, l'un de la reine, l'autre de M<sup>me</sup> de Longueville, tandis que Charles I<sup>er</sup> tomboit sous la hache de Cromwell et que la fille de Henri IV mouroit de froid au Louvre. Chaque jour voyoit naître des gazettes : *Le Courrier françois* et *Le Courrier extravagant* étoient écrits en vers burlesques ; à peine rencontre-t-on parmi des choses insipides quelques lignes comme celle-ci :

« Le jeune Tancrède de Rohan fut le premier qui porta des nouvelles aux Champs Élysées de la cruelle guerre que le cardinal Mazarin avoit allumée en France. Le nautonier Caron, ayant passé ce jeune guerrier dans sa barque, lui montra les champs délicieux où se divertissent les princes et les héros ; il lui donna une des plus jeunes et plus fières Destinées pour l'accompagner jusqu'à la porte de cet admirable pourpris, où il fut reçu avec regret, à cause de sa jeunesse. »

Plus avant, vous rencontrez le duc *de Jeûne* avec l'*infante Abstinence, sa femme,* se saisissant du *fort de Carême* par l'entremise du *jour des Cendres.*

C'étoit là la lecture dont se nourrissoit le réformateur de La Trappe. Il pouvoit errer au milieu des sociétés qui commencèrent avant la Fronde et qui finirent avec elle : en effet, ce fut là qu'il connut M$^{me}$ de Montbazon. Ces sociétés étoient de diverses sortes ; la première et la plus illustre de toutes étoit celle de l'hôtel de Rambouillet. Arrêtons-nous pour y jeter un regard. On comprendra mieux d'où Rancé étoit parti quand on saura de quelle extrémité de la terre il étoit revenu.

M$^{me}$ de Rambouillet, fille du marquis de Pisani et de M$^{me}$ Savelli, dame romaine, avoit, ainsi que plusieurs familles de l'époque de nos Médicis, du sang italien dans les veines. Elle enseigna à Paris la disposition des grands hôtels, dont la Renaissance avoit déjà indiqué les principes. Quand la reine mère bâtit le Luxembourg, elle envoya ses architectes étudier l'hôtel de Pisani, devenu l'hôtel de Rambouillet, et situé dans l'espace qu'occupe aujourd'hui la rue de Chartres, ayant vue sur le petit palais de Philibert Delorme : la seconde galerie du Louvre n'a été bâtie que de notre temps. Cet hôtel étoit le rendez-vous de tout ce qu'il y avoit de plus élégant à la cour et de plus connu parmi les gens de lettres. Là, sous la protection des femmes, commença le mélange de la société et se forma, par la fusion des rangs, cette égalité intellectuelle, ces mœurs inimitables de notre ancienne patrie. La politesse de l'esprit se joignit à la politesse des manières ; on sut également bien vivre et bien parler.

Mais le goût et les mœurs ne se jettent pas d'une seule fonte : le passé traîne ses restes dans le présent ; il faut avoir la bonne foi de reconnoître les défauts que l'on aperçoit dans les époques sociales. En essayant de curieuses divisions de temps, on s'est efforcé d'accuser Molière d'exagérations dans ses critiques : pourtant il n'a dit que ce que racontent les mémoires, de même que les lettres de Guy-Patin montrent que dans la peinture des médecins le grand comique n'a pas passé la mesure.

Marini, le Napolitain, reçu avec transport à l'hôtel de Rambouillet, acheva de gâter le goût en nous apportant l'amour des *concetti.* Marie de Médicis faisoit à Marini une pension de deux mille écus. Corneille lui-même fut entraîné par ce goût d'outre-monts, mais son grand génie résista : dépouillé de sa calotte italienne, il ne lui resta que cette tête chauve qui plane au-dessus de tout.

Il régnoit à l'hôtel de Rambouillet, à l'époque de sa plus ancienne célébrité, un attrait de mauvaise plaisanterie qu'on retrouvoit encore dans ma jeunesse au fond des provinces. Ainsi des vêtements rétrécis, afin de persuader à celui qui les reprenoit qu'il avoit enflé pendant la nuit ; ainsi Godeau accoutré en nain de Julie et rompant une lance de paille contre d'Andilly, qui lui donna un soufflet ; voilà où en étoit l'hôtel de Rambouillet. Lorsque Corneille y lut *Polyeucte*, on lui déclara que *Polyeucte* n'étoit pas fait pour la scène. Voiture fut chargé d'aller signifier à Pierre de remettre son chef-d'œuvre dans sa poche. C'est pourtant cette puissante race normande qui a donné Shakespeare à l'Angleterre et Corneille à la France.

On n'aimoit pas à l'hôtel de Rambouillet les bonnets de coton : Montausier n'eut la permission d'en user qu'en considération de ses vertus. Les femmes portoient le jour une canne, comme les châtelaines du xiv$^e$ siècle ; les mouchoirs de poche étoient garnis de dentelle, et l'on appeloit *lionnes* les jeunes femmes blondes. Rien de nouveau sous le soleil.

Dans une fête que donnoit M$^{me}$ de Rambouillet, elle conduisit une nombreuse compagnie vers des rochers plantés de grands arbres. M$^{lle}$ de Rambouillet et les demoiselles de sa maison, vêtues en nymphes, faisoient le plus agréable spectacle. Julie d'Angennes apparut avec l'arc et le visage de Diane ; elle étoit si charmante qu'elle vainquit au chant un rossignol et que la tour de Montlhéry haussoit le cou dans les nues pour apercevoir ses beaux yeux [1].

Il y avoit un cabinet appelé la chambre bleue, à cause de son ameublement de velours bleu rehaussé d'or et d'argent. On y respiroit des parfums, on y composoit des stances à Zyrphée, reine d'Argennes à la cour d'Arthénice, anagramme du nom de Catherine, faite par Racan pour Catherine de Rambouillet, dont il étoit amoureux. Celle-ci écrit à l'évêque de Vence : « Je vous souhaite à tout moment dans la loge de Zyrphée ; elle est soutenue par des colonnes de marbre transparent, et a été bâtie au-dessus de la moyenne région de l'air par la reine Zyrphée. Le ciel y est toujours serein ; les nuages n'y offusquent ni la vue ni l'entendement, et de là tout à mon aise j'ai considéré le trébuchement de l'ange terrestre. » L'*Astrée* de d'Urfé, publié entre 1610 et 1620, florissoit à l'hôtel de Rambouillet. C'est par l'*Astrée* que s'in-

---

1. *Recueil de chansons manuscrites* (Bibl. royale).

troduisirent les longs verbiages d'amour, peut-être nécessaires pour corriger les amours du xvi<sup>e</sup> siècle. D'Urfé, épris de Diane de Châteaumorand, femme de son frère, dont le mariage fut cassé, épousa Diane.

Tout ce système d'amour, quintessencié par M<sup>lle</sup> de Scudéri, et géographié sur la carte du royaume de Tendre, se vint perdre dans la Fronde, gourme du siècle de Louis XIV, encore au pâturage. Voiture fut presque le premier bourgeois qui s'introduisit dans la haute société ; on a des lettres de lui à Julie d'Angennes. Naturellement fat, il voulut baiser le bras de Julie, de laquelle il fut vivement repoussé ; le grand Condé le trouvoit insupportable : il n'a pas, quoi qu'on en dise, décrit Grenade et l'Alhambra. Puis venoient Vaugelas, Ménage, Gombault, Malherbe, Racan, Balzac, Chapelain, Cotin, Benserade, Saint-Évremond, Corneille, La Fontaine, Fléchier, Bossuet. Les cardinaux de La Valette et de Richelieu passèrent à l'hôtel de Rambouillet, qui toutefois résista à la puissance du maître de Louis XIII. En femmes, on vit successivement venir la marquise de Sablé, Charlotte de Montmorency et M<sup>lle</sup> de Scudéri, moins jeune et moins simple que M<sup>me</sup> de Scudéri ; enfin, au bout du rôle paroît M<sup>me</sup> de Sévigné.

M<sup>lle</sup> de Scudéri étoit la grande romancière du temps, et jouissoit d'une réputation fabuleuse. Elle avoit gâté et soutenu à la fois le grand style, accoutumant les esprits à passer de *Clélie* à *Andromaque*. Nous n'avons rien à regretter de cette époque. M<sup>me</sup> Sand l'emporte sur les femmes qui commencèrent la gloire de la France : l'art vivra sous la plume de l'auteur de *Lélia*. L'insulte à la rectitude de la vie ne sauroit aller plus loin, il est vrai, mais M<sup>me</sup> Sand fait descendre sur l'abîme son talent, comme j'ai vu la rosée tomber sur la mer Morte. Laissons-la faire provision de gloire pour le temps où il y aura disette de plaisirs. Les femmes sont séduites et enlevées par leurs jeunes années ; plus tard elles ajoutent à leur lyre la corde grave et plaintive sur laquelle s'expriment la religion et le malheur. La vieillesse est une voyageuse de nuit : la terre lui est cachée ; elle ne découvre plus que le ciel.

Montausier, que la différence de religion avoit d'abord empêché d'épouser Julie d'Angennes, rompit par son mariage la première société de l'hôtel de Rambouillet. La *Guirlande de Julie*, un peu fanée, est arrivée jusqu'à nous ; la *Violette* y fait entendre encore sa langue parfumée.

Lorsqu'on a à raconter une série d'événements, et qu'on pousse son récit jusqu'à la mort des personnages, on parvient à cette gravité des enseignements, qui résulte des variations de la vie. La marquise de

Rambouillet mourut à l'âge de quatre-vingt-deux ans, en 1665. Il y avoit déjà longtemps qu'elle n'existoit plus, à moins de compter des jours qui ennuient. Elle avoit fait son épitaphe :

> Et si tu veux, passant, compter tous ses malheurs,
> Tu n'auras qu'à compter les moments de sa vie.

Tel est le secret de ces moments qui passent pour heureux.

M$^{me}$ de Montausier expira le 13 avril 1671, à l'âge de soixante-quatre ans. Nommée gouvernante des enfants de France lors de la grossesse de Marie-Thérèse d'Autriche, ensuite dame d'honneur de la reine lorsque la duchesse de Navailles donna sa démission, elle fut effrayée de l'apparition de M. de Montespan, ce mari de l'Alcmène de Molière, qu'elle crut voir dans un passage obscur et qui la menaçoit. Julie d'Angennes se reprochoit la flatterie de son silence. Responsable des devoirs que lui imposoit le nom de son mari, elle sembloit avoir ouï l'apostrophe de l'orateur aux cendres de Montausier : « Ce tombeau s'ouvriroit, ses cendres se ranimeroient pour me dire : Pourquoi viens-tu mentir pour moi, qui ne mentis jamais pour personne? » M$^{me}$ de Montausier se retira, languit et disparut : on entendit à peine se refermer sa tombe.

Hélas! une des plus belles renommées commencées à l'hôtel de Rambouillet s'ensevelit à Grignan, à la source de son immortalité. M$^{me}$ de Sévigné ne s'étoit pas fait illusion sur sa jeunesse, comme M$^{me}$ de Montausier. Elle écrivoit à sa fille : « Je vois le temps accourir et m'apporter en passant l'affreuse vieillesse. » Elle écrivoit encore à ses enfants : « Vous voilà donc à nos pauvres Rochers. » Et c'étoit là qu'avoit habité longtemps M$^{me}$ de Sévigné elle-même. La lettre datée de Grignan, du 29 mars 1696, quatre ans avant la mort de Rancé, regarde le jeune Blanchefort, « *arraché comme une fleur que le vent emporte* ». Cette lettre est une des dernières de l'Épistolaire; plainte du vent qui passe sur un tombeau. « Je mérite, dit-elle, d'être mise dans la hotte où vous mettez ceux qui vous aiment, mais je crains que vous n'ayez point de hottes pour ces derniers. » Ces hottes ne pèsent guère; elles ne portent que des songes. On se plaît mélancoliquement à voir dans quel cercle rouloient les idées dernières de M$^{me}$ de Sévigné : on ne dit pas quelle fut sa parole fatidique. On aimeroit à avoir un recueil des derniers mots prononcés par les personnes célèbres; ils feroient le vocabulaire de cette région énigmatique des sphinx par qui en Égypte l'on communique du monde au désert.

A Rome qu'avoit habitée M$^{me}$ des Ursins, alliée de M$^{me}$ de Rambouillet, M<sup>me</sup> des Ursins ne se pouvoit résoudre à retourner proscrite et vieille : « Occupée du monde, dit Saint-Simon, de ce qu'elle avoit été et de ce qu'elle n'étoit plus, elle eut le plaisir de voir M<sup>me</sup> de Maintenon, oubliée, s'anéantir dans Saint-Cyr. »

Et pourtant M. le duc de Noailles vient de faire de Saint-Cyr une restauration admirable. En nous parlant du plaisir que devoit trouver M<sup>me</sup> des Ursins à prolonger ses jours parmi des ruines, Saint-Simon regardoit apparemment comme plaisir la plus dure des afflictions, le survivre. Heureux l'homme expiré en ouvrant les yeux ! il meurt aux bras de ces femmes du berceau, qui ne sont dans le monde qu'un sourire.

Des débris de cette société se forma une multitude d'autres sociétés qui conservèrent les défauts de l'hôtel de Rambouillet sans en avoir les qualités. Rancé rencontra ces sociétés ; il n'y put gâter son esprit, mais il y gâta ses mœurs ; il eut plusieurs duels, à l'exemple du cardinal de Retz, s'il faut en croire quelques écrits dont on doit néanmoins se défier.

L'hôtel d'Albret et l'hôtel de Richelieu furent les deux grandes dérivations de cette première source d'où sortirent l'hôtel de Longueville et l'hôtel de M<sup>me</sup> de La Fayette, en attendant les jardins de La Rochefoucauld que j'ai vus encore entiers dans la petite rue des Marais. On tenoit ruelle ; Paris étoit distribué en quartiers qui portoient des noms merveilleux ; on les peut voir dans le *Dictionnaire des Précieuses*. Le faubourg Saint-Germain s'appeloit la Petite Athènes ; la place Royale, la Place Dorique ; le Marais, le quartier des Scholies ; l'île Notre-Dame, la place de Délos. Tous les personnages du commencement du XVI<sup>e</sup> siècle avoient changé d'appellation ; témoin le discours de Boileau sur les *héros de roman* : M<sup>me</sup> d'Aragonnais étoit la princesse *Philoxène* ; M<sup>me</sup> d'Aligre, *Thélamyre* ; Sarrasin, *Polyandre* ; Conrard, *Théodamas* ; Saint-Aignan, *Artaban* ; Godeau, le *mage de Sidon*.

Loin de là se trouvoit une autre société, qui prenoit le nom du Marais et dont les personnages se mêloient parfois à ceux de l'hôtel de Rambouillet. Là régnoit le grand Condé et passoit Molière ; on y rencontroit La Rochefoucauld, Longueville, d'Estrées, La Châtre. Condé avoit quitté les *petits maîtres,* ses premiers compagnons, et n'apprenoit plus à monter à cheval avec Arnauld d'Andilly. Molière puisa dans une conversation avec Ninon, qui se trouvoit là, la peinture de l'hypocrite, dont il fit ensuite le Tartufe.

Ninon, puisque l'histoire, qui malheureusement ne sait point rougir, force à prononcer son nom, paroîtroit cependant n'avoir pas été connue de Rancé. Elle étoit impie : de là la faveur dont elle a joui dans le XVIII<sup>e</sup> siècle; philosophe et courtisane, c'étoit la perfection. On a fait trop de bruit de la fidélité que M<sup>lle</sup> de Lenclos mit à rendre un dépôt : cela prouve qu'elle ne voloit pas. Son incrédulité passoit sous la protection de son esprit : il falloit qu'elle en eût beaucoup pour que M<sup>mes</sup> de La Suze, de Castelnau, de La Ferté, de Sully, de Fiesque, de La Fayette, ne fissent aucune difficulté de la voir. M<sup>me</sup> de Maintenon, n'étant encore que M<sup>me</sup> Scarron, étoit liée avec elle; elle voulut l'appeler à Saint-Cyr. La comtesse Sandwich la recherchoit; la reine Christine, s'efforçant de l'emmener à Rome, l'appeloit l'*illustre* Ninon; Port-Royal prétendit la convertir. Elle avoit exclu Chapelle de sa société pour son ivrognerie; Chapelle jura que pendant un mois il ne se coucheroit pas sans être ivre et sans avoir fait une chanson contre Ninon.

Les œuvres de Saint-Évremond renferment huit lettres de M<sup>lle</sup> de Lenclos, écrites pour l'exilé qui, n'ayant pu obtenir un tombeau dans sa patrie, a un mausolée à Westminster. Saint-Évremond apercevoit Paris à l'envers, du fond de Londres; il est vrai qu'il avoit auprès de lui le chevalier de Grammont, et, comme François, l'*Écossois* Hamilton, sans compter les Italiennes Mazarini. Les lettres de Ninon sont fines de style et de goût :

« Je crois comme vous, dit-elle à Saint-Évremond, que les rides sont les marques de la sagesse. Je suis ravie que vos vertus extérieures ne vous attristent point. »

M<sup>me</sup> de Sévigné auroit-elle parlé plus agréablement de ses *vertus extérieures?*

Le siècle de Louis XIV achève de défiler derrière ce transparent tendu par la main d'une nouvelle habitante de Céa.

On n'a jamais bien su la cause de la disgrâce du correspondant de Ninon et de l'implacabilité de Louis XIV. La lettre politique citée par Saint-Simon, malgré la susceptibilité du roi (fort naturelle après les troubles de sa minorité), ne sauroit être la vraie cause de sa disgrâce; il faut qu'il y ait eu quelque blessure secrète : Saint-Évremond avoit été lié avec Fouquet, et Fouquet touchoit aux lettres de M<sup>me</sup> de La Vallière.

Les lettres de Saint-Évremond en réponse à M<sup>lle</sup> de Lenclos sont agréables sans être naturelles. On reconnoissoit parmi les étrangers ces éclats détachés de la planète de la France, et qui formoient de petites sphères indépendantes de la région dans laquelle elles tournoient. Il est à peu près certain que Saint-Évremond est l'auteur de la conversation du père Canaye avec le maréchal d'Hocquincourt.

L'*Anacréon du Temple*, ainsi appeloit-on Chaulieu, parlant de la vieille M<sup>lle</sup> de Lenclos, assuroit que l'amour s'étoit retiré jusque dans ses rides; toute cette jeune société avoit plus de quatre-vingts ans. Voltaire, au sortir du collége, fut présenté à Ninon. Elle lui laissa deux mille francs pour acquérir des livres, et apparemment le cercueil que l'Égypte faisoit tourner autour de la table du festin. Ninon, dévorée du temps, n'avoit plus que quelques os entrelacés, comme on en voit dans les cryptes de Rome. Les temps de Louis XIV ne rendent pas innocent ce qui sera éternellement coupable, mais ils agrandissent tout; placez-la hors de ces temps, que seroit-ce aujourd'hui que Ninon?

Au moment que paroît Ninon se lève un nouvel astre, M$^{me}$ Scarron. Elle demeuroit avec son mari vers la rue du Mouton. Scarron, étant au Mans, s'étoit enduit de miel, et roulé dans un tas de plumes; il avoit jouté dans les rues en façon de coq. Tout cul-de-jatte qu'il étoit, il épousa M$^{lle}$ d'Aubigné, belle et pauvre, née dans les prisons de la conciergerie de Niort, élevée au Château-Trompette, où Agrippa d'Aubigné avoit été transféré. Elle revenoit d'Amérique; son père Agrippa y avoit passé. L'amiral Coligny avoit voulu, dans les Florides, fonder une colonie.

Selon Segrais, M$^{lle}$ d'Aubigné fut recherchée dans son enfance par un serpent : Alexandre est au fond de toute l'histoire. Retirée chez M$^{me}$ de Villette, calviniste, et chez M$^{me}$ de Neuillant, avare, M$^{me}$ de Maintenon commandoit dans la basse-cour. Ce fut par ce gouvernement que commença son règne. L'auteur du *Roman comique* produisit sa femme à l'aide du chevalier de Méré, qui appeloit la femme de son joyeux ami sa *jeune Indienne*. M$^{me}$ Scarron éleva d'abord les bâtards de Louis et de M$^{me}$ de Montespan, dans une maison isolée, au milieu de la plaine de Vaugirard. Ce qui lui fournit l'occasion de voir Louis, dont elle parvint à devenir la femme. Scarron fut chargé de la sorte d'une grande destinée : les nègres nourrissent pour leur maître d'élégantes créatures du désert.

Au centre de la société commençoient les fêtes des Tuileries, bals, comédies, promenades en calèche. Les différents jardins de Fontainebleau paroissoient des jardins enchantés, et, comme on disoit, les *déserts des Champs-Élysées*. Louis XIV suivoit alors Madame, Henriette d'Angleterre, qui épousa Monsieur.

M$^{lle}$ de Montpensier raconte que l'on fut une fois trois jours à accommoder sa parure; sa robe étoit chamarrée de diamants avec des houppes incarnates, blanches et noires : la reine d'Angleterre avoit prêté une partie de ses diamants. Mademoiselle, qui se vantoit de sa belle taille, de sa blancheur et de l'éclat de ses cheveux blonds, étoit laide; elle avoit les dents noires, ce dont elle s'enorgueillissoit comme d'une preuve de sa descendance. Sous le cardinal de Richelieu, Mademoiselle avoit déjà paru dans le ballet du *Triomphe de la beauté* : elle représentoit la Perfection ; M<sup>lle</sup> de Bourbon, l'Admiration ; M<sup>lle</sup> de Vendôme, la Victoire.

Les contrastes assaisonnoient ces joies. Mademoiselle pendant la Fronde, après avoir saisi Orléans pour Monsieur, traversoit le Petit-Pont à Paris ; son carrosse s'accroche à la charrette que l'on menoit toutes les nuits pleine de morts ; elle ne fit que changer de portière, *de crainte que quelques pieds ou mains ne lui donnassent par le nez.* Durant cette révolution, on vivoit dans la rue comme en 1792. Mademoiselle fit une visite à Port-Royal ; elle projetoit d'avoir dans son désert un couvent de carmelites : confusion scandaleuse de sujets et d'idées que l'on retrouve à chaque pas dans ces temps où rien n'étoit encore classé.

Le cardinal de Retz étoit partout : il fréquentoit l'hôtel de Chevreuse. Enfin, au Marais et dans l'île Saint-Louis, demeuroient Lamoignon et d'Aguesseau, graves magistrats ; on en égalisoit le poids dans leur jeunesse avec un pain, lorsqu'une grosse cavale les portoit l'un vis-à-vis de l'autre dans deux paniers. Jadis Henri III aimoit à surprendre ces compagnies retirées, et s'asseyoit au milieu d'elles sur un bahut.

Sociétés depuis longtemps évanouies, combien d'autres vous ont succédé ! les danses s'établissent sur la poussière des morts, et les tombeaux poussent sous les pas de la joie. Nous rions et nous chantons sur les lieux arrosés du sang de nos amis. Où sont aujourd'hui les maux d'hier ? Où seront demain les félicités d'aujourd'hui ? Quelle importance pourrions-nous attacher aux choses de ce monde ? L'amitié ? Elle disparoît quand celui qui est aimé tombe dans le malheur, ou quand celui qui aime devient puissant. L'amour ? Il est trompé, fugitif ou coupable. La renommée ? Vous la partagez avec la médiocrité ou le crime. La fortune ? Pourroit-on compter comme un bien cette frivolité ? Restent ces jours, dits heureux, qui coulent ignorés dans l'obscurité des soins domestiques, et qui ne laissent à l'homme ni l'envie de perdre ni de recommencer la vie.

Rancé avoit l'entrée des salons que je viens de peindre par ses amis de la Fronde, personnages dont nous le verrons porter les lettres de recommandation à Rome. Le cardinal de Retz le logea chez lui près du Vatican. Champvallon, archevêque de Paris, étoit son familier. Champvallon avoit l'habileté et l'audace des Sancy ; il agréoit à Louis XIV : on croit que le prince le choisit pour la célébration de son mariage avec M<sup>me</sup> de Maintenon. Celle-ci expia son ambition en osant écrire qu'elle s'ennuyoit d'un roi qui n'étoit plus amusable. Champvallon contraria Bossuet dans l'assemblée du clergé en 1682. Il mourut à Conflans, qu'il avoit acheté et qui est resté à l'archevêché de Paris.

Rancé étoit encore le compagnon de Châteauneuf et de Montrésor, petit-fils de Brantôme. Il chassoit avec le duc de Beaufort. Enfin, il tenoit à tous ces êtres futiles par les familiers de l'hôtel de Montbazon, où sa liaison avec la duchesse de Montbazon l'avoit introduit.

Au sortir de la Fronde, l'abbé Le Bouthillier résidoit tantôt à Paris, tantôt à Veretz, terre de son patrimoine et l'une des plus agréables des environs de Tours. Il embellissoit chaque année sa châtellenie; il y perdoit ses jours à la manière de saint Jérôme et de saint Augustin, comme quand dans les oisivetés de ma jeunesse je les conduisis sur les flots du golfe de Naples. Rancé inventoit des plaisirs : ses fêtes étoient brillantes, ses festins somptueux; il rêvoit de délices, et il ne pouvoit arriver à ce qu'il cherchoit. Un jour, avec trois gentilshommes de son âge, il résolut d'entreprendre un voyage à l'imitation des chevaliers de la Table ronde; ils firent une bourse en commun, et se préparèrent à courir les aventures : le projet s'en alla en fumée. Il n'y avoit pas loin de ces rêves de la jeunesse aux réalités de La Trappe.

Ainsi que Catherine de Médicis, dont on voit encore la tour des sortiléges accolée à la rotonde du marché au blé, Rancé donna dans l'astrologie. Le fonds de religion qu'il avoit reçu de son éducation chrétienne combattoit ses superstitions; les avertissements qu'il croyoit recevoir des astres tournoient au profit de sa conversion future. De même que les anciens observateurs des révolutions sidérales, il connoissoit les montagnes de la lune avant que les montagnes de la terre lui fussent connues. Un jour, derrière Notre-Dame, à la pointe de l'île, il abattoit des oiseaux : d'autres chasseurs tirèrent sur lui du bord opposé de la rivière; il fut frappé; il ne dut la vie qu'à la chaîne d'acier de sa gibecière : « Que serois-je devenu, dit-il, si Dieu m'avoit appelé dans ce moment? » Réveil surprenant de la conscience [1] !

Une autre fois, à Veretz, il entend des chasseurs dans les avenues de son château : il court, tombe au milieu d'une troupe d'officiers, à la tête desquels étoit un gentilhomme renommé par ses duels. Rancé s'élance sur le délinquant et le désarme. « Il faut, disoit après le braconnier noble, que le ciel ait protégé Rancé, car je ne puis comprendre ce qui m'a empêché de le tuer. » On trouve une autre ver-

---

1. *Jugement critique* de dom Gervaise.

# LIVRE I.

sion de cette aventure : Rancé à cheval fut couché en joue par des chasseurs ; il n'étoit accompagné que d'un jockey, qu'on appeloit alors un *petit laquais* : il se jette dans la bande, la fait reculer, et la force à lui demander des excuses.

Avant qu'il eût pris sa route en bas, son ambition le poussoit à monter. Tonsuré le 21 décembre 1635, bachelier en théologie en 1647, licencié en 1649, il reçut en 1653 le bonnet de docteur de la faculté de Navarre ; dès 1650 l'archevêque de Tours, dans l'église de Saint-Jacques-du-Haut-Pas, lui avoit conféré à la fois les quatre mineurs, le sous-diaconat et le diaconat ; quelques mois après, le 22 janvier 1651, il fut ordonné prêtre.

L'imposition des mains étant faite, il ne restoit plus qu'à passer à une cérémonie redoutable. J'ai entendu, au pied des Alpes vénitiennes, carillonner la nuit en l'honneur d'un pauvre lévite qui devoit dire sa première messe le lendemain. Pour Rancé, les ornements et les vêtements, préparés à la lumière du jour, étoient magnifiques ; mais soit qu'il fût saisi des terreurs du ciel, soit qu'il regardât comme des licences sacriléges celles qu'il avoit obtenues, soit qu'il ressentît cette épouvante qui saisissoit un trop jeune coupable quand la Rome païenne lui délivroit les dispenses d'âge pour mourir, Rancé s'alla cacher aux Chartreux. Dieu seul le vit à l'autel. Le futur habitant du désert consacra sur la montagne, à l'orient de Jérusalem, les prémices de sa solitude.

« Ce que le monde appelle les belles passions, dit un des historiens de Rancé, occupoit son cœur : les plaisirs le cherchoient, et il ne les fuyoit pas. Jamais homme n'eut les mains plus nettes, n'aima mieux à donner et moins à prendre. »

L'abbé Marsollier, dont je rapporte les paroles, étoit chargé d'écrire la vie du réformateur par les ordres du roi et de la reine d'Angleterre. Les injonctions de ces majestés tombées impriment à l'expression du serviteur de Dieu ce quelque chose de tempérant et de grave qu'inspire l'infortune.

Mazarin n'aimoit pas les hommes qui sortoient de la Fronde ; il aimoit encore moins les protégés de son devancier, et s'opposoit à l'avancement de Rancé. Rancé lui-même ne se prêtoit pas à cet avancement quand il n'y trouvoit pas sa convenance. Peu de temps après avoir reçu la prêtrise, il refusa l'évêché de Léon ; il n'en trouvoit pas le revenu assez considérable, et la Bretagne étoit trop loin de la cour. Dom Gervaise raconte que la chasse étoit un de ses amusements favoris : « On l'a vu plus d'une fois, dit-il, après avoir chassé trois ou quatre heures le matin, venir le même jour en poste de douze ou quinze lieues, soutenir une thèse en Sorbonne ou prêcher à Paris avec autant de tranquillité d'esprit que s'il fût sorti de son cabinet. » Champvallon l'ayant rencontré dans les rues, lui dit : « Où vas-tu, l'abbé? que fais-tu aujourd'hui? — Ce matin, répondit-il, prêcher comme un ange, et ce soir chasser comme un diable[1]. »

L'abbé de Marolles, dans ses Mémoires, cite Rancé : « Cet abbé, dit-il, de qui l'humeur est si douce et l'esprit si éclairé, s'il avoit plu au roi de le nommer coadjuteur de M. l'archevêque de Tours, son oncle, son oncle en eût été ravi, autant pour les avantages de son diocèse que pour l'honneur de sa famille. »— « L'archevêque crut d'abord, continue Marolles, que ce n'étoit de ma part que pures civilités ; mais comme il connut que j'y prenois quelque sorte d'intérêt pour les grandes espérances que je concevois de la capacité de l'abbé de Rancé, il me remercia. » La mère de l'abbé de Marolles, dont il est ici question, alloit à la messe dans un chariot mené par quatre chevaux blancs pris sur les Turcs, en Hongrie. Elle portoit son fils à une fontaine qui couloit au travers d'une saulaie.

L'inclination militaire de Rancé le poussoit dans les lieux d'escrime. Quand il parvenoit à faire sauter le fleuret d'un prévôt d'armes, rien n'égaloit sa joie.

L'habit de fantaisie de celui qui devoit revêtir la bure étoit un justaucorps violet, d'une étoffe précieuse ; il portoit une chevelure longue et frisée, deux émeraudes à ses manchettes, un diamant de prix à son doigt. A la campagne ou à la chasse, on ne voyoit sur lui aucune marque des autels : « Il avoit, continue Gervaise, l'épée au côté, deux pistolets à l'arçon de sa selle, un habit couleur de biche, une cravate de taffetas noir où pendoit une broderie d'or. Si, dans les compagnies plus sérieuses qui le venoient voir, il prenoit un justaucorps de velours noir avec des boutons d'or, il croyoit beaucoup faire et se mettre régulièrement. Pour la messe, il la disoit peu. »

Il reste quelques pages de Rancé, intitulées : *Mémoire des dangers que j'ai courus durant ma vie, et dont je n'ai été préservé que par la bonté de Dieu.* « A l'âge de quatre ans, dit l'auteur du *Memento*, je fus attaqué d'une hydropisie de laquelle je ne guéris que contre le sentiment de tout le monde. A l'âge de quatorze ans, j'eus la petite vérole. Une fois, en essayant un cheval dans une cour, l'ayant poussé plusieurs fois et arrêté devant la porte d'une écurie, le cheval m'emporta ; et comme l'écurie étoit retranchée, il passa deux portes : ce fut une espèce de miracle que cela se pût faire sans me tuer.

---

[1]. Jugement critique, mais équitable, des Vies de feu M. l'abbé de Rancé. (GERVAISE.)

Suit cinq à six autres accidents de chevaux; ils font honneur au courage et à la présence d'esprit de Rancé. J'ai vu des brouillons de la jeunesse de Bonaparte; il jalonnoit le chemin de la gloire comme Rancé le chemin du ciel.

Ces dangers auxquels le hasard exposoit Rancé frappèrent un esprit sérieux chez qui les réflexions graves commençoient à naître. En s'attachant à une femme qui avoit déjà franchi la première jeunesse, Rancé auroit dû s'apercevoir que la voyageuse avoit achevé avant lui une partie de la route.

Le duc de Montbazon présidoit un jour un assaut scolastique dans lequel l'abbé de Rancé étoit rudement mené. Fatigué des criailleries, le vieux duc se lève, s'avance au milieu de la salle en faisant jouer sa canne comme pour séparer des chiens, et dit en latin à Rancé : *Contra verbosos verbis ne dimices ultra.* Montbazon, mort en 1644, à l'âge de quatre-vingt-six ans, étoit né en 1558, sous Henri II. Il avoit vu passer la Ligue et la Fronde. Étoit-il dans la voiture de Henri IV lorsque celui-ci fut assassiné? Le duc de Montbazon, corrompu par ces temps dépravés qui s'étendirent de François I$^{er}$ à Louis XIV, faisoit confidence à sa femme de ses infidélités octogénaires. Devenu honteusement amoureux d'une joueuse de luth, il se prit de querelle avec la musicienne et la voulut jeter par la fenêtre. La force manqua à sa vengeance; il retomba sur son lit près du volage fardeau que ne put soulever ni son bras ni sa conscience.

C'étoit à cette école de remords et de honte qu'il endoctrinoit sa femme, âgée de seize ans, fille aînée de Claude de Bretagne, comte de Vertus, et de Catherine Fouquet de La Varennes. Le comté de Vertus avoit fait tuer chez lui Saint-Germain-La-Troche, qu'il croyoit corrupteur de sa femme. La duchesse de Montbazon étoit en religion lorsqu'elle épousa son mari. Tandis qu'avec Bassompierre, sorti de la Bastille, le duc de Montbazon s'entretenoit du passé, la duchesse de Montbazon s'occupoit du présent. Elle disoit qu'à trente ans on n'étoit bonne à rien, et qu'elle vouloit qu'on la jetât dans la rivière quand elle auroit atteint cet âge.

Hercule de Rohan, gouverneur de Paris, étoit veuf lorsqu'il épousa la fille du comte de Vertus. Il avoit plusieurs enfants d'un autre lit, entre autres la duchesse de Chevreuse : de sorte que M$^{me}$ la duchesse de Montbazon étoit belle-mère de la duchesse de Chevreuse, quoique infiniment plus jeune que sa belle-fille.

Tallemant des Réaux assure que M$^{me}$ de Montbazon étoit une des plus belles personnes qu'on pût voir. Le duc de Montbazon et Le Bouthillier le père étoient liés. Nous venons de voir comment le vieux duc vint au secours du fils dans un assaut scolastique.

Rancé, caressé dans la maison du duc, fut élevé sous les yeux de la jeune duchesse; il résulta de ce rapprochement une liaison. Le duc mourut en 1644; sa femme avoit alors trente-deux ans, et ne paroissoit pas en avoir plus de vingt. Les relations de M^me de Montbazon et de Rancé continuèrent; elles ne furent troublées qu'en 1657, par un accident. La duchesse se pensa noyer en traversant un pont qui se rompit sous elle. Le bruit de sa mort se répandit; on lui fit cette épitaphe :

> Ci gît Olympe, à ce qu'on dit :
> S'il n'est pas vrai, comme on souhaite,
> Son épitaphe est toujours faite :
> On ne sait qui meurt ni qui vit.

Marie de Montbazon devint célèbre. Le duc de Beaufort étoit son serviteur. On ne pouvoit s'ouvrir à lui d'aucun secret important, à cause de la duchesse, qui n'avoit point de discrétion. Elle eut une excuse à faire à M^me de Longueville au sujet de deux billets de M^me de Fouquerolles adressés au comte de Maulevrier, et qui étoient tombés de la poche de celui-ci. M^me de Montbazon les trouva, prétendit qu'ils étoient de M^me de Longueville et qu'ils regardoient Coligny. M^me de Montbazon les commenta avec toutes sortes de railleries. Cela fut rapporté à M^me de Longueville, qui devint furieuse. La cour se divisa. Les *importants* prirent le parti de M^me de Montbazon, et la reine se rangea du parti de M^me de Longueville, sœur du duc d'Enghien, dernièrement vainqueur à Rocroi. Les *importants* étoient un parti composé de *quatre ou cinq mélancoliques, qui avoient l'air de penser creux* (Retz). C'étoit M^me de Cornuel qui les avoit ainsi nommés, parce qu'ils terminoient leurs discours par ces mots : « Je m'en vais pour une affaire d'importance. » Le duc de Beaufort, le héros des halles, leur donnoit une certaine renommée vaille que vaille. « Il avoit tué le duc de Nemours, pleuré des hommes en public et des femmes en secret, » dit Benserade.

Le cardinal Mazarin convertit des tracasseries de femmes en une affaire d'État. M^me de Longueville exigeoit une réparation, et Condé appuyoit sa sœur; M^me de Montbazon refusoit toute satisfaction, et le duc de Beaufort la soutenoit.

« Durant que j'étois à Vincennes, dit M^lle de Scudéri, vint M^me de Montbazon avec M. de Beaufort; il lui faisoit voir toutes les incommodités de ce logement, triomphant lâchement du malheur d'un prince qu'il n'oseroit regarder qu'en tremblant s'il étoit en liberté. »

M<sup>lle</sup> de Scudéri se souvient trop qu'elle a fait un beau quatrain sur la prison du grand Condé. Le duc de Beaufort osoit regarder tout le monde en face ; il avoit même insulté Condé, et l'avantage de la branche bâtarde étoit resté aux illégitimes sur la branche cadette des légitimes.

Après maintes allées et venues pour concilier M<sup>me</sup> de Longueville et M<sup>me</sup> de Montbazon, on convint, d'après l'avis d'Anne d'Autriche et de Mazarin, des excuses que M<sup>me</sup> de Montbazon auroit à faire à M<sup>me</sup> de Longueville. Ces excuses furent écrites dans un billet attaché à l'éventail de M<sup>me</sup> de Montbazon. M<sup>me</sup> de Montbazon, fort parée, entra dans la chambre de la princesse ; elle lut le petit papier attaché à son éventail :

« Madame, je viens vous protester que je suis très-innocente de la méchanceté dont on m'a voulu accuser ; il n'y a aucune personne d'honneur qui puisse dire une calomnie pareille. Si j'avois fait une faute de cette nature, j'aurois subi les peines que la reine m'auroit imposées ; je ne me serois jamais montrée dans le monde et vous en aurois demandé pardon. Je vous supplie de croire que je ne manquerai jamais au respect que je vous dois et à l'opinion que j'ai de la vertu et du mérite de M<sup>me</sup> de Longueville. »

La princesse répondit : « Madame, je crois très-volontiers à l'assurance que vous me donnez de n'avoir nulle part à la méchanceté que l'on a publiée ; je défère trop au commandement que la reine m'en a fait. »

« M<sup>me</sup> de Montbazon prononça le billet, dit M<sup>me</sup> de Motteville, de la manière du monde la plus fière et la plus haute, faisant une mine qui sembloit dire : « Je me moque de ce que je dis. »

Les deux dames se retrouvèrent dans le jardin de Renard, au bout du jardin des Tuileries ; M<sup>me</sup> de Longueville déclara qu'elle n'accepteroit point la collation si sa rivale demeuroit ; M<sup>me</sup> de Montbazon refusa de s'en aller. Le lendemain M<sup>me</sup> de Montbazon reçut un ordre du roi de se retirer dans une de ses maisons de campagne. Il y eut un duel entre M. de Guise et M. de Coligny, suite du démêlé.

La hardiesse de M<sup>me</sup> de Montbazon égaloit la facilité de sa vie. Le cardinal de Retz, qui lâchoit indifféremment des apophthegmes de morale et des maximes de mauvais lieux, écrivoit ses Mémoires lorsqu'on croyoit qu'il pleuroit ses péchés. Il disoit de M<sup>me</sup> de Montbazon « qu'il n'avoit jamais vu personne qui eût montré dans le vice si peu de respect pour la vertu ». Quoique grande, les contemporains trouvoient qu'elle ressembloit à une statue antique, peut-être à celle de Phryné ; mais la Phryné française n'eût pas proposé, ainsi que la

Phryné de Thespies, de faire rebâtir Thèbes à ses frais, pourvu qu'il lui fût permis de mettre son souvenir en opposition au souvenir d'Alexandre. M^me de Montbazon préféroit l'argent à tout.

D'Hocquincourt, ayant fait révolter Péronne, écrivoit à M^me de Montbazon : « Péronne est à la belle des belles. » S'étant caché dans la chambre de la duchesse, il ne fut pas aussi malheureux que Chastelard, fils naturel de Bayard, sans peur, non sans reproche : Chastelard fut décapité pour s'être caché en Écosse sous le lit de Marie Stuart. Il avoit fait une romance sur sa reine aimée :

> Lieux solitaires
> Et monts secrets
> Qui seuls sont secrétaires
> De mes piteux regrets.

Il y auroit de l'injustice à ne pas mettre en regard de ce tableau un pendant tracé d'une main plus amie : c'est un religieux qui tient le pinceau :

« Dès que la jeune duchesse de Montbazon parut à la cour, elle effaça par sa beauté toutes celles qui s'en piquoient. Tant que son mari vécut, sa sagesse et sa vertu ne furent jamais suspectes ; se voyant affranchie du joug du mariage, elle se donna un peu plus de liberté. L'abbé de Rancé, alors âgé de dix-neuf à vingt ans, étoit déjà de l'hôtel de Montbazon. Il eut le don de plaire à la duchesse, et elle en sut faire une grande différence avec tous ceux qui fréquentoient sa maison.

« M. de Rancé le père étant mort, son fils l'abbé, devenu le chef de sa maison à l'âge de vingt-six ans, le prit d'un grand vol ; il parut dans le monde avec plus d'éclat qu'il n'avoit jamais fait : un plus gros train, un plus bel équipage, huit chevaux de carrosse des plus beaux et des mieux entretenus, une livrée des plus lestes ; sa table à proportion. Ses assiduités auprès de M^me de Montbazon augmentèrent ; il passoit souvent les nuits au jeu ou avec elle ; elle s'en servoit pour ses affaires : une jeune veuve a besoin de ce secours. Cette familiarité fit bien des jaloux ; on en pensa et l'on en dit tout ce qu'on voulut, peut-être trop.

« Il est vrai que, de tous ceux qui firent leur cour à M^me de Montbazon, l'abbé de Rancé fut celui qui eut le plus de part à son amitié. Aussi c'étoit un ami véritable et effectif. Il sut en plusieurs occasions lui rendre des services très-considérables ; la reconnoissance exigeoit de cette dame toutes ces distinctions. Au reste, ils gardoient toujours de grands dehors ; ils évitoient même de monter ensemble dans le même carrosse, et pendant plus de dix ans qu'a duré leur commerce, on ne les y a jamais vus qu'une fois, encore étoient-ils si bien accompagnés qu'on ne pouvoit s'en formaliser. Ainsi il y a quelque apparence que l'esprit avoit plus de part à cette amitié que la chair.

« La reine Christine de Suède avoit envoyé en France, en qualité d'ambassadeur, le comte de Tot. Il s'étoit adressé à M. Ménage pour voir ce qu'il y avoit de plus considérable à la cour, et lui demanda enfin si par son moyen il ne pourroit pas voir M<sup>me</sup> de Montbazon, dont il avoit entendu dire tant de bien. M. Ménage, qui, en qualité de bel esprit avoit accès auprès de cette dame, fut la trouver, et lui dit que l'ambassadeur de Suède, ayant vu tout ce qu'il y avoit de plus beau à Paris, croyoit n'avoir rien vu s'il n'avoit l'honneur de voir la plus belle personne du monde, qu'il lui demandoit la permission de l'amener chez elle : « Qu'il vienne après-demain, répondit la duchesse, « et qu'il se tienne ferme : je serai sous les armes. »

Tel est le récit de dom Gervaise. M<sup>me</sup> de Montbazon ne vint point au rendez-vous. Déjà atteinte de la maladie qui l'emporta, elle ne parut sous les armes que devant la mort.

Malgré la dissimulation du peintre, on aperçoit le défaut principal de M<sup>me</sup> de Montbazon et le parti qu'elle savoit tirer de son ami *véritable* et *effectif*.

Heureusement des femmes moins titrées rachetoient par leur désintéressement la rapacité des privilégiées.

Renée de Rieux, autrement la *belle Châteauneuf*, aimée de Henri III, fut mariée deux fois : elle épousa d'abord *Antinotti*, qu'elle poignarda pour cause d'infidélité ; ensuite *Altovitti* de Castellane, qui fut tué par le grand-prieur de France ; *Altovitti* eut le temps, avant d'expirer, d'enfoncer un stylet dans le ventre du grand-prieur. Ces assassinats de l'aristocratie ne furent point punis ; ils étoient alors du droit commun : on ne les châtioit que dans les vilains.

La belle Châteauneuf accoucha en Provence d'une fille, qui fut tenue sur les fonts de baptême par la ville de Marseille. Puis Renée de Rieux disparoît. Sa fille, Marcelle de Castellane, fut laissée sur la grève de Notre-Dame-de-la-Garde comme une alouette de mer. Ce fut là que le duc de Guise, fils du Balafré, la rencontra. Il n'étoit pas beau, ainsi que son grand-père tué à Orléans, où son père assassiné à Blois, mais il étoit hardi ; il s'étoit emparé de Marseille pour Henri IV, et il portoit le nom de Guise.

Marcelle de Castellane lui plut ; elle-même se laissa prendre d'amour : sa pâleur, étendue comme une première couche sous la blancheur de son teint, lui donnoit un caractère de passion. A travers ce double lis transpiroient à peine les roses de la jeune fille. Elle avoit de longs yeux bleus, héritage de sa mère. Desportes, le Tibulle du temps, avoit célébré les cheveux de Renée dans *Les Amours de Diane*. Desportes chantoit pour Henri III, qui n'avoit pas le talent de Charles IX.

> Beaux nœuds crêpés et blonds nonchalamment épars,
> Mon cœur plus que mon bras est par vous enchaîné.

Marcelle dansoit avec grâce et chantoit à ravir, mais, élevée avec les flots, elle étoit indépendante. Elle s'aperçut que le duc de Guise commençoit à se lasser d'elle; au lieu de se plaindre, elle se retira. L'effort étoit grand; elle tomba malade, et comme elle étoit pauvre, elle fut obligée de vendre ses bijoux. Elle renvoya avec dédain l'argent que lui faisoit offrir le prince de Lorraine : « Je n'ai que quelques jours à vivre, dit-elle : le peu que j'ai me suffit. Je ne reçois rien de personne, encore moins de M. de Guise que d'un autre. » Les jeunes filles de la Bretagne se laissent noyer sur les grèves après s'être attachées aux algues d'un rocher.

Les calculs de Marcelle étoient justes; on ne lui trouva rien : elle avoit compté exactement ses heures sur ses oboles; elles s'épuisèrent ensemble. La ville, sa marraine, la fit enterrer.

Trente ans après, en fouillant le pavé d'une chapelle, on s'aperçut que Marcelle n'avoit point été atteinte du cercueil : la noblesse de ses sentiments sembloit avoir empêché la corruption d'approcher d'elle.

Lorsque le duc de Guise partit pour la cour, Marcelle, qui possédoit deux lyres, composa l'air et les rimes de quelques couplets; ils furent entendus au bord de cette mer de la Grèce d'où nous viennent tant de parfums.

> Il s'en va, ce cruel vainqueur,
> Il s'en va plein de gloire;
> Il s'en va, méprisant mon cœur,
> Sa plus noble victoire.
> Et malgré toute sa rigueur
> J'en garde la mémoire.
> Je m'imagine qu'il prendra
> Une nouvelle amante.

Paroles de poésie et de langueur, voix d'un rêve oublié, chagrin d'un songe.

On pouvoit facilement s'imaginer que M^me de Montbazon prendroit le nouvel amant dont le trésor tenteroit ses belles et infidèles mains.

M^me de Montbazon fut l'objet de la passion de Rancé jusqu'au jour où il vit flotter un cilice parmi les nuages de la jeunesse. « Tandis que je m'entretiens de ces choses criminelles, dit un anachorète, les abeilles volent le long des ruisseaux pour ramasser le miel si doux à ma langue qui prononce tant de paroles injustes. »

D'après l'idée qu'on s'est formée généralement de Rancé, on ne verra pas sans étonnement ce tableau de sa première vie; on ne peut douter de ces faits, puisqu'ils sont racontés par Le Nain lui-même, prieur de La Trappe, ami de Rancé; il a resserré ces faits en peu de mots :

« Une jeunesse passée dans les amusements de la cour, dans les vaines recherches des sciences, même damnables, après s'être engagé dans l'état ecclésiastique sans autre vocation que son ambition, qui le portoit avec une espèce de fureur et d'aveuglement aux premières dignités de l'Église, cet homme, tout plongé dans l'amour du monde, est ordonné prêtre, et celui qui avoit oublié le chemin du ciel est reçu docteur de Sorbonne. Voilà quelle fut la vie de M. Le Bouthillier jusqu'à l'âge de trente ans, toujours dans les festins, toujours dans les compagnies, dans le jeu, les divertissements de la promenade ou de la chasse. »

C'est ce qu'en a dit, deux cents ans après, le cardinal de Bausset.

L'archevêque de Tours, l'ambitieux principal de sa famille, n'ayant pu obtenir son neveu Rancé pour coadjuteur, le fit nommer, en qualité d'archidiacre de Tours, député à l'assemblée du clergé en 1645; en même temps l'archevêque donna sa démission de premier aumônier du duc d'Orléans, après avoir obtenu de Gaston que l'abbé Le Bouthillier seroit pourvu de cette charge. L'assemblée du clergé dura deux ans. Rancé ne s'y montra que la première année; il y resserra les liens qui l'unissoient au cardinal de Retz, capable à lui seul d'empoisonner les plus heureuses natures; il parla en faveur de son ami. Mazarin disoit : « Si l'on vouloit croire l'abbé de Rancé, il faudroit aller avec la croix et la bannière au-devant du cardinal de Retz. » Rancé augmenta sa réputation dans cette assemblée en venant au secours de François de Harlay, archevêque de Rouen, depuis archevêque de Paris. Le clergé chargea l'abbé Le Bouthillier de surveiller, avec les évêques de Vence et de Montpellier, une édition grecque d'Eusèbe, ou, selon d'autres, de Sozomène et de Socrate. Il fut complimenté sur sa nomination de premier aumônier du duc d'Orléans; il signa le formulaire, car il ne cessoit de suivre les doctrines de Bossuet en différant de sa conduite. Comme parlementaire, il étoit fidèle à la cour. Des disputes s'élevèrent. Rancé s'opposa à diverses propositions; il montroit une grande entente des affaires. Il déplut. On l'avertit de se retirer, ses jours ne paroissant pas en sûreté à ses amis.

L'avis étoit faux, Mazarin ne faisoit assassiner personne. L'abbé Le Bouthillier, après être allé remercier Gaston à Blois, se retira à Veretz; peu après arriva l'accident qui changea sa vie.

Il y a un silence qui plaît dans toutes ces affaires aujourd'hui si complétement ignorées : elles vous reportent dans le passé. Quand vous remueriez ces souvenirs qui s'en vont en poussière, qu'en retireriez-vous, sinon une nouvelle preuve du néant de l'homme? Ce sont des jeux finis que des fantômes retracent dans les cimetières avant la première heure du jour.

**FIN DU LIVRE PREMIER.**

# LIVRE DEUXIÈME.

Il existe un traité de 230 pages in-12, imprimé à Cologne, chez Pierre Marteau, 1685 ; il porte deux titres : *Les véritables Motifs de la Conversion de l'abbé de La Trappe, avec quelques réflexions sur sa vie et sur ses écrits, ou les Entretiens de Timocrate et de Philandre sur un livre qui a pour titre : Les Saints Devoirs de la Vie monastique.* Je parlerai dans un autre endroit de cette seconde partie. Ce que j'en vais citer actuellement n'est introduit que par incidence. On lit :

« Je vous ai déjà dit que l'abbé de La Trappe étoit un homme galant et qui avoit eu plusieurs commerces tendres. Le dernier qui ait éclaté fut avec une duchesse fameuse par sa beauté, et qui, après avoir heureusement évité la mort au passage d'une rivière, la rencontra peu de mois après. L'abbé, qui alloit de temps en temps à la campagne, y étoit lorsque cette mort imprévue arriva. Ses domestiques, qui n'ignoroient pas sa passion, prirent soin de lui cacher ce triste événement, qu'il apprit à son retour. » — « En montant tout droit à l'appartement de la duchesse, où il lui étoit permis d'entrer à toute heure, au lieu des douceurs dont il croyoit aller jouir, il y vit pour premier objet un cercueil qu'il jugea être celui de sa maîtresse en remarquant sa tête toute sanglante, qui étoit par hasard tombée de dessous le drap dont on l'avoit couverte avec beaucoup de négligence, et qu'on avoit détachée du reste du corps afin de gagner la longueur du col, et éviter ainsi de faire un nouveau cercueil qui fût plus long que celui dont on se servoit[1]. »

« Il n'y a rien de vrai, » dit Saint-Simon, rappelant cette version, « dans ce qu'on rapporte de M$^{me}$ de Montbazon, mais *seulement les choses qui ont donné cours à une fiction.* Je l'ai demandé franchement à M. de La Trappe, non pas grossièrement l'amour, et beaucoup moins le bonheur, mais le fait, et voici ce que j'ai appris. »

1. Entretiens de Timocrate et de Philandre.

Et qu'a-t-il appris? L'autorité seroit décisive si la réponse étoit péremptoire. Au lieu de s'expliquer, Saint-Simon s'occupe du récit des liaisons de Rancé avec les personnages de la Fronde. Il affirme du reste, comme dom Gervaise, que Marie de Bretagne fut emportée par la rougeole, que Rancé étoit auprès d'elle, qu'il ne la quitta point, et lui vit recevoir les sacrements. « L'abbé Le Bouthillier, ajoute-t-il, s'en alla après à sa maison de Veretz, ce qui fut le commencement de sa séparation du monde. » Cette fin de narration prouve à quel point Saint-Simon se trompoit. Les contemporains admirateurs de Rancé semblent s'être donné le mot pour se taire sur sa jeunesse : ils ne s'aperçoivent pas qu'ils diminuent la gloire de leur héros en rendant ses sacrifices moins méritoires. D'autant plus qu'ils en disent assez pour être entendus sur ce qu'ils omettent; tantôt annonçant qu'un religieux s'étoit enseveli à La Trappe, *pour avoir fait ce qui avoit troublé Rancé*, tantôt que Rancé lui-même ne cessoit de pleurer ses fragilités. « L'abbé de Rancé, livré à toutes les séductions du monde, dit le cardinal de Bausset, se précipita dans un genre de vie peu conforme à la sainteté de son état, et qui dégradoit en quelque sorte le triomphe qu'il avoit obtenu sur son illustre émule... L'abbé de Rancé expioit sous la haire et le cilice les erreurs de sa jeunesse. » Maupeou, l'un des trois historiens contemporains de l'abbé de La Trappe, avoit lu le récit de Larroque ; il combat ce récit sans le détruire. La seule chose nouvelle qu'ils nous apprennent est l'exhortation faite par Rancé à la mourante : Mme de Montbazon envoya un gentilhomme complimenter M. de Brienne, avec lequel elle étoit brouillée.

Maupeou avoit fait un ouvrage exprès contre Larroque. Rancé, informé de l'intention du curé de Nonancourt, se hâta de lui écrire : « Votre ouvrage, monsieur, relèvera la critique, donnera sujet à des répliques, m'attirera un nombre infini d'ennemis sur les bras : Dieu sait combien j'ai d'estime et de considération pour vous ; cependant je suis pressé de vous conjurer de supprimer la chose, s'il est possible. J'ai été si persuadé que rien n'étoit meilleur que de garder le silence en cette occasion, que je n'ai point voulu que l'on imprimât ce que j'avois eu envie de mettre dans la préface de la seconde édition des *Éclaircissements*, quoiqu'il n'y eût rien de plus modéré. Je n'ai rien à ajouter à ce billet, mon cher monsieur, sinon que je ne puis vous avoir une obligation plus sensible que celle d'entrer dans ma pensée[1]. » (17 mars 1686.)

La vivacité avec laquelle Rancé écrit à Maupeou décèle des souve-

---

1. Maupeou, t. I, p. 581.

nirs alarmés. Le P. Bouhours, que l'abbé de La Chambre appeloit *l'empeseur des muses*, réfute aussi les *Véritables Motifs de la Conversion de l'Abbé de La Trappe* dans son quatrième dialogue, pages 528 et 529 : c'est toujours de l'humeur sans preuves. M<sup>me</sup> de Sévigné disoit en parlant du révérend critique : « *L'esprit lui sort de tous les côtés.* »

Marsollier, deuxième écrivain de la vie de Rancé, garde le silence ; mais Le Nain, le troisième, le plus complet, le plus sûr écrivain de cette vie, a entendu parler de Larroque. Dom Le Nain mourut à l'âge de soixante-treize ans, sous-prieur de La Trappe. Ami et confident de Rancé, au livre III, chap. IX, de la *Vie du Réformateur de la Trappe*, il écrit :

« Outre tous ces libelles, il en parut un autre, composé par un huguenot, sous ce titre : *Les Motifs de la Conversion de l'Abbé de la Trappe*. Mais l'auteur des *Homélies familières sur les Commandements de Dieu*, tome III, page 378, le réfute admirablement par ces paroles : Je sais qu'un ministre hérétique a fait ce qu'il a pu pour décrier un saint abbé ; mais je sais bien aussi que toute la France et les pays circonvoisins ont regardé ce misérable livre comme un libelle diffamatoire et son auteur comme un imposteur, qui fonde toutes ses calomnies sur des jugements les plus téméraires qui se puissent imaginer : comme si pour détruire les vertus les plus éclatantes et les plus solides il n'y avoit qu'à dire témérairement qu'elles n'ont point d'autres sources que l'orgueil de celui qui les pratique. » Le Nain se débarrasse ainsi de la réponse. Les amplifications de l'auteur des *Homélies familières* sont naturelles, mais elles ne détruisent aucune assertion.

Sur le fait isolé lâché par une plume protestante, il est tombé une avalanche de malédictions. Colère à part, on peut nier les erreurs avancées sur la jeunesse de Rancé, mais on ne peut nier des relations qu'atteste toute l'histoire. On a craint sans doute en montrant Rancé pécheur d'ébranler l'autorité des exemples de sa vertu. Cependant saint Jérôme et saint Augustin n'ont-ils pas puisé leurs dernières forces dans leurs premières foiblesses ? Un aveu franc auroit délivré Rancé pour toujours des calomnies. On ne l'accusoit pas directement de la faute, il est vrai, car il eût fallu accuser toute la terre ; mais on s'en prenoit à la vie entière d'un homme pour se soulager de ce qu'il taisoit. Il faut le dire néanmoins, le silence de Rancé est effrayant, et il jette un doute dans les esprits. Un silence si long, si profond, si entier, est devant vous comme une barrière insurmontable. Quoi ! un homme n'a pu se démentir un seul instant ! Quoi ! le silence pourroit passer pour une vérité! Cet empire d'un esprit sur lui-même fait peur : Rancé ne dira rien, il emportera toute sa vie dans son tombeau.

Ainsi, ni ceux qui rejettent l'anecdote de Larroque, ni ceux qui l'accueillent, n'apportent aucune preuve de leur négation ou de leur affirmation. Les incrédules n'ont pour eux que l'invraisemblance du cercueil trop court : il étoit si facile en effet de l'allonger pour donner l'espace nécessaire à cette belle tête qui s'étoit si souvent inclinée sur le sein de la vie! Mais supposez avec Saint-Simon, comme il l'insinue, que la décollation ne fut que l'œuvre d'une étude anatomique, tout s'expliquera.

Tous les poëtes ont adopté la version de Larroque, tous les religieux l'ont repoussée; ils ont eu raison, puisqu'elle blessoit la susceptibilité de leurs vertus, puisqu'ils ne pouvoient pas détruire le récit de Larroque par un démenti appuyé d'un document irrécusable. Mais au lecteur indifférent il est permis, à défaut de preuves positives, d'examiner des preuves négatives. J'ai déjà fait remarquer que Marsollier se tait sur M^me de Montbazon, silence favorable à l'opinion de Larroque. Ce même chanoine, Marsollier, ajoute cette réflexion à son silence : « La mort et la disgrâce de plusieurs personnes avec lesquelles Rancé avoit de forts attachements le touchèrent. Un vide affreux, dit-il, occupoit mon cœur toujours inquiet et toujours agité, jamais content. Je fus touché de *la mort de quelques personnes* et de l'insensibilité où je les vis dans ce moment terrible qui devoit décider de leur éternité. Je me résolus de me retirer dans un lieu où je pusse être inconnu au reste des hommes. »

Dans les corridors de La Trappe, entre diverses inscriptions, on lisoit celle-ci, empruntée de saint Augustin : *Retinebam nugæ nugarum et vanitates vanitatum antiquæ amicæ meæ*. Dans une de ses pensées, Rancé remarque que « ceux qui meurent, bien ou mal, meurent souvent plus pour ceux qu'ils laissent dans le monde que pour eux-mêmes. »

Bossuet, transmettant à Rancé les Oraisons funèbres de la reine d'Angleterre et de M^me Henriette, lui mande : « J'ai laissé l'ordre de vous faire passer deux Oraisons funèbres, qui parce qu'elles font voir le néant du monde peuvent avoir place parmi les livres d'un solitaire, et qu'en tous cas il peut regarder comme deux têtes de mort assez touchantes. » Bossuet connoissoit-il ce que l'on racontoit de M^me de Montbazon? faisoit-il allusion à la tête de cette femme, en envoyant deux autres têtes s'entretenir avec elle?

La sorte de plaisanterie formidable qu'il se permet ne semble-t-elle pas avoir des rapports avec la légèreté de la première vie de Rancé et la sévérité de sa seconde vie?

On prétend qu'on montroit à La Trappe la tête de M$^{me}$ de Montbazon dans la chambre des successeurs de Rancé, ce que les solitaires de La Trappe ressuscitée rejettent : les souvenirs conservés autrefois ne voyoient peut-être pas le front de la victime aussi dépouillé que la mort l'avoit fait. On trouve ce passage dans le récit des courses du chevalier de Bertin : « Nous voici maintenant à Anet. La petite statue de Diane de Poitiers en pied n'est point sans doute aussi intéressante que la tête même de M$^{me}$ de Montbazon apportée à La Trappe par l'abbé de Rancé et conservée dans la chambre de ses successeurs. »

Enfin, les indications des poëtes ne sont pas à négliger. La muse n'a pas manqué aux traditions de La Trappe : M$^{me}$ de Tencin, née en 1681 (et qui par conséquent avoit vécu dix-neuf ans contemporaine de Rancé), écrivit les *Mémoires du comte de Comminges*, à travers lesquels passent des souvenirs : M$^{me}$ de Montbazon est changée en cette Adélaïde, solitaire mystérieux qui se fait reconnoître à l'ardeur avec laquelle il creuse son tombeau. Qui avoit donné naissance à ce genre d'idées? Ce sont là d'autres ressorts que les inventions forcenées et les idées difformes qui font maintenant des contorsions dans les ténèbres. Le nom de Comminges est emprunté de celui de l'évêque avec lequel Rancé se promenoit sur les Pyrénées. Il arrive souvent qu'on rappelle les personnages étrangers pour cacher des rapports directs; un nom qui tourmente la mémoire s'y glisse sous mille déguisements. On a une aventure contée par Maupeou, de deux frères épris de la même femme, et qui après s'être battus vécurent plusieurs années à La Trappe sans se reconnoître; on a une romance de Florian sur Lainval et Arsène; on a une héroïde de Colardeau qui trace la mort de M$^{me}$ la duchesse de Montbazon :

> Je fuis vers ma demeure, éperdu, tourmenté :
> La tête et le cercueil étaient à mon côté.

Rancé avoit fait peindre à La Trappe saint Jean Climaque poussant des gémissements, et sainte Marie égyptienne assistée par saint Sozyme. Il composa pour ces deux tableaux des inscriptions. Dans l'épigramme de douze vers latins adressée à la pénitente, on lisoit :

> Ecce, columba gemens, sponsi jam sanguine lota.

Il faut ajouter à ces semi-indications le désespoir de Rancé, et ce sera au lecteur à se former une opinion. Les annales humaines se composent de beaucoup de fables mêlées à quelques vérités : quiconque est voué à l'avenir a au fond de sa vie un roman, pour donner naissance à la légende, mirage de l'histoire.

Dès le jour de la mort de M^me de Montbazon, Rancé prit la poste et se retira à Véretz : il croyoit trouver dans la solitude des consolations qu'il ne trouvoit dans aucune créature. La retraite ne fit qu'augmenter sa douleur : une noire mélancolie prit la place de sa gaieté, les nuits lui étoient insupportables ; il passoit les jours à courir dans les bois, le long des rivières, sur les bords des étangs, appelant par son nom celle qui ne lui pouvoit répondre.

Lorsqu'il venoit à considérer que cette créature qui brilla à la cour avec plus d'éclat qu'aucune femme de son siècle n'étoit plus, que ses enchantements avoient disparu, que c'en étoit fait pour jamais de cette personne qui l'avoit choisi entre tant d'autres, il s'étonnoit que son âme ne se séparât de son corps.

Comme il avoit étudié les sciences occultes, il essaya les moyens en usage pour faire revenir les morts. L'amour reproduisoit à sa mémoire ornée le sacrifice de Simet, cherchant à rappeler un infidèle par un des noms d'un passereau consacré à Vénus ; il invoquoit la nuit et la lune. Il eut toutes les angoisses et toutes les palpitations de l'attente : M^me de Montbazon étoit allée à l'infidélité éternelle ; rien ne se montra dans ces lieux sombres et solitaires que les esprits se plaisent à fréquenter[1].

Toutefois, si Rancé n'eut pas les visions des poëtes de la Grèce, il eut une vision chrétienne : il se promenoit un jour dans l'avenue de Véretz ; il lui sembla voir un grand feu qui avoit pris aux bâtiments de la basse-cour : il y vole ; le feu diminue à mesure qu'il en approche ; à une certaine distance, l'embrasement disparoît et se change en un lac de feu au milieu duquel s'élève à demi-corps une femme dévorée par les flammes. La frayeur le saisit ; il reprend en courant le chemin de la maison ; en arrivant, les forces lui manquent, il se jette sur un lit : il étoit tellement hors de lui qu'on ne put dans le premier moment lui arracher une parole[2].

Ces convulsions de l'âme se calmèrent : il n'en resta à Rancé que l'énergie d'où sortent les vigoureuses résolutions.

Dom Jean-Baptiste de Latour, prieur de La Trappe, avoit écrit une vie de Rancé : il étoit resté de ce travail quelques copies manuscrites,

---

1. Dom Gervaise : *Jugement critique, mais équitable, des Vies de feu M. l'abbé de Rancé*, p. 160 et suiv.
2. Maupeou.

dont on a cité des passages, entre autres celui-ci : « Pendant que je suivois l'égarement de mon cœur (c'est Rancé qui parle), j'avalois non-seulement l'iniquité comme de l'eau, mais tout ce que je lisois et entendois du péché ne servoit qu'à me rendre plus coupable. Enfin le temps bienheureux arriva où il plut au Père des miséricordes de se tourner vers moi. Je vis à la naissance du jour le monstre infernal avec lequel j'avois vécu ; la frayeur dont je fus saisi à cette terrible vue fut si prodigieuse que je ne puis croire que j'en revienne de ma vie. »

Rancé eut recours à la pénitence : la mère Louise, religieuse de la Visitation de Tours, lui indiqua pour directeur le Père *Séguenot*.

Cette mère Louise étoit Louise Roger de la Mardelière, appelée la *belle Louison*. « Louison, dit M$^{lle}$ de Montpensier parlant de son enfance, étoit brune, bien faite, agréable de visage et de beaucoup d'esprit. Je dis à M$^{me}$ de Saint-Georges : « Si Louison n'est pas sage, je ne la veux « point voir, quoique mon papa l'aime. » M$^{me}$ de Saint-Georges me répondit qu'elle l'étoit tout à fait. »

C'étoit à cette mère Louise que Rancé s'adressa d'abord. Partout, dans le changement de mœurs qui s'opéroit, des pénitentes échappées du monde avoient dressé des embûches pour s'emparer des repentirs, comme il y avoit des pécheresses qui cherchoient à retenir les déserteurs. A la Visitation se trouvoient les écueils d'une première existence : la mère Louise possédoit plus de deux cents lettres de Rancé, lettres qui étoient sans doute la partie de la vie de Rancé sur laquelle il seroit si curieux d'avoir des renseignements. De la direction du P. Séguenot, Rancé passa sous la conduite du P. de Mouchy, homme instruit et bien né.

Des avertissements sous différentes formes arrivoient de toutes parts à Rancé. Dans les *Obligations des chrétiens*, il raconte cette agréable histoire :

« Un jour je joignis un berger qui conduisoit un troupeau dans une grande campagne, par un temps qui l'avoit obligé à se retirer à l'abri d'un grand arbre pour se mettre à couvert de la pluie et de l'orage. Il me dit que ce lui étoit une consolation de conduire ses bêtes simples et innocentes, et qu'il ne voudroit pas quitter la terre pour aller dans le ciel, s'il ne croyoit y trouver des campagnes et des troupeaux à conduire. »

A Véretz, au lieu de se plaire dans l'ancienne maison de ses délices, Rancé fut choqué de sa magnificence. Les meubles éclatoient d'argent et d'or, les lits étoient superbes. La Mollesse même s'y seroit trouvée trop à l'aise, dit un classique du temps. Les salons étoient ornés de tableaux de prix, les jardins délicieusement dessinés. C'étoit trop pour un homme qui ne voyoit plus rien qu'à travers ses larmes. Il mit la réforme partout. La frugalité remplaça le luxe de sa table; il congédia la plupart de ses domestiques, renonça à la chasse, et s'abstint du dessin, art qu'il aimoit. On avoit des paysages de sa façon et des cartes de géographie[1].

Quelques amis, revenus de même que Rancé à des pensées chrétiennes, s'associèrent à lui pour commencer ces mortifications dont il devoit donner de si grands exemples; il sembloit jouer à la pénitence pour l'apprendre avant de la pratiquer : on assiste avec intérêt à cette conquête de l'homme sur l'homme : « Où l'Évangile me trompe, répétoit-il, ou cette maison est celle d'un réprouvé. »

Rappelé un moment à Paris pour une affaire, il se logea à l'Oratoire. C'étoit un travail continuel pour lui d'échapper à ces pensées qu'il avoit nourries si longtemps : un grand solitaire en fut atteint dans des sépulcres; saint Jérôme portoit, pour noyer ses pensées dans ses sueurs, des fardeaux de sable le long des steppes de la mer Morte. Je les ai parcourues moi-même, ces steppes, sous le poids de mon esprit. Deux tentatrices cherchèrent Rancé. Elles lui dirent qu'elles n'étoient point à comparer à la belle personne qu'il pleuroit, mais qu'elles avoient pour lui des sentiments qui ne le cédoient en vivacité à aucun de ceux qu'il avoit inspirés. Rancé se munit d'un crucifix, et s'enfuit.

On conseilla à Rancé de se consacrer aux missions, aller aux Indes, errer dans les rochers de l'Himalaya; et il y avoit là des analogies avec la grandeur et la tristesse du génie de Rancé; mais il étoit appelé ailleurs.

Poussé par ses malheurs, retenu par ses habitudes, Rancé n'avoit point encore renoncé à ses emplois. Le temps de son quartier de service, comme aumônier du duc d'Orléans, étoit revenu; il se rendit à Blois. Il avoit déjà hasardé auprès du prince des idées de retraite : l'entrée en religion de la mère Louise avoit mûri dans Gaston ces idées. La maîtresse convertie prioit à la Visitation, à Tours, pour faire une violence à la miséricorde de Dieu. Il fut convenu que Gaston se retireroit au château de Chambord avec douze de ses plus fidèles serviteurs. Rancé fut choisi pour accompagner le prince.

Le Bouthillier possédoit, près du parc de Chambord, un prieuré de l'ordre de Grammont. Ce prieuré étoit desservi par sept ou huit religieux. On n'apercevoit pas de cet endroit le faîte de l'édifice qui devoit éclater du rire immortel de Molière. « Le roi, dit le chevalier d'Ar-

---

1. Dom Gervaise.

vieux, ayant voulu faire un voyage à Chambord pour y prendre le divertissement de la chasse, voulut donner à sa cour celui d'un ballet; et comme l'idée des Turcs qu'on venoit de voir à Paris étoit encore toute récente, il crut qu'il seroit bon de les faire paroître sur la scène. Sa Majesté m'ordonna de me joindre à MM. de Molière et de Lulli pour composer une pièce de théâtre où l'on pût faire entrer quelque chose des habillements et des manières des Turcs. Je me rendis pour cet effet au village d'Auteuil, où M. de Molière avoit une maison fort jolie. Ce fut là que nous travaillâmes à cette pièce de théâtre que l'on voit dans les œuvres de Molière, sous le titre du *Bourgeois gentilhomme*. »

Cette pièce fut en effet jouée à Chambord devant Louis XIV, pour la première fois, le 14 octobre 1670.

Quand on arrive à Chambord, on pénètre dans le parc par une de ses portes abandonnées; elle s'ouvre sur une enceinte décrépite et plantée de violiers jaunes; elle a sept lieues de tour. Dès l'entrée on aperçoit le château au fond d'une allée descendante. En avançant sur l'édifice, il sort de terre dans l'ordre inverse une bâtisse placée sur une hauteur, laquelle s'abaisse à mesure qu'on en approche. François-I[er], arrière-petit-fils de Valentine de Milan, s'étoit enseveli dans les bois de la France, à son retour de Madrid; il disoit comme son aïeule : *Tout ne m'est rien, rien ne m'est plus.* Chambord rappelle les idées qui occupoient le roi-soldat dans sa prison : femmes, solitudes, remparts.

> Quand le roi sortit de France,
> En malheur il en sortit :
> Il en sortit le dimanche,
> Et le lundi il fut pris.

Chambord n'a qu'un escalier double, afin de descendre et monter sans se voir : tout y est fait pour les mystères de la guerre et de l'amour. L'édifice s'épanouit à chaque étage; les degrés s'élèvent accompagnés de petites cannelures comme des marches dans les tourelles d'une cathédrale. La fusée, en éclatant, forme des dessins fantastiques, qui semblent avoir retombé sur l'édifice : cheminées carrées ou rondes enjolivées de fétiches de marbre, semblables aux poupées que j'ai vu retirer des fouilles à Athènes. De loin l'édifice est un arabesque; il se présente comme une femme dont le vent auroit soufflé en l'air la chevelure; de près cette femme s'incorpore dans la maçonnerie et se change en tours; c'est alors Clorinde appuyée sur des ruines. Le caprice d'un ciseau volage n'a pas disparu; la légèreté et la finesse des traits se retrouvent dans le simulacre d'une guerrière expirante. Quand vous pénétrez en dedans, la fleur de lis et la salamandre se dessinent dans les plafonds. Si jamais Chambord étoit détruit, on ne trouveroit nulle part le style premier de la Renaissance, car à Venise il s'est mélangé.

Ce qui rendoit à Chambord sa beauté, c'étoit son abandon : par les fenêtres j'apercevois un parterre sec, des herbes jaunes, des champs de blé noir : retracements de la pauvreté et de la fidélité de mon indigente patrie. Lorsque j'y passai, il y avoit un oiseau brun de quelque grosseur qui voloit le long du Cosson, petite rivière inconnue.

L'abbé Le Bouthillier se logea parmi les moines de son prieuré : de quelque côté qu'on ouvrît une fenêtre, on ne voyoit que des bois. Le château, près duquel n'a pas même pu se former un village, est frappé de malédiction. Touché par le vainqueur de Marignan prisonnier à Madrid, par nos soldats dispersés après Waterloo, par les marques de notre attachement à nos rois avant les journées de Juillet, on aperçoit partout des traces de gloire et de malheur. Les chiffres de la duchesse d'Étampes, devancière de la comtesse de Chateaubriand, attirent les yeux, traces périssables de beautés évanouies. François I$^{er}$, qui sentoit l'inanité de ses plaisirs, avoit gravé avec la pointe d'un diamant ces deux vers sur un carreau de vitre :

Souvent femme varie.
Mal habil qui s'y fie.

Jeux d'un prince qui avoit fait déterrer Laure pour la regarder. Où est le carreau de vitre? Des François s'associèrent dans le dessein d'acquérir pour Henri, non encore banni, un parc abandonné dans un royaume conquis par ses pères. Courier éleva la voix contre l'acquisition, et le jeune homme innocent auquel il avoit voulu arracher Chambord a survécu.

Cet orphelin vient de m'appeler à Londres; j'ai obéi à la lettre close du malheur. Henri m'a donné l'hospitalité dans une terre qui fuit sous ses pas. J'ai revu cette ville témoin de mes rapides grandeurs et de mes misères interminables, ces places remplies de brouillards et de silence, d'où émergèrent les fantômes de ma jeunesse. Que de temps déjà écoulé depuis le jour où je revois René dans Kinsington jusqu'à ces dernières heures ! Le vieux banni s'est trouvé chargé de montrer à l'orphelin une ville que mes yeux peuvent à peine reconnoître.

Réfugié en Angleterre pendant huit années, ensuite ambassadeur à

Londres, lié avec lord Liverpool, avec M. Canning et avec M. Croker, que de changements n'ai-je pas vus dans ces lieux, depuis Georges IV qui m'honoroit de sa familiarité jusqu'à cette Charlotte que vous verrez dans mes *Mémoires !* Que sont devenus mes frères en bannissement? Les uns sont morts, les autres ont subi diverses destinées : ils ont vu comme moi disparoître leurs proches et leurs amis. Sur cette terre où l'on ne nous apercevoit pas, nous avions cependant nos fêtes et surtout notre jeunesse. Des adolescentes, qui commençoient la vie par l'adversité, apportoient le fruit semainier de leur labeur afin de s'éjouir à quelques danses de la patrie. Des attachements se formoient ; nous priions dans des chapelles que je viens de revoir et qui n'ont point changé. Nous faisions entendre nos pleurs le 21 janvier, tout émus que nous étions d'une oraison funèbre prononcée par le curé émigré de notre village. Nous allions aussi, le long de la Tamise, voir entrer au port des vaisseaux chargés des richesses du monde, admirer les maisons de campagne de Richmond, nous si pauvres, nous privés du toit paternel! Toutes ces choses étoient de véritables félicités. Reviendrez-vous, félicités de ma misère? Ah! ressuscitez, compagnons de mon exil, camarades de la couche de paille, me voici revenu! Rendons-nous encore dans les petits jardins d'une taverne dédaignée pour boire une tasse de mauvais thé en parlant de notre pays : mais je n'aperçois personne ; je suis resté seul.

Rancé va quitter Chambord, il faut donc que je quitte aussi cet asile où je crains de m'être trop oublié. Je vais retrouver la Loire non loin du parc abandonné ; elle ne voit point la désolation de ses bords : les fleuves ne s'embarrassent point de leurs rives. Ne demandez pas à la Loire le nom des Guise, dont elle a pourtant roulé les cendres. A cent cinquante lieues d'ici, je rencontrai, il y a huit mois, en terre étrangère, près du jeune orphelin, M. le duc de Lévis, qui remonte au compagnon de Simon de Montfort. Mirepoix étoit *maréchal de la Foi*, titre qui semble avoir passé à son dernier neveu. J'ai retrouvé aussi M^me la duchesse de Lévis, du grand nom d'Aubusson : elle auroit pu écrire l'histoire de Philippine-Hélène, si elle n'avoit des malheurs moins romanesques à pleurer. Je n'étois pas, dans mon dernier voyage à Londres, reçu dans un grenier de Holborn par un de mes cousins émigrés, mais par l'héritier des siècles. Cet héritier se plaisoit à me donner l'hospitalité dans les lieux où je l'avois longtemps attendu. Il se cachoit derrière moi comme le soleil derrière des ruines. Le paravent déchiré qui me servoit d'abri me sembloit plus magnifique que les lambris de Versailles. Henri étoit mon dernier garde-malade : voilà les revenants-bons du malheur. Quand l'orphelin entroit, j'essayois de me lever ; je ne pouvois lui prouver autrement ma reconnoissance. A mon âge on n'a plus que les impuissances de la vie. Henri a rendu sacrées mes misères ; tout dépouillé qu'il est, il n'est pas sans autorité : chaque matin, je voyois une Angloise passer le long de ma fenêtre ; elle s'arrêtoit, elle fondoit en larmes aussitôt qu'elle avoit aperçu le jeune Bourbon : quel roi sur le trône auroit eu la puissance de faire couler de pareilles larmes ? Tels sont les sujets inconnus que donne l'adversité.

A peine retourné de Chambord, un courrier dépêché de Blois vint apprendre à Rancé la maladie du duc d'Orléans. L'abbé se remit en route : Gaston étoit en danger, ce prince si peu digne à Castelnaudary de la valeur du Béarnais, le parleur de la Fronde ne trouva pas un mot sur ses lèvres à dire à la mort : un spectre se tenoit debout au pied de son lit ; Montmorency sans tête lui demandoit le talion.

Rancé écrivit à Arnauld d'Andilly la lettre qu'on va lire, et que je dois encore à la politesse de M. de Montmerqué.

Blois, 8 février 1660.

« Je n'aurois pas été tant de temps sans avoir l'honneur de vous escrire si la maladie et la mort de Monsieur ne m'en avoient empesché. Je vous avoue que, l'ayant assisté autant que je l'ai pu dans les derniers moments de sa vie, je suis tellement touché d'un spectacle si déplorable que je ne puis m'en remettre. On a ceste consolation qu'il est mort avec tous les sentiments et toute la résignation qu'un véritable chrestien doit avoir en la volonté de son Dieu. Il reçut nostre Seigneur dès le commencement de son mal, et eut le soin lui-mesme de le demander une seconde fois pour viatique avec de grandes démonstrations d'une foy vive et d'un parfait mespris des choses du monde. Quelle leçon, monsieur, pour ceux qui n'en sont pas détachés et pour ceux qui sont persuadés de son néant et qui travaillent pour s'en déprendre ! Ce pauvre prince dit le matin du jour de sa mort ces mesmes mots : *Domus mea domus desolationis ;* et comme on luy voulut dire qu'il n'estoit pas si mal qu'il pensoit, il répliqua : *Solum mihi superest sepulchrum ;* ensuite il demanda l'extrême-onction, et dit qu'il estoit résolu à la volonté de Dieu ; enfin je suis persuadé qu'il luy a fait miséricorde. Je ne puis vous mander les circonstances de sa mort ; j'escris de Blois, malade d'un rhume qui me cause une oppression qui m'empesche d'escrire. Je vous supplie de demander à Dieu et de luy faire demander pour moy qu'il me fasse la grâce de retirer tout le bien et l'avantage que je dois d'une rencontre aussi touchante que celle-là l'est. Je reviens à la mort de ce pauvre prince : la désolation qui parut dans sa maison, qui retentissoit de plaintes et de gémissements au moment de sa mort, l'esprit humain ne se sçauroit rien figurer de si pitoyable ; je confesse que j'en suis accablé de douleur. »

Rancé se montra dans cette occasion si touchant, que chacun faisoit des vœux pour l'avoir auprès de soi au moment suprême. On croyoit ne pouvoir bien mourir qu'entre ses mains, comme d'autres y avoient voulu vivre. Gaston avoit à peine rendu le dernier soupir que ses familiers l'abandonnèrent, Rancé fut laissé presque seul auprès du cadavre. Il ne suivit pas le corps du prince à Saint-Denis; mais il présenta le foible cœur de Gaston aux jésuites de Blois: le cœur intrépide de Henri IV avoit été porté aux jésuites de La Flèche. Le Bouthillier courut ensuite s'ensevelir au Mans, y demeura caché deux mois; il changea même de nom, comme s'il eût craint d'être reconnu et arrêté aux portes du ciel.

Le projet qu'il méditoit depuis longtemps de soumettre sa conduite future au conseil des évêques d'Aleth et de Comminges lui revenoit dans l'esprit. Il se résolut de l'accomplir. Le 21 juin 1660, il écrivit à la mère Louise: « Je pars demain à l'insu de tous mes amis. » Il arriva à Comminges le 27 du même mois, après un tremblement de terre : ce fut de même que j'arrivai à Grenade en rêvant de chimères, après le bouleversement de la Vega.

L'évêque de Comminges étoit absent; Rancé l'attendit. Quand il revint, l'évêque commença une tournée diocésaine. Rancé l'accompagna.

Ils trouvèrent dans les cavernes environnantes des chrétiens qui avoient à peine figure humaine. L'évêque soulageoit leur misère, les rassembloit, s'asseyoit au milieu d'eux parmi les buis des rochers. L'abbé de Rancé étoit touché, lorsqu'il songeoit que le bon pasteur avoit ainsi cherché les brebis égarées.

Un jour il se promenoit seul avec l'évêque, dans un endroit fort solitaire, d'où l'on découvroit les plus hautes Pyrénées: « L'évêque remarqua (j'emprunte le récit de Marsollier) que l'abbé parcouroit des yeux les montagnes avec une attention qui le rendoit distrait; il y soupçonna du mystère, ce fut ce qui l'obligea de lui dire qu'il avoit la mine de chercher un endroit où il pût bâtir un ermitage. L'abbé rougit; mais comme il étoit sincère, il avoua que c'étoit en effet sa pensée, et qu'il croyoit qu'il ne pouvoit rien faire de mieux. — Si cela est, repartit l'évêque, vous ne pouvez mieux vous adresser qu'à moi : je connois ces montagnes, j'y ai passé souvent en faisant mes visites; je sais des endroits si affreux et si éloignés de tout commerce que, quelque difficile que vous puissiez être, vous aurez lieu d'en être content. — L'abbé, qui croyoit que l'évêque parloit sérieusement, le pressa avec cette vivacité qui lui étoit naturelle de lui faire voir ces endroits. — Je m'en garderai bien, reprit l'évêque; ces endroits sont si tentants que si vous y étiez une fois il n'y auroit plus moyen de vous en arracher. » Après avoir visité l'évêque de Comminges, Rancé retourna chez l'évêque d'Aleth. « Sa demeure est affreuse, écrivoit Rancé, et entourée de hautes montagnes au pied desquelles est un torrent qui court avec beaucoup de bruit et de rapidité. »

Ces *endroits* de nos anciennes mœurs reposent. On aime à assister aux conversations de l'abbé de Rancé sur la légitimité des biens qu'on peut ou qu'on ne peut pas retenir, sur ce qu'il est permis de garder, sur ce qu'on est obligé de rendre, sur le compte de ses richesses que l'on doit à Dieu. Ces scrupules de conscience étoient alors les affaires principales ; nous n'allons pas à la cheville du pied de ces gens-là ; l'homme étoit estimé, quelle que fût sa condition ; le pauvre étoit pesé avec le riche au poids du sanctuaire. Cette égalité morale lui servoit à supporter les inégalités politiques. Bruno sur les Alpes, Paul dans la Thébaïde, ne voulurent pas plus sortir de leur retraite que Rancé n'auroit voulu quitter les Pyrénées ; mais ces dernières montagnes avoient un danger : le soleil en étoit trop éclatant, et de leur sommet on découvroit les séjours d'Inès et de Chimène.

Longtemps après le voyage de Rancé, une chevrière âgée de douze ans, conduisant ses biques dans la paroisse d'Alan, diocèse de Comminges, tomba en s'écriant : « Jésus ! » Une dame vêtue de blanc lui apparut, et lui dit : « Ne craignez rien. » Et elle la tira du précipice. La petite fille dit à la sainte Vierge (c'étoit elle) qu'elle avoit perdu son chapelet. La sainte Vierge lui en donna un en lui recommandant d'ordonner à un prêtre de faire bâtir une chapelle au lieu où elle étoit tombée. L'évêque de Comminges, ancien hôte de Rancé, en écrivit à La Trappe. Rancé, du fond de son abbaye, conseilla l'érection d'une chapelle dédiée à Notre-Dame-de-Saint-Bernard, dont les ruines marquent aujourd'hui le premier pas de Rancé dans la solitude.

L'évêque de Comminges et l'évêque d'Aleth avoient combattu au commencement les desseins extrêmes de Rancé ; ils lui conseilloient cette médiocrité, caractère de la vertu : « Vous, disoient-ils, vous ne pensez qu'à vivre pour vous. » L'évêque d'Aleth approuvoit que Rancé se défît de sa fortune ; mais il s'opposoit à son penchant pour la solitude : « Ce penchant, répétoit-il, ne vient pas toujours de Dieu ; il est souvent inspiré par un dégoût du monde, dégoût dont le motif n'est pas toujours pur. »

Convaincu en ce qui regardoit le danger des biens, l'abbé ne se rendoit pas également sur le point du désert ; il cédoit à l'égard de l'abandon de ses bénéfices : il convenoit qu'un abbé commendataire n'étoit pas dans l'esprit de l'Église ; mais il n'entendoit parler qu'avec terreur d'une abbaye régulière. Il s'étoit souvent écrié : « *Moi, me faire frocard !* » Il témoignoit de ses perplexités en écrivant à ses amis : « Mes embarras extérieurs sont les moindres embarras de ma vie : je ne puis me défendre de moi-même. »

Tout est fragile : après avoir vécu quelque peu, on ne sait si l'on a bien ou mal vécu. L'évêque d'Aleth se maintint d'abord dans les opinions qui lui avoient mérité l'attachement de Rancé ; il se souvenoit d'avoir causé avec le futur solitaire à trois cents pas de la maison de l'évêque, au bord d'un gave, de même que les vieillards de Platon s'entretenoient des lois sur la montagne de Crète. Baissez le ton de la lyre, changez les interlocuteurs, et le souffle du même torrent vous apportera des paroles qui seront remplies d'autres chimères. L'évêque d'Aleth persévéra plusieurs années dans les saines doctrines, puis il dévia un peu du droit chemin avec deux autres évêques. M$^{me}$ de Saint-Loup en écrivit à Rancé. Quant au théologal d'Aleth, l'abbé de Vaucelles, il fut totalement subjugué ; il céda au docteur Arnauld, et se retira dans les Pays-Bas. Il fut envoyé obscurément à Rome pour ses coreligionnaires sous le nom de Valoni. L'infidélité avoit perdu sa grandeur : Arius ne tomboit plus du milieu du concile de Nicée, entraînant avec lui une partie de la chrétienté.

En 1660, Pomponne fut disgracié. Rancé lui écrivit des compliments de condoléance. Les considérations qu'il lui fournit sont prises de haut. Arnauld d'Andilly, frère de Pomponne, avoit traduit une foule de vies qui formèrent l'histoire des Pères du désert. Louis XIV visita depuis le bonhomme dans sa retraite, où j'ai moi-même passé lorsque j'allai voir M$^{me}$ la duchesse de Duras : elle avoit l'intention de me laisser un petit réduit qu'elle avoit acheté sur les collines de la forêt de Montmorency. Ces liaisons de La Trappe et de Port-Royal, qui s'altérèrent dans la suite, causent de l'attendrissement. Louis XIV aimoit son ancien ministre ; mais il trouvoit que M. de Pomponne n'avoit pas assez de grandeur pour lui.

A Véretz, où il revenoit toujours, Rancé vit conjurés contre lui une famille nombreuse, des amis mécontents, des domestiques désolés. En voulant se réduire à la pauvreté, il éprouvoit les difficultés qu'on rencontre à s'enrichir. On ne pouvoit savoir ce qui le poussoit ; car, depuis la mort de madame de Montbazon, jamais le nom de cette femme, excepté dans son premier désespoir, n'étoit sorti de sa bouche. On sentait en lui une passion étouffée, qui jetoit sur ses moindres actions l'intérêt d'un combat inconnu.

Ces souvenirs de la terre étoient une haine de la vie, devenue chez lui une véritable obsession. Sa désespérance de l'humanité ressembloit au stoïcisme des anciens, à cela près qu'il passoit par le christianisme. Les platoniciens de l'école d'Alexandrie se tuoient pour parvenir au ciel ; mais que de souffrances pour une pauvre âme, lorsqu'elle se débat dans cet état ! Elle éprouve les divers mouvements du suicide, incertitude et terreur, avant qu'elle ait pris sa résolution.

« Je vous avoue, dit l'abbé de La Trappe dans ses lettres, que je ne vois plus un seul homme du monde avec le moindre plaisir. Il y a tantôt six ans que je ne parle que de dégagement et de retraite, et le premier pas est encore à faire ; cependant le cours de la vie s'achève, et l'on se réveille à la fin du sommeil, et l'on se trouve sans œuvres. Je désire tellement d'être oublié qu'on ne pense pas seulement que j'ai été. »

Il vendit sa vaisselle d'argent ; il en distribua le montant en aumônes, se reprochant les retards qu'il avoit mis à secourir les nécessiteux. Il avoit deux hôtels à Paris, dont l'un s'appeloit l'hôtel de Tours : il les donna à l'hôtel-Dieu et à l'Hôpital général par acte passé devant les notaires Lemoine et Thomas. Pour dernier sacrifice il se défit de la terre de Véretz ; mais, par un reste de foiblesse il accorda la préférence aux offres d'un de ses parents : ce parent ne put réaliser la somme, et le marché fut rétrocédé à l'abbé d'Effiat. Les cent mille écus que Rancé reçut de la vente furent à l'instant portés aux administrations des hôpitaux.

On lit des lettres modernes datées de Véretz : qui a osé écrire de ce lieu après le gigantesque pénitent? Dans les bois de Larçay, jadis propriété de Rancé, dans les parcs de Montbazon, parmi des noms qui rappeloient une ancienne vie, le 11 avril 1825 on trouva un cadavre. Le 10 d'avril, le jour finissant, une voix fut entendue : « *Je suis un homme mort!* » Une jeune fille, cachée avec son amant dans de hautes bruyères, avoit été témoin d'un meurtre. D'un autre côté, à demi vêtue, la veuve de Courier ( c'étoit lui dont on avoit retrouvé le cadavre), âgée de vingt-deux ans, descend la nuit parmi des personnages rustiques comme une ombre délivrée. Les opinions de Courier à Véretz avoient réduit son intimité à des rivalités inférieures : chagrins qui n'intéressent personne, gémissements qui vont se perdre dans l'Océan muet qui s'avance sur nous. Peut-être quelque grive redit-elle l'acte tragique dans les bois où Rancé avoit promené ses misères. Courier avoit écrit dans sa *Gazette du Village* : « *Les rossignols chantent et l'hirondelle arrive.* » Enfant d'Athènes, il transmettoit à ses camarades le chant du retour de l'hirondelle.

Courier, savant helléniste, esprit tumultueux, pamphlétaire à cheval, avoit eu le malheur à Florence de tacher d'encre un feuillet de Longus : ensuite l'éditeur d'un passage perdu de *Daphnis et Chloé* étoit venu s'ensevelir dans les lieux qu'avoit habités l'éditeur d'Anacréon.

Si les arbres sous lesquels fut tué Courier existent encore, qu'est-il resté dans ces ombrages, que reste-t-il de nous partout où nous passons? Paul-Louis Courier auroit-il cru que l'immortalité pouvoit porter la haire et se rencontrer dans les larmes? Le réformateur de La Trappe a grandi à Véretz; l'auteur du pamphlet des pamphlets a diminué. La vie dans sa pesanteur descendit sur un esprit qui s'étoit dressé pour morguer le ciel. Chose remarquable! Courier, le philosophe, a fait ses adieux au monde par les mêmes paroles que Rancé, le chrétien, avoit perdues dans les bois : « Détournez de moi le calice; la ciguë est amère. »

Véretz, au milieu du dix-huitième siècle, étoit la possession du duc d'Aiguillon, ministre de Louis XV. Ce ministre de perdition, comme tous les hommes d'alors, y fit imprimer à cinq ou sept exemplaires le *Recueil des pièces choisies*, pages obscènes et impies de madame la princesse de Conti. Le château de Véretz fut démoli pendant la révolution, piscine de sang où se lavèrent les immoralités qui avoient souillé la France. A Véretz et à La Trappe Rancé a laissé ses deux parts : à Véretz, la légèreté, l'irréligion, les mauvaises mœurs, suivies d'une destruction complète; à La Trappe la gravité, la sainteté, la pénitence, qui ont survécu à tout.

Après la vente de Véretz, Rancé se défit de ses bénéfices; il ne se réserva qu'une retraite malsaine, pour y mourir, La Trappe. Lorsque Louis XIV prit les rênes de l'État, la France se divisa; les uns allèrent combattre l'étranger, les autres se retirèrent au désert. Trois solitudes demeurèrent en présence : a Chartreuse, La Trappe et Port-Royal. A l'abri derrière ses guerriers et ses anachorètes, la France respira. Le dix-huitième siècle a voulu effacer Louis XIV, mais sa main s'est usée à gratter le portrait. Napoléon est venu se placer sous le dôme des Invalides comme pour assurer la gloire de Louis. On a eu beau faire des tableaux, les victoires de l'empire à Versailles n'ont pu effacer les souvenirs des victoires du dix-septième siècle. Napoléon a seulement ramené enchaînés à Louis XIV les rois que Louis XIV avoit vaincus. Bonaparte a fait son siècle; Louis a été fait par le sien : qui vivra plus longtemps, de l'ouvrage du temps ou de celui d'un homme? C'est la voix du génie de toutes les sortes qui parle au tombeau de Louis; on n'entend au tombeau de Napoléon que la voix de Napoléon.

Avant de nous parler des personnages qu'elle met en scène, la Grèce nous introduit sur le théâtre de leurs actions : Prométhée enchaîné s'entretient avec l'Océan; les sept chefs devant Thèbes jurent sur un bouclier noir; les Perses pleurent à l'apparition de l'ombre de Darius; OEdipe roi paroît à la porte de son palais; OEdipe à Colone s'arrête près du bois des Euménides; prêt à quitter son exil, Philoctète s'écrie : « Adieu, doux asile de ma misère ! »

Les écrivains de la Vie des Pères du désert, Grecs de naissance, ont été fidèles à cet ancien usage : ils nous montrent Paul, premier ermite, caché sous un palmier ; Antoine, premier solitaire, s'enfermant dans un sépulcre ; Pacôme, premier instituteur des Cénobites, assis sur une pierre à Thébennes. Nous n'irons pas si loin avec Rancé ; nous resterons près de Versailles : à trente lieues des escaliers de marbre de l'Orangerie, qui n'étoient pas encore souillés de sang, nous trouverons les austérités de la Thébaïde ; et cependant le bruit de la cour nous parviendra comme les murmures des flots du siècle.

Qu'étoit-ce que la Maison-Dieu lorsque Rancé s'y retira?

La Maison-Dieu s'appelle aujourd'hui *La Trappe* : trappe, dans le patois du Perche, signifie degré, vraisemblablement de *trapan*. Notre-Dame de La Trappe veut donc dire : Notre-Dame des Degrés.

L'abbaye de La Trappe fut fondée en 1122, par Rotrou, second de ce nom, comte du Perche. Rotrou avoit fait vœu, en revenant d'Angleterre, que s'il échappoit au naufrage dont il étoit menacé, il bâtiroit une chapelle en l'honneur de la sainte Vierge. Le comte, miraculeusement délivré, pour conserver la mémoire de son aventure fit donner au toit de son église votive la forme d'un vaisseau renversé. Rotrou III, fils du fondateur, acheva les bâtiments de la chapelle qui s'étoit changée en monastère. Rotrou III partit pour la première croisade ; il rapporta de la Palestine des reliques qui furent déposées par son fils dans la basilique nouvelle, à laquelle il ne manqua rien de l'histoire de ces temps : vœu, naufrage, pèlerinage.

Louis VII étoit roi de France, et saint Bernard premier abbé de Clairvaux, lorsque l'abbaye de La Trappe fut fondée. Serlon IV, abbé de Savigny, la réunit à l'ordre de Cîteaux en 1144 ; Saint-Germain-des-Prés se rebâtissoit alors dans Paris ; l'abbaye eut pour bienfaiteur Richard Hurel et ses fils, qui lui donnèrent la terre de Vastine. La Trappe fut protégée des papes Alexandre III, Clément III, Innocent III, Nicolas III, Boniface VIII, Jean XXI, Benoît XII. Saint Louis avoit pris sous sa protection Notre-Dame de la Maison-Dieu de La Trappe, afin, dit la charte royale, que les religieux soient libres, paisibles, exempts de tous subsides, *sint liberi, quieti, exempti ab omnibus subsidiis*. Ce grand nom de saint Louis se mêle à toutes les origines de la monarchie. Saint Louis est le fondateur des monuments de l'Europe gothique, à compter de Notre-Dame de Paris jusqu'à la Sainte-Chapelle.

Par un ancien ménologe et par un relevé des tombes, on suppose dix-sept abbés depuis le premier abbé de La Trappe, dom Albode, jusqu'au cardinal Du Bellay, premier abbé commendataire, sous François 1er, en 1526.

Dom Herbert, abbé, s'étant croisé en 1212 avec Renaud de Dampierre et Simon de Montfort, fut pris par le kalife d'Alep; il demeura trente ans esclave. Délivré enfin, il fonda l'abbaye des *Clairets* dans la dépendance de La Trappe. On s'arrête à l'épitaphe du seizième abbé à cause de son nom : dom Robert *Rancé*. La *Gallia Christiana* ne fait pas mention de quelques-uns de ces derniers détails.

L'abbaye de La Trappe n'étoit point fortifiée à l'instar d'autres monastères, de qui les abbés, comme Abbon de Paris, menoient vaillamment les mains : aussi pendant les deux siècles que les Anglois ravagèrent la France, La Trappe fut pillée plusieurs fois, notamment dans l'année 1410.

D'après les Pouillés, l'abbaye possédoit les *Terres-Rouges*, les *bois de Grimonard*, le *chemin au Chêne-de-Bérouth*, les *Bruyères*, les *Neuf-Étangs* et les ruisseaux qui en sortent. Par où passoit le chemin au Chêne-de-Bérouth? D'où venoit l'immortalité de ce chêne, immortalité qui ne dépassoit pas son ombre? Les bruyères s'étendant vers cet horizon sont-elles les mêmes que celles mentionnées aux Pouillés? Je viens de les traverser; enfant de la Bretagne, les landes me plaisent, leur fleur d'indigence est la seule qui ne se soit pas fanée à ma boutonnière. Là s'élevoit peut-être le manoir de la châtelaine; elle consuma ses jours dans les larmes, attendant son mari, qui ne revint point de la Terre Sainte avec l'abbé Herbert. Qui naissoit, qui mouroit, qui pleuroit ici? Silence! Des oiseaux au haut du ciel volent vers d'autres climats. L'œil cherche dans les débris de la forêt du Perche les campanilles abattus, il ne reste plus que quelques clochetons de chaume : bien que des *sings* annoncent encore la prière du soir, on n'entend plus à travers le brouillard retentir cette cloche nommée à Aubrac la cloche des *Perdus*, qui rappelle les errants, *errantes revoca*. Mœurs d'autrefois, vous ne renaîtrez pas; et si vous renaissiez, retrouveriez-vous le charme dont vous a parées votre poussière?

Il existe des procès-verbaux connus dans l'ordre des Bénédictins sous le nom de *cartes de visite*, c'est-à-dire cartes d'inspection : la carte de visite pour l'année 1685 est signée de dom Dominique, abbé du Val-Richer. Elle décrit l'état de La Trappe avant la réforme de Rancé : les portes demeuroient ouvertes le jour et la nuit, et les hommes comme les femmes entroient librement dans le cloître. Le vestibule de l'entrée étoit si noir qu'il ressembloit beaucoup plus à une prison qu'à une Maison-Dieu. Ici il y avoit une échelle attachée contre la muraille ; elle servoit à monter aux étages dont les planchers étoient rompus et pourris ; on n'y marchoit pas sans péril. En entrant dans le cloître, on voyoit un toit devenu concave qui à la moindre pluie se remplissoit d'eau ; les colonnes qui lui servoient d'appui étoient courbées : les parloirs servoient d'écuries.

Le réfectoire n'en avoit plus que le nom. Les moines et les séculiers s'y assembloient pour jouer à la boule lorsque la chaleur et le mauvais temps ne leur permettoient pas de jouer au dehors.

Le dortoir étoit abandonné ; il ne servoit de retraite qu'aux oiseaux de nuit : il étoit exposé à la grêle, à la pluie, à la neige et au vent ; chacun des frères se logeoit comme il vouloit et où il pouvoit.

L'église n'étoit pas en meilleur état : pavés rompus, pierres dispersées ; les murailles menaçoient ruine. Le clocher étoit près de tomber : on ne pouvoit sonner les cloches qu'on ne l'ébranlât tout entier.

Il n'y avoit d'autres ruisseaux à La Trappe que ceux que forment les étangs successifs qui s'élèvent avec le terrain, ni d'autres prairies que les queues des étangs ; l'air n'étoit supportable qu'à ceux qui cherchoient à mourir. Des vapeurs s'élevoient de cette vallée et la couvroient. « Il est malaisé, écrit Rancé à M$^{me}$ de Guise, que je me tire de mes incommodités à l'âge que j'ai et à l'air que nous habitons ; c'est à la situation toute seule du pays qu'il s'en faut prendre. Il a plu à Dieu de nous y mettre ; il savoit bien les maux qui nous en devoient naître : qu'importe où l'on vive, puisqu'il faut mourir ! »

Dom Le Nain raconte que « les esprits impurs faisoient leur séjour dans le monastère et se nourrissoient des excès qui y régnoient. Ils y habitoient par troupes, n'y ayant là personne qui les chassât. »

Dom Félibien ajoute la vie à ces descriptions, en y faisant voir la renaissance du culte chrétien.

« On voit d'abord en entrant ces paroles de Jérémie, écrites sur la porte du cloître : *Sedebit solitarius et tacebit.*

« L'église n'a rien de considérable que la sainteté du lieu : elle est bâtie d'une manière gothique et fort particulière ; elle ne laisse pas d'avoir quelque chose d'auguste et de divin ; le bout du côté du chœur semble représenter la poupe d'un vaisseau.

« Ce qui est digne de considération est la manière dont ces religieux font l'office ; car vous les voyez d'une voix ferme et d'un ton grave chanter les louanges de Dieu. Il n'y a rien qui touche le cœur et qui élève davantage l'esprit que de les entendre à matines. Leur église n'étant éclairée que d'une seule lampe, qui est devant le grand-autel, l'obscurité, jointe au silence de la nuit, fait que l'âme se remplit de cette onction sacrée répandue dans tous les Psaumes. Soit qu'ils soient assis, soit qu'ils soient debout, soit qu'ils s'agenouillent, soit qu'ils se prosternent, c'est avec une humilité si profonde, qu'on voit bien qu'ils sont encore plus soumis d'esprit que de corps. »

Sur une inscription de saint Bernard, placée dans les cloîtres de La Trappe, Ducis composa ces beaux vers :

> Heureuse solitude,
> Seule béatitude,
> Que votre charme est doux!
> De tous les biens du monde,
> Dans ma grotte profonde,
> Je ne veux plus que vous.
>
> Qu'un vaste empire tombe,
> Qu'est-ce au loin pour ma tombe,
> Qu'un vain bruit qui se perd?
> Et les rois qui s'assemblent,
> Et leurs sceptres qui tremblent,
> Que les joncs du désert?

Quand l'abbé de Rancé introduisoit la réforme dans son abbaye, les moines eux-mêmes n'étoient plus que des ruines de religieux. Réduits au nombre de sept, ce reste de cénobites étoit dénaturé par l'abondance ou par le malheur. Les moines depuis longtemps avoient mérité des reproches : dès le xie siècle, Adalbéron déclare « qu'un moine est transformé en soldat ». En Normandie, un supérieur ayant prétendu admonester ses moines fut flagellé par eux après sa mort. Abailard, qui tenta en Bretagne d'user de sévérité, se vit exposé au poison : « J'habite un pays barbare, disoit-il, dont la langue m'est inconnue; mes promenades sont les bords d'une mer agitée, et mes moines ne sont connus que par leur débauche. » Tout a changé en Bretagne, hors les vagues qui changent toujours.

Rancé courut de semblables dangers : aussitôt qu'il eut parlé de réforme, on parla de le poignarder, de l'empoisonner, ou de le jeter dans les étangs. Un gentilhomme du voisinage, M. de Saint-Louis, accourut à son secours : M. de Saint-Louis avoit passé sa vie à la guerre; le roi l'estimoit, M. de Turenne l'aimoit. Selon Saint-Simon, « c'étoit un vrai guerrier, sans lettres aucunes, avec peu d'esprit, mais un sens le plus droit et le plus juste que j'aie vu à personne, un excellent cœur et une droiture, une franchise et une fidélité admirables[1]. »

---

1. Saint-Simon, t. V, p. 131.

Rancé refusa la généreuse assistance, disant que les apôtres avoient établi l'Évangile malgré les puissances de la terre, et qu'après tout le plus grand bonheur étoit de mourir pour la justice.

L'abbé menaça ses religieux d'informer le roi de leur déréglement : ce nom du roi avoit pénétré au fond des plus obscures retraites.

Jusque alors nous n'avions senti que le despotisme irrégulier des rois qui marchoient à regret avec des libertés publiques, ouvrages des états généraux et exécutées par les parlements; mais la France n'avoit point encore obéi à ce grand despotisme qui imposoit l'ordre sans permettre d'en discuter les principes. Sous Louis XIV, la liberté ne fut plus que le despotisme des lois, au-dessus desquelles s'élevoit, comme régulateur, l'inviolable arbitraire. Cette liberté esclave avoit quelques avantages : ce qu'on perdoit en franchises dans l'intérieur, on le gagnoit au dehors en domination : le François étoit enchaîné, la France libre.

Les moines donnèrent à regret leur consentement à la réforme. Un contrat fut passé ; 400 livres de pension furent accordées à chacun des sept demeurants, avec permission de rester dans l'enceinte de l'abbaye ou de se retirer ailleurs; le contrat mutuel fut homologué au parlement de Paris, le 6 février 1663.

Rancé étoit toujours perplexe sur lui-même. Deux frères de l'Étroite Observance, appelés de Perseigne, arrivèrent et prirent possesssion de La Trappe.

Un accident survenu le 1er novembre 1662 contribua à fixer la résolution de Rancé. Sa chambre, dans le monastère qu'il avait achevé de réparer, s'écroula et pensa l'écraser : « Voilà, s'écria-t-il, ce que c'est que la vie ! » Il se retira aussitôt dans un coin de l'église. Il entendit chanter le psaume : *Qui confidunt in Domino.* Frappé d'une lumière soudaine, il se dit : « Pourquoi craindrois-je de m'engager dans la profession monastique ! » Les difficultés de son esprit s'évanouirent.

Il partit pour Paris, afin de demander au roi la permission de tenir en règle l'abbaye de La Trappe. Quelques hommes saints essayèrent de le détourner de sa résolution; mais il dit à l'abbé de Prières, vicaire général de l'Étroite Observance : « Je ne vois point d'autre porte à laquelle je puisse frapper pour retourner à Dieu que celle du cloître; je n'ai d'autre ressource, après tant de désordre, que de me revêtir d'un sac et d'un cilice en repassant mes jours dans l'amertume de mon cœur. »

L'abbé lui répondit : « Je ne sais, monsieur, si vous comprenez bien ce que vous demandez : *nescis quid petis.* Vous êtes prêtre, docteur de Sorbonne, d'ailleurs homme de condition; nourri dans la délicatesse et dans le luxe; vous êtes accoutumé à avoir grand train et à faire bonne chère; vous êtes en passe d'être évêque au premier jour ; votre tempérament est extrêmement foible, et vous demandez d'être moine, qui est l'état le plus abject de l'Église, le plus pénitent, le plus caché et même le plus méprisé. Il vous faudra dorénavant vivre dans les larmes, dans les travaux, dans la retraite, et n'étudier que Jésus crucifié. Pensez-y sérieusement. » Alors l'abbé de Rancé répondit : « Il est vrai, je suis prêtre, mais j'ai vécu jusque ici d'une manière indigne de mon caractère ; je suis docteur, mais je ne sais pas l'alphabet du christianisme ; je fais quelque figure dans le monde, mais j'ai été semblable à ces bornes qui montrent les chemins aux voyageurs et qui ne se remuent jamais. »

L'abbé de Prières fut vaincu.

Dans quelques lettres qu'a bien voulu me communiquer M. Cousin, Rancé fait l'histoire des combats qu'il eut à soutenir à cette époque. Les quatre premières s'étendent de l'an 1661 à l'an 1664 ; elles sont écrites à l'évêque d'Aleth.

« Je ne puis comprendre, dit-il, que j'aie la hardiesse d'entreprendre une profession qui ne veut que des âmes détachées, et que, mes passions étant aussi vivantes en moi qu'elles sont, j'ose entrer dans un état d'une véritable mort. Je vous conjure, monseigneur, de demander à Dieu ma conversion dans une conjoncture qui doit être la décision de mon éternité, et qu'après avoir violé tant de fois les vœux de mon baptême, il me donne la grâce de garder ceux que je lui vais faire, qui en sont comme un renouvellement, avec tant de fidélité que je répare en quelques manières les égarements de ma vie passée. »

Rancé écrivoit à ses amis, le 13 avril 1663 : « Je suis persuadé que vous serez surpris quand vous saurez la résolution que j'ai formée de donner le reste de ma vie à la pénitence. Si je n'étois retenu par le poids de mes péchés, plusieurs siècles de la vie que je veux embrasser ne pourroient satisfaire pour un moment de celle que j'ai passée dans le monde. »

L'abbé de Prières s'employa principalement auprès de la reine mère afin d'obtenir du roi pour que Rancé pût tenir son abbaye en règle. Louis XIV agréa la requête, mais à la condition qu'à la mort de cet abbé régulier La Trappe retourneroit en commende. Le roi tenoit aux traités de sa race. Le brevet fut expédié le 10 mai 1663, et envoyé à Rome pour être confirmé par Sa Sainteté. L'évêque de Comminges ayant su que Rancé étoit à l'institution à Perseigne pour commencer son noviciat, l'alla trouver, et lui dit qu'il craignoit que, dans son ardeur, il n'allât si loin que personne ne le pourroit suivre. L'abbé répliqua qu'il se modéreroit, et il trompa l'évêque : conversation entre deux soldats; l'un a appris à mesurer le péril, l'autre ne l'a jamais calculé.

En 1662 Rancé étoit allé visiter La Trapppe et jeter un coup d'œil sur la solitude éternelle qu'il devoit habiter. Il avoit vu les étangs qui se retirent et s'élèvent en montant dans l'ancienne forêt du Perche, et dont plusieurs sont aujourd'hui supprimés. Il avoit vu partout ces grandes feuilles solitaires qui flottoient sur les eaux comme un plancher, et à travers lesquelles les oiseaux aquatiques faisoient entendre quelques cris. Il hésita entre cette profonde retraite et son prieuré de Boulogne-Chambor, qui lui plaisoit, parce qu'il étoit dans des bois; mais enfin il se décida pour La Trappe, à cause de certaine affinité secrète entre les solitudes de la religion et les solitudes du passé. Il appela auprès de lui l'abbé Barbery.

Rancé dans ces jours-là écrivoit à M. l'évêque d'Aleth : « Comme les choses que je quitte et ma séparation des embarras extérieurs sont les moindres attachements de ma vie, que je ne puis me défaire de moi-même, puisque je me trouve partout aussi misérable que je l'ai toujours été, je vous supplie de demander à Dieu ma conversion. »

L'évêque d'Aleth, Nicolas Pavillon, n'étoit pas un guide sûr. Dans la confusion des doctrines du temps, l'ami sur le bras duquel vous vous souteniez prenoit au premier détour une autre route, et vous laissoit là.

Rancé, sentant qu'il étoit environné de chancelants compagnons, se décida : il sortit des rangs, rompit la ligne; déserteur d'une armée qui ne le suivoit pas, il alla droit de Paris à Perseigne apprendre la nouvelle profession qu'il s'étoit promis d'embrasser. L'abbé de Perseigne le reçut avec joie, mais avec tremblement. Au bout de cinq mois de noviciat, il se déclara chez Rancé une maladie dont il parle dans ses lettres, maladie d'autant plus dangereuse qu'elle avoit été longtemps dissimulée. Les médecins le condamnèrent s'il ne quittoit la vie monastique; l'abbé s'obstina, se fit transporter à La Trappe, et guérit. Retourné à Perseigne, il écrivit à l'évêque d'Aleth : « Le temps de mes épreuves est près de finir : mon cœur n'en est pas moins rempli de misères. Je ne puis comprendre que j'aie la hardiesse de prendre une profession qui ne veut que des âmes détachées, et que mes passions étant aussi vivantes en moi qu'elles le sont, j'ose entrer dans un état d'une véritable mort. »

Il fit un adieu général au monde. D'une course nouvelle, il s'élança après le fils de Dieu, et ne s'arrêta qu'à la croix.

On l'employa utilement pour son ordre pendant son noviciat. La réforme avoit été établie au monastère de Champagne. Les moines résistoient ; la noblesse appuyoit les moines ; l'esprit frondeur n'étoit pas encore éteint : restoit à rendre l'arrière-faix de la discorde. Ce moment de péril interrompit le noviciat de Rancé : on le fit courir au secours de l'Étroite Observance. Vingt-cinq gentilshommes, conduits par le marquis de Vassé, sous prétexte d'une partie de chasse, se présentèrent à une abbaye dans le dessein d'en expulser le parti des réformes. Rancé arrivoit ; il leur demanda ce qu'ils vouloient : il fut reconnu par Vassé, auquel il avoit rendu jadis un important service. Vassé courut à lui, l'embrassa, et consentit à laisser en paix les religieux.

Revenu à Perseigne, le prieur parla d'envoyer en Touraine l'abbé, dont le noviciat n'étoit pas encore achevé. Le postulant s'y refusa, disant que cette tournée l'exposeroit à des *périls*. L'historien se sert deux fois de ce mot sans le comprendre : l'explication est que Véretz, tout vendu qu'il étoit, barroit le chemin ; les périls qui menaçoient Rancé étoient des souvenirs. Étonné de la résistance, le prieur manda à l'abbé de Prières que le nouveau moine lui paroissoit un homme attaché à son sens. L'abbé de Prières voulut parler à Rancé ; celui-ci alla le trouver à quatre lieues de Paris : le grand conspirateur de solitude le charma, car l'abbé Le Bouthillier avoit des bienséances difficiles à distinguer de la véritable humilité : un éclair de la vie passée de l'homme du monde plongeoit dans les rudesses de la foi.

Avant de prononcer ses vœux à Perseigne, Rancé retourna à La Trappe : il y lut son testament ; il donne ce qui lui reste à son monastère. Il s'accuse d'avoir été, par son insouciance, la cause d'un grand nombre de malversations ; il déclare parler sans exagération et sans excès ; il proteste que sa confession est aussi sincère que s'il étoit devant le tribunal de Jésus-Christ ; il abandonne à ses frères tous ses meubles ; il leur remet particulièrement ses livres. « Si, par des événements qu'on ne peut prévoir, dit-il, la réforme cessoit d'être à La Trappe, je donne ma bibliothèque à l'hôtel-Dieu de Paris pour être vendue au profit des pauvres et des malades. »

Rancé a l'air d'avoir un pressentiment des malheurs qui fondirent un siècle et demi plus tard sur son abbaye. Il laissa sa bibliothèque à ses religieux, lui qui ne vouloit pas qu'un moine s'occupât d'études.

Ici on aperçoit M<sup>me</sup> de Montbazon pour la dernière fois. Astre du soir, charmant et funeste, qui va pour toujours descendre sous l'horizon. Aux dires de dom Gervaise, Rancé avoit nombre de lettres de cette femme et deux portraits d'elle : l'un la représentoit telle qu'elle étoit à son mariage, l'autre telle qu'elle étoit au moment où elle devint veuve. Ces secrets d'amour étoient confiés à la garde de la religion. La mère Louise avoit pour surveiller ses dépôts la foiblesse et la force nécessaires, l'indulgence d'une femme qui a failli et le courage d'une femme qui se repent. Le matin même de ses vœux, Rancé écrivit à Tours pour donner l'ordre de jeter les lettres au feu et pour faire renvoyer les portraits à M. de Soubise, fils de M^{me} de Montbazon[1]. Rompre avec les choses réelles, ce n'est rien; mais avec les souvenirs! Le cœur se brise à la séparation des songes, tant il y a peu de réalités dans l'homme.

Une autre lettre écrite à la mère Louise, le 14 juin 1664, porte : « J'attends avec une humble patience l'heureux moment qui doit m'immoler pour toujours à la justice de Dieu. Tous mes moments sont employés à me préparer à cette grande action. Je n'appréhende rien davantage, sinon que l'odeur de mon sacrifice ne soit pas agréable à Dieu; car il ne suffit pas de se donner, et vous savez que le feu du ciel ne descendoit point sur le sacrifice de ce malheureux qui offroit à Dieu des victimes qui ne lui étoient point agréables. »

On n'a jamais fait attention à cette plainte, qui sort du cœur de Rancé comme de ces boîtes harmonieuses faites dans les montagnes, qui répètent le même son; cette plainte n'indique point son objet, elle se confond avec les accusations dont le souffrant charge la vie. Résolu de s'ensevelir à La Trappe, Rancé fit d'abord un voyage à son prieuré de Boulogne, puis il partit pour La Trappe, résolu de s'ensevelir au milieu de ces jardins solitaires, comme jadis les souverains à Babylone.

Les expéditions de la cour de Rome pour tenir en règle l'abbaye de La Trappe arrivèrent. Rancé auroit voulu se régénérer avec dom Bernier, ancien religieux de La Trappe mal vivant jusque alors, et enfin touché de la grâce; mais dom Bernier ne fut prêt que quatre mois plus tard. Le 26 juin 1664, Rancé fit profession entre les mains de dom Michel de Guiton, commissaire de l'abbé de Prières, avec deux autres novices, dont l'un, appelé Antoine, avoit été domestique de Rancé. De serviteur qu'il étoit, il devint l'égal de son maître dans les aplanissements du ciel. Quatre jours après, Pierre Félibien prit, au nom de l'abbé de Rancé, possession de l'abbaye de La Trappe en qualité d'abbé régulier. Rancé reçut la bénédiction abbatiale des mains de l'évêque irlandois d'Arda, assisté de l'abbé de Saint-Martin de Séez. L'abbé de La Trappe se rendit dès le lendemain à son monastère. Et

---

1. Dom Gervaise, etc.

pourtant il écrivoit à un de ses amis : « Ma disposition n'est qu'une pure résignation à la Providence. Priez pour moi. »

Ce premier séjour de Rancé à La Trappe ne fut pas long. Il faisoit réparer de tous les côtés l'abbaye ; mais tandis qu'il donnoit des règlements nouveaux, il fut appelé à Paris à l'assemblée générale des communautés régularisées. Ce jeune homme, naguère si dépendant de l'opinion du monde, se rendit au lieu de la réunion dans une charrette comme un mendiant ; affectation dont il ne put débarrasser sa vie. L'assemblée le nomma pour aller en cour de Rome plaider la cause de la réforme. Avant son départ, il s'aboucha avec le cardinal de Retz, qui s'étoit avancé jusqu'à Commercy. Ensuite Rancé retourna quelques jours à La Trappe. Il s'occupoit comme un humble frère. Il disoit : « Sommes-nous moins pécheurs que les premiers religieux de Cîteaux? Avons-nous moins besoin de pénitence? » On lui représentoit que, plus foibles, on ne pouvoit plus pratiquer les mêmes austérités : « Dites, répondoit-il, que nous avons moins de zèle. » D'un consentement unanime, les religieux se privèrent de l'usage du vin et de celui du poisson ; ils s'interdirent la viande et les œufs. Il s'introduisit une manière honnête de parler et d'agir les uns avec les autres ; ils respectoient en eux l'homme racheté, s'ils méprisoient l'homme tombé.

Dans la distribution du travail, une portion d'un terrain inculte étoit échue à Rancé : au premier coup de bêche, il rencontra quelque chose de dur : c'étoient d'anciennes pièces d'or d'Angleterre. Il y en avoit soixante, chacune valant sept francs : ce présent de la Providence aide Rancé à faire son voyage. Ayant convoqué ses moines, il leur fit ses adieux : « J'ai à peine le temps, leur dit-il, de vous remettre devant les yeux cette parole de saint Bernard : *Mon fils, si vous saviez quelles sont les obligations d'un moine, vous ne mangeriez pas une bouchée de pain sans l'arroser de vos larmes.* » Puis il ajouta : « Je prie Dieu d'avoir pitié de vous comme de moi. S'il nous sépare dans le temps, qu'il nous réunisse dans l'éternité. »

Les religieux se prosternèrent pour demander à Dieu la conservation de leur abbé.

Le nouveau Tobie partit pour Ninive : il n'alloit pas épouser la fille de Raguel ; la fille de Raguel n'étoit plus. Le voyageur qui accompagnoit Rancé n'étoit pas Raphaël, mais l'Esprit de la pénitence ; cet Esprit ne se mettoit pas en route pour réclamer de l'argent, mais la misère. Lorsqu'on erre à travers les saintes et impérissables Écritures, où manquent la mesure et le temps, on n'est frappé que du bruit de la chute de quelque chose qui tombe de l'éternité.

Le grand expiateur avoit retrouvé à Châlons-sur-Saône l'abbé du Val-Richer, son compagnon désigné de voyage. A Lyon, il baisa la boîte qui renfermoit le cœur de saint François de Sales. Il traversa les Alpes, et arriva à Turin : il n'y vit point le saint suaire. A Milan, le tombeau de saint Charles Borromée l'appela : heureux les morts quand ils sont saints! ils retrouvent leur matin dans le ciel. Sainte Catherine à Bologne attira la vénération de Rancé : c'étoient là les antiquités qu'il cherchoit : il faisoit consister sa repentance à ne rien voir; ses yeux étoient fermés à ces ruines dont l'abbé de La Mennais nous fait une peinture admirable :

« De superbes palais, dit-il, se dégradent d'année en année, montrant encore, à travers leurs élégantes fenêtres ouvertes à la pluie et à tous les vents, les vestiges d'un faste que rien ne rappelle dans nos chétives constructions modernes, d'un luxe grandiose et délicat dont les arts divers avoient à l'envi réalisé les merveilles. La nature, qui ne vieillit jamais, s'empare peu à peu de ces somptueuses villas, œuvres altières de l'homme et fragiles comme lui. Nous avons vu des colombes nicher sur des corniches d'une salle peinte par Raphaël, le câprier sauvage enfoncer ses racines entre les marbres déjoints, et le lichen les recouvrir de ses larges plaques vertes et blanches. »

De Bologne à Florence, Rancé, sur une route triste dans les Apennins, fut renversé à terre de son cheval par le vent. A Florence, le pèlerin ne s'enquit point de Dante et de Michel-Ange : quand, à mon tour, j'ai cheminé parmi ces débris, j'étois interdit. Rancé reçut les honneurs de la duchesse de Toscane. On regrette qu'il ne se soit pas arrêté plus loin au vallon d'Égérie : il auroit pu mener des Lemures saluer Néère et Hostia là où tant de femmes avoient passé. Enfin il entra dans la ville des saints apôtres. O Rome, te voilà donc encore! Est-ce ta dernière apparition? Malheur à l'âge pour qui la nature a perdu ses félicités! Des pays enchantés où rien ne vous attend sont arides : quelles aimables ombres verrois-je dans les temps à venir? Fi! des nuages qui volent sur une tête blanchie!

Rancé étoit arrivé le 16 novembre 1664, six semaines après l'abbé de Cîteaux accouru pour combattre l'Étroite Observance. Il fut appelé à l'audience du pape le 2 de décembre 1664, à Monte-Cavallo. Il lui dit : *Beatissime pater, ad Sanctitatis Vestræ pedes humiliter accedimus*[1]. Alexandre VII l'accueillit par ces paroles : *Adventus vester non solum gratus est nobis, sed expectavimus eum.* « Votre venue ne nous est pas seulement agréable, mais nous l'attendions. » Sa Sainteté reçut avec

---

1. Maupeou, t. I, p. 58.

respect des lettres de la reine mère, de Mademoiselle, du prince de Conti et de M^me de Longueville, dont les signatures étoient en contraste avec les vertus de Rancé. Malheureusement alors les rangs comptoient plus que les mœurs. Rancé fit entendre ces paroles soumises : « Très-saint père, sorti des monastères où nos péchés nous ont obligé de nous retirer, nous venons écouter Votre Sainteté comme l'oracle par lequel le Seigneur veut nous faire connoître ses volontés. »

Cette soumission ne rassura pas tellement le pape que Rancé ne se crût obligé de s'expliquer : « Les Pères de La Trappe, dit-il, n'avoient pas prétendu se soustraire à la juridiction ecclésiastique, pour aller devant les tribunaux séculiers. » Point délicat par lequel Rancé sut déterminer ensuite en sa faveur les décisions de Louis XIV. Il fut résolu que Sa Sainteté commettroit l'examen de l'Étroite Observance au jugement d'une congrégation de cardinaux. Rancé se retira satisfait, il écrivit : « Je fus auprès de Sa Sainteté une heure et demie; on ne pouvoit attendre plus de marques de bénignité et de bonté que Sa Sainteté n'en fit paroître. »

Rancé alla voir le Père Bona, qui devenu cardinal lui conserva de l'amitié. Des commissaires furent nommés par le pape pour étudier l'affaire. On instruisit Rancé qu'il n'obtiendroit pas ce qu'il désiroit. Au commencement de l'année 1665, Rancé apprit que les décisions des cardinaux ne lui seroient pas favorables et que des lettres venues de France lui faisoient tort : il se présenta au Vatican, où l'on bénit la ville et le monde.

L'affaire pour laquelle Rancé étoit venu ne plaisoit point. D'un autre côté, les ordres monastiques de la Commune Observance traitoient les réformateurs d'hommes singuliers, voisins du schisme; la règle étroite ne trouva parmi les grandes congrégations de Rome que la voix de quelques moines inconnus d'une vallée du Perche. En vain Rancé fut protégé par Anne d'Autriche, la perspicacité italienne voyoit que la mère de Louis XIV se mouroit : or, la tombe, toute souveraine qu'elle est, a peu de crédit. Alors Rancé, voyant sa cause perdue, se remit en route pour La Trappe. A peine fut-il sorti de Rome que son entreprise fut surnommée *une furie française, una furia francese*, comme on appelle notre courage. En arrivant à Lyon il se hâta d'écrire :

« Tous mes proches commencent à être d'un même sentiment sur mon sujet, et j'ai reçu hier une lettre qui vous surprendroit si vous l'aviez vue. Mon départ fit pourtant quitter Rome à M. de Cîteaux, qui nous étoit un très-grand obstacle, lequel, croyant me devoir suivre en

Francé, sursit dans l'esprit de nos juges les desseins qu'ils avoient sur notre affaire. »

L'abbé de Prières, ayant appris l'arrivée de Rancé, lui manda, le 24 février 1665, de retourner en Italie. Prières étoit une abbaye de Bernardins fondée en 1250, à trois lieues de La Roche-Bernard, à l'embouchure de la Villaine, dans ma pauvre patrie. Bien que Rancé fût persuadé de l'inutilité de ce second voyage, il obéit. Une personne inconnue voulut faire accepter à Rancé une bourse où il y avoit quarante louis : Rancé n'en prit que quatorze.

L'Apennin revit sur ses sommets ce voyageur qui n'écrivoit ni ne faisoit de journal. A Monte-Luco, parmi des bois d'yeuses, Rancé put apercevoir des ermitages blancs déjà habités de son temps, et où le comte Potoski s'est depuis caché. Rancé portoit avec lui une chère remembrance, mais c'étoit la première fois qu'il voyageoit : il n'avoit pas été dix-sept ans, comme Camoëns, exilé au bout de la terre, ainsi que le raconte si bien M. Magnin ; il ne pouvoit pas dire sur un vaisseau, en présence des rochers de Bab-el-Mandeb : « Madame, je demande de vos nouvelles aux vents qui viennent de la contrée que vous habitez, aux oiseaux qui vous ont vue. » Le souffle de la religion et la voix des anges ne laissoient arriver jusqu'à Rancé que des souvenirs expiatoires. Le soldat de la nouvelle légion chrétienne rentra le 2 d'avril 1665 à ce camp vide des prétoriens, où l'on ne voit plus que des martres et la fumeterre des chèvres, qui tremble sur les murs. « Rome, dit Montaigne, seule ville commune et universelle ! Pour être des princes de cet État, il ne faut qu'être de chrestienté. Il n'est lieu ici-bas que le ciel ait embrassé avec telle influence de faveur et telle constance : sa ruine même est glorieuse et enflée. »

Rancé monta au Vatican ; il parcourut inutilement le grand escalier désert foulé par tant de pas effacés, d'où descendirent tant de fois les destinées du monde. Il adressa une supplique aux cardinaux. Un d'entre eux s'emporta : les réclamations de l'indigence le mettoient en colère. L'abbé de Rancé répondit : « Ce n'est point la passion, monseigneur, qui me fait parler ; c'est la justice. »

« Ce grand homme, dit Pierre Le Nain, traitoit les affaires à la façon des anges, avec la paix de son cœur et une parfaite soumission aux ordres du ciel. »

Lorsque Rancé parut à Rome en 1664, et qu'il y revint au mois d'avril 1665, Alexandre VII, Fabio Chigi, occupoit la tiare. On recherchoit les traces de l'ambition de dona Olympia sous Innocent X, comme on visite les dégâts d'un siége levé. Il n'est resté des Pamphili que la villa de ce nom. « Quant à Alexandre VII, dit le cardinal de Retz, il se communiquoit peu ; mais ce peu qu'il se communiquoit étoit mesuré et sage, *savio col silentio.* »

Dans d'autres courses à Rome, le cardinal de Retz trouva qu'il s'étoit trompé, et que Chigi n'étoit pas grand'chose. Après l'élection de Chigi, Barillon avoit dit au coadjuteur : « Je suis résolu de compter les carrosses pour en rendre ce soir un compte exact à M. de Lionne : il ne faut pas lui épargner cette joie. » Tels étoient le langage, la politique et les mœurs que Rancé rencontra au tombeau des saints apôtres. Innocent X avoit condamné les cinq propositions ; Alexandre VII changea quelques mots au *Formulaire.* Ces changements furent agréés par Louis XIV ; mais en même temps, pour réparation d'une insulte faite au duc de Créqui, il exigea qu'une pyramide fût élevée devant l'ancien corps de garde des Corses, pyramide qui ne fut abattue que sous Clément IX. Alexandre VII canonisa saint François de Sales, créa une nouvelle bibliothèque, et s'occupa lui-même de lettres. On a de lui un volume de poésie intitulé : *Philomati Musæ juveniles,* seul rapport qu'il eut avec l'éditeur des œuvres d'Anacréon, si ce n'est le cercueil qu'il fit mettre sous son lit le jour de son exaltation au pontificat.

Pendant le voyage de Rancé à Lyon, le cardinal de Retz étoit revenu à Rome. Il reçut bien son ami le converti, et le força d'accepter chez lui un logement. Rancé ne tira aucun fruit du passage du coadjuteur à Rome, si ce n'est quelques audiences inutiles qu'il lui fit obtenir du pape. Le rôle actif du chef de la Fronde étoit fini : il y a un terme à tout ce qui n'est pas de la grande nature humaine.

Le cardinal de Retz étoit petit, noir, laid, maladroit de ses mains ; il ne savoit pas se *boutonner.* La duchesse de Nemours confirme ce portrait de Tallemant des Réaux : « Le coadjuteur vint, dit-elle, en habit déguisé, voir le cardinal Mazarin. M. le Prince, qui sut cette visite, en parla au cardinal, lequel lui tourna fort ridiculement et le coadjuteur, et son habit de cavalier, et ses plumes blanches et ses jambes tortues ; et il ajouta encore à tout le ridicule qu'il lui donna que s'il revenoit une seconde fois déguisé, il l'en avertiroit, afin qu'il se cachât pour le voir, et que cela le feroit rire. »

Les portraits du cardinal de Retz n'offrent pas ces difformités : dans l'air du visage il a quelque chose de froid et d'arrogant de M. de Talleyrand, mais de plus intelligent et de plus décidé que l'évêque d'Autun.

Né à Montmirail, au mois d'octobre 1614 d'une famille florentine qui conseilla la Saint-Barthélemy, le cardinal ne montra pas les vertus que tâcha de lui inspirer saint Vincent de Paul, son précepteur :

l'homme du bien, en ces temps-là, touchoit à l'homme du mal, et il restoit dans celui-ci quelque impression de la main qui l'avoit modelé. Retz écrivit la Conjuration de Fiesque, ce qui fit dire au cardinal de Richelieu : « Voilà un dangereux esprit. » La pourpre romaine avoit cela d'avantageux qu'elle créoit un homme indépendant au milieu des cours. Retz professoit du respect pour quiconque avoit été chef de parti, parce qu'il avoit honoré ce nom dans les Vies de Plutarque : l'antiquité a longtemps gâté la France. Il disoit qu'à son âge César avoit six fois plus de dettes que lui : après cela il falloit conquérir le monde, et Retz conquit Broussel, une douzaine de bourgeois, et fut au moment d'être étranglé entre deux portes par le duc de La Rochefoucauld.

Retz, à son début, aima sa cousine, M<sup>me</sup> de Retz : elle montroit, dit-il, tout ce que la *morbidezza* a de plus tendre, de plus animé et de plus touchant.

Suspect à Richelieu, ayant eu l'audace de mugueter ses femmes, le lovelace tortu et batailleur fut obligé de s'enfuir. Il alla à Venise, où il pensa se faire assassiner pour la signora Vendradina ; il erra dans la Lombardie, se rendit à Rome, discuta à la Sapience, eut une querelle avec le prince de Schomberg, et revint en France. Ses mésintelligences avec le cardinal de Richelieu continuèrent à propos de M<sup>me</sup> de la Meilleraie. Il lui passa par la tête de hasarder un assassinat sur le cardinal ; mais il sentit *ce qui pouvoit être une peur*. Bassompière, prisonnier à la Bastille, l'engagea avec des intrigants. La bataille de la Marfée eut lieu ; le comte de Soissons la gagna, et fut tué. Cette mort contribua à fixer le cardinal de Retz dans la profession ecclésiastique. Une dispute commencée avec un ministre protestant lui acquit quelque renom. Il se lia avec M<sup>me</sup> de Vendôme par l'aventure où il rivalisa de courage avec M. de Turenne contre des capucins qui se baignoient à Neuilly : les conditions peu morales de cette liaison sont rapportées dans les *Mémoires*. Enfin, en vertu des protections de ces temps, il fut nommé coadjuteur de Paris, dont son oncle, M. de Gondy, occupoit le siége.

Vint la Fronde. Mazarin finit par enfermer le coadjuteur au château de Vincennes ; de là transféré au château de Nantes, il s'en évada : quatre gentilshommes l'attendoient au bas de la tour, dont il se laissa dévaler. Caché dans une meule de foin, mené à Beaupréau par M. et M<sup>me</sup> de Brissac, il fut transporté à Saint-Sébastien en Espagne, sur une balandre de la Loire. Il vit à Saragosse un prêtre qui se promenoit seul, parce qu'il avoit enterré son paroissien pestiféré. A Valence, les orangers formoient les palissades des grands chemins, Retz respiroit l'air qu'avoit respiré Vannozia. Embarqué pour l'Italie, à Mayorque le vice-roi le reçut : il entendit des filles pieuses à la grille d'un couvent : elles chantoient. Après trois jours il traversa le canal de la Corse, alors inconnu, aujourd'hui fameux. Il arriva à Porto-Longone; il se rendit à Porto-Ferrajo, qui plus tard reçut Bonaparte, homme d'un autre monde, changé d'empire, jamais détrôné. Enfin il prit terre à Piombino, et poursuivit sa route vers Rome.

Un conclave s'ouvrit en 1655 par la mort d'innocent X. Le cardinal de Retz s'attacha à l'escadron volant : Chigi fut élu sous le nom d'Alexandre VII. Retz fit courir le bruit qu'il avoit contribué à l'élection : Joly, son secrétaire, assure qu'il n'en fut rien.

Retz se retira à Besançon, séjourna à Constance, puis à Ulm, et il alla voir en Angleterre Charles II, dont il avoit secouru la mère pendant la Fronde.

Mazarin mourut le 9 mars 1661. Rentré en France, Retz entreprit deux ouvrages : l'un, sa généalogie (insipidité du temps : on compte ses aïeux lorsqu'on ne compte plus); l'autre, une histoire latine des troubles de la Fronde, de même que Sylla écrivit en grec ses proscriptions. Le cardinal vint saluer le roi à Fontainebleau. Reçu avec froideur, les jeunes gens se demandoient comment cet avorton avoit jamais pu être quelque chose : ils n'avoient pas vu Couthon. Alors commença ou plutôt se renoua la liaison du cardinal et de M$^{me}$ de Sévigné. Celle-ci, dont on a publié peut-être trop de lettres, ne pouvoit se garantir de la raillerie, même envers les gens qu'elle croyoit aimer : elle appeloit le cardinal de Retz le *héros du bréviaire*. Le cardinal étoit à Saint-Denis en 1649. M$^{me}$ de Sévigné annonce, nombre d'années après, au vieil acrobate mitré, que Molière lui lira, à lui, *Trissotin*, et que Despréaux lui fera connaître son *Lutrin*. Elle parle du *bon cardinal;* elle nous apprend qu'il se fait peindre par un religieux de Saint-Victor, qu'il donnera son image à M$^{me}$ de Grignan, laquelle ne s'en soucioit pas du tout. M$^{me}$ de Sévigné se promène comme une bonne avec le malade; elle insiste pour que sa fille accepte une cassolette de lui, et sa fille la refuse avec dédain. On peut lire là-dessus une excellente leçon de M. Ampère. Mais à mesure que l'on approche de la fin du cardinal, l'admiration de M$^{me}$ de Sévigné baisse, parce que ses espérances diminuent. Légère d'esprit, inimitable de talent, positive de conduite, calculée dans ses affaires, elle ne perdoit de vue aucun intérêt, et elle avoit été dupe des intentions testamentaires qu'elle supposoit au coadjuteur.

Joly, la duchesse de Nemours, La Rochefoucauld, M$^{me}$ de Sévigné, le président Hénault et cent autres, ont écrit du cardinal Retz : c'est l'idole des mauvais sujets. Il représentoit son temps, dont il étoit à la fois l'objet et le réflecteur. De l'esprit comme homme, du talent comme écrivain (et c'étoit là sa vraie supériorité), l'ont fait prendre pour un personnage de génie. Encore faut-il remarquer qu'en qualité d'écrivain il étoit court comme dans tout le reste : au bout des trois quarts du premier volume de ses *Mémoires*, il expire en entrant dans la raison. Quant à ses actions politiques, il avoit derrière lui la puissance du parlement, une partie de la cour et la faction populaire, et il ne vainquit rien. Devant lui il n'avoit qu'un prêtre étranger, méprisé, haï, et il ne le renversa pas : le moindre de nos révolutionnaires eût brisé dans une heure ce qui arrêta Retz toute sa vie. Le prétendu homme d'État ne fut qu'un homme de trouble. Celui qui joua le grand rôle étoit Mazarin ; il brava les orages enveloppé dans la pourpre romaine : obligé de se retirer en face de la haine publique, il revint par la passion fidèle d'une femme, et nous amenant Louis XIV par la main.

Le coadjuteur finit ses jours en silence, vieux réveil-matin détraqué. Réduit à lui-même et privé des événements, il se montra inoffensif : non qu'il subît une de ces métamorphoses avant-coureurs du dernier départ, mais parce qu'il avoit la faculté de changer de forme comme certains scarabées vénéneux. Privé du sens moral, cette privation étoit sa force. Sous le rapport de l'argent il fut noble ; il paya les dettes de sa royauté de la rue, par la seule raison qu'il s'appeloit *M. de Retz*. Peu lui importoit du reste sa personne : ne s'est-il pas exposé lui-même au coin de la borne ? On le pressoit de dicter ses aventures, et le romancier transformé en politique les adresse à une femme sans nom, chimère de ses corruptions idéalisées : « Madame, quelque répugnance que je puisse avoir à vous donner l'histoire de ma vie, néanmoins, comme vous me l'avez demandée, je vous obéis. »

N'ayant plus où se prendre, il s'étoit fait le familier de Dieu, comme en sa jeunesse il avoit serré la main des quarteniers de Paris. Il passoit ses jours aux églises ; on prêtoit l'oreille pour ouïr son cri du fond de l'abîme, pour pleurer aux Psaumes de la pénitence ou aux versets du *Miserere,* et l'on écoutoit en vain. Les sépulcres, les images du Christ ne l'enseignoient pas : uniquement épris de sa personne, il ne se rappeloit que le rôle qu'il avoit joué, sans s'embarrasser de sa vie morale. Il inspectoit les lambeaux de ce qu'il fut pour se reconnoître ; il éventoit ses iniquités, afin de se former une idée semblable de lui-même ; puis il venoit écrire les scandales de ses souvenirs. En l'exhumant de ses *Mémoires* on a trouvé un mort enterré vivant qui s'étoit dévoré dans son cercueil.

Joueur jusqu'à la fin, ne lui vint-il pas dans l'esprit de se retirer à La Trappe et d'écrire ses Mémoires sur la table où Rancé écrivoit ses Maximes? Rancé fut obligé d'aller à Commercy pour détourner le cardinal de son pieux dessein. Bossuet s'étoit malheureusement écrié : « Le coadjuteur menace Mazarin de ses tristes et intrépides regards. » Les grands génies doivent peser leurs paroles ; elles restent, et c'est une beauté irréparable.

Homme de beaucoup d'esprit, mais prélat sans jugement et évêque sacrilége, Retz contraria l'avenir de Dieu : il ne se douta jamais qu'il y eût plus de gloire dans un chapelet récité avec foi que dans tous les hauts et les bas de la destinée. Esprit aux maximes propres à des brouilleries plutôt qu'à des révolutions, il essaya la Fronde à Saint-Jean-de-Latran, se croyant toujours dans la *Cour des Miracles*. Indifférent et mélancolieux, cet Italien francisé se trouva sur le pavé lorsque Louis XIV eut jeté les baladins à la porte, même en respectant beaucoup trop en eux leur vie passée et l'habit qu'ils avoient sali. Placé entre la Fronde, qui permettoit tout, et le maître de Versailles, qui ne souffroit rien, le coadjuteur s'écrioit : « Est-il quelqu'un pire que moi? » avec le même orgueil que Rousseau s'écrie : « Est-il quelqu'un meilleur que moi? » Retz continua ses passepieds jusqu'à sa mort : mais il faut être Richelieu pour ne pas s'amoindrir en dansant une sarabande, castagnettes aux doigts, et en pantalon de velours vert.

Ce n'est donc pas à l'hôtel du cardinal de Retz que Rancé auroit pu apprendre à se plaire dans la capitale du monde chrétien. La société de Rome ne pouvoit lui offrir aucune ressource.

Néanmoins, à l'époque de Rancé Rome n'étoit pas dépourvue de François dignes de lui : en 1664 Poussin avoit acheté, de la dot de sa femme, une maison sur le mont Pincio, auprès d'un casino de Claude Lorrain, en face de l'ancienne retraite de Raphaël, au bas des jardins de la villa Borghèse ; noms qui suffisent pour jeter l'immortalité sur cette scène. Le Poussin mourut au mois de novembre 1665, et fut enterré dans *Saint-Laurent in Lucinia*. Si Rancé eût attendu seulement cinq ou six mois, il auroit pu assister à des funérailles avec l'abbé Nicaise, auteur d'un voyage à La Trappe, là où je n'ai eu que l'honneur de placer un buste. Le réformateur aimoit les tableaux, témoin ceux qu'il avoit lui-même esquissés : en voyant le cercueil du Poussin, il auroit été touché, tandis que se seroit augmenté son mépris pour la gloire humaine. « J'ai rencontré Poussin, dit Bonaventure d'Argonne, dans les débris de Rome, ou dessinant sur les bords du Tibre. » L'abbé Antoine Arnauld, de la génération de Port-Royal, affilié depuis à La Trappe, avoit aussi fréquenté l'auteur du tableau du Déluge. Ce tableau rappelle quelque chose de l'âge délaissé et de la main du vieillard : admirable tremblement du temps! souvent les hommes de génie ont annoncé leur fin par des chefs-d'œuvre : c'est leur âme qui s'envole.

Enfin la *Léonora* de Milton pouvoit, à la rigueur, exister : Mazarin l'avoit fait venir à ses concerts ; peut-être étoit-elle là, ne rendant plus aucun bruit ; lyre sans cordes. Rancé ne fut pas touché de la grandeur des campagnes romaines, ces sortes d'idées n'étoient pas encore nées : toutefois saint François avoit chanté la beauté de la création éclose de la bonté de Dieu. Il y avoit bien des images dignes de la mélancolie dans cette terre de tous les regrets ; Rancé eût pu marcher avec les derniers pas du jour sur le sommet du Soracte ; du haut du mont Marius, il eût aperçu les plages de Civita-Vecchia ; à Ostie il eût rejoint le sable facile à se creuser. Lord Byron avoit marqué sa fosse aux grèves de l'Adriatique. Mais rien ne plaisoit à Rancé, dont le cœur étoit plus triste que la pensée.

Et cependant, s'il ne s'étoit trop enseveli dans la préoccupation de ses fautes, il eût rencontré dans Rome même de quoi contenter sa ferveur. Partout se présentoient à lui des oratoires dans des parcours abandonnés semés de fleurs, dans ces asiles dont le Père Lacordaire a fait cette peinture :

« Au son d'une cloche toutes les portes du cloître s'ouvroient avec une sorte de douceur et de respect. Des vieillards blanchis et sereins, des hommes d'une maturité précoce, des adolescents en qui la pénitence et la jeunesse laissoient une nuance de beauté inconnue du monde, tous les temps de la vie apparoissoient ensemble sous un même vêtement. La cellule des cénobites étoit pauvre, assez grande pour contenir une couche de paille ou de crin, une table et deux chaises ; un crucifix et quelques images pieuses en étoient tout l'ornement. De ce tombeau qu'il habitoit pendant ses années mortelles, le religieux passoit au tombeau qui précède l'immortalité. Là même il n'étoit point séparé de ses frères vivants et morts. On le couchoit, enveloppé de ses habits, sous le pavé du chœur ; sa poussière se mêloit à la poussière de ses aïeux, pendant que les louanges du Seigneur chantées par ses contemporains et ses descendants du cloître remuoient encore ce qui restoit de sensible dans ses reliques. O maisons aimables et saintes ! on a bâti sur la terre d'augustes palais, on a élevé de sublimes sépultures, on a fait à Dieu des demeures presque divines ; mais l'art et le cœur de l'homme ne sont jamais allés plus loin que dans la création du monastère. »

Déjoué dans ses négociations comme dans ses sentiments, Rancé s'enferma dans sa vie. Il soigna un serviteur qui pensa mourir :

inflexible pour lui, il plioit sa vie pour les autres. Il ne buvoit que de l'eau, ne mangeoit que du pain ; sa dépense par jour ne passoit pas six oboles, prix d'une couple de colombes ; mais il s'abstenoit de ces doux oiseaux qui coûtent si peu cher. Ne pouvant faire auprès des hommes les affaires de Dieu, il tâchoit de faire auprès de Dieu les affaires des hommes.

« Il ne vouloit voir, dit Maupeou, ni les anciens monastères ni les anciens monuments de la magnificence romaine, cirques, théâtres, arcs de triomphe, trophées, portiques, colonnes, pyramides, statues et palais, imitant en cela le célèbre Ammonius, qui accompagnant Athanase à Rome n'y voulût voir que le fameux temple dédié aux apôtres saint Pierre et saint Paul. » Rancé fréquentoit les églises, passant les heures à prier dans ces habitacles oubliés sur tant de collines célèbres.

La pénitence sortie de Rome erroit à l'entour ; pauvre *piferario* des Abruzzes, elle faisoit entendre le son de sa musette devant une madone. Rancé s'avançoit quelquefois seul devant le labyrinthe des cercueils, soubassement de la cité vivante. Il n'y a peut-être rien de plus considérable dans l'histoire des chrétiens que Rancé inconnu priant à la lumière des étoiles, appuyé contre les aqueducs des césars à la porte des catacombes ; l'eau se jetoit avec bruit par-dessus les murailles de la ville éternelle, tandis que la mort entroit silencieusement au-dessous par la tombe.

Rancé avoit désiré accomplir les fêtes de Noël dans un couvent de son ordre ; il y renonça lorsqu'il eut appris d'un vieux moine qu'on ne faisoit point à table de lecture pieuse et qu'on jouoit aux cartes après souper. Confiné dans sa maison, il écrivoit : « Je passe ici ma vie dans une langueur et dans une misère que je ne puis vous exprimer. Rome m'est aussi peu supportable que la cour me l'étoit autrefois. Je ne vous dirai rien des curiosités de Rome : je ne les vois point et je ne me sens touché d'aucun désir de les voir. Mon unique consolation est celle que je trouve au tombeau des princes des apôtres et des saints martyrs, où je me retire le plus souvent qu'il est possible. »

Enfin, ayant tout épuisé, Rancé songea à son retour : il emportoit quelques reliques que lui avoit données l'évêque de Porphyre, sacriste d'Alexandre VII. Saint Bernard retourna, jeune encore, à son couvent avec une dent de saint Césaire : ne vieillissons point en quelque lieu que ce soit, de peur de voir mourir autour de nous jusqu'à notre renommée. Avant de quitter Rome, Rancé obtint du pape la licence de se retirer à la Grande Chartreuse : ce permis existe ; il est resté comme le bref d'un songe. Rancé n'exécuta pas tout le bien qu'il avoit rêvé : en compensation des bonnes intentions perdues on aperçoit dans les *Olim* des intentions de fautes qui n'ont jamais été commises. L'esprit du réformateur erroit partout où il n'y avoit point d'hommes ; il ne s'arrêtoit qu'à l'orée d'un champ, au feu de chaume du pâtre. Descendu de l'Italie, Rancé visita dans la *Vallée d'Absinthe* la poussière du grand abbé de Clairvaux, si toutefois elle renferme cette poussière : il y voulut demeurer ; on le refusa. L'abbé de Prières avoit mis Rancé sous la conduite de l'abbé du Val-Richer, qu'on appeloit dans le siècle Dominique-Georges : les héros d'Homère avoient des noms vulgaires pour les peuples.

On ne vit donc point Rancé suspendu dans les abîmes de saint Bruno, ou attaché à la tombe de saint Bernard : c'eût été plus éclatant pour le poëte, moins grand pour le saint. Dieu, qui avoit ses conseils, rappela Rancé à La Trappe, afin d'y établir la Sparte chrétienne.

Rancé obtint une audience de congé du saint-père. Il partit au mois d'avril, accompagné du jugement du pontife qui condamnoit l'étroite observance. De nos jours, l'auteur de l'*Indifférence en matière de religion*, repoussé dans ses réformes, a continué de croire qu'elles s'accompliroient : une voix, est-il persuadé, partira on ne sait d'où ; l'Esprit de sainteté, d'amour, de vérité remplira de nouveau la terre régénérée.

Voilà ce que pense l'immortel compatriote dont je pleurerois en larmes amères tout ce qui pourroit nous séparer sur le dernier rivage. Rancé, qui s'accotoit contre Dieu, acheva son œuvre ; l'abbé de La Mennais s'est incliné sur l'homme : réussira-t-il ? L'homme est fragile et le génie pèse. Le roseau en se brisant peut percer la main qui l'avoit pris pour appui.

FIN DU LIVRE DEUXIÈME.

# LIVRE TROISIÈME.

Ici commence la nouvelle vie de Rancé : nous entrons dans la région du profond silence. Rancé rompt avec sa jeunesse, il la chasse et ne la revoit plus. Nous l'avons rencontré dans ses égarements, nous allons le retrouver dans ses austérités. La pénitence étoit son arrière-garde; il se mettoit à sa tête, se retournoit, et donnoit avec elle sur le monde. Il paroissoit dans son extérieur, disent les historiens, une majesté qui ne pouvoit venir que du Dieu de majesté. Ceux à qui leur conscience reprocha quelque chose ne l'osoient venir rechercher, persuadés qu'il connoissoit divinement ce qu'ils avoient de plus caché. « Qui me donnera, s'écrioit-il, les ailes de la colombe pour fuir la société des hommes! » Dans mes temps de poésie, j'ai mis moi-même ces paroles de l'Écriture dans un chant de femme[1]. L'hymne de Rancé se termine par ces mots : « Les créatures me suivent partout; elles m'importunent; par mes yeux elles entrent dans mon esprit, et portent avec elles l'inquiétude. Fermons les yeux, ô mon âme! tenons-nous si éloignés de toutes ces choses que nous ne puissions les voir et en être vus. »

Après ces éjaculations on surprenoit le moine les yeux levés vers le ciel. Il devenoit immense; il s'agrandissoit de toute la gloire éternelle. Il y a des tableaux qui représentent saint François aux bords de la mer, en face de petits anges réunis dans des branchages dépouillés.

Le 20 mai 1666 revit Rancé dans les obscurs chemins du Perche. Ce n'étoient là ni les restes de la voie Appia, ni de la voie Claudia : Rancé ne rapportoit aucun souvenir de Rome, où tant de passions se sont formées, d'où tant d'hommes n'ont point voulu revenir. Les Troyens restèrent à Albe avec leurs dieux. Rancé n'avoit même pas cueilli, pour la joindre aux fleurs du printemps, qui commençoient à

---

1. Cymodocée.

renaître à La Trappe, ces tubéreuses murales qui croissent sur l'enceinte ébréchée de Rome, où les vents transportent çà et là leurs échafauds mobiles.

Des divisions s'étoient élevées entre le prieur et le sous-prieur : le prieur avoit rempli les cellules de meubles inutiles ; le travail des mains avoit été diminué, les pratiques pieuses altérées ; le vin et le poisson reparoissoient sur les tables. Rancé, instruit à Rome de ces infractions, s'étoit hâté de mander à La Trappe : « Vous savez que les actions mortes ne sauroient plaire au Dieu de la vie. Gardez le silence autant avec vous-mêmes qu'avec les autres ; que votre solitude soit autant dans l'esprit et dans le cœur que dans la retraite extérieure de vos personnes ; que vos corps sortent de vos lits comme de vos tombeaux : au moment où je vous écris nos jours s'écoulent. » Les souvenirs d'Horace ne cessoient de vivre dans l'opulente mémoire de Rancé : *Dum loquimur, fugerit invida ætas.*

Rancé remit la paix dans son monastère par la séparation de quelques chefs. Il se rendit ensuite au chapitre général de son ordre, qui se tint en l'année 1667. Un bref du pape de 1666 devoit être reçu. Rancé avoit connu ce bref à Rome. Plusieurs abbés, l'abbé de Cîteaux à leur tête, l'acceptèrent. Rancé prit la parole, tout jeune qu'il étoit, et dit qu'il avoit droit d'opiner comme ancien docteur par la date de son doctorat. Il soutint que le pape Alexandre VII n'avoit ni vu ni connu ce bref. Il demanda acte de sa protestation, qu'appuyèrent les abbés de Prières, de Faukaumont, de Cadouin et de La Vieuville. L'abbé de Cîteaux s'émut ; Rancé tint ferme, vérifia le procès-verbal, et obligea le secrétaire à le corriger. L'abbé de Cîteaux, voulant la paix, nomma Rancé visiteur des provinces de Normandie, de Bretagne et d'Anjou. Rancé n'accepta pas la charge, mais le bref de Rome passa. Il supprimoit le vicaire général de la réforme de France, et défendoit les assemblées qu'avoient autorisées les arrêts du parlement et du conseil. Rancé à demi repoussé regagna son monastère.

Si les travaux spirituels avoient été interrompus, les constructions matérielles n'avoient pas été suspendues à La Trappe. Les moines étoient eux-mêmes les architectes et les maçons. Des frères convers appendus au haut du clocher étoient ballottés par les vents et rassurés par leur foi. Celui qui plaça le coq sur l'édifice vint avant son entreprise se prosterner aux pieds de Rancé. La religion prit le frère par le bras, et il monta ferme. Les travailleurs se mettoient à genoux sur leurs cordes lorsque l'heure des prières venoit à tinter. Rancé augmenta le couvent d'un nombre de cellules ; il éleva une mense pour la réception des étrangers. On aperçoit dans l'avant-cour du couvent les écussons insultés des armes de France. Rancé fit bâtir deux chapelles, l'une en l'honneur de saint Jean Climaque, l'autre en l'honneur de sainte Marie d'Égypte : j'en ai déjà parlé. Il déposa sur l'autel de l'église les reliques qu'il avoit apportées de Rome, et qui s'enrichirent ensuite de quelques autres. Dans l'église il remplaça, et il eut tort, par un beau groupe, cette vierge de peu de prix qui, sur la cime des Alpes, rassérène les lieux battus des tempêtes. Rancé retira le couvent de la désolation humaine, et l'épura par la désolation chrétienne. Ces lieux, que les Anglois avoient fait retentir de leurs pas armés, ne répétèrent que le susurrement de la sandale.

L'abbaye n'avoit pas changé de lieu : elle étoit encore, comme au temps de la fondation, dans une vallée. Les collines assemblées autour d'elle la cachoient au reste de la terre. J'ai cru en la voyant revoir mes bois et mes étangs de Combourg le soir aux clartés allenties du soleil. Le silence régnoit : si l'on entendoit du bruit, ce n'étoit que le son des arbres ou les murmures de quelques ruisseaux ; murmures foibles ou renflés selon la lenteur ou la rapidité du vent ; on n'étoit pas bien certain de n'avoir pas ouï la mer. Je n'ai rencontré qu'à l'Escurial une pareille absence de vie : les chefs-d'œuvre de Raphael se regardoient muets dans les obscures sacristies : à peine entendoit-on la voix d'une femme étrangère qui passoit.

Rentré dans son royaume des expiations, Rancé dressa des constitutions pour ce monde, convenables à ceux qui pleuroient. Dans le discours qui précède ces constitutions, il dit [1] : « L'abbaye est sise dans un vallon fort solitaire ; quiconque voudra y demeurer n'y doit apporter que son âme : la chair n'a que faire là-dedans. »

On croit lire quelque fragment des *Douze Tables*, ou la consigne d'un camp des quarante-deux stations israélites. On remarque ces prescriptions :

« On se lèvera à deux heures pour matines ; on fera l'espace d'entre les coups de la cloche fort petit, pour ôter lieu à la paresse. On gardera une grande modestie dans l'église, on fera tous ensemble les inclinations du corps et les génuflexions. On sera découvert depuis le commencement de matines jusqu'au premier psaume. »

On ne tournera jamais la tête dans le dortoir et l'on marchera avec gravité. On n'entrera jamais dans les cellules les uns des autres. On couchera sur une paillasse piquée, qui ait tout au plus un demi-pied d'épaisseur. Le traversin sera de paille longue ; le bois de lit sera fait d'ais sur des tréteaux. « C'est dans l'obscurité de leurs cellules, dit

---

1. Constitutions de l'abbaye de La Trappe, Paris, 1671.

M. Charles Nodier dans ses *Méditations du Cloître*, que Rancé cacha ses regrets et que cet esprit ingénieux, qui avoit deviné à neuf ans les beautés d'Anacréon, embrassa à l'âge du plaisir des austérités dont notre foiblesse s'étonne. »

Au réfectoire on sera extrêmement propre ; on y aura toujours la vue baissée, sans néanmoins se pencher trop sur ce que l'on mange. Puis viennent sur l'usage du couteau et de la fourchette des recommandations qui semblent faites pour des enfants : le vieillard devant Dieu est revenu à l'innocence des jours puérils.

Aussitôt que la cloche sonne pour le travail tous les religieux et novices se trouveront au parloir. On ira au travail assigné avec grande retenue et recollection intérieure, le regardant comme la première peine du péché.

Aux heures des récréations on bannira les nouvelles du temps. Dans les grandes sorties on pourra aller en silence avec un livre dans un endroit du bois hors de la hantise des séculiers. On tiendra le chapitre des coulpes deux fois la semaine : avant de s'accuser on se prosternera tous ensemble, et, le supérieur disant : *Quid dicite?* chacun répondra d'un ton assez bas : *Culpas meas.*

A l'infirmerie le malade ne se plaindra jamais : un malade ne doit avoir devant les yeux que l'image de la mort ; il ne doit rien tant appréhender que de vivre.

A ces constitutions Rancé ajouta des règlements ; ils commencent par ce prolégomène : « Je ne m'acquitterois pas de ce que je dois à Dieu, de ce que je vous dois, mes frères, ni de ce que je me dois à moi-même si je négligeois dans ma conduite quelque chose de ce qui peut vous rendre dignes de l'éternité. »

Puis arrivent les instructions générales.

« On ne demeurera jamais seul dans aucun lieu dans l'obscurité, » dit Rancé. Et cependant, sans s'en apercevoir, il mettoit l'homme seul devant ses passions.

Les observances en ce qui concerne les étrangers sont touchantes : on voyoit des avertissements écrits en chaque chambre du quartier des hôtes. S'il est mort quelque parent proche, comme le père, la mère d'un religieux, l'abbé le recommande au chapitre sans le nommer, de manière que chacun s'y intéresse comme pour son propre père, et que la douleur ne cause ni douleur, ni inquiétude, ni distraction à celui des frères qu'elle regarde. La famille naturelle étoit tuée, et l'on y substituoit une famille de Dieu. On pleuroit son père autant de fois que l'on pleuroit le père inconnu d'un compagnon de pénitence.

Il y a des usages pour sonner la cloche selon les heures du jour et les différentes prières. Il y a des règles pour le chant : dans les psaumes, allez rondement jusqu'à la *flexe;* le *Magnificat* doit s'entonner avec plus de gravité que les psaumes ; quoique aucune pause ne soit commandée dans le cours d'un répons, on en doit faire dans le *Salve, Regina :* il faut qu'il y ait un moment de silence dans tout le chœur.

En 1672, on rétablit à La Trappe l'ancienne manière de jeûner le carême, de ne faire qu'un seul repas et de ne manger qu'à quatre heures du soir.

Par ces règlements Rancé avoit mis à exécution ses deux grands projets : prière et silence. La prière n'étoit suspendue que par le travail. On se levoit la nuit pour implorer celui qui ne dort point : Rancé vouloit que l'âme et le corps eussent une égale occupation.

Quand l'abbé s'apercevoit que ses religieux souffroient de douleurs qui ne se déceloient par aucune marque apparente, à ceux-là il s'attachoit. Il n'opéroit point à l'aide de miracles ; il ne faisoit point entendre les sourds et les aveugles voir ; mais il soulageoit les maladies de l'âme et jetoit les esprits dans l'étonnement en apaisant les tempêtes invisibles. Variant ses instructions suivant le caractère de chaque cénobite, Rancé s'étudioit à suivre en eux l'attrait du ciel. Un mot de sa bouche leur rendoit la paix. Des solitaires qui ne l'avoient jamais connu trouvèrent dans la suite, à sa sépulture, la guérison de leurs peines ; la bénédiction du ciel continuoit sur sa tombe : Dieu garde les os de ses serviteurs.

L'hospitalité changea de nature ; elle devint purement évangélique : on ne demanda plus aux étrangers qui ils étoient ni d'où ils venoient ; ils entroient inconnus à l'hospice et en sortoient inconnus, il leur suffisoit d'être hommes ; l'égalité primitive étoit remise en honneur. Le moine jeûnoit tandis que l'hôte étoit pourvu ; il n'y avoit de commun entre eux que le silence. Rancé nourrissoit par semaine jusqu'à quatre mille cinq cents nécessiteux. Il étoit persuadé que ses moines n'avoient droit aux revenus du couvent qu'en qualité de pauvres. Il assistoit des malades honteux et des curés indigents. Il avoit établi des maisons de travail et des écoles à Mortagne. Les maux auxquels il exposoit ses moines ne lui paroissoient que des souffrances naturelles. Il appeloit ces souffrances la *pénitence de tous les hommes.* La réforme fut si profonde que le vallon consacré au repentir devint une terre d'oubli.

Il résulta de cette éducation des effets que l'on ne remarque plus que dans l'histoire des Pères du désert. Un homme s'étant égaré entendit une cloche sur les huit heures du soir : il marche de ce côté et arrive à La Trappe. Il étoit nuit ; on lui accorda l'hospitalité avec la charité ordinaire, mais on ne lui dit pas un mot : c'étoit l'heure du grand silence. Cet étranger, comme dans un château enchanté, étoit servi par des esprits muets, dont on croyoit seulement entendre les évolutions mystérieuses.

Des religieux en se rendant au réfectoire suivoient ceux qui alloient devant eux sans s'embarrasser où ils alloient; même chose pour le travail : ils ne voyoient que la trace de ceux qui marchoient les premiers. Un d'entre eux pendant l'année de son noviciat ne leva pas une seule fois les regards : il ignoroit comment étoit fait le haut de sa cellule. Un autre reclus fut trois ou quatre mois sans apercevoir son frère, quoiqu'il lui tombât cent fois sous les yeux. La duchesse de Guise étant venue au couvent, un solitaire s'accusa d'avoir été tenté de regarder l'*évêque* qui étoit sous lampe. Rancé savoit seul qu'il y eût une terre [1].

Ces grands effets ne se bornèrent pas à l'intérieur du couvent; ils s'étendirent partout. Dans la suite, quand La Trappe fut détruite, on en vit mille autres renaître, comme des plantes dont la semence a été soufflée au haut des ruines. J'ai cité dans les notes du *Génie du Christianisme* les lettres de M. Clausel, qui, de soldat de l'armée de Condé, étoit venu s'enfermer en Espagne à La Trappe de Sainte-Suzanne. Il écrivoit à son frère : « J'arrivai un jour dans une campagne déserte à une porte, seul reste d'une grande ville. Il y avoit eu sûrement dans cette ville des partis, et voilà que depuis des siècles leurs cendres s'élèvent confondues dans un même tourbillon. J'ai vu aussi Murviedo, où étoit bâtie Sagonte, et je n'ai plus songé qu'à l'éternité. Qu'est-ce que cela me fera dans vingt ou trente ans qu'on m'ait dépouillé de ma fortune? Ah, mon frère! puissions-nous avoir le bonheur d'entrer au ciel! S'il me reste quelque chose, je désire qu'on fasse bâtir une chapelle dédiée à Notre-Dame des Sept Douleurs dans l'arrondissement de la maison paternelle, selon le projet que nous en fîmes sur la route de Munich. Hâtez-vous de faire élever des croix pour la consolation des voyageurs avec des sièges et une inscription comme en Bavière : *Vous qui êtes fatigués, reposez-vous*. J'aurai demain le bonheur de faire mes vœux : j'y ajouterai une croix comme on en met sur la tombe des morts. »

La chapelle vient d'être bâtie par mon vieil ami, M. de Clausel, dans les montagnes du Rouergue. Après plus de quarante années, l'amitié a rempli un vœu. Avant de quitter ce monde ne verrai-je point cette pieuse sincérité de l'affection fraternelle, moi qui viens d'apprendre la mort de mon jeune neveu, petit-fils de M. de Malesherbes,

---

1. Le Nain, t. I, liv. vii, p. 600 et suiv.

et mort jésuite au pied des Alpes de Savoie, après avoir été brave officier? Je tarde tant à m'en aller que j'ai envoyé devant moi tous ceux que je devais précéder.

Quand La Trappe fut détruite, un porteur de la haire de Rancé demanda asile au canton de Fribourg. Les moines quittèrent leur monastère ; chaque religieux avoit dans son sac sa robe et un peu de pain. La colonie s'arrêta à Saint-Cyr ; elle fut accueillie par l'hospitalité expirante des Lazaristes, et fut bientôt obligée de s'éloigner. Le vœu de silence et de pauvreté paroissoit une conspiration à ceux qui faisoient de si horribles bruits. A Paris, les chartreux, prêts à se séparer, reçurent les trappistes : les cloîtres de Saint-Bruno exercèrent leur dernier acte de charité. La solitude ambulante continua sa route. La vue d'une église lointaine sur le passage des frères les ranimoit ; ils bénissoient la maison du Seigneur par la récitation des psaumes, comme on entend parmi les nuages des cygnes sauvages saluer en passant les savanes des Florides. A la frontière, la charrette qui traînoit les bannis au ciel fut regardée avec compassion par nos soldats. On ne fouilla point ces mendiants. En entrant sur le sol étranger, les exilés se donnèrent le baiser de charité dans une forêt, à une lieue de l'ancienne abbaye de la Val-Sainte ils coupèrent une branche d'arbre, en firent une croix, et reçurent le curé de Cerniat qui venait à leur rencontre.

A la Val-Sainte, ruine d'un monastère abandonné, ils trouvèrent à peine de quoi se mettre à l'abri. Dans un temps où les armes, les malheurs et les crimes faisaient tant de fracas, la renommée des solitaires se répandit au dehors ; les rois fuyoient et n'attiroient personne sur leurs traces : on accouroit de toutes parts pour se ranger au nombre des moines réfugiés. La Val-Sainte, grossie de néophytes, fut obligée d'envoyer des colonies au dehors comme une ruche répand autour d'elle ses essaims. Mais la révolution, qui marchoit plus vite que la religion fugitive, atteignit les trappistes dans leur nouvelle retraite : obligés de quitter Val-Sainte, chassés de royaume en royaume par le torrent qui les poursuivoit, ils arrivèrent jusqu'à Butschirad, où j'ai rencontré un autre exilé. Enfin, le sol leur manquant, ils passèrent en Amérique. C'étoit un grand spectacle que le monde et la solitude fuyant à la fois devant Bonaparte. Le conquérant, rassuré par ses victoires, sentit la nécessité des maisons religieuses : « Là, disoit-il, se pourront réfugier ceux à qui le monde ne convient pas ou qui ne conviennent pas au monde. »

Dom Gustin, trappiste fugitif, racheta les ruines de La Trappe avec des aumônes. Il ne restoit plus du monastère que la pharmacie, le moulin et quelques bâtiments d'exploitation. Dans les environs de Bayeux, les trappistines, chassées d'abord de la forêt de Senart, s'établirent sous la conduite de ma cousine, M^me de Chateaubriand. Les enfants de Rancé ne trouvèrent en rentrant dans la solitude de leur père que des murailles recouvertes de lierre, et des débris à travers lesquels serpentoient les ronces. Telle fut dès son début la vigueur de l'arbre que Rancé avoit planté qu'il continue de vivre ; il donnera de l'ombre aux pauvres quand il n'y aura plus d'ombre de trônes ici-bas. J'ai vu à La Trappe un ormeau du temps de Rancé : les religieux ont grand soin de ce vieux lare qui indique les cendres paternelles mieux que la statue de Charles II n'indique l'immolation de Charles I^er.

Les moines dont je viens de tracer l'histoire avoient été les enfants de Rancé. Lorsqu'il arriva à La Trappe, un de ses premiers soins fut de faire abattre une fuie, cellules de colombes, qui se trouvoit placée au milieu de la cour, soit qu'il voulût abolir jusqu'au souvenir des temps d'une abstinence moins rigoureuse, soit qu'il craignît ces oiseaux que la Fable plaçoit parmi ses plus beaux ornements et dont les ailes portoient des messages le long des rivages de l'Orient. Un trappiste se confessoit d'avoir regardé un nid : se reprochoit-il d'avoir pensé à un nid ou à des ailes ? M. de Rancé fit détourner un grand chemin qui passoit contre les murs de l'abbaye, le bruit de ce chemin renouvelé descend encore aujourd'hui au fond de la vallée. Tout chef qu'il étoit, Rancé ne s'accorda aucune des préférences de ses devanciers, il se contentoit de la pitance commune ; privé comme ses moines de l'usage du linge, il prêchoit et confessoit ses frères ; ses seules distractions étoient les paroles qu'il recueilloit sur le lit de cendres. Il fortifioit ses pénitents plutôt qu'il ne les attendrissoit. Il n'étoit question dans ses discours que de l'échelle de saint Jean Climaque, des ascétiques de saint Basile et des conférences de Cassien.

Les cinq ou six premières années de la retraite de Rancé se passèrent obscurément : les ouvriers travailloient sous terre aux fondements de l'édifice. Rancé recevoit sans distinction tous les religieux qui se présentoient. Le premier qui parut fut, en 1667, dom Rigobert, moine de Clairvaux ; ensuite dom Jacques et le père Le Nain. Ces réceptions commencèrent à faire des ennemis à Rancé. Cela nous paroît bien peu grave, à nous qui n'attachons de prix qu'aux guenilles de notre vie, mais alors c'étoient des affaires : Rome survenoit, le grand conseil du roi s'en mêloit. Obligé d'entrer dans ces transactions générales, Rancé étoit forcé de survenir dans les accidents domestiques : il administroit ses premiers solitaires, qui mouroient d'abord presque tous. Dom Placide étoit étendu sur sa dernière couche, Rancé lui demanda où il vouloit aller. — « Au-devant des bienheureux, » répondit-il.

Dom Bernard fut administré. A peine eut-il reçu le corps de Notre-Seigneur qu'il eut un pressant besoin de cracher : il se retint, et mourut étouffé par le pain des anges.

Claude Cordon, docteur de Sorbonne, reçut en arrivant le nom d'Arsène, nom devenu fameux dans les nouvelles légendes. Arsène, après sa mort, apparut dans une gloire à dom Paul Ferrand, et lui dit : « Si vous saviez ce que c'est que de converser avec les saints! » Puis il disparut.

L'abbaye de Dorval se voulut réformer. L'abbé de Dorval convint d'une entrevue avec Rancé : Rancé partit ; il rencontra l'abbé de Dorval à Châtillon, lieu triste, où les espérances ne se réalisent pas. De là il se rendit à Commercy, où il revit le cardinal de Retz ; il le détourna de la pensée apparente qu'il avoit de se renfermer à La Trappe : « Le saint homme, dit Le Nain, eut de bonnes raisons pour ne pas le lui conseiller. » M. Dumont, auteur de l'Histoire de la ville de Commercy, a bien voulu m'envoyer une lettre de Rancé au cardinal de Retz: « Si Votre Éminence, dit l'abbé de La Trappe, croyoit qu'il n'y eût personne dans le monde dont mon cœur fût plus occupé que d'elle, elle ne me feroit pas justice. » Voilà où la déférence pour les rangs peut conduire la piété même. Après sa sortie, Rancé se hâta de se replier et de rappeler du monde sa patrouille. Revenu à La Trappe, il admit à profession frère Pacôme : celui-ci n'ouvrit jamais un livre, mais il excelloit dans l'humilité. Chargé du soin des pauvres, il n'entroit dans le lieu où il mettoit le pain qu'après s'être déchaussé, comme Moïse pour entrer dans la terre promise. Pacôme attira à lui un de ses frères ; ils vécurent sous le même toit sans se donner la moindre marque qu'ils se fussent jamais connus.

Rancé avoit envoyé un religieux à Septfonts : ce religieux se gâta. « Je me suis mécompté, écrivoit Rancé au visiteur, j'en ferai pénitence toute ma vie. »

La plupart des repentants du xvie siècle et du commencement du xviie avoient été des bandits ; ils ne se transformèrent pas, comme les massacreurs de septembre, en marchands de pommes cuites, et ne vendoient point de leurs mains souillées de meurtre des fruits aux petits enfants. Ces meurtriers étoient des déserteurs des armées du temps, des *routiers*, des *condottieri*, des *ruffiens*. Somme toute, des capitaines, tels que Montluc et le baron des Adrets, qui faisoient sauter des prisonniers du haut des remparts, instruisoient leurs fils à se laver les bras dans le sang, accrochoient leurs prisonniers aux arbres. Valoient-ils mieux que leurs soldats? Les illustres égorgeurs qui se retirèrent à Port-Royal et à La Trappe n'étoient-ils pas les dignes appelés à la retraite vengeresse qui les devoit dévorer ! Un monde si plein de crimes se remplit de pénitents comme au temps de la Thébaïde.

Depuis la réforme jusqu'à la mort de Rancé on compte cent quatre-vingt-dix-sept religieux et quarante-neuf frères, parmi lesquels sont plusieurs de qui Rancé a écrit la vie et qui peuvent figurer dans les romans du ciel. On voit leurs noms dans l'*Histoire de l'Abbaye de La Trappe*, excellent recueil, où tout se trouve rapporté avec une minutieuse exactitude. Je le recommande d'autant plus que j'y ai remarqué quelques paroles d'humeur contre moi; cependant, je croyois ne les avoir pas méritées.

A Port-Royal, même affluence d'hommes du monde; mais à Port-Royal il y avoit des femmes et des savants; Pallue *coulant le temps*, médecin qui devint celui des solitaires, fit bâtir, nous dit Fontaine, « un petit logis, appelé le Petit-Pallue, à cause de la petitesse *bien juste et bien ramassée* de ses appartements ». Vint ensuite Gentien-Thomas, suivi de ses enfants. On vit accourir M. de La Rivière, officier, qui apprit la langue grecque et la langue hébraïque, et se fit gardien des bois.

A La Trappe arrive Pierre ou François Fore : sous-lieutenant dans un corps de grenadiers, blessé dans plusieurs rencontres, plongé dans toutes sortes de vices, poursuivi par dix ou douze décrets de prise de corps, il étoit incertain s'il fuiroit en Angleterre, en Allemagne, en Hongrie, ou s'il ne prendroit pas le turban; il entendit parler de La Trappe. En quelques jours, il franchit deux cents lieues; il arrive à la fin de l'hiver par des routes défoncées et d'affreuses pluies; il frappe à la porte : son œil étoit hagard, son expression hautaine et dure, son sourcil fier, sa contenance militaire et farouche. Rancé le reçut. Des ulcères se formèrent dans la poitrine de Fore; il vomit le sang sur la cendre, et il expira.

A Port-Royal on voit un M. de La Pétissière, brave parmi les braves; le cardinal de Richelieu se reposoit sur lui de sa sûreté : c'étoit un lion plutôt qu'un homme. *Le feu lui sortoit par les yeux, et son seul regard effrayoit ceux qui le regardoient.* Dieu se servit d'un malheur pour toucher d'une crainte salutaire son âme féroce et incapable de toute autre peur. Comme il avoit eu une querelle avec un parent du cardinal, il eut plus de huit jours un cheval toujours sellé et prêt à monter pour aller se battre contre celui dont il croyoit avoir été offensé. La fureur qui le transportoit étoit telle, qu'encore qu'il fût le plus habile et le plus adroit du royaume, il reçut, après avoir blessé à mort son ennemi, un coup d'épée dans le bras, entre les deux os ; la pointe demeura enfoncée sans qu'il pût jamais la retirer. Il se sauva en cet état à travers champs, portant dans son bras le bout de l'épée rompue. Il alla trouver un maréchal, qui eut besoin pour la retirer de se servir des grosses tenailles de sa forge.

A La Trappe passe Forbin de Janson, obligé de quitter la France pour avoir tué son adversaire en duel : il obtint ensuite sa grâce. Il se trouva à Marsaille, sous Catinat, reçut une blessure, fit vœu de se faire religieux et reçut l'habit des frères de La Trappe. Il fut envoyé au monastère de *Buon-Solazzo* (Bonne-Consolation), et fonda une maison de trappistes sur les charmantes collines de la Toscane. Joseph Bernier, moine qui restoit de l'ancienne Trappe, passa, à l'arrivée de Rancé, dans l'étroite observance ; il demanda en expirant que son corps fût jeté à la voirie : cynisme de la religion, où se montre le cas que les chrétiens faisoient de la matière. Ces rigueurs se rattachent à un ordre de philosophie que notre esprit n'est pas plus capable de comprendre que nos mœurs de supporter. Timée, dans Diogène Laerce, raconte que les pythagoriciens mettoient leurs biens en commun, appeloient l'amitié égalité, ne mangeoient point de viande, étoient cinq ans sans parler, et rejetoient par humilité les cercueils de cyprès, parce que le sceptre de Jupiter étoit fait de ce bois.

Ces pécheurs de La Trappe et de Port-Royal se trouvèrent confondus avec des non-savants de toutes natures. A Port-Royal étoit le jeune Lindo, d'une bonté et d'une ouverture de cœur à l'égard de tout le monde qui ne se peut concevoir. « Je sentois pour lui, écrit l'ingénu Fontaine, une tendresse particulière ; il étoit fort simple, et je l'étois aussi. »

De même parut à La Trappe frère Benoît, gentilhomme plein d'esprit, qui avoit passé ses premiers jours à ne point penser. Rancé, qui tiroit parti de l'innocence comme du repentir, a écrit sa vie, de même qu'un jardinier fait une petite croix sur des paquets de graines pour étiqueter un parfum.

M. Sainte-Beuve a extrait avec la patience du goût les passages de Port-Royal, que je viens de citer ; il ajoute : « C'est le côté par lequel Port-Royal touche à La Trappe et à M. de Rancé, quand, sous les autres aspects, il paroît toucher plus près aux bénédictins de Saint-Maur et à Mabillon ; quand, par M. d'Andilly, il reste un peu à portée de la cour et presque figurant de loin ces riantes et romanesques retraites, imaginées en idée par Mlle de Montpensier, par Mme de Motteville ou même par Mlle de Scudéri. »

La Trappe n'étoit pas riante ; ses sites étoient désolés, et l'âpreté de ses mœurs se répétoit dans l'âpreté du paysage. Mais La Trappe resta orthodoxe, et Port-Royal fut envahi par la liberté de l'esprit humain. Le terrible Pascal, hanté par son esprit géométrique, doutoit sans cesse : il ne se tira de son malheur qu'en se précipitant dans la foi. Malgré le silence que La Trappe gardoit, il fut question de la détruire, tant le monde étoit effrayé d'elle ; elle n'échappa à sa ruine que par l'habileté de Rancé : Port-Royal fut moins heureux.

Parti de Paris dans la nuit du 27 octobre 1709, d'Argenson investit Port-Royal-des-Champs avec trois cents hommes ; c'étoit trop pour enlever vingt-deux religieuses âgées et infirmes. Elles furent dispersées en différents lieux ; et l'on refusa quelquefois la sépulture à ces brebis, esseulées du troupeau de la mère Angélique.

Enfin l'ordre de la démolition du couvent arriva le 25 janvier 1710, dix ans après la mort de Rancé. Cet ordre *fut exécuté avec fureur,* selon Duclos. Les cadavres étoient déterrés au bruit de ricaneries obscènes, tandis que dans l'église les chiens se repaissoient de chair décomposée. Les pierres tumulaires furent enlevées ; on a trouvé à Magny celle d'Arnauld d'Andilly. La maison de M. de Sainte-Marthe devint une grange ; les bestiaux paissent sur l'emplacement de l'église de Port-Royal-des-Champs : « La clématite, le lierre et la ronce, dit un voyageur, croissent sur cette masure, et un marsaule élève sa tige au milieu de l'endroit où étoit le chœur. Le silence est à peine interrompu par le gémissement du ramier solitaire. Ici Sacy venoit répéter à Dieu la prière qu'il avoit empruntée de Fulgence ; là Nicole invita Arnauld à déposer la plume ; dans cette allée écartée j'aperçois Pascal qui développe une nouvelle preuve de la divinité du christianisme ; plus loin, avec Tillemont et Lancelot se promènent Racine, La Bruyère, Despréaux, qui sont venus visiter leurs amis. Échos de ces déserts, arbres antiques, que n'avez-vous pu conserver les entretiens de ces hommes célèbres ! »

Et quel est le chrétien persuadé, le génie poétique qui s'adresse à ces illustres disparus, comme jadis à Sparte j'appelai en vain Léonidas ? C'est l'ancien évêque de Blois, approbateur de la mort et quasi juge dans le procès de Louis XVI.

Louis le Grand, vous avez enseigné à votre peuple les exhumations ; accoutumé à vous obéir, il a suivi vos exemples : au moment même où la tête de Marie-Antoinette tomboit sur la place révolutionnaire, on brisoit à Saint-Denis les cercueils : au bord d'un caveau ouvert, Louis XIV tout noir, que l'on reconnoissoit à ses grands traits, attendoit sa dernière destruction ; représailles de la justice éternelle ! « Eh bien, peuple royal de fantômes, » je me cite (je ne suis plus que le temps), « voudriez-vous revivre au prix d'une couronne? Le trône vous tente-t-il encore? Vous secouez vos têtes, et vous vous recouchez lentement dans vos cercueils. »

Rancé avoit transporté avec lui au désert le passé, et y attira le présent et l'avenir. Le siècle de Louis XIV ne négligeoit aucune grandeur; il s'associoit aux victoires d'un reclus comme aux victoires d'un capitaine : Rocroi pour ce siècle étoit partout. Les querelles du jansénisme, les mysticités du quiétisme occupoient la ville et la cour depuis Bossuet et Fénelon jusqu'à M$^{mes}$ de Maintenon et de Longueville, depuis le cardinal de Noailles jusqu'aux maréchaux amis et ennemis de Port-Royal, depuis les adversaires du protestantisme jusqu'aux esprits entêtés de l'hérésie. Par Rancé le siècle de Louis XIV entra dans la solitude, et la solitude s'établit au sein du monde.

Dans ces premières années de la retraite de Rancé, on entendit peu parler du monastère, mais petit à petit sa renommée se répandit. On s'aperçut qu'il venoit des parfums d'une terre inconnue; on se tournoit, pour les respirer, vers les régions de cette Arabie heureuse. Attiré par les effluences célestes, on en remonta le cours : l'île de Cuba se décèle par l'odeur des vanilliers sur la côte des Florides. « Nous étions, dit Leguat, en présence de l'île d'Éden : l'air étoit rempli d'une odeur charmante qui venoit de l'île et s'exhaloit des citronniers et des orangers [1]. »

1. Voyage et Aventures de François Leguat, p. 48, t. I.

FIN DU LIVRE TROISIÈME.

x.

34

# LIVRE QUATRIÈME.

Les calomnies publiées contre le monastère de La Trappe par les libertins, qui se moquoient des austérités, et par les jaloux, qui sentoient naître une autre immortalité pour Rancé, commençoient à s'accroître ; on avoit sans cesse devant les yeux les premières erreurs du solitaire, on s'obstinoit à ne voir dans sa conversion que des motifs de vanité. Ses plus grands amis, l'abbé de Prières, visiteur de l'ordre, étoit lui-même épouvanté des réformes de La Trappe ; il écrivoit à l'abbé : « Vous aurez beaucoup d'admirateurs, mais peu d'imitateurs. »

Maubuisson, abbaye près de Pontoise, avoit été bâtie par la reine Blanche, et l'on y voyoit son tombeau : Rancé écrivit à la supérieure, découragée, de cette abbaye. Il écrivoit à une autre femme, car tous les souffrants consultoient ce savant médecin qui avoit essayé les remèdes sur lui-même : « Si l'ennui vous attaque, pensez que Jésus-Christ vous attend ; toute votre course et sa durée ne vous paroîtront qu'une vapeur dans ce point auquel il faudra qu'elle finisse. »

Le 7 septembre 1672 Rancé présenta une requête au roi en faveur de la réforme ; il commence par dire que les anciens solitaires, dont il ne mérite de porter ni le nom ni l'habit, n'ont point fait difficulté de sortir du fond de leurs déserts pour le service de Dieu ; qu'à leur exemple il croiroit manquer au plus saint de ses devoirs s'il se taisoit ; que malheureusement il ne va parler que pour se plaindre, et que celui qui lui ouvre la bouche n'a mis sur ses lèvres que des paroles de douleur. De là passant à son sujet, il parle de l'ordre de Cîteaux, prêt à retomber dans les périls dont il est échappé, par le défaut de protection refusée à l'étroite observance établie par Louis XIII. Pendant que les solitaires ont vécu dans la perfection ils ont été considérés comme les anges tutélaires des monarchies ; ils ont soutenu, par le pouvoir qu'ils avoient auprès de Dieu, la fortune de l'empire :

une sainte recluse avoit connu en esprit ce qui se passoit à la journée de Lépante. « Votre Majesté, ajoute Rancé, ne sera point surprise qu'étant obligé par le devoir de ma profession de me présenter à tous les instants au pied des autels du Roi du ciel, j'aborde une fois dans ma vie le trône du roi de la terre. »

La cour de Rome, qu'avoient en vue les réformes trop austères de La Trappe, s'opposoit aux exagérations de ses serviteurs ; Rancé annonçoit son habileté en réveillant la passion du pouvoir dans le cœur de Louis XIV.

Dans tous les bruits répandus, les uns dénonçoient Rancé pour sa doctrine, prétendant qu'elle n'étoit pas pure ; les autres le taxoient d'hypocrisie, les autres lui reprochoient d'introduire dans l'ordre des voies nouvelles. Le roi, vers la fin d'octobre 1673, lui accorda pour juger la question les commissaires qu'il avoit demandés, l'archevêque de Paris, le doyen de Notre-Dame, MM. de Caumartin, de Fieubet, de Voisin et de La Marquerie.

Ses adversaires faisoient en même temps des démarches à Rome contre lui. « Pour un moine, disoit Rancé, il n'y a pas de réputation qui lui soit due. Il n'est que pour être homme d'opprobre et d'abjection. »

On popularisoit ces sentiments hostiles en les répandant dans des vers qui ne valoient pas ceux de notre grand chansonnier, mais qui marquoient déjà la trace par où la France devoit arriver à une immortalité qui n'appartient qu'à elle. On trouve cette allure qui nous a amenés des chanteurs de François Ier à Béranger :

> Je suis revenu de La Trappe,
> Cette maudite trappe à fou ;
> Et si jamais le diable m'y attrape,
> Je veux qu'on me casse le cou.
> Ce maudit trou n'est qu'une trappe,
> Ce maudit trou
> N'est qu'une trappe à fou.

Les commissaires nommés par le cabinet s'étant assemblés, Rancé fut mandé à Paris, en 1675. Ils avoient tout réglé selon les intentions du serviteur de Dieu ; mais un abbé de la commune observance déclara que si l'on suivoit les avis des commissaires, les abbés étrangers ne viendroient pas au chapitre général de Cîteaux. Le roi s'arrêta : tout se tenoit alors, un mouvement dans le clergé pouvoit entraîner un dérangement dans les affaires. Louis XIV le savoit, et rien n'étoit si prudent que ce roi absolu élevé aux incartades de la Fronde.

Rancé purgea sa bibliothèque ; il répondit à l'évêque de Pamiers et à M. Deslions, qui, dans le dessein de le décourager, lui disoient qu'il étoit encore loin des austérités des premiers chrétiens : « Il est vrai que le pain de tourbe dont vous me parlez étoit fort en usage parmi les moines. »

En 1676, il contracta une maladie habituelle, avec laquelle il mourut, mais qui ne l'empêcha pas de travailler. Après avoir passé trois mois à l'infirmerie, il revint à la communauté. Ainsi s'écoula sa vie jusqu'en 1689, qu'il fut saisi d'une grosse fièvre. Aussitôt que le mal lui laissoit quelque relâche, il reprenoit ses occupations, suivies de rechutes : « La vie d'un pécheur comme moi dure toujours trop, » disoit-il.

Mademoiselle, grand hurluberlu, qui se trouvoit partout avec son imagination, écrivit à Rancé, et lui demanda quelques religieux. Il lui répondit : « Je suis fort persuadé, mademoiselle, que votre altesse royale ne doute point que je n'eusse une extrême joie de pouvoir lui nommer un religieux tel qu'elle le désire, mais j'en ai perdu huit depuis un an, qui sont allés à Dieu. Il y en a d'autres qui sont près de les suivre ; et quoique nous soyons encore un nombre considérable, nous ne vivons plus ni les uns ni les autres que dans la vue et le désir de la mort. »

A cette époque mourut un religieux qui n'avoit pas plus de vingt-trois ans, et qui, dans son attirail de décédé, dit à Rancé : « J'ai bien de la joie de me voir dans l'habit de mon départ. » Il sourioit lorsqu'il alloit mourir, comme les anciens barbares. On croyoit entendre cet oiseau sans nom qui console le voyageur dans le vallon de Cachemir.

C'est sur ce fond de La Trappe que venoient se jouer les scènes extérieures. Les silhouettes du monde se dessinoient autour des ombres, le long des étangs et dans les futaies. Le contraste étoit plus frappant qu'à Port-Royal, car on n'apercevoit pas M. d'Andilly marchant une serpe à la main ; le long des espaliers, mais quelque vieux moine courbé allant, une bêche sur l'épaule, creuser une fosse dans le cimetière. C'étoient ces scènes de bergeries que l'on voit dans les tableaux des grands peintres.

Une des premières personnes du monde avec laquelle Rancé eut des rapports fut M$^{lle}$ d'Alençon, autrement M$^{me}$ de Guise, fille de Gaston et cousine germaine de Louis XIV. M$^{lle}$ d'Alençon, bossue, épousa le dernier duc de Guise, dont elle eut un fils, qui mourut vite. « Le mérite, dit Mademoiselle dans ses Mémoires, qu'avoient autrefois en France les Lorrains du temps du Balafré et de tous ces illustres MM. de Guise, n'avoit pas continué dans tout ce qui étoit resté du même nom. »

Le duc de Guise, mari de M<sup>lle</sup> d'Alençon, n'avoit qu'un pliant devant sa femme : il ne mangeoit qu'au bout de la table, encore falloit-il qu'on lui eût permis de s'asseoir.

M. Boistard, capitaine employé à Saint-Cyr, a bien voulu me communiquer un recueil manuscrit contenant vingt-sept lettres de l'abbé de Rancé à M<sup>me</sup> de Guise. La lettre écrite du 3 mars 1692 parle de la mort d'un solitaire de La Trappe. Ces lettres parlent aussi de Jacques II : « On est inexorable, dit Rancé, pour ceux qui n'ont pas la fortune de leur côté. » Rancé affirme, dans la lettre du 7 septembre 1693, « que le propre d'un chrétien est d'être sans souvenir, sans mémoire et sans ressentiment. » Quand on a, un siècle plus tard, vu passer 1793, il est difficile d'être sans souvenir.

Louis XIV avoit de l'affection pour M<sup>me</sup> de Guise, bien qu'il s'emportât contre elle lorsqu'elle s'enfuit à La Trappe sur le bruit que le prince d'Orange alloit descendre en France. Quand elle alloit à l'abbaye, elle y passoit plusieurs jours. M<sup>me</sup> de Guise mourut à Versailles, le 17 mars 1696; elle avoit vendu à Louis XIV le palais d'Orléans, aujourd'hui le palais du Luxembourg. Elle fut enterrée non à Saint-Denis, mais aux Carmelites. L'oraison funèbre de M<sup>me</sup> de Guise fut prononcée à Alençon par le Père Dorothée, capucin : c'est toute la pompe que la religion livrée à elle seule accordoit aux grands.

Immédiatement avec M<sup>me</sup> de Guise parut à La Trappe le duc de Saint-Simon. Il faudroit presque révoquer en doute ce qu'il raconte de la manière dont il parvint à faire croquer par Rigaut le portrait de Rancé, si Maupeou n'avoit rapporté les mêmes détails. Le père de Saint-Simon tenoit son titre de Louis XIII; il avoit acheté une terre voisine de La Trappe ; il menoit souvent son fils à l'abbaye. Saint-Simon seroit très-croyable dans ce qu'il rapporte s'il pouvoit s'occuper d'autre chose que de lui. A force de vanter son nom, de déprécier celui des autres, on seroit tenté de croire qu'il avoit des doutes sur sa race. Il semble n'abaisser ses voisins que pour se mettre en sûreté. Louis XIV l'accusoit de ne songer qu'à démolir les rangs, qu'à se constituer le grand-maître des généalogies. Il attaquoit le parlement, et le parlement rappela à Saint-Simon qu'il avoit vu commencer sa noblesse. C'est un caquetage éternel de tabourets dans les Mémoires de Saint-Simon. Dans ce caquetage viendroient se perdre les qualités incorrectes du style de l'auteur, mais heureusement il avoit un tour à lui ; il écrivoit à la diable pour l'immortalité.

Le duc de Penthièvre parut plus tard à La Trappe : Saint-Simon ne se put guérir de l'âcreté de son humeur dans une solitude où le petit-fils du comte de Toulouse perfectionna sa vertu : le fiel et le miel se composent quelquefois sous les mêmes arbres. Pieux et mélancolique, le duc de Penthièvre fit augmenter, s'il ne bâtit pas entièrement, l'abbatiale, où il aimoit à se retirer, en prévision du martyre de sa fille. La princesse de Lamballe, enfant, venoit s'amuser à la maison-Dieu; elle fut massacrée après la dévastation du monastère. Sa vie s'envola comme ce passereau d'une barque du Rhône, qui, blessé à mort, fait pencher en se débattant l'esquif trop chargé.

Pellisson fréquentoit La Trappe. Il s'étoit flatté de faire consentir le roi à certain arrangement. Rancé insistoit pour que sa communauté eût le droit de choisir un prieur. « Je ne doute pas, mandoit-il à Pellisson, que vous ne voyiez mieux que moi tout ce que je ne vous dis pas sur cette matière, parce que vos connoissances sont plus étendues et vont beaucoup plus loin que les miennes. »

Pellisson abjura le protestantisme en 1670, à Chartres, entre les mains de l'évêque de Comminges, et s'attacha ensuite à Bossuet. Pellisson est célèbre pour avoir élevé une araignée : il demeura ferme dans le procès de Fouquet, si bien débrouillé par M. Monmerqué. Il écrivit, en défense de son ancien patron, trois mémoires sur lesquels on pourroit encore jeter les yeux avec fruit. Louis XIV le ménagea; il s'aperçut que la conquête lui feroit honneur et ne seroit pas difficile; mais comme l'ancien commis des finances mourut sans confession, on le soupçonna toujours. Rancé le défendit toujours : la célébrité adoucissoit sa foi. Rancé avoit peut-être vu Pellisson chez le cardinal de Richelieu lors de la création de l'Académie. Pellisson avoit aimé M$^{lle}$ de Scudéry; il n'étoit pas beau, elle ne perdit point sa bonne réputation.

Bossuet, camarade de collége de Rancé, visita son condisciple; il se leva sur La Trappe comme le soleil sur une forêt sauvage. L'aigle de Meaux se transporta huit fois à cette aire. Ces différents vols vont toucher à des faits dont la mémoire est restée. En 1682 Louis XIV s'établit à Versailles. En 1685 Bossuet composa à La Trappe l'avertissement du *Catéchisme de Meaux*. En 1686 l'orateur mit fin à ses *Oraisons funèbres* par le chef-d'œuvre qu'il prononça devant le cercueil du grand Condé. En 1696 s'en alla à Dieu Sobieski, ancien mousquetaire de Louis le Grand. Sobieski entra dans Vienne par la brèche qu'avoit ouverte le canon des Turcs. Les Polonois sauvèrent l'Europe, qui laisse exterminer aujourd'hui la Pologne. L'histoire n'est pas plus reconnoissante que les hommes.

La Trappe étoit le lieu où Bossuet se plaisoit le mieux : les hommes éclatants ont un penchant pour les lieux obscurs. Devenu familier avec le chemin du Perche, Bossuet écrivoit à une religieuse malade : « J'espère bien vous rendre, à mon retour de La Trappe, une plus longue visite. » paroles qui n'ont d'autre mérite que d'être jetées à la poste en passant et d'être signées : *Bossuet.*

Bossuet trouvoit un charme dans la manière dont les compagnons de Rancé célébroient l'office divin : « Le chant des Psaumes, dit l'abbé Ledieu, qui venoit seul troubler le silence de cette vaste solitude, les longues pauses de Complies, le son doux, tendre et perçant du *Salve, Regina,* inspiroient au prélat une sorte de mélancolie religieuse. » A La Trappe il me sembloit en effet pendant ces silences ouïr passer le monde avec le souffle du vent. Je me rappelois ces garnisons perdues aux extrémités du monde et qui font entendre aux échos des airs inconnus, comme pour attirer la patrie : ces garnisons meurent, et le bruit finit.

Bossuet assistoit aux offices du jour et de la nuit. Avant Vêpres, l'évêque et le réformateur prenoient l'air. On m'a montré près de la *grotte de Saint-Bernard* une chaussée embarrassée de broussailles qui séparoit autrefois deux étangs. J'ai osé profaner, avec les pas qui me servirent à rêver René, la digue où Bossuet et Rancé s'entretenoient des choses divines. Sur la levée dépouillée je croyois voir se dessiner les ombres jumelles du plus grand des orateurs et du premier des nouveaux solitaires.

Bossuet reçut le viatique le lundi saint de l'année 1704 : il y avoit quatre ans que Rancé n'existoit plus. Bossuet se plaignoit d'être importuné de sa mémoire; sa garde lui soutenoit la tête : « Cela seroit bon, disoit-il, si ma tête pouvoit se tenir. » Dans un de ces moments, l'abbé Ledieu lui prononça le mot de gloire; Bossuet reprit : « Cessez ces discours; demandez pour moi pardon à Dieu. »

Le 12 avril 1704, les pieds et les mains du moribond s'engourdirent. Un peu avant quatre heures et demie du matin il expira : c'étoit l'heure où son ami Rancé prioit aux approches du jour. L'aigle qui s'étoit en passant reposé un moment dans ce monde reprit son vol vers l'aire sublime dont il ne devoit plus descendre : il n'est resté de ce sublime génie qu'une pierre.

Rancé eut d'abord la pensée de se démettre de son abbaye; il consulta Bossuet au mois de décembre 1682. Bossuet lui répondit d'attendre. Dans cette année le père d'un jeune mousquetaire réfugié à La Trappe se plaignit de la captation dont on avoit usé envers son fils, il ne reçut de l'abbé que ces mots : « Vous le quitterez bientôt. »

En ce temps-là mourut l'abbé de Prières. J'en ai souvent parlé. Il fit écrire à Rancé par un prêtre : « L'abbé de Prières m'ordonna dans les derniers moments de sa vie de vous donner avis de sa mort en vous témoignant l'estime qu'il a conservée pour vous jusqu'au dernier soupir. »

Ces honnêtes gens se léguoient leur estime.

De toutes les accusations portées contre Rancé aucune ne s'appuyoit sur une apparence de vérité, excepté celle de jansénisme. On a une lettre de lui, adressée en 1676 à M. de Brancas; elle s'exprime ainsi :

« Je vous dis, en parlant de M. Arnauld et de ces messieurs, que le pape étoit content d'eux, et qu'il avoit reçu leur signature en la manière qu'ils l'avoient donnée; vous me répondîtes, ce que déjà des personnes de piété m'avoient donné comme une chose constante, qu'ils l'avoient surpris, et que le pape avoit fait comme ceux qui mettent la main devant leurs yeux, et font semblant de ne pas voir. Cependant, monsieur, il m'est tombé entre les mains, depuis quelques jours, l'arrêt qui a été donné contre M. l'évêque d'Angers, qui porte expressément que le pape, avec beaucoup de prudence, a voulu recevoir la signature de quelques particuliers avec une explication plus étendue pour les mettre à couvert de leurs scrupules et des peines portées par les constitutions. Tellement, monsieur, que non-seulement il n'a pas fait semblant de ne pas voir qu'ils aient signé avec explication, mais même il l'a prouvé et s'en est contenté. Je suis bien heureux, monsieur, de n'avoir jugé personne. Où en serois-je réduit si j'avois condamné des gens que le pape reçoit dans le fait même pour lequel je les aurois condamnés? Et à quelle réparation ne serois-je point tenu si j'avois porté un jugement contre eux, et que j'eusse donné à d'autres de faire la même chose sur mon témoignage! car dans le fond j'aurois, contre le respect que je dois au pape et contre ses intentions, condamné ceux qu'il justifie, et considéré comme personnes qui sont dans l'erreur et dans la désobéissance celles dont il est satisfait et qu'il reçoit dans son sein et dans sa communion et par une conduite pleine de charité et de sagesse. Je vous assure, monsieur, qu'il ne m'arrivera pas de juger, et que je serai plus religieux que jamais dans les résolutions que j'ai prises sur ce sujet-là. Je vous parle sans passion et dans un désintéressement entier de tous les partis (car je n'en ai aucun et je suis incapable d'en avoir que celui de l'Église), mais dans la créance que c'est Jésus-Christ qui me met au cœur ce que je vous vas dire.

« Il est impossible que Dieu demande compte ni à vous ni à moi de ce que nous nous serons abstenus de juger, n'ayant pour cela ni caractère ni obligation; mais il se peut très-bien faire qu'une conduite opposée chargeroit nos consciences, quelque bonnes que soient nos intentions, si ceux qui ont autorité ou qui ont obligation de juger se mécomptent pour y avoir apporté toute l'application, les soins et la diligence nécessaires. Ils peuvent espérer que Dieu, qui connoît le fond de leurs cœurs, leur fera miséricorde; mais pour ceux qui s'avancent et qui n'ont point de mission, si ce malheur leur arrive, ils ne peuvent attendre qu'une punition rigoureuse; car dès le moment qu'ils se sont ingérés et ont usurpé un droit qui ne leur appartenoit point ils ont mérité que Dieu les abandonne à leurs propres ténèbres. Je vous assure, monsieur, soit que je pense que Jésus-Christ nous a déclaré qu'il châtieroit d'un supplice éternel celui qui diroit à son frère une légère injure, ou que je me regarde comme étant sur le point d'être jugé moi-même, il n'y a rien dont je sois plus éloigné que de juger les autres.

« Voilà quelle doit être la disposition de tout homme qui ne sera point prévenu, qui regardera les choses dans leur vérité, sans intérêt et sans passion; mais le mal est que nous croyons n'en pas avoir, parce que nous n'en avons point de propre et de particulière. Cependont nous sommes souvent engagés dans celles des autres sans nous en apercevoir. Pour moi, je suis persuadé qu'en de telles manières la voie la plus sûre est de demeurer dans la soumission et dans le silence. C'est le moyen de m'attirer tous les partis et de ne plaire à personne? mais, pourvu que je plaise à Dieu et que je me tienne dans son ordre, je ne me mets point en peine de quelle manière les hommes expliqueront ma conduite. Véritablement je ne suis plus de ce monde, et je ne suis pas assez malheureux pour y rentrer après l'avoir quitté par le dessein que j'aurois de le contenter contre mon devoir et les mouvements de ma conscience. Vous connoîtrez sans doute, monsieur, qu'il est si difficile, lorsqu'on parle dans les causes, même les plus justes, de se tenir dans les règles de la modération et de la charité, que ceux-là sont heureux que Dieu a mis dans des états où rien ne les oblige ni de parler ni de se produire; et je vous confesse que je ne me lasse point d'admirer et de plaindre en même temps l'aveuglement de la plupart des hommes qui ne font non plus de difficulté de dire : Cet homme est schismatique, que s'ils disoient : Il a le teint pâle et le visage mauvais. Quand je vous dis, monsieur, que je ne vous parle que pour vous seul, ce n'est pas que je ne veuille bien que l'on sache quels sont mes sentiments et mes pensées sur ce point-là; mais je serois encore plus aise, comme c'est la vérité, que l'on ne s'imagine pas que je m'occupe des affaires qui ne me regardent point.

« Je ne saurois m'empêcher de vous dire encore qu'il n'y a rien de moins vrai que ce que l'on dit que je faisois pénitence d'avoir signé le *formulaire,* puisque je le signerai toutes les fois que mes supérieurs le désireront, et que je suis persuadé qu'en cela mon sentiment est le véritable. Mais je ne nie point que dans le nombre presque infini de crimes et de maux dont je me sens redevable à la justice divine , celui d'avoir imputé aux personnes qu'on appelle jansénistes des opinions et des erreurs dont j'ai reconnu dans la suite qu'ils n'étoient pas coupables, n'y puisse être compris. Étant dans le monde, avant que je pensasse sérieusement à mon salut, je me suis expliqué contre eux en toute rencontre, et me suis donné sur cela une entière liberté, croyant que je le pouvois faire sur la relation des gens qui avoient de la piété et de la doctrine. Cependant je me suis mécompté, et ce ne sera point une excuse pour moi au jugement de Dieu, d'avoir cru et d'avoir parlé sur le rapport et sur la foi des autres. Cela m'a fait prendre deux résolutions que j'espère de garder inviolablement avec la grâce de Dieu : l'une, de ne croire jamais le mal de personne, quelle que soit la piété de ceux qui le diront, à moins qu'ils ne me fassent voir une évidence ; l'autre est de ne rien dire jamais, à moins qu'avec l'évidence je n'y sois engagé par une nécessité indispensable ; celui qui craint les jugements de Dieu et qui sait qu'il a mérité d'en être jugé avec rigueur est bien malheureux quand il juge ses frères, puisque le plus grand de tous les moyens pour engager Jésus-Christ à nous juger dans sa miséricorde est de nous abstenir de juger.

« Je croirois faire un mal si je soupçonnois leur foi (des jansénistes) ; ils sont dans la communion et dans le sein de l'Église, elle les regarde comme ses enfants ; et par conséquent je ne puis et ne dois les regarder autrement que comme mes frères.

« Vous dites, monsieur, qu'ils sont suspects ; mais Dieu me préserve de me conduire par mes soupçons. Je sais par ma propre expérience, et je l'éprouve tous les jours, jusqu'où va l'injustice et la violence de ceux qu'on appelle molinistes. Il n'y a point de calomnies dont ils n'essayent de ruiner ma réputation, point de bruits injurieux qu'ils ne répandent contre ma personne ; comme ils ne sauroient attaquer mes mœurs, ils attaquent ma foi et ma croyance, et trouvent dans les règles de leur morale et dans la fausseté de leurs maximes qu'il leur est permis de dire contre moi tous les maux que l'envie et la passion leur peut suggérer. *Circumveniamus justum, quoniam inutilis est nobis et contrarius est operibus nostris.* Ma conduite n'est pas conforme à la leur ; mes maximes sont exactes, les leurs sont relâchées ; les voies dans lesquelles j'essaye de marcher sont étroites, celles qu'ils suivent sont larges et spacieuses : voilà mon crime ; cela suffit, il faut m'opprimer et me détruire. *Opprimamus pauperem justum: gravis est nobis etiam ad vivendum, quoniam dissimilis est aliis vita illius.*

« Comment voulez-vous, monsieur, que je leur donnasse quelque créance ; et peuvent-ils passer pour autre chose dans mon esprit que pour des emportés et des injustes? En quel endroit de l'Écriture et des livres des saints Pères ces gens, si zélés pour la défense de la vérité, ont-ils lu qu'ils puissent en conscience imputer le plus grand de tous les crimes sous des imaginations toutes pures, et décrier par toutes sortes de voies publiques et secrètes des personnes qui servent Dieu dans la retraite et dans le silence, qui ne se mêlent ni des contestations ni des affaires, qui donnent de l'édification à l'Église, et dont la vie, de l'aveu même de ceux qui ne les aiment pas, est irrépréhensible? Jugez vous-même, monsieur, qu'est-ce qui se peut présenter plus naturellement lorsqu'il me revient quelque chose des soupçons que l'on forme contre les jansénistes, sinon que, puisque les molinistes ne font nul scrupule de m'imputer des excès dont je ne suis pas moins exempt que vous-même, quoique je n'aie jamais rien dit à leur désavantage et qu'ils n'aient aucun sujet de se plaindre de moi, il est très-possible qu'ils attribuent des erreurs imaginaires à des personnes qui n'ont pas eu pour eux les mêmes égards ni les mêmes ménagements, et contre lesquels ils ont depuis si longtemps une guerre toute déclarée?

« Pour vous parler franchement, monsieur, je ne suis rien moins que moliniste, quoique je sois parfaitement soumis à toutes les puissances ecclésiastiques. Je ne pense point comme eux pour ce qui regarde la grâce de Jésus-Christ, la prédestination de ses saints et la morale de son Évangile, et je suis persuadé que les jansénistes n'ont point de mauvaise doctrine. Ce seroit une grande foiblesse de régler sa conduite sur les caprices et les imaginations du monde ; et les gens de bien qui ne regardent que Dieu dans toutes les circonstances de leur vie ne se mettent guère en peine que l'on se scandalise de leur procédé lorsqu'il n'y a rien qui ne soit dans l'ordre et dans les règles. Le scandale ne retombe point sur eux, mais sur ceux qui veulent trouver des sujets d'en prendre des occasions qui ne sont point blâmables.

« Enfin, monsieur, j'ai vu, depuis que j'ai quitté le monde, les différents partis qui ont agité l'Église. J'ai vu de tous les côtés les intérêts et les passions qui les ont continués, et par la grâce de Dieu je n'y ai pris aucune part que celle de m'en affliger, d'en gémir devant Dieu et de le prier d'inspirer des sentiments de paix et de charité à ceux qui paroissent en avoir de tout contraires. J'ai vécu entre les uns et les autres dans un état de suspension, je me suis soumis à l'Église sans avoir de liaison avec personne, parce que j'ai cru qu'il n'y en avoit point qui ne fût dangereuse et que le meilleur des partis étoit de n'en point avoir, mais de s'attacher simplement à Jésus-Christ et à ceux auxquels il a donné sa puissance et son autorité dans son Église.

« J'ai demeuré dans le repos et dans le silence ; et comme je pense souvent à cette grande vérité, que Dieu jugera sans miséricorde ceux qui auront jugé leurs frères sans compassion, je me suis abstenu de m'expliquer et de condamner la conduite et les sentiments de personne, sachant que je ne le devois pas, à moins que d'avoir des évidences et des certitudes que je n'ai jamais eues et d'y être engagé par de véritables nécessités. Je n'ai nul dessein de plaire aux hommes ; je ne recherche ni leur approbation ni leur estime, et je sais trop que Dieu ne marque jamais plus clairement dans ceux qui sont à lui et qu'il ne rejette point les services qu'ils lui rendent, que quand il permet qu'on les persécute ; et la seule peine que j'aie est de voir que ces gens-là engagent leurs consciences comme s'ils ne savoient pas que Dieu jugera les calomniateurs avec autant de rigueur et de sévérité que les homicides et les adultères.

« Il me reste, monsieur, une autre affaire, qui est d'empêcher qu'on ne croie que je favorise le parti des molinistes ; car je vous avoue que la morale de la plupart de ceux qui en sont est si corrompue, les maximes si opposées à la sainteté de l'Évangile et à toutes les règles et instructions que Jésus-Christ nous a données, ou par sa parole ou par le ministère de ses saints, qu'il n'y a guère de choses que je puisse moins souffrir que de voir qu'on se servît de mon nom pour autoriser des sentiments que je condamne de toute la plénitude de mon cœur. Ce qui me surprend dans ma douleur, c'est que sur ce chapitre tout le monde est muet, et que ceux même qui font profession d'avoir du zèle et de la piété gardent un profond silence, comme s'il y avoit quelque chose de plus important dans l'Église que de conserver la pureté de la foi dans la conduite des âmes et dans la direction des mœurs. Pour moi qui n'ai jamais pris de chaleur contre personne, parce que je me suis toujours préservé de toutes sortes de liaisons, quand je regarde les choses dans le désintéressement d'un homme qui ne veut avoir que Dieu et sa vérité devant les yeux, et que j'essaye de discerner ce qui fait qu'on est si échauffé de certaines matières et que sur les autres on n'a que de l'indifférence et de la froideur, rien ne se présente plus naturellement sinon que ce qui donne le mouvement à la plupart des hommes, c'est l'intérêt que d'un côté il y a à plaire et à gagner, et que de l'autre il n'y a rien qu'à perdre (j'entends de ceux qui sont théologiens et qui ne peuvent ignorer le fond et les conséquences des choses) ; et comme je n'ai rien à perdre ni à gagner en ce monde, et que j'ai réduit à l'éternité toute seule mes prétentions et mes espérances, ce sont des tempéraments et des retenues que je ne puis goûter ni comprendre. En vérité, si Dieu n'a pitié du monde et s'il n'empêche l'effet de l'application avec laquelle on travaille à détruire les maximes véritables pour en substituer d'autres en leur place, qui ne le sont pas, les maux se multiplieront, et l'on verra dans peu une désolation presque générale. »

Je n'ai point abrégé cette lettre, trop longue pour nous; elle décide une question si vivante alors, maintenant si morte. Le jansénisme par son âpreté devoit plaire à un solitaire. Tout cela nous paroîtra accablant aujourd'hui, car l'esprit humain n'a plus la force de se tenir debout. Rancé, influencé par Bossuet, changea d'opinion ; il cessa de tolérer ce qu'il avoit respecté. La permanence n'appartient qu'à Dieu. *Manet in æternum.*

Dans l'année 1678, Rancé fit au maréchal de Bellefonds une déclaration de ses principes : Bellefonds étoit ce même maréchal puni à la guerre pour deux désobéissances heureuses, et auquel Bossuet écrivit une lettre sur la conversion de M$^{me}$ de La Vallière. La lettre de Rancé est devenue rare : il s'agissoit de repousser les accusations qui s'élevoient contre les rigueurs de La Trappe :

« S'il n'est pas impossible, dit l'abbé au maréchal, de chanter les cantiques du Seigneur dans une terre étrangère, il faut croire cependant qu'il est difficile de garder fidèlement ses voies lorsqu'on est environné d'affaires et de plaisirs.

« Dieu n'a pas commandé à tous les hommes de quitter le monde; mais il n'y en a point à qui il n'ait défendu d'aimer le monde.

« Ma profession veut que je me regarde comme un vase brisé qui n'est plus bon qu'à être foulé aux pieds : et, dans la vérité, si les hommes me prennent par des endroits par où je ne suis pas tel qu'ils me croient, il y a en moi des iniquités qui ne sont *connues de personne* et sur lesquelles on ne me dit mot; de sorte que je ne puis ne pas croire que les injustices qui me viennent du monde ne soient des justices secrètes et véritables de la part de Dieu, et ne pas considérer en cela les hommes comme des exécuteurs de ses vengeances.

« C'est la disposition dans laquelle je suis, et que je dois conserver, d'autant plus que les extrémités de ma vie sont proches : aux portes de l'éternité, il n'y a rien de plus puissant pour faire que Dieu me juge dans sa clémence que d'être jugé des hommes sans pitié. »

Dans l'année 1679 Bellefonds appela Rancé à Paris. Ces Bellefonds de Normandie étoient sortis des Bellefonds de Touraine. La marquise du Châtelet, fille du maréchal, vécut très-pauvre avec son mari à Vincennes, dont Bellefonds étoit gouverneur ; il mourut dans le château où l'attendoit le duc d'Enghien, qui n'avoit point encore paru sur la terre.

Rancé étoit mandé par le maréchal pour voir M$^{me}$ de La Vallière ; il se connoissoit dans le mal dont elle étoit attaquée. Cinquante lettres de M$^{me}$ de La Vallière à Bellefonds sont imprimées à la suite de l'abrégé de la vie de la maîtresse de Louis XIV. L'auteur de cet abrégé est l'abbé Lequeux, éditeur de plusieurs opuscules de Bossuet. L'abbé devint convulsionnaire de Saint-Médard.

« Vivez cachée, » dit Bossuet à M$^{me}$ de La Vallière dans son discours sur sa profession ; prenez un si noble essor que vous ne trouviez le repos que dans l'essence éternelle. » « Enfin je quitte le monde, » écrit M$^{me}$ de La Vallière elle-même ; « c'est sans regret, mais non sans peine. Je crois, j'espère et j'aime. » Ce devoit être une belle société que celle à qui ce beau langage étoit naturel. Dans sa lettre du 7 novembre 1675 au maréchal de Bellefonds, M$^{me}$ de La Vallière dit : « Je ne puis m'empêcher de vous faire part de la joie que j'ai eue de voir M. l'abbé de La Trappe : je suis toujours dans la confiance de la paix, et notre saint abbé m'a fort exhortée à y demeurer. Que vous êtes heureux, monsieur le maréchal, d'être dans l'état où il veut que vous soyez ! » Bellefonds, aidé de Rancé et de la lassitude de Louis, appuyoit la résolution de la fugitive. Le monde voyoit une de ses victimes sous le froc, Rancé, encourager au cilice une autre victime.

Telle étoit l'aventure placée sur le chemin de la Maison-Dieu. Tous les souvenirs venoient du dedans et du dehors s'enfoncer dans ces solitudes ; chaque pénitent menoit avec lui ses fautes. Les repentis se promenoient dans des routes écartées, se rencontroient pour ne se retrouver jamais. Les âmes qui portoient des souvenirs disparoissoient comme ces vapeurs que j'ai vues dans mon enfance sur les côtes de la Bretagne ; brouillards, assuroit-on, produits par les volcans lointains de la Sicile. On rencontroit sur toutes les routes de La Trappe des fuyards du monde ; Rancé à ses risques et périls les alloit recueillir ; il rapportoit dans un pan de sa robe des cendres brûlantes, qu'il semoit sur des friches. Aujourd'hui, on ne voit plus glisser dans les ombres ces chasses blanches, dont Charles Quint et Catherine de Médicis croyoient entendre les cors parmi les ruines du château de Lusignan, tandis qu'une fée envolée faisoit son cri.

En descendant des hauteurs boisées où je cherchois les lares de Rancé, s'offroient des clochers de paille tordus par la fumée ; des nuages abaissés filoient comme une vapeur blanche au plus bas des vallons. En approchant, ces nuées se métamorphosoient en personnes vêtues de laine écrue ; je distinguois des faucheurs : M$^{me}$ de La Vallière ne se trouvoit point parmi les herbes coupées.

Rancé s'étoit résolu à ne composer aucun ouvrage qui rappelât son existence. A soixante ans, accablé d'infirmités, il n'étoit pas tenté de retourner aux illusions de sa jeunesse, malgré les encouragements qu'il trouvoit dans les cheveux blancs de son ami Bossuet. Comme il faisoit souvent des conférences à ses frères, il lui restoit une quantité de discours. Il se laissa entraîner à la prière d'un religieux malade qui le conjuroit de rassembler ces discours. Ainsi se trouva formé peu à peu le traité qu'il intitula *De la sainteté et des devoirs de la vie monastique*. On fit dans le couvent plusieurs copies de ce traité ; une de ces copies tomba entre les mains de Bossuet : Bossuet, émerveillé, se hâta d'écrire à Rancé qu'il exigeoit que son ouvrage fût rendu public et qu'il se chargeoit de le faire imprimer. Dom Rigobert et l'abbé de Châtillon mêlèrent leurs sollicitations à celles du grand évêque. Rancé avoit jeté l'ouvrage au feu; et on en avoit retiré des cahiers à demi brûlés. Par une de ces lâchetés communes aux auteurs, Rancé avoit repris les débris de l'incendie, et les avoit retouchés; une des copies post-flammes étoit parvenue à Bossuet. « Comment, monseigneur, lui écrivoit l'abbé de La Trappe, vous voulez que je me mette tous les ordres religieux à dos? — Vous avez beau, répondit Bossuet, vous fâcher, vous ne serez point le maître de votre manuscrit, et vous y penserez devant votre Dieu. » Rancé insista : Bossuet lui répondit : « Je répondrai pour vous, je prendrai votre défense; demeurez en repos. »

En effet, on voit à la tête des *Éclaircissements* sur le livre *Des devoirs de la vie monastique* cette approbation de Bossuet : « Après avoir lu et examiné les *Éclaircissements*, nous les avons approuvés d'autant plus volontiers que nous espérons que tous ceux qui les liront demeureront convaincus de la sainte et salutaire doctrine du livre *De la sainteté et des devoirs de la vie monastique*. A Meaux, le 10ᵉ jour de mai 1685. »

Quel est cet ouvrage que l'aigle de Meaux avoit couvert de ses ailes? En vain Rancé ne vouloit pas convenir que sa jeunesse lui étoit demeurée : il se disoit et se croyoit vieux, et la vie débordoit en lui. Cependant ce qu'il avoit prévu arriva. Une longue querelle survint après deux ou trois années de la publication du livre. La gravité de ces controverses n'a rien de semblable aux contestations littéraires d'aujourd'hui; cette partie des temps passés est curieuse à connoître. Bossuet ne s'étoit trompé ni sur le fond ni sur le style de l'ouvrage. Voici l'analyse *De la sainteté des devoirs de la vie domestique*, je laisse parler Rancé :

« Les règles des observances religieuses ne doivent pas être considérées comme des inventions humaines. Saint Luc a dit : Vendez ce que vous avez, et le donnez aux pauvres ; après cela venez, et me suivez. Si quelqu'un vient à moi et ne hait point son père et sa mère, et sa femme et ses enfants, et ses frères et ses sœurs, et même sa propre vie, il ne peut être mon disciple.

« Jean-Baptiste a mené dans le désert une vie de détachement, de pauvreté, de pénitence et de perfection, dont la sainteté a été transmise aux solitaires ses successeurs et ses disciples.

« Saint Paul l'anachorète et Saint Antoine cherchèrent les premiers Jésus-Christ dans les déserts de la basse Thébaïde ; saint Pacôme parut dans la haute Thébaïde, reçut de Dieu la règle par laquelle il devoit conduire ses nombreux disciples. Saint Macaire se retira dans le désert de Sethé, saint Antoine dans celui de Nitry, saint Sérapion dans les solitudes d'Arsinoé et de Memphis, saint Hilarion dans la Palestine ; sources abondantes d'une multitude innombrable d'anachorètes et de cénobites qui remplirent l'Afrique, l'Asie et toutes les parties de l'Occident.

« L'Église, comme une mère trop féconde, commença de s'affoiblir par le grand nombre de ses enfants. Les persécutions étant cessées, la ferveur et la foi diminuèrent dans le repos. Cependant Dieu, qui vouloit maintenir son Église, conserva quelques personnes qui se séparèrent de leurs biens et de leurs familles par une mort volontaire, qui n'étoit ni moins réelle, ni moins sainte, ni moins miraculeuse que celle des premiers martyrs. De là les différents ordres monastiques sous la direction de saint Bernard et de saint Benoît. Les religieux étoient des anges, qui protégeoient les États et les Empires par leurs prières ; des voûtes, qui soutenoient la voûte de l'Église, des pénitents, qui apaisoient par des torrents de larmes la colère de Dieu ; des étoiles brillantes, qui remplissent le monde de lumière. Les couvents et les rochers sont leur demeure ; ils se renferment dans les montagnes comme entre des murs inaccessibles ; ils se font des églises de tous les lieux où ils se rencontrent ; ils se reposent sur les collines comme des colombes, ils se tiennent comme des aigles sur la cime des rochers ; leur mort n'est ni moins heureuse ni moins admirable que leur vie, raconte saint Éphrem. Ils n'ont aucun soin de se construire des tombeaux ; ils sont crucifiés au monde ; plusieurs, étant attachés comme à la pointe des rochers escarpés, ont remis volontairement leur âme entre les mains de Dieu. Il y en a qui, se promenant avec leur simplicité ordinaire, sont morts dans les montagnes qui leur servoient de sépulcre. Quelques-uns, sachant que le moment de leur délivrance étoit arrivé, se mettoient de leurs propres mains dans le tombeau. Il s'en est trouvé qui en chantant les louanges de Dieu ont expiré dans l'effort de leur voix, la mort seule ayant terminé leur prière et fermé leur bouche. Ils attendent que la voix de l'archange les réveille de leur sommeil ; alors ils refleuriront comme des lis d'une blancheur, d'un éclat et d'une beauté infinis. »

Après cette description admirable pour leur faire aimer la mort, Rancé ajoute : « Je ne doute pas, mes frères, que vos pensées ne vous portent du côté du désert ; mais il faut modérer votre zèle. Les temps sont passés ; les portes des solitudes sont fermées, la Thébaïde n'est plus ouverte. »

C'étoit vrai ; mais les ordres religieux avoient rebâti dans leurs couvents la Thébaïde, ils avoient représenté dans leurs cloîtres les palmiers des sables. Les monastères étoient des pépinières où l'on élevoit les plantes divines, où elles prenoient leur accroissement avant d'être transplantées. Ainsi, lorsqu'on descendoit de la montagne et que l'on étoit près d'entrer dans Clairvaux, on reconnoissoit Dieu de toutes parts. On trouvoit au milieu du jour un silence pareil à celui du milieu de la nuit : le seul bruit qu'on y entendoit étoit le son des différents ouvrages des mains ou celui de la voix des frères lorsqu'ils chantoient les louanges du Seigneur. La renommée seule de cette grande aphonie imprimoit une telle révérence que les séculiers craignoient de dire une parole. Une forêt resserroit le monastère. Les viandes dont on se nourrissoit n'avoient d'autre goût que celui que la faim leur donnoit.

Rancé passe à l'explication des trois vœux de la vie monastique : chasteté, pauvreté et obéissance. Il dit que dans la pensée de saint Augustin une vierge chaste consacrée à Dieu a tout ce qui peut lui servir d'ornement ; sans quoi la virginité lui auroit été honteuse, car que lui serviroit d'avoir l'intégrité du corps si elle n'avoit pas celle de l'âme ? Le réformateur insiste sans s'embarrasser dans ses souvenirs. Quel avantage tireroit un religieux d'avoir abandonné les biens de la fortune s'il conservoit d'autres affections et d'autres attaches ? Notre cœur se trouve où est notre trésor, et nous sommes liés par les objets que nous aimons ; et pourtant, mes frères, dit Rancé, si le religieux ne se prive des faux plaisirs, il se réserve les véritables ennuis qui les accompagnent ; toute sa course ne sera qu'une continuité de chutes et de rechutes. Dans un voyage pour aller plus légèrement vers le ciel, il faut se décharger de tout ce qui peut empêcher de s'avancer dans le chemin. La pauvreté religieuse sépare le cœur, aussi bien que la chasteté, de tout ce qu'il y a de visible et d'invisible, s'il n'est point éternel.

Rancé recommande la charité comme la première des vertus. Un chrétien, dit saint Paul, n'est fait que pour aimer. Ce qui fait que l'amour de Dieu est si rare dans les hommes, c'est qu'ils sont emportés par d'autres amours. « Pour vous, dit le réformateur dans un langage admirable, pour vous, mes frères, Dieu vous a levé tous ces obstacles, et vous a préservés de ces sortes de tentations en vous retirant dans la solitude. Vous êtes à l'égard du monde comme s'il n'étoit plus ; il est effacé dans votre mémoire comme vous l'êtes dans la sienne ; vous ignorez tout ce qui s'y passe ; ses événements et ses révolutions les plus importantes ne viennent point jusqu'à vous ; vous n'y pensez jamais que lorsque vous gémissez devant Dieu de ses misères ; et les noms mêmes de ceux qui le gouvernent vous seroient inconnus si vous ne les appreniez par les prières que vous adressez à Dieu pour la conservation de leurs personnes. Enfin, vous avez renoncé, en le quittant, à ses plaisirs, à ses affaires, à ses fortunes, à ses vanités, et vous avez mis tout d'un coup dessous vos pieds ce que ceux qui l'aiment et qui le servent ont placé dans le fond de leur cœur. »

Tel est ce traité *De la sainteté et des devoirs de la vie monastique* ; on y entend les accents pleins et majestueux de l'orgue. On se promène à travers une basilique dont les rosaces éclatent des rayons du soleil. Quel trésor d'imagination dans un traité qui paroissoit si peu s'y prêter ! Ici on ne se traîne pas sur ces adorations de femme reproduites aujourd'hui à tout propos sans les plus aimer. La lumière et l'ombre avoient bâti les édifices religieux plus que la main des hommes. Le travail de Rancé apprendra à ceux qui ne le connoissoient pas qu'il y a dans notre langue un bel ouvrage de plus.

Il se fit d'abord un profond silence, autant d'admiration que d'étonnement. Il ne fallut pas moins de deux années pour que les amours-propres et les passions se remissent du choc. Mais enfin on recouvra ses esprits, et le conflit s'engagea : il commença d'abord en Hollande, où la littérature française avoit son écho ; écho protestant, qui répétoit mal le son, et ne le répétoit qu'aigre et sec.

*Le véritable Motif de la conversion de l'abbé de La Trappe*, par Laroque, que j'ai déjà cité, est une réponse aux *Devoirs de la vie monastique* ; il est en forme de dialogue, selon le goût du temps : Timocrate et Philandre s'entretiennent du livre de Rancé. Timocrate est un bonhomme, qui par-ci par-là a grande envie d'admirer le livre des Devoirs, mais Philandre le morigène ; il prétend, lui, que l'ouvrage du solitaire de La Trappe ne vaut pas le diable. Sur chaque observation de Timocrate, Philandre s'écrie : « Ah ! je ne savais pas cela. Je serai fort aise que vous examiniez un peu ce qu'il dit là-dessus, et vous m'obligerez de me montrer l'endroit. » Les deux interlocuteurs vont dîner, se donnent rendez-vous pour le lendemain au jardin des Tuileries, et la conversation continue. Timocrate accuse Rancé de dédaigner l'Écriture, de vouloir se montrer savant à propos de tout, de citer de l'Aristophane grec. « Je voudrais savoir, reprend Timocrate, quand il l'a lu, si c'étoit dans sa jeunesse et avant d'avoir quitté le monde ou après. J'ai peine à croire qu'il se ressouvienne si exactement d'une lecture faite il y a plus de trente ans : ainsi il y a plus d'apparence que c'est dans la retraite qu'il s'est diverti avec ce comique. » Petite chicane de mauvaise foi, néanmoins piquante. Le P. Mège combattit sérieusement le premier l'ouvrage de Rancé dans son *Commentaire sur la règle de saint Benoît*. Le livre *De la sainteté et des devoirs de la vie monastique* étoit déjà à sa troisième édition, lorsque enfin, dans l'ombre des cloîtres, on entendit un bruit de papier et de poussière : c'étoit Mabillon qui s'élevoit. Il n'avoit pas blanchi sous ses in-folio, il ne regardoit pas autour de lui les parchemins moisis des premiers jours de la monarchie, pour s'entendre dire qu'il avoit perdu son âme et son temps à l'étude des choses passées. Le compilateur des *Vetera analecta* se crut obligé de soutenir la cause des érudits, dont il étoit la gloire. Les deux savants champions, descendus dans la lice, étoient cuirassés de grec et de latin. Quand nous prétendons lutter contre ces savants, nous montrons ce qui nous manque « dans cette monarchie DOCTE ET CONQUÉRANTE, » dit Bossuet. Le Père Mabillon procède méthodiquement; il ne laisse rien derrière lui; rechercheur expérimenté, il fouille partout : il ne fait pas un pas qu'il ne force un siècle à se lever. Intime confident des chroniques, il dit comme l'abbé Lacordaire : « Le temps tiendra la plume après moi. »

Il s'adresse aux jeunes religieux bénédictins de la congrégation de Saint-Maur :

« C'est à vous, mes très-chers frères, leur dit-il, que je me sens obligé d'offrir cet ouvrage, puisque c'est particulièremnent pour vous qu'il a été entrepris et composé. Je vous prie de bien considérer que je ne prétends pas faire ici de nos monastères de pures académies de science : si le grand apôtre faisoit gloire de n'en avoir point d'autre que celle de Jésus-Christ crucifié, nous ne devons point aussi avoir d'autre but dans nos études : il est vrai, et saint Paul l'a dit, que la science sans la charité enfle, mais il est certain aussi qu'avec le secours de la grâce rien n'est plus propre à nous conduire à l'humilité, parce que rien ne nous fait mieux connaître notre néant, notre corruption et nos misères. »

L'illustre savant s'étoit mis à l'abri des reproches de Rancé par cette ingénieuse interprétation de l'étude. Jusque dans la manière dont il imprime son traité, il semble avoir contracté dans des lettres majuscules quelque chose du caractère monumental des inscriptions. Il écarte pour les théologiens scolastiques les questions de la puissance *obédiencielle* et de la façon dont le feu matériel agit sur les damnés, puis il entre en matière : « Ce qui m'avoit fait balancer d'abord, dit-il dans son avant-propos, sur la composition de mon ouvrage, c'est que le grand serviteur de Dieu qui fait aujourd'hui tant d'honneur à l'état monastique s'est expliqué d'une manière si noble et si relevée sur ce sujet, qu'il est malaisé de réussir après lui. L'on pourra cependant demeurer d'accord avec lui que si tous les solitaires étoient comme les siens, et si l'on étoit assuré d'avoir toujours des supérieurs aussi éclairés que lui, il ne seroit pas beaucoup nécessaire que les solitaires s'appliquassent aux études, puisqu'en ce cas leur supérieur leur tiendroit lieu de livres. Mais il est difficile, pour ne pas dire impossible, que toutes les communautés aient cet avantage. »

Après cette sainte courtoisie, Mabillon continue : la raison et le savoir l'appeloient à triompher. Il affirme que les moines sont obligés de vaquer à l'étude, que les grands hommes qui ont fleuri parmi les moines sont une preuve que l'on cultivoit les lettres chez eux, que les bibliothèques des monastères sont une autre preuve des études qui s'y faisoient. Il parle de l'institution de l'abbaye du Bec et des Chartreux. Il montre que les monastères de l'Orient s'occupoient aussi de lettres : témoin saint Basile, saint Chrysostome, saint Jérôme, Ruffin, Cassien et son compagnon Germain, Marc le solitaire, et saint Nil. Il rappelle le monastère de Lérins dans l'Occident, l'abbaye du mont Cassin, le monastère de Saint-Colomban, les écoles attachées aux cathédrales et aux monastères, les savants qui sortirent de ces écoles, le fameux Gerbert, Loup de Ferrières, Lanfranc, Anselme ; il fait voir que les moines, occupés à transcrire les ouvrages des anciens, nous les ont conservés, que les religieux mêmes s'occupoient de les transcrire ; que les conciles et les papes, loin de défendre les études aux moines, les ont, au contraire, obligés à ces études ; il ne faut pour la conviction de la France que l'autorité de Charlemagne et de saint Louis.

L'érudition toujours sûre déborde dans le *Traité des études monastiques*. L'auteur descend aux plus petits préceptes : il apprend à reposer sa voix à propos dans les lectures ; il insiste surtout sur la brièveté, quoique lui-même soit un peu long : un court *Hic jacet Sugerius abbas* vaut mieux, dit-il, qu'une verbeuse inscription. Prononcez en françois *incontinent après*, au lieu d'*incontinen après* ; *saintes âmes*, au lieu de *saint âmes*.

« Ceux qui confèrent les manuscrits avec un imprimé, ajoute l'érudit, doivent, pour la facilité de ceux qui s'en serviront, marquer la page et le nombre de la ligne de l'imprimé où tombe la correction ou la diverse leçon; et afin qu'ils ne soient pas obligés de compter à chaque fois les lignes, ils pourront faire une échelle de carton ou de papier sur laquelle ils marqueront le nombre des lignes dans la même distance qu'elles sont dans l'imprimé. »

Merveilleux siècle où Mabillon, oubliant son sujet, se change en un pauvre pédagogue, où Bossuet, devenant un prêtre habitué de paroisse, fait le catéchisme aux petits enfants de son diocèse!

Il n'y a aucune éloquence dans le *Traité des études monastiques* opposé aux sentiments de Rancé, mais une raison supérieure, une mansuétude touchante, je ne sais quoi qui gagne le cœur : « Écrivons donc, dit-il en finissant, et composons tant que nous voudrons, et travaillons pour les autres. Si nous ne sommes pénétrés de ces sentiments, nous travaillons en vain, et nous ne rapporterons de notre travail qu'une funeste condamnation. Tout passe, excepté la charité : *Quotidie morimur, quotidie commutamur, et tamen æternos nos esse credimus.* »

Rancé prit feu en se sentant attaqué par Mabillon : sa réponse est aussi érudite que celle du bénédictin, mais elle est sophistique. Si le supérieur de La Trappe n'a pas raison, il se soutient par une éloquence qu'il tire de sa passion pour les souffrances. Il adresse sa réponse à ses frères trappistes, comme Mabillon avoit dédié son ouvrage à ses jeunes confrères.

« Comme Dieu m'a chargé, mes frères, leur dit-il, de veiller incessamment à la garde de vos âmes, je me sens obligé de vous dire que depuis peu il paroît un livre qui attaque une vérité que nous vous avons enseignée comme une des plus importantes et des plus nécessaires pour maintenir la régularité dans les cloîtres. Le dessein de l'auteur est de prouver que l'étude des sciences est nécessaire à l'état monastique; je vous avoue que ce qui me fait le plus de peine dans l'obligation où je suis de vous expliquer mes pensées sur ce sujet, afin de vous préserver d'une opinion qui m'a paru si dangereuse, c'est que j'estime et que je considère celui qui a composé cet ouvrage, et qu'il s'attire une recommandation particulière par sa vertu comme par sa doctrine. »

Quelle différence de ce public compétent et choisi à celui auquel nous nous adressons maintenant!

Rancé reprend une à une les propositions de Mabillon et les réfute à son tour par des exemples. Comme il y a nécessairement des parties foibles dans un grand ouvrage, l'abbé les saisit avec habileté : « On louc, mes frères, dit-il, on loue Marc, disciple, à ce que l'on dit, de saint Benoît, de ce qu'il faisoit bien des vers! Quelle louange pour un moine! Je suis assuré que saint Benoît ne lui avoit pas légué cette science par son testament, ni qu'il ne la lui avoit pas enseignée par son exemple. Quelle qualité pour un solitaire d'être poëte!

« Loup, abbé de Ferrières, a tort de prier le pape Benoît III de lui envoyer le livre *De l'Orateur* de Cicéron, les douze livres de Quintilien, le Commentaire de Donat sur Térence : n'auroit-il pas mieux fait de gémir dans le fond de son cloître de ses propres péchés comme de ceux du monde, et de soutenir ses frères qui dans ce siècle de fer avoient besoin d'être secourus et d'être consolés! »

Rancé se jette parmi les moines savants pour en rompre l'ordonnance; il ne s'aperçoit pas qu'il les fait aimer : il rit de Hubald, auteur de cent trente vers à la louange des *chauves*. Rancé avoit raison; mais qu'est-ce que cela prouve, sinon chez Rancé un reste de la raillerie du monde?

Mabillon ne se tint pas pour vaincu; il répliqua dans ses *Réflexions*. Il amoncela de nouvelles preuves en faveur des études monastiques. Ces ouvrages de Mabillon ne sont point écrits avec emportement; une attention sage, pleine de modération et de retenue, une piété tendre, une science humble et modeste, une sainte politesse règnent partout. Il finit par ces paroles touchantes :

« J'ai tâché de garder toutes les règles de la modération; mais je n'oserois me flatter qu'il ne me soit rien échappé de contraire et que je n'aie trahi en cela mes intentions les plus pures et les plus droites. Que ne pouvez-vous voir mon cœur, mon révérend père (l'abbé de La Trappe!), car permettez-moi de vous adresser ces paroles à la fin de cet ouvrage, pour y connoître les dispositions où je suis et pour votre personne et pour votre maison. Je suis bien éloigné de désapprouver la conduite que vous y gardez envers vos religieux touchant les études; mais si vous les croyez assez forts pour s'en passer, n'ôtez pas aux autres un soutien dont ils ont besoin.

« Que si vous jugiez à propos de répliquer à ces réflexions, je vous prie de prendre bien ma pensée comme je me suis efforcé de prendre la vôtre; mais, au nom de Dieu, demeurons-en là dans les termes de notre contestation. J'espère que Dieu me fera la grâce de n'entrer jamais dans ces sortes de détails. Quelque chose qu'on puisse me dire et que je puisse apprendre, je n'en ferai jamais aucun autre usage que de les sacrifier à la paix et à la charité chrétienne. Écrivez donc, si vous voulez, contre l'abus que l'on peut faire de l'étude et de la science, mais épargnez en même temps l'une et l'autre, parce qu'elles sont bonnes en elles-mêmes et que l'on en peut faire un très-bon usage dans les communautés religieuses. C'est la charité qui, unissant les travaux des uns avec l'étude des autres par l'union de leurs cœurs, fait que ceux qui étudient participent au mérite du travail de leurs frères, et que ceux qui travaillent profitent des lumières de ceux qui étudient. Je souhaite de tout mon cœur que ce soit là notre partage aux uns et aux autres ; heureux si ce pouvoit être là le fruit de nos disputes, et si, nos sentiments étant partagés au sujet de la science, ils demeuroient réunis au moins dans l'esprit de charité. Pardonnez-moi, mon révérend père, car il faut finir par les paroles du saint docteur ; pardonnez-moi si j'ai parlé avec quelque sorte de liberté, et soyez persuadé que je ne l'ai fait par aucun dessein de vous blesser : *non ad contumeliam tuam, sed ad defensionem meam.* Néanmoins, si je me suis trompé en cela même, je vous prie encore de me le pardonner. »

Ce ne sont pas là de ces modesties ostentatrices qui se glorifient. Mabillon parle à pleine ouverture de cœur ; aucun arrière-amour-propre ne corrompt la sincérité de ses aveux : tels sont les fruits de la religion. Il y a loin de cette douceur à cette amertume du savoir, telle qu'on la sent dans les contentions de Milton et de Saumaise et dans les jugements de Scaliger.

Les actions confirmèrent les paroles ; et l'on trouve Mabillon à La Trappe, suivi et accompagné avec respect par Rancé. Le 4 juin 1693, Rancé écrit à l'abbé Nicaise : « Le P. Mabillon est venu ici depuis sept à huit jours seulement. L'entrevue s'est passée comme elle le devait ; il est malaisé de trouver tout ensemble plus d'humilité et plus d'érudition que dans ce bon père. »

Bossuet, avec son bon sens, avait éclairé le point de la difficulté, en distinguant l'état de solitaire et l'état de cénobite.

La dispute ne s'éteignit pas là : les moines savants avoient pris les armes. D. Claude de Vert, sous le nom de frère Colombart, se jeta dans la mêlée. L'infatigable Rancé répondit toujours. Quatre lettres du P. Sainte-Marthe parurent, auxquelles Rancé répliqua par une courte lettre adressée à Santeul, juge placé avec ses belles poésies latines sur la frontière des deux Parnasses.

Au surplus, l'éloignement pour les lettres qu'éprouvoit Rancé s'est retrouvé chez plusieurs hommes et même des hommes de son temps ; ils avoient appris à mépriser ce qu'ils avoient d'abord recherché. Boileau écrivoit à Brienne : « C'est très-philosophiquement et non chrétiennement que les vers me paroissent une folie. C'est vainement que votre berger en soutane, je veux dire M. de Maucroix, déplore la perte du *Lutrin*. Si quelque raison me le fait jamais déchirer, ce ne sera pas la dévotion, mais le peu d'estime que j'en fais, aussi bien que de tous mes ouvrages. Vous me direz peut-être que je suis aujourd'hui dans un grand accès d'humilité ; point du tout : jamais je ne fus plus orgueilleux ; car, si je fais peu de cas de mes ouvrages, j'en fais encore bien moins de ceux de nos poëtes d'aujourd'hui, dont je ne puis plus lire ni entendre pas un, fût-il à ma louange. »

Que dirait donc le critique, maintenant qu'il n'y a pas un de nous, long ou écourté qu'il soit, qui ne se pense assuré d'aller aux astres? Pour moi, tout épris que je puisse être de ma chétive personne, je sais bien que je ne dépasserai pas ma vie. On déterre dans des îles de Norvège quelques urnes gravées de caractères indéchiffrables. A qui appartiennent ces cendres? Les vents n'en savent rien.

Mabillon, né le 23 novembre 1632, à Saint-Pierre-Mont, village du diocèse de Reims, mourut sept ans après Rancé, le 27 décembre 1707. En apprenant cette mort, Clément XI dit « que Mabillon devoit être inhumé dans le lieu le plus distingué, parce qu'on ne manqueroit pas de demander où il avoit été déposé : *Ubi posuistis eum ?* »

Les restes du savant, après avoir été conservés au Musée des *monuments françois*, ont été reportés, au mois de février 1819, à l'abbaye de Saint-Germain-des-Prés. Notre maître à tous, M. Augustin Thierry, a écrit ces paroles sur le premier monument de notre monarchie : découvrons-nous avec respect pour entrer dans le caveau funèbre : « Cette église fut le tombeau des princes mérovingiens ; son pavé subsiste ; et dans l'enceinte de l'édifice, rebâti plusieurs fois, il garde encore la poussière des fils du conquérant de la Gaule. Si ces récits valent quelque chose, ils augmenteront le respect de notre âge pour l'antique abbaye royale, maintenant simple paroisse de Paris ; et peut-être joindront-ils une émotion de plus aux pensées qu'inspire ce lieu de prières, consacré il y a treize cents ans. »

L'édit de Nantes fut révoqué en 1685 au mois d'août ; les cent cinquante-huit articles avoient été successivement cancellés par des lois. A ce propos, l'abbé de Rancé écrivoit : « C'est un prodige que le roi a fait contre l'extirpation de l'hérésie. Il falloit pour cela une puissance et un zèle qui ne fût pas moins grand que le sien. Le temple de Charenton détruit, et nul exercice de religion dans le royaume, c'est une espèce de miracle que nous n'eussions pas cru voir de nos jours. »

La renommée de l'abbaye de La Trappe avoit franchi les mers ; un missionnaire étoit arrivé de la Chine tout exprès pour voir le saint solitaire. Prêt à retourner aux Indes, Rancé lui écrivit ; et M. de Chaumont, ainsi se nommoit-il, emporta cette lettre comme une relique protectrice : « Je ne saurois penser qu'avec étonnement, dit Rancé, qu'étant près de faire naufrage, La Trappe vous ait été présente, et que contre toute votre attente vous ayez espéré vous y voir. Le moyen, après cela, de ne pas vous suivre jusqu'aux extrémités de la terre? Allez donc, monsieur, où Dieu vous a destiné ; ne doutez pas qu'en lui gagnant des âmes vous ne sauviez la vôtre, et que vous ne soyez du nombre de ceux qu'il a promis de couvrir de sa protection par l'entremise de ses anges. »

Le P. Chaumont lui répondit : « Je conserverai votre chère lettre comme le gage précieux de la part que vous voulez bien me donner et à tous mes chers confrères dans vos travaux et dans vos prières ; elle me sera comme un pilote assuré et comme ma garde fidèle dans le cours de mon voyage, et un puissant asile dans toutes les adversités qui me pourront survenir. J'en laisserai une copie dans le monastère de Siam ; quant à l'original, je ne le quitterai jamais qu'à la mort. »

M. de Chaumont écrivit en 1691 à un religieux de La Trappe : « Passant de la côte de Coromandel à la Chine, et faisant route par le vieux détroit de Sineanpou, le 24 août notre navire se trouva à sec sur des rochers depuis la proue jusqu'au grand mât, quoiqu'il y eût plusieurs brasses d'eau sous la poupe ; il fut tellement renversé que le grand mât touchoit presque à l'eau. Alors tous se crurent perdus, nonobstant leurs efforts. Pendant ce temps-là, les sages et obligeantes promesses que notre saint abbé m'avoit fait de faire des prières particulières pour moi me revinrent si vivement dans la pensée, qu'elles me causèrent une confiance extraordinaire ; et dans mes prières j'avois une idée si forte de ce saint homme qu'il me sembloit le voir et sentir qu'il fortifioit l'espérance que j'avois d'aborder à la Chine : ce qui me faisoit dire à mon confrère qu'il eût bon courage, et qu'avec le secours de Notre-Seigneur et les prières du saint abbé de La Trappe nous arriverions. Tout à coup le navire retourna dans son assiette, à la faveur de la marée, sans avoir fait aucune perte. »

Le P. Chaumont appartenoit à ces grandes missions des jésuites de la Chine qui pensèrent nous ouvrir la route de Nankin.

Ainsi les mers et les naufrages entrent à La Trappe, comme le siècle de Louis XIV y étoit entré, par des bois où l'on entend à peine un son. La manière dont les hommes de ce temps voyoient le monde ne ressembloit pas à celle dont nous l'apercevons aujourd'hui. Il ne s'agissoit jamais pour ces hommes d'eux-mêmes : c'était toujours de Dieu dont ils parloient. Ces souvenirs que Rancé envoyoit aux océans par un missionnaire se rattachoient à son arrière-vie, lorsqu'il avoit songé à cacher ses blessures parmi les pasteurs de l'Himalaya. Tous les rivages sont bons pour pleurer. Il auroit vu, s'il avoit suivi ses premiers desseins, ces rizières abandonnées quand l'homme qui les sema est passé depuis longtemps ; il auroit suivi des yeux ces Aras blancs qui se reposent sur les manguiers du tombeau de Tadjmabal ; il auroit retrouvé tout ce qu'il eût aimé dans son jeune âge, la gloire des palmiers, leur feuillage et leurs fruits : il se seroit associé à cet Indien qui appelle ses parents morts aux bouches du Gange, et dont on entend la nuit les chants tributaires qu'accompagnent les vagues de la mer Pacifique.

On ne sait si Rancé avoit entretenu un commerce de lettres avec l'abbesse des Clairets, comme il en avoit entretenu un avec Louise Roger de La Mardellière, mère du comte de Charnz par Gaston. Peut-être qu'en cherchant bien on pourroit retrouver quelques-unes des lettres que Rancé écrivoit dans sa jeunesse à M$^{me}$ de Montbazon, mais je n'ai plus le temps de m'occuper de ces erreurs. Pour m'enquérir des printemps, il faudroit en avoir. Viendront les jeunes gens qui auront le loisir de chercher ce que j'indique. Le temps a pris ses mains dans les miennes ; il n'y a plus rien à cueillir dans des jours défleuris.

On trouve dans le *Menagiana* ce que Ménage pensait de Rancé : « Je ne lis, dit-il, jamais les ouvrages de M. de La Trappe qu'avec admiration : c'est l'homme du royaume qui écrit le mieux ; son style est noble, sublime, inimitable ; son érudition profonde en matière de régularité, ses recherches curieuses, son esprit supérieur, sa vie irréprochable, sa réforme un ouvrage de la main du Très-Haut. »

Une lettre de M$^{me}$ de Maintenon, 29 juin 1698, nous apprend un voyage de son frère à La Trappe ; elle ajoute : « J'envie le bonheur de mon frère d'avoir vu ce qu'il y a de plus édifiant dans l'Église et d'avoir entendu celui dont Dieu s'est servi pour établir ce nombre de saints qui ne paraissent plus tenir à la terre. »

Ainsi tout s'occupoit de Rancé depuis le génie jusqu'à la grandeur, depuis Leibnitz jusqu'à M$^{me}$ de Maintenon.

Le style de Rancé n'est jamais jeune, il a laissé la jeunesse à M$^{me}$ de Montbazon. Dans les œuvres de Rancé, le souffle du printemps manque aux fleurs ; mais en revanche quelles soirées d'automne ! qu'ils sont beaux ces bruits des derniers jours de l'année !

Rancé a beaucoup écrit ; ce qui domine chez lui est une haine passionnée de la vie ; ce qu'il y a d'inexplicable, ce qui seroit horrible si ce n'étoit admirable, c'est la barrière infranchissable qu'il a placée entre lui et ses lecteurs. Jamais un aveu, jamais il ne parle de ce qu'il a fait, de ses erreurs, de son repentir. Il arrive devant le public sans daigner lui apprendre ce qu'il est ; la créature ne vaut pas la peine qu'on s'explique devant elle : il renferme en lui-même son histoire, qui lui retombe sur le cœur. Il enseigne aux hommes une brutalité de conduite à garder envers les hommes ; nulle pitié de leurs maux. Ne vous plaignez pas, vous êtes faits pour les croix, vous y êtes attachés, vous n'en descendrez pas ; allez à la mort, tâchez seulement que votre patience vous fasse trouver quelque grâce aux yeux de l'Éternel. Rien de plus désespérant que cette doctrine, mélange de stoïcisme et de fatalité, qui n'est attendrie que par quelques accents de miséricorde qui s'échappent de la religion chrétienne. On sent comment Rancé vit mourir tant de ses frères sans être ému, comment il regardoit le moindre soulagement offert aux souffrances comme une insigne foiblesse et presque comme un crime. Un évêque avoit écrit à Rancé sur une abbesse qui avoit besoin d'aller aux eaux, l'abbé lui répond :

« Le mieux que nous puissions faire quand nous voyons mourir les autres est de nous persuader qu'ils ont fait un pas qu'il nous faut faire dans peu, qu'ils ont ouvert une porte qu'ils n'ont point refermée. Les hommes partent de la main de Dieu, il les confie au monde pour peu de moments ; lorsque ces moments sont expirés, le monde n'a plus droit de les retenir, il faut qu'il les rende. La mort s'avance, et l'on touche à l'éternité dans tous les instants de la vie. On vit pour mourir ; le dessein de Dieu, lorsqu'il nous donne la jouissance de la lumière, est de nous en priver. On ne meurt qu'une fois, on ne répare point par une seconde vie les égarements de la première : ce que l'on est à l'instant de la mort, on l'est pour toujours. »

Cette langue du XVIIe siècle mettoit à la disposition de l'écrivain, sans effort et sans recherche, la force, la précision et la clarté, en laissant à l'écrivain la liberté du tour et le caractère de son génie. On trouve cette description du silence imprimée dans la vingt-neuvième instruction de Rancé :

« La solitude est peu utile sans le silence, car on ne se sépare des hommes que pour parler à Dieu, en interrompant tout entretien avec les créatures.

« Le silence est l'entretien de la Divinité, le langage des anges, l'éloquence du ciel, l'art de persuader Dieu, l'ornement des solitudes sacrées, le sommeil des sages qui veillent, la plus solide nourriture de la Providence, le lit des vertus ; en un mot, la paix et la grâce se trouvent dans le séjour d'un silence bien réglé. »

Rancé seroit un homme à chasser de l'espèce humaine s'il n'avoit partagé et surpassé les rigueurs qu'il imposoit aux autres ; mais que dire à un homme qui répond par quarante ans de désert, qui vous montre ses membres ulcérés, qui, loin de se plaindre, augmente de résignation à mesure qu'il augmente de douleur? C'étoit ainsi qu'il fermoit la bouche à ses adversaires, que Port-Royal et tous ses saints reculoient devant lui, qu'il faisoit fuir ses ennemis en leur montrant la tête de la pénitence. Il vouloit que tous les pécheurs mourussent avec lui ; comme les fameux capitaines, il ne comptoit pas les morts, mais la victoire. Je vous ai parlé de son fameux traité *De la sainteté monastique* : dans toutes ses pensées, extraites de ses différentes œuvres et recueillies par Marsollier, on ne retrouve que des redites de la même idée ; c'est toujours dur, mais admirablement exprimé.

A la tête d'un manuscrit de deux cent six pages à vingt-six lignes la page, venu d'Alençon, où ce manuscrit avoit été transporté après la destruction de La Trappe, est écrite, par un moine, la note suivante : « Ce livre est écrit de la propre main de notre révérend et très-saint père dom Armand-Jean, notre réformateur de La Trappe, qui, pour notre malheur, mourut le mois passé, 31 octobre 1700, comme il avoit vécu. » Moreri cite le 26 octobre, la *Gallia christiana* le 27, une lettre de Bossuet mentionne le 29, et la note ci-dessus le 31 octobre. Cette note me sembleroit devoir faire autorité, et c'est ce que pense aussi le bibliothécaire d'Alençon sous la date du 3 août 1819 ; le Père Le Nain dit formellement que Rancé expira le 27 du mois d'octobre, à deux heures après midi, à l'âge de soixante-quinze ans, après en avoir passé trente-sept dans la solitude. Le manuscrit cité me semble être de la jeunesse de Rancé, et renferme ses études sur la Trinité, c'est-à-dire des recherches sur ce qu'en avoient dit Platon, Justin, Clément d'Alexandrie, sans oublier les hymnes d'Orphée ; grandes recherches que ne faisoit point Rancé à La Trappe et qui sont visiblement de sa jeunesse. L'écriture de l'ouvrage inédit que je cote est d'un jeune homme ; le grec est facile à lire, presque toutes les lettres compliquées sont remplacées par des lettres simples. Rancé remarque que le Symbole de Nicée a ajouté au *Credo* le mot *fils*.

Rancé avoit voulu l'obscurité, et c'est un moine, son compagnon, qui ne signe point, qui se trompe même d'année, ayant mis 1600 pour 1700, qui nous apprend sa mort, laquelle n'importe aujourd'hui à personne.

Rancé a écrit prodigieusement de lettres. Si on les imprimoit jamais avec ses œuvres, on verroit qu'une seule idée a dominé sa vie ; malheureusement on n'auroit pas les lettres qu'il écrivoit avant sa conversion et qu'au moment de sa vêture il ordonna de brûler. Ce seroit seulement une étude remarquable par la différence des correspondants auxquels il s'adressa, mais toujours avec une idée fixe. Les réponses à ces lettres seroient plus variées encore et toucheroient à tous les points de la vie. Il s'est formé une solitude dans les épîtres de Rancé comme la solitude dans laquelle il enferma son cœur.

Les recueils épistolaires, quand ils sont longs, offrent les vicissitudes des âges : il n'y a peut-être rien de plus attachant que les longues correspondances de Voltaire, qui voit passer autour de lui un siècle presque entier.

Lisez la première lettre, adressée en 1715 à la marquise de Mimeure, et le dernier billet, écrit le 26 mai 1778, quatre jours avant la mort de l'auteur, au comte de Lally-Tolendal; réfléchissez sur tout ce qui a passé dans cette période de soixante-trois années. Voyez défiler la procession des morts : Chaulieu, Cideville, Thiriot, Algarotti, Genonville, Helvétius; parmi les femmes, la princesse de Bareith, la maréchale de Villars, la marquise de Pompadour, la comtesse de Fontaine, la marquise du Châtelet, Mme Denis, et ces créatures de plaisir qui traversent en riant la vie, les Lecouvreur, les Lubert, les Gaussin, les Sallé.

Quand vous suivez cette correspondance, vous tournez la page, et le nom écrit d'un côté ne l'est plus de l'autre; un nouveau Genonville, une nouvelle du Châtelet paraissent, et vont, à vingt lettres de là, s'abîmer sans retour : les amitiés succèdent aux amitiés, les amours aux amours.

L'illustre vieillard, s'enfonçant dans ses années, cesse d'être en rapport, excepté par la gloire, avec les générations qui s'élèvent; il leur parle encore du désert de Ferney, mais il n'a plus que sa voix au milieu d'elles; qu'il y a loin des vers au fils unique de Louis XIV :

> Noble sang du plus grand des rois,
> Son amour et notre espérance, etc.,

aux stances à Mme Lullin, et non pas Mme Du Deffant :

> Eh quoi ! vous êtes étonnée
> Qu'au bout de quatre-vingt hivers
> Ma muse, foible et surannée,
> Puisse encor frédonner des vers !
>
> . . . . . . . . . .
>
> Quelquefois un peu de verdure
> Rit sous les glaçons de nos champs;
> Elle console la nature,
> Mais elle sèche en peu de temps !

Le roi de Prusse, l'impératrice de Russie, toutes les grandeurs, outes les célébrités de la terre reçoivent à genoux, comme un brevet d'immortalité, quelques mots de l'écrivain qui vit mourir Louis XIV, tomber Louis XV et régner Louis XVI, et qui, placé entre le grand roi et le roi martyr, est à lui seul toute l'histoire de France de son temps.

Mais peut-être qu'une correspondance particulière entre deux personnes qui se sont aimées offre encore quelque chose de plus triste; car ce ne sont plus les *hommes*, c'est l'*homme* que l'on voit.

D'abord les lettres sont longues, vives, multipliées; le jour n'y suffit pas : on écrit au coucher du soleil ; on trace quelques mots au clair de la lune, chargeant sa lumière chaste, silencieuse, discrète, de couvrir de sa pudeur mille désirs. On s'est quitté à l'aube ; à l'aube on épie la première clarté pour écrire ce que l'on croit avoir oublié de dire. Mille serments couvrent le papier, où se reflètent les roses de l'aurore ; mille baisers sont déposés sur les mots qui semblent naître du premier regard du soleil : pas une idée, une image, une rêverie, un accident, une inquiétude qui n'ait sa lettre.

Voici qu'un matin quelque chose de presque insensible se glisse sur la beauté de cette passion, comme une première ride sur le front d'une femme adorée. Le souffle et le parfum de l'amour expirent dans ces pages de la jeunesse, comme une brise le soir s'endort sur des fleurs : on s'en aperçoit, et l'on ne veut pas se l'avouer. Les lettres s'abrègent, diminuent en nombre, se remplissent de nouvelles, de descriptions, de choses étrangères ; quelques-unes ont retardé, mais on en est moins inquiet ; sûr d'aimer et d'être aimé, on est devenu raisonnable ; on ne gronde plus, on se soumet à l'absence. Les serments vont toujours leur train ; ce sont toujours les mêmes mots, mais ils sont morts ; l'âme y manque : *je vous aime* n'est plus là qu'une expression d'habitude, un protocole obligé, le *j'ai l'honneur d'être* de toute lettre d'amour. Peu à peu le style se glace, ou s'irrite, le jour de poste n'est plus impatiemment attendu ; il est redouté ; écrire devient une fatigue. On rougit en pensée des folies que l'on a confiées au papier ; on voudroit pouvoir retirer ses lettres et les jeter au feu. Qu'est-il survenu ? Est-ce un nouvel attachement qui commence ou un vieil attachement qui finit ? N'importe : c'est l'amour qui meurt avant l'objet aimé. On est obligé de reconnaître que les sentiments de l'homme sont exposés à l'effet d'un travail caché ; fièvre du temps qui produit la lassitude, dissipe l'illusion, mine nos passions et change nos cœurs, comme elle change nos cheveux et nos années. Cependant il est une exception à cette infirmité des choses humaines ; il arrive quelquefois que dans une âme forte un amour dure assez pour se transformer en amitié passionnée, pour devenir un devoir, pour prendre les qualités de la vertu ; alors il perd sa défaillance de nature et vit de ses principes immortels.

Il ne faut pas séparer des ouvrages de Rancé les instructions de saint Dorothée traduites du grec pour les instructions des pères de La Trappe. Saint Dorothée se convertit à la vue d'un tableau, comme Énée retrouva les souvenirs de Troie dans les palais de Carthage. Ce tableau représentoit les divers tourments des pécheurs aux enfers : une dame d'une majesté et d'une beauté extraordinaires se montra tout à coup auprès de Dorothée, lui expliqua le tableau, et disparut. On voit comme les souvenirs de Virgile s'étoient empreints jusque dans les imaginations de l'Orient, si toutefois l'Orient n'étoit pas à la source de ces souvenirs. Les instructions de saint Dorothée sur les jugements, sur les accusations de soi-même, sur le souvenir des injures, sur les habitudes, sont écrites dans la traduction de Rancé avec onction et intérêt. Un jour, selon une de ces histoires, un des frères vint trouver son abbé dans le désert, et lui dit : « Ayez pitié de moi, mon père, parce que je dérobe et que je mange ensuite ce que j'ai dérobé. — Et pourquoi ? dit saint Dorothée, est-ce que vous avez faim ? — Oui, mon père, répondit-il ; ce que l'on donne à la table commune ne me suffit pas. » On doubla la pitance du solitaire, et il déroboit toujours. Ce pauvre frère savoit que le larcin est un péché, il en pleuroit, et toutefois il se laissoit entraîner.

D'Andilly n'avoit laissé à Rancé que l'histoire de Dorothée à traduire : c'étoit un mauvais grec d'Asie du troisième siècle, difficile à entendre, et dont il n'existoit qu'une paraphrase infidèle. J'ai vu entre Jaffa et Gaza le désert qu'avoit habité Dorothée ; il n'y avoit point les soixante-dix palmiers et les douze fontaines.

Une suite de souffrances renouvelées obligèrent enfin Rancé de se démettre de son abbaye. On étoit si abattu sous la majesté de Louis XIV, que des solitaires mêmes ne se pouvoient empêcher de faire entendre le langage de la flatterie usité à Versailles. Ce n'étoit pas chose si aisée qu'on se l'imagine que de faire agréer la démission d'un trappiste ; derrière cette démission se reproduisoit la question de l'*abbé commendataire* ou de l'*abbé régulier*. La sainteté inspiroit à Rancé une adresse particulière sitôt que se renouveloient des contestations : le chef de l'ordre de Cîteaux en appeloit-il au pape, Rancé en appeloit au roi. Louis XIV évoquoit l'affaire à son conseil, et, sans donner gain de cause à l'une des parties, rétablissoit l'équilibre. La cour se partageoit ; elle prenoit un vif intérêt à ces démêlés du cloître ; un grand saint avoit autant de crédit qu'un grand seigneur ; une gravité commune faisoit que l'austérité de la religion communiquoit de l'importance aux affaires du monde, et que les affaires du monde donnoient une vivacité utile aux intérêts de la religion.

Rancé avoit consenti à se charger de la conduite spirituelle de l'abbaye des Clairets, monastère de femmes dépendant de La Trappe. Il étoit gouverné par Eugénie-Françoise d'Étampes de Valence, d'une plus illustre famille que celle de cette duchesse d'Étampes appelée la plus savante des belles et la plus belle des savantes. On voit dans des lettres du temps qu'on alloit à cette abbaye par Nogent-le-Rotrou.

L'abbesse des Clairets étoit d'une morgue presque ridicule, même dans ces temps d'aristocratie. Elle disoit de dom Zosime qu'il ne méritoit pas seulement d'être son laquais, parce que ce n'étoit que le fils d'un bourgeois de Bellême.

La visite de Rancé aux Clairets est du 16 février 1690 ; on possède encore, avec la carte de sa visite, les discours d'ouverture et de clôture. L'abbesse avoit fait sonner la grosse cloche de l'abbaye aussitôt que Rancé parut dans le voisinage ; cloche dont le son se perdit comme mille autres dans les bois qui n'existent plus ; on trouve on ne sait quel charme dans ces accents qui annonçoient à des échos, muets depuis longtemps, le passage d'un homme sur la terre. L'abbesse s'étoit jetée à genoux devant le père à l'entrée de l'église. La carte de visite laissée dans le monastère faisoit du bruit. Rancé avoit dit que la lecture de l'Ancien Testament ne convenoit pas à des religieuses : « Que voulez-vous, disoit-il, que des filles obligées à une chasteté consommée lisent le Cantique des Cantiques, l'histoire de Suzanne, celle de Juda, de Thamar, de Judith, d'Ammon, de la violence faite à la femme du lévite dans Gabaon, le Lévitique, Ruth ? »

Lorsque Rancé s'énonçoit, les religieux croyoient entendre très-sensiblement les anges chanter leurs mélodies. Sa parole étoit aussi persuasive que son caractère étoit inflexible. Elle fut pourtant écoutée presque sans fruit aux Clairets ; car il détruisoit par sa voix l'effet qu'il produisoit par sa parole : c'est pourquoi l'on trouve une lettre rude qu'il écrivit à une religieuse de ce monastère. « Je vous avoue que j'ai été tout à la fois surpris de vous voir dans les dispositions et les pensées auxquelles je ne me serois point du tout attendu ; car enfin qu'est-ce que Dieu pourroit faire davantage pour vous assurer contre la crainte de la mort, que de vous appeler dans un état qui doit vous donner de l'éloignement et du mépris pour la vie ? »

Fait pour le monde, l'abbé s'en séparoit par la pénitence ; mais au milieu de toutes ces douleurs de femme, il ne s'apercevoit pas qu'en voulant faire retourner l'humanité aux rigueurs de l'Orient, il se trompoit de siècle et de climat. Il n'avait pas de corbeaux pour nourrir ses anachorètes, de palmiers pour couronner leur tête, de lions pour creuser la fosse des Thaïs. Sa morale tomboit dans ces méprises de notre poésie, qui ne parle que de la cruauté des tigres dans des forêts où nous n'apercevons que des chevreuils.

Rancé retourna à La Trappe par un orage ; les tonnerres accompagnoient majestueusement les foibles pas d'un vieillard. Les beaux temps du christianisme étoient finis : on croit entendre se refermer les portes d'un temple abandonné.

L'abbesse d'une abbaye de Paris ayant lu l'ouvrage *De la Sainteté et des devoirs de la vie monastique*, ne voulut plus consentir qu'on introduisît la musique dans son couvent : elle en écrivit à Rancé ; l'abbé répondit : « La musique ne convient point à une règle aussi sainte et aussi pure que la vôtre ; est-il possible que vos sœurs soient si aveugles et aient les yeux tellement fermés qu'elles ne s'aperçoivent pas qu'elles introduiroient un abus dont elles doivent avoir un entier éloignement ! »

Rancé étoit de l'avis des magistrats de Sparte : ils mirent à l'amende Terpandre pour avoir ajouté deux cordes à sa lyre. Les nonnes persistèrent ; le monde rit de ces discordes, qui pensèrent renverser une grande communauté. Le ciel mit fin aux divisions, comme Virgile nous apprend que l'on apaise le combat des abeilles : un peu de poussière jetée en l'air fit cesser la mêlée. Il survint aux religieuses qui vouloient chanter, des rhumes : elles reconnurent que la main de Dieu s'appesantissoit sur elles. Rancé du reste avoit raison : la musique tient le milieu entre la nature matérielle et la nature intellectuelle ; elle peut dépouiller l'amour de son enveloppe terrestre ou donner un corps à l'ange : selon les dispositions de celui qui écoute, ses accords sont des pensées ou des caresses. A peine les poëtes chrétiens de l'antiquité ont-ils permis qu'on fît entendre cette mélodie après eux, lorsqu'ils avoient réuni leur vie aux faisceaux des lyres brisées.

Des médailles et des portraits de l'abbé de Rancé s'étant répandus, donnèrent naissance à de nouvelles calomnies ; on le traita de superbe qui vouloit éterniser sa mémoire. On fit courir des médailles portant d'un côté ces mots : *Restaurator monachorum* ; et de l'autre un moine mal fait avec cette devise : *Labor improbus.*

Le P. Lami, un des commensaux de La Trappe, étoit demi-philosophe ; il différoit de Rancé sur beaucoup de sujets ; il passoit pour être l'homme de son ordre qui écrivoit le mieux en françois : il avoit développé avec clarté les idées de Descartes. Au sujet des *Études monastiques*, il eut une discussion avec Rancé devant M$^{me}$ de Guise, et

Mabillon raconte que Lami l'emporta sur Rancé[1]. Un ordre de Louis XIV imposa silence aux partis.

S'il y a des libelles imprimés contre Rancé, il y en a d'autres qui sont restés manuscrits, en particulier une dissertation sur *les humiliations*, par l'abbé Leroy ; elle se trouve à la bibliothèque de Sainte-Geneviève. L'abbé de Rancé répondoit : « Vous savez combien de fois on m'a fait mort ; on a vu que je ne laissois pas de vivre ; on s'avise de dire que la vie de l'esprit est éteinte en moi ; que véritablement j'ai une âme, mais que je ne raisonne plus. » On le pressoit de mitiger la discipline de La Trappe, il répondoit par ces quatre mots des Machabées : « *Moriamur in simplicitate nostra.* » On l'invitoit à écrire les devoirs du chrétien, comme il avoit écrit les devoirs de la vie monastique ; il en traça des pages, puis il s'arrêta, disant : « Il ne me reste que quelques instants à vivre ; le meilleur usage que j'en puisse faire, c'est de les passer dans le silence. »

Rancé habita trente-quatre ans le désert, ne fut rien, ne voulut rien être, ne se relâcha pas un moment du châtiment qu'il s'infligeoit. Après cela put-il se débarrasser entièrement de sa nature ? Ne se retrouvoit-il pas à chaque instant comme Dieu l'avoit fait ? Son parti pris contre ses foiblesses a fait sa grandeur ; il avoit composé de toutes ses foiblesses punies un faisceau de vertus. Selon l'historien de Saint-Luc, saint Bernard bâtit son édifice sur le fondement d'une grande innocence ; Rancé, sur les ruines de son innocence perdue, mais réparée.

Le rhumatisme, qui d'abord lui avoit saisi la main gauche, se jeta sur la droite, dans laquelle le chirurgien de Mme de Guise travailla. Cette main devint inutile et contrefaite. Le malade avoit une répugnance extrême de toute nourriture. Affligé d'une toux insupportable, d'une insomnie continuelle, de maux de dents cruels, d'enflures aux pieds, il se vit réduit pendant près de six années à passer ses jours à l'infirmerie dans une chaise, sans presque jamais changer de posture. Un frère convers le pressant de prendre un peu de nourriture, Rancé dit avec un sourire : « Voilà mon persécuteur. » Il n'employoit ses frères, qui regardoient comme un bonheur de le servir, qu'avec une extrême discrétion. Il souffroit la soif, n'osant leur demander à boire, de peur de les fatiguer. Lorsqu'on lui avoit donné quelque chose, il en témoignoit aussitôt sa reconnoissance par une inclination de tête en se découvrant. Il souffroit des douleurs aiguës que l'on n'auroit pas remarquées si l'on n'eût aperçu quelque changement sur son visage.

---

1. Premier volume des OEuvres posthumes de Mabillon.

Il avoit fait mettre vis-à-vis de sa chaise dans l'infirmerie ces paroles du prophète : « Seigneur, oubliez mes ignorances et les péchés de ma jeunesse. » Ce fut pendant cette perpétuelle agonie qu'il composa son livre intitulé : *Réflexions sur les quatre Évangélistes.*

Rancé ne rencontra pas toujours des Mabillon, il eut des adversaires plus ignorants, par conséquent plus sûrs d'eux-mêmes. On lui apporta un matin une satire contre sa personne ; il la lut, loua ce qu'il y trouva de bien, et dit : « Voilà une excellente préparation pour la messe. » Il alloit à l'autel.

Dans le remuement des choses diverses dont il avoit été si longtemps le témoin, il avoit toujours conservé sa paix. Pendant ses voyages, il se détournoit le plus qu'il pouvoit des grands chemins. Il suivoit des sentiers au milieu des blés, tenant les yeux attachés sur le soleil prêt à se coucher parmi les moissons. Si par hasard il rencontroit quelque banne, il demandoit la permission d'y monter. « Ce seroit plutôt à moi, disoit-il, de conduire cette charrette qu'à ce paysan, parce que, quoiqu'il soit pauvre, c'est un homme de bien. Moi, je suis toujours le plus malheureux de tous les pécheurs. » Il avertit ses frères des maux dont la maison étoit menacée. A l'anniversaire de sa profession d'abbé, des moines assemblés en chapitre firent à genoux cette protestation : « Nous protestons de garder notre sainte règle dans toute son étendue. » Rancé commença : il renonça de nouveau au monde pour ne s'occuper que des années éternelles.

Les solitaires écrivirent en même temps au pape :

« Il y a plusieurs années, très-saint père, que nous jouissons d'un grand et précieux trésor dans la personne de notre père abbé ; mais il va nous être enlevé si Votre Sainteté ne se hâte de nous secourir. Il va à la mort avec joie ; il ne veut rien prendre de ce qui pourroit réparer ses forces ; il chante avec l'apôtre : Si la maison de terre que nous habitons vient à se dissoudre, Dieu nous donnera dans le ciel une demeure qui durera éternellement. Qu'il nous survive, qu'il nous ferme les yeux ! » Le cardinal Cibo répondit au nom du pape que Sa Sainteté ordonnoit que l'abbé de La Trappe eût à suspendre des austérités qui compromettoient sa vie.

Le 2 de novembre de l'année 1694, Rancé mandoit à l'abbé Nicaise : « Voilà M. Arnauld mort après avoir poussé sa carrière aussi loin qu'il l'a pu. Il a fallu qu'elle se soit terminée ; voilà bien des questions finies. L'érudition de M. Arnauld et son autorité étoient d'un grand poids pour le parti heureux qui n'en a point d'autre que celui de Jésus-Christ ; qui, mettant à part tout ce qui pourroit l'en séparer ou l'en distraire, même pour un moment, s'y attache avec tant de fermeté que rien ne soit capable de l'en déprendre. » Ce passage de la lettre de Rancé, si différent de ce qu'il avoit écrit à M. de Brancas sur Arnauld, étant connu, ressuscita toutes les ardeurs. Rancé lui-même fut surpris du fracas que causoient ces quatre lignes. Au milieu de cette agitation, il écrivit de nouveau, le 27 janvier 1695, à l'abbé Nicaise : « J'ai reçu depuis deux jours une lettre de plus de vingt pages de votre bon ami le père Quesnel : elle est toute remplie d'une dureté et d'une vivacité incompréhensibles ; il prétend me prouver que j'ai flétri le nom de M. Arnauld, que je lui ai donné un coup de poignard après sa mort, que j'ai fait, autant qu'il étoit en mon pouvoir, une plaie mortelle à sa mémoire, et une infinité d'autres choses plus violentes les unes que les autres. Je n'ai jamais entendu parler d'une imagination aussi extraordinaire. Quand j'aurois écrit un volume contre la vie, la conduite et les sentiments de M. Arnauld, que je me fusse servi pour cela des expressions les plus injurieuses, il ne me traiteroit pas d'une autre manière ; il me demande des rétractations et des déclarations publiques, comme si j'avois de mon plein pouvoir rejeté hors de l'Église M. Arnauld après sa mort ; il ajoute que toute la France attend une réparation de ma part, et si j'avois mis le feu à Port-Royal ou que je l'eusse renversé de fond en comble, il ne m'en diroit pas davantage. »

Rancé avoit raison, il n'avoit pas mis le feu à Port-Royal ; quant à la convenance de ses prévisions, c'étoit une convenance que se donnent facilement les hommes accoutumés à se servir de la plume. Pour ce qui est du grand Arnauld dont on ne lit plus les ouvrages, les dernières années de sa vie avoient affoibli le sérieux qui lui servoit de bouclier. Caché à l'hôtel de Longueville, déguisé sous un habit gris, l'épée au côté, affublé d'une grande perruque, le vieux janséniste étoit nourri dans une chambre haute par l'aventurière de la Fronde. Il commettoit mille imprudences. M$^{me}$ de Longueville disoit qu'elle auroit mieux aimé confier ses secrets à un libertin. Il ne vouloit point de paix ; il avoit, disoit-il, pour se reposer l'éternité tout entière. Lorsqu'on jouit d'une imposante renommée, il faut éviter les travestissements peu dignes.

Au surplus les vertus de Rancé ôtoient la force à tous ses ennemis. Le P. Quesnel même, désavouant la lettre haute qu'il avoit écrite à l'abbé de La Trappe, disoit : « Ce n'est pas seulement parce qu'il y a plus de trente ans que je fais profession de l'honorer, mais plus encore parce qu'on doit du respect à l'esprit de Dieu qui règne dans ses serviteurs, de ne les pas contrister, de ne pas nuire à ces hommes en diminuant la réputation des ouvriers qu'il a daigné employer ; je puis bien ne pas convenir de leur sentiment ni approuver toutes leurs démarches, mais je ne me dois jamais dispenser de les traiter avec respect. »

Les tracasseries continuaient contre Rancé auprès et au loin, et il disoit : *Ego sum vermis, et non homo.* On voit des couplets contre lui dans le *Recueil de chansons* [1].

Un témoin, ami de Rancé, le P. Le Nain, nous décrit ainsi ses travaux et les inquiétudes de son monastère :

« Qui l'auroit pu croire, dit-il, si on ne l'avoit vu de ses yeux ! cet homme, qui sembloit ne vivre que de souffrances et de peines, comme s'il eût eu un corps de diamant et tout à fait insensible, ou plutôt s'il eût été un pur esprit, étoit toujours dans l'action du matin jusqu'au soir ; il écrit, il dicte des lettres, il compose ses ouvrages, il étudie ; il écoute ses religieux, répond à toutes leurs difficultés ; il conduit quatre-vingts personnes qui composent sa communauté, tant novices que profès ; il ordonne tout ce qui les regarde, soit pour leur intérieur, soit pour leurs besoins extérieurs. Tantôt il va à l'infirmerie, de l'infirmerie aux hôtes, des hôtes au cloître, et du cloître vers ses frères; tantôt il visite les cellules pour voir si chacun s'occupe, tantôt il descend au chœur pour examiner avec quelle piété on y célèbre les divins offices, et tantôt il retourne à sa chambre, où quelque frère l'attend ; mais souvent il y retourne tellement fatigué qu'il ne peut plus se soutenir sur ses pieds, et à peine y est-il un moment qu'une visite d'hôte l'oblige d'en sortir ; il ne discontinue pas même ses occupations dans le temps destiné au repos. On le voit, entre les Matines et Prime, faire un tour dans le monastère, ou aller à la cour des frères convers, ou parcourir le dortoir pour voir si chacun est couché ; car il disoit que ce n'étoit pas une moindre faute contre la règle de ne se pas retirer pour se reposer sitôt que la retraite est sonnée, que de ne se pas lever aussitôt qu'on entend la cloche du réveil. »

A ces fatigues du corps Rancé joignoit celles de l'esprit, ressentant dans son âme toutes les peines et toutes les tentations de ses enfants, leurs foiblesses et leurs misères ; et, comme un autre saint Paul, se faisant tout à tous, il les portoit dans ses entrailles ; il étoit triste avec ceux qui l'étoient, malade avec les malades, se chargeant, par le pur effet de sa charité, de tous leurs maux corporels et spirituels.

Ses amis lui représentoient qu'il prenoit trop de peine pour un

---

1. Recueil de chansons, vol. VII, p. 77, en 1692, vers sur Armand-Jean Le Bouthillier de Rancé, abbé régulier de Notre-Dame de la Maison-Dieu de La Trappe de l'Étroite Observance de Cîteaux.

monastère qui ne subsisteroit pas ; il répondoit : « La Trappe aura la durée qu'elle doit avoir selon les déterminations éternelles. Si l'on s'étoit conduit dans les âges supérieurs par cette considération qu'il n'y a rien qui ne change, on se seroit tenu dans l'inaction, le champ de Jésus-Christ seroit un désert stérile privé de tous ces grands ouvrages qui en font l'ornement et la beauté. Dieu se moque de la diligence des hommes qui prennent tant de peine pour conserver leur vie à la veille de leur mort. »

Le serviteur de Dieu fut exposé aux épreuves dont les histoires de ces temps nous parlent ; histoires qu'on retrouve dans tous les monastères et que Rancé avoit souvent rappelées dans les Vies particulières de quelques-uns de ses religieux. Un jeune possédé avoit déclaré que des légions de démons assiégeoient La Trappe. On croyoit qu'il n'y avoit point de solitude vide ; on habitoit au milieu d'un monde d'esprits ; mais ces esprits avoient leur domicile dans les cloîtres : le merveilleux achevoit d'agrandir la poésie. Rancé oyoit des bruits aigres et perçants ; ses moines lui racontoient qu'ils éprouvoient, la nuit, les secousses d'une force étrangère. On entendoit dans les dortoirs des tintamarres affreux, comme des personnes qui se battoient ; on frappoit aux portes des cellules, où bien il sembloit qu'un homme marchât seul à grands pas ; une main de fer passoit et repassoit sur le chevet des lits.

Faut-il attribuer ces effets aux tempêtes de la nuit dans les désolations de La Trappe, ou aux illusions de l'astrologie que dom Le Nain reprochoit à Rancé? Étoient-ce des gestes de cette femme que le Père de La Trappe avoit vue à Véretz au milieu des flammes, ou enfin étoit-ce le ressac des flots du temps contre le rivage de l'éternité? Rancé se préparoit à exorciser la maison ; mais vers la fin de l'année 1683 les bruits cessèrent.

Les soucis intérieurs de la communauté n'empêchoient nullement Rancé de s'occuper de ce qui se passoit au dehors ; il prit une grande part à la mort de la princesse palatine, arrivée au mois de juillet 1684. Anne de Gonzague de Clèves avoit plusieurs fois consulté Rancé sur des difficultés de conscience ; son nom rappeloit un charmant ouvrage de M^me de La Fayette, et c'est sur Anne de Gonzague que Bossuet a composé une de ses plus belles Oraisons funèbres. Après s'être plongée dans les idées du siècle, idées qui s'éloignoient du temps où elle vivoit, la princesse palatine avoit commencé par les idées cartésiennes; de là elle avoit passé à ne plus rien croire, et ayant achevé le tour du cadran, elle avoit remonté elle-même vers la religion comme plusieurs esprits forts ou libertins de cette époque. Dans son séjour en France elle avoit vu la Fronde, qui, selon Bossuet, étoit un travail de la France prêt à enfanter le règne miraculeux de Louis.

« Et qu'avoient-ils vu, » s'écrie le grand orateur, rappelant la philosophie de la princesse palatine, « qu'avoient-ils vu, ces rares génies, plus que les autres? Ils n'ont rien vu, ils n'entendent rien, ils n'ont pas même de quoi établir le néant auquel ils aspirent après cette vie. ».

Bossuet conte ce que la princesse palatine raconta elle-même au saint abbé. « Une nuit, dit-elle, que je croyois marcher seule dans une forêt, je rencontrai un aveugle dans une petite loge; je lui demandai s'il étoit aveugle de naissance, ou s'il l'étoit devenu par accident. Il me répondit qu'il étoit né aveugle. Vous ne savez donc pas, lui dis-je, ce que c'est que la lumière, qui est si belle et si agréable? Non, me répondit-il, cependant je ne laisse pas de croire que c'est quelque chose de très-beau. Alors il me sembloit que cet aveugle changea tout à coup de voix, et me parlant avec autorité, me dit: Cela doit vous apprendre qu'il y a des choses excellentes, quoiqu'on ne les puisse comprendre. »

Bossuet, dans son Oraison funèbre, parle de son ami Rancé : « Un saint abbé, dont la doctrine et la vie sont un ornement de notre siècle, ravi d'une conversion aussi admirable et aussi parfaite que celle de notre princesse, lui ordonna de l'écrire pour l'édification de l'Église; elle commence ce récit en confessant son erreur : Vous, Seigneur, dont la bonté infinie n'a rien donné aux hommes de plus efficace pour effacer leurs péchés que la grâce de les reconnoître, recevez l'humble confession de votre servante. »

Anne de Gonzague étoit une de ces mortelles dont la beauté avoit rôdé dans les bois de La Trappe. Elle se mêla, dit M<sup>me</sup> de Motteville, à presque tout ce qui se fit alors, elle soutint le cardinal de Mazarin, qui n'en fut pas fort reconnoissant. On a une lettre d'elle, insérée parmi les lettres de Bussy-Rabutin. Malheureusement on n'a pas les autres lettres qu'elle écrivit à la maréchale de Guébriant, ni le traité sur l'*Art de juger la vérité des sentiments*. Les dames philosophes de ce temps, qui déclinèrent peu à peu vers le matérialisme, commencèrent par être cartésiennes et s'en alloient à Dieu, les pensées inclinées vers la raison, au lieu de les lui remettre comme des fleurs. Anne de Gonzague n'étoit pas insensible à l'argent; elle avoit reçu des sommes assez considérables pour faire réussir des mariages qui n'eurent pas lieu. Elle ne rendit point ces sommes, ou présenta des comptes qui les absorboient.

Après sa mort, la princesse palatine fut enterrée au Val-de-Grâce, à côté de Bénédicte, sa sœur. Elle avoit fait de ses propres mains un grand tableau de saint Bernard pour le fond d'un autel consacré à La Trappe. Quand on exhuma les morts, les déterreurs insultèrent ces dépouilles, comme on jette au vent des feuilles de roses séchées.

Rancé, au milieu de toutes ces tribulations, n'avoit d'autre refuge que la patience chrétienne. On écrivit contre lui; on prêcha même contre lui : on attaqua sa doctrine et sa conduite; on s'efforça de le faire passer pour un hérétique ou pour un fanatique; on publia qu'il tenoit dans son monastère des assemblées contre la religion et contre l'État. La Trappe fut au moment d'être détruite comme Port-Royal : Rancé, au milieu de toutes ses afflictions d'esprit, fut livré à des infirmités qui ne lui permettoient aucun repos; il fut maltraité de ceux-là même auxquels il avoit fait le plus de bien. Quand on le pressoit de manger, il disoit aux frères convers : « Vous serez cause que je mourrai dans l'impénitence finale. » Apercevant un de ses religieux qui souvent lui avoit fait la même prière, il dit en souriant : « Voilà mon persécuteur. » Arrivé à ce comble de douleur qu'il avoit tant désiré pour ressembler à Jésus-Christ son maître, on lui proposoit de le guérir par le secours des médecins : « Je suis, répondit-il, entre les mains de Dieu; c'est lui qui donne la vie, c'est lui qui l'ôte : il saura bien me guérir si sa volonté est que je vive. Mais pourquoi bon me guérir? A quoi suis-je bon? Que faisois-je en ce monde, qu'offenser Dieu? » Quand il y avoit quelque relâche à ses souffrances et qu'on le félicitoit, il disoit : « De quoi me félicitez-vous? De ce que je suis retenu en prison, de ce que, mes liens étant près de se rompre, on m'a chargé de nouveaux fers? »

Rancé brûla une quantité de lettres remplies de témoignages d'admiration; il en conserva d'autres en marge desquelles étoient écrits de sa main ces deux mots : *Lettres à garder.* C'étoient des lettres diffamatoires contre lui. Étoit-ce humilité ou orgueil? Le Père de Monty étoit venu le voir, et le força d'appeler un médecin. « Il faut s'écrier comme Job, disoit-il : Que celui qui a commencé achève de me réduire en poussière. » On le conjuroit de quitter pour quelque temps l'air de sa retraite. « J'ai dit en entrant ici, répondoit-il : *Hæc requies mea.* »

A ceux qui lui objectoient le peu de certitude de la durée de La Trappe, il répondoit : « Elle durera ce qu'elle doit durer. Si, dans les âges supérieurs, on s'étoit conduit par cette considération qu'il n'y a rien qui ne soit sujet à la décadence, où en seroit aujourd'hui le champ de Jésus-Christ? »

Au mois d'octobre 1695, Rancé envoya sa démission au roi : on remarqua ces mots touchants dans sa lettre : « Sire, comme je me sens pressé d'exécuter le dessein que Dieu m'inspire depuis longtemps de passer ma vie dans une retraite austère, et de me préparer à la mort; que ma santé, qui diminue tous les jours, me met dans l'impuissance de donner toute l'application que je dois à la conduite de mes frères, m'avertit que mes derniers moments ne peuvent être éloignés, j'ai cru que le premier pas que je devois faire étoit de quitter la charge de cette abbaye, que je tiens de votre bonté royale, en vous envoyant, comme je fais, la démission pure et simple. »

Louis XIV reçut cette démission des mains de M. de Paris; il dit à l'archevêque : « Renvoyez à La Trappe le frère porteur de la lettre; que M. l'abbé examine la chose devant Dieu, et qu'il me dise sincèrement ce qu'il croit être le mieux. » L'archevêque de Paris manda à Rancé : « Je vous félicite de tout mon cœur de tous les engagements qui ont accompagné la grâce que le roi vous a faite dans cette dernière rencontre; j'y ai pris toute la part imaginable comme le plus passionné et le plus fidèle de vos serviteurs. » Le roi nomma pour remplacer Rancé dom Zosime, prieur de ladite abbaye et ami de Rancé. Les bulles étant arrivées de Rome, le 19 septembre de l'année 1696, le nouvel abbé fut installé le 28 du même mois. L'ancien abbé, pouvant à peine se soutenir, se prosterna aux pieds du nouvel abbé, et lui dit : « Mon Père, je viens vous promettre l'obéissance que je vous dois en qualité de mon supérieur. et vous prier de me traiter comme le dernier de vos religieux. » L'abbé Zosime tomba à genoux et lui répondit : « Et moi, mon Père, je vous renouvelle l'obéissance que je vous ai vouée dès mon entrée dans cette sainte maison. » Majestueuse abnégation, et qui donnoit une proportion inconnue à la nature humaine. Ce n'étoit point deux hommes à genoux l'un devant l'autre, c'étoient deux saints appartenant à ces visions que l'on entrevoit dans les enfoncements du ciel.

Rancé, devenu simple religieux, continua d'édifier par ses exemples le monastère qu'il avoit rendu saint par ses ordres. A Rancé abattu et par conséquent plus puissant Bossuet continua de s'adresser pour le soulagement spirituel de ses amis : « Je vous recommande, lui écrivoit-il, trois de mes principaux amis, et qui m'étoient le plus étroitement unis depuis plusieurs années, que Dieu m'a ôtés dans quinze jours par des accidents divers. Le plus surprenant est celui qui a emporté l'abbé de Saint-Luc, qu'un cheval a jeté par terre si rudement qu'il en est mort une heure après, à trente-quatre ans. »

Dom Zosime disparut vite. « Un carme déchaussé s'étoit jeté à La Trappe depuis plusieurs années; il s'appeloit dom Gervaise : ses talents, sa piété séduisirent M. de La Trappe, et le témoignage de

M. de Meaux acheva de le déterminer. Le nouvel abbé, continue Saint-Simon, ne tarda pas à se faire mieux connoître après qu'il eut eu ses bulles ; il se crut un personnage, chercha à se faire un nom, à paroître et à n'être pas inférieur au grand homme auquel il devoit sa place et à qui il succédoit. Au lieu de le consulter, il en devint jaloux, chercha à lui ôter la confiance des religieux, et, n'en pouvant venir à bout, à l'en tenir séparé. Il arriva que dom Gervaise tomba dans une faute : l'abbé de La Trappe, épouvanté, le fit chercher partout, et craignit qu'il ne fût allé se jeter dans les étangs. On le trouva caché sous les voûtes de l'église et baigné de larmes : il offrit sa démission. M. de La Trappe, qui jusqu'alors ne l'avoit point voulu accepter, l'accepta. Bientôt dom Gervaise voulut retirer sa démission ; il alla parler à Fontainebleau au Père Lachaise, se prévalant d'un certificat que lui avoit donné l'ancien abbé et disant que l'esprit de M. de La Trappe étoit tout à fait affoibli, qu'il avoit auprès de lui un secrétaire éxtrêmement janséniste. Le Père Lachaise eut peur, il changea d'opinion sur l'ancien solitaire. »

Saint-Simon vit M. de Chartres ; M. de Chartres en écrivit à M^{me} de Maintenon. Frère Chauvier, envoyé à La Trappe, assura qu'il avoit trouvé tout entier l'esprit de l'ancien abbé. La démission de dom Gervaise fut maintenue ; pendant ce temps-là dom Gervaise écrivoit en chiffres à une religieuse qu'il avoit aimée. « C'étoit un tissu de tout ce qui peut s'imaginer d'ordures, et les plus grossières, » dit Saint-Simon.

Voilà de ces passages qui détruisent l'autorité de la vérité dans les Mémoires de Saint-Simon. Imaginer qu'un religieux de La Trappe ose écrire de pareilles choses à une religieuse, même en chiffres, est une telle absurdité qu'on ne sauroit le croire. S'il y a quelque chose de vrai dans toutes ces ribauderies, il seroit plus simple d'imaginer que le déchiffreur a voulu s'amuser et amuser ses maîtres. Tous les autres écrivains du temps parlent de dom Gervaise comme d'un homme d'imagination, qui mérita peut-être la sévérité de Louis XIV, mais aucun ne raconte de lui ce qu'en dit Saint-Simon. L'amitié a ses excès, et dans ce temps la parole ne ménageoit ni ses pensées ni ses expressions.

Le roi, avançant à travers ces démêlés, nomma à l'abbaye de La Trappe dom Jacques de Lacour, après avoir envoyé le Père de Lachaise prendre des informations auprès de Rancé. Louis XIV descendoit à ces détails de la société d'alors, comme Bonaparte entra dans les menues choses de la société d'aujourd'hui ; mais il y avoit cela de grand dans la société passée, qu'elle s'appuyoit à l'autel.

Le quiétisme étoit né dans l'année 1694, et il continua dans sa force jusqu'à l'année 1697. « Ce monde, dit Bossuet, sembloit vouloir enfanter quelque étrange nouveauté : il faut aimer, disoit ce monde, comme s'il étoit sans rédemption et sans Christ. »

Le nom de M^me Guyon se trouvoit mêlé à la controverse. Née à Montargis, elle avoit pu voir en naissant le tombeau de Jean l'aveugle, tué à la bataille de Crécy. Restée veuve à l'âge de vingt-deux ans, elle parut à Paris en 1680. Ce fut pendant ces voyages en province qu'elle se tourna vers les idées mystiques, et qu'elle composa *Le Moyen court*. Arrivée à Paris, l'archevêque l'enferma dans le couvent de la Visitation au faubourg Saint-Antoine. M^me de Maintenon, qui se mêloit alors de questions religieuses, avoit vu M^me Guyon, et la fit rendre à la liberté : celle-ci rencontra à Saint-Cyr Fénelon, et il dériva au quiétisme, renouvellement de l'hérésie des gnostiques. M^me Guyon a laissé des cantiques spirituels et un écrit intitulé *Des Torrents :* ils l'emportèrent. Bientôt s'ouvrirent à Issy sur le quiétisme des conférences entre Bossuet et Fénelon ; l'abbé de Rancé fut nommé juge, mais il n'y vint point. Placée à Vaugirard dans une maison sous la direction de M. de Lachétardie, curé de Saint-Sulpice, M^me Guyon donna une déclaration signée par Fénelon et par M. Tronson, à la fin de janvier 1697. Les *Maximes des Saints* parurent la même année.

Bossuet, à propos des *Maximes,* disoit : « Qui lui conteste (à Fénelon) de l'esprit? Il en a jusqu'à faire peur. » Les *Maximes des Saints* furent condamnées à Rome, et Fénelon, avec plus d'habileté que d'humilité, désavoua en chaire son ouvrage. Leibniz, parlant du livre de M. de Cambrai, attribue à l'abbé de La Trappe une lettre très-solide dans laquelle il attaquoit les faux mystiques. « Ils s'imaginent, disoit Leibniz, qu'une fois uni à Dieu par un acte de foi pure et de pur amour, on y demeure uni tant qu'on ne révoque pas formellement cette union. » On remarque dans ces lettres de Rancé, écrites à l'abbé Nicaise à propos de ces derniers débats religieux, ce trait sur Cromwell : « Nous voyons un homme vivant jouer le personnage de la mort et d'une faux invisible renverser un trône. »

Le quiétisme fit plus de ravages en Italie qu'en France. On disoit que Rancé pouvoit seul répondre au livre des *Maximes des Saints.* L'abbé de La Trappe en écrivit à Bossuet, qui fit courir sa lettre, pour s'appuyer d'une si grande autorité : « Le livre de M. de Cambrai, mandoit Rancé en 1697, m'est tombé entre les mains ; je n'ai pu comprendre qu'un homme de sa sorte fût capable de se laisser aller à des imaginations si contraires à ce que l'Évangile nous enseigne. » « Il n'y a rien, écrivoit-il en même temps à l'abbé Nicaise, qui me fasse plus d'horreur que les extravagances et les dogmes impies que l'on attribue aux quiétistes. Dieu veuille que l'on en arrête le cours, que le mal qu'ils ont commencé de faire dans les lieux où ils se sont introduits ne passe pas plus loin ! »

Le 3 octobre 1689, Rancé disoit : « Les hommes ne se lasseront-ils jamais de parler de moi ? Ce seroit une chose bien douce d'être tellement dans l'oubli que l'on ne vécût plus que dans la mémoire de ses amis, » cris de tendresse qui rarement échappent à l'âme fermée de Rancé.

« On sait ce que vous avez écrit contre le monstrueux système du quiétisme, mande l'abbé de La Trappe à l'évêque de Meaux ; car tout ce que vous écrivez, monseigneur, sont des décisions. Si les chimères de ces fanatiques avoient lieu, il faudroit fermer les livres des divines Écritures, comme si elles ne nous étoient d'aucune utilité. » Ces lettres de Rancé furent mal reçues ; Fénelon avoit de nombreux partisans. « Ce prélat, dit Saint-Simon, étoit un grand homme maigre, bien fait, pâle, avec un grand nez, des yeux dont le feu et l'esprit sortoient comme un torrent, et une physionomie telle que je n'en ai point vu qui y ressemblât, et qui ne se pouvoit oublier quand on ne l'auroit vu qu'une fois. Elle rassembloit tout, et les contrastes ne s'y combattoient point. Elle avoit de la gravité et de la galanterie, du sérieux et de la gaieté ; elle sentoit également le docteur, l'évêque et le grand seigneur ; ce qui y surnageoit, ainsi que dans toute sa personne, c'étoit la finesse, l'esprit, les grâces, la décence, et surtout la noblesse. Il falloit effort pour cesser de le regarder. »

Un homme qui exerçoit un empire aussi puissant sur la société devoit avoir des fanatiques. Il a fallu que la révolution vînt nous éclairer, pour que nous comprissions cette expression de *chimérique*, que Louis XIV appliquoit à Fénelon.

Le duc de Nevers, Mancini, petit Italien devenu grand seigneur françois par la vertu des richesses du duc de Mazarin, accusa Rancé, à propos de la querelle du quiétisme, de vouloir faire du bruit par vanité. Il y avoit quelque excuse dans ces emportements du duc de Nevers : comment auroit-il pu s'empêcher de croire aux regrets de Rancé ? Il avoit vu Mazarin dans sa robe de chambre de camelot fourré de petit-gris, un bonnet de nuit sur la tête, traîner ses pantoufles dan sa galerie, regarder en passant ses tableaux et dire : « Il faut quitter tout cela. »

Le quiétisme sembloit dériver du molinisme : Rancé s'en étoit aperçu. Il connoissoit, disoit-il, une ville tout entière où s'étoient passées des choses effroyables introduites par un saint du caractère de Molinos.

La condamnation du saint-siége contre les *Maximes des Saints* fut publiée par des huissiers en 1699 en latin et en françois ; elle prohibe ces *Maximes* : « Dans l'état de la sainte indifférence, l'âme n'a plus de désirs volontaires et délibérés dans son intérêt ; dans l'état de la sainte indifférence, on ne veut rien pour soi, on veut tout pour Dieu. La partie inférieure de Jésus-Christ sur la croix ne communiquoit pas à la supérieure son trouble involontaire. Les saints mystiques ont exclu de l'état des âmes transformées les pratiques de la vertu. » Ainsi passent les siècles dans cette condamnation d'un évêque ; elle est signée du cardinal Albano et publiée à la tête du *champ de Flore*.

La société que Rancé avoit quittée lui en vouloit de sa pénitence. Une princesse malicieuse appliquoit à l'abbé ces paroles de l'Évangile : *Væ nutrientibus !* Malheur à ceux qui ont des enfants à nourrir ! par allusion aux moines de La Trappe.

Saint-Simon, qui n'aimoit pas Fénelon et qui se disoit chaud partisan de Rancé, eut une querelle avec Charost. Charost disoit que M. de La Trappe étoit le patriarche de Saint-Simon devant qui tout autre n'étoit rien. Saint-Simon répondit que M. de Cambrai avoit été repris de justice, et qu'il y avoit longtemps qu'il avoit été condamné à Rome. A ce mot, dit Saint-Simon, voilà Charost qui chancelle, qui veut répondre et qui balbutie ; la gorge s'enfle, les yeux lui sortent de la tête et la langue de la bouche ; M$^{me}$ de Nogaret s'écrie ; M$^{me}$ de Chastenet saute à sa cravate, qu'elle lui défait et le col de sa chemise ; M$^{me}$ de Saint-Simon court à un pot d'eau, lui en jette, tâche de l'asseoir et de lui en faire avaler. J'y gagnai que Charost ne se commit plus à quoi que ce soit sur M. de La Trappe. »

Le monde accouroit à La Trappe, la cour pour voir le vieil homme converti, pour en rire ou pour l'admirer, les savants pour causer avec le savant ; les prêtres pour s'instruire aux leçons de la pénitence. Jean-Baptiste Thiers fut du nombre des pèlerins ; il se moquoit de tout, même lorsqu'il étoit sérieux. L'abstinence des trappistes et leur vie muette ne lui convenoient guère ; mais il y trouvoit du nouveau, et la nouveauté l'alléchoit : il écrivit l'*Apologie de l'abbé de La Trappe*. Rancé s'y opposoit assez, quoiqu'il fût bien aise d'avoir un défenseur de l'esprit et du savoir de Thiers. Cette apologie fut supprimée par l'autorité. Rancé écrivoit à l'abbé Nicaise, en 1694 : « Il est arrivé une aventure au pauvre M. Thiers ; je lui avois écrit avec beaucoup d'instance pour le prier de supprimer ma défense. Le pauvre homme, qui est plein d'amitié et de zèle pour tout ce qui me regarde, ne put se laisser persuader à ce que je lui demandois. On a découvert que son livre s'imprimoit à Lyon, et on a enlevé tous les exemplaires par ordre de M. le chancelier. Vous jugez bien de la peine qu'en a eue l'auteur. Il ne se peut pas que je ne la ressente vivement, y étant obligé par justice et à titre de reconnoissance. »

Le *pauvre homme* rioit.

Dans l'*Apologie de l'abbé de La Trappe*, Thiers tombe sur le Père Sainte-Marthe ; il se gaudissoit de lui comme ayant dit que M<sup>me</sup> de Maintenon lui faisoit l'honneur de le regarder comme son parent. L'apologie est écrite avec vivacité : l'apologiste cite des vers ridicules contre Rancé, écrits, dit-il, par le premier des poëtes bénédictins. Thiers, se justifiant lui-même, assure qu'on seroit moins acharné contre lui s'il ne s'étoit élevé contre les archidiacres, dans son livre de l'*Étole*, dans son traité de la *Dépouille des Curés* et dans son *Factum* contre le chapitre de Chartres. Il finit son apologie, trop longue, puisqu'elle est composée de cinq cents pages, par ces mots : « En voilà assez, mon révérend père Sainte-Marthe, pour vous faire rentrer en vous-même et vous retirer de la bonne opinion que vous avez de votre petite personne. »

Thiers étoit curé de Champron. Dans une foule de pamphlets françois et latins contre le chapitre de Chartres, il avoit attaqué le grand archidiacre de ce chapitre, Robert : Robert prétendoit qu'un curé ne pouvoit porter l'étole devant lui ; Thiers écrivit la *Sauce Robert* et la *Sauce Robert justifiée*. Le chapitre de Chartres obtint un décret d'arrestation contre le curé. Thiers donna à boire aux archers ; et ayant secrètement fait ferrer son cheval à glace, il leur échappa en passant sur un étang gelé : il se réfugia dans le diocèse du Mans. L'évêque, de Tressan, nomma Thiers curé de Vibraye ; et c'est là que le curé fugitif et renouvelé écrivit l'*Histoire des Perruques*. Thiers se montra aussi savant, aussi joyeux que le curé de Meudon, *abstracteur de la vie inimitable du grand Gargantua*. Son choix eût été bientôt fait, si on eût proposé à Thiers d'être Rabelais ou roi de France. C'étoient là les petites pièces qui se jouoient à la suite du grand drame de La Trappe.

Une demoiselle Rose étoit venue à La Trappe. Thiers avoit été chargé d'examiner cette demoiselle ; il lui demanda « si elle étoit mariée, » elle répondit « qu'elle ne s'en souvenoit pas ».

« C'étoit une vieille Gasconne, dit Saint-Simon, ou plutôt du Languedoc, qui avoit le parler à l'excès, carrée, entre deux tailles, fort maigre, le visage jaune, extrêmement laid, des yeux très-vifs, une physionomie ardente, mais qu'elle savoit adoucir ; vive, éloquente, savante, avec un air prophétique qui imposoit. Elle dormoit peu et sur la dure, ne mangeoit presque rien, assez mal vêtue, et qui ne se laissoit voir qu'avec mystère. Cette créature a toujours été une énigme; car il est vrai qu'elle étoit désintéressée, qu'elle a fait de grandes et surprenantes conversions, qui ont tenu. »

Six semaines durant, M. de La Trappe se défendit de voir Mlle Rose. Elle partit comme elle étoit venue.

La Bruyère fait ainsi le portrait d'un autre homme qui fréquentoit La Trappe :

« Concevez, dit La Bruyère, un homme facile et doux, complaisant, traitable, et tout d'un coup violent, colère, fougueux, capricieux : imaginez-vous un homme simple, ingénu, crédule, badin, volage, un enfant en cheveux gris; mais permettez-lui de se recueillir, ou plutôt de se livrer à un génie qui agit en lui, j'ose dire sans qu'il y prenne part et comme à son insu, quelle verve! quelle élévation! quelles images! quelle latinité! Parlez-vous d'une même personne? me direz-vous. Oui, du même, de Théodas, et de lui seul. Il crie, il s'agite, il se roule à terre, il se relève, il tonne, il éclate, et du milieu de cette tempête il sort une lumière qui brille et qui réjouit; disons-le sans figure, il parle comme un fou et pense comme un homme sage, dit ridiculement des choses vraies, et follement des choses sensées et raisonnables; on est surpris de voir naître et éclore le bon sens du sein de la bouffonnerie, parmi les grimaces et les contorsions. Qu'ajouterai-je davantage? Il dit et il fait mieux qu'il ne sait : ce sont en lui comme deux âmes qui ne se connoissent point, qui ne dépendent point l'une de l'autre, qui ont chacune leur tour ou leurs fonctions toutes séparées. Il manqueroit un trait à cette peinture si surprenante si j'oubliois de dire qu'il est tout à la fois avide et insatiable de louanges, près de se jeter aux yeux de ses critiques, et dans le fond assez docile. »

Santeul, dont La Bruyère trace ainsi le portrait, alloit à La Trappe et s'asseyoit au chœur parmi les moines comme un petit sapajou. « J'ai vu, dit Rancé à l'abbé Nicaise, les hymnes de M. de Santeul pour le jour de Saint-Bernard; elles valent beaucoup mieux que les anciennes. Il y en a pourtant de ces anciennes qui, pour n'être pas si polies, ne laissent pas d'imprimer du respect et de la révérence. »

Santeul, allant à Dijon avec le prince de Condé, fut attaqué du mal dont il mourut. « Je loue Dieu de la patience qu'il a donnée à M. de Santeul, dit Rancé, dans un mal aussi douloureux que celui dont il a été attaqué. Tout ce qui part de sa plume a un caractère qui frappe et qui plaît tout ensemble; je ne doute point qu'il ne se fasse remarquer dans ses derniers vers, qui peuvent être considérés comme une production de sa douleur. » Ce moine de Saint-Victor mourut à

Dijon le 5 août 1697, à deux heures après minuit. Au même moment Ménage, qui ne le croyoit pas si malade, s'amusoit à faire des vers sur sa mort pour les lui montrer et le faire rire. Ayant fait un voyage à Cîteaux, Santeul y cherchoit la Mollesse du *Lutrin* : « Elle y logeoit autrefois, lui dit un moine, aujourd'hui c'est la Folie. »

Il ne manquoit plus qu'un roi à La Trappe : il y vint; il avoit porté trois couronnes. Jacques II, chassé de son trône, avoit débarqué sur les côtes de France, menant son fils naturel : personne ne fut frappé de cette confusion de mœurs ; Louis XIV donnoit l'exemple. Les enfants illégitimes étoient alors fort considérés, excepté du prince d'Orange ; on lui vouloit faire épouser M$^{lle}$ de Conti (M$^{lle}$ de Blois), fille de M$^{me}$ de La Vallière ; il répondit : « Les princes d'Orange ne sont pas accoutumés à épouser des bâtardes. »

En voyant Jacques II, on ne songea qu'à la générosité du roi sur le trône et au malheur du roi détrôné. De retour de son expédition d'Irlande, Jacques se vint consoler à La Trappe. Le canon qui l'avoit chassé à La Boyne le repoussa parmi les morts : il y arriva le 21 novembre 1690. Les lieux communs sur le néant des grandeurs ne manquèrent pas aux banalités de l'éloquence : il y eut pourtant cela de vrai à l'adresse de Jacques, que sa piété étoit sincère. Rancé le conduisit à l'église. Le prince assista à ces complies si religieusement et si tristement chantées. Il partagea le repas commun, et demanda à l'abbé ce qui se passoit dans la solitude. Le lendemain il communia, puis il parcourut entre deux étangs une chaussée où se promenoit Bossuet avec Rancé. Jacques étoit un de ces oiseaux de mer que la tempête jette dans l'intérieur des terres. Il alla avec plusieurs gentilshommes de son ancienne cour visiter un solitaire jadis soldat de Louis XIV et qui s'étoit retiré dans les bois de La Trappe. « A quelle heure entendez-vous la messe ? dit le roi. — A trois heures et demie du matin, répondit l'ermite. — Comment pouvez-vous faire, dit lord Dumbarton, dans les temps de pluie et de neige où l'on ne peut distinguer les sentiers ? — Je rougirois, répondit le soldat, de compter pour quelque chose des peines légères qui se rencontrent dans le service que je tâche de rendre à mon Dieu, après que j'ai méprisé celles qui se pouvoient rencontrer dans le service que je rendois à mon roi. — Vous avez bien raison, dit Jacques, on ne peut assez s'étonner qu'on fasse tant pour un roi de la terre et presque rien pour le roi du ciel. — Mais, répondit lord Dumbarton, ne vous ennuie-t-il point dans cette solitude ? — Je pense à l'éternité. — Votre état, ajouta le roi, prenant la parole, est plus heureux que celui des grands : vous mourrez de la mort des justes. » Puis il regarda le solitaire, comme s'il eût envié son bonheur. Ensuite le saluant, il lui dit : « Adieu, monsieur ; priez pour moi, pour la reine et pour mon fils. » Le gentilhomme lui fit une profonde révérence; et le roi regagna l'abbaye en passant par des prés bas et humides. Ce sont là de belles histoires : Dieu, un roi détrôné, un soldat devenu ermite.

Jacques II assista à une grand'messe du jour à la Maison-Dieu. Il se leva à l'Évangile, tira son épée, et la tint élevée pendant tout le temps qu'on chantoit l'Évangile. C'étoit un droit qu'avoit accordé la cour de Rome à la cour de Londres, lorsque les rois d'Angleterre reçurent du saint-siége le titre de défenseurs de l'Église catholique. Henri VIII, qui a détruit l'Église catholique en Angleterre, avoit obtenu ce titre quand il eut composé son ouvrage contre Luther. Que de ruines ! Jacques II, se disant roi à La Trappe, reprenoit dans un désert des droits que ne reconnoissoit plus l'Angleterre ! Mais nous, avons-nous remporté ces victoires dont nos misérables générations lisent les noms, comme des vérités qui les regardent, gravés aux parois de l'Arc de Triomphe ? Les générations se disent héritières des grandeurs qui les ont précédées ; les barbares méprisoient souverainement ces Romains qui prétendoient descendre des légions de l'empire, parce qu'ils traversoient les voies romaines que ces légions avoient construites et foulées.

La reine de la Grande-Bretagne visita à son tour la solitude. L'aumônier de S. M. écrivit, le 2 juin 1692, à Rancé : « Vous avez entièrement gagné le cœur de la reine par les saintes impressions que Dieu a faites, par votre ministère, sur le cœur du roi son époux : car elle m'a fait l'honneur de me dire plus d'une fois qu'elle ne pouvoit assez louer Dieu des grâces qu'il avoit reçues à La Trappe. Il n'en falloit pas moins pour le soutenir dans les grandes et presque continuelles disgrâces qu'il a essuyées depuis si longtemps, et qui sembloient augmenter à un point de mettre toute sa vertu à l'épreuve. »

Le roi d'Angleterre revint à La Trappe avec le maréchal de Bellefonds, introducteur aux ruines ; il avoit vu du rivage le combat de La Hogue. La Trappe méprisoit le monde et contemploit des chutes d'empire qui justifioient son mépris. On venoit chercher dans cet abri des raisons d'aimer le désert.

« Le roi d'Angleterre, dit Rancé, soutint la perte de trois royaumes avec une constance comparable à tout ce que nous lisons de plus grand dans les histoires. Il parle de ses ennemis sans chaleur ; il garde une douceur dans toute sa conduite, qui feroit croire qu'il est dans le monde sans peine et sans affliction. La reine n'a point de sentiments qui ne soient conformes à ceux du roi son époux. Elle ne voit ce qu'on appelle les biens de ce monde que comme des lueurs qui ne font que passer et qui trompent ceux qui s'y arrêtent. »

Jacques II étoit un pauvre souverain ; mais Rancé prenoit son point de vue du ciel : qu'un homme soit rédimé au prix des plus grands malheurs, son rachat vaut mieux que tous ces malheurs ; qu'une révolution renverse un État ou en change la face, vous croyez qu'il s'agit des destinées du monde ? Pas du tout : c'est un particulier, et peut-être le particulier le plus obscur, que Dieu a voulu sauver : tel est le prix d'une âme chrétienne. Si des États sont bouleversés, c'est, dit l'apôtre, afin que les élus éprouvés parviennent à la gloire. Tout est pour les prédestinés, tout est subordonné à leur consommation ; et quand leur nombre sera rempli, on verra de nouveaux cieux et une nouvelle terre.

Telle est la fatalité chrétienne : la fatalité antique vient de l'objet extérieur, la fatalité chrétienne vient de l'homme ; je veux dire que le chrétien crée la nécessité par sa vertu ; il ne détruit pas le mal ; il en est le maître.

On gardoit à La Trappe les portraits de Sa Majesté britannique ; il étoit conservé là dans son écrin d'oubli. Dans sa jeunesse, Charles X vint apprendre à La Trappe la pénitence de Jacques II. La Trappe elle-même s'ensevelit sous ses ruines, puis elle a été déblayée ; mais que sert, après un demi-siècle, de relever un vaisseau naufragé, quand ceux qui l'avoient chargé de leur fortune et de leurs espérances ne sont plus ? Pendant ces jours de submersion que d'autres grandeurs ont disparu ! on ne s'arrête plus pour écouter les échos des vieux malheurs.

Après le roi d'Angleterre, Monsieur, frère du roi, vint visiter La Trappe. Dans l'enthousiasme de ce qu'il avoit vu, il dit à Louis XIV « que la vie qu'on menoit dans cette solitude n'édifioit pas seulement la France, mais toute l'Europe, et qu'il étoit avantageux à l'État de la maintenir ». Monsieur étoit tout le contraire de la sublimité ascétique. Il étoit fou du bruit des cloches ; il empoisonna peut-être sa première femme, Henriette d'Angleterre. Sa seconde femme fut Charlotte-Élisabeth, fille de Charles-Louis, électeur de Bavière. Celle-ci, aussi laide que Henriette avoit été agréable, étoit grossière : elle avoit beaucoup d'esprit en allemand ; elle est connue par le cynisme avec lequel elle parle d'elle-même et du grand roi son beau-frère. Elle écrivoit : « Dans tout l'univers entier on ne peut, je crois, trouver de plus laides mains que les miennes ; mes yeux sont petits, j'ai le nez court et gros, les lèvres longues et plates, de grandes joues pendantes, une figure longue ; je suis très-petite de stature ; ma taille et ma jambe sont grosses. » S'étant arrangée de cette façon, on peut juger qu'elle étoit à l'aise pour parler de son prochain ; une imagination romanesque étoit renfermé dans ce qu'elle appelle *ce vilain petit laideron.*

Le cardinal de Bouillon suivit Monsieur. « Sa naissance, dit Pellisson, ses mœurs, son esprit le rendoient digne d'être cardinal, et le roi cherchoit à récompenser et à honorer par cette faveur les services du comte de Turenne dans la personne de son neveu. » Ce n'est pas l'opinion de Saint-Simon, qui maltraite fort le cardinal de Bouillon : « Ses regards louches venoient se rejoindre et s'arrêter au bout de son nez. Dépouillé du cordon bleu par le roi, il le portoit sous ses habits. Exilé à Clauk, il passa chez les ennemis ; de là il retourna à Rome ; il y mourut délaissé, après avoir obtenu que les cardinaux conserveroient leur calotte sur la tête en parlant au pape. » Quand il passa à La Trappe, Rancé écrivoit à l'abbé Nicaise : « M. le cardinal de Bouillon est depuis trois jours ici ; il a vu de près tout ce qui s'y passe, il n'a rien vu qu'il n'ait approuvé et qui ne l'ait touché. Il s'en retourne demain. »

Le cardinal de Bouillon s'écrioit en répondant à M. de Saint-Louis, qui lui tenoit de bons propos à La Trappe : « Point de mort, point de mort, Monsieur de Saint-Louis, je ne veux point mourir. » Le cardinal de Bouillon avoit un frère, lequel disoit de Louis XIV : « Ce n'est qu'un vieux gentilhomme de campagne dans son château : il n'a plus qu'une dent, et il la garde contre moi. » Ce chevalier fit établir, sous la régence, un bal à l'Opéra. Le régent s'y montroit ivre, et le chevalier reçut pour ce service six milles livres de pension. On élargissoit dans la bourse du peuple la déchirure par où devoit passer la France.

Dans une lettre qui ne parvint à La Trappe qu'après la mort de Rancé, lord Perth mandoit à l'abbé que Jacques avoit dit avant d'expirer : « Je n'ai rien quitté ; j'étois un grand pécheur : la prospérité m'auroit gâté le cœur, j'aurois vécu dans le désordre. » Jacques, plus heureux que Marie Stuart, nous a laissé sa dépouille : Marie, voyant s'éloigner les côtes de Normandie, s'écrioit : « Adieu, France, adieu ; je ne te reverrai plus ! » Le bourreau, en tranchant la tête à la reine d'Écosse, lui enfonça d'un coup de hache sa coiffure dans la tête, comme un effroyable reproche à sa frivolité.

Boivin est un dernier des hommes du siècle avec qui Rancé eut affaire. Il écrivoit le 18 octobre 1696 à l'abbé Nicaise : « Je ne sais comment vous avez pu avoir l'arrêt du parlement de Rouen contre le sieur Boivin ; mais si vous connoissiez jusqu'où va sa violence et son emportement, vous auriez peine à croire qu'un homme d'étude comme lui pût tomber dans de si grands excès. » Le procès que Boivin eut avec La Trappe étoit pour une redevance de vingt-quatre sous ; il dura douze ans, et coûta douze mille livres. « Je l'ai gagné pendant douze ans, écrivit Boivin, et je ne l'ai perdu qu'un seul jour. »

Au reste Rancé, tout vieux et tout malade qu'il étoit, ne déclinoit jamais le combat, mais aussitôt qu'il avoit repoussé un coup, il plongeoit dans la pénitence : on n'entendoit plus qu'une voix au fond des flots, comme ces sons de l'harmonica produits de l'eau et du cristal, qui font mal.

Tel fut Rancé. Cette vie ne satisfait pas, il y manque le printemps : l'aubépine a été brisée lorsque ses bouquets commençoient à paroître. Rancé s'étoit proposé de courir le monde pour chercher des aventures. Qu'eût-il trouvé ? Les félicités qu'il se forgeoit à Véretz ? Non : ces félicités étoient dans son âme. Supposez que prenant l'existence pour une ironie du ciel et que, devançant les idées de son époque, il eût rejeté cette existence, son sang eût à peine humecté quelques brins de bruyère. Si, s'embarrassant peu de l'avenir, il eût préféré des plaisirs à l'éternité, autre mécompte ; demain il n'auroit plus aimé.

Les hommes qui ont vieilli dans le désordre pensent que quand l'heure sera venue ils pourront facilement renvoyer de jeunes grâces à leur destinée, comme on renvoie des esclaves. C'est une erreur ; on ne se dégage pas à volonté des songes ; on se débat douloureusement contre un chaos où le ciel et l'enfer, la haine et l'amour se mêlent dans une confusion effroyable. Vieux voyageur alors, assis sur la borne du chemin, Rancé eût compté les étoiles en ne se fiant à aucune, attendant l'aurore, qui ne lui eût apporté que l'ennui du cœur et la difformité des jours. Aujourd'hui il n'y a plus rien de possible, car les chimères d'une existence active sont aussi démontrées que les chimères d'une existence désoccupée. Si le ciel eût mis au bras de Rancé les fantômes de sa jeunesse, il se fût tôt fatigué de marcher avec des Larves. Pour un homme comme lui il n'y avoit que le froc ; le froc reçoit les confidences et les garde ; l'orgueil des années défend ensuite de trahir le secret, et la tombe le continue. Pour peu qu'on ait vécu, on a vu passer bien des morts emportant leurs illusions. Heureux celui dont la vie est *tombée en fleurs !* élégances de l'expression d'un poëte qui est femme.

Ce que l'on seroit souvent tenté de prendre dans Rancé pour les allures et les pensées d'un tout jeune homme n'étoit que le sentiment d'un vieillard décrépit qui ne marchoit plus et dont la tête étoit enfoncée dans un froc, comme une de ces momies de moines que renfermoient les caveaux de quelques anciens monastères. Les os de Rancé s'étoient cariés ; il ne possédoit plus que deux grands yeux où avoit circulé la passion et où se montroit encore l'intelligence. Réduit à garder l'infirmerie, ses derniers moments approchoient ; il n'y avoit personne pour porter la main sur le cœur de ce christ. Lorsque Jésus pria son Père d'éloigner de lui le calice, qui tenoit son doigt sur le pouls du Fils de l'Homme, pour savoir si des larmes sanglantes venoient de la faiblesse humaine ou de l'épanouissement d'un cœur qui se fendoit de charité?

Les religieux se pressoient à sa porte; il dicta une lettre dont le père abbé Jacques de La Cour leur fit lecture : « Dieu, disoit-il, connoît seul mes forces et la joie que j'aurois de vous voir; cependant, quoique ce sentiment soit de mon cœur plus que jamais, je suis contraint de vous dire que, dans l'état où je me trouve, il m'est impossible de satisfaire à cette joie autant que je le voudrois. Priez pour moi, mes frères; demandez à Dieu que si je vous suis encore bon à quelque chose, il me rende à la santé, sinon qu'il me retire de ce monde. »

On envoya chercher l'évêque de Séez, l'ami et le confesseur de Rancé. Rancé témoigna beaucoup de joie en l'apercevant; il saisit la main du prélat, la porta à son front pour commencer le signe de la croix; il fit ensuite une confession générale. Il supplia l'évêque de Séez d'obtenir la protection royale en faveur de la discipline monastique de l'abbaye, ajoutant que dans toutes les autres choses il souhaitoit que La Trappe fût complètement oubliée.

Cette famille de la religion autour de Rancé avoit la tendresse de la famille naturelle et quelque chose de plus; l'enfant qu'elle alloit perdre étoit l'enfant qu'elle alloit retrouver : elle ignoroit ce désespoir qui finit par s'éteindre devant l'irréparabilité de la perte. La foi empêche l'amitié de mourir; chacun en pleurant aspire au bonheur du chrétien appelé; on voit éclater autour du juste une pieuse jalousie, laquelle a l'ardeur de l'envie, sans en avoir le tourment.

Rancé, apercevant un religieux qui pleuroit, lui tendit la main, et lui dit : « Je ne vous quitte pas, je vous précède. » Le Tasse avoit adressé les mêmes mots aux frères qui l'environnoient à Saint-Onuphre. Rancé demanda d'être enterré dans la terre la plus abandonnée et la plus déserte : sur un champ de bataille où l'on n'entend plus de bruit, on voit sortir du sol les pieds de quelques soldats.

Job mourut dans le petit réduit qu'il s'étoit fait, comme le palmier dont les branches sont chargées de rosée. Rancé entretint le prélat de l'empressement que ses frères avoient mis à le soulager : « Voilà, dit-il, comme Dieu a pris plaisir à me favoriser dans tous les temps de ma vie, et je n'ai été qu'un ingrat. » Le Père abbé Jacques de La Cour entroit dans ce moment; Rancé lui dit : « Ne m'oubliez pas dans vos prières, je ne vous oublierai pas devant Dieu. » Il chargea Jacques de La Cour de faire ses excuses au roi d'Angleterre : il avoit commencé une lettre pour ce monarque exilé qu'il n'avoit pas pu achever. La nuit suivante fut mauvaise ; Rancé la passa assis : il avoit mis les sandales d'un religieux mort avant lui ; il alloit achever le voyage qu'un autre n'avoit pu finir.

L'évêque de Séez lui ayant demandé s'il avoit toujours eu pour ses religieux la même charité : « Oui, monseigneur, répondit le saint homme. Depuis quelques années, par la grâce de Dieu, je ne suis plus qu'un simple religieux comme les autres ; ils sont tous mes frères et ne sont plus mes enfants. S'il m'étoit permis de regretter la perte de ma voix, ma douleur seroit de ne pouvoir leur faire entendre combien je les aime ; je les conserve au fond de mon cœur, et j'espère les y porter devant Dieu. » Sur les huit heures du soir Rancé se découvrit, il pria un frère de le mettre à genoux pour recevoir la bénédiction de son évêque, il fit une confession générale. L'évêque de Séez, dans son récit, qui est conservé, dit qu'il avoit connu dans cette occasion plus qu'en aucune autre que ce grand homme avoit reçu de Dieu un esprit élevé, vif, pénétrant, une âme simple et d'une candeur admirable.

Plus Rancé s'étoit avancé vers le terme, plus il étoit devenu serein ; son âme répandoit sa clarté sur son visage : l'aube s'échappoit de la nuit. On présenta le crucifix au mourant ; il s'écria : « O éternité ! quel bonheur ! » Et il embrassa le signe du salut avec la plus vive tendresse ; il baisa la tête de mort qui était au pied de la croix. En remettant cette croix à un moine, il remarqua que celui-ci ne l'imitoit pas, il dit : « Pourquoi ne baisez-vous pas la tête de mort ? c'est par elle que finit notre exil et notre misère. » Rancé se souvenoit-il de la relique que la tradition disoit être placée auprès de lui ? Dans les âges les plus fervents, les chrétiens pratiquoient encore quelques rites du culte des faux dieux.

Le lit de cendres étoit préparé ; Rancé le regarda tranquille avec une sorte d'amour, puis il s'aida lui-même à se coucher sur le lit d'honneur ; l'évêque de Séez dit : « Monsieur, ne demandez-vous pas pardon à Dieu ? — Monsieur, répondit l'abbé, je supplie Dieu très-humblement du fond de mon cœur de me remettre mes péchés et de me recevoir au nombre de ceux qu'il a destinés à chanter éternellement ses louanges. » Les forces venant à lui manquer, il s'arrêta. L'évêque dit : « Monsieur, me reconnoissez-vous ? — Monsieur, répliqua l'abbé, je vous connois parfaitement ; je ne vous oublierai pas. »

L'évêque de Séez s'étant enquis si l'on avoit donné quelque chose au mourant pour le soutenir, l'abbé de Rancé fit lui-même la réponse : « Rien n'a manqué à l'attention de leur charité. »

Il s'établit par les paroles de l'Écriture un dernier dialogue entre l'agonisant et l'évêque.

L'Évêque. — Le Seigneur est ma lumière et mon salut.
L'Abbé. — Je mettrai en lui toute ma confiance.
L'Évêque. — Seigneur, c'est vous qui êtes mon protecteur et mon libérateur.
L'Abbé. — Ne tardez pas, mon Dieu, hâtez-vous de venir.

Ce furent les dernières paroles de Rancé. Il regarda l'évêque, leva les yeux au ciel, et rendit l'esprit. Il fut enterré dans le cimetière commun des religieux.

Ainsi se consomma le sacrifice. Le repentir vous isole de la société, et n'est pas estimé à son prix. Toutefois l'homme qui se repent est immense : mais qui voudroit aujourd'hui être immense sans être vu ? Rancé arriva de sa hutte d'argile à la maison de Dieu, maison magnifique.

Rancé fut porté à l'église et placé sous la lampe. Son visage, qui avoit paru décharné, parut vermeil et beau. Il demeura dans l'église depuis le 27 octobre jusqu'au 29. Les moines se tenoient debout ou fondoient en larmes : c'étoit à qui feroit toucher au corps des linges et des chapelets. Trente religieux chantoient les psaumes : des messes se célébroient successivement dans l'église. Lorsqu'on le mit dans la fosse, le chœur récitoit ce verset du psaume CXXXI : « C'est là que j'habiterai, parce que je l'ai choisi. » On l'inhuma dans le cimetière. Le pasteur fut placé au milieu de ses brebis. Des témoignages authentiques furent rendus à Rancé, qui pourroient servir aujourd'hui à sa canonisation. Il apparut après sa mort à diverses personnes dans une grande gloire. Les rois témoignèrent de leur douleur, soit qu'ils fussent tombés, soit qu'ils occupassent encore le trône. Jacques écrivoit : « J'irai dans votre sainte solitude pour l'amour de moi-même, pour m'encourager dans l'état où je suis et où Dieu me tient. »

« C'étoit une voix de tonnerre, dit le Père Le Nain, qui retentissoit de tous côtés pour inspirer aux hommes le mépris du monde, le néant de ses grandeurs, la solidité des biens de la vie future. » Des conversions éclatantes s'opérèrent. Un religieux avoit entendu dans son sommeil une sainte hostie qui crioit : « Tremblez, tremblez, tremblez ! » et il fut si saisi de terreur, qu'on fut longtemps à le faire revenir. Des épileptiques furent guéris en s'appliquant des linges qui avoient servi à la main malade du réformateur. Les certificats ont été conservés, et Rome n'auroit pas besoin d'une longue procédure pour le placer au rang des saints. Son cœur étoit dans le repos, et l'Esprit divin avoit rempli son âme de splendeur.

Saint-Simon dit en s'interrompant : « Ces mémoires sont trop profanes pour rapporter rien ici d'une vie aussi sublimement sainte. Je m'arrête tout court : tout ce que je pourrois ajouter seroit ici trop déplacé. »

Né le 9 janvier 1626, seize ans après la mort d'Henri IV, mort en 1700, quinze ans avant la mort de Louis XIV, Rancé avoit été soixante-quatorze ans sur la terre, dont il avoit vécu trente-sept dans la solitude, pour expier les trente-sept qu'il avoit passés dans le monde.

Lorsqu'il disparut, une foule d'hommes fameux avoient déjà pris les devants, Pascal, Corneille, Molière, Racine, La Fontaine, Turenne et Condé : le vainqueur de Rocroi avoit reçu de Bossuet sa dernière couronne. Bossuet, dont je vous ai déjà dit la mort, penchoit vers sa ruine, qu'il avoit annoncée avec une simplicité si magnifique. Ce siècle est devenu immobile comme tous les grands siècles ; il s'est fait le contemporain des âges qui l'ont suivi. On ne voit pas tomber quelques pierres de l'édifice sans un sentiment de douleur. Quand Louis XIV descend le dernier au cercueil, on est atteint d'un inconsolable regret. Parmi les débris du passé se remuoient les premiers nés de l'avenir : quelques renommées commençoient à poindre sous la protection d'un roi décrépit encore debout. Voltaire naissoit ; cette désastreuse mémoire avoit pris naissance dans un temps qui ne devoit point passer : la clarté sinistre s'étoit allumée au rayon d'un jour immortel.

L'ouvrage de Rancé subsiste. Rancé s'est éloigné de sa solitude comme Lycurgue de la vallée de Lacédémone, en faisant promettre à ses disciples qu'ils garderoient ses lois jusqu'à son retour. Rancé est parti pour le ciel ; il n'est point revenu sur la terre ; ses lois sont religieusement observées par son petit peuple. Les trappistes ont vu s'écouler autour d'eux les autres ordres ; ils ont vu passer la révolution et ses crimes, Bonaparte et sa gloire, et ils ont survécu ; tant il y avoit de force dans cette législation surhumaine! Les nouveaux cénobites de La Trappe sont parfaitement conformes à ceux qui habitoient ce désert en 1100 : ils ont l'air d'une colonie du moyen âge oubliée ; on croiroit qu'ils jouent une scène d'autrefois, si en s'approchant d'eux on ne s'apercevoit que ces acteurs sont des acteurs réels, que l'ordre de Dieu a transportés du XIe siècle jusqu'au nôtre. La cryptie de Sparte étoit la poursuite et la mort des esclaves ; la cryptie de La Trappe est la poursuite et la mort des passions. Ce phénomène est au milieu de nous, et nous ne le remarquons pas. Les institutions de Rancé ne nous paroissent qu'un objet de curiosité que nous allons voir en passant.

FIN DE LA VIE DE RANCÉ.

# TABLEAU

## DES LANGUES TEUTONIQUE, CELTIQUE, ETC.

*Mœsogothique. Ulphilas* [1].

### MARK. CAP. I.
### *MARC. CHAP. I.*

AIWAGGELJO THAIRH MARKU ANASTODEITH.
EVANGELIUM PER MARCUM INCIPIT.

1. Anastodeins aiwaggeljons Iesuis Christaus sunaus Goths.
   *Initium evangelii Jesu Christi filii Dei.*

2. Swe gamelith ist in esaiin praufetau. Sai ik insandja aggilu meinana faura
   *Sicut scriptum est in Esaia propheta. Ecce ego mitto angelum meum præ*
   thus. Saei gamanweith wig theinana faura thus.
   *tibi. Qui parat viam tuam præ tibi.*

*Teutonique du serment des peuples de Charles et de Louis,
en 842.*

Oba Karl then eid then er sinemo bruodher Ludhuwige gesuor geleistit, indi Ludhuwig min herro then er imo gesuor forbrihchit: ob ih inan es irwenden ne mag, noh ih, noh thero, nohhein then ih es, irwenden mag vuidhar Karle imo ce folusti ne vuirdhu.

*Si Charles garde le serment que son frère Louis a juré, et si monseigneur Louis, de son côté, ne le tient, si je ne puis l'en détourner (Louis), et que moi et nul autre ne le puisse, je ne lvi donnerai aucune aide contre Charles.*

---

1. Tiré de Ulphilas, Gotische Bibelübersetzung nach ihrem Texte, édité par J. Chr. Zahn. Weissenfels; 1805, in-4º, p. 32. Voyez dans ce volume, p. 441.

## TABLEAU DES LANGUES TEUTONIQUE, ETC.

*Teutonique de la chanson en l'honneur de Louis fils de Louis le Bègue, en 881.*

Einan kuning weiz ih;  
Heizsit her hludwig,  
Ther gerne Gode thionot.  
Ih weiz her imos lonot [1].

*Regem novi;*  
*Vocatur dominus Ludovicus,*  
*Qui lubens Deo servit,*  
*Quippe qui eum præmiis afficit.*

*Teutonique saxon du commencement du VIII$^e$ siècle.*

### ORAISON DOMINICALE.

Urin fader thic arth in heofnas;  
Sic gehalgud thin noma;  
To cymeth thin ryc;  
Sic thin willa sue is in heofnas and in eortho;  
Urin hlaf o'firwistlio sel us to daig;  
And forgese us scylda urna, sue we forgefan scyldgum urum,  
And no inlead usig in custnung,  
Ah gefrig usig from ifle.

*Teutonique saxon du X$^e$ siècle.*

### ORAISON DOMINICALE.

Thu vre Fader the eart on heofinum,  
Cum thin ric;  
Si thin willa on eorthan swa swa on heofinum;  
Syle us to daeg urn daegthanlican hlaf;  
And forgif us ure giltat, swa swa we forgifath tham the with us agyltath.

*Islandais ou scandinave de la plus ancienne Edda.*

| ÓDINN. | ODINUS. |
|---|---|
| Ráth thu mer nu Frigg. | *Da mihi consilium, Frigga.* |
| Allz mic fara tithir | *Si quidem cupio* |
| At vitia *Vafthruthnis.* | *Invisere* Vafthrudnem : |
| Forvitni micla | *Aviditatem magnam* |
| Qveth ec mer á fornom stavfom | *Profiteor esse mihi contendendi de antiquis litteris (mysteriis)* |
| Vith thann inn alsvinna iotunn [2]. | *Cum omniscio isto gigante.* |

1. Nous donnons ici le véritable texte de ce poëme, découvert en 1837, par M. Fallersleben. (*Note de l'éditeur.*)

2. Tiré de Edda Sæmundar hinns fróda, pars I; Copenhague, 1787, in-4°, p. 3. (*Note de l'éditeur.*)

## *Celtique.*

**ORAISON DOMINICALE.**

Eyen taad rhuvn wytyn y neofoedodd,
Santeiddier yr hemvu tan :
De vedy drynas daw ;
Guueler dy wollys arryddayar megis agyn y nefi.
Eyn-bara beunydda vul dyro iniheddivu :
Ammaddew yunv eyn deledion ; megis agi maddevu in deledwir ninaw ;
Agna thowys ni in brofedigaeth :
Namyn gvvaredni rahg drug. Amen.

## *Langue erse.*

**ORAISON DOMINICALE.**

Ar nathairne ata ar neamh.
Goma beannuigte hainmsa.
Gu deig do Rioghachdsa.
Dentar do Tholsi air dtalmhuin mar ata air neamh.
Tabhair dhuinn ar bhfcacha, amhuil mhathmuid dar bhfeicheamhnuibh.
Agas na leig ambuadhread sinn.
Achd saor sinn o olc.
Oir is leatta an Rioghachd an cumhachd agas an gloir gu scorraidh. Amen.

# TABLE.

## ANALYSE RAISONNÉE DE L'HISTOIRE DE FRANCE,

DEPUIS LE RÈGNE DE KHLOVIGH
JUSQU'A CELUI DE PHILIPPE VI, DIT DE VALOIS.

|  | Pages. |
|---|---|
| Première race. | 3 |
| Deuxième race. | 21 |
| Troisième race. | 43 |
|   Hugues Capet. — 987-996 | 45 |
|   Robert. — 996-1031 | 48 |
|   Henri I$^{er}$. — 1031-1060 | 48 |
|   Philippe I$^{er}$. — 1060-1108 | 48 |
|   Louis VI. — 1108-1137 | 51 |
|   Louis VII. — 1137-1180 | 54 |
|   Philippe II. — 1180-1223 | 55 |
|   Louis VIII. — 1223-1226 | 58 |
|   Louis IX. — 1226-1270 | 58 |
|   Philippe III. — 1270-1285 | 59 |
|   Philippe IV. — 1285-1314 | 60 |
|   Louis X. — 1314-1316 | 68 |
|   Philippe V. — 1316-1322 | 73 |
|   Charles IV. — 1322-1328 | 76 |
| Féodalité, Chevalerie, Éducation, mœurs générales des xii$^e$, xiii$^e$ et xiv$^e$ siècles | 79 |
| Chevalerie | 95 |
| Éducation | 101 |
| Mœurs générales des xii$^e$, xiii$^e$ et xiv$^e$ siècles | 105 |

# TABLE.

## HISTOIRE DE FRANCE.

#### FRAGMENTS.

|  | Pages. |
|---|---|
| Philippe VI, dit de Valois. — 1328-1350 | 129 |
| Perte des Français au combat naval de l'Écluse. — Godemar du Fay. — Causes des méprises dans ces guerres du XIVᵉ siècle | 133 |
| Guerre de Bretagne. — Les Bretons | 135 |
| Siége de Hennebon. — Jeanne, comtesse de Montfort. — Aventure de Gauthier de Mauny et de La Cerda | 137 |
| Amours d'Édouard III et de la comtesse de Salisbury | 144 |
| Chute d'Artevelle | 146 |
| Invasion de la France par Édouard | 150 |
| Reddition de Calais | 176 |
| Mort du roi Philippe VI | 182 |
| Jean II. — 1350-1356 | 189 |
| Du roi de Navarre | 184 |
| Les trois États | 185 |
| Bataille de Poitiers | 189 |

## ANALYSE RAISONNÉE DE L'HISTOIRE DE FRANCE,

#### DEPUIS LA BATAILLE DE POITIERS, SOUS LE ROI JEAN, EN 1356, JUSQU'À LA RÉVOLUTION DE 1789.

| Jean II. — 1356-1364 | 205 |
|---|---|
| Charles V. — 1364-1380 | 214 |
| Charles VI. — 1380-1422 | 217 |
| Charles VII. — 1422-1461 | 224 |
| Louis XI. — 1461-1483 | 230 |
| Charles VIII. — 1483-1498 | 236 |
| Louis XII. — 1498-1515 | 238 |
| François Iᵉʳ. — 1515-1547 | 241 |
| Henri II. — 1547-1559 | 257 |
| François II. — 1559-1560 | 258 |
| Charles IX. — 1560-1574 | 260 |
| Henri III. — 1574-1589 | 268 |
| Henri IV. — 1589-1610 | 314 |
| Louis XIII, Louis XIV, Louis XV et Louis XVI. — 1610-1793 | 328 |

## LES QUATRE STUARTS.

|  | Pages. |
|---|---|
| Jacques I<sup>er</sup>. — 1603-1625 | 347 |
| Charles I<sup>er</sup>. — 1625-1640 | 349 |
| Henriette-Marie de France | 355 |
| De l'ouverture du long Parlement. — 1640-1647 | 365 |
| Cromwell | 374 |
| Du commencement de la guerre civile à la captivité du roi. — 1642-1647 | 377 |
| Depuis la captivité du roi jusqu'à l'établissement de la république. — 1647-1649 | 380 |
| Relation de la mort du roi de la Grande-Bretagne | 394 |
| La république et le protectorat. — 1649-1658 | 401 |
| Richard Cromwell. — 1658-1660 | 426 |
| Charles II. — 1660-1685 | 430 |
| Jacques II. — 1685-1688 | 437 |

## VIE DE RANCÉ.

| | |
|---|---|
| Avertissement de la première édition | 451 |
| — et de la deuxième | 454 |
| Livre premier | 455 |
| Livre deuxième | 479 |
| Livre troisième | 517 |
| Livre quatrième | 530 |

FIN.

PARIS. — IMPRIMERIE DE J. CLAYE, RUE SAINT-BENOIT, 7